Business Management

경영조직을 운영하는

경영관리

김용철 | 김현중 지음

경영조직을 운영하는

경영관리

초판 인쇄 2017년 9월 3일
초판 발행 2017년 9월 7일
저자 김용철, 김현중
발행인 고우용
발행처 도서출판 서훈
출판등록 제 1997-000139 호
등록일 1997년 11월 25일
주소 서울특별시 마포구 동교로 49-1(망원동)
전화 02) 324-6577
팩스 02) 324-6177
홈페이지 www.seohoon.com
값 27,000원
ISBN 978-89-6249-091-6 93320

머리말

이 책은 경영학을 처음 접하는 학생들과 실무자들에게 경영의 접근방법에 대하여 저자는 이론적 배경과 경영관리 실무를 접목하여 한 권의 책을 만들려고 노력하였다. 시대의 변화에 따라 이론 중심보다는 경영관리 현장에 접목 가능한 실무를 경영현장에서 일어나는 경영이론과 접목하고자 하였다. 특히 대학 강의에 필요한 이론적 배경과 실무를 경영현장에서 펼쳐지는 현실과 접목 집필하고자 하였다. 특히 우리 경영관리 속의 아직도 남아 있는 일본식 한자 표기 용어는 우리글로 표현하고자 하였다.

그동안 많은 학문이 실용학문으로 변화하여가면서 경영관리 또한 변화되는 추세에서 경영학 이론과 경영 실무를 융합한 교재를 만들려고 노력하였다. 학문적 이론을 바탕으로 경영 실무에 접근하려는 생각을 기반으로 집필하고자 하였지만, 학문적 이론과 경영 실무를 균형 있게 조화하지는 못하였다. 따라서 독자들께서 이론적 배경의 원리를 바탕으로 응용력을 발휘하면 창조적 실무 경영을 창출할 수 있다고 생각한다. 이러한 기반으로 이 책에서는 먹이를 찾는 방법과 잡는 방법을 제시하고자 하였으며, 먹이를 잡아서 입에 넣어주는 암기식 방법을 벗어나고자 노력하였다.

또한, 이 책을 중심으로 경영관리를 배우면서 미래의 경영자가 되기 위한 기본 지식과 상식을 배양하고 꿈을 현실로 창조하는 경영자가 될 수 있는 기반을 구축할 수 있도록 기초 경영이론과 실무와 경영관리 현장에 필요한 아이디어를 창출할 수 있도록 노력하였다. 그동안 저자들은 대학에서 연구와 경영현장에서의 실무 경험을 최대한 반영하고자 하였다. 하지만 급변하는 경영현장의 변화를 이 한 권의 책으로 따라잡기는 부족함을 느낀다.

이 책을 구성하기 위하여 기업의 관리 틀은 고객과 경영자 부문, 관리 지원 부문, 생산부문, 영업부문, 연구개발 부문으로 크게 분류하여 구성하였으며, 조직 구성도는 라인 스텝 조직을 중심으로 구성하여 경영자가 되기 위하여 분야별 기본적으로 알아야 할 업무 내용을 소개하였다.

이 책은 7 Part, 18장으로 구성하였으며, [Part I] 고객과 최고경영자는 제1장 고객감동경영, 제2장 윤리 경영, 제3장 경영인의 역할과 철학, [Part Ⅱ] 경영기획은 제4장 경영환경 분석, 제5장 경영전략(계획화와 통제화), [Part Ⅲ] 경영지원 부문은 제6장 총무관리, 제7장 인사관리, 제8장 자재관리, 제9장 구매 및 외주관리, 제10장 재무회계관리, [Part Ⅳ] 생산부문은 제11장 생산관리, 제12장 생산기술, 제13장 품질경영, [Part Ⅴ] 영업부문은 제14장 마케팅, 제15장 서비스 경영, [Part Ⅵ] 정보부문은 제16장 지식경영, 제17장 정보화, [Part Ⅶ] 연구개발은 제18장 기술경영으로 구성하였다.

그동안 저자들의 연구 자료들과 실무경험을 바탕으로 이 책을 만들었으나 책을 집필하면서 일부는 간략하게 내용을 집필하여 구체적인 내용을 볼 수 없는 부분이 있으며, 이론적 배경이 중심이 되어 경영관리 실무가 부족한 부분이 많이 있다고 생각한다. 향후 독자 여러분들의 충언을 귀담아듣고 받아들여 개정 본은 여러분의 의견을 충분히 반영하여 더 좋은 책이 되도록 노력할 것을 약속드립니다.

이 책이 완성되기까지 도와주신 김계수 교수님, 김진영 박사님, 항상 옆에서 도와주신 우태우 박사님과 예서카피 남연자, 김주성 대표님, 이상용, 신창섭 대표님 그리고 모든 것을 물심양면 지원해주신 세명대학교 경영학과 모든 분께 감사드립니다. 또한, 처음부터 끝까지 함께한 도서출판 서훈 고우용 대표님과 서훈 가족들에게 감사드립니다.

2017년 8월

저자 드림

교재구성을 위한 조직 구성도

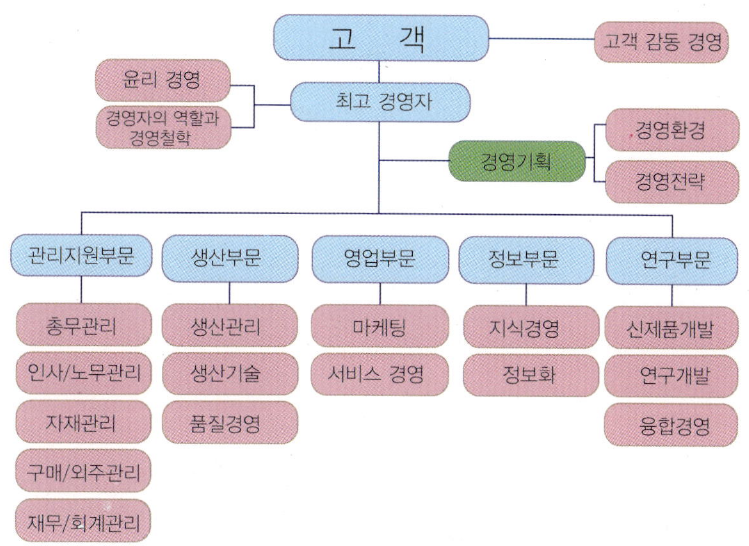

본 조직도는 본 교재 구성을 위한 제조업 중심의 일반적 조직도로서 기업의 실정에 맞게 조직은 변화할 수 있다.

목차

PART Ⅰ 고객과 최고경영자

PART Ⅱ 경영기획

PART Ⅲ 경영지원 부문

PART V 영업부문

PART Ⅵ 정보부문

PART Ⅶ 연구개발

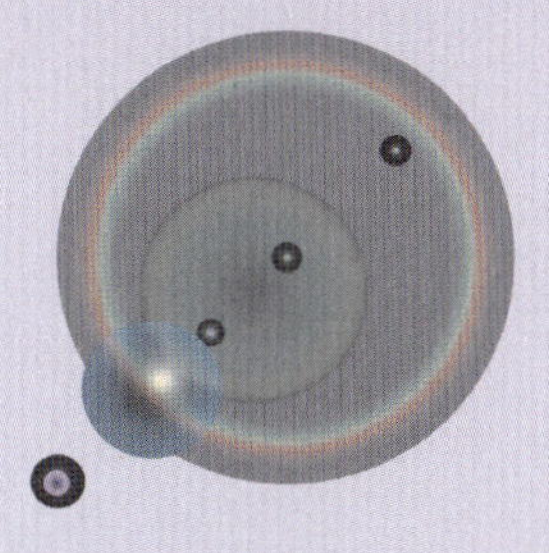

PART Ⅰ

고객과 최고경영자

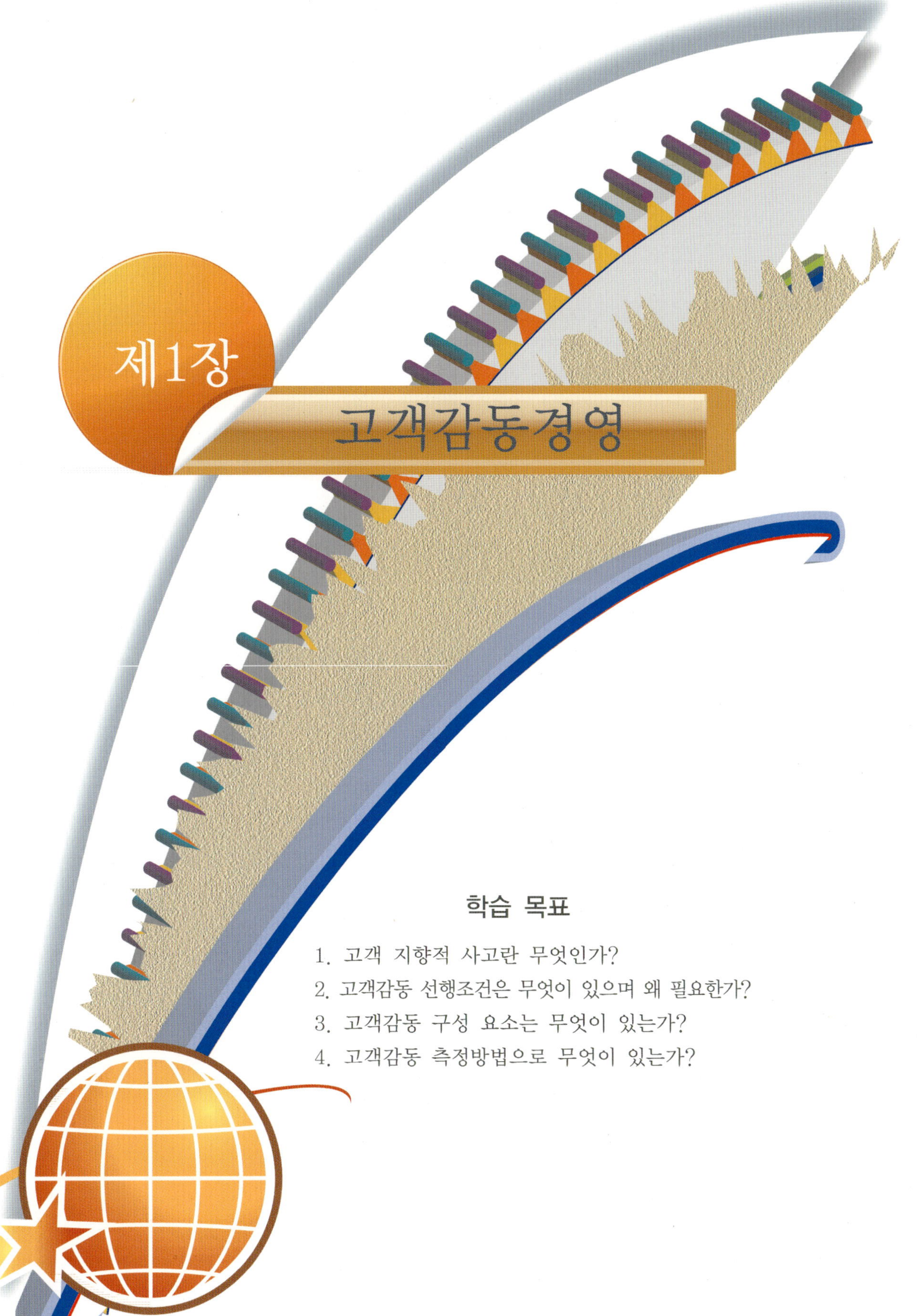

제1장 고객감동경영

학습 목표

1. 고객 지향적 사고란 무엇인가?
2. 고객감동 선행조건은 무엇이 있으며 왜 필요한가?
3. 고객감동 구성 요소는 무엇이 있는가?
4. 고객감동 측정방법으로 무엇이 있는가?

고객만족 경영

1 고객감동 경영의 의의

고객만족 경영은 고객 지향적 사고로 경영의 목적을 고객 최우선으로 정하여 고객의 시선에서 제품과 서비스를 창출하는 것이다. 이는 고객 중심 경영이라고도 하여, 생산-판매의 모든 과정을 고객 중심으로 파악하고 고객만족 내지는 고객감동을 달성하기 위해 끊임없이 노력하는 경영이념으로 본다.[1)]

[그림 1-1] 고객중심경영(Customer-Based Management)

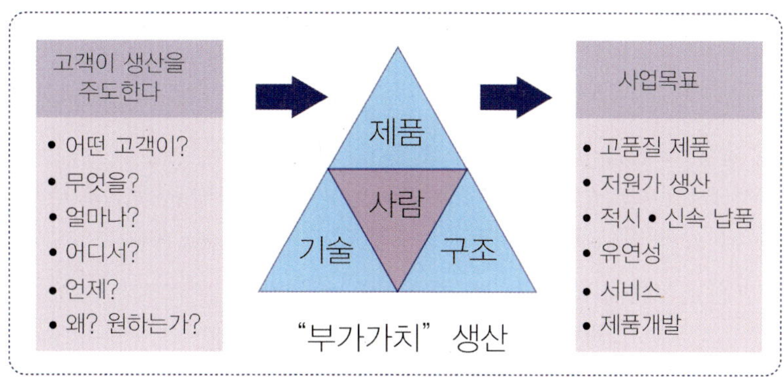

고객만족이란 고객의 기대 수준에 부응하는 제품이나 서비스를 제공함으로써 고객이 그의 가치를 인정하는 것이고, 고객감동이란 고객이 전혀 기대하지 못했던 제품이나 서비스의 가치를 제공함으로써 고객에게 감동을 주는 것을 말한다. 고객만족을 통하여 서비스의 재구매가 이루어지며 고객과의 신뢰를 통하여 고객 확보를 추진할 수 있다. 따라서 고객의 관점에서 고객이 원하는 것이 무엇인지를 파악하고 고객 불만이 나타나기 이전에 서비스 절차(Process)에서 불만 요소를 제거하여 고객의 기대 서비스보다 인지 서비스를 향상하는 것이다. 고객이 생각하지 못했던 즉, 사전에 인지하지 못하였던 서비스를 개발하여 고객을 절차(Process) 내로 이끌어

1) Richard Whiteley and Diane Hessan, Customer Centered Growth, (Addison-Wesley, 1996)

들여 만족을 통한 충성 고객을 창조하는 것이다.

진정한 고객만족은 고객들을 단순하게 만족하게 하는 것이 아니라 완전하게 만족하게 하는 것을 의미한다. 단순하게 만족한 소비자는 매력적인 구매조건을 제시하는 다른 기업의 제품에 대한 구매욕을 느끼고 구매할 수 있다. 또한, 고객은 제공받는 제품 및 서비스에 대하여 일단 만족하더라도 다음에는 더욱 향상된 제품 및 서비스를 받기를 원하게 된다. 즉, 만족 요구 수준이 높아지게 되고, 기업은 고객의 증가하는 서비스 요구에 대하여 충족하여야 한다.

고객만족을 구성하는 요소는 기업의 모든 역량에서 나타난다. 기업의 인상(Image), 서비스, 상품, 시설, 품질, 절차(Process) 등 기업의 전반적 활동에서 나타나며, 이러한 기업의 모든 자원이 조화되어 고객에게 제공됨으로써 고객만족을 창출할 수 있다. 고객만족 요소 중에 가격이나 품질을 중요시하겠지만 정보기술의 발달로 비교서비스가 가능하여 고객은 사전에 인지하고 서비스를 받게 된다. 따라서 어느 한 부문에서 경쟁자보다 우수하다고 해서 고객은 만족하지 못할 것이다. 만족한 서비스의 종합적 요소는 직접적인 요소와 간접적인 요소의 통합적 결정체이며, 기업의 목표이기도 하다.

고객만족에 대한 도전은 고객의 외형적인 요구에 대한 만족을 의미할 뿐만 아니라 고객의 명확하지 않은 문제들을 찾아내어 이를 만족시킬 수 있는 시스템의 개발을 의미하기도 한다. 이렇게 하면 일단 한번 고객은 영원한 고객이 된다. 이러한 보이지 않는 고객의 기대와 욕구를 충족시키는 것은 많은 차원에서 기업의 노력이 필요하다.

2 고객지향의 사고

국제화 경쟁에서 경쟁우위의 핵심은 기업이 현재의 경쟁자 그리고 미래의 도전자보다도 고객이 원하는 욕구를 먼저 파악하고 욕구를 해결할 수 있는 프로세스(Process)를 먼저 제공하는 데 있다. 그동안 일부 기업은 제품 및 서비스를 기업의 관점에서 개발하여 고객을 이 프로세스(Process) 안으로 끌어들이려는 전략을 추진하였다. 그러나 고객 지향적 사고는 기업의 관점에서 개발하는 것이 아니라 고객의 관점에서 고객의 필요와 요구를 따라가는 것이다.

왜 고객을 만족하게 하고 고객 관점에서 기업을 운영하여야 하는가? 고객감동은 기업의 매출 상승과 신규 고객의 창출 그리고 기존 고객의 반복 구매에서 일어나는 고정 고객화가 가능하기 때문이다. 새로운 고객을 창출하는 것은 기존 고객을 유지하는 것보다 큰 비용이 든다. 그러므로 신규 고객 창출보다 기존 고객의 유지가 기업의 생존에 더욱 중요하다. 중요성이 있는 기존 고객 유지의 핵심은 고객을 만족하게 하는 것이다. 만족한 고객은 반복 구매를 하며 다른 사람에게 제품에 대해 좋게 평가하며, 경쟁업체의 브랜드(Brand)와 광고에 관심을 크게 쏟지 않으며, 그 회사의 다른 제품에 대해서도 호의적인 반응을 보낸다. 따라서 기업은 고객의 가치를 창출하여 주어야 한다. 고객의 가치는 고객이 특정 제품이나 서비스로부터 기대하는 여러 가지 혜택의 묶음과 고객이 지급하게 될 총비용 사이의 차이다. 이러한 고객 가치를 창출하는 가치사슬은 더욱 많은 고객 가치를 창출하기 위한 전략적 도구이다.

3 고객의 욕구

임종만(2003)은 고객의 욕구는 고객이 접하는 다양한 환경에 따라 변하게 된다. 사실 환경변화에 대한 지각은 어려우므로 고객욕구의 변화를 살펴봄으로써 환경변화가 있었다는 것을 간접적으로 감지할 수 있게 된다. 신제품 아이디어(Idea)도 고객의 변화과정을 파악함으로써 하나의 세분 시장을 대상으로 하여 창출된다고 할 수 있다. 욕구란 고객이 필요로 하는 것이다. 이러한 고객의 욕구는 무엇을 받기 원할 때와 주는 것(시간, 노력, 비용)을 원하지 않을 때 발생한다. 즉, 고객의 욕구란 구체적으로 혜택과 비용 두 가지 측면에서 발생한다.

1) 고객 욕구의 출발점

고객의 욕구는 서비스 단계 어디서나 일어날 수 있으며 서비스 단계를 4단계로 구분하였다. 즉, 고객의 욕구는 발생 시점에 따라 구매 전, 구매단계, 사용단계, 처분단계로 구분한다.

(1) 구매 전 단계

고객이 어떤 서비스를 받을 것인가에 대한 정보를 수집하는 단계이다. 정보는 가격, 서비스 품질, 장소 등의 다양한 정보를 수집하게 된다.

(2) 구매단계

고객이 서비스를 경험하면서 제공되는 서비스가 만족한가를 평가하는 단계이다. 이 단계에서는 서비스를 제공하는 종업원의 서비스가 중요한 요소가 된다.

(3) 사용 시 단계

고객은 서비스를 받으면서 고객 불만을 경험하게 될 수 있다. 이러한 고객 불만을 통하여 고객은 재 구매 시 서비스를 판단하게 된다. 일부 고객은 서비스의 불만족을 표현하여 재 구매 시 개선된 서비스를 원하고, 일부는 다른 곳에서 재구매를 하거나 일부는 불만족에 대해 표현을 하지 않게 된다.

(4) 처분단계

고객 불만족에 대하여 서비스 개선을 원하였지만, 서비스가 개선되지 않았을 때 고객은 부정적인 사고를 갈게 된다.

2) 고객 욕구의 발생지

고객의 욕구 발생은 시간, 장소, 목적, 과정에 따라 나타나며 고객의 욕구 분석을 위하여 고객이 무엇을 원하는지 정확히 파악해야 한다.

3) 고객 욕구의 형태

고객이 서비스를 받기 전에 이미 인지하고 있는 혜택을 혜택의 욕구라고 하며, 고객이 서비스를 구매하기 전에 인지하지 못한 혜택을 잠재적 혜택이라고 한다.

4) 욕구 충족

고객의 욕구를 충족시킨다는 것은 고객이 지급한 가치보다 고객이 받은 만족도가 높을 때 발생한다. 특히, 소요시간의 단축과 같은 고객에게 잠재적 혜택을 제공함으로써 인지한 서비스보다 더 많은 가치를 제공함으로써 만족도를 높일 수 있다.

4 고객감동 경영의 필요성

1) 고객지향 사고

경영혁신 도구들이 유행처럼 나타났다가 기억 속에서 지워지는 것처럼 고객감동도 유행의 흐름이라고 판단하고 정확히 고객감동 경영에 대하여 이해하지 못하거나 불확실한 상태에서 출발하면 확신하지 못하여 단순히 머릿속에서 이해하는 데 그치고 자기 행동이나 생활을 고객 지향적으로 바꾸지 못한다. 또한, 기업도 고객 지향적 사고가 기업경영에 실질적으로 반영하지 못하고 형식적인 구호(Slogan) 또는 일과성 홍보(Campaign)로만 그칠 수 있다.

따라서 고객감동경영이 실질적으로 이루어지기 위해서는 먼저 고객 지향적 사고가 무엇을 의미하며, 왜 고객 지향적으로 사고로 전환해야 하는지 그리고 고객 지향적으로 했을 때 어떻게 달라지는지에 대한 조직 구성원들의 정확한 이해가 있어야 한다.

고객 지향적 경영이란 고객의 욕구를 사전에 찾아서 욕구를 감동하게 함으로써 기업의 목표를 달성하려는 이념이라고 할 수 있다. 고객 지향적 경영이념은 목표 고객의 욕구와 필요를 찾아서 이것을 충족시켜 줄 수 있는 제품과 서비스를 제공함으로써 고객의 감동을 극대화하고 이러한 고객감동의 결과가 기업의 목표와 일치시키려는 것을 의미한다.

2) 고객감동경영의 중요성

고객감동경영은 고객이 진정으로 원하는 것을 제공함으로써 충성고객을 만들 수 있다. 무한경쟁시대에서의 경쟁우위의 핵심은 다른 어떤 경쟁자보다도 고객의 욕구를 사전에 잘 파악하여 이를 해결할 수 있는 해결책을 제공하는 데 있다. 즉, 고객감동경영은 자기의 관점에서가 아니라 고객의 관점에서 고객의 필요와 욕구를 규정하기를 요구한다.

이처럼 고객 관점의 사고는 신규 고객 창출과 기존 고객의 재 구매로 확대하는 경영 전략이다. 그러나 새로운 고객을 창출하는 것은 기존의 고객을 유지하는 것보다 큰 비용이 든다. 그러므로 신규 고객 창출보다 기존 고객의 유지가 기업의 생존에 더욱 중요하다. 이러한 중요성이 있는 고객 유지의 핵심은 고객을 감동하게 하는 것이다.

최근에는 고객감동경영에서는 고객감동을 뛰어넘어 고객을 열광 또는 감탄하게 하는 것을 목표로 삼고 있다. 이것은 고객의 단순한 기대를 충족시키는 것 이상으로, 고객감동보다 더 높은 단계이다.

감동한 고객이 단순한 매체 광고보다 훨씬 효과적인 광고이다. 고객 지향적 사고에 의한 고객감동의 중요성은 감동하지 못한 고객의 행동을 살펴봄으로써 더욱 명확하게 알 수 있다. 한 조사에 의하면 일반적으로 감동한 고객은 제품에 대한 좋은 경험을 3명의 타인에게 이야기하는 반면 감동하지 못한 고객은 11명에게 이야기한다. 즉, 나쁜 내용이 좋은 내용보다 사람들의 입을 통해 더욱 빨리 전달되며, 제품에 대한 소비자의 태도를 쉽사리 나쁘게 만든다.

따라서 고객의 감동 도를 정기적으로 측정하는 것은 매우 중요한 일이다. 고객지향적 기업은 단순히 불감동한 고객이 자발적으로 불평, 불만을 자신들에게 이야기할 때까지 기다려서는 안 된다. 한 조사에 의하면 불감동한 고객의 96%는 회사의 불만을 이야기하지 않는 것으로 나타났다. 따라서 기업은 고객이 불평을 토로할 기회를 극대화하기 위한 고객 제안제도를 마련하거나 소비자 감동도 조사를 정기적으로 실행해야 한다. 이와 같은 제도를 마련함으로써 기업은 자기들이 얼마나 잘하고 있는지를 알 수 있게 되며, 또한 어떻게 하면 보다 잘할 수 있는지를 배우게 된다.

미국에서 신제품 개발로 유명한 3M은 자사의 신제품 아이디어 중 2/3 이상이 고객의 불평에서 나온 것이라고 말하고 있다. 기업이 고객 지향적으로 되기 위해서는 분기마다 자사의 고객감동 수준을 조사하여 개선 목표를 설정해야 한다.

제2절 고객감동경영 운영의 원칙

1 고객감동경영 선행조건

고객감동 경영체제를 수립하기 위해서는 고객에 대한 진심으로 우러나는 고객지상주의 기업 정신을 바탕으로 추진되어야 한다. 고객감동경영 체제는 다음과 같이 구축할 수 있다.

1) 고객 접점에서의 최우선

고객과 기업은 가장 먼저 고객 접점에서 만나게 되며, 고객의 기업평가는 고객 접점에서 평가하게 되므로 고객 접점에서 고객감동경영의 출발점을 시작하여야 한다. 고객 접점은 종업원과 고객과의 만남으로 전화 응대 및 종업원의 서비스 태도 등과 기업의 인상(Image), 실내 분위기, 공조시설 등의 고객감동에 미치는 모든 요소를 말한다.

고객 접점에서 고객이 기업을 평가하고 고객의 만족도가 결정되므로 고객감동경영은 고객 접점에서 최우선의 경영목표로 선정하여 추진하여야 한다.

2) 정기적인 평가

제품 및 서비스에 대한 고객감동도 조사는 정기적으로 조사되어야 한다. 서비스의 경우 아주 간단한 조사라도 고객의 만족도를 항상 측정하여야 한다. 이러한 조사 방법은 항시 고객의 관점에서 고객의 관심 사항과 고객의 변화 추이를 분석하여야 한다. 서비스는 모방이 쉬운 프로세스(Process)로서 정기적인 고객감동도 조사를 통하여 경쟁기업과 비교·분석하여 새로운 서비스 상품을 개발하고 고객의 욕구 변화를 측정하여 프로세스(Process)에 반영하게 된다. 측정은 통계적 기법으로 신뢰할 수 있는 설계에 의하여 해석돼야 하고 해석 결과는 고객감동경영에 꼭 반영하여야 한다.

3) 최고 경영자의 리더십(Leadership)

최고 경영자는 고객감동 조사 결과에 대하여 지속적인 관심을 가지고 최일선에서 고객감동 경영을 솔선 추진하여야 한다. 최고 경영자는 조사 결과를 프로세스

(Process)에 신속히 반영하여 변화된 프로세스(Process)를 서비스 접점에서 실행되도록 지휘·감독하여야 한다.

서비스 프로세스(Process)의 개선은 복잡한 이해관계가 얽혀 있으므로 문제가 제기되어도 혁신적인 개선 프로세스(Process)를 찾아내기는 쉽지 않다. 최고 경영자는 스스로 개선의 선두에 서서 고객감동경영에 대한 의사결정을 신중하고 신속하게 판단하는 것이 중요하다.

4) 경영자의 의지

전사적 품질경영(TQM)을 저해하는 요인 중의 하나가 경영자들의 결단력 부족이었다. 최고 경영진은 의례적인 말만 하지 행동을 하지는 않는다. 몇몇 품질 운동은 정말로 시작된 것은 아니다. 다른 품질운동이나 혁신운동도 한동안은 매우 성공적으로 진행되어도 경영자는 새로이 유행하는 혁신기법에 솔깃하여 품질경영 운동을 전환하면 기존의 품질운동이나 혁신운동은 곧 시들해진다(신완선 외, 2003).

식스 시그마(Six sigma) 경영에서와 같이 고객감동경영은 변화에 흔들리지 않고 안정적으로 추진하기 위하여 최고 경영자의 강력한 통솔력(Leadership)이 요구된다.

5) 기업문화

고객감동경영 혁신을 통한 모든 변화를 구성원들의 행동 규범과 공유가치(Shared value)로 연결해 새로운 기업문화로 정착시키는 것이다. 기업문화의 변화는 구성원들의 가치관과 태도 그리고 행동의 변화를 의미하는 만큼, 구성원들의 의식구조 전환과 함께 새로운 행동이 그들에게 만족감을 가져다줄 때 영구적인 행동 변화가 비로소 새로운 기업문화로 정착될 수 있다. 이처럼 새로운 기업문화는 어떤 일시적, 인위적인 그리고 조작적인 방법으로 개발될 수 없다(신완선 외, 2003).

서비스 기업은 기업 전체에 내포된 기업문화가 있어야 한다. 기업문화는 오직 고객감동을 위한 문화가 구축되어야 한다.

6) 종업원 만족

고객감동경영을 성공적으로 정착시키려면 내부 종업원을 만족하게 해야 한다. 자사의 상품과 서비스에 만족하지 못하는 종업원들이 자부심을 느끼고 고객에게 판매 활동이나 서비스 활동을 하도록 기대하는 것은 힘들 것이다(원융희 외, 2003).

2 고객감동경영 운영체계

고객감동경영을 추진하기 위한 조직운영은 대량생산 제도(System)의 피라미드형(Pyramid) 조직운영과는 반대로 역 피라미드(Pyramid) 형 조직을 운영하는 것이 서비스 산업에서 고객과 사람을 중요시하는 조직 개념이다. 역 피라미드(Pyramid) 조직이란 서비스 접점에서의 종업원에게 권한을 이양하고 관리자는 서비스 접점의 종업원을 지원하는 조직이다. 서비스 경영에서의 조직은 종업원 만족이 곧 고객감동으로 연결된다는 것을 명심해야 한다. 서비스 접점에서의 종업원들이 고객에 대한 올바른 주인의식을 갖추고 즐거운 직장을 만드는 경영환경을 조성해야 한다. 종업원 만족이 고객감동에 미치는 영향은 [그림 1-2]와 같다.

고객감동경영 기업에서의 관리자란 지시하고 권위를 지키는 절대적 권위(Charisma)의 관리자가 아니라 조직의 통솔자로서 솔선하는 관리자를 요구한다. 즉, 관리란 조직 내의 역할 자로서 조직의 목표와 서비스에 대한 철학, 서비스 프로세스(Process)를 통하여 고객감동을 창출하는 것이다.

[그림 1-2] 종업원 만족이 고객감동에 미치는 영향

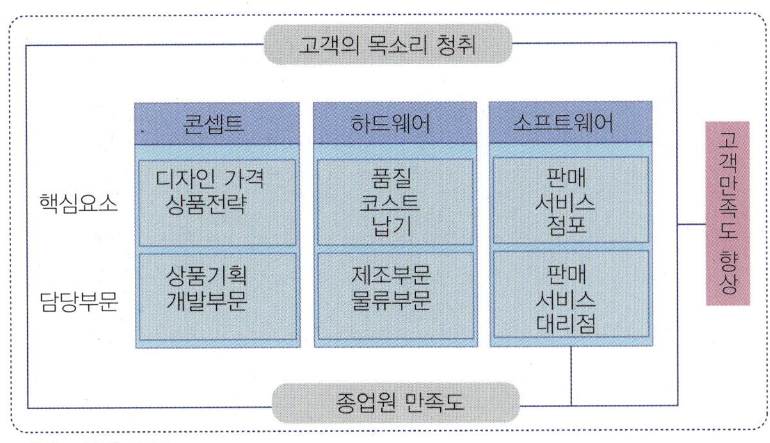

출처 : 김영한, 1992.

3 고객감동 향상 방법

고객감동도를 높이는 방법으로는 고객의 구매형태에 따라 구매과정에서 사전 기대치와 사후 감동 도를 평가하여 고객의 감동 도를 향상하는 전략을 수립하여야 한다. 따라서 고객감동에 대한 사전 철저한 분석이 요구된다.

1) 구매단계별 감동

고객은 구매 전 사전 서비스 예측과 구매 중 그리고 구매 후 프로세스(Process)를 통하여 경쟁사 또는 유사제품과 서비스를 비교한다. 따라서 고객감동 도를 향상하기 위하여 구매단계별로 고객의 혜택을 향상해 주어야 한다.

구매 전은 고객의 기대를 향상하기 위하여 마케팅을 통하여 고객에게 직·간접적으로 접근하여 고객의 기대를 향상한다. 구매 중에는 매장 내에서 고객이 편리하게 제품을 구매할 수 있도록 제품의 전시와 고객의 동선, 결재방법 등 보다 편리한 구매가 이루어지도록 서비스를 제공한다. 구매 후에는 철저한 사후관리를 하여 고객에게 다가가야 한다. A/S는 고객의 감동 도를 높여주는 요소는 아니다. 따라서 사후관리가 불충분하면 고객의 불감동도는 극에 달한다.

〈표 1-1〉 구매단계별 고객감동도

구매단계	고객의 감동도
구매 전	기대 서비스를 높이는 것이 중요함으로 광고나 영업 전략을 통하여 고객에게 더욱 구체적인 메시지를 전달한다.
구매 중	고객이 편리하고 쉽게 제품과 서비스를 구매할 수 있도록 서비스 스테이션(Station)을 개선하고 제품의 디자인과 포장 그리고 대금지급방법 등에 변화를 준다.
구매 후	사후 서비스로서 철저한 고객의 불만을 해소해야한다. A/S는 고객의 불만을 감소시키지 못한다. 따라서 제품 및 서비스를 완벽하게 제공하는 것만이 고객감동 도를 향상하는 방법이다.

2) 고객감동 구성 요소

고객감동을 구성하는 3대 요소로 제품, 서비스, 이미지가 있다.

(1) 제품

과거 감동하는 제품의 가치는 품질, 가격 등에 비중을 두었지만, 시대의 변화에 따라 제품에 대한 감동 도는 디자인(Design), 사용상 편리성 등 첨단기술, 하이터치(High touch) 제품으로 가치의 중대성이 이동하고 있다.

(2) 서비스

고객의 마음을 차지하는 방법으로서 서비스는 매장의 분위기, 고객 접점의 종업원의 행동은 고객의 감동 도에 많은 변화를 주고 있다. 따라서 제품의 우수성과 판매방법의 혁신에 따라서 고객의 감동 도는 현저하게 차이를 나타나게 된다.

(3) 기업 이미지

기업의 이미지는 고객감동 도를 향상하는 간접적인 영향 요소이다. 기업의 이미지로는 기업의 사회 공헌도, 환경경영 등 고객이 느끼는 기업의 경영활동도 고객감동에 중요한 요소이다.

4 고객지향 사고

1) 고객지향 사고의 필요성

고객 지향적 사고로의 전환이 필요한 것은 시장에서의 경쟁이 점점 더 심화하고 있다는 것과 규제조치가 철폐되면서 국내 및 외국의 신규 참여기업이 늘어나고 있고 기업의 생산능력이 대규모로 확충되고 고객의 유형(Pattern)이 다양화됨으로 생산수율 조절이 어렵게 되어 기업은 생산보다는 판매가 중요한 과제가 되었다.

그리고 시장의 경쟁도 브랜드(Brand) 간의 경쟁이 주된 경쟁이었으며 현재 우리 기업은 경쟁의 폭과 경쟁구조가 과거보다 훨씬 심화한 경쟁 환경에 놓여 있는 것이다. 예를 들어 금융기관의 경우 과거 은행은 은행끼리, 투신사는 투신사끼리, 보험사는 보험사끼리 경쟁했으면 됐지마는 최근에는 이와 같은 금융업종 간의 구분이 없어지고 모든 금융기관 간의 경쟁이 시작되고 있다.

이 결과 고객의 마음을 사로잡기 위한 시장 경쟁이 치열해지게 되었다. 따라서 소비자는 시장에서 제품 선택의 폭이 많이 늘어나 과거와 달리 훨씬 까다로워진 구매 행동을 보인다. 즉, 현대 소비자는 과거와 달리 제품에 대한 정보를 수집하여 브랜드(Brand) 간의 비교 평가를 하여 자기가 지급하는 가격에 비해 가장 많은 가치를 제공하는 제품을 선택하게 된다.

2) 고객지향 사고로의 전환

과거 의료서비스의 경우 대표적인 고객 불감동 현장이었다. 경쟁이 심하지 않았던 경우에는 대부분 의사 및 간호사 그리고 병원 경영자는 환자에 대한 고객 인식이 부족했었고 환자들의 고객감동에 대해서 대부분 무관심했었다. 그러나 최근 의사들의 독점적 진료에서 의사들의 공급 과잉으로 개인병원을 중심으로 자기 병원을 찾는 환자들의 의료서비스에 대한 감동 도를 높이기 위한 고객관리로 특화하는 병원들이 급증하고 있다.

이처럼 의료서비스 기관이 의사 중심의 사고에서 환자 중심의 사고로 전환하게 되는 이유는 시장경제에 따른 경쟁 때문이라고 볼 수 있다. 과거처럼 병원만 개업하면 환자가 찾아오는 시대는 지났으며, 환자의 마음을 사로잡기 위한 경쟁이 치열하게 일어나고 있다.

금융시장에서도 금융시장이 개방되고 자율화되면서 많은 외국 금융기관 예를 들어 은행과 증권회사가 국내 금융시장에 새로이 진출하고 있다. 또한, 기존의 금융기관 간 업무영역의 경계가 무너지면서 금융시장의 경쟁이 그 어느 때보다 치열해지고 있다. 이처럼 금융시장의 경쟁이 치열해지면서 우리나라 금융기관 사이에 고객 지향적 사고의 필요성이 점점 커지고 있다.

5 서비스에 대한 생각의 변화

마케팅 발전과정을 보면 기업의 경영 전략적 사고는 크게 세 가지로 나눠볼 수 있다. 첫째는 제품 중심 사고, 둘째는 판매중심 사고, 셋째가 고객 중심 즉, 고객지향 사고이다.

1) 제품 중심 사고

제품 중심 사고는 좋은 제품을 만들어 시장에서 비싼 값으로 판매한다는 사고이다. 즉, 세계에서 최고의 독점적 제품을 만들면 고객은 제품을 사려고 몰려들기 때문에 별도의 마케팅이 필요 없는 사고이다. 이러한 사고는 제품 개발기술(Engineer)이 강한 회사에서 흔히 찾아볼 수 있다. 그러나 과연 좋은 제품만 만들어내면 시장에서 잘 팔리는가? 반드시 그렇지 않다는 데 문제가 있다.

제품 중심 사고가 어떤 문제가 있는가를 보여주는 좋은 사례가 있다. 미국의 어느 회사에서 세계에서 제일 튼튼하고 편리한 쥐덫을 만들었다. 이 회사의 사장은 이 쥐덫이 시장에서 성공하여 곧 백만장자가 될 것으로 기대했었다. 그러나 결과는 시장에서 소비자들이 이 쥐덫을 찾지 않아 결국 회사가 파산됐다는 것이다. 왜 이 세계에서 제일 튼튼하고 편리한 쥐덫이 시장에서 실패하게 되었을까? 이 질문에 대한 대답이 바로 제품 중심 사고가 어떤 문제를 갖고 있는가를 보여 준다.

제품 중심 사고가 갖는 문제점은 고객의 욕구보다 제품 그 자체를 중요시하는 것이다. 즉, 고객이 정말 제품을 구매함으로써 충족시키려는 본원적 욕구를 고려하지 않고 단순히 제품 그 자체로 예를 들어 제품의 외형(Style) 또는 제품의 기능만을 잘 만들려고 하는 것이다. 오히려 소비자가 정말 원하는 것은 하드웨어(Hardware)로서 제품 그 자체를 원하는 것이 아니라 제품을 통해 충족하려는 욕구에 대한 해결책이다. 즉, 쥐덫 사례에서는 소비자들이 정말 원했던 것은 튼튼하고 편리한 쥐덫 그 자체가 아니라 쥐를 잡는 해결책을 원했다. 그러니까 시장에서 쥐덫보다 쥐를 잡는 더 좋은 해결책, 즉 쥐 잡는 약품이 개발되니까 사람들은 더는 쥐덫을 찾지 않게 되는 것이다.

이처럼 제품 중심 사고가 갖는 문제점은 제품에 대한 고객의 근본적 욕구를 찾지 못하고 제품에만 치중한다는 것이다.

소비자들의 구매 결정에 영향을 미치는 요인에는 우선순위가 있으며 제품에 따라 우선순위가 달라진다는 것이다. 쥐덫의 경우에는 일반적으로 소비자들은 품질보다 가격이 더욱 중요한 구매요인으로 작용한다. 즉, 소비자들이 원하는 일정 수준의 품질이 충족되면 더는 품질이 구매에 크게 영향을 끼치지 못하게 되며, 대신 가격이 중요한 구매요인으로 작용하게 된다는 것이다. 이 쥐덫은 세계에서 제일 튼튼하고 편리하게 만들려고 했기 때문에 생산비가 높게 되고 따라서 가격도 기존 쥐덫의 평균 가격인 9.55달러보다 훨씬 비싼 가격에 시장에 내놓다. 소비자는 쥐덫의 경우에는 가장 중요한 구매요인이 가격이기 때문에 추가적인 품질에 더 많은 가격을 지급하려 하지 않았으며 그 결과 이 쥐덫은 시장에서 소비자들이 찾지 않게 된 것이다.

또한, 소비자들의 구매행위는 제품에 대한 사실에 의해서라기보다는 제품에 대한 소비자들의 인식 때문에 결정되는 것이다. 따라서 아무리 좋은 기능과 품질의 제품이라도 소비자에게 그것이 충분히 알려져서 소비자들이 그 브랜드(Brand)에 대한 인식이 좋아지지 않으면 시장에서 구매로 나타나지 않는 것이다. 따라서 이 쥐덫의 경우 세계에서 제일 좋은 쥐덫을 만들어 내었으나, 소비자들이 저절로 와서 사서 갈 것이라고 믿고 광고 및 판촉활동을 소홀히 한 결과 소비자들이 제품에 대한 정보를 충분히 갖지 못하게 되어 시장에서 찾지 않게 된 것이다.

2) 판매 위주 사고

판매 위주의 사고는 광고와 판촉을 주된 마케팅(Marketing) 수단으로 한다. 판매 위주의 사고가 고객 지향적 사고와의 차이점은 고객지향 사고에서는 고객감동이 목표가 되나 판매 위주의 사고에서는 많이 파는 것이 마케팅활동의 목표가 된다.

3) 고객지향 사고

고객지향의 사고는 고객이 원하는 것이 무엇인지를 찾아서 이를 충족시켜 주는 제품 또는 서비스를 제공함으로써 고객감동을 끌어내는 경영으로 기존의 기업들이 생산자 또는 판매자 중심적인 사고로 기업을 경영하고 고객을 대할 때 이 기업들은 고객지향 사고를 도입하여 제품 개발 및 마케팅 활동을 고객 중심적으로 함으로써 시장에서 성공할 수 있다는 것이다.

고객지향 경영이 비용이 많이 드는 것도 아니고 그 효과가 장기적으로 나타나는 것도 아니며, 적은 비용으로도 할 수 있으며 그 효과가 단기적으로도 나타난다. 중요한 것은 올바른 사고로의 전환이지 결코 비용 또는 시간이 문제가 되는 것은 아니다.

6 고객감동 측정방법

오늘날 치열한 시장 경쟁에서 살아남기 위한 고객감동경영을 하기 위해서는 먼저 고객의 기대 수준, 자기 제품에 대하여 고객이 인식하는 성능 수준, 그리고 고객의 감동 수준을 조사하여 측정하여야 한다. 고객감동 도는 제품이나 서비스의 고객감동을 조사하는 방법에는 간단한 기법에서 복잡하고 정교한 기법에 이르기까지 여러 가지 방법이 있다.

1) 고객 제안시스템 이용

고객 제안제도는 고객이 제품과 서비스에 대해 불평과 제안을 쉽게 하도록 하는 방법이다. 호텔 및 콘도 등에서 이용객에게 좋았던 점과 싫었던 점을 묻는 고객 설문지를 비치하여 고객의 의견을 적극적으로 반영하는 방법도 고객 제안제도의 일환이다. 병원에서도 퇴원 환자들에게 불편한 점이 무엇인지를 묻는 설문지를 작성하게끔 하고 환자의 의견을 받는 제안함을 복도에 비치해 놓는 방법과 수신자 부담의 080 고객 상담 클로버 서비스(Toll free service)나 고객 불만 처리 부서를 설치하여 고객들이 부담 없이 불만이나 개선책을 전달할 수 있게 한다. 이와 같은 방식으로 수집된 고객의 불만 및 불평 정보는 기업에 많은 새로운 아이디어를 제공해

주며, 또한, 기업이 고객의 불만 사항에 대해 신속하게 반응할 수 있게끔 한다.

2) 설문조사 방법

고객감동 도를 직접 설문 조사하는 방법으로서 이 방법의 문제점은 불 감동한 고객의 적극적인 불만의 자료를 얻기가 힘들다는 것이다.

따라서 기업은 단순히 고객 불평의 회수를 고객감동의 측정치로 삼을 수 없으며, 보다 직접 고객감동 도를 조사할 필요가 있다. 고객의 반응에 더욱 민감한 기업들은 정기적인 조사를 통하여 고객감동을 직접 측정하는 방법을 사용한다.

이러한 설문조사를 통해 고객감동을 측정하는 방법으로는 고객들에게 직접 묻는 방법으로 고객이 제품이나 서비스에 대해 얼마나 감동했는지를 리커트(Likert-type scale) 측정방법으로 1점(아주 불감동)에서 5점(아주 감동)까지 체크(Check)하여 측정할 수 있다.

3) 유령고객 이용

유령고객을 이용하여 고객감동수준을 측정하는 방법으로 조사원이 고객으로 가장하여 제품과 서비스를 구매하는 과정에서 경험하는 강점과 약점을 보고하게 하는 방법이다. 이런 유령 고객들은 심지어 문제를 제기하여 이를 자사의 판매원이나 종업원이 어떻게 대응하는지를 실험하기도 한다.

4) 이탈 고객 조사

고객 이탈률을 조사하여 고객감동을 측정하는 방법으로 자사의 제품이나 서비스를 구매하다가 구매를 중단했거나 타 구매처로 전환한 고객에 대하여 무엇이 문제인지를 조사하는 방법이다.

IBM의 고객감동경영 사례에서와 같이 IBM의 경우 고객 이탈 현상이 심각하게 발생하여 시장점유율이 급격하게 떨어졌을 때, 새로운 최고 경영자로 등장한 루이 거스터너는 이탈한 예전 고객들을 하나하나 방문하여 IBM이 무엇을 잘못하는지 예를 들어 가격이 너무 높은지, 서비스가 부족한지, 제품의 신뢰도가 떨어지는지 즉, IBM의 문제점이 무엇인지를 찾으려고 노력하였다. 그 결과 IBM에 대한 고객의 불만은 제품의 품질이나 기술이 문제가 아니라 IBM에 대해서 고객들이 원하는 그리고 IBM만이 할 수 있는 통합적 문제 해결 방법을 제공하지 않는 데 있다는 것을 알았다. 그 결과 고객들이 원하는 종합적 문제 해결 방법을 제공함으로써 IBM은 기적처럼 부활하였다. 즉, IBM의 부활은 이탈 고객들 때문에 부활하였다.

7 고객감동의 효과와 문제점

1) 고객감동의 효과

고객감동 경영의 효과는 다음과 같다(홍석보 외, 1998).

(1) 전사적 확산

경영자의 통솔력에 의해 전사적으로 퍼진다는 점이다. 제품뿐만 아니라 서비스, 관리시스템은 기업 전반의 모든 영역에서 고객감동이 이루어진다.

(2) 고객 중심의 전개

먼저 고객감동경영 도입의 여건 조성부터 시작하여 공감대 조성을 위한 작은 운동 전개, 이에 대한 측정과 평가 그리고 제2의 전략 수립 등의 순서를 단계별 전략과 그에 맞는 전개 내용을 한 걸음씩 밝혀갈 수 있다.

(3) 고객 관계 개선

고객과의 관계가 개선되어 서비스가 좋아졌다는 점이다. 고객을 만나는 접점의 순간을 진실하게 맞이함으로써 보다 나은 고객과의 관계를 유지할 수 있다.

(4) 고객정보 공유

전사에 고객정보를 고유할 수 있다는 점이다. 고객감동 성과를 측정하여 고객감동도 결과를 전 직원이 함께 공유하는 효과는 다른 혁신기법에 비해 뛰어나다.

2) 고객감동의 문제점

고객감동경영의 문제점은 다음과 같다(홍석보 외, 1998).

(1) 의식개혁으로 끝날 수 있다.

의식개혁으로 끝날 수 있다는 점이다. 즉, 일시적인 친절운동이나 홍보 수준에서 중단되어 조직의 구조적인 개혁을 이루어 기업에 뿌리를 내리지 못한다는 것이다. 한 단계 한 단계 성장한다면 문제가 없지만, 장애 요인 등의 야기로 중도에 포기하거나 혹은 다음 단계의 내용과 연계성이 부족하게 된다면 각각의 의식 개혁적인 효과만을 낳게 된다.

(2) 구조적 개혁으로 연결 부족

구조적 개혁으로 연결이 부족하다는 점을 지적할 수 있다. 고객감동에서 고객은 외부 고객만을 의미하는 말은 아니다. 그러나 외부 고객의 기대에 부응해야 한다는 기본적인 생각이 내부 고객의 감동 때문에 외부 고객이 감동할 수 있다는 사실을 놓치기 때문이다.

3) 내부 고객감동

(1) 내부고객

그동안 우리는 고객감동 경영의 초점을 외부고객을 감동하게 하기 위해서 추진하였다. 그러나 외부고객을 감동하게 하기 위해서는 먼저 내부고객을 감동하게 하는 것이 중요하다. 고객과의 접점에 있는 판매사원 또는 현장 종업원을 감동하게 해 종업원이 고객과 가지는 상호관계의 질을 높이는 것도 중요하다. 감동하지 않은 종업원이 고객과의 만남에서 감동적인 서비스를 제공할 수 없다.

특히 서비스 산업은 생산과 소비가 동시에 일어나기 때문에 직접 제공하는 종업원과 동시에 이를 받아 소비하는 고객과의 직접적인 접촉에서 일어난다. 따라서 이와 같은 고객과의 상호관계의 질을 높이는 것이 외부 고객감동에 중대한 영향을 미친다.

(2) 내부고객감동 방법

고객감동에 큰 영향을 미치는 종업원과 고객과의 관계의 질을 높이려면 종업원을 고객으로 인식하고 종업원을 감동하게 해야 한다. 따라서 내부 고객감동을 위하여 종업원들에게 고객감동을 위한 효과적인 교육 훈련 및 동기부여를 제공하며 모든 지원 서비스를 제공하는 사람들이 하나의 팀(Team)으로 일하게 하는 것을 의미한다.

제3절 고객감동 전략

 1 서비스 개념(Concept) 설정

고객을 감동하게 하기 위하여 우선 기업이 제공하고자 하는 서비스의 차별성을 설정하여야 한다. 서비스에 대한 개념(Concept)은 고객이 무엇을 원하는지를 먼저 파악하여야 한다. 고객의 욕구에 맞추어 기업의 고객감동 개념(Concept)을 설정한다.

[그림 1-3] 서비스 개념 설정 단계

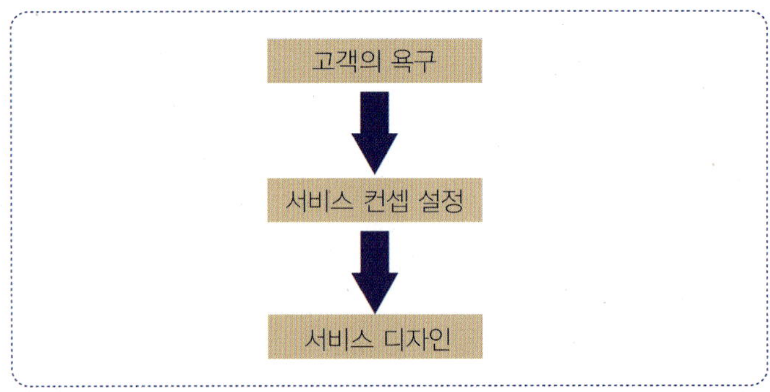

우리가 추구하고자 하는 고객감동을 위한 서비스 개념은 고객의 욕구, 특히 주요 고객의 욕구를 파악하고 이를 기반으로 서비스 개념을 결정하고 디자인(Design)한다.

고객은 모든 고객이 주요 고객은 아니다. 기업이 제공하고자 하는 서비스의 디자인(Design)은 제품 및 서비스의 특성에 따라 주요 고객층을 설정하고 이들 고객에 맞는 개념을 결정하여야 한다. 주요 고객층의 구분은 나이별, 성별 등을 기준으로 주요 고객에 대한 개념을 설정한다. 또한, 우리의 주요 고객은 무엇을 어떻게 원하는지를 분석할 필요가 있다.

주요 고객이 결정되면 차별화하는 개념을 정하여야 한다. 서비스 개념은 독창적이며 고객의 눈높이에서 설정한다. 개념(Concept)은 우선 고객에게 전달하고자 하는 메시지(Message)의 키워드(Key word)를 설정하고 이를 문장으로 설정한다.

2 서비스 디자인(Service design)

기업의 서비스에 대한 개념(Concept)이 결정되면 이 개념(Concept)에 맞는 고객에게 제공할 적절한 서비스를 독창적으로 디자인(Design)하여야 한다. 이러한 서비스 디자인(Service design)은 서비스를 제공하는 직원과 고객과의 만남의 시점에 대하여 디자인(Design)한다. 이를 우리는 진실의 순간이라고도 한다.

진실의 순간(Moment of truth)은 고객과 서비스를 제공하는 종업원 사이에 짧은 순간 이루어지는 서비스에서 나타나는 고객의 만족과 불만족의 판단이다. 이러한 짧은 순간에 종업원은 회사의 책임과 권한을 갖고 회사의 서비스를 고객에게 입증하여야 한다. 따라서 고객은 회사의 서비스 공간에 들어와서 상품을 구매하기까지 종업원과의 몇 번의 짧은 만남을 통하여 순간의 서비스를 경험하게 되는데 서비스를 제공하는 종업원은 고객이 만족할 수 있도록 최대의 역량을 동원하여 고객감동을 창출하여야 한다.

서비스 경영자는 고객 접점에서 눈에 보이는 서비스를 담당하는 요원뿐만 아니라 눈에 보이지 않는 전화 서비스, 용모 등을 전 직원에게 서비스 정신을 배양하여야 한다.

서비스를 제공하는 종업원 본인이 만족하지 않으면서 고객에게 만족한 서비스를 제공한다는 것을 기대하기는 어렵다. 따라서 종업원에 대한 보상 시스템도 잘 갖추어져야 한다.

디자인(Design) 단계는 고객이 우리의 서비스 접점에서 고객이 떠날 때까지의 모든 단계를 디자인(Design)한다. 예로 음식점의 경우 고객의 동선을 살펴보면, 먼저 고객이 전화로 예약할 때 전화예약에 대한 서비스 디자인(Service design)을 하며, 고객이 음식점을 찾았을 때 그리고 주차장에 차를 주차하고 홀(Hall) 안으로 들어와서 자리를 안내받고 자리에 앉을 때 그리고 메뉴(Menu) 판을 받고 주문하고 식사가 끝나면 후식을 주문하고 식사가 완료되면 대금을 지급하고 주차장에서 차를 운전하여 음식점을 떠날 때의 모든 프로세스(Process) 서비스를 디자인하여 서비스 접점에서 표준을 디자인하여 종업원들이 서비스를 제공할 수 있도록 하여야 한다.

[그림 1-4] 서비스 접점 삼각구조

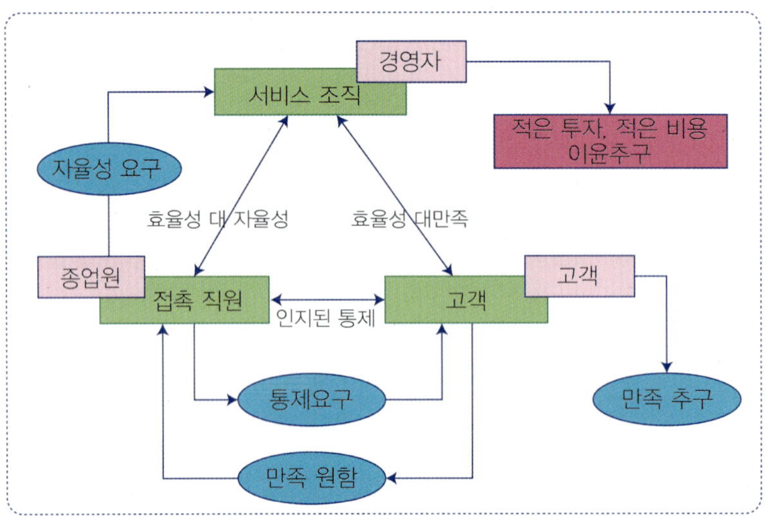

제4절 고객감동경영의 추진절차

고객감동경영은 다른 모든 경영시스템과 같이 최고경영자의 강력한 의지와 통솔력을 통하여 서비스 접점에 있는 종업원까지 조직원 전원이 참여하는 종합적 경영시스템이다. 고객감동경영을 통하여 고객의 가장 중요한 문제를 해결함으로써 고객 가치 창출에 영향을 미치게 된다.

1 단계별 추진절차

1단계 : 고객감동경영 기업문화 확립

고객을 최우선으로 존중하는 기업문화를 만들고 최고 경영자의 의지를 선포하고, 전사적 행동지침을 개발하여 참여 정신을 함양하는 단계이다.

2단계 : 추진 책임자 선정

고객감동경영의 추진 팀(Team)을 구성하고 책임자를 선발하여 고객감동경영의 핵심을 구축하는 단계로서 외부기관과 협력하여 함께 추진할 수도 있다.

3단계 : 고객감동도 조사

고객감동도 조사는 객관적이고 정확한 자료를 수집하여 분석하는 것이다.

4단계 : 목표설정

고객감동경영 이념을 토대로 고객감동의 목표와 개선을 위한 뚜렷한 목표를 설정하여 전 사원이 공통된 목표를 추진하도록 한다.

5단계 : 마인드(Mind) 조성

전 사원이 고객감동경영의 목표 안에서 왜 추진하여야 하는가의 목적 수립과 마음가짐 변화를 위하여 교육과 훈련을 통하여 전사적 마인드(Mind) 조성이 필요하다.

6단계 : 절차서 작성

고객감동경영 실천 프로그램(Program)을 작성하여 서비스 접점에서 고객에 대한 대응능력을 함양시켜준다. 이 단계에서는 교육과 홍보를 통하여 고객을 위한 서비스 프로세스(Process)를 강조한다.

7단계 : 상품 및 서비스의 개선

이 단계는 수집, 분석된 정보를 제품 및 서비스 프로세스(Process) 개선에 적용하는 단계이다.

8단계 : 결과에 대한 평가

전 단계에서 개발된 상품과 서비스 프로세스(Process)를 점검하고 평가하는 단계이다. 평가는 공정성을 유지하여야 하며 객관적인 평가가 이루어져야 한다. 또한, 개선된 사례가 적용되기 이전에 여러 단계의 실험(Test)을 거쳐 확신성을 인증 받아야한다.

9단계 : 보상

기업에서는 종업원에 대한 적정한 보상을 해주는 것이 매우 중요하다. 어떤 의미에서 보상을 고려하지 않는 인적자원관리란 존재하지 않는다. 고객만족을 위하여 노력한 결과에 대한 종업원의 보상이 없다면 고객감동경영은 일시적인 유행으로 그치게 된다. 따라서 최고경영자는 개선된 프로세스(Process)를 추진한 개인 및 팀(Team)에 대한 보상은 꼭 필요한 요소이다.

10단계 : 피드백

개선된 프로세스(Process)를 전사적으로 정착하고 운영되도록 개선된 프로세스(Process)와 지침서를 홍보한다. 이러한 문화가 기업 전체에 전파되도록 관리하여야 하며 하나의 개선 프로젝트(Project)가 끝나면 새로운 도전을 할 수 있도록 문화를 만들어야 한다. 또한, 개선된 프로젝트(Project)도 고객의 욕구변화에 따라 새롭게 개선할 필요가 있으므로 항시 처음의 마음가짐을 유지하고 자만에 빠지지 않게 한다.

2 고객감동도 측정

1) 고객감동 측정 도구

다음의 표는 항공회사의 고객감동도 조사의 사례로서 미국에서 사용되는 것을 참고로 만들었다. 자료를 참고로 하여 서비스 기업에 적용하면 효율적일 것이다(원융희 외, 2003).

〈표 1-2〉 항공회사의 설문지 조사 미국사례

항상 저희 회사를 이용해 주셔서 감사합니다. 보다 좋은 서비스를 하기 위한 아래와 같은 조사에 협력해 주신다면 기쁘겠습니다. 나중에 회수해 가겠습니다.

1. 비행에 대하여

1. 어느 클래스에 탑승하셨습니까?
① 퍼스트 클래스 ② 비즈니스 클래스 ③ 이코노미 클래스

2. 항공 운임료 지불은?
① 자기 자신 ② 회사 ③ 친지, 친구 ④ 기타

3. 이번 여행의 목적은?
① 비즈니스 ② 관광 ③ 기타

4. 이번 여행은 다른 항공사를 이용하셨어도 되셨습니까?
① 아니요
② 예(만약 그렇다면, 저희 회사를 선택해 주신 이유는 무엇입니까?)
① 가격 ② 시간의 편리 ③ 서비스의 질 ④ 평판 ⑤ 특전제도 ⑥ 기타

2. 서비스에 대하여

5. 저희들의 서비스에 대하여 평가해 주십시오.
① 모르겠다 ② 안 좋다 ③ 보통이다 ④ 좋다 ⑤ 멋지다

ⓐ 예약했을 때

- 접수담당원의 효율 ······························ ⑤ ④ ③ ② ①
- 접수담당원의 응대 ······························ ⑤ ④ ③ ② ①

ⓑ 공항에서

- 접수계의 효율 ································ ⑤ ④ ③ ② ①
- 접수계의 응대 ································ ⑤ ④ ③ ② ①
- 탑승순서 ···································· ⑤ ④ ③ ② ①
- 수하물 취급 ·································· ⑤ ④ ③ ② ①

6. 저희 회사에 대해 어떻게 느끼고 계십니까?
① 신뢰할 수 있다 ② 효율적이다 ③ 친근감이 있다 ④ 혁신적이다 ⑤ 편리하다 ⑥ 요금이 싸다
⑦ 유능하다 ⑧ 책임진다.

7. 지불하신 항공운임에 근거하여 가치가 어느 정도 있었다고 생각하십니까?
① 근사하다 ② 좋다 ③ 보통 ④ 좋지 않다 ⑤ 최저

8. 모든 것을 묶어, 이번의 비행여행을 어떻게 평가하십니까?
① 멋지다 ② 좋다 ③ 보통이다 ④ 좋지 않다 ⑤ 최저

9. 다음 항공사와 비교하여 저희들은 어떻습니까?
ⓐ 전체적인 서비스는
① 좋다 ② 비슷하다 ③ 나쁘다

10. 당신자신에 대하여

11. 직업
① 경영관리직 ② 전문직 ③ 공무원 ④ 영업직 ⑤ 학생 ⑥ 주부 ⑦ 퇴직자 ⑧ 여행업자 ⑨ 기타

12. 학력
① 대졸 ② 고졸 ③ 중졸 ④ 재학생

13. 연령
① 18세 미만 ② 18-24세 ③ 25-34세 ④ 35-49세 ⑤ 50-64세 ⑥ 65세 이상

14. 성별
① 남 ② 여

15. 연간수입
① 1백만 원 이하 ② 1백만 원-3백만 원 ③ 3백만 원-5백만 원 ④ 5백만 원-1천만 원
⑤ 1천만 원 이상

많은 협조에 감사드립니다. 기타 의견이 있으시다면 여백에 적어 주십시오.

[출처 : 원융희 외, 2003.]

제5절 고객의 소리

1 고객의 소리란?

고객의 소리(VOC : Voice of Customer)는 단순히 고객의 불만을 접수하고 처리하는 과정이 아니라 다양한 경로(Channel)를 통해 고객의 소리를 수집하고 이를 분석하여 가치 있는 정보로 만들어 기업 경영에 적극적으로 활용하는 것이다(ksac.co.kr, 2008).

고객을 유지하는데 들어가는 비용이 $10, 고객을 잃는데 10분, 고객을 다시 얻는 데는 10년이 걸린다. 이는 고객 서비스의 Ten, ten, ten 법칙이다. 고객을 한번 잃으면 다시 찾는 데 많은 노력이 필요하므로 사전에 고객을 잃을 수 있는 일들을 방지하는 것이 중요하다는 의미를 내포하고 있다. "고객이 무엇을 좋아하고, 싫어하는가?"를 정확히 알아내어 그에 맞는 서비스를 개발하는 방법의 하나가 고객의 소리에 귀를 기울이는 것이다(박휘섭 외, 2005).

고객의 소리는 고객으로부터 들려오는 모든 의견 및 불평, 건의사항 등과 고객 접점에서 담당자가 작성한 고객의 소리 카드(Card), 소비자 상담실의 접수 사항, 고객 엽서, 홈페이지(Homepage) 고객의 소리 등이 있다.

기업의 생존에 미치는 가장 큰 영향 중의 하나가 고객의 소리에 얼마나 빨리 대응하느냐이다. 고객의 소리에 귀를 기울이고 고객의 마음을 사로잡기 위하여 전 종업원이 신속하게 대응하는 것만이 기업이 생존경쟁에서 살아남는 방법의 하나이다.

2 고객의 소리를 통한 개선 절차

고객의 소리는 고객이 우리에게 원하는 소중한 자료이다. 이러한 고객의 소리를 접수하여 새로운 상품 및 서비스 개발에 적용하여 고객 중심의 신제품 및 서비스를 창출하여야 한다. 고객의 소리에 대한 처리 절차는 다음과 같다.

1) 고객의 소리 수집

고객의 소리를 수집하는 방법에는 고객의 소리 카드(Card)작성, A/S 센터의 접수 현황, 고객 접점의 직원의 고객 불평청취, 전화 상담, e-mail 접수, 홈페이지(Homepage) 고객의 글 등 다양한 방법으로 고객의 소리를 접수할 수 있다.

2) 고객의 소리 공유

접수된 고객의 소리를 전 직원이 공유하고 평가하여 진정 고객이 원하는 것이 무엇인지를 분류한다. 분류된 고객의 소리는 주제별로 개선 팀(Team)이 주제로 선정하여 개선을 추진한다.

3) 개선활동

개선 팀(Team)은 선정된 주제를 고객의 관점에서 개선을 추진하고 개선된 결과를 측정한다. 수집된 고객의 소리는 통계적 기법을 통하여 측정 분석하고 개선결과는 프로세스(Process)에 반영하여 전 직원이 공유하도록 한다.

4) 개선활동

개선결과는 문서로 만들고 고객에게 개선 결과를 홍보한다. 개선결과 프로세스(Process)가 지속해서 반영되는지에 대한 프로세스(Process) 점검을 통하여 측정한다.

3 단계별 고객의 요구사항 수집방법

고객들이 진정으로 원하는 것이 무엇인가? 그리고 시간이 지남에 따라 고객의 요구와 욕구사항, 고객 태도의 변화를 이해하는 데는 훈련과 인내력과, 창의성, 민감성, 과학 그리고 때로는 행운을 조합한 이상적 창의력이 필요할 것이다(고기전 외, 2003). 고객감동 경영을 통하여 고객의 요구사항, 경쟁사의 활동들, 시장변화를 지속해서 추적하고 갱신하는 전략과 시스템(System)이 고객의 소리(VOC) 시스템이다.

1) 1단계 : 전략 개발

(1) 고객의 소리 전략 개발

많은 기업은 서비스 상품을 개발하는데 고객의 요구사항을 잘 파악하지 못하고 있다. 이러한 문제점을 해결하기 위하여 고객의 소리를 기반으로 새로운 데이터(Data)에 기반 둔 서비스 상품 개발에 노력하여야 한다. 고객의 요구를 얼마나 명확하게 이해하고 고객의 소리에 주의를 기울이고 있는지 측정하는 것이 필수적이다.

(2) 고객의 소리 핵심요소 개발

효과적인 고객의 소리를 얻기 위하여 지속적인 관심과 집중이 필요하다. 일시적인 유행에 따른 고객의 소리를 얻는 것은 변화의 속도에 적응하지 못하는 발상이다. 고객의 소리의 핵심 요소는 누가 우리의 고객인가를 파악하는 것이다. 예를 들면 화난 고객, 특별한 것을 요구하는 고객은 새로운 프로세스(Process)를 개발하는데 시험할 수도 있다.

(3) 광범위한 조사방법 활용

과거의 고객 소리 조사법은 고객의 요구사항을 자세히 파악할 수 없었다. 전통적인 도구는 정보와 고객의 선호도는 정확히 파악하지만, 고객이 요구하는 세부사항은 파악하지 못하고 있다. 따라서 새로운 세대의 고객의 자료 수집 기법이 요구되고 있다.

〈표 1-3〉 고객의 소리 조사 방법

전통적인 방법	새로운 세대의 방법
• 설문조사 • 일부집단(Focus group) • 회담(Interview) • 정형화된 불만 시스템(System) • 시장조사 • 전문 구매 프로그램(Program)	• 목표가 있으며 다양한 수준의 인터뷰(Interview)와 설문조사 • 고객 채점표(Scorecard) • 데이터웨어하우징(Data warehousing)과 데이터마이닝(Data mining), 빅 데이터(Big Data) • 고객/공급자 '감사' • 품질 기능 전개

[출처 : 신완선 외, 2003.]

(4) 상세한 데이터 마이닝(Data mining)

고객의 소리를 통하여 고객의 핵심 요구 사항을 찾아서 시장의 변화에 한 발 앞서 나가는 것이 목표이다. 고객들은 자신의 정보가 노출되는 것을 꺼리기 때문에 효과적인 고객과의 의사소통은 쉽지가 않다. 따라서 고객들이 원하는 것을 명확히 찾아내기 위하여 데이터(Data)의 충분한 검토와 분석이 필요하다.

(5) 정보의 활용

많은 기업이 정보를 수집하여 이용 가능한 자료를 수집하였지만 수집된 정보로 새로운 프로세스(Process)에 이용하려고 하지 않는다. 정교하고 훌륭한 정보를 효과적으로 활용될 수 있도록 경영진의 적극적인 관심이 필요하다.

(6) 현실적인 목표부터 출발

고객의 소리를 수집하는데 하루아침에 이루어질 수 없다. 고객의 자료를 수집하기 위하여 처음부터 광범위하게 목표를 설정하는 것이 아니라 현재 기업의 약점을 보완해줄 자료 수집부터 출발하는 것이 효과적이다.

2) 2단계 : 표준 개발

(1) 고객의 구체적 요구사항의 개발

고객들이 원하는 구체적이고 객관적인 최종의 서비스 상품 및 서비스의 유용성과 효과성에 대한 조사 결과의 결과물 목록을 작성한다.

(2) 고객의 요구사항에 대한 설명서 작성

고객의 목소리를 통하여 얻은 분석 자료에 고객 요구사항에 대한 설명서를 구체적으로 작성하고 고객 요구가 발생한 원인을 설명하여야만 좋은 자료가 된다.

〈표 1-4〉 고객의 요구사항 설명 사례

잘못된 작성 사례	잘 작성된 사례
고객은 빠른 배달을 원한다.	고객은 주문 후 30분 이내 배달을 원한다.
고객은 가족처럼 대하기를 원한다.	고객이 들어오면 10초 이내 인사를 한다.
가정에서 쉽게 조립하기를 원한다.	성인이 10분 이내 조립할 수 있게 한다.

3) 3단계 : 요구사항 우선순위 정립

고객의 요구사항을 개선하기 위하여 주요 사항의 구체적인 활동 기준을 설정하고 우선순위를 결정한다.

학습 목표 요약

1. 고객 지향적 사고란 무엇인가?

고객 지향적 사고는 기업의 관점에서 개발하는 것이 아니라 고객의 관점에서 고객의 필요와 요구를 따라가는 것이다. 고객감동은 기업의 매출 상승과 신규 고객의 창출 그리고 기존 고객의 반복 구매에서 일어나는 고정 고객화가 가능하기 때문이다.

2. 고객감동 선행조건은 무엇이 있으며 왜 필요한가?

- 고객 접점에서의 최우선 : 고객 접점은 종업원과 고객과의 만남으로 전화 응대 및 종업원의 서비스 태도 등과 기업의 이미지, 실내 분위기, 공조시설 등의 고객감동에 미치는 모든 요소를 말한다.
- 정기적인 평가 : 제품 및 서비스에 대한 고객감동도 조사는 정기적으로 조사되어야 한다. 이러한 조사 방법은 항시 고객의 관점에서 고객의 관심사항과 고객의 변화 추이를 분석하여야 한다.
- 최고 경영자의 지도력 : 최고 경영자는 고객감동 조사 결과에 대하여 지속적인 관심을 가지고 최일선에서 고객감동 경영을 솔선 추진하여야 한다.
- 경영자의 의지 : 고객만족 경영을 저해하는 요인 중의 하나가 최고 경영자의 통솔력과 결단력 부족이었다. 고객감동경영은 변화에 흔들리지 않고 안정적으로 추진하기 위하여 최고 경영자의 강력한 지도력이 요구된다.
- 기업문화 : 고객감동경영 혁신을 통한 모든 변화를 구성원들의 행동규범(Norms)과 공유가치(Shared value)로 연결해 새로운 기업문화로 정착시키는 것이다.
- 종업원 만족 : 고객감동경영을 성공적으로 정착시키려면 내부 종업원을 만족하게 해야 한다. 자사의 상품과 서비스에 만족하지 못하는 종업원들이 자부심을 느끼고 고객에게 판매활동이나 서비스 활동을 하도록 기대하는 것은 힘들 것이다.

3. 고객감동 구성 요소에는 무엇이 있는가?

고객감동을 구성하는 3대 요소로 제품, 서비스, 이미지가 있다.

- 제품 : 제품에 대한 감동 도는 디자인(Design), 사용상 편리성 등 첨단기술, 하이터치(High touch) 제품으로 가치의 중대성이 이동
- 서비스 : 고객의 마음을 차지하는 방법으로서 서비스는 매장의 분위기, 고객 접점의 종업원 등의 행동은 고객의 감동 도에 많은 변화를 주고 있다.
- 기업 이미지 : 기업의 이미지는 고객감동 도를 향상하는 간접적인 영향 요소이다. 기업의 이미지로는 기업의 사회 공헌도, 환경경영 등 고객이 느끼는 기업의 경영활동도 고객감동에 중요한 요소이다.

4. 고객감동 측정방법으로 무엇이 있는가?

1) 고객 제안제도 이용
2) 설문조사 방법
3) 유령고객 이용
4) 이탈 고객 조사

용어해설

▶ 고객만족경영(Customer satisfaction management)은?

고객 지향적 사고로 경영의 목적을 고객 최우선으로 정하여 고객의 시선에서 제품과 서비스를 창출하는 것.

▶ 고객만족이란?

고객의 기대 수준에 부응하는 제품이나 서비스를 제공함으로써 고객이 그의 가치를 인정하는 것이고, 고객감동이란 고객이 전혀 기대하지 못했던 제품이나 서비스의 가치를 제공함으로써 고객에게 감동을 주는 것.

▶ 제품 중심 사고란?

좋은 제품을 만들어 시장에서 비싼 값으로 판매한다는 사고이다.

▶ 판매 위주의 사고란?

광고와 판촉을 주된 마케팅을 수단으로 한다.

▶ 고객지향의 사고는?

고객이 원하는 것이 무엇인지를 찾아서 이를 충족시켜 주는 제품 또는 서비스를 제공함으로써 고객감동을 끌어내는 경영

▶ 유령고객이란?

고객감동수준을 측정하는 방법으로 조사원이 고객으로 가장하여 제품과 서비스를 구매하는 과정에서 경험하는 강점과 약점을 보고하게 하는 방법이다.

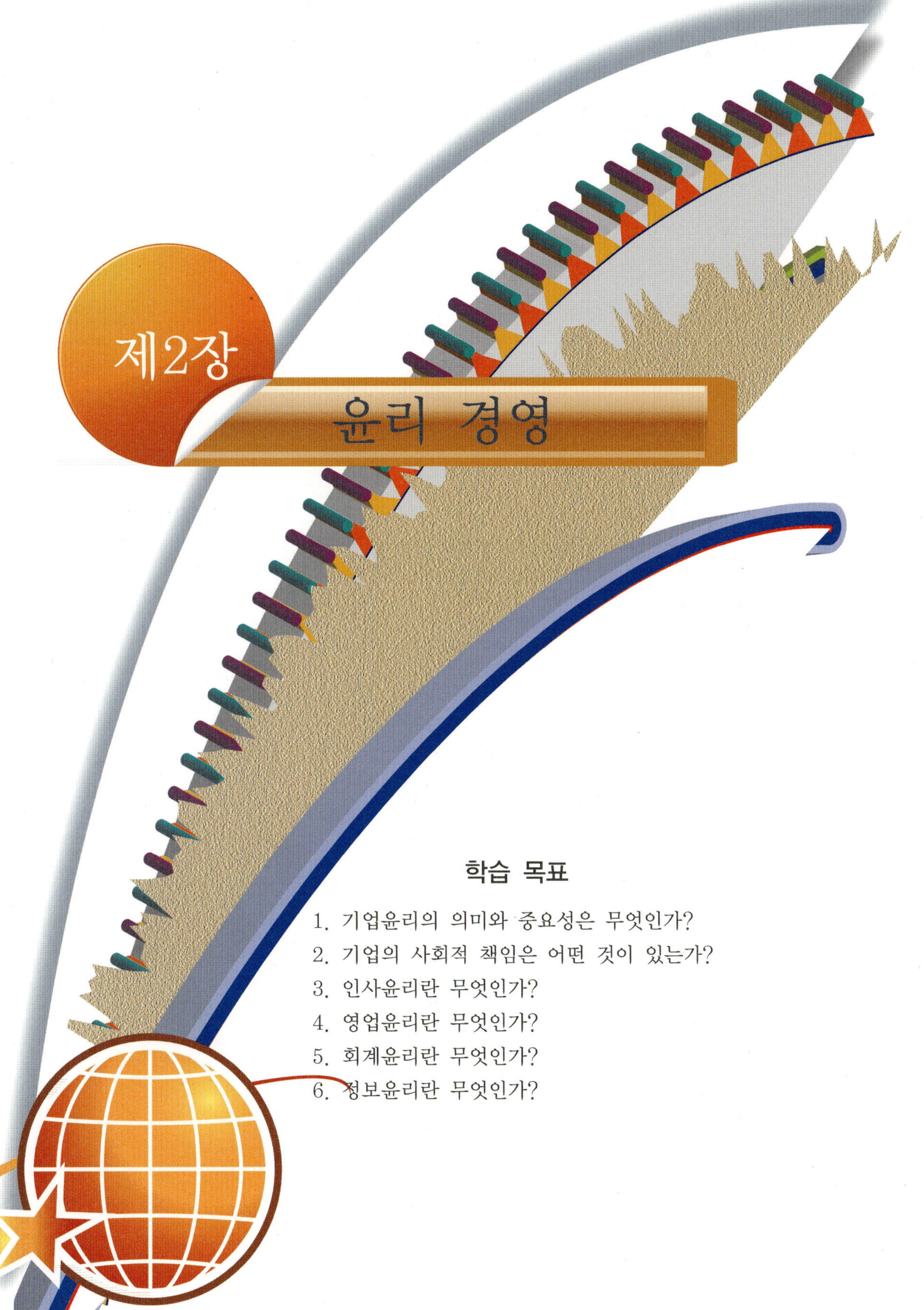

제2장 윤리 경영

학습 목표

1. 기업윤리의 의미와 중요성은 무엇인가?
2. 기업의 사회적 책임은 어떤 것이 있는가?
3. 인사윤리란 무엇인가?
4. 영업윤리란 무엇인가?
5. 회계윤리란 무엇인가?
6. 정보윤리란 무엇인가?

제1절 기업윤리경영

1  기업윤리의 이해

1) 기업윤리의 개념

윤리는 사회 및 공동생활의 질서와 규범을 밝히는 척도라고 볼 수 있다. 인간의 모든 행동이 사회와의 관계를 전제로 한다고 할 때 윤리란 인간이 지켜야 할 행동의 규범으로 정의할 수 있으며, 옳고 그름이나 선악에 관한 판단 기준의 체계로 정의된다. 윤리적인 기업 활동은 법적으로 정당한 행동을 말하며 넓게는 사회의 일반적인 도덕적 원칙과 부합되는 행동이다. 그러므로 경영자들은 윤리적이고 사회적 책임을 항상 염두에 두고 조직의 목적을 달성할 때 사회적 선의 실현에 이바지할 수 있다. 기업윤리의 주체자는 보편적으로 경영자가 기업에 있어 의사결정의 핵심이며 기업 활동의 실질적인 책임을 지고 있으므로 기업 윤리를 실천하는 주체로 볼 수 있다.

2) 기업윤리의 중요성

기업경영의 본질 내지는 기업의 목적과 관련하여 제기되는 가장 근본적인 문제가 기업 윤리에 대한 문제이다. 기업의 본질적 기능 면에서 재화의 공급과 이윤을 추구하는 경제적 기능만을 인정할 경우 기업 윤리의 개입 여지는 크게 줄어든다. 그러나 기업의 사회적 영향이 커진 현대 산업사회에 있어 단지 기업의 경제적 기능 측면만을 인정할 수는 없게 되었다. 기업의 사회적 책임과 기업 윤리의 실천을 동시에 조화롭게 추구하도록 요청하게 된 것이다.

학계와 사회 활동가들이 기업과 사회 사이의 이상적인 관계를 논의하게 됨에 따라 경영자의 의사결정과 관리 활동은 점차 관심의 대상이 되었다.

윤리는 도덕의 기준 또는 규범이 되는 인간 행위의 원리이다. 그러므로 윤리는 도덕적 원칙과 가치관의 기본이며, 경영자의 행동이나 결정의 판단 기준과 원칙이다. 기업윤리의 특징은 다음과 같다(박종만 외, 2003).

① 강제성을 띠고 있지 않다. 일반적인 사회윤리를 기업에 적용한 것에 불과하다.
② 사회가 용납하고 기대하는 기업 행동에 관한 불문율에 불과하다.
③ 명시적이기보다는 암시적(Implicit)인 성격을 띠고 있다.

우리 사회에서 기업윤리의 제정을 강요하거나 압력을 가하는 데는 실행적인 차원에서 문제점도 있지만, 기업계는 그런 방향으로 노력하지 않을 수 없는 것이 오늘의 현실이다.

2 기업윤리 경영의 환경 변화

1) 기업윤리 환경

경제성장에 따라 소비자는 더욱 향상된 삶의 질을 추구하며, 소비자가 요구하는 윤리적 가치 수준도 높아 가고 있다. 그동안 기업의 갑질 논란(대한항공 "땅콩 회항 사건", 금복주 "여성차별 : 결혼 앞둔 여직원 퇴사 종용", 미스터 피자 회장 "경비원 폭행", 몽고간장 회장 "운전기사 폭행")과 대형사고가 사회적 신뢰에 많은 영향을 미쳤다. 따라서 이와 같은 사회적 신뢰성을 회복하기 위하여 기업의 윤리경영을 요구하고 있다.

또한, 과거 기업의 관행으로 여겨왔던 뇌물사건들이 최근에는 기업의 윤리성으로 등장하고 기업의 신뢰성 하락의 주요 역할을 하고 있다. 그리고 기업의 지배구조 또한 부정적인 인식을 나타내고 있다.

2) 국제환경의 변화

국제화 시대에 돌입하면서 국제경쟁력의 하나로 부패방지에 대한 국제적 불공정거래도 나타나고 있다. 이처럼 국제적 윤리 경영은 뇌물, 탈세, 환경오염, 허위 과대광고 등 비윤리적 기업의 제품이나 서비스가 국제적 불공정거래에 해당되어 국제적 규제를 하고자 윤리 라운드(Ethic Round)가 제정되었다. 따라서 1995년 미국 정부는 '기업이 지켜야 할 원칙(Model Business Principle)'을 발표하였고 민간차원에서는 '기업의 사회적 책임(Social Accountability : saintl.org)'을 중심으로 윤리경영표준인 'SA 8000' 인증제도가 1998년도부터 시행되고 있다.

또한, 국제표준화기구는 사회적 책임 경영의 국제표준인 ISO 26000을 2010년

공표하였다. 유럽연합 등에서도 환경 쟁점(Issue)과 관련해 규제를 강화하고 있으며, 한국에서도 2009년 한국거래소가 SRI(Socially Responsible Investment) 지수를 발표했다. 즉, 기존의 재무적 성과와 함께 윤리경영 및 환경보호 등 비재무적 특성도 함께 고려하여 사회적 책임을 제대로 준수하는 기업들을 편입시켜 지수화하였다.

3) 경영윤리

기업은 혼자만으로 존재할 수 없다. 기업의 존재는 고객이 있기 때문이다. 이는 기업의 성장은 사회 즉, 고객과 함께 성장하는 것이다. 그러나 경영자는 의사 결정할 때 자기 이익모델에 집중하게 된다. 자기 이익모델이란 기업의 이기적 활동으로 가장 많은 고객에게 가장 큰 혜택을 주려고 하는 것과 기업 활동 목표를 이익 극대화로 설정하는 것 그리고 법규와 그동안 기업의 관행에 따른 행동과 능동적으로 행동하는 것을 말한다. 그러나 기업은 개인의 소유가 아니고 고객과 함께하는 사회적 존재로서 기업이 존속하고 성장하려면 사회이익 모델을 활용하여야 한다. 여기서 사회이익모델은 기업은 고객 또는 사회가 요구하는 제품과 서비스를 제공하여야 하며, 사회가 필요로 하는 가치를 창조하고 이와 같은 대가로 이익을 받아야 하며, 사회와 함께 지속 가능 경영을 추구하여야 한다. 그러나 기업은 경제적 가치를 추구하는 조직으로 적당한 수익을 창출하는 것이 사회이익 모델의 필수조건이다.

〈표 2-1〉 기업윤리의 자기 이익 모델과 사회이익모델

구분	자기이익 모델	사회이익 모델
목적	이익의 극대화	가치의 창조
시간영역	단기적	장기적
행동준칙	법규와 업계의 관행대로	봉사에 대한 적절한 보수 기대
기본가정	기업의 자기이익 추구가 최대다수에게 최대이익	사회가 필요로 하는 가치의 제공
수단	가급적 능률적 방법	지속되는 관계유지

[출처 : 이종영(2009), 기업윤리, 삼영사, P.32]

4) 기업윤리의 논의 대상

기업윤리의 문제는 특정 국가에 한정된 것이 아니라 전 세계적으로 공통으로 적용되어야 한다. 기업윤리에서 다루어야 할 문제들을 가치이념 중심으로 분류하면 공정한 경쟁 관계, 고객에 대한 성실성, 공평한 투자, 종업원에 대한 인간 중심의

존엄성, 지역사회에는 기업 시민으로서 역할 추구, 엄정한 정부와의 관계 유지, 국제거래에서의 공정성, 지구환경문제 함께 참여 등을 기업이 추구하는 가치 이념의 대상으로 논하여야 한다.

3 경영행동과 윤리적 책임

1) 생존을 위한 윤리

기업 목적은 경제적 목적과 사회적 목적으로 크게 나눌 수 있다(전용수 외, 1997).

경제적 목적은 재화와 서비스의 생산으로 사회적 생활 향상에 이바지(공헌)함으로써 그 대가(유인)로 이윤을 획득하는 경제적 합리성(Rationality)을 추구하는 것이고, 사회적 목적(또는 비경제적 목적)은 사회 구성원의 정신적 가치나 목표, 또는 그 사회가 지향하는 이념에 부합하는 활동을 함으로써 사회적 정당성(Legitimacy)을 확보하는 경영활동이다. 기업의 궁극적인 목적은 일차적으로 살아남는 것이고, 생존의 연장선에서 유지·발전을 꾀하는 유효성을 확대해야 한다. 그러기 위해서는 외부환경에 대한 적응적 행동을 통합하여 변신 능력과 내적 환경에서의 조직 활력(Vitality)과 내생력(Endogenous power)에 의한 혁신능력이라는 두 가지 조건을 충족시켜야 그 결과로써 경제적 성과를 얻는다(전용수 외, 1997).

개발도상국에서는 외적·내적 적합상태가 다소 부실하더라도 그 결과인 경제적 성과만 크면 사회적 공헌이 있는 것으로 생각되었으나 성장의 후유증이 사회적 문제가 되고 경제적 목적의 추구 결과 공해와 소비자 문제, 부와 기회의 편재, 가치체계상의 혼돈 등과 같은 역(逆)기능이 현저해짐에 따라 경제적 성과와 같은 산출 지향적, 결과 지향적 성과보다도 과거 지향적 성과인 사회적 성과를 중요시하게 되었다. 오늘날에는 경제적 성과인 산출과 결과를 중시할 경우는 강하고(Strong), 큰(Big) 기업이 경영의 일차 목표가 되었으나 점차 환경적응력이 우수하여 비교우위에 의한 경쟁력 확보에 중심을 둠으로써 공생 기업의 개념 정립에 이른 것이다.

2) 윤리적 접근방법

윤리적 접근방법은 공리주의 기준, 도덕적 권리주의, 사회정의 기준이 있다. 이러한 세 가지 기준은 사회의 진화나 성숙도에 따라 단계적으로 개념이 확장되는 것으로 기준을 조화시켜 가고 있다(박종만 외, 2003).

(1) 공리주의 기준

공리주의는 최대 다수의 최대 행복을 의사결정이나 행동의 기본원리로 삼는다. 다수의 이익을 위해서 소수의 이익은 희생될 수 있다는 전제에서 출발한다. 양질의 제품과 서비스를 싼값으로 제공하기 위한 시장 경쟁 때문에 발생하는 파산이나 실직(失職)도 공리주의적 관점이다.

공리주의적 관점에서 보면 이익 극대화, 능률성, 조직 이익의 우위 개념을 정당한 것으로 본다. 기업은 이해관계자 집단의 요구를 충족시킬 의무가 있고 이익 극대화는 이 목적을 달성하기 위한 수단이다. 이익은 소비자들을 만족하게 한 대가로 얻어진 당연한 권리이고, 능률성도 조직의 목적 달성을 위해서 뿐만 아니라 투입되는 요소 원가를 최소화하고 폐자원이나 공해와 같은 외부원가를 극소화해 주기 때문에 필요하다.

(2) 도덕적 권리주의

개인적 윤리의 발달단계에서 보면 가장 발전된 것으로 인권선언(Declaration of Human Rights)[2]과 권리장전(Bill of Rights)이 있다. 이는 인명의 존엄성과 안전, 자유, 보건, 사생활, 사유재산 등에 관한 인간의 기본권을 의사결정과 행동의 기준으로 삼고 있다.

(3) 사회정의 기준

사회정의의 중심개념을 형평성(Equity), 평등성(Equality), 공평성(Fairness)에 두고 편익과 원가 배분 상의 원칙으로 하는 경우다. 형평성은 공헌도에 따른 분배를 주장하는 능력주의 원칙을 말하고 분배 주의 기준이 된다. 평등성은 인간의 생존권을 보장하는 것으로 최소한의 생계를 보장하는 필요의 원칙이며, 사회적 의무의 기본이다. 공평성은 기회균등과 상호주의 원칙의 기준이다.

2) 프랑스혁명 때인 1789년 8월 26일 제헌국민회의가 인간의 자유와 평등, 지항권, 주권재민 등 인간으로서 누려야 할 권리를 공포한 선언.

제2절 기업의 사회적 책임

1 사회적 책임의 개념

사회적 책임(Corporate social responsibility)이란 개념은 1930년대 복지국가 자본주의의 개념이 성립됨에 따라 표현되었으며 1953년에 보웬(H. R. Bowen)의 기업가의 사회적 책임(Social responsibility of the businessman)에서 처음 언급되었으며 사회적 책임의 개념을 발전시키는 데 공헌하였다. 사회적 책임에 대한 몇 가지 정의를 살펴본다(박종만 외, 2003).

첫째, 사회적 책임은 우리 사회의 목표나 가치적 관점에서 바람직한 정책을 추구하고, 의사결정을 하거나 행동을 추구해야 하는 기업인의 의무이다.

둘째, 사회적 책임은 기업 활동으로 인해 발생하는 문제의 관점과 기업의 사회적 관계를 지배하게 되는 윤리원칙의 관점에서 올바른 정책, 바람직한 정책을 추구하고, 의사결정을 하거나 행동을 추구해야 하는 기업인의 의무이다.

셋째, 사회적 책임은 기업이 사회에 대하여 경제적 및 법적 의무뿐만 아니라, 전체 사회에 대한 책임까지를 의미한다.

넷째, 사회적 책임은 개인·조직·사회제도 간의 상호의존성의 인식과 그러한 인식을 도덕적·윤리적·경제적 가치의 틀 안에서 행동으로 옮기는 것이다. 이것은 시스템론(Theory of systems)적 관점에서 본 사회적 책임의 정의라고 할 수 있다(김문중, 1997).

기업의 사회적 책임은 기업 활동과 관련해서 야기되는 사회적 제 문제를 해결함으로써 일차적으로 투자자 중심의 직접적 이해관계자, 그 집단, 사회 일반의 욕구와 기대를 충족시켜주어야 하는 기업 행위의 규범적 체제로 정의할 수 있다(신유근, 1986).

학계와 사회 활동가들이 기업과 사회 사이의 이상적인 관계를 논의하게 됨에 따라 경영자의 의사결정과 관리 활동이 점차 관심의 대상이 되었다.

사회적 책임의 논의는 ① 사회에 긍정적·부정적으로 영향을 미치는 제 활동에 대해 기업이 어떤 책임을 져야 하는가를 결정하는 것이다. ② 사회적 문제를 낮추거나 해결하는 조직이 얼마만큼의 책임을 져야 하는가를 결정하는 것이다. 이것들은 모두 모든 조직이 자체의 목표 추구를 초월하여 사회에 의무를 갖고 있으며, 따라서 조직을 사회에 혜택을 주는 방향으로 활동해야만 한다고 주장하는 기업의 사회적 책임으로 알려진 개념의 핵심이다. 일반적으로 사회적 책임을 네 가지 수준 즉, 경제적, 법적, 윤리적 그리고 자유 재량적 수준에서 검토해 볼 수 있다.

첫째, 프리드만(M. Fridman)은 "기업의 유일한 사회적 책임은 이윤 극대화이다"라는 주장을 한 바 이에 따르면 경영자들이 사회문제에 관여함은 극대 이윤추구 관점에 의거 전통적 기업 활동과 갈등을 일으킬 수 있다.

둘째, 기업은 각종 법과 규정의 범위 안에서 활동을 추구하여야 하는 법적 책임이 있다. 모든 경영자는 법적으로 정당한 두 가지 이상의 대안 중에서 하나의 행동과정을 선택하지 않으면 안 된다.

셋째, 기업은 무엇이 올바른가를 결정하고 그에 따라 행동하는 것과 관련된 윤리적 책임이 있다. 기업 윤리관은 "기업경영이라는 상황에서 나타나는 행동이나 태도의 옳고 그름이나 선과 악을 구분해 주는 판단 기준과 도덕적 가치와 관련된 기업경영의 의사결정 과정"으로 기업은 윤리적 수준의 사회적 책임을 다하지 않으면 안 된다.

넷째, 사회적 책임은 개개인의 판단과 선택에 완전히 맡겨 버리는 자유 재량적 책임이다. 이 책임은 법에 따라 강요되는 것도 심지어 윤리적 의미에서 조직에 기대하는 것도 아니다.

우리나라를 비롯한 대부분의 개발도상국 시장은 불완전 경쟁상태가 지배적이기 때문에, 이른바 시장의 자동적 조절력이 상당히 상실되고 있다. 시장의 자동적 조절력이 약화하게 되면, 경제는 자연히 조화될 수 없게 되며 경제구조의 변화로 경영자의 사회적 책임문제가 거론되게 된다.

2 기업 윤리와 사회적 책임의 관계

기업의 사회적 책임(Corporate social responsibility)은 기업 활동과 관련해서 야기되는 사회적 제 문제를 해결함으로써 일차적으로 투자자 중심의 직접적 이해관계자, 넓은 의미에서 사회 일반의 요구와 기대를 충족시켜 주어야 하는 기업 행위의 규범적 체계로 정의할 수 있다. 윤리란 행위의 옳고 그름과 선과 악을 구분해 주는 원칙의 집합을 의미한다. 따라서 윤리에는 뚜렷한 대상이 없으며 또한 구체적 지위나 역할도 필요로 하지 않는다.

1) 경영윤리와 사회적 책임의 비교

경영윤리와 기업의 사회적 책임은 다음과 같은 네 가지 관점에서 개념상의 차이가 있다.

첫째, 경영윤리는 경영의 의사결정과 행동에 대하여 옳고, 그름을 가리는 가치판단의 기준이 되고 사회적 책임은 의사결정과 행동의 대(對) 사회적 영향력이라는 사회적 결과를 중시한다.

둘째, 경영윤리는 사회적 윤리 규범에 대응하는 개념이고 사회적 책임은 사회적 요구나 기대에 대응하는 규범체계이다.

셋째, 경영윤리는 외부환경의 압력에 의해 강제되는 소극적·수동적 개념이고 사회적 책임은 기업의 자유의지에 따른 적극적 능동적 개념이다.

넷째, 경영윤리는 조직 구성원이라는 인적 자원이 강조되는 반면 사회적 책임은 환경 집단에 대한 조직 차원에 중심을 둔다.

그러나 위와 같은 해석상의 차이가 있음에도 불구하고 기업의 인적·조직적 사회반응이라는 점에서 다음 네 가지 측면의 상호 관련성 또는 통합적 의미를 지닌다.

〈표 2-2〉 경영 윤리와 사회적 책임의 비교

	경영윤리	사회적 책임
차이점	1. 의사결정과 행동의 판단기준 사회적 결과 중시 2. 사회적 윤리대응 책임대응 규범 3. 소극적·수동적 개념 외부압력 4. 인적 자원	1. 사회적 결과에 초점 2. 사회적 요구 기대 대응 3. 적극적·능동적 개념 4. 조직의 차원 환경집단에 대한 대응
상호 관련성 유사점	1. 사회적 영향력과 역할 강조 2. 사회의 제 가치·규범·기대대응 3. 판단기준이 되고 법률적 기초가 되는 점 4. 행동과 결정의 선후·표리관계로 발전 동조	

첫째, 기업의 대 사회적 영향력과 사회적 역할을 강조하는 점이다.

둘째, 기업 활동에 대한 사회적 제 가치, 규범, 기대 등에 대응하는 기업의 대응

행동이라는 점이다.

셋째, 기업의 의사결정과 행동에 대한 판단 기준을 제시하고 의사결정, 행동, 행동의 결과 사회적 평가라는 일련의 과정을 지니며, 행동의 규범으로서 강제성을 지는 법률적 기초가 된다는 점이다.

넷째, 사회적 책임의 범위가 확장되면서 경영윤리의 인적 수준과 동등한 위치로 향상되고 선후의 관계, 표리의 관계가 있을지라도 개념 발전상 동조하는 관계에 있다.

2) 사회적 책임의 범위

기업의 사회적 책임은 경영의 윤리적 행동 또는 의사결정의 기준을 받아들여 주주 부의 극대화 책임으로부터 전환 발전되어 이해관계자 집단에 대한 책임으로, 다시 사회정의의 내용을 대폭 수용하는 적극적 사회적 책임으로 책임의 범위가 확장됐다.

(1) 주주 부의 극대화 책임

기업은 경제적 목적 지향적 행동을 통하여 주주 이익과 장기적 이익을 극대화하는 주주 부의 극대화 책임을 져야 한다. 기업이 만일 법률에서 요청하지 않는 사회적 문제 해결에 까지 관심을 보이고 책임을 부담하게 되면 그 부담은 원가와 비용의 형태로 소비자에게 전가될 것이며 결국 사회의 이익을 감소시키게 된다는 것이다.

(2) 이해관계자 집단에 대한 이해 조정 책임

이해관계자 집단은 다양하다. 따라서 기업은 이들 집단내의 이해를 조정하는 책임을 지니며 이 주장은 다음의 세 가지 논리에 기초하고 있다.

첫째, 이해관계자 집단내의 갈등은 곧 기업의 생존기반을 위협할 것이다.

둘째, 주주의 부란 자본시장 평가에 의존하는 것으로 이해관계자 집단의 사회적 책임은 이 집단의 수준 높은 의식에 달려 있다. 높은 수준의 의식은 기업의 사회적 가치를 높여서 기업의 주가를 올린다.

셋째, 이해관계자 특히 정부나 압력단체의 간섭을 최소한으로 배제할 수 있어 기업 활동과 의사결정 상의 자율권이 보장되고 기업의 이미지 개선으로 기업의 가치를 높여준다.

(3) 적극적 사회적 책임

기업이 사회적 기대에 수동적으로 반응하는 것이 아니라 적극적으로 환경변화를 수용하고 창조적으로 대응함으로써 사회의 여론을 주도하고 사회발전의 핵심 주체가 되어야 한다는 주장이다. 적극적 사회적 책임을 경영 행동과 의사결정의 기초로 하면 사회적 역할을 폭넓게 해석·수용해야 하며 경제적 이익보다 여론이나 사회적 목적에 충실하거나 솔선해야 한다.

3) 사회적 책임의 내용

기업과 기타 조직에 적용되는 사회적 책임은 환경, 에너지, 소비자운동, 사회활동, 정부 관계, 사회의 소수집단에 대한 역할, 노사관계, 주주와의 관계, 기업의 자선활동 등에 대한 책임이 있다.

이러한 경영자의 사회적 책임 가운데도 특히 구체적으로 중요한 몇 가지를 보면 다음과 같다.

① 기업의 유지 및 발전에 대한 책임
② 종업원의 복지향상에 대한 책임
③ 이해집단의 이해 조정에 대한 책임
④ 공해 발생 방지에 대한 책임
⑤ 기술개발에 대한 책임
⑥ 후계자 육성에 대한 책임이다.

〈표 2-3〉 활동분야별 기업의 사회적 책임내용

활동분야	구체적 내용
환 경	환경공해의 예방과 처리문제, 자연자원의 보존
에 너 지	생산에 있어서의 에너지 보존, 제품의 에너지 능률증대 노력, 기타 에너지 절약계획
소비자운동	진실을 밝힐 책임, 제품보증과 사후관리(After service), 유해제품 통제
사회활동	지역문제에 대한 협조, 보전시설 및 교육문제, 자원봉사자들에 대한 지원
정부관계	국회활동에 대한 제한, 정치적 활동에 대한 통제
사회의 소수집단에 대한 역할	실업자 교육, 평등한 취업기회의 보장, 미개발 지역에 공장설치
노사관계	종업원의 안전과 건강관리, 유아원 설치
주주와의 관계	이사 선임, 재무상태의 개선
기업의 자선활동	문화예술에 대한 재정적인 지원, 연구 및 교육을 위한 지원, 기타 자선행위를 위한 지원
경제활동	기업합병의 통제, 거대산업의 분산, 특허권 사용에 대한 제안

(1) 기업의 유지 및 발전에 대한 책임

기업은 많은 사람의 주주가 출자하고 그 기업에서 생활의 원천을 구하는 많은 종업원이 있으며 또한 고객들에 의하여 유지된다. 이처럼 경영을 둘러싸고 있는 이해관계자에 의하여 기업은 존재하고 있으므로, 제품의 능률적 생산과 수익의 합리적 배분이 지속적으로 행하여져야 한다. 그러는 데 필요한 이득의 획득이 선결되어야 한다. 이러한 이윤은 곧 기업 존속을 위한 적정이윤(Adequate profitability) 또는 최저 필요 이윤(Necessary minimum profit)으로 이것이 '본원적 사회적 책임'이라고 하겠다.

(2) 종업원의 복지향상에 대한 책임

기업이 인간관계를 최적으로 유지하고 종업원의 협력태세를 확보하지 못하면 기업에서 원하는 성과 달성을 할 수 없다. 따라서 종업원들에게 인간적·사회적·심리적·경제적 만족감을 주고 사기를 높여 자주적 협력을 끌어내도록 적합한 통솔력(Leadership)이 필요하다.

경영자의 경영참가나 복리후생 등의 인간관계적 관리방식을 통하여 노동자의 인간적, 사회적 행복을 보장한다는 것이 경영 사회의 안정화를 가져다주는 데 매우 중요하며, 그것은 경영자에게는 하나의 사회적 책임이 된다. 그렇게 함으로써 근로자의 인간적·사회적 복지가 이룩되고 양질의 노동과 능률이나 생산을 기대할 수 있으며 대립관계도 완화하는 계기가 된다.

(3) 이해집단의 이해 조정에 대한 책임

이해집단(Interest groups)이란 기업환경을 형성하는 환경요인으로 경영자는 주주에게 일정한 이익배당을 보장하며 노동자에게는 적정한 임금을 지급하고 고용의 안정과 양호한 노동조건의 확보를 보장하며, 소비자에게는 소비 지향적인 기업 운영을 통해 더욱 좋은 상품을 낮은 가격으로 공급하여야 한다.

하지만 이러한 이해관계는 그 하나를 극대화하면 다른 것을 희생하여야 한다는 이율배반적인 경우가 있으므로 그사이의 조정방법을 세워 균형을 유지하는 것이 경영자의 사회적 책임이다.

기업을 둘러싼 이해 관계자 집단 내에서도 이해관계는 다양하고 상충하는 경우가 많다. 따라서 기업은 이들 집단내의 이해를 조정하는 책임을 진다.

(4) 공해 발생 방지에 대한 책임

공해는 '환경오염'이라고도 한다. 대기를 오염시키는 매연, 먼지, 악취 및 가스와 화학적·물리적·생물학적 원인에 의하여 하천을 오염하는 공업 폐유, 사업장 폐수 및 일반 하수와 소음 또는 진동으로 인하여 발생하는 보건위생상에 미치는 일체의 위해를 말한다. 그 피해자는 언제나 지역사회의 주민이다. 그러므로 경영자들은 공해를 예방하고 지역 사회인이 명랑하고 건강하게 안주할 수 있고 활동할 수 있도록 최대한 공해를 예방이나 배제하여야 한다. 또한, 경영자는 피해가 발생하면 이에 대한 보상과 더불어 이를 방지하기 위해 적극적인 노력을 하고, 충분한 사회비용의 투입과 공해발생 원인인 낡은 시설의 대체에 항상 대비하고 대응하여야 한다.

(5) 기술개발에 대한 책임

기업 간의 경쟁 격화는 기업에 있어서 기술혁신에 의한 신제품 개발의 필요성을 가속하고 있다. 따라서 신제품 개발의 가능성은 부단히 연구·개발(R&D) 관리의 확충과 생산성 향상으로 사회적 이익이 증대되는 방향으로 전개되어야 한다. 기술의 개발과 연구는 우리 기업의 생존과 발전에 있어 필수 불가결한 것이다.

(6) 후계자 육성에 대한 책임

경영자의 사회적 책임은 통상적으로 대외적인 책임을 의미하나 대내적인 의미로는 경영에 참여하는 모든 참가자의 자발적 협동을 확보하고 그로 인해 전인격적 참여에 의한 능력 발휘의 기회를 제공하여 주체적 참여인으로써 후계자 양성이 요구된다. 이처럼 유능한 후계자 양성을 통하여 지속적 기업성장이 기대되는 것이다.

3 도덕적 해이와 대리인

1) 도덕적 해이

도덕적 해이(Moral hazard)는 계약의 당사자 가운데 한 사람의 행동이 드러나지 않는, 숨겨진(Hidden) 행위로 인하여 상대방 계약자가 비용을 추가로 부담하거나 그러할 가능성이 커지는 현상이다. 도덕적 해이는 여러 부분에서 관찰될 수 있다. 운전보험에 가입한 이후에 운전에 대한 조심성이 약해지고 난폭하게 운전하는 경우나 화재보험에 가입한 이후에 화재예방을 소홀히 하는 경우도 도덕적 해이이다.

도덕적 해이는 보험에서만 해당하는 현상은 아니다. 혼자서 점포를 운영하기 어려운 주인이 함께 일할 종업원을 고용했다. 주인과 교대로 상점을 지켜야 한다. 대부분의 종업원은 주인처럼 열심히 일하겠지만 그렇지 않은 종업원도 있을 것이다. 주인이 상점에 없으니 종업원이 일을 소홀히 해도 주인은 알 수가 없다. 종업원의 근무 태도는 보이지 않는 행위이다. 만약 종업원이 일을 소홀히 해서 주인이 손해를 본다면 이 또한 도덕적 해이이다.

도덕적 해이라는 용어를 처음 사용한 경제학자는 애로(Kenneth J. Arrow) 교수이다. 진료비용 대부분을 보험회사가 지급하는 의료보험에 가입한 환자들은 보험이 없을 때 보다 더 자주 병원에 가는 경향이 있다. 이 병원 저 병원을 찾아다니며 의료쇼핑을 하는 감기 환자의 경우도 발생한다. 의료비용 절감에 성과보수(Incentive)가 취약한 병원은 오히려 수입을 늘리기 위한 과잉진료가 늘어난다.[3)]

도덕적 해이는 정보를 가지고 있는 자신의 행동이 정보를 가지고 있지 못한 상대방에 의해서 정확히 파악될 수 없다는 점(정보의 비대칭성)을 이용하여 상대방의 처지에서 보면 바람직하지 않은 행동을 취하게 되는 현상이다(이명호 외, 2016).

2) 대리인 문제

도덕적 해이와 대리인 문제는 본인과 대리인 관계에서도 나타나는데 이를 주식회사의 소액주주와 전문경영인 간의 관계 측면에서 보면 전문 경영인은 소액주주들의 전권을 위임받은 경영자는 대리인이라고 할 수 있다. 이때 대리인인 전문 경영자는 주주의 부를 극대화하기 위하여 최선을 다해야 하지만 종종 자신의 이익을 채우기 위하여 기업의 자원을 낭비하는 도덕적 해이를 일으키기도 한다. 이를 대리인 문제라고 한다. 예로 활동비나 판공비의 과다 계상, 각종 특혜수당, 회사의 자동차나 비행기를 업무 이외의 이용, 지나치게 높은 퇴직금 책정 또는 이익을 부풀려 자신의 능력을 과대 포장하고 성과급을 많이 받으려 한다거나 자리 보존을 위하여 큰 투자성과를 가져다줄 수 있는 고위험 투자를 회피하는 행위는 전문 경영자 개인에게는 이익이 되지만 주주에게는 손해를 끼치는 행위들을 도덕적 해이에 의한 대리인 문제라고 할 수 있다(이명호 외, 2016).

---

3) http://navercast.naver.com : John Cassidy, How Markets Fail.(FSG, 2009).

3) 대리인 비용

위에서와 같이 주주와 경영자 간의 대리인 문제는 주주의 감시 비용과 경영자의 확증 비용 그리고 잔여 손실이라는 3가지 형태의 대리인 비용이 발생한다(이명호 외, 2016).

(1) 감시 비용 지출

주주는 대리인인 경영자가 자신들을 위해 경영활동을 수행하도록 감시 비용을 지출한다. 이는 외부 회계감사제도나 사외이사제도 등에 드는 비용과 성과급제도, 주식옵션제도(Stock option plan) 등에 드는 비용을 의미한다.

(2) 확증 비용

경영자 입장에서 주주들에게 최선을 다하고 있다는 것을 확증하기 위하여 드는 비용으로 경영자가 경영 의사결정에서 주주를 위한 것임을 주주에게 설득하기 위하여 경제적, 시간적인 노력을 투입하게 되는데 이러한 노력 자체는 회사 차원에서는 손실이 된다.

(3) 잔여 손실

감시 비용이나 확증 비용 외에 경영자가 기업을 위한 최적의 의사결정을 하지 않음으로써 발생하는 기업가치의 손실을 말한다.

제3절 업무별 책임윤리

1 인사윤리

1) 인사윤리 중요성

윤리적 인사관리 정책으로서 과거의 인사는 권력과 명령을 바탕으로 이익 극대화, 종업원 무조건 충성, 법 테두리 안에서의 무질서, 관행이 앞서는 행정 사고방식에서 탈피하여 미래 기업이 존재하려면 사회공헌을 약속하고 지키며, 종업원은 이익 추구 수단이 아닌 협력자이며 기업의 주주로서 임무를 수행하며 관행을 벗어나 사회적 가치에 적합한 인사제도가 필요하며 종업원 인권에 대한 존중이 필요하다.

2) 정당하게 일할 권리

종업원을 부당하게 해고해서는 안 된다. 해고의 사유는 여러 가지가 있지만, 종업원이 이해할 수 없는 해고는 부당한 해고 사유가 될 수 있다. 또한, 부당한 승진 누락이나 기업의 이윤만을 추구하기 위한 해고는 부적절한 경영이다. 꼭 해고하여야 한다면 사전 해고 통보를 통하여 해고사유가 이해할 수 있고, 다른 직장을 찾을 수 있는 시간적 기회를 부여하여 준다.

3) 정당한 보수

종업원이 제공한 근로에 대한 정당한 보수를 받을 권리가 있다. 기업이 일시적으로 적자상태가 와도 경영자는 계약된 보수를 지급할 의무가 있다. 고통분담은 서로가 합의된 상태에서 애사심에서 일어나야 한다. 또한, 남·여 간의 보수 차이 제도는 철폐하고, 연공서열식 차등 보수제도보다는 능력에 따른 차등이 효율적이다.

4) 사생활 보호(Privacy)

경영자는 개인적 사생활을 지켜 줄 책임이 있다. 예로 직장 내 성희롱 예방과 같은 프라이버시(Privacy)를 지켜주어야 하며, 안전하게 일 할 수 있는 작업 환경과 작업장의 모든 위험요소는 제거해야 한다.

5) 비밀보호

종업원은 직무수행과정에서 얻게 된 회사의 비밀 또는 전문지식(Knowhow) 등을 지킬 의무가 있다. 또한, 직장은 필요하면 다니고 필요 없으면 떠나는 장소가 아니다. 이직사유가 발생하여 부득이 직장을 떠나면 전 직장의 업무상 기밀은 지켜야 한다.

2 영업윤리

1) 마케팅조사 윤리

마케팅 전략을 수립하기 위하여 고객 조사를 할 때 지켜야 의무로서 조사대상 고객을 절대 속이지 말아야 한다. 또한, 사생활을 침해해서는 안 된다.

2) 제품 판매 윤리

한탕주의식 제품 판매정책은 생각하지도 말아야 한다. 이와 같은 전략은 제품안전에 대한 불감증이 나타나면, 모방제품 판매, 해로운 제품, 혐오 제품 등 사회적 비난을 받는 제품 판매에 눈독을 들이게 된다.

3 회계 윤리

회계 윤리는 재무적 성격을 갖는 거래나 사상을 일정한 윤리적 기준에 따라 화폐액으로 기록하고 분류 및 요약하여 그 결과를 올바르게 해석하는 기술이다. 따라서 회계 윤리는 회계책임을 이행하는 것이며, 회계보고서에 정확하게 정리하고 회계적 사실을 윤리적, 도덕적 기준에 따라 반영하는 것이라 정의한다. 회계 윤리는 정보 이용자가 합리적 판단이나 윤리적 의사결정을 행할 수 있도록 경제적인 정보를 인식하고 측정하고 전달하는 과정에 부정이 개입되어서는 안 된다는 철학이다. 따라서 회계 윤리는 회계 목적의 정확성을 인식하여 회계에 윤리적 기능을 보완해야 한다. 회계 윤리의 목적은 보고 목적의 윤리성, 관리 목적의 도덕성, 사회정의를 실현하는 목적도 갖고 있어야 한다. 그리고 회계적 기능이 회계책임의 이행을 명시하는 회계 공시와 기업 회계기준 그리고 공인회계사의 윤리성이 바로 정립되고 난 다음에 경제적인 자료를 분류 측정하여 정리하는 기능과 이해관계자들에게 전달하는 기능에서 바르게 시행되어야 한다(김성수, 2010).

4 정보윤리

정보윤리는 정보통신 기술이 만들어 낸 새로운 공간에서 우리가 행동해야 할 지침으로 다음과 같은 일반적 원칙을 제시하고자 한다.

1) 존중과 존경

존중은 사람이나 사물이 지닌 고귀한 가치를 뜻하는 것으로 자신의 존중에서 출발한다. 이처럼 정보사회의 존중은 다른 사람의 지적 재산권, 사생활, 다양성 등을 인정하고 대우하여야 한다는 것이다. 사이버(Cyber) 공간에서 상대방을 볼 수 없다는 특성 때문에 특히 상대방의 절대적 존중이 요구되고 있다. 이와 같은 사이버(Cyber) 공간에서의 존중이 무너지면 투쟁의 장으로 변하게 된다.

2) 책임과 권한

사이버 공간에서는 나의 부적절한 행동으로 인하여 수많은 사람 또는 기업이 피해를 볼 수 있다. 예로 메일(E-mail)에 바이러스(Virus)를 첨부하는 행동 등은 다른 사람에게 피해를 주는 정보화 사회가 창출한 문화를 파괴하는 행동이다. 따라서 정보화 사회에서 나의 행동이 다른 사람에게 어떠한 피해를 주는지 신중하게 판단하여야 한다.

3) 정의

정보사회에서 정의의 원리에 따라서 참되고 공정한 정보를 교환하여야 한다. 타인의 권리를 함부로 침해해서는 안 된다.

4) 악의적 행동 금지

사이버(Cyber) 공간에서 폭력행사, 크래킹(Cracking)[4], 바이러스(Virus) 배포, 기업 정보 유출 등과 같은 악의적 행동을 금하여야 한다.

이처럼 정보사회가 창조한 사이버(Cyber) 공간은 사회적 실재감을 저하함으로써 자아도취를 부추기는 속성을 지니고 있다. 이는 현실 공간에서 더욱 강한 자기 통제력을 요구한다.

〈표 2-4〉 기업윤리에서 추구하는 가치이념과 문제들

구분	행동규칙
존중	- 불법 소프트웨어(Software) 복제 금지 - 통신예의 말과 글 사용
책임	- 바이러스(Virus) 생성 및 배포금지 - 개인정보 남용 및 오용금지
정의	- 불건전한 정보 생성 금지 - 정확하지 않은 정보 배포 금지
악의적 행동 금지	- 크래킹(Cracking) 금지 - 바이러스(Virus) 유포금지

5 연구 윤리

1) 연구 윤리의 의의

연구 윤리(Research ethics)란 윤리학에서 다루는 근본적인 윤리 원칙들을 과학적 연구와 관련된 다양한 쟁점에 적용하는 것이다. 연구 윤리에서는 인간과 동물을 대상으로 하는 실험 설계와 이행, 연구 부정행위(위조, 자료의 날조, 복제), 내부고발, 그리고 연구 규제 등을 다룬다. 연구 윤리는 의학연구 분야에서 가장 많이 발달하고 있다. 한편 사회과학 분야의 연구는 의학 연구 분야와는 다른 종류의 윤리적 쟁점들을 가지고 있다.

과학적 연구에는 윤리적으로 심각하게 고려되어야 할 많은 쟁점이 있다. 사회(과)학자들은 피실험자들의 자발적인 허락을 받아야 하며 그들의 이익을 보호해야 할

4) 해킹과 비슷한 의미로 사용되고 있으며, 불법적 접근을 통해 다른 사람의 컴퓨터 시스템이나 통신망을 파괴하는 행위

책임이 있음을 알아야 한다. 사회학자들은 연구를 통해 발견된 정보를 오용해서는 안 되고, 참여자들에 대한 일정한 도덕적 책임을 져야 한다. 그들에게는 연구에 참여하는 사람들 개인의 사생활이나 민감한 부분들뿐 아니라 그들의 권리를 보호해야 할 의무가 있다. 관찰에 참여하는 사람들의 비밀은 반드시 지켜져야 하며, 그들의 익명성과 사생활 역시 보장되어야 한다. BSA for Sociology에서 지적하듯이, 이 모든 윤리 조항들은 불법행위나 테러(Terror)행위 등 밝혀야 할 더 중요한 이유가 없다면 반드시 지켜져야 한다(위키백과 : wikipedia.org, 2015).

2) 연구윤리의 중요성

연구윤리가 중요한 첫 번째 이유는 무엇이 옳은 연구 방향인지를 잘 모르거나 혼란스러울 때, 연구자 개인이 명확하게 바람직한 방향을 안내해 주고, 연구부정행위나 부적절한 행위로부터의 유혹을 떨쳐 버리게 함으로써 연구자가 진실하고, 당당하게 책임 있는 연구를 수행할 수 있도록 하는 것이다.

① 연구윤리를 올바르게 이해하고 실천하는 연구자가 많을수록 연구부정행위를 예방할 수 있고 책임 있는 연구 수행 문화를 확립할 수 있다.

② 연구자가 책임 있는(바람직한) 연구 수행을 위한 올바른 태도를 지니고 성실하게 실천함으로써 개인의 명예를 높이고, 그가 속한 연구기관의 신뢰성을 높일 수 있다.

③ 연구윤리를 준수함으로써 좋은 점은 개인의 올바른 연구윤리 확립이 현재는 물론이고 미래의 국가 경쟁력(국가 지명도) 제고에 매우 중요한 역할을 담당하기 때문이다.

④ 개인 연구자의 성실함과 정직성은 궁극적으로 그가 속한 학문 공동체의 발전과 국가 경쟁력을 높이는데 크게 이바지한다.

⑤ 21세기 무한경쟁시대에서 국가 경쟁력은 고부가 가치를 창출하는 연구의 경쟁력에 기반을 두고 있으나, 연구 과정이나 결과 산출에서의 정직성, 객관성, 책임성을 등한시한 채, 단순히 남보다 먼저 연구 성과를 산출했다고 해서 높은 경쟁력을 갖는 것이 아니다.

⑥ 지켜야 할 공정한 규칙을 지키지 않고 앞서간 것보다, 조금 늦더라도 지킬 것을 제대로 지켜서 얻는 결과가 진정한 가치를 갖기 때문이다.

연구윤리가 중요한 두 번째 이유로는 연구윤리의 확립이 학계와 문화계에 고질화한 윤리 불감증, 편법주의, 양적 업적주의의 폐해를 극복하여 연구에 신뢰를 증진함으로써 개인의 품격 및 사회의 질(Social quality)을 향상하는데 이바지할 수 있기 때문이다.

3) 연구 활동의 파장(Spectrum)

(1) 좋은 연구 수행 또는 책임 있는 연구 수행

좋은 연구 수행 또는 책임 있는 연구 수행은 연구자나 연구기관이 실현하기 위해 노력해야 할 이상적인 기준(Ideal standard)을 의미하며, 연구의 진실성을 확보하기 위해 필수적인 것이다. 책임 있는 연구 수행은 연구부정행위와 의심스러운 연구 수행을 포함하는 넓은 의미의 올바르지 않은 연구 수행과 대비되는 것으로, 미국의 연구진실성국(Office of Research Integrity, ORI)이 연구자가 지켜야 할 연구의 핵심 가치들로 정직성(정직한 정보 전달과 연구자 윤리강령의 성실 이행), 정확성(연구결과의 정확한 보고와 데이터의 최소 오차), 효율성(현명하고 낭비 없는 자원 이용), 객관성(명확한 설명과 부당한 편견의 기피)을 들고 있는데, 연구자가 바로 이러한 가치들을 잘 알고 실천하는 것을 말한다.

(2) 연구 부정행위(Research misconducts)

연구 부정행위는 연구자가 속임수, 자기기만 등으로 인하여 연구자 자신은 물론 그가 속한 연구공동체와 국가사회에 심각한 해로움을 유발하는 것으로, 흔히 FFP라고 불리는 위조(날조, Fabrication), 변조(Falsification), 표절(Plagiarism)이 대표적으로 여기에 속한다.

연구부정행위는 '연구와 관련된 모든 나쁜 행위의 집합'이 아니라 '진실성 검증 체계 내에서 규율의 대상이 되는 행위'를 의미하므로 나쁜 행위임에도 불구하고 적용상의 문제로 연구부정행위에 포함되지 않는 경우가 있다.

연구비의 부적절한 사용이나 개인적 착복은 의심의 여지없는 부정행위이지만 '연구 부정행위'의 범주에 포함하지 않고 형법상의 범죄에서 다루는 것이 일반적이다.

명예 저자나 중복 출판 등 부당한 논문 저자 배분의 문제도 연구자가 하지 말아야 할 행위임은 분명하지만, 미국, 일본을 비롯한 많은 국가에서는 연구부정행위에 이를 포함하고 있지 않다.

이에 따라 특히 연구부정행위에 대한 정의가 지나치게 좁게 내려진 국가에서는 바람직하지 못한 것은 분명하지만, 연구부정행위의 정의에는 포함되지 않는 행위를 '연구 부적절 행위(Research misbehavior)'라 하여 연구부정행위와 구별하기도 한다.

앞에서 언급한 책임 있는 연구 수행이 이상적인 연구 행위라면, 연구부정행위는 가장 나쁜 행위로써 모든 연구자가 피해야만 할 것으로 동의할 수 있는 그런 행위들을 포함한다.

(3) 의심스러운 연구 수행 또는 연구 부적절 행위(Questionable Research Practice, QRP)

의심스러운 연구 수행 또는 연구 부적절 행위는 연구부정행위처럼 심각한 행위는 아니지만 그렇다고 해서 결코 바람직하거나 좋은 연구 수행도 아닌, 결과적으로 책임 있는 연구 수행을 방해하거나 위해 하는 행위이다.

(4) 연구 부정행위의 발생원인

연구 부정행위 발생의 원인은 연구자 개인의 윤리의식 부재에서 찾을 수 있다. 무한경쟁시대에 남보다 더 많은 업적을 내야 하고 그래야 승진이나 연구비 수혜 등에서 유리할 수 있다. 따라서 창의적인 연구에 필요한 시간과 고통스러운 노력을 하지 않고도 쉽게 업적을 낼 방안이 있다면(이를테면 남의 것을 몰래 훔쳐와 내 것처럼 하고, 하나의 논문을 가지고 여러 개로 쪼개거나 이중게재를 할 수 있다면), 더욱이 표절을 포함한 연구부정행위를 검증할 수 있는 시스템이 발달하여 있지 않고, 더 나아가 연구윤리 위반에 대한 처벌도 그리 무섭지 않다면 불편함보다는 편안함을 더 선호하는 이기적인 속성을 가진 인간으로서 유혹을 느낄 수밖에 없을 것이다.

종종 연구부정행위는 연구자의 의도적인 선택이라기보다는 무엇이 좋은 연구이고 잘못된 연구인지를 모르기 때문에, 또는 실수로 인하여 발생할 수도 있지만, 상당 부분은 연구자의 의도적인 잘못된 연구의 선택에서 비롯된다. 이는 바로 더욱 쉽게 자신의 업적을 내고 인정받으려는 연구자의 비양심적이고 비윤리적인 태도와 관련된다. 그러므로 연구자 자신의 높은 연구윤리 의식을 높이는 것은 연구부정행위를 예방하는데 필수적이다.

다음으로 연구부정행위는 연구자가 처한 연구 환경이나 잘못된 관행 그리고 제도적 요인과도 관련되어 있다.

잘못된 제도·환경적 요인이 연구부정행위의 토양을 형성할 수 있다는 것으로 수단보다는 결과를 중시하는 풍토, 연구자의 업적을 지나치게 연구의 양적 실적에 비중을 두는 정책, 우리 사회에 만연된 연구윤리 불감증과 '침묵의 카르텔(Kartell)' 또는 지나친 온정주의가 학문연구와 창작 활동상의 공정한 경쟁과 그에 따른 각 분야의 눈부신 발전을 가로막고 있다.

제도적 요인으로는 전문성이 부족한 연구과제 기획·선정 시스템이 있을 수 있으며, 환경적 요인은 연구비 수주 경쟁의 심화, 성과주의의 강조 등을 꼽을 수 있다. 특히 연구시스템의 거대화와 복잡화로 인해 연구자 개인의 윤리의식이 집단의 분위기에 동화·희석되면서 연구부정행위에 대해 무감각해지거나 자기합리화를 나타낼 수 있는데, 이러한 경향은 연구자들이 연구제도·환경이 불합리하고 불공정하다고 생각할 때 크게 증가할 수 있다[5].

5) 한국연구재단 발행 "연구윤리실무 매뉴얼", 2014, 인용.

학습 목표 요약

1. 기업윤리의 의미와 중요성은 무엇인가?

윤리는 사회 및 공동생활의 질서와 규범을 밝히는 척도라고 볼 수 있다. 인간의 모든 행동이 사회와의 관계를 전제로 한다고 할 때 윤리란 인간이 지켜야 할 행동의 규범으로 정의할 수 있으며, 옳고 그름이나 선악에 대한 판단 기준의 체계로 정의된다. 윤리적인 기업 활동은 법적으로 정당한 행동을 말하며 넓게는 사회의 일반적인 도덕적 원칙과 부합되는 행동이다.

기업윤리의 특징

① 강제성을 띠고 있지 않다. 일반적인 사회윤리를 기업에 적용한 것에 불과하다.
② 사회가 용납하고 기대하는 기업 행동에 관한 불문율에 불과하다.
③ 명시적이기보다는 암시적인 성격을 띠고 있다.

2. 기업의 사회적 책임은 어떤 것들이 있는가?

기업과 기타 조직들에 적용되는 사회적 책임은 환경, 에너지, 소비자운동, 사회활동, 정부 관계, 사회의 소수집단에 대한 역할, 노사관계, 주주와의 관계, 기업의 자선활동 등에 대한 책임이 있다.

① 기업의 유지 및 발전에 대한 책임
② 종업원의 복지향상에 대한 책임
③ 이해집단의 이해 조정에 대한 책임
④ 공해 발생 방지에 대한 책임
⑤ 기술개발에 대한 책임
⑥ 후계자 육성에 대한 책임

3. 인사윤리란 무엇인가?

정당하게 일할 권리 : 종업원을 부당하게 해고해서는 안 된다.
정당한 보수 : 종업원이 제공한 근로에 대한 정당한 보수를 받을 권리가 있다.

프라이버시 : 경영자는 개인적이 프라이버시를 지켜 줄 책임이 있다.

비밀보호 : 종업원은 직무수행과정에서 얻게 된 회사의 비밀 또는 비결(Knowhow) 등을 지킬 의무가 있다.

4. 영업윤리란 무엇인가?

마케팅 조사 윤리 : 마케팅 전략을 수립하기 위하여 고객 조사를 할 때 지켜야 의무로서 조사대상 고객을 절대 속이지 말아야 한다. 또한 사생활을 침해해서는 안 된다.

제품 판매 윤리 : 한탕주의식 제품 판매정책은 생각하지도 말아야 한다. 이와 같은 전략은 제품안전에 대한 불감증이 나타나면, 모방제품 판매, 해로운 제품, 혐오 제품 등 사회적 비난을 받는 제품 판매에 눈독을 들이게 된다.

5. 회계 윤리란 무엇인가?

회계 윤리는 회계책임을 이행하는 것이며, 회계보고서에 정확하게 정리하고 회계적 사실을 윤리적, 도덕적 기준에 따라 반영하는 것이라 정의한다. 회계 윤리는 정보이용자가 합리적 판단이나 윤리적 의사결정을 행할 수 있도록 경제적인 정보를 인식하고 측정하고 전달하는 과정에 부정이 개입되어서는 안 된다는 철학이다.

6. 정보윤리란 무엇인가?

존중과 존경 : 중은 사람이나 사물이 지닌 고귀한 가치를 뜻하는 것으로 자신의 존중에서 출발한다.

책임과 권한 : 사이버 공간에서는 나의 부적절한 행동으로 인하여 수많은 사람 또는 기업이 피해를 볼 수 있다.

정의 : 정보사회에서 정의의 원리에 따라서 참되고 공정한 정보를 교환하여야 한다.

악의적 행동 금지 : 사이버 공간에서 폭력행사, 크래킹(Cracking), 바이러스 배포, 기업 정보 유출 등과 같은 악의적 행동을 금하여야 한다.

용어해설

▶ **국제적 윤리 경영은?**

뇌물, 탈세, 환경오염, 허위 과대광고 등 비윤리적 기업의 제품이나 서비스가 국제적 불공정거래에 해당하여 국제적 규제를 하고자 윤리 라운드가 제정.

▶ **자기 이익모델이란?**

기업의 이기적 활동으로 가장 많은 고객에게 가장 큰 혜택을 주려고 하는 것과 기업 활동 목표를 이익 극대화로 설정하는 것 그리고 법규와 그동안 기업의 관행에 따른 행동과 능동적으로 행동하는 것.

▶ **이해집단(Interest groups)이란?**

기업환경을 형성하는 환경요인.

▶ **도덕적 해이(Moral hazard)는?**

계약의 당사자 가운데 한 사람의 행동이 드러나지 않는, 숨겨진(Hidden) 행위로 인하여 상대방 계약자가 비용을 추가로 부담하거나 그러할 가능성이 높아지는 현상.

▶ **연구 윤리(Research ethics)란?**

피 실험자들의 자발적인 허락을 받아야 하며 그들의 이익을 보호해야 할 책임이 있고, 연구를 통해 발견된 정보를 오용해서는 안 되고, 참여자들에 대한 일정한 도덕적 책임을 져야 하며, 관찰에 참여하는 사람들의 비밀은 반드시 지켜져야 하는 윤리

▶ **잔여손실?**

경영자가 기업을 위한 최적의 의사결정을 하지 않음으로써 발생하는 기업가치의 손실

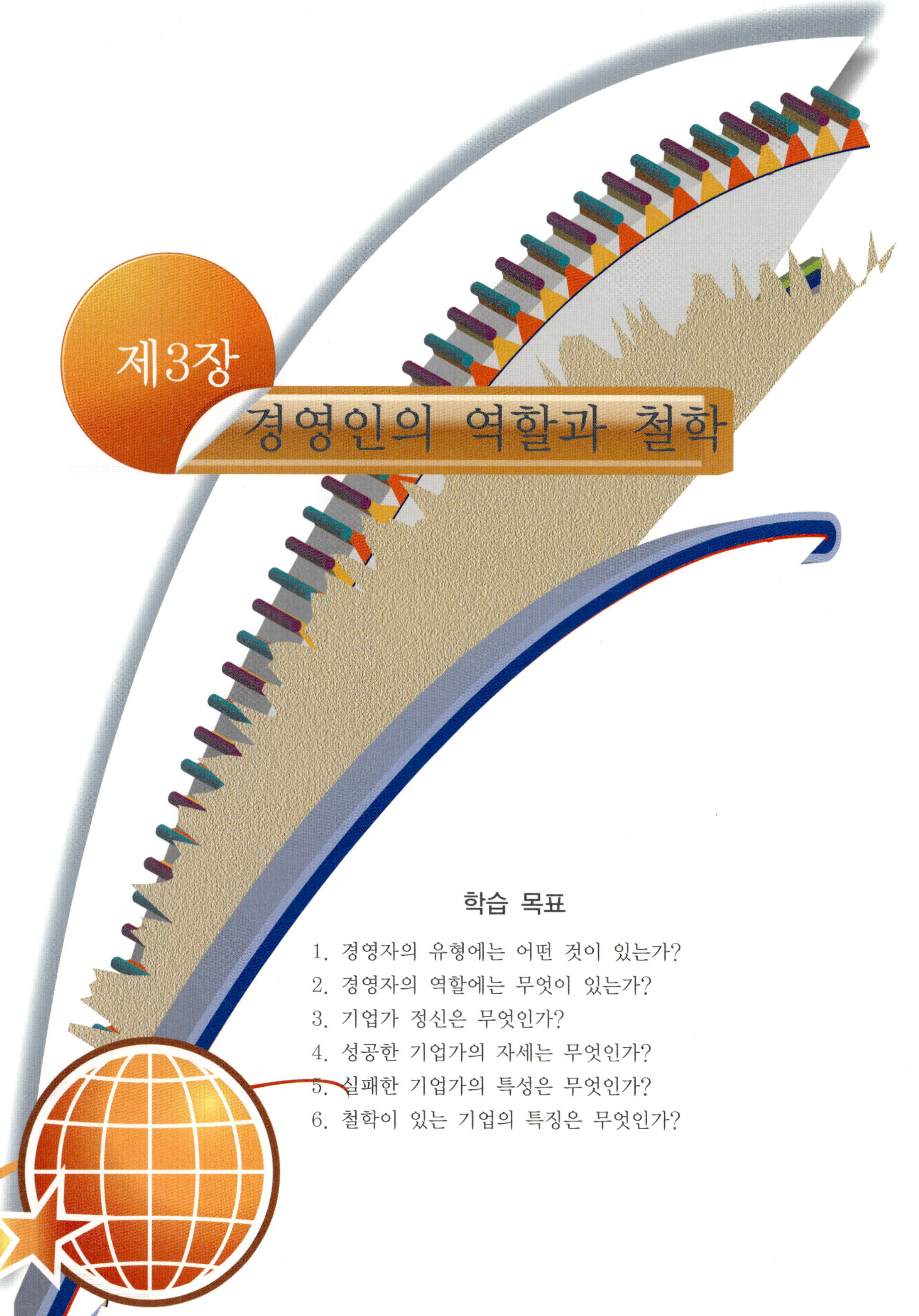

제3장 경영인의 역할과 철학

학습 목표

1. 경영자의 유형에는 어떤 것이 있는가?
2. 경영자의 역할에는 무엇이 있는가?
3. 기업가 정신은 무엇인가?
4. 성공한 기업가의 자세는 무엇인가?
5. 실패한 기업가의 특성은 무엇인가?
6. 철학이 있는 기업의 특징은 무엇인가?

제1절 경영자의 인식

1 경영자의 개념

경영자는 조직의 목표 달성을 위해 조직 내부의 제 자원(인적자원, 물적 자원, 재무자원, 정보자원, 기술자원 등)을 관리하는 사람이다. 현대 경영학에서 정의하는 경영자는 기업가(Entrepreneur), 통제자(Controller), 지배자(Ruler), 명령자(Commander)의 개념을 넘어선다. 경영자는 조직 내부의 구성원뿐만 아니라 외부 이해관계자들과의 상호작용 속에서 제품과 서비스를 통하여 공유가치(Shared value)를 확산하고 지속해서 경쟁우위(Competitive advantage)를 확보해야 하는 주체이기 때문이다(박정민 외, 2011).

2 경영자의 인식변화

역사적으로 보면 경영자에 대한 인식과 정의는 시장과 경쟁상황에 따라 변화되었는데 이를 살펴보면 다음과 같다(박정민 외, 2011).

1) 1950년 이전

2차 세계대전(1939-1945) 이전의 경영자는 명령자, 지배자의 역할이 중심이었다. 이론적 배경은 경영학의 테일러리즘(Taylorism), 심리학의 행동주의(Behaviorism), 사회학의 관료제(Bureaucracy) 등이다. 이 시대의 시장과 경쟁상황은 독과점적 상황(Monopolistic situation)이었고 경영의 초점은 생산성이다.

2) 1950~1960년대 경영자

의사결정자(Decision-maker), 가부장(Patriarch)적 성격이 강조되었다. 이론적 배경은 경영학의 인간관계론(Human relations), 심리학의 인본주의(Humanism), 사회학의 반구조

주의(Anti-functionalism) 등이다. 이 시기의 시장과 경쟁상황은 과점 상황(Oligopolistic situation)이었고 경영의 초점은 생산성과 노사관계의 안정이었다.

3) 1970~1980년대 경영자

이 시대의 경영자는 협상자(Negotiator), 조정자(Mediator)로서 경영자의 역할이 강조되었다. 미국의 상황을 중심으로 보면 세계시장에서 미국이 누렸던 지배적 경쟁력이 유럽과 일본 등의 도전 때문에 약화하고 미국 노동 총연맹 산업별 조합회의(AFL-CIO)의 교섭력이 강화되는 시기이다. 이론적 배경은 경영학의 상황 이론(Contingency theory), 심리학의 상징적 상호작용 주의(Symbolic interactional school), 사회학의 중범위이론(Middle-range theory)과 갈등 주의(Conflict theory) 등이다. 이 시기는 시장과 경쟁상황은 경쟁적 상황이었고 경영의 초점은 마케팅과 포트폴리오(Portfolio) 의사결정이었다.

4) 1990~2000년대 경영자

1990년대 이후에는 탐색자(Prospector), 촉진자(Facilitator), 혁신자(Innovator)로서의 경영자의 역할이 강조되고 있다. 일반 제조분야에서 시장의 성숙화가 심화함에 따라 새로운 성장기회를 탐색하고 핵심역량에 초점을 둔 경영혁신이 강조되는 상황이다. 이론적 배경은 경영학의 생태계 이론(Ecosystem theory), 심리학의 신행동주의(NEO-behaviorism), 사회학의 후기구조주의(Post-functionalism) 등이다. 이 시기의 시장과 경쟁상황은 치열한 경쟁 시장이고, 경영의 초점은 혁신 역량의 강화, 핵심 경쟁 원천의 집중이라고 할 수 있다(박정민 외, 2011).

5) 2000년대 이후 경영자

21세기 경영자는 비전(Vision) 있는 리더십(Leadership)이 필요하며, 코페르니쿠스(Copernicus)적인 개혁을 단행할 자세가 필요하며, 의사소통(Communication)이 강조되고 있다. 21세기 경영의 초점은 환경에 기민하게 대응하는 속도(Speed), 부단한 혁신 추구(Change), 뛰어난 국제 감각(Global), 정보화에 대한 생각, 관련 업무의 전문 지식(Knowledge), 창의적 사고(Creativity)가 경쟁 원천이다.

3 경영자의 유형

경영자의 성격은 소유와 경영의 분리 과정을 통해 소유경영자, 고용경영자, 전문경영자로 변천하여 왔다(김재명, 2003).

1) 소유경영자

자본가는 직접 자본을 출자할 뿐만 아니라 기업을 운영하는 책임을 지는 경영자가 되어 자본가 또는 주주가 경영의 책임까지도 맡고 있을 때 이를 기업가(Entrepreneur)라 하며 소유경영자라고도 한다. 기업가의 특징은 다음과 같다.

첫째, 기업의 모든 위험을 부담해야 하는 위험 부담자이기 때문에 기업과 운명을 같이해야 하는 존재이다.

둘째, 경영자의 자격을 갖추지 못하고도 경영을 운영하는 권리를 갖는다는 것을 들 수 있다.

초기 기업은 대개가 자본가인 동시에 경영자인 기업가들 즉, 소유경영자에 의해서 경영권이 장악되었으며 오늘날에도 소규모의 기업이나 대부분 우리나라의 기업가들은 이 범주에 속한다.

2) 고용경영자

고용경영자는 기업규모가 확대되고 경영활동이 복잡성을 띠게 되면서 기업가 스스로 모든 경영기능을 감당할 수 없게 됨에 따라 경영기능 일부를 위임받아 수행하게 되는 대리인이다. 이들은 외견상으로는 독립된 경영담당자와 같아 보이지만 어디까지나 기업가를 대리하여 기업가의 이익을 위해 일한다. 즉, 경영자의 속성보다 종업원의 속성이 더 강하다고 할 수 있다.

3) 전문경영자

전문경영자란 자본의 출자와는 관계없이 경영의 규모가 커지고 복잡해짐에 따라 오로지 경영에 관한 지식, 기술 및 풍부한 경영정보 등과 같은 자질과 능력에 따라 영입되는 경영자들을 말한다. 이들은 경영의 최고 방침을 정하며 경영체를 대표하는 자격을 지닌 대표이사 회장, 또는 대표이사 사장 등과 같은 최고위 경영자를 말한다.

4) 위계 수준에 의한 분류

(1) 최고경영층

최고 경영층은 기업의 장기적 목표 수립 및 전략을 개발하고 정책을 결정하는 경영자이다. 따라서 최고 경영층은 기업 전체에 장기적 또는 전반적으로 영향을 미치는 전략적 의사결정을 주로 하게 된다.

(2) 중간 경영층

중간 경영층은 최고 경영층이 설정한 경영목표 및 전략과 정책 등을 집행하기 위한 제반 활동을 수행한다. 또한, 하위 경영자를 지휘 감독하는 것은 물론 때로는 직원들에게 직접 명령 및 지시를 내리기도 한다. 따라서 중간 경영층은 최고 경영층과 하위 경영층의 중간에서 상호 간의 관계를 조정하는 역할을 한다.

(3) 하위 경영층

하위 경영층은 현장에서 직접 작업을 하는 근로자나 사무원을 직접 지휘 및 감독하는 경영층으로 운영 또는 일선 감독자이라고도 한다(이명호 외, 2016).

5) 직무 범위에 의한 분류

(1) 직능 경영자

직능 경영자란 생산·마케팅·인사·재무 등 기업의 어느 한 부분 활동만을 책임을 지고 있는 경영자를 말하며 부문 경영자라고도 한다.

(2) 전반 경영자

전반 경영자란 어느 한 부문만이 아니라 기업 전체를 총체적인 차원에서 경영하는 사람을 말하며, 총괄 경영자라고도 한다(이명호 외, 2016).

4 경영자의 자질

1) 경영자의 가치관

경영자가 어떠한 가치관을 따르고 있는지, 어떤 특성과 능력을 갖추고 있는지에 따라 성공하는 경영자와 실패한 경영자로 나누어진다.

경영자의 자질은 기업경영에도 직간접적으로 많은 영향을 미친다. 제임스 쿠즈와 배리(James M Kouzes & Barry Z Posner)는 성공하는 경영자가 되기 위한 자질로서 정직성, 비전 제시 능력, 선도성, 능력, 공정성, 지성, 솔직성, 대담성, 신뢰감, 협조성, 창의력, 배려, 결단력, 야망, 자제력, 독립성 등 여러 가지를 제시하고 있다. 우리나라의 경우 종업원에 대한 인간적 배려를 중시하는 인간 중시의 경영과 솔선수범하는 자세 등을 경영자의 중요한 행동 특성으로 꼽고 있다.

일반적으로 유능한 경영자가 되기 위해서 갖추어야 하는 개인적 자질로 다음과 같은 것을 들 수 있다.

첫째, 기업이 당면하고 있는 문제에 대해서 정확한 판단을 내릴 수 있는 지적 능력이 있어야 한다.

둘째, 새로운 아이디어나 색다른 관점을 포용할 수 있는 개방적 심성이 필요하다.

셋째, 조직의 대표로서 정서적으로 안정되어 있어야 한다.

넷째, 적절하게 사람을 다룰 수 있어야 한다.

2) 경영자에게 필요한 능력

(1) 전문지식

경영자는 기업경영과 관련된 전문지식을 반드시 갖추어야 한다. 경영자가 자신의 직무를 수행하는 데 전문성이 부족하면 구성원이나 조직에 영향력을 행사하지 못한다.

(2) 관리 분석기술

상황을 신속 정확하게 파악하여 조직의 발전 기회로 삼는 분석기술이 요구된다.

관리기술이란 기업의 목표를 결정하고 이를 달성하기 위한 계획, 조직화, 실행 등을 지속적으로 관리하고 통제하는 능력을 말한다.

(3) 능동적 자세

경영자의 자세는 기업의 성과에 많은 영향을 미친다. 경영자는 강인하고 도전적인 자세로 경영에 임해야 한다. 또 실제적인 행동가로서 결과를 중시하는 자세가 필요하다. 특히 현대경영에서 경영자는 현실 유지보다는 능동적으로 변화를 창조하는 진취적 자세를 갖추어야 한다.

3) 경영능력

(1) 개념적 능력

개념적 능력은 사고를 통해 추상적인 관계를 다룰 수 있는 정신적 능력이다. 경영자가 조직을 거시적이고 전체적인 관점에서 바라볼 수 있도록 한다.

예를 들어 회사가 어떤 새로운 사업(Project)을 추진할 때 이를 회사 차원에서만 보는 것이 아니라 외부의 다른 이해집단, 지역사회와 상호 관련되어 있다는 것을 파악하고 미리 대비하는 능력이다.

(2) 인간적 능력

조직 내의 다른 구성원들과 원만한 관계를 맺고 의사소통할 수 있는 능력이다. 경영자는 조직 구성원들에게 동기를 부여하고 그들을 끌고 가는 입장에 있다. 부하 직원이 의기소침해 있을 때 그들을 격려하고 다시 의욕적으로 일할 수 있도록 하는 것이 이러한 능력에 해당한다.

(3) 기술적 능력

경영기법, 수단, 운영 프로세스(Process) 등을 활용할 수 있는 능력을 말한다. 이러한 능력을 통해 기업의 구체적이고 기술적인 문제를 해결할 수 있으며 종업원들의 업무를 감독하고 평가할 수 있다(blog.daum.net/try0191/99, 2016).

경영자의 역할

1 경영자의 역할

1) 의사결정자의 역할

산업사회가 진전됨에 따라 시장에서는 경쟁적 상황이 나타나게 된다. 같은 소비 집단을 상대하는 복수의 경쟁기업이 등장하여 경영의 관심사가 산업 초기의 생산성에서 시장성으로 능률 극대화에서 선택의 유효성으로 확대된다. 동태적 상황에서의 의사결정이 기업의 잉여가치와 수익성에 큰 영향을 미치게 된 것이다. 의사결정의 대상은 목표 고객, 가격 결정, 시장 선택 등이 대상이 된다.

2) 대표자의 역할

최고경영자는 기업을 대표하며, 기업문화, 경영방식, 주력사업 분야를 발굴한다. 또한, 경영자는 기업문화, 경영방식, 주력 사업 분야 선정 등에 있어서도 많은 영향을 주게 된다. 경영자의 철학, 경력, 가치관 등이 반영된다.

3) 지도자(Leader)의 역할

지도자로서의 경영자는 강력한 지도력(Leadership)과 동기부여로 전체 조직을 협력적 체제(Cooperative system)로 이끌어 나가는 경영자의 역할을 의미한다. 기본적으로 경영자는 다수의 구성원을 관리하는 지도자이기 때문이다. 경쟁 시장에서의 경쟁우위는 차별화된 제품과 선도적 서비스의 공급능력에 따라 결정되고 이를 위해서 경영자는 권한(Empowerment)을 통하여 구성원을 고취시키고 변혁적 리더십(Transformational leadership) 등을 통하여 가치사슬(Value chain)을 개발할 수 있는 역할이 필요하다.

4) 선도자의 역할

선도자(Pioneer)로서 경영자는 성숙 시장의 한계를 극복하여 사업구조(Business portfolio)와 가치사슬 활동을 새로운 성장기로 진입시키는 경영자의 역할을 의미한다. 일반적으로 성숙 시장에서의 경쟁력은 제로섬 게임(Zero-sum game)으로 귀결되는 경우가 많다. 성장논리에 기초한 규모의 경제와 범위의 경제가 오히려 규모와 범위의 비경제성(Diseconomies of scale and scope)으로 변화되는 것이다. 이러한 상황에서 기존 질서에서의 관리적 노력이나 개선활동이 문제 해결에 도움을 주지 못한다. 오히려 경쟁에 적극적일수록 수익성이 악화하는 함정에 빠지게 되는 경우도 있다. 이를 극복하기 위하여 성숙 시장의 교체 수요를 신규 수요로 전환할 수 있는 능력과 역할이 핵심이라고 할 수 있다.

5) 혁신자의 역할

혁신자(Innovator)로서의 경영자는 유형·무형적 자원과 과정에 대한 변화와 혁신을 주도하여 조직이 성장할 수 있는 공간을 창출하고 부가가치 원천을 개발하는 경영자의 역할을 의미한다. 정보 지식사회에서 경쟁은 빠른 생명주기(Life cycle)와 함께 세분화된 시장의 전략 집단(Strategic group) 내부에 전개되는데 주요 특성은 다음과 같다.

① 전략 집단 내부의 기업은 상호 간에 유사한 자원과 역량을 가지고 있으므로 경쟁기업의 배타적 시장지배를 허용하지 않는다. 어느 기업도 장기간에 걸쳐 초과이익을 누릴 수 없다는 것이다.

② 전략 집단 내부의 기업이 초과이익을 실현하는 방법은 가격 결정권을 행사할 때 가능하다. 이는 초기 진입자(First mover)의 지위를 유지함으로써 가능하다.

혁신은 외형적으로는 기술, 디자인, 품질, 마케팅 등의 분야에 있어 경영자의 혁신적 역할을 통하여 이루어진다.

6) 촉진자의 역할

촉진자(Facilitator)로서의 경영자는 유능한 인재를 등용하고 그들의 역량이 발현될 수 있도록 지원하며 기존 구성원들에 대해서도 잠재적 능력을 개발, 지원하는 경영자의 역할을 의미한다. 또한, 다양한 경영자원을 연결, 활성화, 동원하는 역할도 포함한다. 경쟁 시장과 성숙 시장의 특성이 있는 시장 현실에서 기업 조직의 내부적 자원과 역량만으로 지속적 경쟁우위를 창출하는 것은 많은 한계가 존재한다. 이에 많은 기업이 외부 전문가의 영입을 통하여 인적자원을 보강하거나 분산된 경영자원을 통합, 조정하여 전략사업의 추진력을 향상한다.

7) 탐색자의 역할

탐색자(Pioneer)로서의 경영자는 기업의 미래비전을 설정하고 이를 지향하는 핵심 가치와 전략목표를 제시하는 경영자의 역량을 의미한다. 교체 수요가 많은 비중을 차지하는 성숙시장은 한편으로 가격경쟁력을 앞세운 후발 공업 국가 기업이 기존 제품 시장을 잠식하고 시장점유율 상위 기업 간에 치열한 경쟁으로 인하여 수익성이 악화하는 이중침체(더블 딥 : Double dip)와 같은 상황에 부닥치게 된다. 기존 제품, 기존 시장, 기존 고객을 대상으로 경험 효과(Experience effect)를 통하여 시장점유율을 증가시키려고 하면 할수록 경쟁기업의 즉각적인 대응 행동을 유발하고 결과적으로 누구도 승자가 되지 못하고 오히려 수익성이 악화하는 함정에 빠지게 된다.

산업사회를 주도했던 많은 기업도 이러한 상황을 경험하였으며 이를 극복한 기업은 2000년 이후에도 경쟁력을 유지하고 있는 반면에 많은 기업은 점차 경쟁력을 잃거나 역사 속에서 사라져 갔다. 이와 같은 이중침체(더블 딥) 상황이 오늘날 많은 기업과 경영자가 겪고 있는 대표적 어려움이라고 할 수 있다. 따라서 새로운 시장을 탐색하고 숨어 있는 수요(Latent demand)를 직시하며, 잠재된 가치사슬을 찾아내는 탐색자로서의 역할은 경영자에게 중요한 역량이 되고 있다.

8) 협상자의 역할

협상자(Negotiator)로서의 경영자는 조직 내외의 이해관계 균형과 갈등 조정자를 의미한다. 전통적으로 기업 조직의 이해관계자는 외부적으로 주주, 정부, 공급자, 구매자, 소비자 등이 존재하고 내부적으로는 일반 근로자를 포함한 구성원과 노동조합 등이 해당한다. 특히 오늘날에 있어서 외부적으로는 경쟁기업, 지역사회, 시민단체, 소비자단체 등과의 조화로운 관계와 내부적으로는 전략목표의 설정과 자원배분 등에 관하여 균형과 조정이 중요한 관리적 문제로 주목받고 있다.

물론 전통 경영학에서 중시했던 효율성의 가치에서는 협상자로서의 경영활동이 비용을 증가시키고 비경제적으로 인식될 수 있으나 산업화한 국가의 경제체제가 고도의 분권화(Decentralized)된 네트워크 시스템(Network system)으로 운용되면서 경영의 방향도 배타적 이익(Exclusive profit)에서 공유적(Shared), 참여적(Participative) 이익 실현으로 전환되고 있다.

2 성공한 경영자

1) 기업가 정신

기업가 정신(Entrepreneurship)은 위험(Risk)이 있는 새로운 사업(New business)을 운영하기 위한 경영자들의 창의적이고 모험적인 성향을 의미한다.

기업가의 본질은 시대의 변천에 따라 다소 다르게 파악될 수 있다. 고전적·전통적으로 보면 기업가를 소유경영자, 자수성가형 기업가 등의 개념을 통해 기업가와 소유경영자(또는 자수성가형)를 동일시했고 사업 추진자(자영업자)의 개념이 지배적이었다.

현대적 개념에서 기업가란 새로운 결합 또는 혁신을 촉진하는 사람으로 봤다. 즉, 기업가는 ① 새로운 상품의 개발 ② 새로운 생산방식의 도입 ③ 새로운 시장의 개척 ④ 원료와 반제품의 새로운 공급원의 정복 ⑤ 독점적 지위의 형성이나 새로운 산업조직의 수행 등 소위 말하는 기술혁신의 기회를 발견하고 그것을 실천하는 사람이다. 그리고 이 같은 기업가의 역할을 창조적 파괴라고 보고 창업자의 이윤을 이러한 것의 보수라고 하였다. 이처럼 슘페터(Schumpeter)는 기업가를 혁신가(혁신을 촉진하는 사람)로 보고, 기업가 정신이 투철한 기업가에 의한 기술혁신이 경제발전을 이끄는 원동력이라고 하였다.[6] 드러커(P. Drucker)는 그의 저서 '이노베이션과 기업가 정신'에서 기업가란 변화를 탐구하고 변화에 대응하며 또한 변화를 기회로 이용하는 자로 보았다.[7] 다시 말해서 기업가는 변혁을 일으키고 새롭게 이질적인 가치를 창조해야 하는 자이고, 이러한 활동을 수행해 가는 과정에서 위험을 감수해야 한다는 것이다.

결국 기업가 정신(Entrepreneurship)은 기업가의 본래 기능을 적극적으로 달성·수행하는 마음가짐을 말한다. 따라서 위에서 언급한 기업가의 본질에 대한 시대적 변천에 따라 기업가 정신도 변화해 왔다고 볼 수 있다. 즉, 기업가의 고전적·전통적 본질로부터 ① 비전과 개척자 정신 : 창업(Start-up), ② 창의성과 혁신(Innovation), ③ 위험부담과 '할 수 있다(Can do spirit)'는 성취동기가 기업가 정신으로 도출될 수 있다. 기업가의 현대적 본질로부터 ④ 우수기업의 창조와 훌륭한 인재양성(건전한 지도자의 양성)의

---

6) Josehp. A. Schumpeter, *Theory of Economic Development*, (Oxford Uni. Press, 1934), pp. 20 -25.
7) Peter Drucker, *Innovation and Enterpreneurship : Practice and Principles*, (Harper and Row, 1985).

책임, ⑤ 사내 기업가 정신과 변혁적 리더십(Transformational leadership)이 추가로 도출될 수 있다.

최근에 기업가 정신은 창업자 정신으로 확장되면서 “보상과 위험을 가정하고 새로운 어떤 것을 창조하는 과정”으로 개념화되고 있다. 기업가 정신이 많은 관심을 끌게 된 것은 전 세계적으로 창업이 크게 늘고 있는 점과 무관하지 않다. 이러한 창업의 붐은 정보사회로의 진전, 수요의 다양화, 정보통신기술 등 급속한 기술의 발전, 기업가 정신의 확산, 사이버 공간(Cyber space)의 등장으로 인해 첨단 소기업의 창업이 쉬워지고 있는 산업여건에 힘입은 바 크다. 그리고 젊은이들의 꿈의 실현과 벤처기업(Venture business) 성공 사례에 용기가 되어 창업에 도전하고 있다.

벤처기업(Venture business)이 창업하여 성장/발전하기 위해서는 3가지 핵심 요소가 필요하다. ① 기업가/창업팀(Founders), ② 기회(Opportunity), ③ 자원/시스템(Resources)이다. 벤처기업경영을 농사에 비유하자면, 기업가는 농부에, 기회는 씨에, 자원/시스템은 밭에 비유될 수 있다. 물론 사회적 여건 등은 햇볕에 해당할 수 있을 것이다. 농사가 잘되려면 이 모든 것이 꼭 필요하지만 가장 중요한 것은 “농부”라 할 수 있을 것이다. 결국 “우수한 기업가”와 “좋은 기회”는 벤처기업 성공을 위한 중요한 요소이며, 이 중 기업가는 핵심 성공 요인이다.

그러면 우수한 기업가가 갖추어야 할 조건은 무엇인가? 우선 행태적 측면에서는 ① 사업에 대한 헌신/몰입(Commitment)과 확고한 결의 ② 기회에 대한 집착 ③ 위험·모호성·불확실성에 대한 수용 ④ 창의성·자립심·적응력 ⑤ 남보다 앞서려는 동기 ⑥ 통솔력(Leadership), ⑦ 현실감각과 유머 감각 등이 필요하다. 또한, 창업하려면 준비 과정이 필요하며, 미리 배우고 준비하여 기회의 창(Window of opportunity)을 잘 포착해야 한다. 아울러 기업이 발전하려면 기술혁신능력뿐만 아니라 경영관리능력도 필요하다. 일반적으로 기술적 배경을 가진 창업 인이 이러한 경영지식을 다 가지기는 어려움이 있으므로 개인 창업보다 서로 보완적인 역량을 갖춘 사람들이 팀을 구성하여 창업하는 경우가 많다.[8] 그리고 이러한 역량들은 타고나기보다는 후천적으로 얻어지는 경우가 더 많다(konyang.ac.kr/www/prof. 2016).

8) Timmons, Jeffry A., *New Venture Creation : Entrepreneurship for the 21st Century*, Irwin, Burr Ridge, Illinois, Fourth Edition. (1994), 재인용.

〈표 3-1〉 기업가 정신의 변천

구 분	기업가 정신 왕성기 (~1980년대)	기업가 정신에서 관리자정신 (~90년대)	기업가 정신의 혼란기 (98년-IMF 이후)	기업가 정신 재정립기 (2000년대 이후)
사회/문화	성장문화 ('잘 살아보세')	한국병(3D기피, 부동산 투기 붐, 노사분규)	사회통합위기(구조조정, 종업원 로열티, 중산층 붕괴)	다원화사회/개성중시, 문화산업 및 디자인 중심
정부/제도	기업의 적극적 보호, 지원 및 육성	경제의 세계화 인식, 시장원리 확대, 정부주도형 개발전략 유지	글로벌스탠더드 인식, 시장원리와 정부통제 불균형, 정보 보호기능 종식	시장원리 중심/ 세계화, 정보화, 지식사회를 위한 제도
사업기회	수입대체산업, 중화학중심의 기간산업, 수출산업	중화학 과다투자 증후군, 사업재구축 지연, IT산업(반도체, 통신) 강화	IT산업, 벤처, 선택과 집중(핵심역량) 사업전략	레저, 정보화, 건강/실버산업 및 양질의 교육, 첨단기술 및 지식 서비스
자원	실업계고교 육성, 양질의 저렴한 노동력, 관치 금융	풍부한 대졸 인력, 인적자원 질적 수준 향상은 지체	구조조정으로 양질의 인력 벤처로, 자금편중/신용저하	신기술, 지식자원화 및 인적자원 확보/양성 중시
기업가 정신	저돌형, 개척정신 (사업보국, 강한 성취동기/모험심)	확장, 관리형 (대마불사/관리중심 경영)	실속형, 효율지향형 (구조조정, 생계형 벤처)	미래변화에 대한 안목/팀워크와 화합형 (비전과 목표/신뢰)

[출처 : konyang.ac.kr/www/prof. 2016.]

3 성공한 기업가의 자세

세계적으로 성공한 기업가 정신은 공통으로 다음과 같은 점을 들 수 있다. ① 도전과 개척정신 ② 신용제일주의 ③ 신념의 정신 ④ 근검절약 정신 ⑤ 고객만족주의 ⑥ 인간존중 정신-인재중시 주의 ⑦ 창의와 혁신 정신 ⑧ 책임 주의 정신 ⑨ 합리 추구의 정신 ⑩ 산업 평화주의-노사공동체 정신 ⑪ 정직과 정도 주의 ⑫ 사업보국 정신 등으로 집약된다. 이는 기존의 성공한 기업가의 공통적인 정신으로 기업을 성공으로 만든 경영비결이다(konyang.ac.kr/www/prof. 2016).

1) 도전과 개척정신

창업자들이 창업의 뜻을 이루기 위하여 목표를 향하여 도전하고, 시련과 역경을 극복하며, 극한의 어려움을 무릅쓰고 개척하여 성공하는 사업 정신을 말한다. 창업 목표의 뜻을 이루기 위하여 무(無)에서 유(有)를 만들고, 미지의 황무지 같은 사업에 도전하여 정복하고, 성공하고자 부딪치는 정신을 말한다.

벤처기업(Venture business)은 물론 중견기업 이상의 많은 기업가는 새로운 사업 아이템(New business plan)으로 창업하고, 신 시장을 개척하고 신 원료를 확보하며, 국내외 새로운 사업에 도전하여 성공하였다.

2) 신용제일주의 정신

성공한 기업가는 사업 시작과 함께 어떤 상황에서도 거래처와 소비자와의 믿음과 약속을 끝까지 바르게 지켰다. 신용을 가장 중요한 자산으로 사업의 철칙으로 여기면서 성공으로 이룩하였다. 날짜 약속, 납품 약속, 대금 지급 약속, 제품 수급 약속, 거래 약속, 원료 확보 약속을 어떠한 상황에서도 지켜내는 신용은 사업의 기반이다.

아산 정주영 회장의 "쓰러지더라도 신용을 지켜라."는 그가 창업 초기에 성공할 수 있었던 요인이었다. 어려운 상황에서도 미군과의 많은 공사계약 약속을 지킨 결과이며, 극한의 어려운 상황에서 적자가 확실한 낙동강 고령교 공사에 약속을 지켜 완공한 것이라든가, 경부고속도로 건설 공사 과정은 신용으로 이루어진 것이다.

3) 신념의 정신

성공한 기업가는 생각이나 행동에 대해 옳다거나 이룰 수 있다고 믿는 마음의 정신이 있었다. 기업가의 신념 주의는 '하면 된다'라는 'Can-doism'을 탄생시켰다. 이는 할 수 있다는 불굴의 정신, 개척정신과 도전정신을 총합한 신념의 정신을 말한다. 새로운 환경변화를 빠르고 적절하게 수용하는 적응력, 사업의 장벽, 온갖 충격을 불굴의 도전정신으로 방어하고, 악조건에서 싸울 수 있는 정신력을 신념이라고 말한다.

미국의 레이건 대통령은 그의 취임사에서 "신념을 가지고 새로운 고용과 부의 기회를 창출하는 기업가는 영웅들"이라고 극찬한 바 있다. LG의 창업주였던 연암 구인회는 "신념이 있을 때 인간은 놀라운 힘을 발휘한다."는 말을 몸소 체험하고 그것을 기업경영활동에 참여하는 구성원들에게 주지 시켰다. 신념은 적극적 사고로 대변되는 낙관적, 희망적, 긍정적 사고이다.

4) 근검절약 정신

성공한 기업가들은 한결같이 "부자가 되는 길은 부지런하고 검소해야 한다."라고 말하고 있다. 꼭 필요한 데에만 돈을 쓰며 헛되지 않게 낭비하지 않는 정신이 기본이며, 작은 것을 아껴 큰 곳에 쓰는 정신을 발휘하였다. 공통으로 그들은 근면과 성실을 바탕으로 주위의 신임을 얻는 것에서 시작하여 점점 큰 것을 이룩해가는 자세가 배어 있었다.

한국 기업가들의 대표적 경영이념의 하나가 근검절약 주의와 정신일도 하사 불성이었다. 근면하고 검소하며, 절약하고 저축하여 신념을 다하여 부를 쌓았다고 기록하고 있다. 미국의 세계적 기업을 이끄는 부자인 마이크로소프트(Microsoft)사의 회장 빌 게이츠(Bill Gates)도 근검절약 정신이 생활화되었다고 술회하고, 그의 이러한 정신은 해외여행에서도 자주 거론되는 뉴스로 전해진다.

5) 고객만족 정신

고객만족 주의 정신(Customer satisfaction management)은 경영의 모든 부문을 고객의 입장에서 생각하고 진정으로 고객을 만족시켜 기업의 생존을 유지하고 발전시키려는 경영전략이다. 이러한 전략은 미국에서 1980년대 중반 이후 주목받기 시작한 전략인데, 우리나라 성공한 기업가들은 일찍이 1950년대부터 "고객을 만족하게 해야 사업이 성공한다."라는 경영이념을 가졌었다. 고객과 거래는 한 번에 그치는 것이 아니라 사업이 계속되는 한 고객은 평생 지속한다. 한 사람이 한번 불만을 느끼게 되면 주위의 모든 사람에게 영향을 미쳐, 결국 한 명을 잃는 것이 아니라 수십 명 또는 수백 명을 잃는 결과를 낳게 된다. 여기에다 고객의 기대를 충족시킬 수 있는 품질을 높이고 고객의 불만이 있을 때 효과적으로 처리하여야 한다. 또한, 고객만족을 위해서는 기업에 대한 사원 만족이 필수적이므로 사원의 복지향상, 일체감 조성 등 사원 만족도 아울러 뒤따라야 한다.

6) 인간존중 정신과 인재제일주의

인간을 존중하고 개인 능력을 최대한 발휘하도록 여건을 조성하여 개인과 조직의 원동력이 되게 하는 정신으로, "기업은 사람이다."라는 원리를 기업경영의 전략으로 도입하여 성공한 기업가 정신이다. 기업에서 재주나 능력이 뛰어난 사람, 기술개발이나 혁신의 인재를 발탁하여 적재적소에 배치하는 정신, 일에 꼭 필요한 유능한 인재, 능력을 갖춘 사람, 인물을 발굴하여 채용하는 정신을 말한다. 기술혁신과 기업 경쟁력을 높이기 위한 원천은 사람을 육성하고 동기 부여하여 조직에 헌신하게 하는 것이며, 성공한 기업가는 이러한 점에서 뛰어났다.

7) 창의와 혁신 정신

창의와 혁신 정신은 지금까지 없었던 새로운 분야를 개척하는 정신, 사업을 성공으로 이루기 위하여 처음으로 생각해 내는 신제품 발명, 신기술 개발, 신시장 개척, 신원료 확보, 신조직 형성 등을 혁신(Innovation)이라고 슘페터(Schumpeter, Joseph Alois)는 말하고 있다.

성공한 기업가는 말하기를 합리적 경영에 변치 않는 두 개의 수레바퀴가 있는데 하나는 기술개발이요, 다른 하나는 경영혁신이라고 한다. 기업은 영속되어야 하고 성장해야 한다. 그렇게 하기 위해서는 끊임없는 창의로 아이디어를 창출하고 이를 뒷받침하는 기술을 개발하며, 경영혁신을 이룩해야 한다. 성공한 창업자는 창업 초기부터 성공하기까지 창의와 기술개발, 그리고 혁신을 찾아 뛰었다고 기술하고 있다. 손정의, 빌 게이츠(Bill Gates), 잭 웰치(Jack Welch), 아이아코카(Iacocca), 정주영, 이병철, 구인회, 조중훈, 최종현 등은 그의 생애와 경영이념에서 "창의와 혁신 없이는 사업을 할 수 없다"라고 공통으로 지적하고 이를 실행하여 성공하였다.

8) 책임 주의 정신

성공한 기업가는 책임 정신을 강조하고 있다. 성공한 기업가의 책임 정신의 첫째는 한 가정, 한 가족의 일원으로서 책임, 둘째로는 직장과 사회 구성원의 책임, 셋째로는 국가와 민족의 책임이고, 넷째로는 인간으로서 이 세상에 태어나서 인간답게 할 일을 다 해야 할 책임이라고 기술하고 있다.

기업경영에는 항상 지켜야 할 원칙과 책임, 권한과 의무가 따른다. 최고경영자(CEO : Chief executive officer)는 기업의 경영조직, 관리 문제를 원칙과 제도에 따라 책임을 지고 풀어가야 한다. 더욱 큰 의미로서 기업의 사회적 책임까지 확대되고 있다. 성공한 기업가는 자신의 사업은 자신 이외는 그 누구도 이룰 수 없다는 것을 믿고 책임감을 느끼고 추진하였고, 그 결과로 사업의 성공이 뒤따른 것이다. 따라서 자신의 미래에 대하여, 자신이 하는 사업에 대하여 전적으로 책임을 지지 않는 한 기업은 성공할 수 없다는 것을 알고 추진한 것이다.

성공한 사업가는 대부분 자신의 인생과 주변의 모든 것에 대해 완벽하게 책임져야 한다는 생각이 강하다. 그러므로 무수한 고뇌와 싸움에서 이기는 신앙 같은 신념이 생겨 책임회피 같은 것으로 실패를 자처하지는 않는다.

9) 합리 추구의 정신

성공한 기업가는 경영이론이나 도리에 맞는 것을 선택하여 경영기법으로 활용한다. 이것이 합리적 경영이다. 이것은 합리를 잊거나 무시하고 단계를 뛰어넘으려는 데서 오는 파국의 위험성을 배제하고 한 단계씩 상황에 맞추어 발전해 나감을 의미한다.

합리 추구의 정신은 ① 기업 규모의 적정화, ② 규모의 경제성, ③ 환경의 대응능력, ④ 시대에 적응하는 경영혁신, ⑤ 국가의 사업보국, ⑥ 투명한 경영, ⑦ 고객만족도, ⑧ 합리적 노사관계라고 평가하고 있다. 따라서 합리 추구 정신은 경쟁사회에서 기업이 성장하기 위한 철칙이다. 합리를 추구하는 것은 능률적인 경영을 통하여 사회적 책임을 다하는 목적에서 이루어지는 것이다.

10) 산업 평화주의 - 노사공동체 정신

노사관계는 넓게는 노동자와 자본가 및 경영자 사이에 보이는 지배 대 피지배관계를 말하며 기본적으로는 계급관계이다. 그러나 노사관계는 계급관계 일만이 아니고 그것에 기초해서 발생하는 집단으로서의 노동자와 자본가 및 경영자와의 관계로서 이해되고 있다.

구체적으로는 노동력의 매매 및 교섭을 둘러싼 노동조합과 개별적인 자본가와 경영자 혹은 그 단체와의 관계라고 규정하고 있다. 이러한 관계 때문에 과거에는 주종관계로서 첨예한 대립 양상을 가져왔다. 그러나 성공한 기업가는 노사관계를 대등한 관계로 인식하여 인간존중 경영, 인간 중심 경영으로, 사람을 인재로서 인재제일주의 경영이념을 활용하여 성공하였다. 따라서 종업원과 회사의 관계는 서로 협조하고 공존 공영하는 관계로 보고 있다.

회사는 종업원의 생활을 안정시킬 수 있도록 충분히 대우하고 편안한 직장이 되도록 해야 한다. 또한, 전 직원은 자기 삶의 터전을 더욱 발전시킬 수 있도록 서로 화합해야 산업 평화가 온다는 정신이 산업 평화주의이며, 노사관계를 공존공영하는 공동체 정신으로 여기는 기업가 정신이 바로 노사공동체 정신이다. 기업도 발전하고 종업원도 대우받는 상생상화(相生相和)의 경영철학이 노사공동체 정신이다.

11) 정직과 정도경영 혁신

성공한 기업가의 비결 중 하나가 정직과 정도경영 정신이다. 테일러(Taylor, Frederick Winslow)도 기업가의 자질 조건 중에 정직(Honesty)을 생명으로 여기는 창업자는 성공한다고 기술하고 있다. 사업은 신용을 기반으로 정직하게 행해지는 것이 정론이다. 가끔 신문 지상에서 부패문제와 비윤리적 행위로 기업을 경영하다가 망하는 회사를 본다. 경제 협력 개발 기구(OECD : Organization for Economic Cooperation and Development)를 비롯하여 선진국의 경제기구는 기업의 경쟁력 원천은 기업윤리에 있음을 천명하고 있어 정직하고 투명한 기업만 경쟁에서 살아날 수 있으며, 세계시장에 상품을 판매할 수가 있다.

12) 사업보국 정신

“사업으로 국가에 보답한다(事業報國)”는 호암 이병철 회장의 사업 정신에 대해 삼성 출신 인사들은 “자신의 행위를 미화하기 위한 홍보성 강령이 아니라 식민지 시절의 체험과 해방 후의 혼란, 6·25 등의 세파에 담금질되며 가슴에서 우러나온 호암의 기업가 철학”이라고 설명한다. 그는 인간사회에서 최고의 미덕을 사회봉사라고 생각하였다. 기업의 사명도 결국 국가와 국민에게, 그리고 인류에 대하여 봉사하는 것이어야 한다고 기술하고 있다.

피터 드럭커(P. F. Drucker)도 경영의 실체에서 기업의 사회성을 강조하였고 기업의 이익과 공익이 일치되어야 사회가 건강해진다고 역설하고 있으며, 우곡 김향수 회장도 기업이란 마땅히 기업을 통해 자기의 뜻을 실현하고 국가에 공헌해야 한다고 말하고 있다. 기업의 공익이란 재화와 서비스의 풍족한 제공이며, 고용과 소득기회의 확대일 뿐 아니라 국가경영의 재원을 이루는 납세의 세원 조성, 나아가 수익을 축적하여 새로운 기업에 계속 투자하고 신기술개발에 전력을 다하여 확대 재생산함으로써 국가 경제를 발전시켜 국민의 행복, 인류의 복지향상에 공헌한다는 것을 말한다.

4 실패한 기업가의 특성

기업의 실패는 기업가가 추구하는 목표를 효율적으로 달성하지 못했을 경우이며, 그 시작은 기업가가 기업가 정신의 결여와 환경변화에 대한 대응 능력 부족으로 사업목표와 계획 실행에서 문제가 발생한 때부터이다. 기업은 어떤 난관도 극복하고 성과를 내며 지속하여야 하는데, 그렇지 못하고 실패하여 경영자가 교체되거나 지속 기업에 문제가 생기는 경우가 많다. 이는 기업 이해관계자들은 물론 사회적으로도 불행이다. 그동안 실제 사례를 통한 연구에 의해 밝혀진 실패한 기업가의 특성 10가지를 제시하여 보면 다음과 같다(konyang.ac.kr/www/prof. 2016).

1) 탐욕과 낭비 – 비윤리성

기업가의 근검절약 정신의 결여와 탐욕 그리고 사업 운영상의 비윤리적인 행태는 기업경영을 어렵게 하는 실패한 기업가에서 나타날 수 있는 공통 요소이다.

첫째, 종업원과의 공존, 공영 없이는 성공할 수 없는데 탐욕에 사로잡혀 종업원과 사업성과를 나누려 하지 않는 경우이다. 이러면 제대로 보상받지 못한 종업원들은 회사를 떠나거나 심한 경우 기업의 재산을 사취하려 들게 될 것이다. 회사가 성과가 남에도 불구하고 종업원들에 대한 적절한 보상을 무시해 핵심 종업원들이 별도로 동업종의 회사를 설립하여 떠나는 사례도 있다. 또한, 사업가는 근검절약 정신이 몸에 배어 있어야 종업원들이 따라가며, 노력에 대한 충분한 보상과 대가, 동기부여는 조직에 헌신하려는 유인이다. 창업자 사장이라 하여 회사의 자금을 자기 돈으로 생각하며 술과 허영을 일삼는 행동은 낭비를 초래하여 결국 실패의 수렁 속으로 빠져든다.

둘째, 이윤에 집착한 나머지 고객에게 정당한 상품이나 서비스를 제공하지 않는 경우이다. 이는 약속을 지키지 않는 사업주의 경영방침에 종업원들이 호응하지 않거나, 고객을 속여 이익을 내는 판매방법 등에서 비롯된다.

셋째, 기업가의 비윤리성의 문제이다. 사업을 하면서 탈세를 하거나, 허위 및 과대광고를 통한 비윤리적 판매행위를 하며, 사업의 목표를 관철하는데 수단과 방법을 가리지 않는 뇌물수수 행위 등으로 이행하려고 시도하고, 또한 가격조작과 부당한 금융 관행으로 사업을 경영하는 행위 등이 그 예이다.

2) 불성실 – 신용 결여

기업을 운영하는데 신용은 성공의 비결이다. 그러나 사업 시행 시 단 한 번의 불성실이 기업을 실패의 길로 빠지게 하는 사례가 있다. 기업가 관점에서 한 번의 불성실한 행동은 또 다른 불성실을 낳고, 이것이 반복되다 보면 결국 외부로 표출되며 기업의 성공을 방해하는 결정적 요소가 된다.

신용이 재산이라고 생각한 정주영 회장이 손해를 감수하면서도 계약 기간 안에 공사를 끝내는 약속만이라도 지키려고 매일 자금조달을 위해 뛰었다는 것이 그 대표적 예이다. 사업은 망해도 다시 일어설 수 있지만 한번 신용을 잃으면 그것으로 끝장임을 알고 있었기 때문이라고 기술하고 있다.

3) 피해망상

사례연구의 결과 실패한 불행한 기업가의 특성에서 '피해망상(Paranoia)'을 들고 있다. 이는 남을 지나치게 믿지 못해서 사람과 제대로 인간관계를 맺지 못하며, 상대를 적대시하고 항상 경계 자세를 취하기 때문에 자신이 필요로 하는 협조를 얻어내기 어려운 경우이다. 말하자면 타인을 의심하고, 질투심을 느끼고 분개하며 화를 잘 내는 성격의 소유자는 종업원에게, 거래처와 고객에게 심지어 가정까지 피해를 주는 사업가이며 조직에서 고립을 가져오기 때문에 모든 일에 실패한다.

기업의 성공은 기업가의 도전과 개척정신의 결과라 보는데, 항상 열등감에 사로잡혀 매사에 자신이 없으며 사소한 과실을 지적당하면 과도한 비난으로 받아들이는 성격의 소유자는 사업가로서 부적합하다.

4) 판단력 부재

성공한 기업가의 자질 가운데 판단능력은 중요하며, 기업가가 경영 의사결정에 영향을 미치는 사회적·경제적·정치적 요인 등을 충분히 이해하여 미래를 판단할 수 없다면 그 기업은 실패로 가게 된다. 그동안 대기업의 설립자가 정치적 판단을 잘못하여 하루아침에 불행한 기업가로 전락하는 모습도 있었다. 정확한 경영분석, 경제 분석, 사회적 정치적 환경변화에 능동적으로 대응할 수 있는 전략적인 방안을 수립하지 못하는 기업가는 실패한다.

드럭커(F. P. Drucker)는 새로운 시대가 요청하는 경영자의 능력 가운데 전략적 의사결정을 수행할 능력과 국내외 경제적 사회적 환경의 변화에 대응하는 신속한 판단력을 갖지 못하면 최고 경영자(CEO)로서 자질이 없다고 충고하고 있다.

기업가의 신속한 정보 획득과 뉴 프런티어(New frontier)적이고, 합리적인 판단력이 없으면 창업을 하지 말라고 지적하고 있다. 카멜레온 같은 변화무상한 환경 속에 올바른 판단력만이 사업을 성공시키는 비결이라고 말한다. 기업가는 국내외 환경 변화에 대응하는 전략적 판단력을 가지지 못하면 그 기업은 실패한다.

5) 끈기와 인내력 부족

새로운 사업을 이끌어 나가기 위해서는 상당히 긴 기간을 기다릴 수 있는 끈기와 인내가 필요하다. 조급하게 일을 처리하다 보면 그르치게 되어 후회하게 된다.

예컨대 빨리 주문이나 입찰을 따내려는 욕심 때문에 가격을 무리하게 낮추었다가·나중에 그로 인해 손해를 입게 된다든지 너무 급하게 서두른 나머지 사람을 잘못 고용하고, 창업의 경우 사업을 빨리 개시할 생각에 불리한 계약을 맺는다든지 하는 일들이 모두 끈기와 인내심의 부족에서 오는 결과이다. 성공하는 현명한 사업가라면 끈기와 인내심 부족 때문에 사업 판단을 그르치는 일은 없을 것이다.

시간을 적절히 관리하는 Just-in-time 기법을 배우고, 기대 이상으로 시간이 필요로 하고 끈기와 인내를 요구하는 일이 발생할 때를 기다리는 심정으로 사업구상을 하여야 한다. 무작정 기다리고 인내심을 발휘한다기보다 적절하게, 적절한 시간에, 적절한 장소에서 천 년의 고객을 맞는 심정으로 사업을 하여야 실패하지 않는다.

6) 사업지식 결여

기업가가 갖추어야 할 자질 중에서 기본이 되는 것이 자기 사업 분야의 지식이다. 사업 분야 경영 지식이 없으면 당연히 실패한다. 사업지식이란 기획, 인적자원 및 조직관리, 재무관리, 마케팅 및 시장관리, 생산 및 구매 관리, 정보관리 등의 지식을 말한다. 그리고 경영활동에 필요한 부수된 지식으로 일반상식과 컴퓨터, 외국어에 관한 능력도 요구된다.

최근 사업 관련 정보와 지식은 인터넷을 통해서 획득하며, 외국어는 영어와 최소한 2~3개 외국어를 구사하여야 기업의 세계화에 적응하고 해외로 뻗어 나가 사업을 성공시키는 비결이다. 21세기는 기업경영에서도 지식기반 사회의 강력한 영향을 받는다. 사업 분야의 경영지식과 그에 부수되는 지식을 갖추고 사업을 시작하지 않으면 실패하기 쉽다.

7) 경영관리기법의 무지

실패한 사업가들은 그 원인이 경영관리기법의 무지에 있다는 분석이 있다. 즉, 실패한 사업가들은 ① 비용관리 ② 재고관리 ③ 자금관리 ④ 인력관리 ⑤ 마케팅 관리 등의 경영관리기법에 무지하였거나 배우는데 소홀히 한 때문이라는 지적이 있다.

이는 기업 경영의 기본인데 이를 무시하고 몰라도 된다고 매도하는 기업가는 실패한다. IMF(국제 통화 기금) 외환위기 시 가장 먼저 부도가 났고, 사업 악화와 노사분규 등으로 문을 닫은 기업을 보면 기업가가 이 분야에 소홀했던 경우가 많았다. 나아가 지식기반 사회에서는 창업 시에도 경영관리체계를 터득하고 경제경영지식, 경영혁신기법, 노사관계 등의 기본에 대하여 숙지한 후에 시작하여야 실패가 없다.

8) 두뇌 회전의 지연

사업가는 잠을 잘 때만 제외하고 생각할 수 있는 시간은 끊임없이 생각하며 두뇌 회전을 통해 혁신을 창조해 내야 한다. 끊임없는 두뇌 회전, 이것은 창의력을 생성하고 혁신을 창출하는 원동력이다. 아주 작은 생각이 자신의 마음과 머릿속에 자리를 잡으면, 거기서 출발하여 끊임없이 그것을 가꾸고 키워서 머릿속의 생각을 눈으로 볼 수 있다는 창의력이 나온다.

두뇌 회전의 지연은 생각을 없애고, 창의력을 키우지 못하며 혁신을 제거한다. 이는 결국 감각적 사업구상을 없앤다. 테일러는 일찍이 성공한 사업가의 자질 조건 첫째를 두뇌(Brain) 회전에 두었다. 두뇌 회전의 우수성은 아이디어를 생성시키고 개발하는 척도가 된다.

두뇌 회전은 창조적 혁신을 가져오는 성과를 낳고, 사업의 강점과 약점을 경쟁력으로 활용하는 원동력이라고 본다. 두뇌 회전은 머리 기술(창의), 마음 기술(혼), 손 기술(기법) 등의 삼위일체의 결정력으로 지적된다. 결국, 두뇌 회전이 지연되는 기업가는 성공할 수 없다.

9) 신념 결여

신념은 인간의 위대한 힘의 근원이다. 세상에 큰 업적을 남긴 사람은 모두 위대한 신념의 소유자였다. 미국의 노만 필(Norman Vincent Peale)은 『적극적 사고의 힘』(The power of positive thinking)이라는 저서에서 "인간의 신념과 그 위력의 위대성, 적극적 사고의 힘"을 역설하고 있다. 성공은 신념의 산물이며, 신념을 가진 사업가는 기적에 가까운 일을 가능하게 한다고 피력하여 신념은 사업 성공의 비결이라는 사실을 검증시키고 있다. 마이크로소프트사(MS사)의 빌 게이츠는 모든 업무에 자신과 신념을 가져달라고 기도하였다고 한다. 아남그룹의 창업자 김향수 회장도 그의 저서 『작은 열쇠가 큰 문을 연다』에서 지성일관의 신념으로 반도체 사업에 착수하여 성공을 이룩하였다고 한다.

신념이 모자란 기업가는 사업에 실패한다는 기업가 정신은 이미 경영이념으로 정착된 지 오래되었다. 기업가여 신념을 가져라 그러면 성공할 것이다.

10) 도전과 개척정신의 결여

실패한 기업가들은 사업에 대한 도전정신이 미약하고 실망을 먼저 하며, 불평만 늘어놓고 회사를 살리고자 하는 개척정신이 모자란 경우로 밝혀지고 있다.

한국경영사학회는 정주영 연구에서 그는 초등학교 졸업생으로 학력도, 재력도, 가정도, 재주도 남보다 못하지만, 기업가로 성공한 것은 오직 도전과 불굴의 개척정신이라고 말하였다. 빌 게이츠도 오늘보다 내일을 위해 도전하는 자세가 기업가 정신이라고 주장하고 있다. 그가 창업한 마이크로소프트사는 숨 가쁘게 발전을 거듭하는 컴퓨터 업계의 선두주자로서 안주보다는 변화와 혁신의 주도자 역할을 하고 있다. 이러한 시장에 대한 마이크로소프트사의 적극적인 도전과 개척정신으로 소프트웨어가 하드웨어를 바꾼다는 경영이념을 탄생시켰다.

제3절 경영철학

1 기업의 경영철학

1) 경영철학의 의의

경영자가 기업을 영위하는 데 있어 지침이 되는 기본적인 경영 신조를 경영철학이라고도 한다. 즉, 기업이 사회적 존재 이유를 표시하고 경영활동을 방향 짓게 하는 기업의 신조를 말한다. 경영이념은 기업의 신조로 경영목적 달성을 위한 활동을 하기 위해 구체화할 수 있는 현실적 지침이 되는 것으로서, 구체적으로는 사시(社是)·사훈(社訓) 등으로 표현된다.

경영이념은 단기적으로는 변화하지 않는 것이 특징이지만 장기적으로는 기업의 발전단계에 따라 변화한다. 종래 인정되고 있던 영리성, 자본가적 이윤 이념은 오늘날에는 현대적 경영을 위한 합리주의·경제성·능률주의 등 기능주의 이념으로 이행(移行)하고 있다(네이버 지식백과, 2016).

2) 경영철학의 기준

경영철학이란 구성원들이 어떠한 행동을 하거나 의사결정을 할 때 판단의 기준이 되는 '그 무엇'이다. 즉, 핵심가치나 경영이념, 신조, 문화, 전망(Vision) 등 구성원의 사고를 지배하는 원칙이 철학이다. 사실 웬만한 기업은 전망(Vision)이나 핵심가치를 규정해 놓고 있지만, 구성원이 전혀 다른 가치 기준에 의해서 행동하고 있다면 철학이 있다고 말할 수 없다. 또 핵심가치에 의해서 행동한다고 하더라도 이것이 일관되게 나타나야 한다. 특히 상황이 어려울 때 실천할 수 있느냐가 중요하다. 결국 일관된 문화나 핵심가치를 상당 기간 지속해서 실천하고 있는 기업이 철학이 있는 기업이라 하겠다.

기업에 철학이 필요한 것도 개인의 경우와 다르지 않다. 유대인이 종교적 신념으로 예측할 수 없는 어려운 환경을 극복했듯이 기업도 환경으로부터의 도전을 극복하는 데 많은 도움을 받을 수 있다. 오늘날 경영환경 변화는 어떠한 방향으로 나아갈지 알 수 없는 경우가 많다. 사전적으로는 올바른 길이 어떤 것인지 파악하기가 불가능하다. 헤겔(Georg Wilhelm Friedrich Hegel, 1770~1831)이 말했듯이, 지혜의 여신 '미네르바의 부엉이는 황혼 무렵에야 날개를 펴기 시작한다.' 진리에 대한 인식은 사건이나 일이 다 끝났을 때야 비로소 알게 된다는 말이다. 안개가 너무 짙어서 앞이 안 보이는 것이다. 바람이 몰아쳐서 어디로 갈지 모르는 상황과 같다. 그래서 중심을 잡을 필요가 있고 핵심가치나 강한 조직문화가 이런 역할을 해 준다. 작은 벤처기업(Venture business) 같은 신생 소규모 기업은 창업자 등 몇몇 사람에 의해서 경영된다. 아직 프로세스(Process)가 정형화되지도 않아서 뛰어난 사람의 능력에 따라 경영이 좌우된다. 그러다가 규모가 커지면 한 사람이 관리하고 끌고 갈 수 있는 한계를 벗어나기 때문에 프로세스(Process)가 만들어진다. 그래서 몇몇 사람에 의존하던 활동이 프로세스(Process)에 따라 이루어지게 된다. 더불어 규범이나 제도가 생기게 된다. 이것이 바로 시스템(System)에 의한 경영이 이루어지는 단계인데 이러한 경영은 자칫 관료주의로 흐를 가능성이 있다. 스태프(Staff) 기능이 지나치게 커져서 꼬리가 몸통을 흔드는 '왜그 더 독(Wag the dog)' 현상이 나타날 수 있다. 또 제도나 프로세스(Process)에 의해서 기업 활동이 이루어지다 보면 시장과 고객의 변화에 기민하게 대응하기가 어려워질 수도 있다. 그래서 중요한 의사결정에서 실수를 범하기도 한다. 하루에도 이러한 경우는 수없이 많이 일어난다. 하지만 수만 명이나 되는 직원들에게 일일이 코치(Coach) 할 수도 없다. 그래서 경영이 보다 발전하면 핵심가치나 문화에 의한 관리가 이루어지는데, 이렇게 되면 구성원 개개인이 자율적으로 의사결정을 내릴 수 있게 된다. 제도나 전결 규정에서 이야기하는 것이 아니라 회사가 가치 있다고 인정하는 바에 따라 행동하는 것이다.

규모가 큰 조직을 담당하게 되면 누구나 할 것 없이 조직문화에 대해 이야기하는 이유가 바로 여기에 있다. 큰 조직을 유지하기 위해서는 일일이 구성원들을 개별 지도할 수도 없고 세세하게 직무 설명서나 행동강령을 만들어 줄 수도 없다. 회사가 지향하는 바를 인식시키고 이 기준에 따라 행동하게 하면 아무리 커다란 조직도 하나가 되어 일관된 방향으로 나아갈 수 있다. 철학의 힘이 여기에 있는 것이다 (LG Business Insight 2009.2.18.).

2 경영철학을 구축하기 어려운 이유

대기업 경영자들이 기업문화를 만들기 위해 애쓰거나 미래 전망(Vision)을 새로이 선포하는 것을 보면 그들도 철학의 중요성을 충분히 인식하고 있다. 그럼에도 철학이 있는 기업을 찾기가 쉽지 않은 것은 빠르게 변하는 경영환경에 발맞추다 보니 일관성을 갖기가 어렵기 때문이다. 할 일과 만나는 사람들이 늘어난 현대인들이 옛날 사람들보다 하나의 일이나 사람에게 할당하는 시간이 줄어들어 깊이가 줄어드는 것처럼, 일정한 방향으로 기업 활동을 꾸준히 유지하기가 어려운 것이 현실이다.

더욱이 주식시장과 투자자들의 눈치를 보아야 하는 기업 경영자는 단기 실적을 달성하는 것이 매우 중요하다. 그래서 상황이 어려워지면 조바심을 낼 수밖에 없다. 그래서 이런 경영자들의 절박함을 잘 아는 컨설팅(Consulting) 회사나 경영전문가들이 기업을 도와준다고 야단이다. 문제는 저마다 주장하는 바가 다르다는 것이다. 이 사람 말을 듣고 이렇게 하다가 저 사람 조언에 따라 저렇게 한다. 이래서는 핵심가치나 조직문화를 만들 수 없다. 경영전문가인 짐 콜린스(Jim Collins)가 이야기한 것처럼 커다란 바퀴를 돌리기 위해서는 수많은 시간을 준비하고 일관성을 가지고 실행해야 한다. 유행에 따라 경영 기조가 자주 변하면 처음부터 다시 시작하게 될 뿐이다. 수년간 대기업의 변화 관리와 경영행태를 연구한 경영전문가의 말이다.

한국기업의 경영진은 고민이 없고 철학이 없는 것 같다. 컨설팅(Consulting) 회사에서 흔들면 동쪽으로 가다가 서쪽으로 간다. 제일 안타까운 점은 최고경영자(CEO)가 바뀌면 모두 바뀌는 것이다. 심지어 후계자로 육성되었던 사람이 최고경영자(CEO) 바뀌었다고 해서 나가고 새로운 사람으로 교체된다. 전임 최고경영자(CEO)가 강력히 추진하던 혁신 프로그램(Program)을 쓰레기통에 버리는 것은 다반사다. 이렇게 되면 축적이 안 된다. 반면 성공하는 일류기업은 일관성이 있다. 끝장 볼 때까지 일관성 있게 실행한다. 가다가 중단하면 아니 감만 못하다는 것을 잘 알고 있다. 그래서 그들은 축적의 과정을 통해서 결과를 얻고, 너무 빠른 효과는 기대하지 않는다.

문명과 기술이 발달한 현대 사회에서 사람들이 생각을 깊이 안 하는 것처럼, 경영기법과 지식이 넘치는 환경에서 기업들도 철학이 약해지는 경향이 있다(LG Business Insight, 2009. 2.18).

3 철학 있는 기업의 특징

철학이 있는 기업의 특징은 다음과 같다(LG Business Insight, 2009.2.18.).

1) 잘하는 것에 집중한다.

철학이 있는 기업의 특징으로 잘하는 것에 집중한다는 것은 고집이 있다고 할 수 있다. 이는 자기가 좋아하는 것만 한다. 일본의 부품업체들이 대부분 우수한 것에 집중하는 데 당장 시장의 크기에는 신경을 쓰지 않는다. 자신이 가장 잘할 수 있는 것에 집중하다 보면, 관련 분야에서 시장이 생길 것을 믿고 있다. 이것은 시장 환경을 보고 기업의 전략을 정하라는 미국의 전략 이론가들의 주장과 다르다. 마이클 포터(Michael Porter)는 기업의 전략이란 궁극적으로 포지셔닝(Positioning)을 어떻게 하는 것이냐에 관한 고민이라고 주장한다. 이와 같은 마이클 포터의 이론에 반대하여 하멜과 프라할라드(Gary Hamel & C.K. Prahalad) 등이 주장한 자원기반 이론이 나왔다. 이는 기업의 핵심역량을 기반으로 전략을 선택한다는 것인데, 이것이 바로 일본의 부품 기업들이 지나온 행보이다. 사실 하멜과 프라할라드가 자원기반 관점을 주장할 때 논거로 든 사례가 일본 기업이었다.

일본 기업이 아니더라도 철학이 있는 기업은 자기가 잘할 수 있는 것에 집중한다. 그래서 사업을 늘려갈 때도 기존의 사업과 비슷한 분야로 확장한다. 즉 관련 다각화에 의한 확장을 시도한다. P&G의 경우에도 대부분 제품은 기존 제품과 관련된 것이다. 가령 비누를 만들다가 세탁비누, 가루 세제 등으로 사업이 확장되었고, 이는 관련 상품인 샴푸나 치약 등으로 이어졌다. 또 샴푸 등 미용 관련 제품을 판매하다 보니 화장품 사업까지 진출한다.

2) 과거에서 배운다

철학이 있는 기업의 특징은 과거 경험의 토대 위에서 경영이 출발한다는 점이다. 기억력이 좋다. 즉 과거의 경험은 성공이건 실패건 간에 사장하지 않고 교훈을 찾아내서 전략이나 직원의 행동원칙 등에 반영한다. 정확히 말하면 과거의 경험에서 배우다 보니 경영에 일관성이 생기고 핵심가치나 철학이 만들어지는 것이다.

3) 개성이 있다

철학이 있다는 말은 독특한 가치관이 있다는 것이다. 그래서 철학이 있는 기업은 자기만의 개성이 있고 경영에서 남다른 색깔이 있다. 그들의 전략을 보면 보통 회사와는 다른 차별화 전략을 시도할 때가 많다.

할리데이비슨(Harley-Davidson)의 마케팅 전략은 다른 회사와 완전히 다르다. 할리데이비슨의 마케팅에서 특이한 점은 모터사이클을 구매한 고객에게 돈을 더 많이 쓴다는 점이다. 통상적으로 기업은 아직 제품을 구입하지 않은 잠재고객에게 제품을 사달라고 마케팅을 한다. 광고나 프로모션(Promotion) 등이 모두 이에 해당한다. 그런데 할리데이비슨은 광고도 잘 안 하고 프로모션을 위해 돈을 쓰지도 않는다. 오히려 제품을 산 고객들이 모터사이클을 통해 행복을 누릴 수 있도록 하는데 많은 돈을 쓴다. 할리 오너스그룹(Harley owners group)을 만든 것도 이러한 의도였다. 고객의 꿈을 실현시켜 주고자 제품을 구입한 고객들이 더 나은 모터 사이클링을 할 수 있도록 다양한 행사를 기획하고 지원하는 것이다.

4) 자신감으로 자신의 힘으로 한다

철학이 있는 기업의 특징은 자신감이 있다는 것이다. 가능하면 남의 힘을 빌리지 않고 스스로 한다. 자기들의 신념이나 스타일(Style)을 잃지 않기 위해서 혼자 힘으로 시도하고, 굳건한 가치관을 따르고 있기 때문에 남의 도움이 필요한 상황이 많지 않다.

4 철학이 있는 경영

철학이 있는 기업이 되려면 자신의 힘으로 꾸준히 하는 것이 필요하다. 핵심가치가 없어도 자기만의 스타일로 꾸준한 경영을 한 기업은 모두 철학을 가지게 된다. 또 돈 버는 것에 집착하지 않고 자기가 좋아하는 일을 계속한 기업 역시 결국에는 성공으로 이어진 경우가 많다.

중요한 것은 어떠한 철학을 갖느냐가 아니다. 핵심은 시간이다. 다시 말해서 미래의 경영환경 변화를 분석해서 조직을 어떠한 방향으로 변화시키느냐보다 더 중요한 것은 어떤 방향이라도 그것을 1만 시간 정도 꾸준하게 추진하는 것이다.

경영에는 정답이 없기 때문이다. 일관되게 하다 보면 경지에 오르게 되고 잘하게 된다. 사람도 어려서부터 꿈꾼 대통령, 의사, 판검사, 과학자, 연예인 등과 같은 일을 하는 사람은 별로 없다. 하지만 오래 하다 보면 그 분야가 천직이라는 생각이 들고, 잘하게 되면 재미도 있고 보람도 느끼게 된다. 그러면 신이 나서 더욱 열심히 하게 되고 더 잘하게 된다. 사람이나 기업이나 오랫동안 꾸준히 하면 잘하게 된다(LG Business Insight, 2009.2.18).

학습 목표 요약

1. 경영자의 유형에는 어떤 것이 있는가?

① 소유경영자 : 자본가들이 직접 자본을 출자할 뿐만 아니라 기업을 운영하는 책임을 지는 경영자가 되어 자본가 또는 주주가 경영의 책임까지도 맡고 있을 때 이를 기업가(Entrepreneur)라 하며 소유경영자라고도 한다.

② 고용경영자 : 기업규모가 확대되고 경영활동이 복잡성을 띠게 되면서 기업가 스스로 모든 경영기능을 감당할 수 없게 됨에 따라 경영기능 일부를 위임 받아 수행하게 되는 대리인이다.

③ 전문경영자 : 자본의 출자와는 관계없이 경영의 규모가 커지고 복잡해짐에 따라 오로지 경영에 관한 지식, 기술 및 풍부한 경영정보 등과 같은 자질과 능력에 따라 영입되는 경영자들을 말한다.

2. 경영자의 역할에는 무엇인 있는가?

① 의사결정자의 역할 ② 대표자의 역할 ③ 리더로의 역할 ④ 선도자의 역할 ⑤ 혁신자의 역할 ⑥ 촉진자의 역할 ⑦ 탐색자의 역할 ⑧ 협상자의 역할

3. 기업가 정신은 무엇인가?

기업가 정신(Entrepreneurship)은 위험(Risk)이 있는 새로운 사업(New business)을 운영하기 위한 경영자들의 창의적이고 모험적인 성향으로 기업가를 혁신가(혁신을 촉진하는 사람)로 보고, 기업가 정신이 투철한 기업가에 의한 기술혁신이 경제발전을 이끄는 원동력이라고 하였다. 드러커(P. Drucker)는 변화를 탐구하고 변화에 대응하며 또한 변화를 기회로 이용하는 자로 보았다.

4. 성공한 기업가의 자세는 무엇인가?

① 도전과 개척정신 ② 신용제일주의 ③ 신념의 정신 ④ 근검절약정신 ⑤ 고객만족 주의 ⑥ 인간존중정신-인재중시 주의 ⑦ 창의와 혁신정신 ⑧ 책임 주의 정신 ⑨

합리 추구의 정신 ⑩ 산업평화주의-노사공동체 정신 ⑪ 정직과 정도 주의 ⑫ 사업보국 정신 등

5. 실패한 기업가의 특성은 무엇인가?

① 탐욕과 낭비 - 비윤리성 ② 불성실 - 신용결여 ③ 피해망상 ④ 판단력 부재 ⑤ 끈기와 인내력 부족 ⑥ 사업지식 결여 ⑦ 경영관리기법의 무지 ⑧ 두뇌회전의 지연 ⑨ 신념 결여 ⑩ 도전과 개척정신의 결여

6. 철학이 있는 기업의 특징은 무엇인가?

① 잘하는 것에 집중한다.
② 과거에서 배운다.
③ 개성이 있다.
④ 자신감으로 자신의 힘으로 한다.

용어해설

▶ 최고경영층은?

기업의 장기적 목표 수립 및 전략을 개발하고 정책을 결정하는 경영자

▶ 중간경영층은?

최고경영층이 설정한 경영목표 및 전략과 정책 등을 집행하기 위한 제반 활동을 수행

▶ 하위경영층은?

현장에서 직접 작업을 하는 근로자나 사무원을 직접 지휘 및 감독하는 경영층으로 운영 또는 일선 감독자

▶ 직능경영자란?

생산·마케팅·인사·재무 등 기업의 어느 한 부분 활동만을 책임을 지고 있는 경영자를 말하며 부문 경영자

▶ 전반 경영자란?

어느 한 부문만이 아니라 기업 전체를 총체적인 차원에서 경영하는 사람을 말하며, 총괄경영자

▶ 경영철학이란?

구성원들이 어떠한 행동을 하거나 의사결정을 할 때 판단의 기준이 되는 '그 무엇'이다. 즉 핵심가치나 경영이념, 신조, 문화, 비전 등 구성원의 사고를 지배하는 원칙이 철학이다.

▶ Wag the dog?

스태프 기능이 지나치게 커져서 꼬리가 몸통을 흔드는 '왜그 더 독(Wag the dog)' 현상

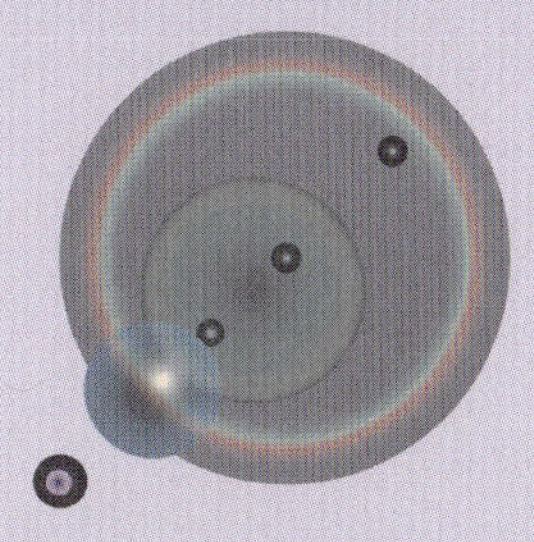

PART Ⅱ 경영기획

제4장 경영환경 분석

제5장 경영전략(계획화와 통제화)

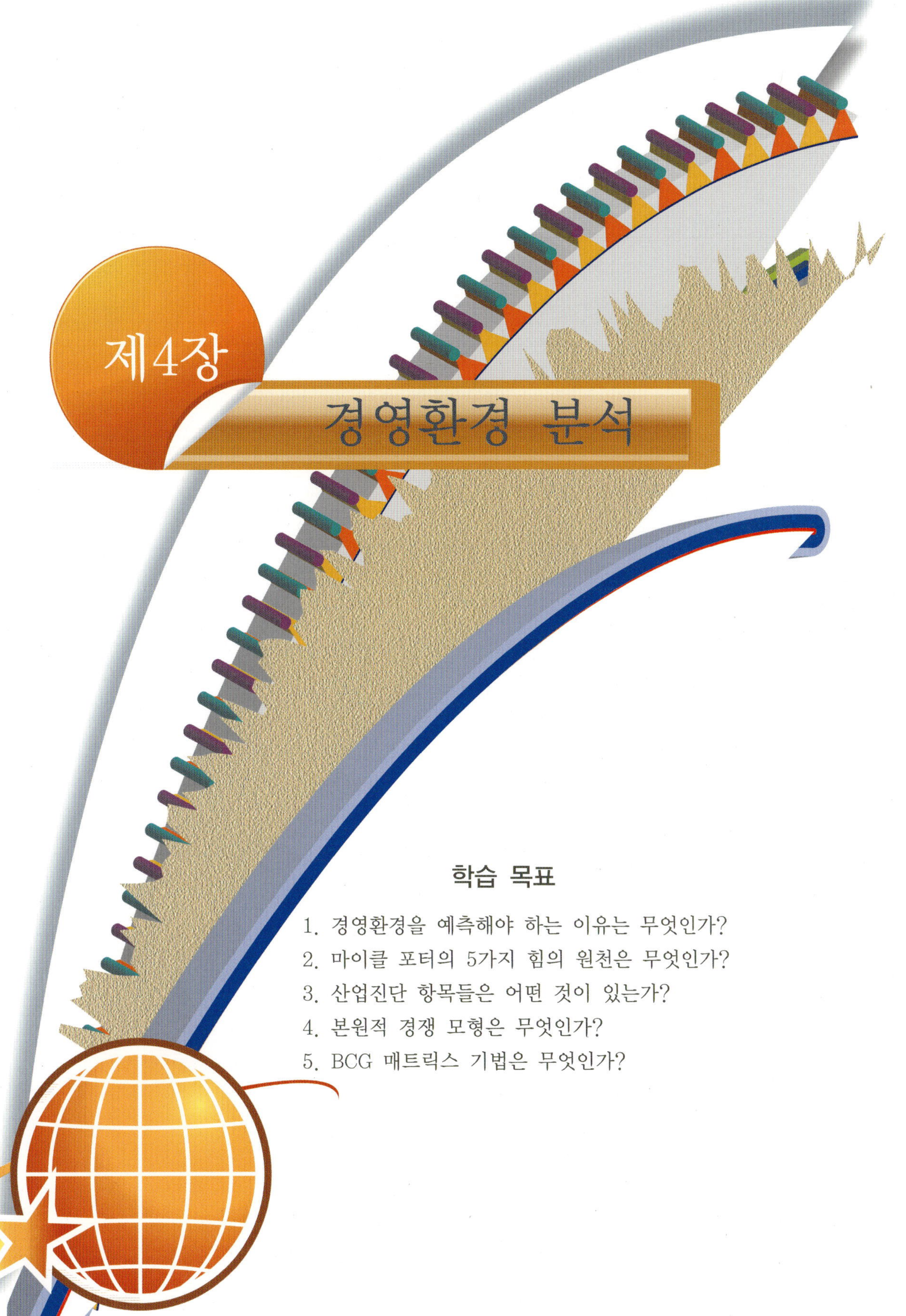

제4장 경영환경 분석

학습 목표

1. 경영환경을 예측해야 하는 이유는 무엇인가?
2. 마이클 포터의 5가지 힘의 원천은 무엇인가?
3. 산업진단 항목들은 어떤 것이 있는가?
4. 본원적 경쟁 모형은 무엇인가?
5. BCG 매트릭스 기법은 무엇인가?

제1절 경영환경 분석 기법

1 경영환경의 인식 변화

기업 경영환경(Business environment)은 기업을 둘러싼 여러 환경요인과 상호작용을 하며, 경영환경은 기업의 생존과도 매우 밀접한 관계가 있다. 경영환경은 지속해서 빠른 속도로 변화하여 나가므로 경영활동에서 이러한 변화를 예측하고 대처할 통찰력과 판단력을 갖춘 기업만이 미래의 기업으로 나갈 수 있다는 인식의 변화로 기업의 경영환경에 대한 인식의 변화가 중요시되며, 기업들은 환경변화 예측에 초점을 맞추고 있다.

기업은 소비자의 욕구를 따라잡고 앞서 나가 소비자가 상상하지 못한 제품과 서비스를 개발하지 못하면 시장에서 퇴출당할 것이다. 이는 환경변화의 물결을 읽고 새로운 기업으로 재탄생한 기업만이 지속적인 경쟁우위를 확보하게 된다.

2 마이클 포터의 5가지 힘(Five Forces Analysis)

산업구조분석을 처음으로 경영전략에 도입한 사람은 하버드 경영대학원의 마이클 포터(Michael E. Porter)로서 장기적으로 특정 산업의 수익성 및 매력도는 산업의 구조적 특성에 의하여 영향을 받으며, 이는 신규 진입자의 위협, 공급자의 협상력, 구매자의 협상력, 대체재의 위협, 산업 내 기존경쟁자 간 경쟁 강도의 5가지의 힘(Five Forces)으로 결정된다고 하였다. 이와 같은 분석은 산업의 수익성에 영향을 주는 산업 구조, 환경, 추세(Trend)를 분석하기 위한 방법이다.

[그림 4-1] 마이클 포터의 5가지 힘(Five Forces)

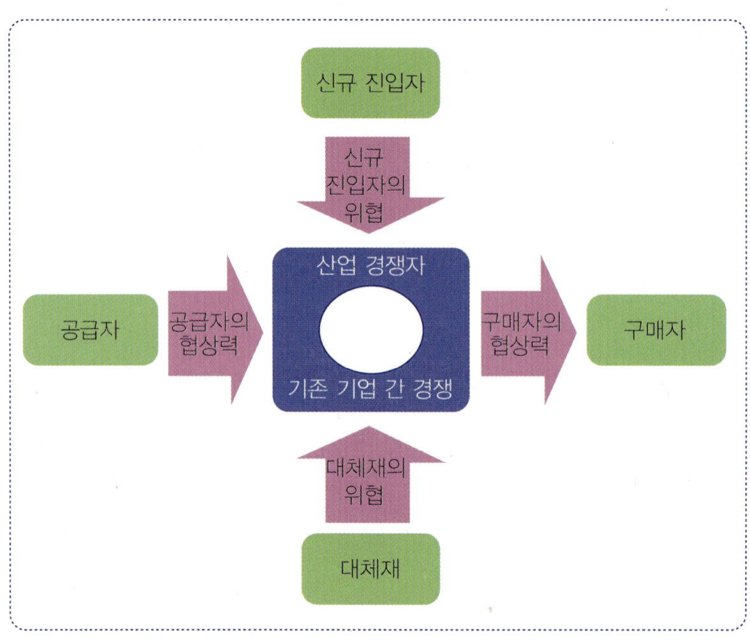

1) 신규 진입자 위협

진입장벽이 없는 산업 또는 기술은 가격 경쟁력이 약화하여 경쟁력이 없고 이윤 창출도 정상적 이윤 이외 부가 이윤을 창출할 수가 없다. 또한, 준 경쟁적 산업은 함몰 비용(Sunk cost)의 존재에 따라 결정된다. 함몰 비용이 있는 산업에서는 기업이 쉽게 진입할 수도 탈퇴하기도 어렵다. 이처럼 진입장벽은 그 산업에서의 경쟁기업의 진입을 약화하고 그 산업에서의 높은 수익률을 유지할 수 있게 한다.

이러한 진입장벽을 피하고자 신규 진입자는 새로운 기술, 새로운 경영능력, 새로운 브랜드를 가지고 효과적으로 진입에 성공하기도 한다. 이러한 신규 진입을 막기 위한 신규 진입장벽 결정요인으로는 규모의 경제, 제품 차별성, 브랜드(Brand), 교체비용, 소요자본, 유통경로(Channel) 접근, 원가 우위, 학습곡선, 투입 원재료, 저원가 제품 디자인, 정부 정책, 예상되는 보복 등이 있다.

〈표 4-1〉 신규 진입자 위협 예측분석

분석요소	분석 사항	현재 위협	미래 위협
규모의 경제	규모의 경제가 존재하면 높은 장벽임	상	중
제품 차별성	제품에 차별화가 없거나 모방이 쉬우면 진입장벽이 낮음	하	하
소요자본	초기 투자비용이 많을수록 진입장벽 높음	중	상
교체비용	투자시설을 이전 또는 교체 할 때 들어가는 비용	중	상
유통경로 접근	유통망 접근이 용이할 때 진입장벽 낮음	중	상
원가 우위	규모의 생산 이후 안정적 원가유지 지속성	중	상
정부정책	정부의 인허가 제한 폭	중	상
예상되는 보복	자금압력으로 예상보복	중	중
경쟁강도 종합	신규 진입자의 경쟁강도 종합	중	상

2) 기존경쟁자의 위협

일반적으로 산업에서 경쟁 양상과 산업 전체의 수익률을 결정하는 가장 중요한 요인은 그 산업 내에서 이미 경쟁하고 있는 시장 참여자(기존 경쟁자) 간의 경쟁관계다. 이러한 경쟁 양상은 가격경쟁, 광고/홍보 전쟁, 제품 출시 등으로 나타나며, 이들 기존 기업 간 경쟁 강도 결정요인은 산업 성장, 고정비, 과잉생산능력/설비, 제품 차별성, 브랜드, 집중과 균형, 정보의 복잡성, 경쟁자의 다양성, 이해관계자, 철수 장벽 등의 요인에 의해 영향을 받는다.

〈표 4-2〉 기존경쟁자의 위협 예측분석

분석요소	분석 사항	현재 위협	미래 위협
산업 성장률	시장규모 및 시장성장성	상	중
고정비용	고정비(설비 등) 투지비용의 크기	상	하
과잉설비	과잉설비/유휴설비 보유여부	상	상
제품 차별성	모방의 용이성	중	상
브랜드	브랜드 이미지	상	상
정보의 복잡성	정보수집의 복잡성과 난해성	중	상
다양한 경쟁자	경쟁자의 수	상	상
철수 장벽	철수 시 철수 장벽의 크기(쉽거나 어려움)	중	중
경쟁강도 종합	기존기업간의 경쟁강도 종합	상	상

3) 대체재와의 경쟁

기업의 제품 판매 수익률은 소비자가 그 제품이나 서비스에 대해 기꺼이 지급하려는 가격에 따라 결정되므로 대체재(Substitute)의 출시에 따라 크게 달라진다. 대체재가 많으면 많을수록 기업이 자신의 제품이나 서비스에 높은 가격을 받을 가능성이 줄어든다.

대체재의 존재가 그 산업의 가격 결정에 영향을 미치는 정도는 크게 두 가지 문제로 나눈다.

① 소비자들이 쉽게 대체재로 옮겨갈 수 있는가의 문제로, 소비자들이 어떤 특정 브랜드(Brand)에 높은 충성도를 갖고 있을 때는 다른 대체재가 나타나도 쉽게 옮겨가지 않는다.

② 대체가 가진 유용성의 문제이다. 소비자들은 대체재가 나타나면 기존의 제품과 비교하여 품질과 가격을 비교한 제품의 유용성을 고려하여 구매를 결정하게 된다.

4) 구매자의 교섭력

구매자의 교섭력을 결정하는 요소는 구매자들의 가격 민감성과 공급자에 대한 구매자들의 상대적인 교섭능력이다.

(1) 구매자의 가격 민감성

제품차별화가 심할수록 구매자는 가격에 대해 민감하지 않다.

① 총비용 중 원자재비용의 비중
② 구매자의 이윤율 수준
③ 제품 품질의 중요성

(2) 구매기업과 공급기업 간의 교섭력

① 공급자에 대한 구매자의 상대적인 크기
② 공급자에 대한 구매자의 정보 능력
③ 구매자가 공급자를 바꾸는데 들어가는 전환비용의 크기
④ 구매자의 수직적 통합능력

〈표 4-3〉 구매자의 교섭력 위협 예측분석

분석요소	분석 사항	현재 위협	미래 위협
구매비중	우리제품을 구매하는 비중	하	하
제품 차별화	가격, 품질 등 구매자의 차별성	하	중
후방통합력(구매자)	구매자가 우리 회사를 통합할 능력 및 가능성	하	중
구매자가 가진 정보	구매자가 제품에 대한 정보 접근 및 정보공유	중	상
구매자의 가격 민감도	구매자에 따른 가격 민감도/제품에 따른 가격민감도	하	중
경쟁강도 종합	구매자의 교섭력의 경쟁강도 종합	하	중

5) 공급자의 교섭력

공급자의 교섭능력이 강할수록 구매자에 대한 자신들의 이윤 폭을 넓힐 수 있다. 제품의 차별화가 덜 되고 일상 재화가 될수록 공급자의 구매자에 대한 상대적인 교섭력은 떨어진다.

일상재를 공급하는 기업들이 자신들의 교섭력을 높이기 위해 종종 카르텔(Cartel)을 형성한다. OPEC은 산유국들의 카르텔(Cartel)이고, 노동조합은 노동자들이 단체 교섭력을 높이기 위한 형태이다(마이클 포터, 경쟁전략(Competitive Strategy, 1980).

〈표 4-4〉 공급자 교섭력 위협 예측분석

분석요소	분석 사항	현재 위협	미래 위협
공급물량 비중	공급자의 수, 공급량과 시장수요와 공급량	하	하
원재료의 차별화	원재료의 기술차별화 가능성	하	중
대체원료 여부	대체원료 가능성 및 미래 대체원료 출현여부	하	중
공급재료의 중요도	우리 제품에 차지하는 비중/공급제품의 차별성	중	상
공급자의 전방통합력	공급자가 우리 회사의 위치를 통합할 능력	하	중
경쟁강도 종합	공급자 교섭력의 경쟁강도 종합	하	하

제2절 기업의 일반 환경 분석

1 외부환경 진단

경영자는 경영전략에 영향을 미치는 요인을 분석하고 진단하는 것이 경영자의 임무 중 하나이다.

외부환경을 분석하고 진단함으로써 기업의 기회 요인을 발견하고, 이러한 전략을 통하여 위협요인을 사전에 분석함으로써 위험을 제거할 수 있다.

기업의 외부환경 분석은 기업의 경영 의사결정 및 경영성과에 미치는 외부요인을 분류하고 외부환경 분석을 통하여 경영에 미치는 현재와 미래의 기회요인과 위협요인을 찾아내어 경영전략 수립의 기본 자료로 활용한다.

일반적으로 외부환경의 분류는 산업 환경으로 고객, 제품, 자원, 경쟁자, 기술력 등이 있으며, 거시적 환경으로는 정치, 경제, 사회, 문화, 환경 등이 있다.

[그림 4-2] 외부환경 요인

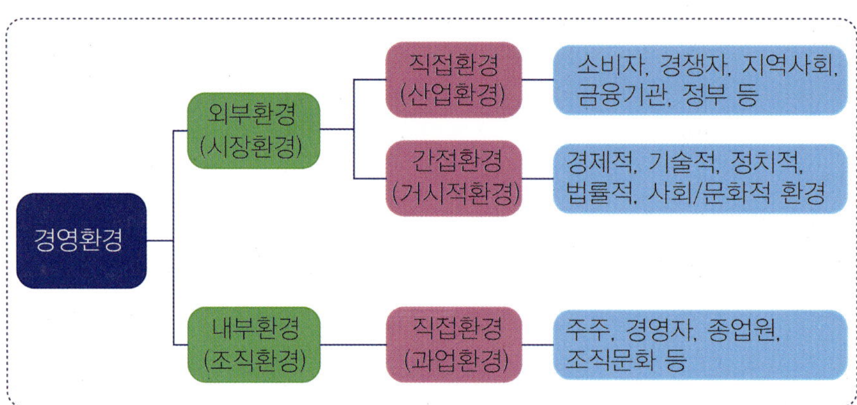

2 산업환경 진단

1) 고객진단

기업은 고객 중심을 통하여 고객을 만족하게 해야 기업이 성장하여 나갈 수 있다. 고객중심 경영이란 고객이 본질적으로 추구하는 기본적 욕구를 이해하고 만족하게 하는 것을 바탕으로 고객만족도 조사를 하여 목표 고객을 선정하고 이에 맞추어 제품이나 메시지를 차별화하려는 정신을 말한다. 고객만족(Customer Satisfaction)을 추구한다는 것은 고객이 최대의 만족감을 느낄 수 있도록 함으로써 기업은 최대의 장기적 이익을 얻고, 사회적으로는 재화의 최적 분배를 통한 고객의 복리증진 효과를 추구한다는 것을 의미한다. 마지막으로 고객의 장기적 복리증진이란 마케팅 활동이 단지 고객의 일시적인 만족에 그치지 않고 그들이 풍요롭고 안전한 생활을 오랫동안 누릴 수 있도록 사회적·생태적·윤리적 문제까지 광범위하게 고려하여 수행되어야 한다는 것을 말한다.

2) 제품진단

제품 개발(Product development)은 현재의 고객들에게 새로운 제품을 제공하는 일이 가능한지에 대해 고려하는 것이다. 여기서 새로운 제품이란 현재의 제품에 새로운 기능을 추가하거나, 포장을 바꾸거나, 새로운 상표를 부착하거나, 또는 사용하는 제품은 같지만 용도를 다르게 한 것 등을 말한다. 이와 같은 신제품으로 현재의 시장에서 새로운 시장 기회를 발견하기 위해서는 현 제품과 자사 상표에 대한 현 고객의 선호도 및 신뢰성, 현 제품 용도의 한계, 고객이 요구하는 제품의 품질 및 가격에 대한 선호도 및 잠재고객의 욕구 충족 등에 대한 분석이 이루어져야 한다.

3) 자원진단

전략가는 자원과 기술변화를 예측한다. 경영자는 원재료의 가격과 조달에 대하여 장기 추세를 검토하게 된다. 또한, 환율 변동과 자금조달에 대한 미래의 추세를 분석하여야 한다.

인적 자원으로 기술 수준의 향상과 수도권으로 생활권 집중으로 숙련된 기술자의 확보가 어렵게 되며 이러한 환경에 따라 근무조건의 향상과 노동비용의 증가를 예측하여야 한다.

4) 경쟁자의 진단

경쟁 환경을 분석하는 데 있어서 시장구조의 변화를 예측하여야 한다. 시장 환경은 매우 빠른 속도로 변화하며 경쟁자 역시 빠른 속도로 시장에 진입했다 사라진다. 따라서 경쟁사의 동향을 자세히 분석하고 대체상품의 개발을 연구하여 새로운 시장 진출을 추진하여야 한다. 또한, 경쟁 환경에서 경쟁사의 성공요소를 분석하여 새로운 자사의 경쟁우위를 창출하여야 한다. 경쟁우위의 제품이라 할지라도 신규 모방 업체가 새로이 시장에 진입한다는 것을 명심하여야 한다. 따라서 기업의 핵심 역량과 차별화된 마케팅 전략으로 소비자의 구매력을 유도한다.

5) 기술동향의 진단

기업의 새로운 기술 개발로 새로운 시장을 창출하였다 하여도 새로운 도전자의 신기술, 도전 기업, 모방 기업이 위협을 가하게 된다. 따라서 한 제품이 영원한 기업의 효자상품이 될 수 없다.

새로운 제품의 개발은 연구개발, 신제품 개발부서에서 한두 사람의 아이디어로 개발될 수도 있지만, 일반적으로 경영자의 뛰어난 미래 예측능력과 추진력 그리고 지원과 함께 전사원의 혁신 능력을 배양하여 혼연일체가 되어야 새로운 세계에 도전할 수 있다.

새로운 제품을 개발하기 위하여 제조공정의 변화도 요구된다. 기술은 앞서 가지만, 제조공정의 기술 능력이 후퇴한다면 새로운 제품은 생산할 수 없다. 따라서 새로운 제품을 창조하기 위하여 공정의 혁신, 자재의 혁신, 제품의 혁신, 사람의 혁신이 동반되어야 한다.

〈표 4-5〉 산업 환경진단 주요항목

고객	제품	자원	경쟁	기술
시장구조	제품의 위치	인적자원	시장구조의 변화	신기술개발
소비자 태도	품질 수준	공급자환경	경쟁사 동향	신기술 혁신
판매방법	가격 수준	원자재 동향	성공요인의 동향	공정의 혁신
촉진방법	수명주기	기술자원	신규업체의 동향	제품의 혁신
시장규모	신제품 개발	자금능력	유통경로 동향	자재의 혁신

[출처 : 이치호(2013), 삼성경제연구소, 제882호]

3 산업구조 진단

1) 산업구조 분석 목적

현재의 산업 환경동향의 역동성을 분석하고 자사의 제품 생명주기(Life cycle)를 분석하여 산업에서의 핵심 성공 요인을 찾아내는 데 목적이 있다. 또한, 성공 요인을 분석하여 경쟁우위의 제품을 개발하고 경쟁에서 핵심역량을 강화하는 방법과 미래 사업 전략을 찾아내는 데 목적이 있다.

[그림 4-3] 사업구조분석 틀

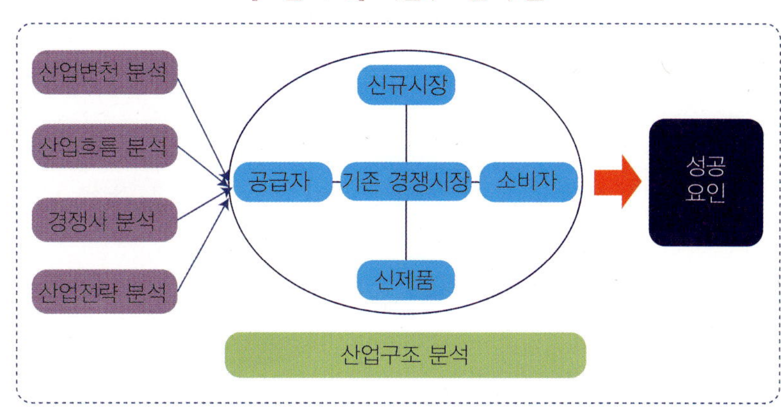

2) 자사의 제품 수명주기 분석

제품 수명주기는 R.버넌, F.허시, L.T.웰스 등이 주장하였으며, 제품 수명주기설은 제품의 수명주기를 개발단계, 성숙단계, 표준화 단계로 구분하고 있다. 개발단계에서는 시장이 불확실하고 소비자들의 기호를 알 수 없으므로, 자연히 생산이 소규모가 되나 많은 노동력의 사용으로 독점적인 생산을 한다. 이때는 가격의 고저는 별문제가 되지 않으며, 개발상품의 판매촉진을 위하여 정보수집에 관심을 집중하게 된다. 이 개발단계의 소규모 생산 공정이 성공하여 시장에서 수요가 증대되면, 개발상품은 성숙단계로 들어가게 된다. 이 단계에 이르러서는 상품이 국내시장을 지배하게 되고, 해외로부터 주문에 의한 수출도 시작된다. 성숙단계를 지나 대규모 소비단계에 들어서면 상품이 표준화된다. 상품이 표준화되면 외국에서도 그 상품의 개발이 가능해지는데, 외국은 그 개발에 필요한 기술개발비의 절약과 낮은 노동비용에 의한 가격 수준의 차에 의하여 비교우위를 점하게 된다.

만일 운송비를 포함한 거래의 부대비용이 가격차이보다 크면 상품을 처음으로 개발한 선진국은 자국 시장에서는 생산할 수 있으나, 수출은 더는 이루어질 수 없다. 그러나 이들 거래의 부대비용을 포괄하고서도 후진국의 가격이 낮다면 선진국은 국내 시장마저도 잠식당하게 되어, 과거와 같은 방법으로는 더 이상 생산을 계속할 수 없게 된다. 이러한 상품의 개발에서 타국으로의 이전까지를 제품 수명주기라고 하며, 이로써 무역을 설명하는 것이 제품 수명주기설이다. 면직 공업이 영국에서 미국으로, 다시 일본으로, 그 후 한국을 포함한 개발도상국으로 이전하여 오는 과정들을 설명하는 데 적합하다. 이를 도입기, 성장기, 성숙기, 쇠퇴기의 4단계로 구분하는 주장도 있다.

[그림 4-4] 제품 수명주기 단계

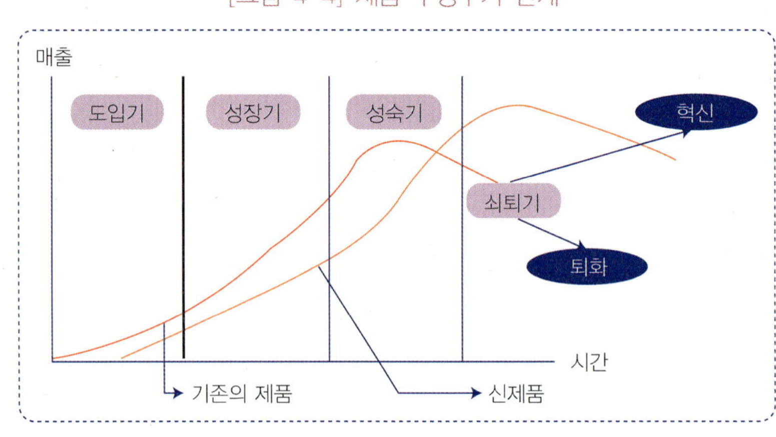

[그림 4-4]에서와 같이 시간의 흐름에 따라 제품의 수명주기는 변하여 간다. 이처럼 변하는 제품 수명 주기에 따라 적절한 정책을 수립하여 제품의 수명주기에 따른 이익 증대 정책을 추진하여야 한다. 따라서 다음의 표에서와 같이 단계별 전략을 요약하였다.

〈표 4-6〉 제품 수명 주기에 따른 경영정책

구분	도입기	성장기	성숙기	쇠퇴기
전략목표	▸신규시장 침투 ▸인지도 상승전략	▸가치 확립 전략	▸수익 극대화전략	▸구조조정 ▸경영혁신 전략
매출전략	▸매출 확산 전략	▸매출 최고점 지속유지 전략	▸시장에서 우위 전략	▸비용절감 전략

원가전략	▶원가 상승(다운전략)	▶원가감소(다운전략)	▶평균원가 유지	▶원가감소(축소전략)
경쟁자전략	▶소수경쟁자 대응전략	▶경쟁자 증가에 따른 대응 전략	▶다량의 경쟁자 참여에 따른 전략	▶철수전략 및 대응전략
제품 전략	▶품질향상전략	▶품질차별화 전략	▶고품질 및 표준화전략	▶낮은 품질 철수전략
마케팅전략	▶다양한 광고	▶차별화 광고	▶시장 세분화 광고	▶광고비용 축소

3) 산업동향분석

산업동향을 분석하는 목적은 과거와 현재의 산업동향 분석 자료를 바탕으로 미래의 동향을 예측하여 이를 바탕으로 전략을 수립하기 위함이다.

산업동향을 분석하는 활동은 구체적으로 기업 외부의 환경정보를 검토하고 평가하는 것뿐만 아니라 그 결과를 기업 내 핵심 의사결정권자들에게 배포하는 것까지 포함한다. 이러한 분석 활동은 절차상 상당히 큰 비용과 시간을 필요로 하므로 기업은 자사의 현재와 미래에 중대한 영향을 미칠 수 있는 요소들만 추려내어 평가하여야 한다. 산업동향은 거시적 환경동향, 고객동향, 경쟁회사 동향 등이 있다.

〈표 4-7〉 산업동향 분석 사례

구분	분석내용
원자재동향	국내·외 원자재 수급동향, 원자재 시장의 변동현황
시장 동향	제품의 시장 규모(국내·외), 시장 변동현황, 원가경쟁 구조
기술동향	현재의 기술수준, 기술개발 속도, 미래의 기술전망
경쟁동향	경쟁자의 동향, 경쟁의 강도(진입장벽, 경쟁업체의 수)
미래의 전망	제품의 미래전망, 향후 발전 동향
성공요인	경쟁요인(품질, 가격, 서비스, 신제품 개발)

산업동향을 분석하는 절차는 자사의 현재 산업의 일반적인 동향을 파악하여 경쟁우위를 확립하기 위한 전략적 시사점을 찾아내기 위함이다. 또한, 각각의 산업별 특성을 분석하여 반영한다. 산업동향 분석은 구체적으로 분석하며 수치적으로 표현하는 것이 전략 수립에 유리하다.

4) 추세분석

추세(Trend)는 장기적인 경향을 말한다. 자료상에서 계속적인 수요가 발생하는 것을 의미한다. 시간 축에 따른 평균의 수요가 구조적으로 증가하거나 감소하는 것을 나타낸다. 이것을 그림으로 나타내면 다음과 같다. [그림 4-5]의 (A)는 시간의 경과에 따라 수요량이 감소하는 상태를 나타낸 것이고 (B)는 수요량이 증가하는 추세를 보이고 있다. (C)는 수요량이 S자 곡선을 보이면서 증가하는 형태이다(김계수, 2003).

[그림 4-5] 일반적인 추세변동

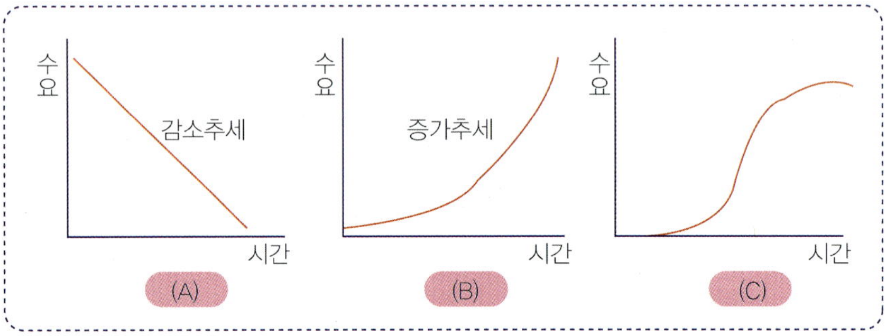

추세 변동은 국민총생산, 인구변동, 수출·입 변동, 기타 경영 및 경제지표와 같이 시간의 흐름에 따라 증가 또는 감소하는 추세를 말한다. 이러한 추세 변동을 분석하는 것은 기업의 매출액 또는 성장성 그리고 시장점유율 등을 비교 분석하여 미래를 예측함으로써 기업전략의 토대로 삼기 위함이다. 일반적으로 추세분석은 3~5년을 분석하여 과거의 자료를 토대로 미래를 예측한다.

〈표 4-8〉 성장률 추세분석

구분	매출액	시장점유율	성장성	인구증가율	경제성장율	비고
D-1년 과거	250억	21%	10%	100	8%	
기준년도(D) 현재	310억	30%	9%	110	11%	
D+1년 예측	360억	35%	5%	115	15%	
D+2년 예측	450억	45%	10%	120	10%	

5) 시장점유율 분석

시장점유율 분석은 사업의 성패 요소가 될 수 있다. 특히 초기의 제품은 객관적인 여러 상황 변수에 따라 시장에서의 위치가 달라질 수 있다. 이러한 시장점유율 분석은 기존 시장의 과거와 현재의 자료를 통하여 시장의 규모를 분석하며 분석에는 유사품, 대체품 등과 같이 기존의 제품 시장에 변화를 줄 수 있는 제품의 동향도 함께 분석한다.

[그림 4-6] 시장에서의 위치정립

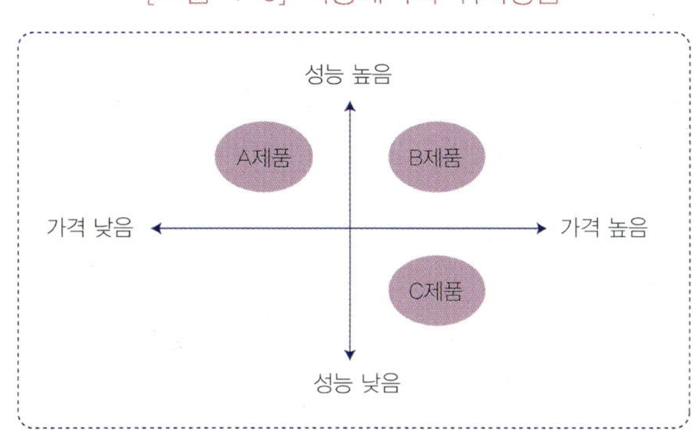

시장점유율은 시장의 특성 및 구조를 분석하여 시장구조를 사전에 파악하여 미래의 불확실성을 예방하고자 한다. 이러한 분석 대상은 유통구조, 유통경로, 동종업계 영업방식, 지역별 시장점유율, 제품 이미지, 경영상태, 생산능력 등도 함께 분석하는 것이 유리하다.

이와 함께 경쟁의 위치를 분석함으로써 경쟁 동향도 함께 파악한다. 경쟁자 분석으로 경쟁자의 경쟁 형태는 어떠한가? 또한, 경쟁자의 목표와 위치는 어디에 있는가? 경쟁자의 강점과 약점은 무엇인가? 등을 비교 분석한다.

[그림 4-7] 시장 기회 분석과 시장 세분화

	현제품	신제품
현시장	시장침투	제품개발
신시장	시장개발	다 각 화

제3절 내부 환경 분석

1 내부 경영분석 기법

1) 내부 경영자원 분석

내부 환경 분석은 기업이 보유하고 있는 현재의 자원 및 능력을 분석하여 미래의 비전을 제시하고 실현방안을 수립하기 위함이다. 내부 환경 분석기법으로 BCG Matrix를 이용하여 자사의 각 분야의 강점과 약점을 파악할 수 있으며 과거와 현재를 비교함으로써 미래의 동향을 분석할 수 있다.

또한, 경쟁 기업의 동향을 분석하여 자사와 비교분석이 가능하며 미래의 전략을 예측할 수 있다. 이와 같은 분석 기법으로 마이클 포터(Michael E. Poter, 1980)는 기업이 산업 내에서 직면하게 될 경쟁 위협을 분석하였다.

[그림 4-8] SWOT분석과 경영전략

		환경	
		기회(O)	위협(T)
조직자원	강점(S)	SO 전략 (Maxi-Maxi)	ST 전략 (Maxi-Mini)
	약점(W)	WO 전략 (Mini-Maxi)	WT 전략 (Mini-Mini)

본원적 경쟁전략 모형(Generic competitive strategies model)은 경영 수준에서 다양한 틀 구조(Framework)를 제공한다. 이 모형은 제조, 유통, 서비스, 기술경영 등 모든 분야에서 사용할 수 있으므로 '본원적(Generic)'이라고 한다. 본원적 경쟁전략은 차별화 전략

(Differentiation strategy), 원가 주도 전략(Cost leadership strategy), 집중화 전략(Focus strategy) 등이 있다. 다음 [그림 4-9]는 포터의 본원적 경쟁전략 모형을 나타내고 있다(박영배 외, 2004).

그림에서 수직축은 전략적 표적 차원으로 경쟁하려는 제품 또는 서비스와 관련된 시장의 크기를 말한다. 즉, 특정 세분 시장에서 또는 전체 시장으로 나뉠 수 있다. 수평축은 제품과 서비스에 대한 저 원가 또는 차별화로 인식되는 경쟁우위 원천을 의미한다.

[그림 4-9] 본원적 경쟁전략 모형

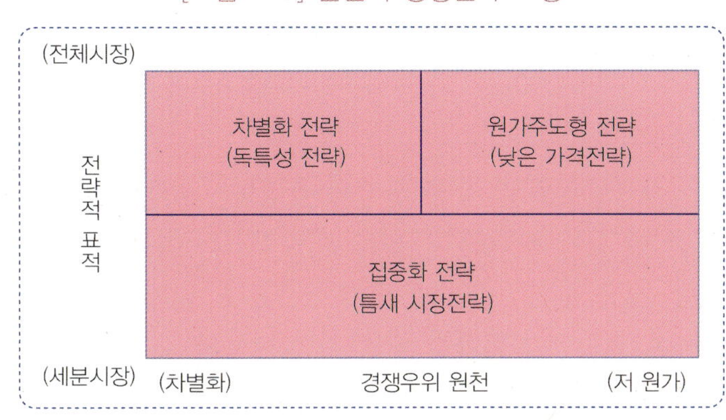

(1) 차별화 전략(Differentiation strategy)

차별화 전략은 고객이 독특성을 인식할 수 있도록 산업 내에서 경쟁할 수 있도록 하는 전략을 말한다. 이 전략은 자동차 산업에서 지배적이다. 예를 들어, 혁신적인 디자인(BMW), 고품질(도요타), 상표 인지도(메르세데스 벤츠), 고객 서비스(렉서스), 넓은 영업망(포드, GM) 등이다. 차별화의 장기적인 효과성은 경쟁자가 쉽게 모방하지 못하게 하는 데 있다. 경쟁자가 쉽게 모방하면 더는 차별화 전략은 의미가 없게 된다.

(2) 원가 주도 전략(Cost leadership strategy)

원가 주도 전략은 경쟁기업보다 낮은 가격으로 제품과 서비스를 제공하는 것을 의미한다. 이 전략은 지속해서 효율성(단위당 원가절감)에 관심을 둔다. 예를 들면, 규모의 경제를 통한 시설과 장비 이용률을 증대시키고 간접자본투자를 줄이고, 노동집약적인 개인서비스와 판매 인력을 감축하는 것이 해당한다. 최근 오프라인(Off-line) 상의 기존 서점들이 인터넷상에서 서점을 운영하여 낮은 가격으로 서적을 판매하는 것은 원가 주도 전략의 한 예라고 할 수 있다.

(3) 집중화 전략(Focus strategy)

집중화 전략은 특수한 틈새시장(Niche market)이나 특정 지역에서 경쟁하는 것을 말한다. 틈새(Niche)는 전문화된 고객 집단(10대, 의사, 연예인) 또는 경쟁자가 간과하거나 무시하는 시장을 말한다. 이 전략이 성공하려면 독특한 이미지나 낮은 원가의 두 가지 특성을 모두 갖춘 제품이 되어야 한다. 10대들에게 독특한 캐릭터 상품을 판매하는 전략은 좋은 예라고 할 수 있다.

2 총괄 경영자원 분석

1) BCG 매트릭스(Matrice) 기법

BCG 매트릭스는 사업단위별로 시장 전략을 결정하기 위하여 사업부별로 장점을 서로 비교하여 줄 수 있게 하여준다. BCG 매트릭스는 이전에 확립된 경영이론인 경험 곡선 이론과 제품 수명주기 이론을 통합시켰다. BCG 매트릭스는 경험 곡선의 영향으로 인하여 생산량이 증가할 때 단위당 비용이 감소한다는 사실을 밝혔다. 또한, 기업의 총체적 수익성을 극대화하기 위한 가장 확실한 방법은 SBU[9] 포트폴리오의 시장점유율을 극대화하는 것으로 제품 수명주기에서 제시하였던 포트폴리오 매트릭스의 독립변수인 시장점유율 확대와 같은 맥락에 있다.

BCG 매트릭스는 상이한 제품과 사업부를 비교하기 위하여 시장 매력도와 경쟁 포지션으로 표기한다. 시장 매력도는 산업 성장률로 측정되며 경쟁 포지션은 산업 내의 가장 큰 경쟁사의 시장점유율에 대한 자사의 시장점유율에 의해 측정된다. BCG 성장 매트릭스는 다음과 같다.

(1) 별(높은 성장률, 높은 시장점유율)

별의 높은 성장률은 대규모 자금 투자가 필요하다. 그러나 이와 같은 투자를 낮추기 위하여 시장 점유율 포지션을 높인다. 그러므로 별은 가까운 장래에 높은 이윤을 창출하고 잠재적으로 강력한 현금흐름을 가능하게 할 것이다. 따라서 별은 궁극적으로 현금 젖소(Cash cow)가 될 것이다.

---

9) SBU(Strategic business unit) : 전략적 사업단위로서 기업이 영위하는 다양한 사업들을 전략적 관점에서 사업단위로 구분하는 것을 말한다.

(2) 물음표(고성장률, 낮은 시장점유율)

높은 성장률을 갖는 물음표(Question Marks)는 많은 현금 투자가 필요하다. 이는 낮은 시장점유율이며 비경쟁적 구조를 말한다. 제품이 성숙단계에 접어들면 물음표는 시장점유율을 확대할 수 없다면 개(Dog)가 될 것이며, 반대로 시장점유율이 확대되면 별(Star)의 위치로 올라가 자금 젖소가 된다. 따라서 유망한 물음표에는 시장 확대를 위하여 현금 투자를 그러하지 않은 물음표에는 추가적 투자를 억제할 것을 제안한다.

(3) 현금 젖소(낮은 성장률, 높은 시장점유율)

현금 젖소(Cash cow)는 높은 현금흐름을 창출한다. 성숙 시장에 있는 제품은 낮은 현금 투자를 요구하여 현금흐름의 원천이 된다. BCG 매트릭스는 현금 젖소가 현재의 위치를 유지하기 위하여 투자 전략에 의하여 현금을 회수하여 별이나 물음표에 투자한다.

(4) 개(저성장, 낮은 시장점유율)

개(Dog)의 낮은 시장점유율은 열등한 위치로 인하여 비경쟁적인 비용구조로 되어 있다. 따라서 수익성이 낮은 시장점유율을 유지하는데 많은 투자를 요구하게 된다. 따라서 개의 위치에서는 틈새시장이나 세분 시장에 집중하거나 적극적으로 현금을 회수하거나 퇴출 또는 서서히 중단시킨다.

이와 같은 BCG 매트릭스와 SWOT 분석을 통하여 기업의 총괄 전략을 수립하기 위한 전략은 그림과 같다.

[그림 4-10] BCG 성장매트릭스

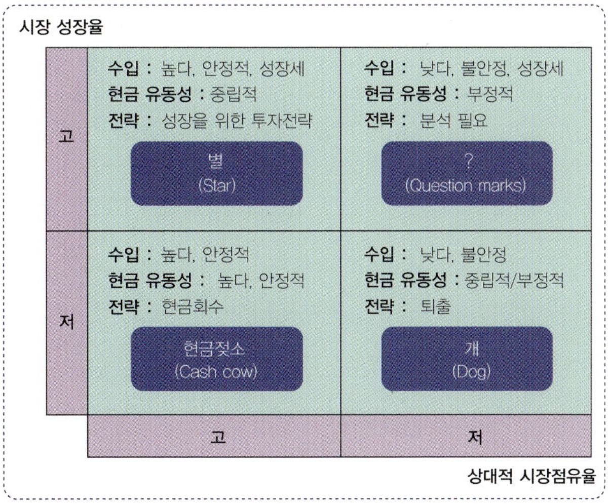

시장 성장율

	고	저
고	**수입 :** 높다, 안정적, 성장세 **현금 유동성 :** 중립적 **전략 :** 성장을 위한 투자전략 별 (Star)	**수입 :** 낮다, 불안정, 성장세 **현금 유동성 :** 부정적 **전략 :** 분석 필요 ? (Question marks)
저	**수입 :** 높다, 안정적 **현금 유동성 :** 높다, 안정적 **전략 :** 현금회수 현금젖소 (Cash cow)	**수입 :** 낮다, 불안정 **현금 유동성 :** 중립적/부정적 **전략 :** 퇴출 개 (Dog)

상대적 시장점유율

2) 포트폴리오(Portfolio) 전략

(1) 안정전략

같은 제품 또는 서비스를 같은 고객에게 제공하여 시장점유율을 유지하여 나간다.

(2) 성장전략

조직의 활동 수준인 종업원, 매출액을 증가하여 성장 전략을 추진한다. 또한, 사업을 집중화, 수직적 통합, 다각화 전략을 추진한다.

(3) 축소전략

경영활동 규모와 다양성 감소 전략을 수립한다. 긴급-우회, 양도, 청산 등의 절차를 밟을 수 있다.

3 내부 능력분석

1) 핵심능력분석

〈표 4-9〉 경영성과 측정지표

항목	측정항목	측정방법
재무	투자 수익률	주식시장의 투자 수익률 분석
	EVA[10]	세 후 순이익-투자 자본에 대한 총비용
	수익성	매출액 순 이익률, 자기자본 이익률
	성장성	매출액 증가율, 총 자산증가율
	활동성	총 자산회전율
	안전성	자기자본 비율
	주당 정보	주당 순이익, 주당 부가가치
경쟁력	경쟁적 환경	경쟁업체의 진출동향 및 대응전략
	가격 경쟁	동종업체와 서비스 가격의 우월성 비교
	가격 억제	물가상승 및 업계의 가격동향 대비 억제율 분석
	해외 시장 진출	해외진출사업 분석
고객	제약점	사업 내 연구 기업의 제약점 분석 및 대응전략 분석
	고객유지율	고객의 유지율 분포분석
	국내시장점유율	국내시장과 비교분석

	브랜드 인지도	사용자의 인지도 설문조사
	브랜드 자산	브랜드(Brand) 자산의 가치평가
자원	회원 수	동종업계와의 회원 수 분석
	접속건수	동종업계의 접속건수 일별분석
	마케팅 판매능력	마케팅 경쟁우위 분석
	기술능력	기술 경쟁우위 분석
	재무능력	재무분석
	기업통신 능력	써칭(Searching) 시간분석(동종업계와 시간분석)
	인적자원	인력구조, 신규인력 창출, 구조, 차별화
비즈니스 모델	CEO자질	
	조직학습 능력	
	독창성	동종 기업과 비교 독창성 추출
	수익 창출력	수익모델 유형
	발전단계	사업(Business) 발전 단계
연구개발	핵심 사업기능	핵심 사업(Business)
	고객지원	고객지원 방법의 특징
	시스템	시스템(System)의 특징
	연구개발 능력	연구개발 자원의 특징
	신규사업	신규진출 사업 예상 수익성
	기술능력	보유기술 능력비교
서비스 품질	서비스 지향성	서비스 지향성 및 향후 추진방향
	고객만족도	고객만족도 분석자료 비교
	컨텐츠 품질	콘텐츠품질 분석
	업무품질	업무 절차(Process) 특징 분석
마케팅	시장구조 요인	시장구조분석 후 비교
	시장외형 요인	시장외형과 수익성 비교
	시장 잠재력	잠재시장 조사 분석과 진출전략 분석
	성장률	성장률 분석
	수익률	수익성 분석
	잠재 성장률	잠재성장률 분석

기업 내부의 핵심 요소를 분석하여 기업의 강점과 약점을 찾아내어 경영전략에 반영한다. 내부능력을 조사하는 방법으로는 전담부서를 구축하거나 중역의 의견조사를 통하여 구체적으로 수치화하여 작성한다. 내부능력 분석은 영업, 재무, 마케팅, 기획, 기술, 연구개발, 생산, 정보화, 인사조직, 기업문화, 세계화 등이 있다.

10) EVA(Economic value added) : 주주 입장에서 본 실질적 기업 가치를 나타내는 지표

2) 경영 전반의 측정지표

경영 전반의 측정 결과를 통하여 각각의 부문별 책임을 명확히 할 수 있도록 책임이 반영된 기업의 목표를 설정하여야 한다.

〈표 4-10〉 경영전반의 측정지표

항목		산출방법	비고
성장성	매출액 증가율	당기매출액 / 전기매출액 × 100	
	부가가치증가율	당기부가가치액 / 전기부가가치액 × 100	부가가치 = 매출액-매출원가
	경상이익율	당기 경상이익 / 전기경상이익 × 100	경상이익=영업이익+영업외수익-영업외비용
	자기자본증가율	당기 자기자본 / 전기자기자본 × 100	
생산성	부가가치율	부가가치액 / 매출액 × 100	
	부가가치생산성	부가가치액 / 종원수 × 100	동종업계 평균과 비교하여 본다.
	노동생산성	생산량 / 직접 M/H × 100	
	자본생산성	부가가치액 / 유형고정자산액 × 100	동종업계 평균과 비교하여 본다.
	노동분배율	총인건비 / 부가가치액 × 100	
	노동장비율	유형고정자산 / 종업원 수	동종업계 평균과 비교하여 본다.
수익성	경영자본이익율	영업이익 / 경영자본 × 100	
	매출 총이익율	총이익 / 매출액 × 100	
	공헌이익	공헌이익 / 매출액 × 100	
	자본회전율	매출액 / 자본 × 100	
	영업이익율	영업이익 / 매출액 × 100	
	자기자본 비율	자기자본 / 총자본 X 100	
	고정장기적합율	고정자산 / (자기자본+고정부채) × 100	
	유동비율	유동자산 / 유동부채 × 100	
	경영안전율	손익분기점 매출액 / 당기매출액 × 100	
영업	인당매출액	매출액 / 영업사원수	
	공헌이익	매출액 - 변동비	
	제조원가	제조원가 / 생산량	
상품	재고율	평균재고액 / 매출액 × 100	

3) 연구개발 측정지표

기술변화가 급속화되고 기업의 연구개발이 중요해짐에 따라 연구개발의 평가과정이 학습의 핵심적인 단계로서 새롭게 주목받고 있다. 또한, 연구개발 활동에서 결과 중심적 접근, 사업부와의 연계 등이 강조되면서 구체적 연구개발 성과평가가 연구 관리의 중요한 쟁점이 되고 있다. 그러나 그동안 연구개발 성과 평가는 연구활동 자체가 불확실성을 가지는 특성으로 인하여 체계적 접근이 이루어지지 못하여 왔으며 최근에 들어 연구 성과 평가부문이 연구관리 및 기술경영분야의 도전적 연구과제가 되고 있다.

〈표 4-11〉 연구개발 측정지표

항 목		산출방법	비고
연구개발 및 설계	신제품 개발건수	신제품 개발 실적 건수	
	특허 및 상표등록	특허, 실용신안, 상표 등록 실적 건수	
	국산화율	국산화 부품 수 / 총부품수 X 100	
	제품 혁신율	3년 이내 개발된 제품 매출액/총 매출액X100	

4) 자재 부문 측정지표

외주 및 구매부서의 성과측정 지표는 필요한 시기, 필요한 장소, 적정한 품질의 자재를 공급하고 있는가에 대한 측정지표이다. 외주의 경우 품질, 납기 역시 중요하며 이를 위하여 모기업의 기술 수준에 도달할 수 있도록 기술지도, 경영지도가 필요하다.

〈표 4-12〉 외주, 구매 성과측정지표

항목	산출방법	비고
납기 준수율	납기 준수건수 / 납기도래건수 × 100	
불량률	불량건수 / 총 검사건수 × 100	
외주 불량률	불량건수 / 검사건수 × 100	
로트 합격률	불합격 로트건수 / 검사 로트 수 × 100	
반품률	반품 로트 수 / 입고 로트 수 × 100	

5) 생산관리부문 측정지표

생산성(Productivity)이란 기업이 경영활동을 하기 위하여 투자되는 여러 가지 생산요소가 얼마나 효율적으로 활용되었는가를 측정하는 개념이다. 기업의 경영활동의 결과인 생산량이나 매출액은 생산요소인 노동, 자본, 경영관리 활동 등이 어떻게 결합하여 투입되었느냐에 따라 달라지므로, 생산요소별 생산성의 개념도 중요하다. 그러므로 생산성 측정도 생산요소별로 하고 있다. 즉, 생산량(매출액 또는 생산액)을 특정 생산요소 투입량으로 나누어 구한다. 노동생산성은 생산량을 노동투입량으로 나누고, 자본 생산성은 생산량을 자본투입량으로 나누어 측정한다.

그러나 최근에는 기업경영의 성과를 부가가치 기준으로 측정하는 것이 일반화되어가고 있다. 그 이유는 국내·외 경제 환경의 변화로 경쟁이 치열해지면서 외형, 즉, 판매 위주의 경영보다는 원가절감에 의한 경영합리화로 내실을 기하는 경영에 의해서만이 치열한 국내·외의 경제 환경에서 기업이 생존할 수 있기 때문이다.

〈표 4-13〉 생산관련 측정지표

항목	산출방법	비고
설비투자효율	당기 생산수량 / 유형고정자산 기말장부가 × 1000	
공정이상발생	실제 공정에서 발생된 이상 건수	
생산목표 달성률	생산실적 / 생산계획 × 100	
자동화율	자동화 요소 작업 수 / 현 요소 작업 수 × 100	
부하율	부하시간 / 작업 시간 × 100	
양품율	(총생산량 – 공정불량 + 재가공량) /총 생산량 × 100	

6) 보전관리부문 지표

설비보전(TPM : Total productive maintenance) 업무는 특정부서의 고유 업무라는 인식에서 벗어나 전 종업원이 설비의 보전 업무에 참가해 설비고장, 불량, 재해율을 떨어뜨려 기업의 체질을 변화시키자는 기업의 혁신운동으로 1969년 도요타의 자회사인 닛폰 덴소(일본전장)에서 처음 시작됐다.

과거 설비보전 업무를 하지 않던 생산부문에서도 설비보전 활동을 벌이는 자주보전 활동, 설비의 불합리나 만성적인 손실을 방지하는 개별 개선 활동, 설비가 고장 나기 전에 진단 기술 등을 이용해 사전에 이를 방지하는 계획 보전 활동, 품질보전 활동이 있다. 또 설비를 다루지 않는 사무 간접부문으로 TPM을 확대하는 사무 간접부문 TPM과 설비 초기 관리 활동, 안전·환경보전 활동, TPM 교육훈련 활동 등도 이 운동의 한 부분이다.

〈표 4-14〉 설비보전 측정지표

항목	산출방법	비고
고장 도수율	고장정지 횟수의 합계 / 부하시간합계 × 100	
고장 강도율	고장정지시간 합 / 부하시간합계 × 100	
MTBF	가동시간의 합계 / 정지횟수	평균고장간격시간
MTTR	정지시간의 합계 / 정지횟수	평균수리복구시간
설비가동성	MTBF / (MTBF + MTTR)	
예방보전달성율	예방보전실시건수 / 예방보전계획건수 × 100	

MTBF : Mean Time between Failure

MTTR : Mean Time to Repair

학습 목표 요약

1. 경영환경을 예측해야 하는 이유는 무엇인가?

경영환경은 지속해서 빠른 속도로 변화하여 나가므로 경영활동에서 이러한 변화를 예측하고 대처할 통찰력과 판단력을 갖춘 기업만이 미래의 기업으로 나갈 수 있다는 인식의 변화로 기업의 경영환경에 대한 인식의 변화가 중요시되며 기업들은 환경변화 예측에 초점을 맞추고 있다. 기업은 소비자의 욕구를 따라잡고 앞서 나가 소비자가 상상하지 못한 제품과 서비스를 개발하지 못하면 시장에서 퇴출당할 것이다. 이는 환경변화의 물결을 읽고 새로운 기업으로 재탄생한 기업만이 지속적인 경쟁우위를 확보하게 된다.

2. 마이클 포터의 5가지 힘의 원천은 무엇인가?

신규 진입자의 위협, 공급자의 협상력, 구매자의 협상력, 대체재의 위협, 산업 내 기존 경쟁자 간 경쟁 강도의 5가지의 힘(Five Forces)으로 결정된다고 하였다. 이와 같은 분석은 산업의 수익성에 영향을 주는 산업 구조, 환경, 추세를 분석하려는 방법이다.

3. 산업진단 항목들은 어떤 것이 있는가?

외부환경의 분류는 산업 환경으로 고객, 제품, 자원, 경쟁자, 기술력 등이 있으며, 거시적 환경으로는 정치, 경제, 사회, 문화, 환경 등이 있다.

4. 본원적 경쟁 모형은 무엇인가?

본원적 경쟁전략은 차별화 전략(Differentiation strategy), 원가 주도 전략(Cost leadership strategy), 집중화 전략(Focus strategy) 등이 있다.

5. BCG 매트릭스 기법을 무엇인가?

BCG 매트릭스는 다른 제품과 사업부를 비교하기 위하여 시장 매력도와 경쟁 포지션으로 표기한다. 시장 매력도는 산업 성장률로 측정되며 경쟁 포지션은 산업 내의 가장 큰 경쟁사의 시장점유율에 대한 자사의 시장점유율에 의해 측정된다.

① 별(높은 성장률, 높은 시장점유율)

② 물음표(고성장률, 낮은 시장점유율)

③ 현금 젖소(낮은 성장률, 높은 시장점유율)

④ 개(저성장, 낮은 시장점유율)

용어해설

▶ 대체재(Substitute)?

재화 중에서 같은 효용을 얻을 수 있는 재화는 '대체재'라고 하며, '경쟁재'라고도 부른다. 두 재화 중 하나의 수요가 증가하면 다른 하나의 수요가 감소하는데, 버터-마가린, 쇠고기-돼지고기 등을 예로 들 수 있다.

▶ 틈새(Niche)시장?

전문화된 고객 집단 또는 경쟁자가 간과하거나 무시하는 시장

▶ 생산성이란?

기업이 경영활동을 하기 위하여 투자되는 여러 가지 생산요소가 얼마나 효율적으로 활용되었는가를 측정하는 개념.

▶ 내부능력분석은?

영업, 재무, 마케팅, 기획, 기술, 연구개발, 생산, 정보화, 인사조직, 기업문화, 세계화 등

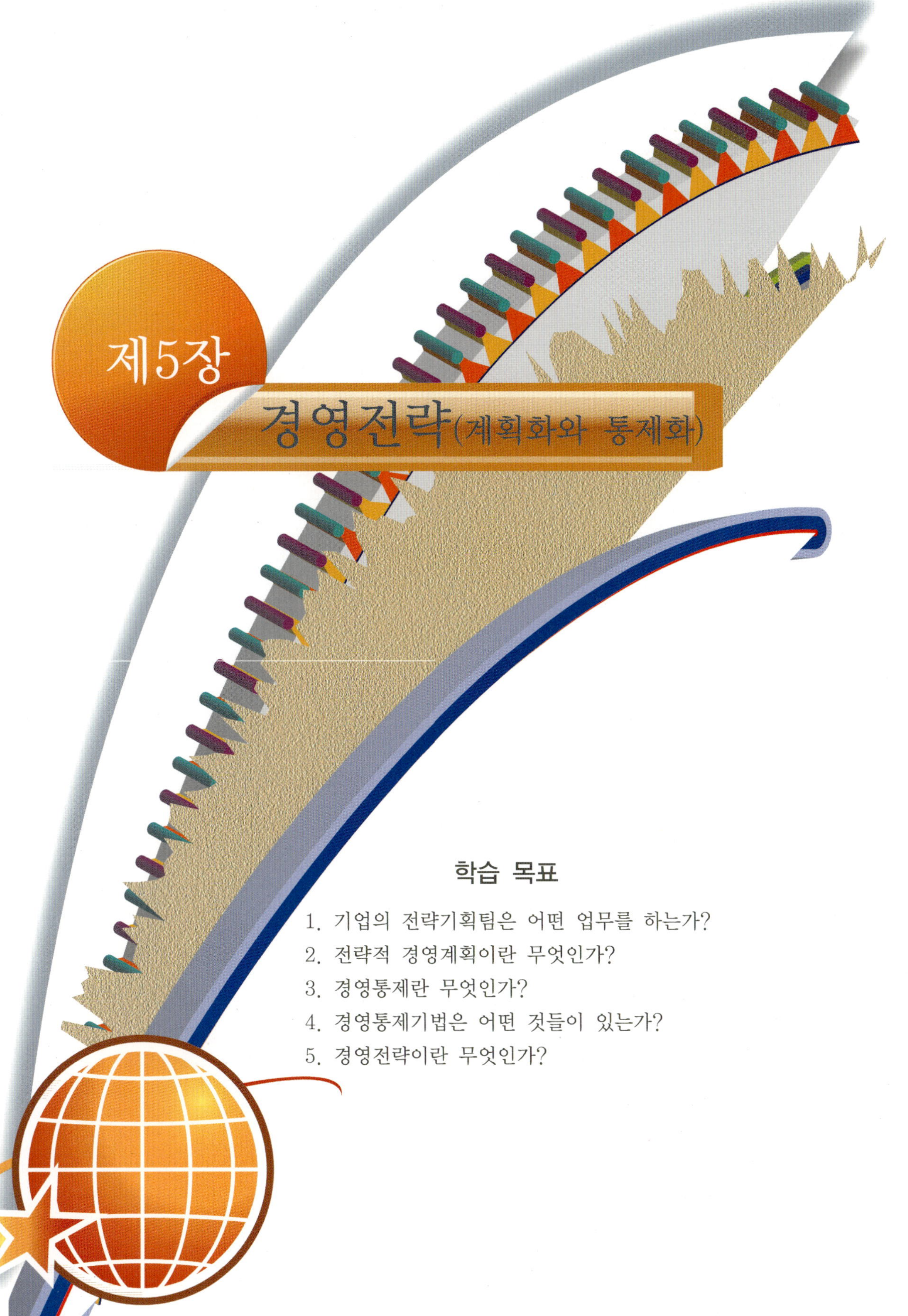

제5장

경영전략(계획화와 통제화)

학습 목표

1. 기업의 전략기획팀은 어떤 업무를 하는가?
2. 전략적 경영계획이란 무엇인가?
3. 경영통제란 무엇인가?
4. 경영통제기법은 어떤 것들이 있는가?
5. 경영전략이란 무엇인가?

제1절 전략기획팀 업무

1 전략기획의 업무

전략기획팀은 스텝부서로서 경영기획을 수립하며 이와 같은 기획은 기업의 지속성장을 위한 중장기 사업전략을 수립하며, 회사 비전 달성을 위한 경영방침도 수립한다. 또한, 전사 사업을 분석하고 사업별 주요 현안에 대해 적극적으로 협업, 조정 역할을 이행하여 혁신적인 조직문화가 이뤄지도록 추진한다. 그리고 경영혁신 활동 및 조직 활성화를 위한 조직문화 관리, 중장기 발전 로드맵(Roadmap)을 수립하고 관리하며, 신규 사업 발굴 및 신규투자 타당성 검토 등 대외 위험성(Risk) 관리업무, 전사 투자관리와 주요 전사 경영 관련 업무를 수행한다. 기타 업무로는 전 사업장의 주요 현안들을 점검하여 경영층의 사업운영에 방향을 제시하고, 경영실적 및 경영층 지시사항에 대한 이행 관리, 전사 조직 평가 시행 및 조직 활성화를 위한 사내 핵심가치 내재화 및 업무 몰입도 향상 업무, 전사 장단기 사업목표 달성을 위한 진행사항 점검 등을 진행한다.

경영기획 분야는 사업범위와 기업규모에 따라 기획업무를 통합하거나 분화하여 운영한다.

대기업의 경우 사업부문별로 역할의 전문화를 추구하며, 사업 분야별로 업무가 분화되어 운영된다. 전문화된 기획 분야의 종류는 사업기획 분야, 영업기획 분야, 생산기획 분야, 연구기획 분야, 재무기획 분야가 있다. 반면 중소기업은 사업부문에 관계없이 기획 역할을 통합하여 융·복합체계를 수행한다(효산지식인력개발평생교육원 경영관리 직업역량 교재).

사업기획 분야는 경영정책 개발과 투자전략 수립, 경영방침 관리, 경영성과 분석, 운영제도 개발 및 제·개정관리, 기구와 직제편재, 대외정책관리 역할을 수행한다.

영업기획 분야는 영업정책개발, 시장 동향 조사 및 성장성 분석, 상품 라이프 사이클 분석, 상품개발 동향 분석, 홍보 및 마케팅 전략 수립 역할을 수행한다.

생산기획 분야는 생산기술 동향 조사, 제품 개발 과제 설정, 생산설비 투자 계획, 생산

기술 및 품질기준 제정, 생산원가 관리방안 설정, 생산기술의 정보관리 역할을 수행한다.

연구기획 분야는 연구동향 분석, 중장기 연구계획 수립 및 운영, 연구 시방서 관리, 신제품 개발 및 시험생산, 신기술 개발 및 특허관리, 기술도입 및 기술 제휴관리 역할을 수행한다.

재무기획 분야는 경제동향 및 금융시장 환경 조사·분석, 투자위험도 분석 및 투자 전략 수립, 자산운용 계획 및 정책 수립, 자금운용 실적 및 효율성 분석, 자산 투자 및 유가증권 운영 정책관리, 투자수입 분석 및 평가관리 역할을 수행한다.

2 기획담당의 직무능력

경영기획 분야의 직업요건은 탐구력, 창의력, 혁신성, 독창성, 추진력, 합리성, 섬세성을 갖추고 전략 기량(Skill)인 기획력, 정보수집 및 분석 · 평가력, 판단력, 리더십, 의사소통 능력이 뛰어나야 한다. 아울러 산업동향에 대한 정보수집 및 분석, 경영환경의 예측과 경영능력 평가 경영성과 탐색, 경영전략과 경영목표 설정과 미래 성장 전략을 개발할 수 있어야 한다.

〈표 5-1〉 표준 직무 및 직능요건

	경영계획업무	경영혁신업무	경영성과관리업무
과업	- 비전과 경영방침 수립 및 관리 - 중 · 장기 경영계획 및 전략 수립 · 조정 - 연도 경영계획 진도관리 및 실적분석 - 경영회의, 부서장 회의운영 관리 - 사업계획 예산편성 및 통제 관리	- 기업서비스 헌장 제 · 개정 및 운영 - 서비스체제 구축 및 지도 · 교육 - 제안제도 운영 - 경영혁신 계획 수립 및 시행, 평가 - 기업문화 활성화계획 수립 및 시행 - 윤리경영 추진계획 수립 및 시행	- 경영목표 수립 및 경영성과 평가관리 - 경영 계약관리 - 경영실적 심사분석 및 평가 - 성과목표(KPI)수립 및 성과 평가관리
전문지식	- 정부정책 분석력 - 경영정책론 - 조직설계 - 직무분석 기법 - 행정조직론	- 경영의사결정론 - 조직관리론 - 경영분석론 - 직무평가이론 - 경영혁신기법 - 목표관리기준 설계 - 직무분석이론	- 경영혁신기법 - 목표관리기준 설계 - BSC, 변화관리 - 문제점 해결지식 - 경영분석지식 - 경영정책 방향 설계능력 - 정보수집 및 분류능력

		- 전산, 정보처리 지식 - 의사소통 지식	- 성과분석기법
업무행동	- 정보 수집력 - 섭외력 - 기획력 - 창의력 - 조정력 - 통찰력 - 개선력 - 분석력 - 관리력 - 정확성 - 판단력 - 수리력 - 업무추진력 - 사교성		

	경영정책개발업무	조직/제 규정관리업무	예산편성 및 운영방침
과업	- 국내외 관련 산업 정보 수집 및 분석 - 경쟁 산업 동향 및 환경 조사 분석 - 경쟁사 주요 동향 조사 분석 - 신규 사업 진출	- 조직 및 정원관리 - 본사, 지사, 업무분장 및 조정 - 제도 및 규정 제·개정 - 기구 및 직제의 신설, 개폐관리	- 예산안 편성 지침 수립 - 예산안 집행계획 수립 - 예산집행 통제 및 관리
실무능력	- 각종 정보수집 및 분석 - 경영계획 설계 능력 - 정보 분류능력 - 신규 사업개발 능력 - 경영정책, 내부방침 설계 능력 - 부서업무이해	- 조직효율성 분석 - 조직의 직능별 성향분석 - 제 규정 이해 및 숙지 - 의사록 작성요령 이해 - 경영자 혁신의지 이해 - 부서별 성과목표 이해	- 출자회사 업무파악 - 계약 및 공시내용 숙지 - 예산편성과정 이해 - 예산집행과정 숙지 - 예산성과 분석력 - 계정과목 숙지
전문지식	- 정부정책 분석력 - 경영정책론 - 경영의사결정론 - 경영분석론 - 경영정책 방향 설계능력 - 정보수집 및 분류능력	- 조직설계 - 직무분석 기법 - 조직관리론 - 직무평가이론 - 직무분석이론 - 의사소통 지식	- 전산, 정보처리 지식 - 합리적인 예산 편성기법 - 재무분석 - 기업회계 - 관리회계

[출처 : 효산지식인력개발평생교육원]

제2절 경영계획

1 계획의 중요성

1) 계획화의 의의와 중요성

계획(Planning)은 경영관리 기능의 시작으로서 마지막 과정인 통제에 연결되어 관리 기능 순환 사이클의 출발점에 해당된다. 따라서 계획이란 조직이 지향하게 될 목표를 명확히 하여 조직 구성원으로 하여금 그 목표에 도달하게 하는 구체적인 행위의 방향과 방법을 설정하는 것이다. 그러므로 계획화는 최초 관리과정으로 이후의 조직화, 지휘, 통제 등의 관리과정의 방향을 정해주게 되는 하나의 의사 결정 과정으로 미래 및 목표 지향성을 가진다. 계획은 경영환경의 변화가 빠르고 불확실해질수록 그 필요성이 증대된다. 따라서 계획은 장래 활동방향의 지침이 된다. 경영환경의 급격한 변화가 예상되는 향후의 기업환경을 고려할 때 계획의 중요성은 다음과 같이 더욱 증대될 수밖에 없다.

① 장래의 불확실성이 커지고 급격하게 환경이 변화할 때는 계획 수립은 방향 감각을 제공한다.

② 계획은 기본적으로 기업 목표 달성을 지향하므로 경영자의 계획 수립 활동은 자연히 그들의 노력과 정열이 기업 목표 달성으로 집약되게 한다.

③ 계획을 통하여 기업의 경제적 운영을 가능케 함으로써 계획 수립은 최소비용으로 최대 효율을 달성하는 데 필수 불가결하다.

④ 계획은 통제의 기초가 되며 기준이 된다.

따라서 경영활동에 대한 판정과 감독을 위해서 기준으로 사용할 표준이 필요하며, 이러한 표준에는 계획에 의해 설정된다.

2) 계획화의 특성

쿤츠(H. Koontz) 등은 계획화의 기본적인 본질과 특성을 원칙과 관련지어 다음과 같은 네 가지 측면에서 찾고 있다(H. Koontz C. O. Donnell and Weihrich, 1988).

① 계획화는 목적과 목표에 공헌한다. 계획의 목적으로 조직체의 목적과 목표를 달성하는 데 공헌(Contribution)하여야 한다. 이 원칙은 집단의 목적을 달성하기 위해 존재한다는 조직화한 조직체의 기본 성격에서 나온 것이다.

② 계획화 우선성의 원칙이다. 계획화는 다른 경영 기능에 우선한다. 계획화는 다른 경영 기능 등과 불가분의 관계에 있으며 집단 노력에 필요한 목표를 수립한다는 점에서 다른 관리 기능의 수행에 우선이어야 한다는 특징을 갖는다.

③ 계획화는 경영 계층의 권한과 그들의 상급자에 의해 정해진 방침의 내용에 따라 그 특성과 범위가 달라지기는 하나 모든 계층의 관리자가 다해야 하는 기능이다. 그러므로 관리자들에게는 어느 정도의 재량과 계획화에 대한 책임이 부여되어 보편화 내지 파급화가 이루어져야 한다.

④ 계획화의 효과는 목적과 목표를 달성하기 위한 투입된 공헌의 양으로 측정되므로 계획은 최소의 비용으로 최대의 효과를 올리도록 설계되어야 한다. 이것이 능률화의 원칙이다.

3) 경영계획의 유형

계획의 유형은 분류기준에 따라 다양하게 나눌 수 있다. 기간, 범위, 이용 빈도나 경영자 계층 면으로 구분하면 다음과 같다.

(1) 기간

계획을 적용하는 기간에 따라 단기계획, 중기계획, 장기계획으로 나누는 것으로, 장기계획은 5년 또는 그 이상인 경우를 나타낸다.

기간의 구분은 서로가 의존적이어서 장기계획에 따라 중기계획이 그리고 중기계획에 따라 단기계획이 수립된다는 사실에 유념할 필요가 있다. 그리고 장기계획일수록 조직의 상위계층에서, 단기계획일수록 하위 직위의 소관 업무라 할 수 있다. 계획은 당면한 문제의 특성이나 환경에 따라 계획 기간이 달라질 수 있고 중요도에 따라 문제를 적절하게 해결할 수 있도록 하여야 한다.

(2) 범위

계획을 적용하는 폭이나 범위는 조직의 계층별로 나누어 구분되며, 전략계획(Strategic plan)과 운영계획(Operational plan)으로 나눌 수 있다. 범위에 의한 계획 수립은 조직이 전반적인 목표의 관점에서 어디로 나아가야 하는가를 결정하고 이것이 가능케 하려고 어떠한 전략과 자원이 요구되는지를 결정하게 된다.

전략계획은 범위 면에서 포괄적이며, 조직이나 하부단위의 장기적 방침이나 방향을 설정하게 된다.

운영계획은 전략계획보다 범위가 제한되어있고, 어떻게 성취할 것이냐에 관한 세부계획으로서 이에 필요한 활동과 지원에 초점을 두고 있다. 운영계획은 하위조직에서 계획하기 때문에 일선 감독층이나 일반 종업원이 주관하며 때로는 전술 계획이라고도 한다.

[그림 5-1] 계획의 계층과 조직목표와 상호관계

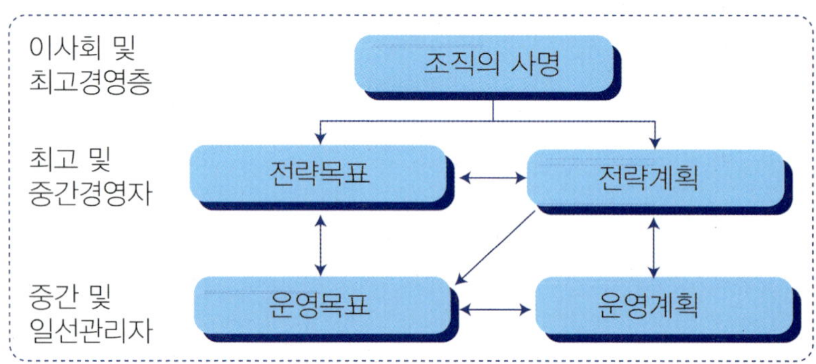

전략계획의 특징은 다음과 같다.

① 조직 전체의 활동계획이 포함되고 있다.
② 최고 경영층이 주로 주관하고 있다.
③ 위험하고 불확실한 환경 아래에서도 계획이 수립된다.
④ 장기적인 계획이다.
⑤ 기업의 장기목표와 관련되어 있다.

운영계획의 특징은 다음과 같다.

① 주로 조직의 하위단위 부서의 활동을 계획한다.

② 확실성 하에서의 계획을 수립한다.
③ 주로 단기적인 계획과 관련이 있다.
④ 하위경영계층이나 종업원들이 주로 관련된다.

이들 두 가지의 계획화는 조직의 목표와 관련된다. 계획화는 어디까지나 목표 달성을 위한 사전과정이라는 점을 잘 나타내고 있다(James A. F. Stoner and R. Edward Freemen, 1982).

(3) 이용 빈도

계획은 이용되는 빈도에 따라 일시적 계획과 지속적 계획으로 구분한다. 일시적 계획은 특별한 상황 때문에 설계되고 그와 동등한 형태로 다시 사용되지 않는 계획이다. 여기에는 실행계획, 프로젝트(Projects) 그리고 예산(Budgets) 등이 있다. 이는 비교적 단기간 내에 더욱 구체적인 목표의 달성을 위한 계획으로서 환경에 대한 예측이 그 기초가 되고 있다.

[그림 5-2] 계획의 계층적 구조

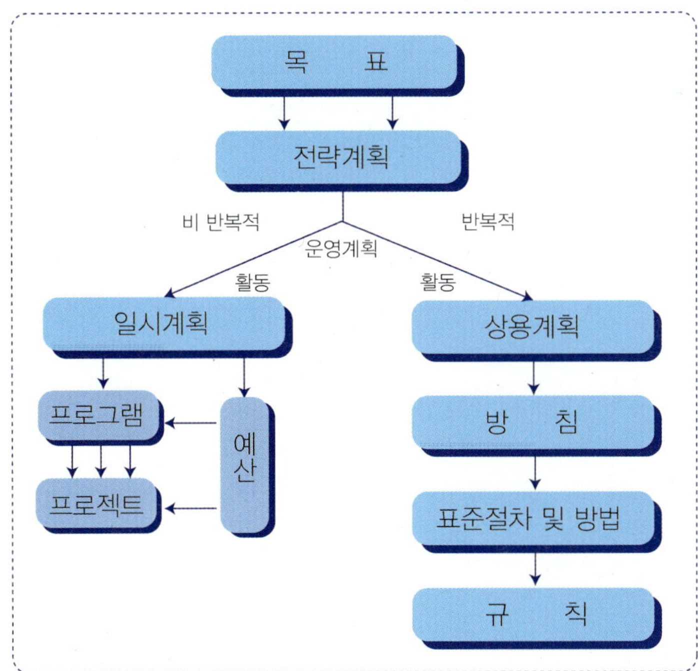

[출처 : James H. F. Stoner and Edward Freeman, Management, p. 227]

지속적 계획은 계속해서 이용할 수 있도록 수립된다. 따라서 이것은 조직의 방침, 절차 그리고 법칙 등 장기적 조직운영을 위해서 기본체계를 갖추는 계획이다. 이러한 계획 간의 관계를 나타내면 [그림 5-2]에서와 같이 하나의 계층을 이루고 있다.

4) 경영자계층

상위 경영층에 의해서 설정된 계획은 중간 관리층과 일선 관리층의 계획 수립을 제한하는 행동체계를 설정하게 된다.

최고경영층은 조직 전체에 적용되는 지속적 계획을 수립하기 위하여 장기전략계획에 많은 시간을 소비한다. 중간 관리층은 일선 관리층의 기능적 또는 부문적 업무에 적절한 중기목표 달성을 위한 계획 수립에 관심을 두고 있다. 일선 관리층은 그들의 하위 부문을 중간 관리층과 최고경영층의 계획 목표와 연결하는 세분된 단기화 계획에 비중을 두고 추진하게 된다.

2 계획화의 구성 요소와 과정

1) 구성 요소

계획화의 구성 요소는 예측, 목표와 목적, 방침, 프로그램, 순서, 절차, 예산이 포함된다.

(1) 예측

예측(Forecast)은 계획 설정의 기초가 되는 정보 수집과 장래를 예지하려는 조직적인 시도이다.

(2) 목표와 목적

목적(Objective)은 경영활동의 궁극적인 목표이며, 경영활동을 위한 도표이기도 하다. 목표는 계획 수립의 종점일 뿐만 아니라, 조직, 지휘, 통제가 추구하고 있는 목적이 되기도 한다. 기업 목표는 기업의 기본계획을 구성하는 것이기도 하며 전 종업원의 정신적 지주가 될 수 있다. 집행목표는 구체적인 경영목표이며, 그 내용에 수량적이고 시간적 요소를 포함한다.

(3) 방침

방침(Policy)은 행위에 관한 원칙 또는 규정(Rule)이다. 의사결정에 있어서 사고와 행동을 이끌어가는 하나의 일반적인 지침으로서 정책이라고도 한다.

방침은 행위의 원칙 또는 지도원리 같은 것이어서 계속 일어나는 여러 사태에 계속 적응 가능한 성질의 것이다. 방침은 의사결정이 이루어지는 한계를 정하여 주며, 또한 의사결정이 목표에 일관성 있게 이바지할 수 있도록 보장해주고 있다.

방침의 설정은 행위의 원칙을 내용으로 규정하는 것을 말한다. 방침에는 기본 방침과 보조적 방침이 있다. 기본방침은 사회의 장래에 대하여 장기적으로 영향을 미치는 방침이고, 보조적 방침은 기본방침을 보조하고 있다.

(4) 프로그램

프로그램(Program)은 방침을 구체화하고 목표를 달성하기 위하여 목표나 방침과 긴밀히 결부되어 진행되며 구체적으로는 순서, 절차, 예산으로 연계된다.

프로그램은 사실상 실행하고자 하는 것의 목표, 방침, 절차, 규칙, 직무 할당, 취해야 할 단계 등 해야 할 자원 및 그 밖에 주어진 행동과정을 수행하는 데 필요한 요소들의 복합체이다.

(5) 순서와 절차

순서(Schedule)는 프로그램을 구체화한 것이다. 프로그램에 시간적 순서가 가미된 것이다. 절차(Procedure)는 순서에 방법이 가미된 것이다. 프로그램은 무엇을 할 것인가를 표시하고, 순서는 언제 할 것인가를 밝히며 절차는 어떻게 할 것인가를 밝힌 것이다. 절차는 사고가 아니라 행동에 지침을 제공하며 특정 활동이 수행되어야만 하는 정확한 방식을 제시해 준다.

(6) 예산

예산(Budgets)은 장차 기대되는 결과를 수치로서 추산한 것이다. 즉, 일정한 기간에 특정의 활동을 위해 마련해 놓은 재무적 자원의 이용 명세서이며, 수치적으로 표시된 실시계획이다.

2) 계획화의 과정

(1) 기회의 인식(Being aware of opportunity)

계획의 출발점은 문제나 기회의 올바른 인식부터이다. 여기서 기회란 해결해야 할 문제의 발생을 의미한다. 기회의 인식은 계획의 전제이다.

(2) 목표 설정(Establishing objectives)

계획의 첫 단계는 기업 전체에 대한 목표를 수립하고 이에 따라 부문별 목표를 세우는 것이다. 장차 가능한 기회에 대한 명확하고 완전한 이해, 자기 회사의 장점과 약점에 비추어 본 현재 위치의 파악, 그리고 해결하고자 하는 문제점과 그 이유의 이해 및 얻고자 하는 것에 관한 지식 등이 이 단계에 포함된다. 계획화는 기업에 주어진 기회 여건의 현실적인 진단을 필요로 하는 것이다.

목표는 기대되는 결과를 구체적으로 명시하고 달성되어져야 하는 최종 지점과 가장 강조되어야 할 곳은 어디이며, 전략·방침·절차·규칙·예산·프로그램 등의 네트워크에 의하여 무엇이 달성돼야 할 것인가를 나타낸다.

(3) 계획 전제의 수립(Premising)

계획 수립의 제2단계로서 계획 설정을 위한 기초가 되는 예측자료, 기본방침, 기존의 계획안 등을 지칭한다. 이 가운데서도 특히 예측은 전제 수립에서 가장 중요한 요인이다. 물론 시장의 종류, 가격, 제품 종류, 원가, 조세정책, 환경 등 다각적인 측면에서 합리적인 예측이 필요하다.

(4) 대체안의 검토

여러 가지 대안적 과정을 전체와의 조화와 목표 달성과의 관계를 고려한 후 비교하고 검증하는 단계를 말한다. 잠재화된 형식으로 표면화되지 않고 있으나 최적의 합리성을 가지고 있는 대안을 발굴해내는 것으로 이를 위하여 여러 행동의 대안을 탐색하고 각 대안의 장단점을 검토한다.

(5) 대체안의 평가

여러 행동 대안에 대한 장단점을 비교 평가하는 단계로서 계획의 전제와 목표를 고려하여 제 요인들을 비교 평가한 뒤 종합적으로 제기된 대안들을 평가하게 되는 것이다.

(6) 대체안의 선택

이는 행동과정을 선택하는 단계로서 계획이 선택되는 시점, 즉, 의사결정이 이루어지는 시점을 말한다.

(7) 파생계획의 수립

의사결정이 이루어지는 시점 즉, 대체적 행동과정이 선택되는 시점은 기본계획의 수립단계에 불과하므로 따라서 이를 구체화할 실행계획의 수립이 뒤따라야 한다. 보완적 성격을 가지는 실행계획을 파생 계획이라 일컬으며 이 계획 수립이 바로 최종 단계라 한다.

(8) 예산편성

의사결정이 이루어지고 여러 파생 계획이 수립된 후의 마지막 단계는 예산편성에 의한 계획을 수치화하는 것이다. 조직 전체의 예산은 총수입과 총비용, 순이익, 대차대조표 간 항목의 예산들로 구성된다.

3 전략적 경영계획

1) 전략적 경영계획의 개념

전략(Strategy)은 원래 군사용어로써 희랍의 'Strategos' 이른바 '장군의 기술'에서 유래되었다. 전략은 전쟁의 승리를 위한 총체적 계획의 의미로서 장기적이며, 대단위적 성격을 띤 용어이다. 이 용어는 기업환경이 경직화되고, 기업 간 경쟁이 심화하는 1950년대 이후에 군대와 기업이 환경 면에서 유사성이 높아지자 경영학의 용어로 많이 사용되었다. 챈들러(A. Chandler)에 따르면 '기업에 있어 전략이란 장기적 목적과 목표를 설정하고 이를 성취하기 위하여 자원의 할당 배분을 포함하여 제반 경영활동을 수행하는 것'이라 했다. 쿤츠(H. Koontz)는 전략을 다음과 같이 정의하고 있다(박종만 외, 2003).

① 포괄적인 목적을 달성하기 위해 전반적인 행동계획과 자원의 전개
② 조직 목적과 이를 달성하기 위해 동원된 자원의 프로그램 및 이들 자원의 획득과 사용 및 배분의 관리에 관한 지침
③ 기업이 기본적인 장기 목적의 결정과 이들 목표의 달성에 필요한 행동 계획과 자원배분의 선택이라 하고 있다.

여러 학자와 경영 실무에서 전략이라는 용어를 사용하는 의미를 종합하면 다음

과 같은 의미로 집약할 수 있다.

첫째, 전략이라는 용어는 외부의 환경변화에 대처하는 방법이라는 의미가 내포되어 있다. 조직의 환경이 비교적 안정적인 경우에는 조직 내부관리의 효율성만 도모하면 조직의 존속과 성장에는 문제가 없다. 따라서 전략이란 외부환경으로부터의 도전에 적극적으로 대응하는 조직의 활동으로 볼 수 있다. 즉, 외부환경의 변화에 대처하는 하나하나의 방법들이 전략이다.

둘째, 일선 경영자에게 주어지는 과업의 효율적인 운영을 위해서 작성되는 운영계획과는 대조적으로 최고 경영층의 관점에서 수립되는 계획의 의미가 있다.

2) 전략적 계획의 중요성

기업 경영 시 계획을 수립한 기업과 그렇지 않은 기업 간에 경영성과의 차이가 있다는 것은 계획이 경영성과에 긍정적 역할을 하고 있음을 의미한다. 따라서 전략적 계획 수립은 기업규모가 거대화되고 기업환경이 복잡화 내지는 경직화될수록 그 필요성이 증대된다고 할 수 있다.

[그림 5-3] 대규모 조직에서의 계획화 모형

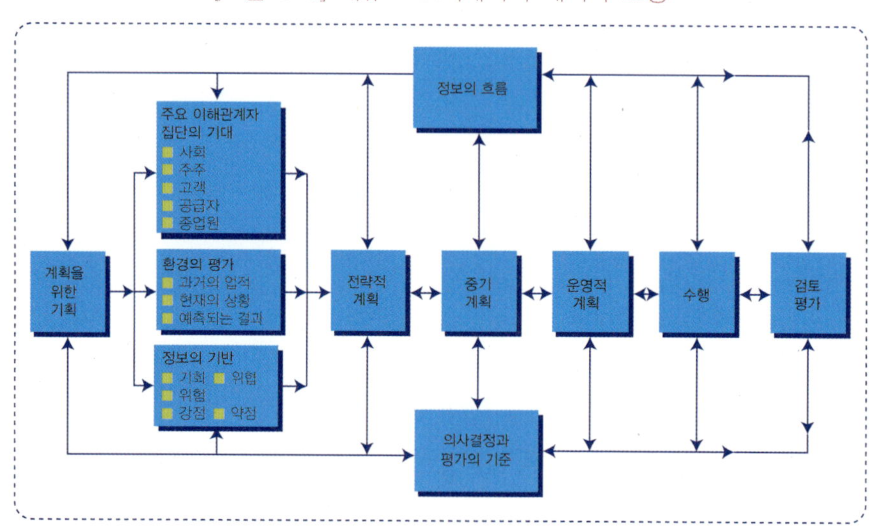

(1) 조직규모의 복잡화와 거대화

오늘날 국제기업, 다국적 기업, 초국적 기업 등과 같은 명칭에서 알 수 있듯이 기업 활동의 범위가 이미 국적까지 초월하여 발전되고 있음을 볼 수 있다. 경제

수준이 고도화됨에 따라 기업 활동의 대상인 고객의 욕구가 다양화될 뿐만 아니라 고객이 세계적으로 분산되어 있어 자연적으로 생산거점을 비롯한 기업의 활동범위도 퍼질 수밖에 없다. 이는 필연적으로 기업 조직의 복잡화와 거대화를 수반하게 되는 것이다. 조직규모의 확대와 복잡화는 상대적으로 급격히 변화하는 기업환경에 취약할 수밖에 없으며 이를 보완하는 대안으로 전략적 계획의 수립이 더욱 요구되는 것이다.

(2) 기업 환경의 불확실성

불확실성, 때로는 두렵기도 하지만 우리가 살고 있는 시대를 불확실성의 시대라고 할 만큼 예측하기 어렵다. 기업 환경도 과거와는 비교되지 않을 만큼 불확실성이 증대되었다. 이러한 변화는 우리 사회의 특정 분야에서만 발생하는 것이 아니고, 정치·경제·사회·과학 등 모든 분야에서 빠르게 변천하고 있다. 이러한 변화 중에서 기업과 관련된 환경의 변화는 다음과 같다.

첫째, 자원에 대한 문제다.

많은 자원을 보유하고 있는 나라에서는 자원을 도구화하고 자원에 대한 횡포를 하고 있다. 석유파동으로 인하여 대다수의 기업은 큰 충격을 받았으며, 자원이 없는 우리나라에서는 큰 위협이 아닐 수 없다.

둘째, 소비자 의식의 변화이다.

기업경영에 중대한 영향을 미치고 있는 소비자들의 의식이 과거와는 달리 그들의 이익을 주장하는 목소리가 커지고 소비자들이 단체를 구성하여 기업 활동에 제약을 가하고 있으며, 정부에서도 소비자 보호에 대한 여러 가지 법을 제정하여 소비자들을 보호하고 있다. 이러한 환경변화는 기업의 활동에 제약을 가하고 또 하나의 위협요소로 등장하게 되었다.

셋째, 급격한 기술의 변화이다.

기술의 발전은 인간의 생활을 크게 변화시키고 있다. 특히, 통신, 교통, 컴퓨터 등의 분야에서 그 발전이 괄목할만하다. 이 분야에서의 급 발전은 전 세계를 일일생활권으로 하여 국경의 의미를 퇴색시켰다. 이상 기업환경의 급변은 미래 예측을 더욱 어렵게 만들고 있다.

제3절 경영의 통제화

1 통제의 의의와 중요성

1) 통제의 의의

통제(Control)란 경영자가 여러 가지 일이 계획된 대로 혹은 바람직한 방향으로 진행되고 있는지를 확인 또는 이상이 있을 때 바로 고치려 하는 과정을 말한다. 경영관리과정에서 목표에 따라 실행되고 계획된 대로 실행하려고 하지만 실제는 차이가 있게 마련이다. 따라서 경영활동이 계획된 대로 실행될 수 있도록 과정과 결과를 측정하여 계획과의 차이를 분석하여 수정 및 보완하는 과정이 필요하게 되며 이를 통제화(Controlling)라고 한다.

계획을 적절하고 타당성 있게 세우지 못하면 통제활동의 효과를 기대할 수 없게 된다. 경영자는 모든 기업 자원이 기업의 목표를 달성하는 데에 가장 효율적이고 효과적으로 사용될 수 있도록 수정 행동을 취해야 한다. 통제는 계획 과정과 밀접한 관계를 갖는다. 계획 없이는 통제란 불가능하며, 성과의 측정 또는 계획에 의해 설립된 기준에 의해서 비교되어야 하기 때문이다. 따라서 통제의 기능이 효과적으로 발휘되면 경영관리의 다른 기능이 잘 수행되며, 아울러 다른 관리 기능이 원활하게 이루어지면 통제기능도 쉬워지는 상호 보완적 작용을 하게 되는 것이다.

2) 통제의 중요성

통제는 기업의 목표를 달성하는 데 필요한 것이다. 어떤 형태의 조직을 막론하고 통제 없이 존속하고 발전해 나가기는 어렵다.

통제기능은 다음 몇 가지로 그 중요성을 알 수 있다(박종만 외, 2003).

(1) 경영환경의 변화

어떤 경영환경에서도 환경변화는 불가피한 것이다. 통제의 기능을 통해서 경영자는 기업에 영향을 미치는 환경변화를 탐지할 수 있다. 그러므로 경영자는 환경변화 때문에 발생하는 위험이나 기회에 더욱 쉽게 대응할 수 있다.

(2) 불확실성

계획대로 된다는 것은 어렵다. 계획과 목표는 미래를 대비하기 위한 것으로 미래는 불확실성이 존재한다. 불확실성에 적절하게 대처하기 위해서 계획이나 목표 등을 수정해야 할 통제시스템이 요구되며 이때 통제의 기능을 발휘하는 계기가 된다.

(3) 기업규모의 증대

기업 규모가 대형화되고 비대화됨으로써 더욱 복잡한 조직구조를 가지게 되며 이에는 적절한 통제가 필요하다. 분권화에 의해서 통제기능은 보다 단순하게 될 수 있다.

(4) 능력의 한계

갑작스러운 환경변화는 적응하는데 적정한 노력이 필요하다. 인간의 능력에는 한계가 있다. 복잡하고 예측할 수 없는 환경 아래에서 예측 오류가 발생하거나 판단하기가 어렵게 된다. 이러한 실수를 예방하기 위해서 통제기능이 필요하다.

2) 통제의 요소

통제에는 기본적 요소로 통제의 기준, 업무 수행의 측정, 시정조치가 있다.

(1) 통제의 기준

무엇을 측정할 것인가 문제는 어떻게 측정할 것인가 하는 것보다 중요하다. 왜냐하면 측정의 대상을 잘못 선정할 경우 바람직하지 못한 결과를 초래할 수 있다. 통제하려면 그 조직이 달성하려는 목표를 명확하게 반영할 수 있는 측정 대상을 밝혀야 한다.

(2) 업무수행의 측정

업무수행을 부하에게 맡기면 부하는 지시된 계획에 따라 일을 수행하고, 업무의 진행상태 또는 그 결과를 상위자에게 보고하게 된다. 상위자는 그 업무 진행이 계획대로 실행되었는지 확인하고 만일 차이가 있게 되면 시정 조치하게 되고 그것을 감독의 예외적인 조치로 처리하게 한다.

(3) 시정조치

계획과 실적과의 차이를 발견하였을 경우 다음에 그러한 일이 일어나지 않도록 조치를 취하게 된다. 그러나 통제는 가능한 한 계획상의 차이가 실제로 발생하기 이전에 시정되도록 함이 중요하다.

3) 통제의 원칙

통제활동은 일정한 원칙에 따라 전개되어야 한다.

(1) 목적과 성격에 따른 원칙

통제활동은 목적이 확실한 원칙 아래에서 효과적인 수정 행동을 할 수 있게 계획과 실적 간의 편차를 밝히고 그 사유를 알고 통제를 하여야 한다. 통제 기법은 비용이 많이 들고 복잡하여 능률적인 수단을 취함이 필요하고, 통제 책임의 원칙이 준수되어져야 한다.

(2) 통제구역에 따른 원칙

통제란 궁극적으로 목표에 맞는 계획 수립에서 계획이 달성되는 데 필요한 활동이다. 그 수법은 계획을 반영하는 것이 돼야 한다. 또한, 계획과 실적과의 균형을 유지하기 위한 통제수단도 경영자가 가지는 권한의 영역으로 계획도 조직구조와 적합한 상태로 마련되어야 한다. 통제가 효과적으로 이루어지려면 경영자의 개별적인 직위, 책임, 능력 및 욕구 등을 충분히 반영하여야 한다.

(3) 통제과정에 관한 원칙

효율적인 통제가 이루어지려면 계획에 대한 실적을 정확히 평가하기 위한 객관적인 표준이 있어야 하고, 중요성에 대한 선별과 탄력적으로 통제가 이루어져야 한다. 실적이나 예상 결과가 계획과 차이가 있을 때는 계획을 수정 재배치하여 활동을 잘할 수 있게 하여 주어야 한다.

2 통제의 유형과 과정

1) 통제의 유형

통제의 유형은 여러 가지 기준에 의해 분류될 수 있다. 그리핀(R. W. Griffin)은 자동적인 통제 여부에 따라 인공두뇌적 통제(Cybernetic control)와 비인공두뇌적 통제(Non cybernetic control)로, 통제 시점에 따라 사전적 통제(Feed-forward control), 동시적 통제(Concurrent control), 사후적 통제(Feed-back control)로 분류하고 있다.

또한 활동에 따라서 분류한 것을 보면 첫째는 통제가 자동으로 이루어지는 지의 여부에 따라 구분하고 두 번째는 처리하는 경영활동, 즉, 통제의 대상에 따라 분류한다.

(1) 인공두뇌적 통제와 비인공두뇌적 통제

인공두뇌적 통제란 어떤 활동이 미리 정해진 표준과 편차가 발생하였을 때 인간의 개입 없이 자동적으로 수정 활동을 수행하는 통제 수행 활동 시스템이다. 예를 들면 자동화된 공장에서 로봇이 작업할 때 이상이 발생하면 자동으로 공정을 중단시킨다. 이를 더욱 발전시키면 생산과정에 경영자가 개입하게 되는 경우가 점차 줄어들게 된다. 과정이 단순화하거나 표준화하기 쉬운 작업을 통제하는데 유리한 시스템이다.

경영자의 활동 중에도 많은 부분은 그때그때 개별적인 판단을 필요로 하는 것들이 있다. 수시로 인간의 판단을 요하는 활동에 대해서는 비인공두뇌적인 통제를 이용한다. 예를 들면 신제품 개발을 위한 연구, 개발, 전략의 수립과 같은 분야는 표준화하기가 어려우므로 비인공주의적 통제시스템에 의존한다.

(2) 사전적 통제와 사후적 통제

사전적 통제란 행동이 발생하기 전에 투입물에 초점을 둔 통제를 말한다. 사전적 통제는 조직에 투입되는 인적·물적 및 기타 자원에 초점을 두고 조직이 과업을 수행할 때 발생하는 문제를 예방하는 차원의 통제시스템이다. 따라서 사전적 통제는 투입되는 자원의 품질을 보장하기 위한 통제이다.

사전적 통제는 예측 적이고 미래지향적인 통제방법이다. 로빈스(S. P. Robbins)는 사전적 통제는 적시에 정확한 정보를 얻을 수 있어야만 효율적인 통제시스템이 될 수 있고 스토너(J. F. Stoner)는 환경의 변화와 목표를 달성하는 데 필요한 정확한 정보를 적시에 얻을 수 있는 경우에만 효과적인 통제방법이라고 하였다.

사후적 통제는 계획의 수행이 완료된 후에 행하여지는 통제이다. 사후적 통제는 일정한 계획 기간이 만료된 후에 경영실적을 측정하고 계획과 비교하여 편차가 발생하였을 때는 편차의 원인을 규명하여 계획 수립에 기초를 제공하는 것이다.

통제를 위한 정보시스템은 [그림 5-4]와 같다.

[그림 5-4] 통제를 위한 정보시스템

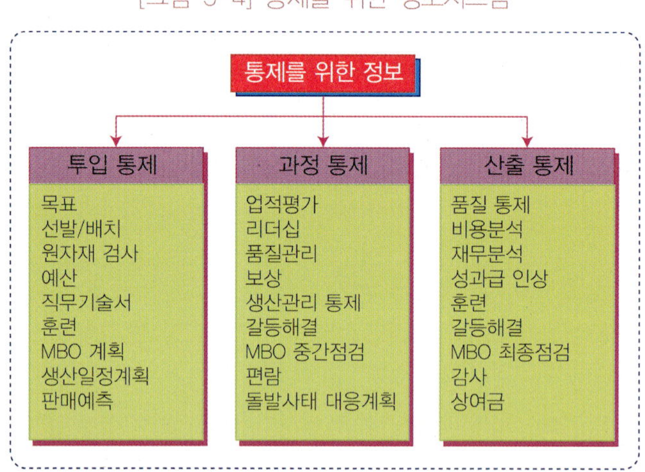

[출처 : J. A. Praree & R. B. Robinson, op. cit(1989), p. 585]

2) 통제 과정

통제 과정은 일반적으로 몇 단계로 구분되고 있다. 피어슨은 ① 표준의 설정 ② 업적 결과의 측정 ③ 업적과 표준 간의 비교 ④ 수정조치 등을 제시하고 있다.

(1) 표준 설정

조직의 전략적 목표에 따라 통제 과정의 첫 단계는 표준을 설정하는 것이다. 업적의 표준에는 여러 가지가 있으나 실증 가능한 목표가 가장 중요한 것이며 일부 경영학자는 경영적 표준과 통제적 표준으로 조직의 누가, 언제 및 왜 등을 기술하고 보고하고, 규정과 규칙 및 평가를 그리고 조직의 무엇과 어떻게 등을 기술하며 이윤, 시간의 위치, 생산성, 제품의 우위, 인적자원의 개발, 종업원의 태도, 사회적 책임 등을 대부분 조직에서 공식적인 표준으로 고려될 만한 것으로 설명하고 있다.

'표준'은 업적으로 인도하기 위해 사용되는 '질' 또는 '양'의 수준이라고 정의하고 구체적으로 가장 흔히 사용하는 표준의 유형을 분류한 먼디(Mondy)는 ① 시간 표준 ② 생산성 표준 ③ 원가 표준 ④ 품질 표준 ⑤ 행동 표준을 제시하고 있다.

(2) 업적 결과의 측정

실제 결과를 측정하기 위하여 경영자는 표준이 설정되고 난 다음 통제 단계로는 설정된 표준과 비교하여 변화, 진행 또는 결과를 추적하고 투입과 업적을 측정 평가하는 단계이다. 이 단계에서는 무엇을 측정하고 어떻게 측정할 것인가가 중요하다.

표준이 적절히 설정되고 종업원이 하는 바를 정확히 결정할 방법이 동원된다면 평가는 비교적 수월하게 된다. 그러나 단순한 것들이 아니면 과정이 다르다.

통제를 효과적으로 하려면 조직의 목표 달성을 정확하게 반영할 수 있는 측정대상을 정하여야 한다. 많은 조직에서 공통으로 측정대상을 결정하는 것들이 있다. 예를 들면, 경영자는 조직 구성원들의 사기, 예산의 집행상황, 생산원가, 생산성, 불량품 발생률, 시장점유율, 매출액 증가율 등을 측정한다. 공공기관인 경우는 직원 일 인당 민원건수, 민원 한 건을 처리하는데 걸리는 시간 등이 측정대상이 될 수 있다.

(3) 업적과 표준 간의 비교

통제에서 측정한 결과를 표준과 비교하여 차이를 알아낸다면 그 차이가 용인할 수 있는 수준을 측정한다. 경영자는 어느 정도가 허용할 수 있는 수준인지를 결정하고 실적이 목표를 지나치게 초과하였을 때도 경영자에게 관심을 끌게 된다. 이것은 원래의 계획이 잘못되었거나 아니면 환경이 급변하였음을 의미하기 때문이다. 경영자는 그 원인을 밝히고 필요한 시정조치를 취하여야 한다.

(4) 수정조치

통제 과정의 마지막 단계로 경영자가 필요한 행동을 하는 것이다.

① 아무런 조치를 취하지 않는 것
② 시정조치를 취하는 것

③ 비교 기준을 수정하는 것이다.

실적이 목표에서 벗어난 이유가 조직 내의 결함으로 밝혀졌을 때라면 전략을 수정하고 조직의 짜임새를 변경하거나 보상 제도를 바꾸는 일, 혹은 종업원의 교육을 강화하거나 직무를 새로이 하던가, 아니면 인원을 교체하는 것과 같은 조치를 취하여야 한다. 차이가 발생한 것이 비현실적인 목표 때문이었다면 그 목표를 수정하여야 한다. 목표가 너무 높게 되어 있다고 주장하는 경우 달성이 불가능한 경우의 처리 등을 염두에 두어야 한다. 이러면 표준의 수정이 필요하다.

[그림 5-5] 통제과정의 기본적인 단계

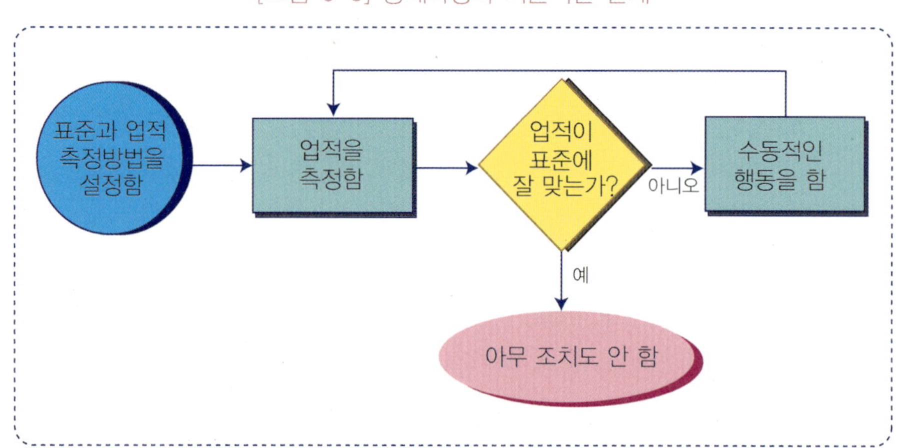

3 경영통제시스템

1) 효과적인 통제시스템의 특성

(1) 타당성

타당성이란 객관적으로 측정할 수 있고 또 측정하는 내용과 통제하려는 내용이 일치됨을 말한다.

(2) 적시성

통제는 적기에 가능한 한 신속하게 이루어져야 한다. 최상의 정보라도 시간이 지나면 아무런 가치가 없게 된다. 상당한 기간이 지난 후 알게 된다면 시정을 하는데 더 큰 비용이 들거나 돌이킬 수 없게 된다.

(3) 경제성

통제는 경제적으로 이루어져야 한다. 중요한 것은 철저히 관리하고 중요도가 낮은 사항은 그에 상응하는 방법을 찾아야 한다.

(4) 유연성

효과적인 통제시스템은 변화하는 환경에 적응하고 새로운 기회의 이점을 이용할 수 있는 유연성을 가져야 한다. 좋은 통제시스템은 상황에 따라 신축성 있게 적절한 조치를 할 수 있어야 한다.

(5) 이해의 용이성

경영자와 종업원들이 통제시스템을 이해하지 못한다면 아무런 소용이 없다. 그러므로 때로는 복잡한 통제방식보다 간단한 통제방식이 더 좋다. 통제시스템이 복잡하여 이해하기 어려우면 실수를 하게 되고 종업원들에게 불신을 초래하게 되어 효과 없게 될 수가 있다.

(6) 합리적 기준

기준은 달성 가능한 수준에서 설정되어야 한다. 기준이 너무 높다거나 또는 비합리적으로 책정되면 자극할 수가 없게 된다. 따라서 통제는 종업원들이 의욕을 잃지 않고 도달 가능한 수준에서 설정되어야 한다.

(7) 전략적 고려

전략적으로 중요한 내용은 더욱더 많은 통제를 하여야 한다. 경영자는 조직 내에서 일어나는 모든 활동을 똑같은 수준으로 통제한다는 것은 안 좋다.

(8) 예외적인 상황의 강조

경영자들은 모든 활동을 통제할 수 없으므로 예외적인 사항인 전략적 통제에 중점을 두어야 한다. 이것은 경영자가 모든 활동을 통제하는 것보다 훨씬 경제적이고 효과도 크다.

(9) 복수기준

하나의 기준에 따라 통제가 이루어진다면 모든 노력이 그 기준에 집중되므로 통제의 효과를 제대로 기대할 수 없다. 따라서 복수 기준에 의한 통제를 할 경우 한 가지 기준에 의한 통제가 발생할 수 있는 통제 초점의 편협성을 줄여 줄 수 있다. 이는 기업 업무의 흐름에 따라서 조정될 필요가 있다.

(10) 시정조치

효과적인 통제시스템은 표준과 실적을 비교했을 때 단순히 차이의 발생 자체 외에 차이를 수정할 수 있는 조치까지 제시해야 한다. 예를 들면 매출액이 10% 이하로 떨어지면 가격은 15% 내려야 한다는 식의 해결책을 제시해 주는 것이다.

(11) 수용 가능성

효과적인 통제시스템은 조직 구성원들에 의해서 통제가 긍정적으로 잘 수용될 수 있도록 설계되어야 한다. 통제시스템 자체가 조직 구성원들에게 부정적으로 인식된다면 성과를 기대할 수 없게 된다.

2) 효과적 통제를 위한 요인

효과적인 통제시스템의 특성을 이루는 위의 제 요인들은 상황적 요인에 따라 그 중요성이 달라진다. 따라서 상황에 적합하도록 다음과 같은 사항을 고려해야 한다.

(1) 조직규모

조직규모가 작은 경우에는 비공식적이고 사적인 통제방식에 많이 의존하게 된다. 그러나 조직의 규모가 커지게 되면 개인적인 통제는 한계가 있고 더욱 공식적인 수단에 의존하게 된다.

(2) 경영계층과 업무의 성격

직위가 높은 사람일수록 평가하는 기준이 많이 필요하게 된다. 직위가 낮을수록 단순한 기준과 측정하기 쉬운 기준으로 평가되는 경향이 짙다. 업무의 성격에 따라서 평가하는 기준도 다를 수 있다.

(3) 분권화 정도

하위 경영자에게 권한을 위임할수록 아래로부터 많은 피드백을 받게 되므로 통제의 수와 심도가 증대되는 반면 분권화가 낮을수록 통제의 수가 줄게 된다. 즉, 분권화가 될수록 아래로부터 많은 피드백을 받도록 통제시스템을 설치해야 한다.

(4) 조직문화

조직문화가 자율과 참여기회가 주어지는 개방적인 상황일 경우의 통제는 비공식적으로 이루어지지만 지시적이나 권위적인 조직문화의 통제에서는 공식적이며 외적으로 강요된 통제가 많다.

(5) 활동의 중요성

활동이 중요할수록 그에 비례하여 통제의 정도도 완벽하게 기할 수 있는 방식을 택하게 된다. 활동 내용이 상대적으로 중요하지 않은 부분은 완급을 가지고 느슨하게 비공식적인 통제의 방식을 적용해야 할 것이다.

4 통제기법

1) 중요 통제시스템

경영 통제를 위한 기법에는 여러 가지가 있다. 통제의 목적은 조직 목적과 표준을 일치시키도록 하려는데 있으므로 [그림 5-6]과 같이 재무 통제, 예산 통제, 품질 통제, 재고 통제, 생산 통제 및 정보통제시스템 등 다양한 시스템을 사용한다. 그리고 위에 열거된 통제시스템들은 경영 수준, 즉 경영 계층과 이를 적용하는 시점(Timing)에 따라 각각 달리 적용되고 있다(박종만 외, 2003).

[그림 5-6] 중요 통제시스템

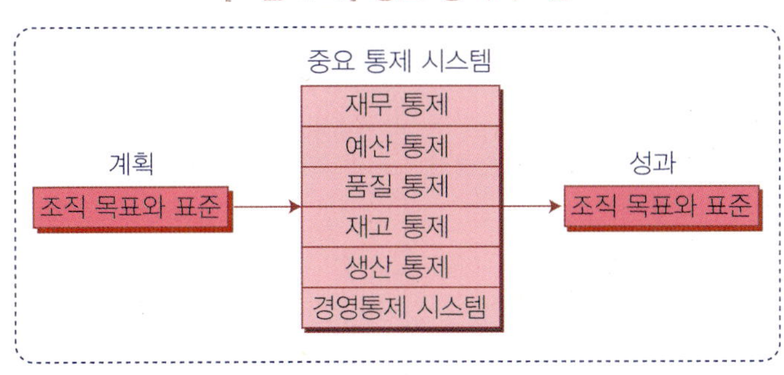

2) 재무통제

(1) 재무제표

재무제표(Financial statement)는 조직 내 재화와 용역의 흐름을 재무적으로 평가함으로써 재무 상태를 알려주게 되며, 재무제표에 포함된 정보는 조직의 재무 통제에 아주 중요한 것이다. 재무제표는 대차대조표(Balance sheet)와 손익계산서(Income statement)가 주로 사용된다. 재무제표는 통상 회계 기간을 단위로 분기별 또는 1년을 기준으로 작성되며 여기에 작성되는 회계기록인 재무제표는 비율 분석 자료가 된다.

(2) 비율 분석

비율 분석(Ratio analysis) 또는 재무비율 분석(Financial ratio analysis)은 재무제표 상의 항목 간의 제 비율을 계산하여 이것과 비교 기준이 되는 표준비율을 상호 비교함으로써 기업의 재무 상태와 경영실적을 파악하는 최적의 재무구조를 결정하기 위해 사용되는 기법이다. 비율 분석에서 많이 활용되는 재무비율은 〈표 5-2〉와 같다.

〈표 5-2〉 재무비율 분석

목 적	비 율	공 식	의 미
유동성 조사	유동비율	$\frac{\text{유동자산}}{\text{유동부채}}$	단기부채에 대한 지급능력을 조사
	당좌비율	$\frac{\text{유동자산} - \text{재고자산}}{\text{유동부채}}$	단기적인 유동성에 직면할 때 부채 감당능력조사
레버리지 조사	부채비율	$\frac{\text{부채}}{\text{자산}}$	비율이 높을수록 조직은 위태롭게 됨
	이자보상비율	$\frac{\text{영업이익}}{\text{총이자비용}}$	총수입에 의해 이자비용이 보상되는 한계를 측정
활동성 조사	재고자산회전율	$\frac{\text{매출액}}{\text{재고자산}}$	비율이 높을수록 재고자산은 보다 효율적으로 사용됨
	총자산회전율	$\frac{\text{매출액}}{\text{총자산}}$	수익을 통해 투입된 자산의 효과적 활용 정도
수익성 조사	매출액 순이익률	$\frac{\text{당기순이익}}{\text{매출액}}$	다수의 제품이 창출하는 이익을 확인
	총자본 이익률	$\frac{\text{당기순이익}}{\text{총자본}}$	이익을 창출하기 위한 효율성 측정

(3) 재무 감사

재무제표의 신빙성과 공정성을 확인하고 경영자의 의사결정을 위한 기반이 되는 재무 통제와 직접 관련을 하는 통제가 재무감사(Financial audit)이다. 최고경영층에서 통제를 위해 사용되는 재무자료는 무엇보다도 정확하고 회계기준에 맞도록 작성되어야 한다. 재무감사란 조직 내 재무 기록이 정확하고 기준에 맞게 적용되었는가에 대하여 내부 또는 외부 전문가에 의해 독립적으로 평가하는 재무 통제 방식이다. 재무감사에는 외부감사와 내부감사로 구분된다.

외부감사(External audit)는 외부 공인회계사(CPA : Certified public accountant)에 의해 수행되며 주로 조직의 재무적인 회계와 재무제표의 독립적인 평가를 포함하는 확인 과정이다.

내부감사(Internal audit)는 조직 내 감사실이나 재무부서의 전문 스태프 등과 같은 내부 구성원에 의하여 조직운영 효율성과 재무제표를 검토함으로써 통제시스템의 개선을 위한 경영자의 의사결정을 지원한다. 감사의 범위와 깊이는 기업의 규모와 정책에 따라 다르고, 비용을 고려하여 책정하며, 또한 전문요원도 필요하다.

3) 예산 통제

(1) 예산의 의의

예산은 일정한 기간에 계획된 활동을 수행하기 위하여 분배된 자원들에 대한 특정 계획을 계량적 및 재무적으로 나타내는 것이다. 예산은 실행해야 할 계획을 계량적으로 수립하여 특정 계획이 있는 부서에 기업의 자원을 합리적으로 배분하여, 조직 전체의 계획을 계량적으로 수립한 후 할당 업무를 수행하는 사람들을 통제하는 데 사용된다. 예산통제는 계획 수립 시의 성과와 집행활동 결과로써의 실적과의 비교와 관련된 경영통제를 의미한다.

예산과 예산 통제는 뚜렷하게 구분되어야 하는데, 예산은 계획이 계수적으로 표시된 표준이며, 그 자체로는 통제나 행위를 나타내는 것이 아니다. 예산 통제 시스템은 예산을 중심으로 해서 경영활동을 해나가는 것을 말한다. 예산은 다음과 같은 특징을 가지고 있다.

① 예산은 일반적으로 화폐단위로 표시된다.
② 예산은 자원을 제공하고 지원받는 사람 사이의 약속을 나타낸다. 예산에 따

라 자원을 배분받는 사람은 특정 예산 목표를 달성해야 할 책임을 갖는다.

③ 예산은 공식적인 승인절차가 필요하다.

④ 예산의 변경은 특별한 상황에서만 이루어진다. 책임 있는 권한을 가진 자가 공식적으로 검토하고 승인한 후에 비로소 예산도 수정될 수 있다.

⑤ 예산은 통상 1년을 기간으로 한다.

(2) 예산의 형태

예산은 일반적으로 운영예산과 재무예산으로 구분된다.

[그림 5-7] 예산의 종류

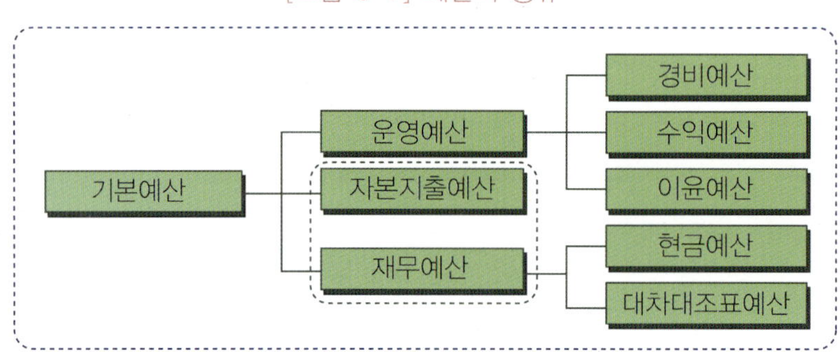

① 운영예산(Operational budgets)

운영예산은 예산 기간 내의 각 책임단위 조직을 위한 재무계획을 나타내는 계산서로서 수익과 비용을 포함한 운영 활동을 반영하게 된다. 이에는 수익예산, 경비예산 및 이윤 예산이 있다.

② 재무예산(Financial budgets)

재무예산은 조직이 현금을 어떻게 획득하고, 이 현금을 어떻게 사용하는가를 표현한 예산으로서 현금 예산과 대차대조표 예산이 있다.

(3) 예산편성과정

① 예산의 편성

예산편성이 첫 번째 단계이다. 기업의 각 부문 활동이 항상 기업 전체와 통일성을 유지해야 하며, 따라서 각각의 부문 예산이 기업 전체로서의 경영활동에 종합적인 체계로서 편성되어야 할 필요성이 있다.

② 예산의 집행

예산은 예산 기간이 시작됨과 동시에 집행되고, 이 경우 경영자는 업무활동이 예산대로 집행되는가에 대한 주의가 필요하다.

③ 예산 차이 분석

계획된 예산과 집행된 결과를 비교 및 검토하여 예산 차이가 발생하게 된 원인과 그 차이에 대한 책임의 소재 등을 밝히는 예산 통제 상의 핵심적 역할을 말한다. 이러한 예산 차이의 분석 때문에 얻어진 결과는 예산 집행상의 책임이 명확하게 되어야 하고, 차기 예산편성을 위한 자료로 이용된다.

④ 예산편성의 새로운 접근법

예산 통제를 합리적으로 수행하기 위해 예산 수립과정에 새로운 접근법을 도입하는 것이다. 그중 널리 쓰이는 것이 PPBS 접근법이다. 기획·계획예산제도(Planning programming budgeting system : PPBS)는 미국의 케네디 행정부에서 국방성 내에 비용이 많이 드는 프로그램의 중복을 찾아내어 제거하고 또 같은 프로그램을 더욱더 정확한 전체 예산에 통합시키고자 하는 의도에서 새로이 도입된 예산편성기법이다. 일반적으로 PPBS 접근법은 다음과 같은 몇 가지 단계가 있다.

① 프로그램 혹은 그 활동에 대한 기본목표를 서술하고 분석한다.
② 서술된 목적에 비추어 프로그램의 성과를 분석한다.
③ 1년 이상 몇 년에 걸친 프로그램의 총비용을 측정한다.
④ 전체적인 목적을 가장 잘 달성시킬 수 있는 대안을 비교 선택한다.

PPBS 접근법은 각 프로그램이 전체 시스템에 미치는 영향에 근거하여 각 프로그램을 분석함으로써 조직이 자원을 보다 효율적으로 활용할 수 있게 될 것이라고 간주한다. 그러나 사전에 상의 없이 성급한 실시로 인해 정부에 효과적으로 활용되지 못한 경우가 되었다.

제4절 경영전략

1 경영전략의 이해

1) 경영전략의 의의

전략(Strategy)은 다음과 같은 몇 가지의 의미로 쓰이는 경우가 많다. 그 하나는 외부환경의 변화에 대처하는 방식이다. 유사한 경쟁업체의 등장에 따른 대응전략이다. 정면대결로 아니면 우회로 선회할 것인가 그 상황에 따라 필요한 대응방법이 곧 전략이다. 두 번째 의미는 고위 경영자의 관점에서 보는 것으로 이것은 계획이라는 의미로서 상황과 환경에서 조직이 나아갈 기본적인 방향과 필요하고 중요한 활동 목표를 정하고 이를 달성하기 위해서 자원을 어떻게 분배할 것인가 염두에 두게 된다. 이는 하위 경영자가 주어진 과업을 효율적으로 수행하는 데 필요한 것이다.

챈들러(A. D. Chandler, Jr : Strategy and Structure)는 경영전략을 "기업의 기본적 장기 목표, 목표의 결정, 행동방향의 선택, 이들 목표 수행에 필요한 자원의 배분"이라고 정의하고 있다. 기타 주요 관심사는 기업의 성장 방법으로서 다각화와 다각화된 사업의 관리를 위한 새로운 조직구조의 출현이라는 것이었고 전략의 중심적 과제는 사업 또는 제품 라인과 다각화에 관한 의사결정이다.

경영전략을 실천적인 입장에서 전개한 것은 앤소프(H. I. Ansoff : Corporate Strategy)이다. 그는 의사결정을 전략적 결정(Strategic decision), 관리적 결정(Administrative decision), 업무적 결정(Operating decision)의 세 가지 종류로 구분하고 '부문적 무지' 속에서 '의사결정의 룰(Decision rule)'이 곧 전략이라고 주장하였다.

2) 경영전략의 정의

보다 효과적인 경영을 하기 위해서 조직 전략을 정의한다면 전략이란 목표 달성을 위해 수행해야 할 조직 활동의 내용이나 방향을 결정짓는 선택에 지침이 되는 포괄적이고 통합적인 틀이다. 전략은 다음과 같은 요소들을 들고 있다.

① 전략은 어떤 특정한 활동의 선택이다(B. B. Tregoe and J. W. Zimmerman, 1979). 관리자들은 여러 가지 전략상의 선택에 당면하게 된다. 제품이나 서비스에 관한 선택 및 자원배분 등과 같은 것들이다.

② 전략은 방향을 제시하는 것이다. 그러기 때문에 전략 설정은 실행계획 수립 이전에 이루어진다.

③ 조직이 몇 개의 전략을 설정한 경우에 하나의 전략의 틀 속에 통합되어야 한다. 이러한 경우로 볼 때 전략이란 포괄적 활동의 주요 방향을 설정하고 조직 활동을 위한 자원배분의 지침이 된다. 또한, 전략이란 경쟁적 환경 속에서 조직이 나아가려고 의도하는 방향을 설정하는 것이라고 말할 수 있다. 전략의 결정은 그 조직의 장점과 약점을 외부환경 내의 기회 또는 위험과 조화시켜 의사결정에 의해서 이루어지게 된다.

경영전략은 다음과 같은 특징을 지닌다(김문중, 1997).

① 경영전략은 기업과 관련된 가장 본질적인 문제를 다룬다. 즉, 기업이 속한 사업 분야가 무엇인지, 또 어떤 층의 고객이 주요 대상인지, 그리고 주요 판매 시장은 어디인지 등이 그것이다.

② 경영전략은 일상적인 의사결정과 관련된 세부계획의 기본 골격이 된다. 경영전략은 기업이 갖고 있는 제자원의 배분 과정에서부터 일상적 경영활동에 이르기까지 다양한 부분을 포괄하고 있다. 그러므로 하부 경영자층의 각종 전술 계획이나 작업계획들을 실천하면서 전사적인 경영전략에 일치시켜 추진하여야 한다.

③ 경영전략의 수립은 다른 여타 계획들과 비교하여 시간이 많이 소요된다. 일반적으로 경영전략은 몇 개월이나 1년과 같은 단시간에 추진되고 성사될 수 있는 성질의 것이 아니므로 장기에 걸쳐 지속해서 추진되어야 하며 추진결과까지도 함께 평가되어야 하는 장기적·지속적 성격을 가진 계획이다.

④ 경영전략은 기업의 모든 에너지와 자원이 소요되는 최우선적 과제이다. 경영전략은 기업이 장래에 있어 보다 높은 성장과 유리한 우위를 확보하기 위하여 추진하는 주요한 계획이기 때문에 기업이 소유한 인적·물적 자원은 그것의 성공적 추진을 위하여 최우선으로 조달되어야 하며 적시에 합리적으로 배

분되어야 한다.

⑤ 경영전략은 최고경영자의 적극적 관심과 참여가 요구되는 최고경영층의 경영 활동이다. 왜냐하면 최고경영자는 높은 관점에서 기업의 모든 측면을 관찰할 수 있는 안목이 있기 때문이다. 이는 경영의 하부 계층 참여와 지원이 꾸준히 있어야 하기 때문이다.

2 경영전략의 구성 요소와 과정

1) 경영전략의 구성 요소

경영전략의 개념을 보다 명확하게 정의하기 위해서 경영전략의 구성 요소가 무엇인지 알아야 한다. 경영전략 개념의 구성 요소는 다양하게 주장되고 있다. 쉔델(D. E. Schendel)과 호퍼(C. W. Hofer)의 주장은 다음과 같다(D. E. Schendel and C. W. Hofer, 1979).

① 영역 : 기업(조직)의 현재와 미래 환경과의 상호관계에서 활동범위를 가리킨다.
② 자원 전개 : 기업의 목표 달성을 위해 필요한 제 자원의 전개 수준과 패턴(Pattern), 독자능력이다.
③ 경쟁 우위성 : 제 자원이나 영역 결정을 통해 경쟁자에 대하여 전개하는 독자적인 경쟁 지위를 말한다.
④ 시너지 : 자원의 활용이나 영역 결정에서 나타나는 상승효과이다.

앤소프(H. I. Ansoff)는 경영전략의 구성 요소로 ① 특정의 제품 시장 분야(Product market scope) ② 성장 벡터(Growth vector) ③ 경쟁상의 이점(Competitive advantage) ④ 시너지(Synergy)를 제시하고 있다.

(1) 특정의 제품시장 분야

특정의 제품 시장 분야를 결정함에는 상호 간에 공통 관련성을 가진 사업 활동의 개념이 분명해진다. 제품 시장 분야의 결정은 '공동 관련성'의 기본원리를 보다 구체화한 전략 기준이 되는 것이다. 기업이 특정의 제품 시장 분야를 결정함으로써 생산, 기술, 판매 등의 관점에서 공통 관련성을 가지게 되며 어떤 계기를 제공하게 된다.

(2) 성장 벡터(Vector)

성장 벡터란 특정의 제품 시장 분야와의 관련 하에서 기업이 성장을 위하여 선택하는 성장 방향을 말한다. 기업의 성장기회를 탐구하고, 성장계획을 규정하는 중요한 전략 기준이 된다. 전략 기준은 기업이 종사하는 특정의 산업분야를 결정하게 되며 그 산업분야에서 어떠한 방향으로 성장 행동을 취할 것인가 하는 것이 성장 벡터의 전략 기준에 의해서 결정되는 것이다.

(3) 경쟁상의 이점

경쟁상의 이점이란 특정의 제품 시장 분야에 있어서 기업에 강력한 경쟁상의 지위를 부여하는 제품 시장의 특성을 말한다. 기업은 어떤 경쟁상의 이점을 이용할 수 있는 전략적 계획을 탐구하고 추구함으로써 유력한 특허의 취득이나 혁신적인 제품 개발의 가능성을 가진 제품 시장에 참가하는 것 등 확실하고 가능성 있는 것을 추구하여야 한다.

(4) 시너지(Synergy)

시너지란 두 개 이상의 결합으로 더욱 큰 효과를 얻는 것으로 앤소프는 경영다각화의 이론을 적용하여 경영자원의 결합 관련 효과, 공동이용 효과를 나타내는 용어로 사용하고 있다.

기업의 전략적 문제에서 시너지란 기업이 새로운 제품 시장 분야에 진출할 경우 그 신제품 시장 분야와 기업의 구제품 시장 분야 사이의 결합 효과의 척도를 말한다. 신제품 시장과 구제품 시장이 잘 조화되면 기업은 신제품 시장에의 진출 때문에 2+2=5 혹은 그 이상이 되는 상승효과(Synergy effect)를 얻을 수 있을 것이다. 그러나 효과를 얻지 못할 수도 있다.

2) 경영전략의 과정

전략은 기업의 대 환경 관리에서 발생한 문제들을 전쟁 상황에 비유하여 그 생존·성장·유지·공생을 위한 방책을 실존적 개념으로 요약한 것이다. 전략의 상위 개념은 경영목적과 경영철학이며, 하위개념은 전술이다(전용수 외, 1996).

전략적 계획화란 곧 전략적 결정 과정이다. 전략적 결정을 전략의 수준인 전사적, 사업부별, 기능별 수준과 연계시켜 그 과정을 요약하면 [그림 5-8]과 같다.

전사적 수준에서는 사회적 요구와 기대치, 자사의 우선순위, 경영철학과 사명감 등 기업 목적에 초점을 두고, 사업부 수준에서는 시장·경쟁·기술 환경과 이해관계자 집단 등 외부 환경의 기회와 위험을 고려해서 그리고 기능 수준에서는 자사의 강점과 약점 분석을 통한 비교우위가 중점 고려 대상이다.

전략적 결정 또는 전략적 계획화는 어떤 과정을 거치게 되는가? 전략적 계획화는 일곱 단계로 Barnett와 Wilsted는 제시하고 있다(J. H. Barnett and W. D. Wilsted, 1989).

[그림 5-8] 전략적 결정과 전략의 수준

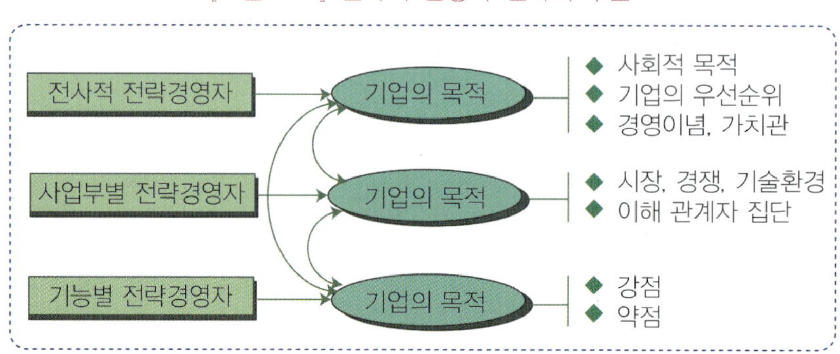

[그림 5-9] 전략적 계획화 과정

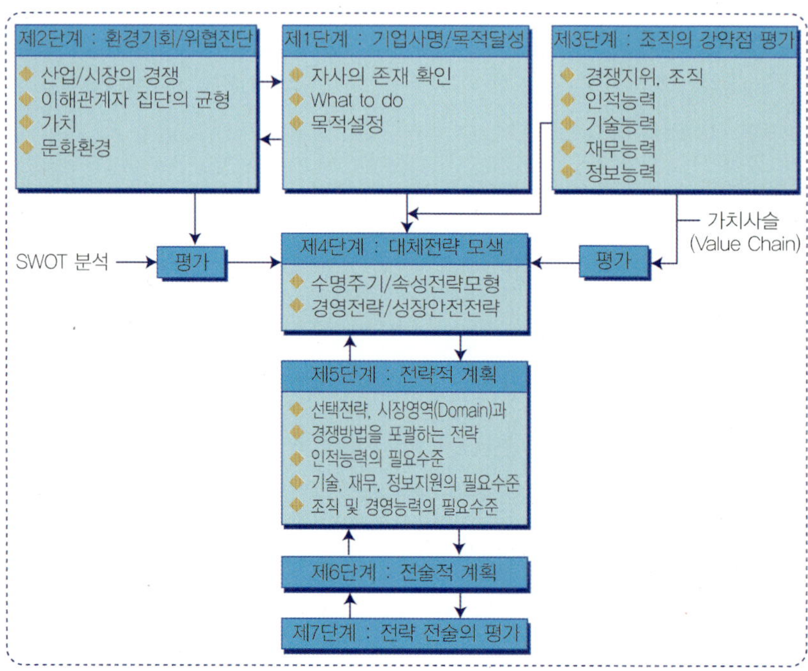

계획화 과정별 목적에 따라 어떠한 수단을 사용하는가 하는 것이 전략적 수단의 문제이고 이 수단 가운데 가장 일반화시켜 정리·요약한 것을 흔히 전략 모형이라고 한다. 전략수단으로 사용되는 대표적인 모형에는 경쟁환경 분석, 진입과 철수, 강점 및 약점 분석, 수명주기, 제품 포트폴리오, 본원적 경쟁전략 모형 등이 있다.

(1) 새로운 경영 목표의 설정

기업이나 사업단위의 경영전략은 수립과정이 가장 중요하다. 경영목표는 기업의 모든 자원을 필요로 할 뿐 아니라 각종 경영활동을 규제하며 최고경영층의 주된 업무이다.

신규 경영목표 설정은 기업의 존재 이유와 사명을 검토하고 이해하며 그것을 실행하기 위한 구체적인 경영목표를 수립하는 것을 포함한다. 기업의 사명을 재정의 하고 확인하는 작업은 경영자들이 경영목표를 선정하기에 앞서 면밀한 검토와 신중을 요구한다.

(2) 환경적 기회와 전략적 인식

경영목표 설정은 경영자가 목표의 이해를 통하여 단계별로 행하여야 할 과업을 결정하게 되는 근거가 되며 이로써 현존 경영목표나 전략은 내부적으로는 확정의 의미가 있어 강력한 리더십을 가진 경영자에 의해 추진된다. 현존 경영목표나 전략을 확인한다는 것은 확인의 의미보다는 일상적 작업에 있어 참고되는 하나의 과정이라고 할 수 있다.

(3) 환경분석과 위협의 진단

기업 환경은 환경요인 또는 환경 영역별로 크게 나눠서 국내 환경과 국제환경으로 국내 환경은 외부환경과 내부 환경으로 구분된다. 외부환경은 기업활동에 직접 영향을 주는 과업 환경과 간접적인 관련을 하는 거시적 또는 일반환경으로 분류되고 사업수행을 위한 공간적 범위를 말하는 사업영역이 되고 경쟁 상황과 경쟁 정도는 경쟁환경에 의해서 결정된다.

경쟁환경을 결정하는 요인들은 새로운 경쟁자의 진입 위협, 기존 업체 간의 경쟁도, 대체재, 공급자와 구매자의 교섭력 등 위협요인들이 산재하고 있다.

환경 분석의 목적은 경쟁자, 고객, 공급자, 정부, 금융기관, 지역사회 등의 과업 환경과 기술적, 경제적, 사회·문화적, 정치적, 법적 요인 등의 일반적 환경이 기업에 미치는 변화의 내용을 확인하는 것으로 경영환경 중에서 매우 중요시되고 있다.

경영환경 분석에는 예측기법을 비롯하여 경영과학 기법이 사용되기도 한다. 중요한 것은 환경변화를 미리 감지하는 것이다. 환경변화의 예측은 완벽하게 이루어질 수는 없으나 기업이 간접경영 환경의 변화에 적응할 수 있게 하며, 직접경영환경의 혼란을 조정하고 예측하게 하는 효과가 있다. 경영전략을 추진함에 앞서 이해단체들의 반응을 전략적으로 예견하는 것이 더욱 중요한 것이다.

(4) 자사의 강점 및 약점 분석과 전략의 방향 결정

기업의 강점 및 약점과 자원을 분석해야 하는 것은 기업의 경쟁적 우위와 열위를 확보하는 데 필요하다. 경쟁적 우위와 열위라는 것은 현재나 장래의 경쟁자들과 비교하여 기업이 지닌 강점과 약점을 말하는 것이다.

내부 환경을 분석해서 얻어진 자사의 강점과 약점을 환경상의 기회 및 위협과 대응시켜 실전 전략의 기본방향을 결정하는 과정이 필요하다. 자유경쟁의 원리가 지배하는 시장경제 하에서는 기업의 경제적 가치를 소비함으로써 만든 물건을 시장가치로 시장에서 소비자가 기업의 생산물을 구매함으로써 생산자와 소비자 모두 혜택을 얻게 될 때 비로소 그 기업의 생존이 가능하여 기업의 행동과 활동범위가 펴지게 마련이다.

(5) 신규 전략의 기회와 위협

전략계획 과정에서 전략적인 기회(Opportunities)와 위협(Threats)을 발견하기 위해 외부환경에 관한 정보를 체계적으로 수집하여 평가하는 일이 필요하게 된다. 이러한 외부환경의 분석은 전략계획 과정에 결정적으로 중요한 의미를 지닌다. 여기서 기회란 전략의 목적을 달성할 수 있도록 돕는 잠재력을 지닌 외부환경의 특성 또는 조건 등 유리한 상황을 의미하며, 위협 또는 위험(Risk)은 기업의 전략적 목적을 달성하지 못하게 할지도 모르는 외부환경의 특성 또는 불리한 상황이라고 정의된다.

경영자는 조직에서 부여되는 위협이나 기회의 요소들을 고려해야 한다. 환경의 기회와 위협에 대한 평가는 국제적 경쟁이 기업의 성공에 점차 커다란 영향을 미치는 근원이 되고 있다.

(6) 신규 전략 대안의 개발

대체 전략을 모색하고 여러 가지 대안 중에서 최적안을 선택하고 나면 이 안을 구체화시킬 전략 안을 개발하여야 한다. 현존 전략의 변경이 필요하다고 하면 그다음으로 해야 할 작업은 신규 전략 대안의 개발 평가 및 최적 대안의 선택이다. 전략적 대안의 개발이란 주어진 상황에서 경영목표와 예상 결과의 업적 차이를 줄일 수 있는 다양한 대안들을 확인하는 작업으로, 새로운 시장에의 진출이나 제품의 질을 높이고 원가를 절감하기 위한 제품 디자인의 변경, 신규투자를 하는 것 등이 이에 해당한다.

전략적 대안의 평가는 다음과 같은 요건에 의해 행하여져야 한다. 전략과 그 내용은 일관적인 경영목표와 정책을 가져야 한다. 전략 설정 과정에서 확인된 중요 안건에 기업의 자원과 노력이 집중되어야 한다. 기업의 자원과 기술 한도 내에서 해결될 수 있는 본질적이거나 중요하지 않은 부차적 문제를 다루어야 한다. 그리고 전략적 대안은 의도된 결과를 창출할 수 있어야 한다. 전략 대안의 평가는 관심 대상인 특수제품이나 경쟁상대에 초점을 맞추어서 행하여져야 좋다.

전략 안에는 소요되는 기술, 마케팅, 재무 및 인적자원 등의 확보와 제조 및 연구개발에 대한 방안을 포함하여 조직과 경영능력의 활동 방법 등이 구체화하여야 한다.

(7) 최적 대안의 추진

최적 대안이 결정되면 그 대안들은 기업의 경영활동으로 추진되어야 한다. 실제로 그것이 추진되지 못하면 기업에 이익을 주지 못한다. 따라서 전략은 적절한 전술적 계획·프로그램 그리고 예산으로 기술되어야 한다.

(8) 성과의 통제와 평가

전략과 전술적 계획이 계획대로 시행되었는지를 확인하고 그 결과를 평가하기 위한 통제장치와 자동제어 조치가 필요하다. 전략이 추진됨에 따라서 경영자는 기업이 전략목표를 향하여 움직이고 있는지 평가하기 위하여 중요한 단계마다 대안의 진척 상황을 전략계획과 비교·평가하여야 한다. 기업의 감사는 전략적 통제 체계를 고안하는데 중요한 역할을 하게 된다. 따라서 전략이 예정된 바와 같이 추진되고 있는지의 여부와 전략 추진이 예정된 결과를 달성하고 있는지 점검이 필요하며 적절한 통제, 평가 장치가 부실하면 계획 과정에서의 노력도 헛

수고에 그치게 되며 더 큰 부작용이 있을 수 있다.

(9) 계획과정의 순환

조직에 영향을 미치는 요인은 항상 변화한다. 조직 내·외부에서 일어나는 변화는 돌발적인 경우도 있다. 우발적인 임시성이 강할수록 조직 구성원들의 적응 능력, 변신 능력이 절실히 필요하다. 계획 과정은 어디까지나 그 자체가 목적일 수는 없고 수단에 지나지 않는 것이다.

3 전략의 유형

경영전략은 크게 성장전략(Growth strategy), 축소 전략(Retrenchment strategy), 안정전략(Stability strategy), 결합전략(Combination strategy)으로 구분할 수 있다.

1) 성장전략

성장전략은 현재의 규모를 확장하는 전략으로 기업의 장기적 유지를 위한 전략으로 조직을 변화하지 않고 추구하는 전략으로 내부성장전략(집약적 성장전략), 외부성장전략(통합적 성장전략과 다각화 전략)으로 구분할 수 있다.

(1) 내부 성장전략(집약적 성장전략)

집약적 또는 집중적 성장전략은 특정의 단일 제품이나 서비스, 기술 및 시장에 초점을 맞추고 같은 사업영역 내에서 경영 노력을 집중하는 전략이다(이명호 외 2016).

내부 성장전략은 신제품을 자사(自社)의 연구개발 부문에서 개발하고 기업의 기존 판매 경로와 경영 인재를 이용해서 다변화를 이루어 성장하는 방식이다(두산백과, 2016).

(2) 외부 성장전략

이 전략에는 타 회사와의 기술제휴, 개발이 끝난 신제품의 취득, 타 회사의 흡수·합병 등의 방법이 있다.

이 전략의 장점은 ① 신규사업 분야에의 진출에서 리드 타임(Lead time)을 단축할 수 있다는 것 ② 투자비용과 투자 위험을 줄인다는 것 ③ 기성 제품 분야와 시너지 효과(Synergy effect)를 갖지 않는 비관련 성장 분야에 진출할 수 있다는 것 등이다. 반면 이 전략의 단점으로는 ① 자사(自社) 개발에 비해 수익성이 낮은 것 ② 사내 연구개발 의욕의 저하를 초래할 염려가 있는 것 ③ 합병의 경우에는 인사 문제가 복잡하게 되는 것 등의 문제가 있다.

보통 다음과 같은 경우에 외부 성장전략이 채택된다. ① 신규 참가 사업의 개시 시기가 결정적으로 중요한 경우, ② 신규 참가 사업 부문에 유능한 경영자의 확보가 필요한 경우, ③ 필요한 신기술 획득이 긴급히 필요한 경우, ④ 낮은 비용으로 취득할 수 있는 제품이나 기업이 있는 경우, ⑤ 신제품 분야에서 선발 제조회사의 시장점유율이 이미 고정되어 있고 자력으로 새로이 참가하는 것이 대단히 곤란할 경우 등이다. 이 외부 성장전략에 의해 비관련 부문에 신규 참가할 경우 자회사 형태가 채택되는 예가 많다. 또 콩글로머레이션(Conglomeration)은 이 외부 성장전략을 통해 비관련 부문에 다각화하는 방식을 지칭한다(네이버 지식백과, 두산백과, 2016).

① 통합적 성장전략

수평적 통합 전략은 경쟁업체와 같은 동일산업 내의 동일 수준에 있는 다른 기업 조직을 흡수함으로써 기업을 확장하려는 전략이다. 반면 수직적 통합은 기업 조직에 자원을 공급하고 있는 공급업체를 인수합병(후방 통합)하거나 자사의 제품을 공급하고 있는 유통업체를 인수합병(전방 통합)함으로써 경영활동의 불확실성을 극복하려는 전략이다.

② 다각화 성장전략

다각화 성장전략은 새로운 제품을 가지고 새로운 시장에 진출하는 전략으로 자사 제품과의 관련성 여부에 따라 집중적 다각화 전략과 콩글로머리트(Conglomerate diversification)전략으로 구분한다.

집중적 다각화는 자사의 제품과 관련성이 있는 제품이나 서비스를 취급하는 기존의 사업체를 인수 합병하거나 생산 및 판매할 수 있는 사업체를 창설하여 영업활동을 확장하려는 전략이다. 예로서 맥주회사가 소주회사를 인수합병하거나 소주사업부를 새로이 신설하여 기업성장을 추구하는 방법이다.

콩글로머리트 다각화는 자사 제품과 전혀 관계가 없는 제품이나 서비스를 생산 및 판매하는 기업을 인수 합병하거나 새로운 사업체를 설립하여 경영활동을 확장하는 전략이다(이명호 외, 2016).

2) 축소 전략

축소 전략은 경영환경의 급격한 변화나 운영상 어려움을 개선하기 위한 전략으로 방향 전환(Turnaround), 부분 매각(Divestiture), 해산 또는 청산(Liquidation) 전략이 있다.

(1) 방향 전환

방향 전환은 경영의 난관을 헤쳐 나가기 위하여 원가절감, 경비절감, 조직 재편성 등 다운사이징(Downsizing) 전략을 추구하는 경영전략이다.

(2) 부분매각

부분 매각은 비용을 절감하고 운영상의 능률을 개선하며 핵심사업에 노력을 집중할 목적으로 내부 조직을 일부 떼어내어 분리 설립(Spin-off)하거나 독립적인 영업 부분을 매각(Sell-off)하는 전략이다(이명호 외, 2016).

(3) 해산 또는 청산전략

해산(청산)은 기업 조직의 자산을 완전히 매각하거나 파산 선언을 통하여 경영활동 자체를 중단하는 전략이다.

3) 안정전략

안정전략은 현재의 경영활동을 그대로 유지하려는 전략으로 현상유지 전략이라고도 한다. 이 전략은 현재의 경영환경 속에서 이미 성과를 올리고 있거나 새로운 사업 진출로 인한 위험부담의 회피, 또는 축소 전략으로 인한 내부 반발을 일으키지 않기 위하여 활용되는 전략이다. 따라서 안정전략은 성장전략이나 축소 전략 등 새로운 전략의 시행 이전에 적응을 위한 시간이 필요할 때 활용할 수 있는 단기성 전략이라고 할 수 있다(이명호 외, 2016).

4) 결합전략

결합전략은 하나 이상의 다른 전략을 동시에 적용하는 전략으로 일반적으로 기업 내의 각 사업부가 각기 다른 전략을 채택하는 방법을 말한다. 예로 A 사업부는 성장전략을 추진하고 B 사업부는 축소 전략을, C 사업부는 안정전략을 채택하는 방법으로 경영환경이 급변하고 전 세계시장을 대상으로 하는 글로벌 환경 아래에서는 자주 볼 수 있는 전략이다(이명호 외, 2016).

학습 목표 요약

1. 기업의 전략기획팀은 어떤 업무를 하는가?

경영기획은 기업의 지속성장을 위한 중장기 사업전략을 수립하며, 회사 비전 달성을 위한 경영방침도 수립한다. 또한, 전사 사업을 분석하고 사업별 주요 현안에 대해 적극적으로 협업, 조정 역할을 이행하여 혁신적인 조직문화가 이뤄지도록 추진한다. 그리고 경영혁신 활동 및 조직 활성화를 위한 조직문화 관리, 중장기 발전 로드맵을 수립하고 관리하며, 신규사업 발굴 및 신규투자 타당성 검토 등 대외 위험(Risk) 관리업무, 전사 투자관리와 주요 전사 경영 관련 업무를 수행한다.

2. 전략적 경영계획이란 무엇인가?

기업에 있어 전략이란 장기적 목적과 목표를 설정하고 이를 성취하기 위하여 자원의 할당 배분을 포함하여 제반 경영활동을 수행하는 것.

3. 경영통제란 무엇인가?

경영자가 여러 가지 일들이 계획된 대로 혹은 바람직한 방향으로 진행되고 있는지를 확인 또는 이상이 있을 때 바로 고치려 하는 과정, 경영활동이 계획된 대로 실행될 수 있도록 과정과 결과를 측정하여 계획과의 차이를 분석하여 수정 및 보완하는 과정이 필요하게 되며 이를 통제화(Controlling)라고 한다.

4. 경영통제기법은 어떤 것들이 있는가?

재무 통제, 예산 통제, 품질 통제, 재고통제, 생산 통제 및 정보통제시스템 등 다양한 시스템을 사용한다. 그리고 위에 열거된 통제시스템들은 경영 수준, 즉 경영 계층과 이를 적용하는 시점에 따라 각각 달리 적용되고 있다.

- 사전적 통제(pre-action control)
- 동시적 통제(concurrent control)
- 사후적 통제(post-action control)
- 내부통제(internal control)와 외부통제(external control)

5. 경영전략이란 무엇인가?

더욱 효과적인 경영을 하기 위해서 조직 전략을 정의한다면 전략이란 목표 달성을 위해 수행해야 할 조직 활동의 내용이나 방향을 결정짓는 선택에 지침이 되는 포괄적이고 통합적인 틀.

용어해설

▶ 전략계획(Strategic plan)?

조직이나 하부단위의 장기적 방침이나 방향을 설정

▶ 운영계획(Operational plan)?

어떻게 성취할 것이냐에 관한 세부계획으로서 이에 필요한 활동과 지원에 초점을 두고 있다.

▶ 기업의 경영전략(Strategy)?

장기적 목적과 목표를 설정하고 이를 성취하기 위하여 자원의 할당 배분을 포함하여 제반 경영활동을 수행하는 것

▶ 통제화(Controlling)?

경영활동이 계획된 대로 실행될 수 있도록 과정과 결과를 측정하여 계획과의 차이를 분석하여 수정 및 보완하는 과정

▶ 인공두뇌적 통제?

미리 정해진 표준과 편차가 발생하였을 경우에 인간의 개입 없이 자동적으로 수정활동을 수행하는 통제수행활동시스템

▶ 리더십(Leadership)?

구성원들에게 과업과 관련하여 영향력을 행사하는 과정

▶ 비인공두뇌적인 통제?

수시로 인간의 판단을 요하는 활동

▶ 예산(Budgets)은?

장차 기대되는 결과를 수치로서 추산한 것이다. 즉, 일정한 기간에 특정의 활동을 위해 마련해 놓은 재무적 자원의 이용 명세서이며, 수치적으로 표시된 실시계획

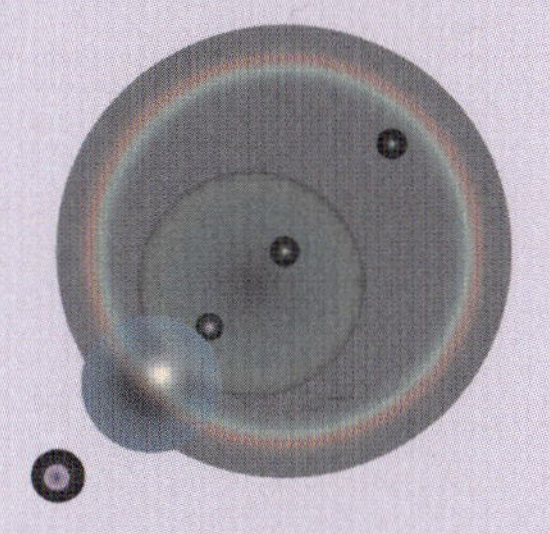

PART Ⅲ

경영지원 부문

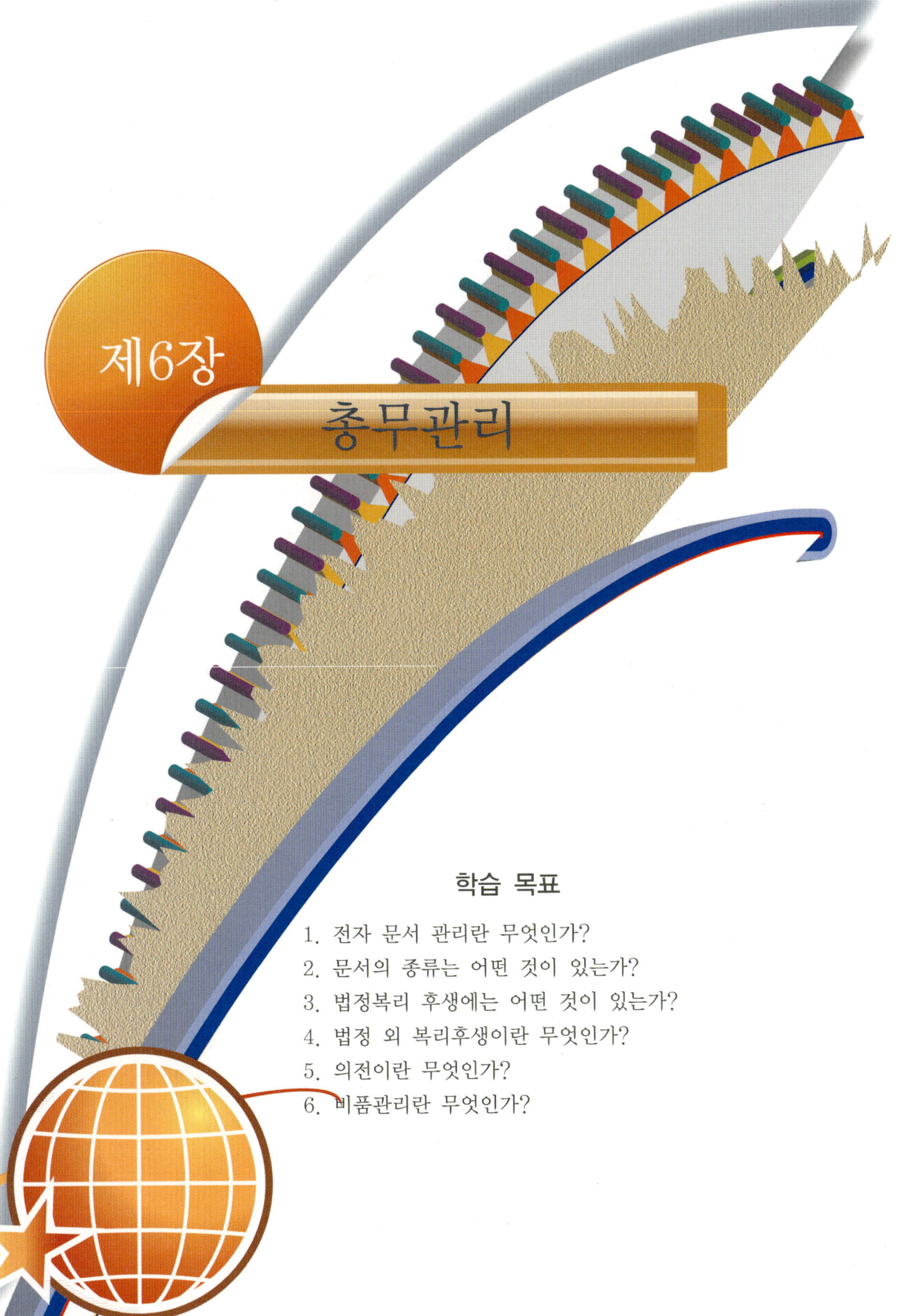

제6장 총무관리

학습 목표

1. 전자 문서 관리란 무엇인가?
2. 문서의 종류는 어떤 것이 있는가?
3. 법정복리 후생에는 어떤 것이 있는가?
4. 법정 외 복리후생이란 무엇인가?
5. 의전이란 무엇인가?
6. 비품관리란 무엇인가?

제1절 문서 및 자료관리

1 문서관리 방법

1) 문서관리 목적

문서관리는 필요한 문서를 신속하게 이용할 수 있도록 관리하고 필요한 업무에 빠르게 활용할 수 있도록 정보제공이 가능하도록 보관 및 보존하는 데 목적이 있다.

이와 같은 문서관리는 의사전달 기능으로는 계약 체결 그리고 장표 표준과 문서 수발 승인 요청, 작업지시 등의 기능과 의사 보존 기능으로 업무사항 분류 및 증거 자료 활용과 역사적 자료 활용, 문서의 보존 기능이 있다.

2) 문서관리 기능

문서관리 기능은 정확성, 간결성, 신속성, 융통성, 논리성 있게 관리되어야 하면, 관리절차는 ① 구분 ② 분류 ③ 편철 ④ 보관 ⑤ 이관 ⑥ 폐기 절차를 따른다.

3) 보관 및 보존의 정의

보관이란 문서의 처리 완결 후부터 보존되기 전까지 관리를 말한다고 정의하고 있으며, 보존이란 보관이 끝난 문서를 소정의 보존 기간에 따라 관리하는 것을 말한다(www.kookmin.ac.kr, 2017).

2 문서의 보관

1) 문서의 편철

처리 완결된 문서는 매 안건마다 그 발생, 경과 및 완결에 관계되는 문서를 일괄하여 발생 순으로 한데 묶고 보관철에 철하여 보관한다. 보관철은 기능별, 연도별,

보존 기간별로 분류 설정하여 보관하되 보관철 내의 문서는 200매(기업에 따라 다름)를 기준으로 함을 원칙으로 한다. 완결된 1건 문서는 보관철의 보기 표시가 있는 면에 완결 일자 순으로 최근 문서가 상부에 오도록 철하고 그 반대편에 색인목록을 붙인다.

2) 특수문서의 보관

붙임물로 되는 인쇄물 또는 책자로서 보관철에 한데 묶기 곤란한 경우에는 표면에 관계 문서의 분류기호, 일자, 제목을 기재하여 별도 보관한다.

3) 기밀문서의 보관

완결된 문서 중 개별편지(친전) 및 인비 등 기밀에 속하는 문서는 따로 묶고 표면에 비밀 표시를 하여 특별한 서류함에 보관한다.

4) 문서 이관

완결된 문서의 보관철은 다음연도 개시 2개월 이내에 보존문서 인계 이관절차에 따라 총무팀에 이관하여 정리 보관하게 한다.

5) 문서의 보존

(1) 보존

① 모든 보존 철은 연도별, 기능별, 보존 기간별로 보존한다.
② 보존되는 보관철의 현황을 파악하기 위하여 보존문서기록 대장에 그 현황을 기재하여 비치하여야 한다.
③ 보존 중의 보관철은 업무 수행상 필요한 때에는 이를 대출하거나 열람하게 할 수 있다.

(2) 문서 폐기

보존 기간이 끝난 문서는 보존문서기록 대장에 붉은색 글씨로 폐기 일자를 기재한 후 폐기하여야 한다. 폐기되는 모든 문서에는 폐기 직인을 찍는다. 폐기문서는 기밀문서 또는 특별한 경우를 제외하고는 소각하지 않고 재생 활용할 수 있도록 한다.

3 전자문서 관리

1) 전자문서의 의의

전자문서 관리는 컴퓨터 프로그램과 저장장치를 이용하여 기업 내의 여러 종류의 문서들을 관리하는 것이다. 전자문서 관리 시스템은 기업과 기업 내 사용자들이 문서를 만들거나 종이 문서를 전자문서의 형태로 변환한 뒤, 저장 · 편집 · 출력 · 처리할 수 있게 해주며, 텍스트 형태뿐만 아니라 이미지, 비디오, 오디오 형태의 문서를 관리할 수 있게 해준다.

전자문서 관리 시스템은 대체로 다중 데이터베이스에 대한 통일된 시각을 제공하며, 종이 문서를 읽어 들이기 위한 스캐너, 종이로 출력하기 위한 프린터, 저장장치, 그리고 문서를 저장하고 있는 데이터베이스를 관리하기 위한 컴퓨터 서버와 서버 프로그램 등을 포함한다.

전자문서 관리는 청구서, 주문서, 사진, 전화 인터뷰, 비디오 뉴스 클립 등과 같은 많은 양의 문서들을 변환하고 저장하려는 기업에 필요하다. 전자문서 관리는 다른 응용프로그램들과 결합하거나 통합될 수 있으며, 작업 흐름 관리 접근 방식과 결합할 수도 있다. 데이터 획득을 위한 장치에는 문서 이미지 및 광학 문자 판독 장치를 포함할 수 있다.

우리나라 정부 기관 및 공무원의 행정 사무를 정한 법령(대통령령)인 사무 관리 규정은 전자문서 시스템을 문서의 기안 · 검토 · 협조 · 결재 · 등록 · 시행 · 분류 · 편철 · 보관 · 보존 · 이관 · 접수 · 배부 · 공람 · 검색 · 활용 등 문서의 모든 처리 절차가 전자적으로 처리되는 시스템으로 정의하고 있다(네이버 지식백과, 기록학용어사전, 2008. 3. 10, 역사비평사).

2) 전자결재

기존의 서면 문서 위주의 결재방식을 대체하여 기안, 결재처리, 결재 진행 관리 등을 전자문서를 통하여 관리함으로써 종이 없는 사무실을 목적으로 한다.

[6-1] 전자문서시스템 흐름도

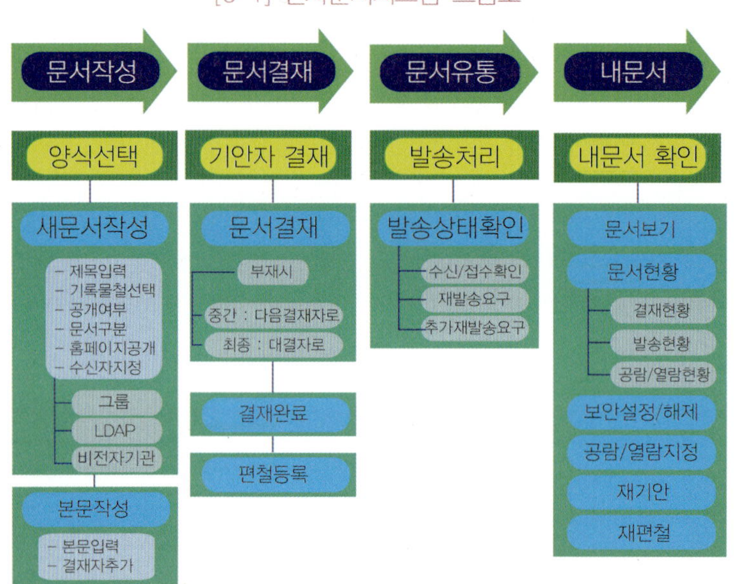

3) 문서의 분류

(1) 문서취급

전자결재 문서발송 방식 선택을 선택한다.

① 전산망 : 전자문서시스템에서 발송처리

② 우편, 인편, 팩스, 등기, 기타(개시)

- 결재 완료 후 문서를 출력하여 전산망 외로 발송처리
- 담당자의 편철등록과 동시에 발송현황은 “접수”로 나타남

③ 문서수정 : 중간결재자의 문서수정 가능 여부 체크

④ 문서편철 : 결재 완료 후 편철 가능

⑤ 긴급 여부 : 긴급한 문서의 경우 중간결재자의 결재할 목록에 아이콘 표시

⑥ 문서 구분

- 내부결재 : 외부로 발송하지 않고 내부적으로 결재 시 사용
- 대내 문서 : 같은 기관 내에서 처리과에서 처리과로 문서 유통 시 사용
- 외부용 문서 : 처리과에서 타 기관 및 타 처리과로 문서 발송 시 사용

- 민원문서 : 민원인에게 문서 발송 시 민원인 정보(주소, 민원인명, E-mail)를 입력한 후 사용
- 경유 문서 : 수신자는 1차 경유지 선택, 경유란 에는 최종경유지를 입력하여 발송

(2) 문서의 종류

일반 문서 : 기안 부서 내에서 결재가 완료되는 일반 결재 문서이다.

수신 문서 : 타 부서에서 발송 또는 배부한 문서를 수신한 결재 문서이다.

발신 문서 : 결재를 완료한 다음 타 부서로 발송한 결재 문서이다.

보고 문서 : 보고 서식으로 기안한 결재 문서이다.

감사 문서 : 타 부서에서 감사를 요청한 결재 문서이다.

[그림 6-2] 전자결재 사례

제2절 복리후생 관리

1 종업원 복리후생

생활보장과 직장 만족 더 나아가서 사용자와의 공동체적 유대감을 향상하기 위해서는 노동의 대가 이외에 인간적 대우가 필요한데 이를 통틀어서 복리후생이라고 한다.

복리후생제도는 종업원에 대한 기업의 자발적인 혜택 내지는 온정주의적 관점에서 시행되어 오던 것이 오늘날에는 제도적으로 의무화되는 경향이 커짐으로써 그에 대한 관리가 복잡 미묘한 분야가 되었다.

오늘날 복리후생에 대한 관심이 증대되고 전 세계적으로 임금 총액에서 복리후생이 차지하는 비율이 증가하고 있는 까닭은 사용자나 종업원 그리고 노동조합이 이에 대한 필요성을 점점 더 인식하기 때문이다. 그런데 각각의 입장은 서로 다르다.

1) 기업의 입장

종업원에 대한 보상을 임금 대신 복리후생으로 지출한다면 종업원의 소득세 부담이 경감되기 때문에 기업은 같은 비용으로 종업원의 욕구를 더 많이 충족시킬 수 있다.

2) 종업원의 입장

복리후생과 임금은 서로 역관계에 있음은 말할 필요도 없다. 복리후생이 증가하는 만큼 임금 상승 요인은 줄어든다. 이러한 역관계에도 불구하고 임금인상보다 복리후생을 더 선호하는 이유는 경제적으로 유리할 때도 잦기 때문이다.

3) 노동조합의 입장

임금인상에 대해서 노조가 경영진과 협상하여 일단 한번 결정되면 일정기간은 더는 요구할 수가 없지만, 복리후생에 관해서는 필요한 경우 또는 필요한 조합원들이 나타날 경우 그 쟁점을 가지고 사용자에게 요구할 수 있으므로 복리후생은 노조 간부들에게 매력적인 쟁점이 된다.

2 법정 복리후생

1) 의료보험

근로자의 질병 치료를 위한 지원 형식으로서 진료비, 입원비, 약제비, 그리고 질병으로 인해 휴직할 경우를 대비하여 질병 보조금도 지급하여 당사자와 가족의 생활 궁핍을 피하도록 한 것이다.

국민의 각종 사고와 질병으로부터 건강과 생활을 보장하기 위해 비용을 국가가 부담하고 관리하도록 마련한 제도로서 의료보험대상자는 제1종은 사업장 근로자, 제2종은 지역주민 및 직종별 단체가 해당하며, 제3종은 사립학교직원, 군인가족, 연금 수혜자를 포함하고 있다(네이버 지식백과, 2017).

2) 연금보험

근로자의 노령으로 퇴직한 후 생계유지와 또는 그의 사망에 따른 남은 유족의 생활을 위해서 매월 급여의 일부와 회사의 부담으로 연금보험을 들어 놓아야 한다.

3) 산재보험

산업재해 보상보험은 직업병이나 산업재해로 인하여 사고, 병을 만난 사원과 그 가족을 보호하기 위한 것으로 업무 수행과 관련이 있는 부분만 보상한다.

4) 고용보험

실업보험이라고도 하며, 여러 가지 이유로 실업을 당했을 때 종업원 가족의 생계를 보호하며 그가 다른 일자리를 찾는 것까지 보호해 주자는 의미가 있다.

3 법정 외 복리후생

법정 외 복리후생은 국가가 법으로 정한 복리후생 프로그램에 추가로 더 지급하는 것을 말하며 기업이 별도로 프로그램을 만들어 운영하는 것이다.

1) 자발적 복리후생

기업이 경영여건이 약화하면 자율적으로 감소하고 있다.

2) 노조와의 단체협약상의 복리후생

노조와의 동의를 구해야 하므로 어느 정도 강제성을 갖는다.(주택, 급식, 구매, 금융, 진료, 보양, 보건, 문화, 체육, 오락시설의 제공과 공제제도 등)

3) 법정 외 복리후생의 유형

(1) 자녀 및 노부모 보호 프로그램

기업이 직·간접적으로 구성원들의 어린 자녀나 노부모를 돌보아주는 프로그램이나 금전적 지원 또는 사내에 탁아 및 보건시설 등을 통합 운영하는 포괄적 지원 제공하는 방법이 있다.

(2) 유연 근무 프로그램

종업원들에게 업무시간과 공간을 융통성 있게 조정할 수 있는 프로그램을 제공하는 것이다.

- 유연시간제(Flexible Time) : 구성원들이 원하는 시간대에 업무를 수행
- 재택근무(Telecommuting) : 정보통신망을 활용하여 회사 외부의 장소 근무 가능
- 업무공유(Job Sharing) : 두 사람 이상이 하나의 업무를 교대로 수행
- 집중근무(Compressed weeks) : 하루 8시간 5일 근무 ⇒ 10시간 4일 근무
- 단축근무(Part-time for return) : 육아 등의 문제로 정상적인 근무가 어려울 때 복직을 전제로 일정 기간 파트타임 근무

(3) 개인 생활 지원 프로그램

카페테리아, ATM기, 간편 드라이클리닝 등 각종 편의 시설을 사내에 갖추거

나 재테크 정보 제공, 사회봉사 활동 지원 등 구성원들의 여가생활 전반에 대한 지원활동을 지원한다.

4) 선택적 복리후생

사전에 설계된 다양한 복지 메뉴 중 일정 금액 한도 내에서 개인 욕구에 맞추어 복지항목 및 수혜 수준을 선택할 수 있게 한 제도이다.

[그림 6-3] 카페테리아식 복지메뉴의 개념도

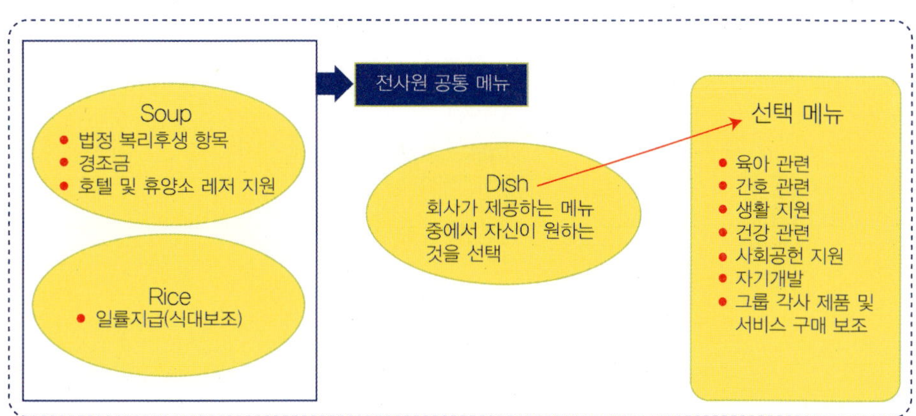

의전행사

1 의전관리

1) 의전의 의의

의전(儀典 : Etiquette as practiced on diplomatic occasion)은 사교 의례로서 사회 구성원으로서 개개인이 지켜야 할 건전한 상식에 입각한 예의범절이며, 국가의전은 국가행사 또는 외교행사, 국가원수 및 고위급 인사의 방문과 영접에서 행해지는 국제적 예의이다.

2) 의전의 특성

의전은 상식과 배려에 기초(Commonsense and consideration)로 하고 권위 있는 공식 예절로서 품위 있는 예절(Etiquette)이 필요하며, 절차와 격식 그리고 정확성이 요구된다.

3) 의전의 중요성

기업 및 나라의 국가 위상이 높아짐에 따른 국제교류 빈도가 증가하여 기업의 사업목표 및 외교목표 달성을 극대화하기 위하여 정확하고 치밀한 의전 수행은 필수이다. 이와 같은 의전은 우리의 것을 잘 알리고 호감을 느끼도록 만드는 것이 의전의 역할이며, 의전을 통한 우리나라(우리 회사)에 대한 인식은 우리의 경쟁력으로 연결한다.

4) 의전의 5R(원칙)

Respect(상호존중) : 서로의 차이를 인정함에서 시작하여 차이를 효과적으로 조율하는 것으로 종결된다.

Reciprocity(상호주의) : 내가 배려한 만큼 상대방의 배려를 기대한다.

Reflect(시대 및 공간 반영) : 로마에 가면 로마법을 따르라(While in Rome, do as the Romans do)

Rank(서열) : 참석자들 간의 서열은 의전행사의 기본이다.
Right(오른쪽) : 오른쪽이 상석이므로 손님에게 양보(단, 국기는 예외)한다.

5) 일반적 의전예우 기준

(1) 직위에 의한 서열 기준

① 직급(계급) 순위
② 헌법, 정부조직법상의 기관 순위
③ 기관장 앞 순위
④ 상급기관 앞 순위
⑤ 국가기관 앞 순위

(2) 공적 직위가 없는 인사의 서열 기준

① 전직(前職)
② 연령
③ 행사 관련성
④ 정부산하단체 및 관련 민간단체장 등

(3) 일상생활 속의 의전

① 보행 시의 순위

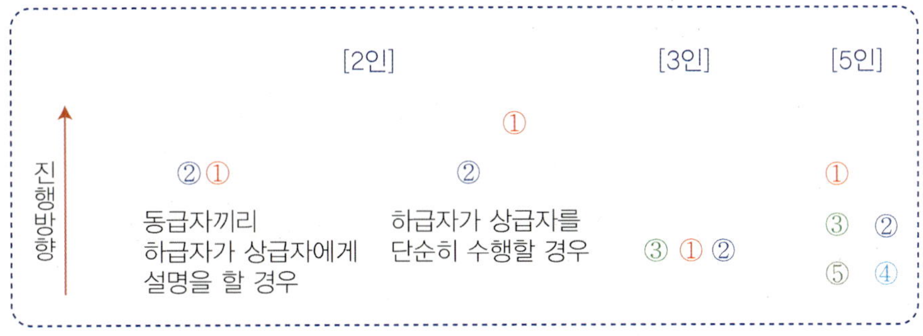

② 자동차 좌석의 순위

[운전기사가 있는 경우]

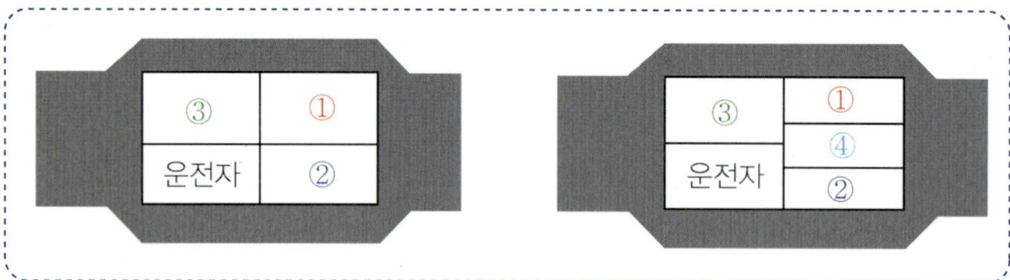

[직접 운전하는 경우]

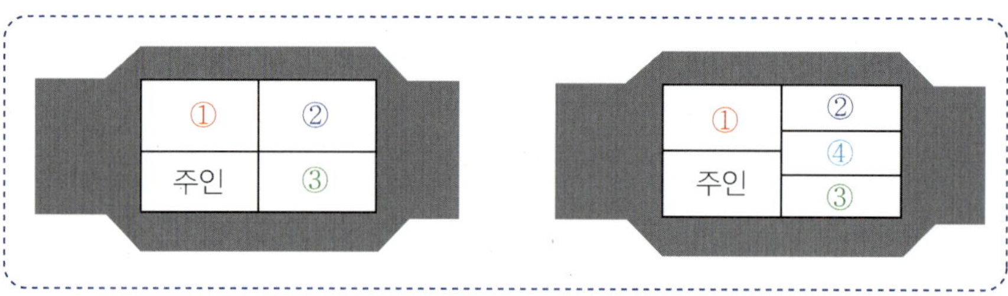

[지프차의 경우]

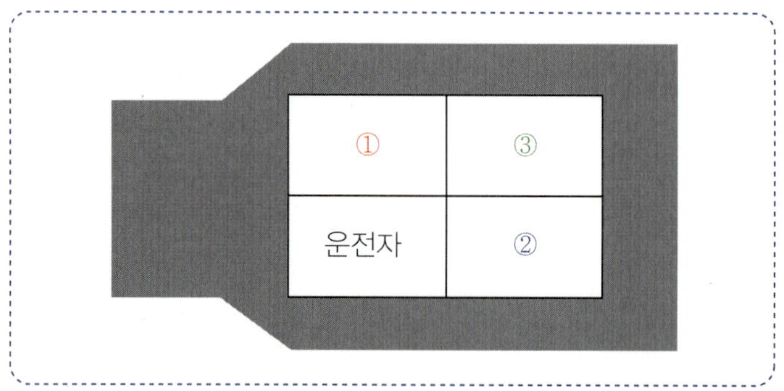

③ 승강기 사용 시의 순위

승강기 내에서의 상석은 들어가서 앞쪽(안쪽에서 우측)자리이다. 상급자가 먼저 타고 먼저 내리는 것이 원칙으로 한다.

[그림 6-4] 승강기 우선순위

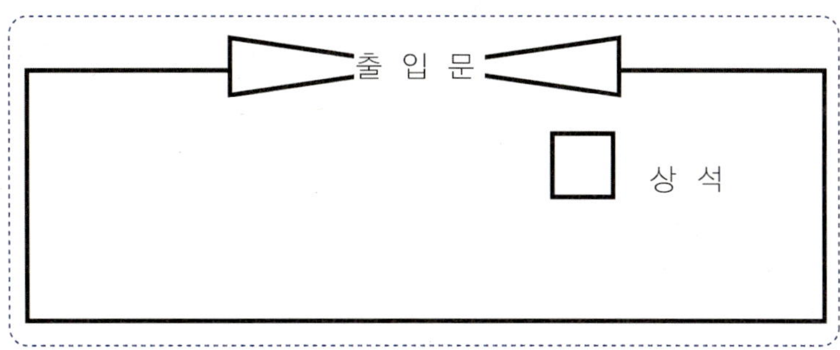

(4) 외부손님 영접 시의 좌석 순위

주인보다 하급자가 방문하는 경우 주인은 원래 자리를 지키고, 외부 손님은 우선순위에 따라 착석한다. 주인과 동급이거나 상급자가 방문하는 경우 주인 석을 비워둔 채 가장 상급자의 맞은편에 착석하는 것이 원칙이다.

① 주인보다 하급자가 방문하는 경우

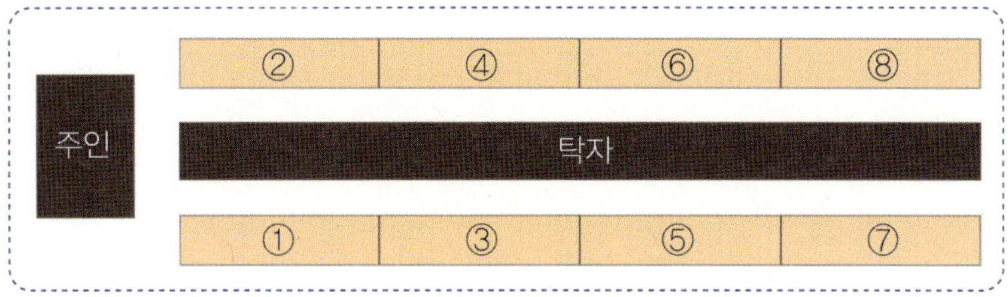

② 주인보다 동급자나 상급자가 방문하는 경우

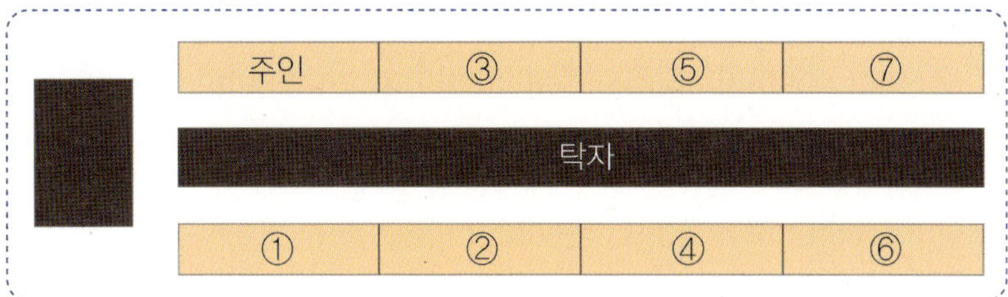

2 외빈방문 영접 절차 진행

1) 준비사항

① 세부일정 확정 및 내빈 등 주요 인사 관련 자료를 입수한다.

② 세부계획서 작성(국가의전 사례)

- 호텔 및 식당, 회의장 등 예약 확인한다.
- 공항, 역 등 도착 및 출발지점에서는 내빈보다는 한 단계 낮은 직위자가, 장관 또는 단체장 등 기관장은 집무실 내외에서 영접 또는 환송하는 것이 원칙. 단, 내빈의 지위 및 방문 목적에 따라서는 기관장이 직접 공항, 역 등에서 영접하는 경우도 있다.
- 행사 참여 운전자에게 행사 일정, 계획 등 필요한 사항은 미리 알린다.
- 방문자 개개인(수행원 포함)에게 그 지역의 지도, 행사 일정, 숙소 배치, 관련자 전화번호가 포함된 일정표를 배부한다.
- 내빈의 수행원에게도 같은 건물에 숙소를 제공해 주고, 그렇지 못할 경우 인근 지역에 숙소를 정한 후 교통편을 마련한다.
- 방문, 예방, 식사에 충분한 시간 배정한다.
- 필요하면 내빈 부인의 일정에 대해서 별도의 계획 작성한다.
- 고적답사, 현장시찰 등 야외 일정 계획 시 날씨에 유의하여 미리 우산을 준비하거나 행사 진행이 곤란할 경우를 대비한 예비일정 마련한다.

③ 행사 물품 : 국기, 차량깃발 등 각종 자료를 수집한다.

④ 차량 : 차량 점검, 운전자 교육, 차량 표시, 차량 배치(예비차량 포함) 등

⑤ 숙소 : 방 배치, 직통전화번호, 필요시 꽃·과일바구니 준비한다.

⑥ 선물 : 증정 대상 및 품목을 결정한다.

⑦ 리셉션 : 진행 절차 및 대기실, 음향, 주차장, 초청장 등

⑧ 오·만찬 : 장소 예약, 절차, 초청장 발송 및 참석자 확인, 주차장, 안내원 배치, 메뉴, 연설문, 통역, 복장, 음악, 명패, 좌석 배치 등

2) 공항영접 및 환송

① 마중 인사 결정 및 외빈 도착(출발) 일시 안내한다.

② 군악대, 꽃다발 증정 등 환영행사 준비(필요하면)한다.

③ 귀빈실, 주차장 등 공항 특별시설 이용 요청한다.

④ 출입국 수속 시 통관·편의 협조 요청(공항 출입국관리사무소 및 공항세관)한다.

3) 명패

① 명패 앞뒤를 다른 언어로 제작하여 상호 호칭 시 편리하도록 한다.

② 착석 시 보는 사람의 시선을 고려하여 명패 배치한다(행정자치부 국제협력 매뉴얼, 2014 발췌).

제4절 비품관리

1 비품의 의의

비품이란 대차대조표상의 비품 및 이에 포함되지 않는 내구성 있는 사무기기 등 집기류를 포함하며 비품분류표에 열거된 것을 말한다. 또한, 비품은 구매물품, 제작 물품(소모품 제외)으로서 내용연수 1년 이상인 것으로 분류하기도 한다. 이와 같은 물품이란 내자, 외자로 구입하는 모든 물품과 기증받은 물품으로써 기계, 기구, 도구, 용구, 표본, 모형, 액자, 유물, 집기류 등 이에 따르는 물품(자산)을 말한다.

2 비품의 구분

비품은 아래 내용에 따라 교육용 기계 기구, 사무용 기계 기구, 교육용 비품, 사무용 비품, 시설 비품 등으로 회사의 업무에 따라 구분한다.

1) 교육용 기계 기구

실험 및 실습용으로 사용하는 기기와 교육을 위하여 갖추어 두는 기기 일체이다.

2) 사무용 기계 기구

사무용 물품으로써 동력장치가 부착된 기기와 구조가 간단하며 제조나 생산을 목적으로 하지 아니하고 사용하는 기기 일체이다.

3) 교육용 비품

교육을 위하여 갖추어 두는 물품으로써 가구, 장치 기구 및 소모되지 아니하는 용품 일체이다.

4) 사무용 비품

일반사무를 위하여 갖추어 두는 물품으로써 가구, 장치 기구 및 소모되지 아니하는 용품 일체이다.

5) 시설 비품

특정시설의 관리, 유지만을 위한 기기(발전기, 배전반, 식당의 주방설비, 난·냉방기기 등)로서 고정되어 사용하는 물품 일체이다.

3 책임별 업무

1) 통제 책임자

통제 책임자란 회사의 전체적인 비품관리 업무를 총괄하는 자를 말하며 총무부장(책임자 임의 임명)이 통제 책임자가 된다. 통제 책임자는 회사 전체 비품 구매, 보존, 수리, 폐기, 손실, 분실 처리에 관한 효율적인 기준을 설정하여 운영하고 각 품목은 비품 대장에 기록하고 각종 비품의 보유 및 관리 상태를 점검한다.

통제 책임자는 구매부서로부터 검수합격통보서를 접수 즉시 자산번호를 부여하여 비품 대장에 기록한다.

2) 관리책임자

관리책임자는 부서의 비품관리를 총괄하는 자를 말하고 부서장이 관리책임자가 된다. 관리책임자는 부서의 비품 보유 및 관리 현황을 유지하고 공용 비품관리책임을 진다.

3) 사용책임

사용자란 비품을 직접 사용하고 운용하는 자를 말한다. 사용자는 사용 비품을 선량한 관리자로서 보전하여야 하며 개인 망실, 훼손시켰을 경우 과실이 없음을 증명하지 못하는 경우 변상책임을 진다.

4 비품 관리

1) 비품구매 신청

비품의 구매신청은 사용 부서의 관리책임자가 비품구매신청서를 사용하여 전결 규정에 의거 재가 후 통제 책임자에게 요청한다.

통제 책임자는 구매요청 비품의 용도, 규격, 심의 및 납품 가격을 조사 품의 승인 후 구매부서로 의뢰 구매한다.

구매 요청한 사용부서의 관리책임자는 품목 인수 즉시 품목에 대한 발주서에 수령 확인을 하며 검수업무를 실시하고 그 결과를 납품업체에 통보하고 발주서에 기록하고 도장을 찍는다.

2) 이동 및 이관

부서별 비품은 통제 책임자의 승인 없이 이동, 이관 및 대여할 수 없다. 관리책임자는 사정에 따라 비품을 부서 간에 이동 및 이관을 할 때는 사전에 비품반납신청서를 작성하여, 통제 책임자에게 제출하여 승인을 받아야 한다.

3) 손실, 분실 보고

비품을 망실, 훼손시켰을 경우 사용자는 그 사유를 12시간 내 관리책임자에게 손실 또는 분실보고서를 작성하여 보고하여야 한다. 발생부서 관리책임자는 담당물품의 관리에 관련된 자의 보고서에 의견을 기록 날인하여 2일 이내에 통제 책임자에게 보고하여야 한다.

4) 변상

고의 또는 과실로 회사물건을 훼손 또는 망실한 자는 그 손해를 변상하여야 한다.

학습 목표 요약

1. 전자 문서 관리란 무엇인가?

컴퓨터 프로그램과 저장 장치를 이용하여 기업 내의 여러 종류의 문서들을 관리하는 것으로 청구서, 주문서, 사진, 전화 인터뷰, 비디오 뉴스 클립 등과 같은 많은 양의 문서들을 변환하고 저장하려는 기업에 필요하다. 전자 문서 관리는 다른 응용 프로그램들과 결합하거나 통합할 수 있으며, 작업 흐름 관리 접근 방식과 결합될 수도 있다.

2. 문서의 종류는 어떤 것이 있는가?

일반 문서 : 기안 부서 내에서 결재가 완료되는 일반 결재 문서이다.
수신 문서 : 타 부서에서 발송 또는 배부한 문서를 수신한 결재 문서이다.
발신 문서 : 결재를 완료한 다음 타 부서로 발송한 결재 문서이다.
보고 문서 : 보고 서식으로 기안한 결재 문서이다.
감사 문서 : 타 부서에서 감사를 요청한 결재 문서이다.

3. 법정 복리 후생에는 어떤 것이 있는가?

의료보험, 연금보험, 산재보험, 고용보험

4. 법정 외 복리후생이란 무엇인가?

법정 외 복리후생은 국가가 법으로 정한 복리후생 프로그램에 추가로 더 지급하는 것을 말하며 기업이 별도로 프로그램을 만들어 운영하는 것

5. 의전이란 무엇인가?

사교 의례로서는 사회 구성원으로서 개개인이 지켜야 할 건전한 상식에 입각한 예의범절이며, 국가의전은 국가행사·외교행사, 국가원수 및 고위급 인사의 방문과 영접에서 행해지는 국제적 예의

6. 비품관리란 무엇인가?

내구성 있는 사무기기 등 집기류를 포함하며 비품분류표에 열거된 것

용어해설

▶ 유연근무 프로그램?

유연시간제(Flexible Time), 재택근무(Telecommuting), 업무공유(Job Sharing), 집중근무(Compressed weeks), 단축근무(Part-time for return)

▶ 선택적 복리후생?

사전에 설계된 다양한 복지메뉴 중 일정 금액 한도 내에서 개인 욕구에 맞추어 복지항목 및 수혜수준을 선택할 수 있게 한 제도

▶ 의전의 5R(원칙)?

Respect(상호존중), Reciprocity(상호주의), Reflect(시대 및 공간 반영), Rank(서열), Right(오른쪽)

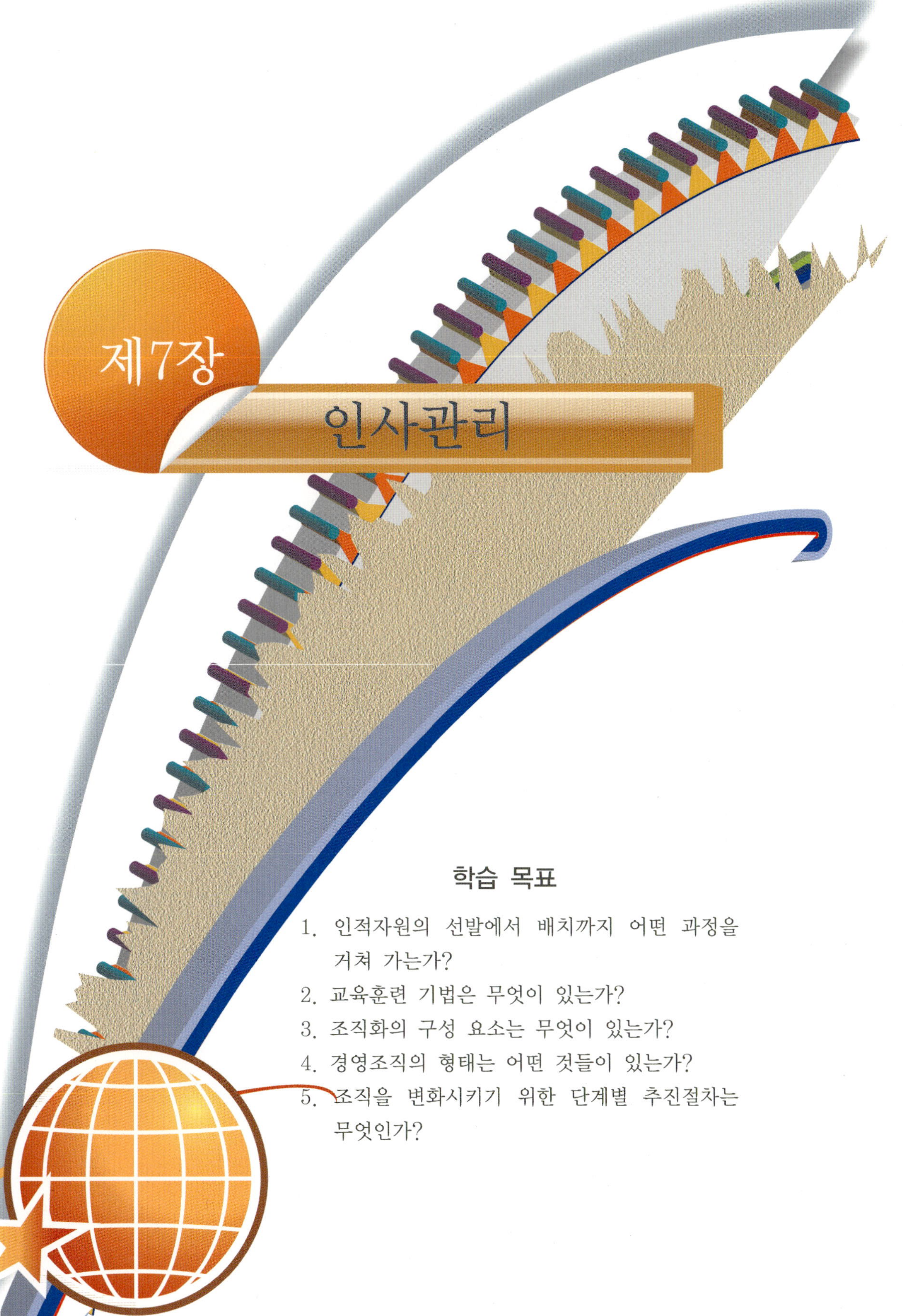

제7장

인사관리

학습 목표

1. 인적자원의 선발에서 배치까지 어떤 과정을 거쳐 가는가?
2. 교육훈련 기법은 무엇이 있는가?
3. 조직화의 구성 요소는 무엇이 있는가?
4. 경영조직의 형태는 어떤 것들이 있는가?
5. 조직을 변화시키기 위한 단계별 추진절차는 무엇인가?

인적자원 계획

1 인적자원 계획의 이해

인적자원관리는 조직에 필요한 인적자원을 확보하고 인적자원을 개발하며, 인적자원을 지속적으로 유지하는 것으로 인적자원관리는 조직의 경제적 효율성을 증대시킬 뿐만 아니라 종업원의 욕구를 충족시키며 능력을 개발하여 삶의 질을 향상하는 활동이다. 따라서 조직을 효율적으로 운영하기 위해서 인적요소가 매우 중요한 역할을 한다.

1) 인적자원 계획의 수립

인적자원 계획(Human resource planning)은 조직의 목표와 전략을 검토하고 필요인력과 그 인력에 대한 수요, 즉, 인력부족이나 인력 과잉 현상을 사전에 예측하여 대책을 마련하는 과정이다.

[그림 7-1] 인적자원 관리 체계도

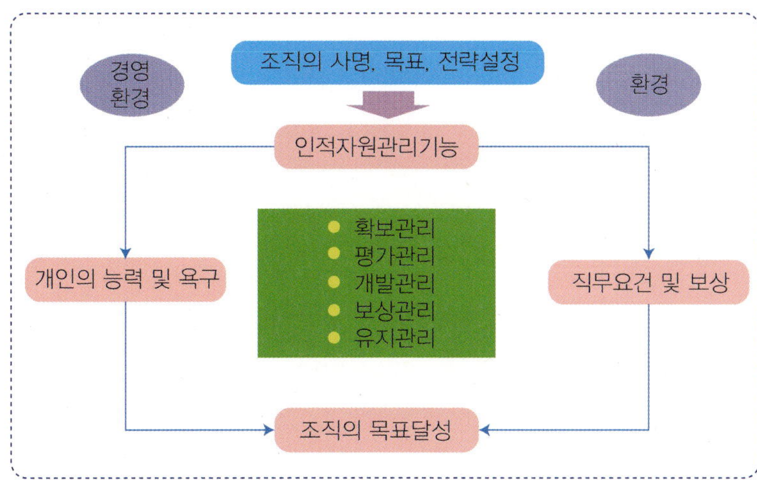

계획 수립을 하기 위해서 선행되어야 할 것은 직무분석을 하여 필요인원과 적정한 자격을 추정하여 앞으로 어떠한 자질을 지닌 사람이 얼마나 필요한지를 예측하게 한다. 이러한 경로로 미래의 채용과 해고 계획을 수립하고 또한, 조정을 할 수 있게 한다. 만일 수요가 현재 인력보다 더 필요할 때에는 적극적인 모집 전략이 필요하다. 그 후 적절한 교육·훈련을 통해 경험 있고 유능한 요원들이 지속해서 공급되도록 개발계획을 수립하여야 한다. 인적자원관리 체계도는 다음 [그림 7-1]과 같다.

2) 환경의 제약

인적자원 계획은 환경에 의해 영향을 받는다. 따라서 계획을 수립하는 데 있어서 여러 가지 요인들을 고려하여야 한다. 먼저 고려되어야 할 요인은 조직의 전략적 계획으로 조직의 목표를 위한 인적자원 수요 결정으로 실무요원으로 경험이 있는 전문경영자들을 확보해야 한다.

다음으로 외부환경의 변화이다. 즉, 시장, 자본조달의 가능성, 노동력, 그리고 조직경영이다. 때로는 불경기시 인원감축이나 이직으로 인한 자원의 변화를 가져오게 되는 경우가 있다.

그 외에도 기술적 변화는 전문요원의 수요를 유발하고, 노동조합이나 정부 규제는 고용에서 해고에 이르기까지 인적자원 계획에 영향을 줄 수 있는 환경적 변화의 변수가 된다.

3) 수요와 공급의 예측

인적자원 계획은 필요한 인력의 수와 질을 예측하는 것으로부터 출발한다. 인적자원에 대한 예측은 미래의 시장 활동 계획을 근거로 하여 결정된다. 이와 같은 예측방법은 다음과 같은 방법들이 있다(박영배 외, 2009).

(1) 인력의 수요 예측

① 전문가 예측법

전문가 예측방법은 주로 인력관리 전문가의 의견을 참고로 하여 미래에 요구되는 소요인력의 수요를 예측하는 것이다.

② 추세분석방법

추세분석방법은 인력 수요와 밀접한 관계를 맺는 특정 변수를 사용하여 미래의 인력 수요를 예측하는 방법이다. 예를 들면 인력의 수요는 기업의 매출액과 매우 밀접한 관계를 갖고 있다. 따라서 기업은 과거의 매출액과 소요인력 간의 상관관계를 기초로 하여 미래에 예상되는 매출액에 대한 인력 수요를 예측할 수 있다.

③ 부서별 예측방법

부서별 예측방법은 부서별로 미래의 인력 변동 상황을 예상한 후에 이것을 종합하여 미래에 요구되는 기업 전체의 인력 수요를 예측하는 것이다. 예를 들면 부서별로 종업원의 퇴직, 승진, 전직 등 예상되는 인력의 변동 상황을 예측한 후에 인사부서에서는 이러한 부서별 인력 변동 사항을 종합하여 미래의 요구되는 전체의 인력 수요를 예측할 수 있다.

④ 기타 예측방법

기업은 각종 수리모형을 개발하여 매출액 변동, 국민총생산, 산업추세 등 여러 가지 변수들을 동시에 인력 수요와 연결해 보다 정확한 소요 인력을 예측할 수 있다.

(2) 내부 공급예측

① 직무기술서

직무분석(Job analysis)은 성공적인 직무수행에 요구되는 기술, 지식, 능력 등을 평가한다. 이는 채용, 배치, 이동, 승진 등의 기준을 만드는 기초가 된다. 직무기술서(Job description)는 직무분석의 결과에 따라 직무수행과 관련된 과업 직무 행동을 일정한 양식에 기술한 문서이다.

〈표 7-1〉 직무기술서 사례

<table>
<tr><td colspan="2">작성자 : (서명)</td><td colspan="2">작성일자 : 년 월 일</td><td colspan="2">승인자 : (서명)</td></tr>
<tr><td colspan="6">1. 직무확인 : 직무에 대한 기본 사항을 확인하고 관련 정보를 기술할 것</td></tr>
<tr><td>직무코드</td><td>직무명</td><td>직무평가점수</td><td>임금범위</td><td>소속본부</td><td>부서명</td></tr>
<tr><td>CM002</td><td>고객관계관리 부서장</td><td>000</td><td>7,000만원</td><td>고객지원본부</td><td>고객관계부서</td></tr>
<tr><td colspan="6">2. 직무목표(개요) : 직무의 주요 기능과 활동 등 직무의 일반적 성격에 대하여 묘사할 것</td></tr>
<tr><td colspan="6">고객관계관리 및 경영상의 필요와 규정에 따라 공정하고 효율적으로 수행하여 경영에 이바지 함</td></tr>
<tr><td colspan="6">3. 권한관계 : 직무에 부여된 권한 관계를 기술할 것</td></tr>
<tr><td rowspan="3">의사결정 권한</td><td colspan="5">고객과의 관계 개선안 발의</td></tr>
<tr><td colspan="5">고객관계관리, 서비스관리, CRM 등의 운영 시행안 합의</td></tr>
<tr><td colspan="5">고객관계관리 결정권</td></tr>
<tr><td>예산관련 권한</td><td colspan="5">고객관계관리 관련 예산의 기안 및 시행</td></tr>
<tr><td colspan="6">4. 과업내용 : 직무를 구성 요소인 과업들로 나누고 상세한 묘사와 부연설명을 할 것</td></tr>
<tr><td colspan="6">5. 보고 및 감독관계 : 직무 담당자와 관계있는 사내외의 관계자의 직무를 기입할 것</td></tr>
<tr><td>보고자</td><td colspan="5">고객지원본부장</td></tr>
<tr><td>피감독자</td><td colspan="5">고객관리팀장 및 팀원</td></tr>
<tr><td>사내협력자</td><td colspan="5">생산공장, 연구소, 품질관리부서, 마케팅 부서</td></tr>
<tr><td>사외관계자</td><td colspan="5">소비자보호원, 고객만족관련 학회</td></tr>
<tr><td colspan="6">6. 기초요건 : 해당 직무의 숙련자로서 필요한 기초적인 직무 요건을 명시할 것</td></tr>
<tr><td>학력</td><td colspan="5">대졸 및 동등학력 보유자</td></tr>
<tr><td>경력</td><td colspan="5">영업이나 마케팅 부서</td></tr>
<tr><td>필요훈련/자격</td><td colspan="5">사회조사분석사 보유 우대</td></tr>
<tr><td colspan="6">7. 핵심역량 : 해당 직무를 수행하기 위해 필요한 핵심역량을 구체적으로 기술할 것</td></tr>
<tr><td colspan="6">• 문제 해결능력 • 대안제시 능력 • 고객과의 소통능력</td></tr>
</table>

[출처 : 박영배외, 2009]

② 대체도

대체도(Replacement charts)는 종업원 개인의 나이, 현직에서의 성과 수준, 승진 가능성 등의 자료들을 요약 및 집계하여 시각적으로 표시해 놓은 조직도이다. 그림에서와 같이 대체도는 각 개인의 인적자료를 일정한 부호로 나타낸 것이다.

대체도가 인력의 내부 공급을 예측하는 데 자주 활용되는 것은 인적자원의 배치 상태와 관리상태를 한눈에 확인할 수 있게 해주기 때문이다(박영배 외, 2009).

[그림 7-2] 대체도의 예시

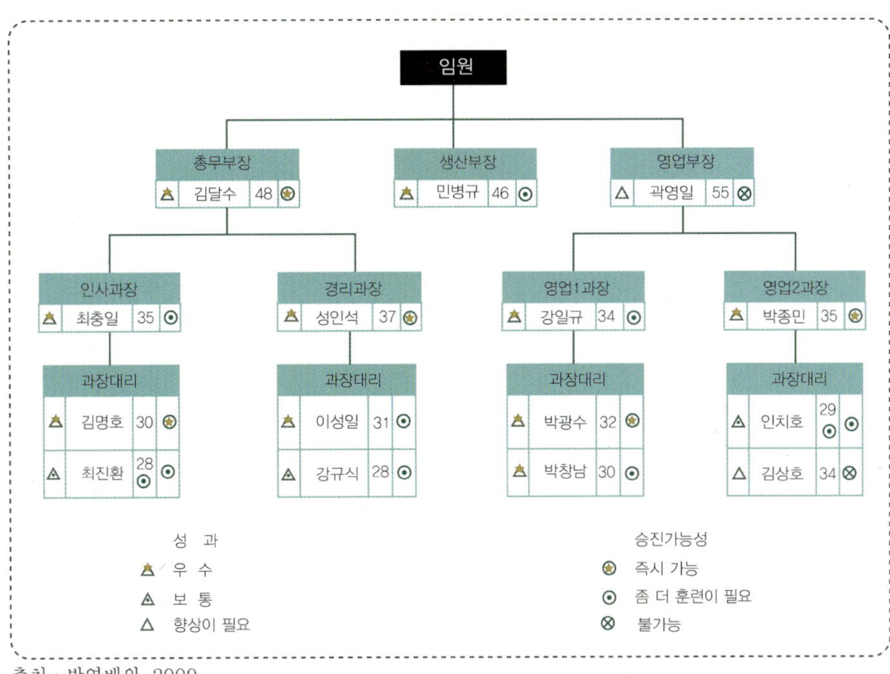

출처 : 박영배 외, 2009

2 모집과 선발

1) 모집

모집(Recruiting)은 자격을 갖춘 많은 지원자가 기업에 지원하도록 하는 활동을 뜻한다. 기업이 고용관리를 효율적으로 하기 위해서는 인적자원 계획에 따라 신규로 필요한 인력을 추산하고 소요인력을 어떻게 모집·선발할 것인지 또 어떻게 배치, 이동해야 할 것인가를 고려해야 한다.

기업에서 새로운 인적자원을 모집할 때에는 소요인력을 공급할 수 있는 다양한 공급원을 사전에 파악하고, 필요한 정보를 얻을 수 있도록 하여야 한다.

조직에서 필요한 인적자원을 모집하는 데에는 몇 가지 사항을 사전에 검토하여야 한다(박종만 외, 2003).

① 인적자원 노동시장의 상태를 알아야 한다.
노동의 수요와 공급의 균형 상태가 고려되어야 한다.

② 일반적인 경제여건을 고려해야 한다.
경기의 순환변동 상태가 현재 어떤 단계에 있는지를 검토해야 한다.

③ 조직에서 필요로 하는 기술 수준도 파악해야 한다.
시대적 변화에 대한 적응과 변화에 대처하기 위해 모집대상이 제공할 수 있는 기술 수준과 기업이 요구하는 기술 수준이 적합한지를 고려하여야 한다.

④ 기업의 이미지를 살리는 것이 중요하다.
고급인력은 조직에서 구성원들의 자아실현 욕구가 충족되고 있다는 일반적인 인식과 명성이 따른다는 것을 보여줄 수 있어야 한다.

모집은 사내 모집방법과 사외 모집방법이 있다. 사내 모집방법은 자격을 갖춘 종업원의 승진이나 전직 등을 통하여 기업 내부에서 충원하는 방법이다. 각 종업원이 보유하고 있는 기술이나 능력을 파악하여 기능목록을 작성하여 전산화함으로써 직무이동 시기가 되면 그 직무에 적합한 자격의 인력을 적시에 예측, 확보할 수 있는데 이 방법은 기능을 비교하여 적합한 인물을 찾아낸다. 이렇게 하여 기존 종업원에 대한 인사고과 기록을 보유하고 있어 해당 직위에 적합한 종업원을 배치할 가능성이 크며 종업원에게 승진의 기회를 제공함으로써 사기를 높일 수 있다.

사외 모집은 기업 내부에 요건을 갖춘 사람이 없는 경우나 새로운 기능을 가진 사람을 선발하기 위해서 외부에서 충원하는 것을 말한다. 사외 모집은 광고, 교육훈련기관, 직업소개소 등을 통하여 이루어지며, 가장 널리 활용되고 있는 방법은 매체를 통하여 광고(Advertisement)하는 것이다. 또한, 교육·훈련 기관을 이용하여 고도의 지식과 기술을 국가 및 지방자치단체에서 직업소개를 목적으로 운영하는 공공기관이나 수수료를 받고 운영하는 사설 소개소를 통하여 모집할 수도 있다. 이러한 사외모집 방법은 모집 범위가 넓으며 인력개발비용이 절감된다는 면과 새로운 경험과 능력자를 외부에서부터 고용하게 되어 조직에 새로운 정보와 지식을 제공하고 활력소가 된다는 점에서 좋다.

2) 선발

선발(Selection)이란 지원자로부터 해당 직무에서 요구되는 기술, 능력, 적성 등을 비교하여 직무명세서를 가장 잘 만족하게 할 수 있는 인원을 선정하는 것이다. 모집활동에서 조직에서 요구하는 적합한 자격요건을 갖춘 인력을 선택하는 과정이 선발 활동(Selecting)으로 회사가 요구하는 직무요건과 지원자의 요구를 결합하는 과정이라고 할 수 있다.

선발할 때 고려해야 할 평가 요건은 지원자에 대해 '할 수 있는 능력'(Can do ability), '하려는 의지'(Will do ability), 그리고 조직에서 얼마나 자신을 잘 맞추어(Fit) 나갈 것인가 하는 것이다(D. 1. Caruth, R. M. Noc Ⅲ, and R. Wayne Mondy, 1998).

선발과정은 일반적으로 모집 → 지원서 작성의 검토 → 채용면접(Employment interview) → 경력 및 신원조회(Reference checking) → 신체검사(Physical examination) → 채용의 결정(Personal judgement) → 배치 등의 과정을 거친다. 선발된 인적자원은 다양한 배경과 능력, 자격, 성향을 가지고 있다. 조직은 이러한 인적요건과 직무요건에 최적화시키기 위하여 적재적소(Right people right places)의 배치 활동을 수행한다. 선발과 배치의 근거자료로 이용되는 것은 직무명세서와 직무기술서이다. 선발 도구로는 지원서, 면접, 시험 그리고 추천 등이 있다.

(1) 지원서

지원서는 지원자의 성장배경이나 학력 그리고 여러 가지 자격요건에 관한 내용을 포함하고 있다. 이런 자료들은 경영자가 지원자 중 채용 가능성이 있는 지원자 집단을 추려내는 데 주로 사용되고 있다.

(2) 면접

면접을 통하여 지원서에 나타나지 않은 지원자의 동기, 성격, 용모, 전공지식 등과 같은 자료를 얻을 수 있다. 면접은 정형적 · 비정형적 면접 또는 구조적 · 비구조적 면접, 개인면접과 집단면접, 스트레스(Stress) 면접 등이 있다(박영배 외, 2008).

(3) 시험

시험은 채용에서 가장 보편적인 선발 도구로 사용되고 있다. 조직에 따라 전공능력, 영어능력, 상식 등을 평가받게 한다. 그 외 지적능력을 평가하기 위한 지능검사, 기능이나 잠재능력을 평가하기 위한 적성검사, 개인의 동기·욕망·자신감 그리고 활동성 등을 알아내기 위한 성격검사나 관심사를 알아보는 흥미 검사들을 사용하고 있다.

(4) 추천

지원자에 대해 더욱 잘 알 수 있는 사람의 추천을 요구하며 추천 역시 중요한 선발 도구로 사용된다.

3 능력개발을 위한 훈련

1) 교육훈련

교육훈련이란 신규 채용된 종업원이 직무와 관련하여 여러 가지 기술을 익히거나 향상할 수 있는 것으로 자기의 자격과 능력을 주어진 환경에 적응시켜 맡은 직무를 효과적으로 수행할 수 있도록 하고, 기존 종업원들은 새로운 기술과 능력을 증진해 변화하는 환경에 능동적으로 대처하도록 잠재능력(Potential ability)을 개발하기 위한 학습 행위이다. 이러한 것들은 교육을 통한 조직 협력을 꾀하여 인사관리를 효율적으로 운영하고, 종업원 측에서는 교육훈련이 자기 개개인의 개발 욕구를 확대시킬 수 있는 동기유발도 지닌다. 교육훈련의 목적은 다음과 같다(조희영, 1996).

① 인재육성을 통한 기술 축적을 꾀한다.
② 의사소통의 원활화를 통한 조직 협력을 도모한다.
③ 자기발전의 욕구 충족을 통한 동기를 유발한다.
④ 종업원의 욕구불만을 해소하고 결근, 이직을 방지한다.
⑤ 새로운 교육을 통해 급변하는 환경에 적응할 수 있도록 한다.

2) 교육훈련의 기법

훈련은 크게 직무수행 중에 이루어지는 것(On-the job training)과 직무수행 시간 이외에 이루어지는 것(Off-the-job training)으로 나누어진다(서성무 외, 1995).

직무수행 중에 이루어지는 훈련은 직무 순환(Job rotation), 코칭(Coaching) 그리고 수습제도(Apprenticeship)가 있다. 직무 순환은 계획적으로 일정한 직무를 차례로 담당하게 하는 직무를 통한 훈련방법이다. 코칭은 보다 숙련된 상급자나 동료가 기술적인 조언을 해줌으로써 종업원들의 기능 수준 향상을 증진한다. 수습제도는 종업원이 숙련된 다른 종업원을 돕게 함으로써 필요한 기능을 습득하게 하는 훈련방법이다.

직무수행 시간 이외에 이루어지는 훈련은 강의식 방법, 시청각 방법, 회의식 방법, 사례연구 그리고 역할연기가 있다.

(1) 강의식 방법(Lecture method)

가장 오래전부터 사용됐으며 다수의 종업원을 단기간에 교육하려는 경우에 효과적이며, 시간 계획과 통제가 쉽고 많은 사람을 동시에 교육할 수 있다는 장점이 있다.

(2) 시청각 방법(Audio-visual method)

강의식 교육에 교재를 사용함으로써 이것을 보조하는 역할을 하는 방식이다. 영화, 환등, TV, 사진, 도표 등을 통한 설명으로 이해가 빠르고 능률적이며 이상적이나 적절한 교재나 경비와 시설이 따르는 곤란성이 있다.

(3) 회의식 방법(Conference method)

상호 의견을 교환하며 자신이 지닌 지식과 의견을 교환하면서 그에 따른 문제점 발견과 개선방안 강구를 통해 지식 습득을 이루는 방법이다.

(4) 사례연구(Case study method)

실무과정에서 발생하는 사례를 분석하는 것으로 일상 업무에서 야기되는 실제 문제를 중심으로 토의자료로 발표한다. 어떤 문제에 직면하게 되었을 경우 문제점을 구체적으로 처리하는 능력을 배양함으로써 경영에 창조력·판단력·분석력 및 통찰력을 발휘할 기회를 제공하게 되는 교육방법이다.

기타 역할연기는 주어진 상황에서 어떤 인물의 역할을 실제로 연기하게 함으로써 인간관계 기술의 향상이나 행동의 변화를 유도하는 훈련이다.

훈련이 효과적이기 위해서는 훈련에서 배운 것이 실제 직무수행에 사용될 수 있어야 한다.

(5) 순환근무(Job rotation)

일정 기간 내 여러 직무를 경험하도록 훈련하는 방법으로 신입사원의 경우 판매, 고객 서비스, 인사, 기획 등 1년 동안 순회 업무를 경험토록 하기도 한다.

(6) 수습(Apprenticeship)

OJT와 교육장 교육을 혼합한 형태의 직무교육으로 수습 기간의 근무 성적 등을 고려하여 정식 채용 여부를 결정하는 것을 말한다. 즉, 수습 기간에 근무 성적 등이 매우 낮으면 근로계약을 해지할 수 있다.

(7) 멘토링(Mentoring)

선임 관리자나 선배들이 직무 및 경력 관련 정보를 제공하면서 후견인 역할을 하는 것으로 학습효과가 좋고 그 자리를 인수할 수 있는 장점이 있다.

3) 능력개발

능력개발(Ability development)이란 지식이나 기술을 습득시키고 능력을 갖추게 하려고 교육(Education) 또는 훈련(Training)을 시키는 것이다. 여기서 교육은 직무와 관련된 기능이나 능력을 습득하고 향상하도록 하는 것이다.

능력개발을 통하여 회사는 생산성 향상과 사기 증진을 시키게 되며, 원가절감이나 환경변화에 대한 적응력을 높일 수 있다. 능력개발계획은 각 직무별로 적합한 인재를 양성하고, 개인의 적성과 부합되는 기능이나 기술을 습득시키며 변화하는 환경에 적응력을 높이는 동시에 동기부여와 자기계발의 기회를 얻도록 성립되어야 한다(R.S. Schuler, 1987).

(1) 직장 내 훈련(OJT : On the job training)

상사의 지도에 따라 업무를 습득하는 방법으로 직무 순환이 대표적 사례이다.

(2) 직장 외 훈련(Off JT : Off the job training)

외부교육 기관을 통하여 교육에 참여하거나 인터넷 강의를 통하여 훈련하는 방식이다.

(3) 계층별 교육

신입사원부터 최고경영자까지 직급 및 직책에 필요한 역할 수행을 효과적으로 할 수 있도록 교육하는 방법으로 특히 직급별 승진자 과정별 교육 프로그램이 있다.

4  경력관리 및 이직관리

1) 승진

승진(Promotion)은 현재의 위치보다 더 무거운 책임과 권한 그리고 급여를 받는 위치로 올라가는 것을 의미한다. 승진에는 권한과 책임의 증대뿐만 아니라 위신의 증대, 급여나 임금의 증가 등이 뒤따르는 것이 보통이다. 따라서 승진은 종업원에게 동기를 부여하여 근로의욕을 증진하고, 종업원의 잠재능력을 발휘하는 기회를 제공하는 중요한 수단이 된다.

2) 이동(전보 : Transfer)

이동(전보)은 조직 내의 현재 직위와 비슷한 수준으로 업무를 전환하는 것을 의미한다. 이동은 개인의 성장, 업무 흥미, 근무 장소 등 직원이 필요한 곳, 목표를 효과적으로 달성할 수 있는 업무로 전환하거나 승진을 위하여 다양한 업무 경험을 위하여 전환 배치하는 방법이 있다.

3) 이직

이직(Separation)은 정리해고, 파면, 사임, 은퇴 등으로 회사를 떠나거나 다른 회사로 이전하는 것을 의미한다.

피고스와 마이어즈(Pigors & Myers)에 의하면 이직의 원인은 다음과 같다.

① 더 나은 다른 직무를 찾아서
② 통근 조건, 작업조건, 교대근무의 어려움 때문
③ 다른 사원이나 동료들 때문
④ 성취감을 얻지 못해서
⑤ 집안 사정, 결혼, 임신, 일신상 문제 등

경영자는 이직하려는 사유를 연구 검토하여 이직 원인을 알아내고 인사정책의 개선점을 찾아 개선하려는 데 중점을 두는 것이 필요하다.

(1) 정리해고

경영악화로 일시적으로 종업원을 내 보내는 것을 말한다.

(2) 파면

파면은 영구적으로 회사를 떠나는 것으로 성과 달성 실패, 근무규정 위반, 인원감축, 불성실, 절도행위, 성폭력, 불복종 등의 사유가 있다.

(3) 사임

직원이 자발적으로 회사를 떠나는 것을 의미한다.

(4) 은퇴

근무 연령 상한선을 두고 근무 연령 상한이 되면 경력을 마감하는 것을 의미한다.

제2절 경영조직 구성

1 조직구성

1) 경영 조직의 개념

인간은 혼자서 모든 일을 할 수 없고 목표를 효과적으로 달성하기 위해서는 우선 그에 필요한 활동과 업무를 결정하고 그것을 구성원들에게 분담하도록 하는 체계적인 조직이 갖추어져야만 한다. 우리는 각자가 달성하고 싶은 목표가 있으나 개인의 능력에는 한계가 있으므로 이것이 조직을 형성하게 되는 근본적인 이유와 필요성이 된다.

[그림 7-3] 협동시스템의 성립과정

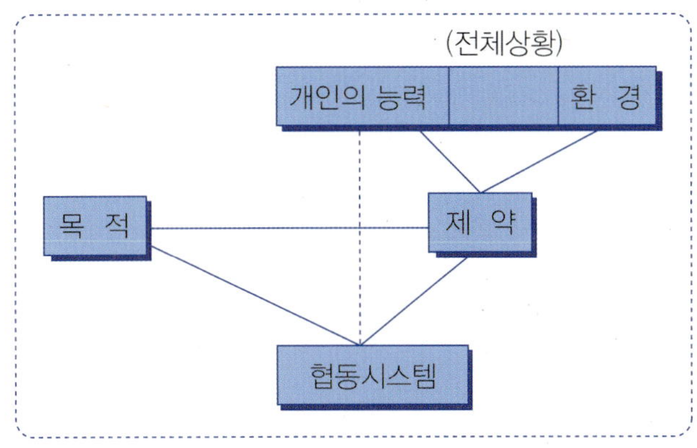

버나드(C. I. Barnard)에 의하면 개인의 행동은 일정한 목적을 달성하고자 하는 의사를 하고 있으나 그 목적 앞에는 제약이 존재한다고 한다. 그 제약에는 개인의 생리적 능력과 환경적 제약이 있으며 이러한 제약을 극복하기 위한 수단으로써 형성되는 것이 [그림 7-3]과 같은 협동 시스템이다. 여기서 제약을 극복하기 위한 수단으로 형성되는 시스템이 곧 조직이라고 하였다. 이러한 입장에서 조직이란 "어떠한 목적을 달성하기 위하여 의식적으로 조정된 두 사람 혹은 그 이상의 인간 활동 및 체계"라고 주장하고 있다.

2) 조직화의 의의

조직화(Organizing)란 요약하면, 조직의 목표를 최상의 방법으로 실현할 수 있도록 인적자원과 물적 자원을 결합하는 과정 즉, 공동의 목적 달성을 위해 필요한 제 활동들이 유기적인 관계가 이루어질 수 있도록 관리 가능한 단위별로 과업을 분담하게 하려고 배분·조정하는 과정이다. 이는 직무의 내용을 명확하게 함과 함께 직무수행에 관한 권한과 책임을 명확히 하며, 책임과 권한을 위양 받아 상호관계 설정 과정이라 할 수 있다. 조직화의 결과로 체계적인 역할 시스템이 설계되고 조직구조가 형성된다.

3) 조직화의 구성 요소

조직화는 직무내용을 명확히 하고 직무수행에 관한 권한과 책임의 규명 및 이들 상호 간의 관계를 분명히 하는 것이다. 조직화의 주요 구성 요소를 분석하면 직무, 권한, 책임이 기본 요소가 되고 이 기본 요소가 조직 구성원인 개인에게 구체적으로 할당 배분됨으로써 형성되는 직위와 상호관계의 설정을 살펴보면 다음과 같다.

(1) 직무

직무(Job)는 직능(Function)이라고 한다. 이는 조직의 구성원들에게 각각 분할된 업무의 기술적 단위 또는 총체(집합)를 말한다. 직무는 각 개인이 차지하는 직위가 기업의 목적 달성에 공헌하기 위하여 책임을 지는 일정한 종류와 범위로 직무수행에는 필연적으로 권한과 책임이 수반된다.

(2) 권한

권한(Authority)이란 일정한 직무를 자기 스스로 행하거나 또는 타인으로 하여금 수행하도록 하는데 필요한 공식적인 힘 또는 권리를 말한다. 권한은 직무를 수행하기 위한 것으로

첫째, 조직의 직위로부터 부여된다.

둘째, 하위자에게 수용될 때 그 권한의 효력이 발생하는 것이다. 하위자는 직위에서 비롯되는 합법적인 권리에 따르게 된다.

셋째, 권한은 수직적 계층구조를 따라 하향적 특성을 갖는다.

권한의 원천에 대해서는 상위자로부터 하위자에게 위양된 것이라는 권한위양설(Delegation theory), 하위자가 수용함으로써 비로소 성립될 수 있다고 보는 권한수용설(Acceptance theory) 그리고 권한은 직무에 의하여 규정되고 발생한다는 직능설(Function theory)등이 있다.

(3) 책임

책임(Responsibility)이란 일정한 직무와 권한을 일정한 기준에 따라 수행해야 할 의무(Obligation)를 말한다. 이 경우에 의무는 조직목표를 달성할 수 있도록 구체적으로 주어진 권한 아래에서 직무를 수행하여야 할 의무를 말한다.

직무는 적절한 권한 위양과 함께 하위자에게 위양될 수 있지만, 책임은 위양될 수 없다. 따라서 조직의 목적은 각 개인의 책임체제를 확립하는 데 있기 때문에 책임 표준을 될 수 있는 한 구체적으로 명확하게 할 필요가 있다. 상위자가 본인의 직무를 하위자에게 위양 했다고 할지라도 결코 상위자의 책임 그 자체는 감소하는 것이 아니며 오히려 권한을 위양한 상위자는 하위자가 그 업무를 잘할 수 있도록 지원하고 때로는 감독의 책임이 뒤따른다.

(4) 직위

직위(Position)는 조직상의 지위로서 수행해야 할 일정한 직무가 할당되고, 그 직무를 수행하는 데 필요한 권한 및 책임이 구체적으로 규정되어 조직의 각 구성원에게 부여된 조직의 기본 단위를 말하다.

따라서 직위는 기업의 목적 달성에 필요한 기업의 한 기관으로서 각 구성원을 조직과 관련시킬 때 발생하는 개념이다. 그 직위는 직무, 권한, 책임을 조직상의 각 구성원과 관련시킬 때 발생한다. 직위는 관리 직위와 생산 직위로 크게 구분된다.

(5) 상호관계의 설정

조직이 합리적으로 편성되기 위해서는 각 직위 상호 간에 발생되는 직무의 범위, 책임의 중복 및 모순관계를 방지하여야 할 뿐만 아니라 직위 상호 간의 제관계를 합리적으로 설정할 필요가 있다.

각 직무가 다른 직위에 갖는 관계의 유형에는 라인 관계, 스텝 관계, 직능적 권한 관계 등이 있다. 라인(Line) 관계는 상사와 부하 간의 관계와 같이 직접적인 결정과 명령을 내릴 수 있는 상하관계이고 스텝(Staff) 관계는 직접적인 결정과 명령 대신에 조언 및 조력을 할 수 있는 관계이다. 또한, 직능적 권한(Functional authority) 관계는 특정 부문의 전문적 직능과 관련하여 다른 직위의 사람들에게 주어진 범위 내에서 명령 및 통제하는 관계를 말한다.

조직의 구성 요소에서 가장 중심적인 것은 직무이다. 직무는 일과 사람이 결합하여 조직을 형성한다. 직무는 책임과 권한의 출발점이 되고 있으며, 책임은 의무를 수반한다. 이러한 상호관계를 입체적으로 보면 [그림 7-4]와 같다.

[그림 7-4] 직무의 내용

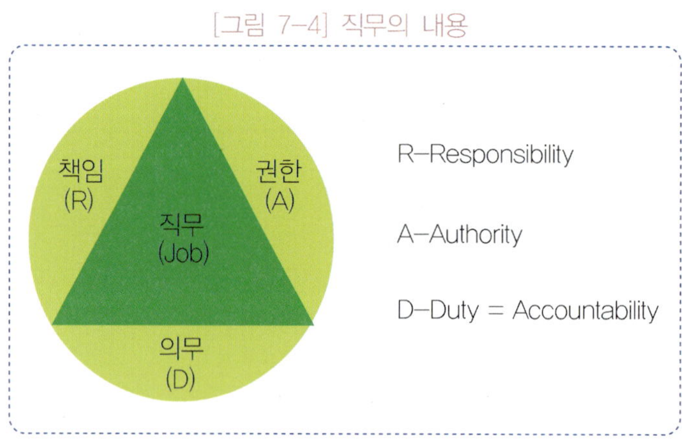

2 조직화 과정

1) 조직화의 중요성

기업 조직의 형성은 기업경영의 필수적인 요건이다. 경영자는 어떠한 규모나 유형의 조직에서도 효과적인 조직화를 통하여 경영성과를 높여야 한다. 조직화를 잘하면 다음과 같은 효과를 얻을 수 있다(Howard M. Sarlisle, 1982).

① 업무의 흐름을 명확히 한다.
② 개인별 직무에 대한 지침을 제공한다.
③ 각 직무를 성공적으로 수행하기 위한 행동체계를 마련하여 계획 수립과 통제

에 도움이 된다.

④ 의사소통과 의사결정을 위한 경로를 수립한다.

⑤ 직무의 중복과 과업에 대한 갈등을 제거해준다.

⑥ 각 구성원의 활동을 조직목표에 연결해서 직무수행 성과를 증대시킨다.

2) 조직화의 원칙

조직 구성원들이 맡은 직무를 능률적으로 협동하여 수행함으로써 기업의 목표를 효과적으로 달성하기 위해서는 일정한 원칙에 의해 조직화를 수행하여야 한다. 이를 조직화의 원칙이라 하며 이는 조직의 편성과 조직의 발전에 있어 지켜져야 할 원리이다.

(1) 전문화의 원칙(Principle of specialization)

조직 구성원에게 가능한 한 특정 업무를 전문적으로 수행하도록 일을 분담시켜야 한다는 원칙이다. 대규모기업에서는 각종 업무활동이 다양하게 나타나므로 활동영역을 분담해서 관리하는 것이 더욱 능률적이며 합리적일 경우가 많다.

전문화의 원칙은 일반적으로 전문화에 의해 경영활동을 세분하여 부문별로 편성해야 하며 이를 '부문화의 원칙'이라고 한다.

(2) 권한과 책임의 원칙(Principle of authority and responsibility)

조직에서 각 구성원의 직무 분담에 관한 책임과 권한의 상호관계를 명확히 하여야 한다는 원칙이다. 이는 조직 구성원들에게 직위에 따른 직무가 할당되면 그 직무를 수행할 수 있는 권한을 줘야 하고 권한 행사의 결과에 대한 책임도 함께 수반되어야 한다는 것이다.

(3) 권한위양의 원칙(Principle of delegation of authority)

권한을 가지고 있는 상위자가 하위자에게 직무를 수행하도록 직무수행에 관한 일정한 권한까지 위양하는 것을 말한다. 그 직무를 잘 수행할 수 있도록 직무에 수반되는 권한도 위양함으로써 수행과정에서 창의성과 혁신성 및 의욕적인 능률성을 기대할 수 있게 한다.

(4) 명령일원화의 원칙(Principle of unity of command)

각 구성원에게 분담된 업무가 조직의 공동목표에 부합되고 또한 조직 질서를 유지하기 위하여, 한 사람의 특정된 직속 상위자에 한해서 명령을 받아야 한다는 원칙이다. 만약 명령계통이 일원화되지 못하면 명령에 혼선이 생기어 조직의 질서가 혼란하게 되고 구성원들의 책임이 모호해지게 되어 조직 능률이 저하되기 마련이다. 명령계통의 단일화를 통해서 능률과 목표의 통일성을 확보하는 것이 중요하다.

(5) 감독범위 적정화의 원칙(Principle of span of control)

한 사람의 상위자가 지휘나 감독할 수 있는 하위자의 수에는 한계가 있음을 나타내는 원칙이다. 능률적인 감독을 하기 위해서 부하의 수를 제한해야 한다.

적정한 감독의 범위에 대해서는 일정한 기준이 있는 것은 아니지만, 이는 개인의 능력 차이, 직무 내용, 하위자의 능력, 의사소통의 난이도 등 조직의 여건에 따라 결정돼야 한다.

(6) 기능화의 원칙(Principle of functionalistic)

기능화의 원칙은 '사람 중심'이 아니라 '일 중심'의 사고방식으로 직무특성에 따라 적합한 담당자가 배치되어 업무를 수행하면 그 조직은 효과적일 수 있다는 원칙이다. 따라서 직무에 적절한 종업원의 선발 배치가 중요하다.

(7) 탄력성의 원칙(Principle of dynamics)

탄력성의 원칙은 변화하는 환경조건에 적응할 수 있도록 필요에 따라서는 과감하게 조직을 개편하지 않으면 안 된다는 원칙이다.

시대적 조류와 조직적이고 발전적인 기업환경에 따라 고정적인 전통 관념을 고집하지 말고 탄력적인 적응성을 갖고 조직을 관리하는 것이 바람직하며, 경영환경에 적응할 수 없는 보수적인 조직이라도 과감하게 개편할 필요성이 있다. 이러한 면에는 새로운 패턴에 적응과 관리적 효과를 기대하려는 동태적 적응성을 나타내는 것이 좋은 방법이 된다.

(8) 조정의 원칙(Principle of coordination)

목표 달성을 위해 수행되는 과업을 목표 지향적으로 행동상 및 관리상의 질서와 통일성을 확보하기 위한 관리적 활동이 필요하다.

목표를 원활하게 달성시킬 수 있도록 집단의 노력을 통합·조정하여 균형적인 조화를 이루어야 한다. 또한, 부문 간의 다른 목표로 인하여 발생할 수 있는 마찰을 최소화하고 협동적인 인간관계를 통해 조직운영에 효율성을 높이기 위해서 조정이 불가피한 경우들이 있다.

(9) 예외의 원칙(Principle of exception)

예외의 원칙은 일상 반복적으로 발생하는 정형적·일상적 업무의 처리나 이에 대한 의사결정을 되도록 하위자(부하)에게 위양하고 경영자나 전반 관리자 자신은 전략적 의미를 지니는 예외적 또는 우발적 상황을 처리하게 될 때 오히려 능률적인 성과가 기대된다는 내용의 원칙이다.

3 조직의 분화

기업의 조직화 과정은 업무활동을 분화하는 것으로부터 시작되며, 이러한 분화 과정에는 수평적 분화과정과 수직적 분화과정으로 나누어진다. 수평적 분화는 수행될 업무의 종류에 의한 분화이며, 수직적 분화는 업무의 계층에 의한 분화이다. 업무의 종류와 계층의 두 측면에서 분화되고 있는 현황은 [그림 7-5]에서 알 수 있다.

[그림 7-5] 조직의 수평적 수직적 분화

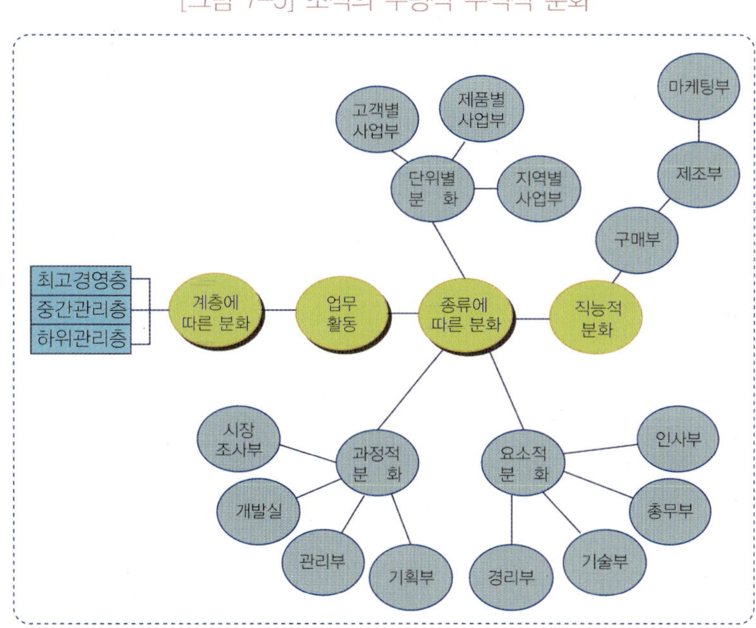

1) 수평적 분화

수평적 분화란 모든 조직이 같은 것은 아니나 수행될 업무의 종류에 의해 구분하는 것이다.

(1) 직능적 분화

업무가 수행되는 순환과정 상에서 수행해야 하는 기본적인 직능에 따라 구분하는 것이다. 즉, 기업 목적을 달성하기 위해서 구매→제조→판매라고 하는 기본적인 활동이 순환적으로 수행되어야 하는데 이와 같은 순환 과정에 따라 분화하는 것을 말한다. 직능적 분화는 경영활동 그 자체를 대상으로 하여 순환과정의 단계에 따라 분화한 것이므로 경영활동의 관리적 통일성은 보전된다. 직능적 분화는 단일 품종 제품을 생산하는 기업에서 채택되는 분화라고 할 수 있다.

(2) 요소적 분화

업무를 수행하는 데 필요한 구성 요소에 의하여 업무 분화를 하는 형태이다. 즉, 기업의 경영활동은 사람, 자금, 물자 및 기술 등을 결합하여 형성되며 이들을 업무의 구성 요소라고 한다.

업무의 구성 요소를 기준으로 하여 분화하는 것을 이차적 분화 또는 요소적 분화라고 하고, 이러한 분화 때문에 인사부, 경리부, 총무부, 기술부들이 형성된다.

(3) 과정적 분화

관리과정에 따른 조직업무 분화로서 직능적 및 요소적 분화에 의한 직무 및 부문에서 공통으로 작용하는 기능으로서 관리 직능이 존재한다. 관리 직능은 계획, 조직, 지휘, 조정, 통제 등의 관리과정으로서 이런 관리과정에 따라 분화되는 업무 분화 즉, 기획부, 조직부, 통제부 등이 과정적 분화이다.

(4) 단위적 분화

업무의 통일성을 그대로 보전한 채 분화하는 형태이다. 경영활동의 기본이 되는 구매, 제조, 판매 등과 같은 활동을 포함하여 지역별, 제품별, 그리고 고객별로 업무를 분화하는 것을 말한다.

2) 수직적 분화

수직적 분화는 관리 기능과 작업 기능으로 양분되며 관리 기능은 계층화의 원리와 감독 한계의 원리에 의해 최고 관리 직능의 분화, 중간관리 직능의 분화 및 현장관리 직능의 분화로 나누어진다.

(1) 최고 관리 직능의 분화

최고 관리 직능의 분화는 기업 전체의 관점에서 기업 활동의 전반적 목표를 설정하고, 그에 따라 기본방침 및 종합적인 계획을 수립하고, 수행 결과를 통제하는 최고 관리 기능의 분화를 말한다.

(2) 부문 관리직능의 분화

최고 관리 직능에 의해 수립된 기본방침 및 종합계획에 따라 해당 부문에 대한 집행 방침을 결정하고 집행계획을 수립하고, 필요한 부문 조직을 편성하고, 실행결과의 통제 직능을 수행하는 부문 관리 직능의 분화이다. 여기에는 부장, 과장 등의 중간관리층이 포함된다.

(3) 현장관리 직능의 분화

중간관리층에 의해 수립된 부문 방침에 따라 실제 작업현장에서 적용되는 계획, 조직, 지휘, 통제활동을 하는 현장관리 직능의 분화 형태이다. 여기에는 반장, 직장 등의 하위 관리층을 포함한다.

4 경영조직의 형태

1) 라인 조직(Line organization)

라인 조직이란 조직의 최고경영층에서부터 최하위 계층까지 단일 명령 권한의 라인으로 연결된 조직형태를 말한다. 라인 조직은 조직의 연결이 상하 라인으로만 연결되고 수평적으로는 주종관계가 수반되지 않는 관리조직 형태로 라인 경영자의 명령계통만 받는 조직형태이다.

하위자는 상위자의 권한 위양이나 명령 없이는 활동할 수 없는 단순하고 편성하기 쉬운 조직형태이다. 이와 같은 조직은 중소기업이나 서비스 기업형태에서 많이 이용되며 이를 수직적 조직 또는 군대식 조직이라고도 한다. 라인 조직을 그림으로 나타내면 [그림 7-6]과 같다.

[그림 7-6] 라인 조직

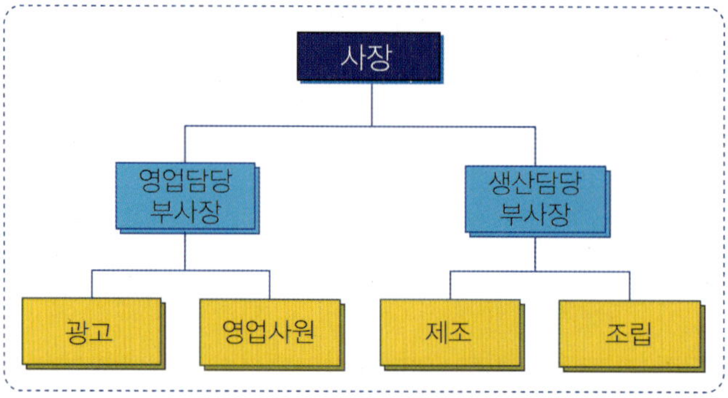

사장
영업담당 부사장
생산담당 부사장
광고
영업사원
제조
조립

(1) 라인조직의 장점

① 조직이 간단하며 경영자와 종업원 간의 관계를 이해하기 쉽다.
② 책임과 권한의 한계를 명확히 규정한다.
③ 명령 일원화의 원칙에 따라 통솔력이 강해 경영 전체의 질서를 확립할 수 있다.
④ 의사결정과 집행에 신속을 기할 수 있다.
⑤ 명령이 한 사람의 상위자에게서 나오게 되므로 통솔력이 강하다.
⑥ 하위자들의 훈련 및 직무평가를 효과적으로 할 수 있다.

(2) 라인조직의 단점

① 경영 관리자들이 독단적으로 운영할 수 있다.
② 관리자는 전반에 걸쳐 관리 능력을 갖춘 관리자라야만 한다. 따라서 전문화가 모자란다.
③ 중간관리자나 일선 감독자들이 의욕과 창의성을 발휘하기 어렵다.
④ 전문화의 심화로 각 방면의 기술과 많은 경험이 있는 일선 감독자를 양성하기 어렵다.
⑤ 각 부문 간에 독립성이 강해 유기적인 조정이 곤란하다.
⑥ 하위관리자의 의욕상실과 창의력이 모자라는 폐단이 있다.

2) 기능식 조직(Function organization)

기능식 조직 혹은 직능식 조직은 라인 조직이 갖는 단점을 보완하기 위하여 테일러(F. W. Taylor)가 창안한 조직형태로서 이는 라인 조직이 수직적 분화를 중시한 데 반하여, 기능식 조직은 수평적 분화 관계에 중점을 두고 지휘, 감독하는 조직형태로 그림으로 나타내면 [그림 7-7]과 같다.

기능식 조직은 한 사람이 만능적 직장이 아니라 여러 사람의 직능적 직장이 자기의 주된 분야에서 여러 작업자를 다룸으로써 효과를 거두는 조직이다. 따라서 기능식 조직은 라인 조직에서 무시되고 있는 분업·전문화 원칙이 이루어지는 장점이 있으나, 명령 일원화 원칙이 지켜지지 않으므로 점차 활용도가 줄어들고 있다.

[그림 7-7] 기능식 조직의 형태

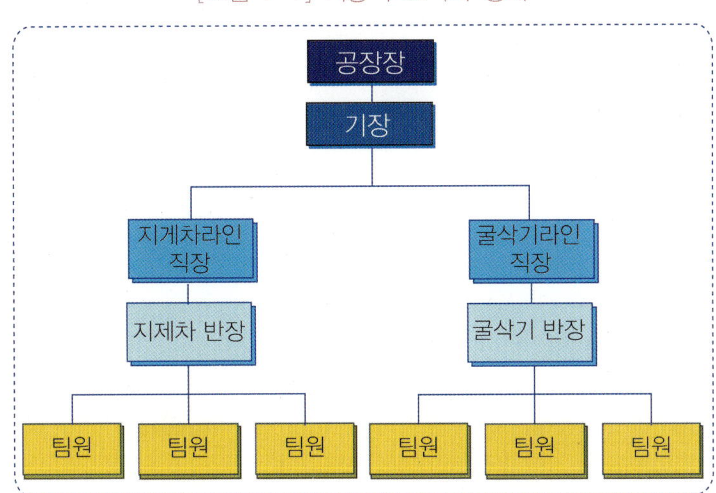

(1) 기능식 조직의 장점

① 전문화의 원칙에 따른 조직이므로 전문지식과 경험을 갖는 스텝(staff)들의 도움을 받아 보다 더 효과적인 경영활동이 가능하다.

② 시간을 절약할 수 있고 의사소통의 거리가 단축되고 신속·정확하게 되며 강력한 통솔력을 갖는다.

③ 단기간 내에 전문직 양성이 가능하다.

(2) 기능식 조직의 단점

① 명령 일원화의 원칙이 지켜지지 않아 전체를 질서 있게 관리하는 것이 어렵다.

② 전문적 기능에 대한 합리적인 분할이 어렵고 책임 전가의 위험이 있다.

③ 각 기능이 지나치게 전문화되면 간접적인 관리비용을 증대시킨다.

3) 라인과 스텝 조직(Line and staff organization)

라인과 스텝 조직은 조직의 기본적인 기능(Primary function)을 수행하는 라인과 이들 라인을 도와주고 원조하는 보조적 기능(Subsidiary function)을 수행하는 스텝을 결합한 조직형태이다. [그림 7-8]과 같이 라인 조직의 기본을 유지하면서 스텝의 조언 기능이 부가된 참모식 조직을 말한다.

[그림 7-8] 라인과 스텝 조직의 구조

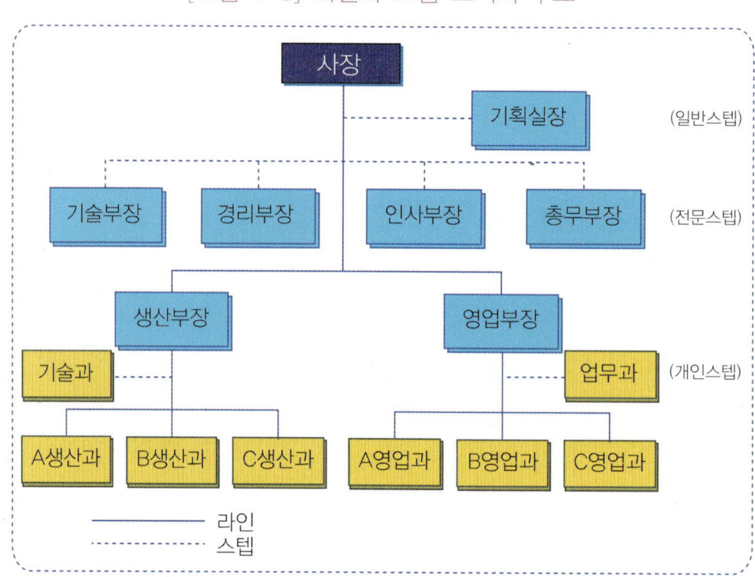

(1) 라인과 스텝 조직의 장점

① 직능에 대한 전문적 지식을 활용하면서 명령 일원화의 원칙을 유지할 수 있다.

② 라인 부문 관리자들은 스텝의 전문적 지식 및 경험을 지원받을 수 있어 더 효과적인 활동이 가능하다.

③ 라인 조직이 유지되고 있어 라인 조직의 장점을 지닌다.

(2) 라인과 스텝 조직의 단점

① 라인의 명령계통과 스텝의 조언 계통에서 혼동할 수 있다.
② 라인과 스텝 상호 간에 의존성이 생겨서 명령활동 상 지장을 가져올 수 있다.
③ 스텝 조직의 설치로 인한 간접비가 증대된다.

4) 위원회 조직(Committee organization)

위원회 조직은 경영정책이나 특정한 과제의 합리적인 해결을 목적으로 각 부문에서 여러 사람을 선출하여 구성한 위원회를 조직 내에 설치하는 것이다. 위원회 조직은 라인위원회와 스텝위원회가 있다.

위원회 조직의 목적은 각 부문 간의 갈등과 마찰을 피하고자 관련되는 사람으로 하여금 민주적인 의사결정을 하고 집행을 하려는 것이다.

(1) 위원회 조직의 장점

① 각 부문의 정보를 반영할 수 있다.
② 특정 문제에 전문적 지식, 기술 및 경험을 가진 여러 사람이 모여서 정책을 세우므로 더욱 합리적인 경영 활동을 수행할 수 있다.
③ 보다 민주적으로 의사결정이 이루어지므로 채택 안의 실시에 더욱 협조적이고 적극적이다.
④ 특정 문제에 관하여 전문가와 관련된 사람들이 직무 할당과 집행상의 중복을 피하고 조정할 수 있다.

(2) 위원회 조직의 단점

① 회의 과정에서 시간 낭비 및 기동성이 모자란다.
② 책임 부재로 불성실한 결정이 조장된다.
③ 개인적 창의성이 저해된다.
④ 자기의 고유 직무를 소홀히 하는 경우가 있다.

5) 프로젝트 조직(Project organization)

프로젝트 조직이란 특정 과제나 목표를 달성하기 위하여 임시로 편성된 조직을 말한다. 프로젝트는 특정의 사업이나 특정 사업계획을 동태적으로 실천하기 위해서 일시적으로 형성되었다가 사업이 완결되면 해체되는 임시적 특성을 가진 조직이다.

(1) 프로젝트 조직의 특징

① 프로젝트별로 분화되어 조직화하였다.

② 여러 기능을 시스템화한 것이다.

③ 한 프로젝트가 완료되면 조직은 해산하여 각 구성원은 본래의 소속 부문으로 귀속한다.

④ 직능과정을 중심으로 하는 구조와 통합된 시스템으로 권한의 계층적 구조라는 성격보다 직무의 체계라는 성격이 강하다.

아래의 [그림 7-9]에서는 X와 Y의 프로젝트가 동시에 전개되는 면을 제시하고 있다.

[그림 7-9] 프로젝트 조직의 예

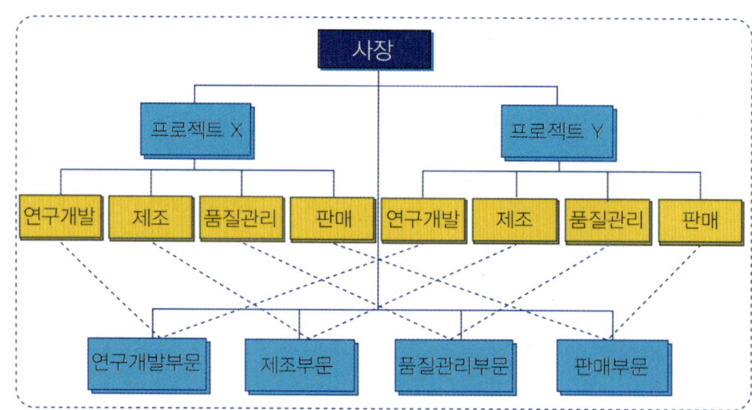

(2) 프로젝트 조직의 장점

① 프로젝트의 진행에 따라 인원을 타 부서에서 모으고 또 원 부서로 복귀시킴으로써 인력 구성의 탄력성을 유지할 수 있다.

② 프로젝트의 목표가 명확하므로 구성원의 관심은 프로젝트의 달성을 목표로 한다. 따라서 구성원의 사기가 높아진다.

③ 조직의 기동성·신축성 및 환경 적응력이 크다.

(3) 프로젝트 조직의 단점

① 프로젝트 조직은 일시적인 혼합 조직이므로 성패의 여부는 프로젝트 관리자 개인의 능력에 크게 의존한다.

② 각 구성원은 원래의 소속 기능부서의 상사와 새로운 프로젝트의 상사로부터 동시에 통제를 받아야 하므로 양자 간의 관계를 조정하기 힘들다.

③ 기한부 혼성 조직인 프로젝트 조직은 다른 부문 관리자들과의 사이에 서로 우월감을 느끼기 쉽다. 따라서 조직의 단결을 해치고 사기가 떨어지기 쉽다.

6) 매트릭스 조직(Matrix organization)

매트릭스 조직이란 전통적인 기능식 조직에 프로젝트 조직을 결합한 조직이다. 프로젝트 구조가 기능적 구조 위에 이중으로 중복된 상태로 설계되었을 때 그 결과를 행렬(Matrix)이라고 하며, 그러한 조직형태를 매트릭스 조직 혹은 행렬 조직이라고 정의한다. [그림 7-10]과 같이 조직 속의 개인이 종적 계열로 형성된 원래 조직의 일원으로서 임무도 동시에 수행하도록 하는 이중적인 조직구조이다.

[그림 7-10] 매트릭스 조직

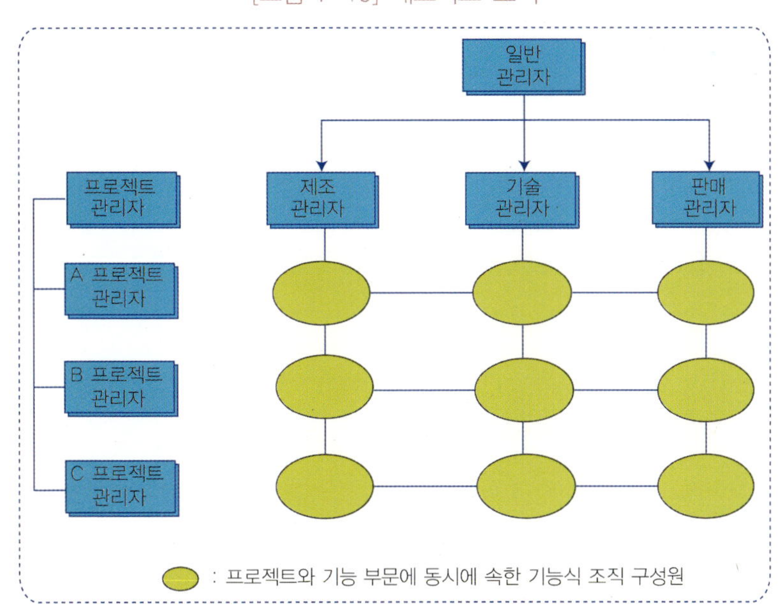

(1) 매트릭스 조직의 장점

① 최종 결과에 초점을 맞출 수 있다.
② 효율과 시장 적응을 동시에 달성할 수 있다.
③ 전문지식·기술의 축적 개발이 쉬우며 그 활용을 극대화할 수 있다.
④ 생산과 이익 책임을 결합할 수 있다.
⑤ 전문분야별 동일성을 유지할 수 있다.

(2) 매트릭스 조직의 단점

① 조직 권한 간의 갈등이 유발될 수 있다.
② 명령의 일원화가 지켜지지 않을 가능성이 있다.
③ 조직구조가 이중적 부문화로 관리층 인력이 늘어나 관리비용이 증가한다.
④ 프로젝트팀 간의 이중적 중복이 되면 양자가 태만할 가능성이 있다.
⑤ 행동보다는 토론에만 치중할 가능성이 있고 권력 다툼을 일으킬 수도 있다.

조직 변화 개발 관리

1 조직 변화의 의의

경영자에게 조직은 환경과 상호작용하는 개방 시스템(Open system)이다. 따라서 경영자들은 조직의 유지·존속을 위해서라도 변화 요구에 적절한 대처나 조직의 변화를 유도하며, 어떻게 대처하여야 할 것인가를 염두에 두어야 한다.

조직 변화(Organizational change)란 조직을 구성하고 있는 여러 요인 가운데 어느 하나 혹은 그 이상이 변화하는 것을 말한다.

조직 변화를 유발하는 요인이나 압력 집단은 조직 외적 요인과 조직 내적 요인이 있다. 조직 외적 요인은 원가상승, 자원고갈, 노사분규, 정부 규제, 이자율, 경쟁이나 소비자 집단의 태도, 주위 환경여건의 변화 등이다. 조직 내적 요인은 새로운 기술이나 전략, 종업원들의 태도나 행위, 경영자의 태도나 소신 등이다. 경영자는 이러한 변화 발생 요인들의 관계를 조사하고 수용하여야 한다.

조직 변화 압력에 대해 경영자가 취해야 할 자세로는 단순히 무시나 회피하려는 비생산적이어서는 안 되고 조직 활동을 근본적으로 바꾸기 위해 꾸준히 추진하고 자원을 투입하며 또 다른 프로그램을 개발하고 실천해 나가는 생산적인 노력이 요구된다.

기업 경영자들은 변화에 대한 대처가 필요하다. 그것을 몇 가지로 요약하면 다음과 같다(박종만 외, 2003).

① 환경변화가 조직생존에 위협을 주고 있기 때문이다.
② 환경변화가 새로운 사업의 기회를 제공한다.
③ 조직구조가 환경변화에 신속하게 적응하지 못하고 있기 때문이다. 경영자들은 조직에서 창조성과 혁신을 촉진해 나갈 수 있는 역량이 필요하다.

2 조직 변화의 단계

조직변화는 3단계로 나누어 볼 수 있으며 [그림 7-11]과 같다.

[그림 7-11] 조직 변화의 과정

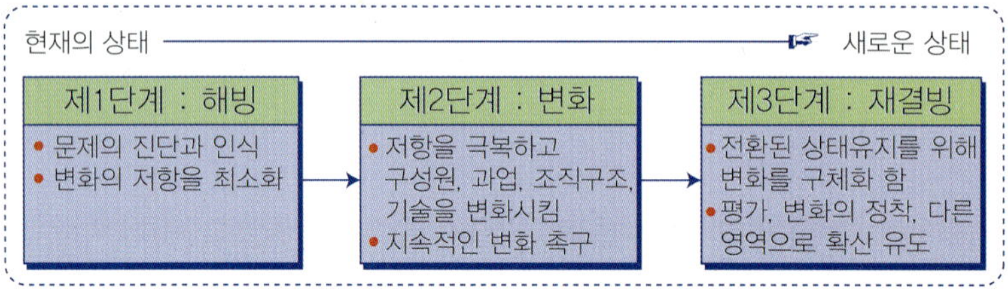

현재의 상태 → 새로운 상태

제1단계 : 해빙	제2단계 : 변화	제3단계 : 재결빙
• 문제의 진단과 인식 • 변화의 저항을 최소화	• 저항을 극복하고 구성원, 과업, 조직구조, 기술을 변화시킴 • 지속적인 변화 촉구	• 전환된 상태유지를 위해 변화를 구체화 함 • 평가, 변화의 정착, 다른 영역으로 확산 유도

1) 제1단계(해빙단계 : Unfreezing phase)

조직 변화를 위한 준비단계로 조직 구성원들에게 변화의 필요성을 인식시키는 동시에 변화가 잘 진행될 수 있게 준비되는 과정이다. 조직 특성이나 종업원들의 태도 등을 변화시키기 위해서 기존의 특성이나 태도가 달라져야 한다는 필요성을 인식하게 하고 시도할 수 있는 상태이다.

2) 제 2 단계(변화단계 : Changing phase)

조직을 의도하고 있는 방향으로 새로운 행동 패턴을 개발하거나 변화 기법을 사용하여 변화를 시도한다. 이 단계는 조직 구성원들의 가치관을 통하여 행동양식, 조직, 구조, 기술이 어느 것이며 어떤 상태인지를 파악하여 지속적인 변화를 추구하도록 한다.

3) 제 3 단계(재 결빙단계 : Refreezing phase)

앞 단계에서 새로이 형성된 행동의 과정을 지속해서 반복하고 강화해 조직이 자리 잡도록 지원하는 과정이다. 이 단계는 시간이 흐름에 따라 종전의 상태로 되돌아가지 않도록 주력하며 강화해 나간다.

학습 목표 요약

1. 인적자원의 선발에서 배치까지 어떤 과정을 거쳐 가는가?

선발과정은 일반적으로 모집 → 지원서 작성의 검토 → 채용면접(Employment interview) → 경력 및 신원조회(Reference checking) → 신체검사(Physical examination) → 채용의 결정(Personal judgement) → 배치

2. 교육훈련 기법은 무엇이 있는가?

– 강의식 방법(Lecture method)

가장 오래전부터 사용됐으며 다수의 종업원을 단기간에 교육하려는 경우에 효과적이며, 시간의 계획과 통제가 쉽고 많은 사람을 동시에 교육할 수 있다는 장점이 있다.

– 시청각 방법(Audio–visual method)

강의식 교육에 교재를 사용함으로써 이것을 보조하는 역할을 하는 방식이다. 영화, 환등, TV, 사진, 도표 등을 통한 설명으로 이해가 빠르고 능률적이며 이상적이나 적절한 교재나 경비와 시설이 따르는 곤란성이 있다.

– 회의식 방법(Conference method)

상호 의견을 교환하며 자신이 지닌 지식과 의견을 교환하면서 그에 따른 문제점 발견과 개선방안 강구를 통해 지식의 습득을 이루는 방법이다.

– 사례연구(Case study method)

실무과정에서 발생하는 사례를 분석하는 것으로 일상 업무에서 야기되는 실제 문제를 중심으로 토의자료로 발표한다. 어떤 문제에 직면하게 되었을 경우 문제점을 구체적으로 처리하는 능력을 배양함으로써 경영에 창조력·판단력·분석력 및 통찰력을 발휘할 기회를 제공하게 되는 교육방법이다.

3. 조직화의 구성 요소는 무엇이 있는가?

– 직무 : 조직의 구성원들에게 각각 분할된 업무의 기술적 단위 또는 총체(집합)를

말한다.

- 권한 : 권한(Authority)이란 일정한 직무를 자기 스스로 행하거나 타인이 수행하도록 하는 데 필요한 공식적인 힘 또는 권리를 말한다.
- 책임 : 책임(Responsibility)이란 일정한 직무와 권한을 일정한 기준에 따라 수행해야 할 의무(Obligation)를 말한다.
- 직위 : 직위(Position)는 조직상의 지위로서 수행해야 할 일정한 직무가 할당되고, 그 직무를 수행하는 데 필요한 권한 및 책임이 구체적으로 규정되어 조직의 각 구성원에게 부여된 조직의 기본 단위를 말하다.
- 상호관계의 설정 : 조직이 합리적으로 편성되기 위해서는 각 직위 상호 간에 발생되는 직무의 범위, 책임의 중복 및 모순관계를 방지하여야 할 뿐만 아니라 직위 상호 간의 제 관계를 합리적으로 설정할 필요가 있다.

4. 경영조직의 형태는 어떤 것들이 있는가?

1) 라인 조직(Line organization)
2) 기능식 조직(Function organization)
3) 라인과 스탭 조직(Line and staff organization)
4) 위원회 조직(Committee organization)
5) 프로젝트 조직(Project organization)
6) 매트릭스 조직(Matrix organization)

5. 조직을 변화시키기 위한 단계별 추진절차는 무엇인가?

제1단계 해빙단계 : 조직변화를 위한 준비단계로 조직 구성원들에게 변화의 필요성을 인식시키는 동시에 변화가 잘 진행될 수 있게 준비되는 과정이다.

제2단계 변화단계 : 조직을 의도하고 있는 방향으로 새로운 행동패턴을 개발하거나 변화기법을 사용하여 변화를 시도한다.

제3단계 재 결빙단계 : 앞 단계에서 새로이 형성된 행동의 과정을 지속해서 반복하고 강화해 조직을 자리 잡도록 지원하는 과정이다.

용어해설

▶ 인적자원계획(Human resource planning)은?

필요인력과 그 인력에 대한 수요, 즉 인력부족이나 인력 과잉현상을 사전에 예측하여 대책을 마련하는 과정

▶ 모집(Recruiting)?

자격을 갖춘 많은 지원자가 기업에 지원하도록 하는 활동

▶ 선발(Selection)?

지원자로부터 해당 직무에서 요구되는 기술, 능력, 적성 등을 비교하여 직무명세서를 가장 잘 만족하게 할 수 있는 인원을 선정하는 것

▶ 능력개발(Ability development)이란?

지식이나 기술을 습득시키고 능력을 갖추게 하려고 교육(Education) 또는 훈련(Training)을 시키는 것

▶ 승진(Promotion)은?

현재의 위치보다 더 무거운 책임과 권한 그리고 급여를 받는 위치로 올라가는 것

▶ 이동(전보)은?

조직 내의 현재 직위와 비슷한 수준으로 업무를 전환하는 것

▶ 이직(Separation)은?

정리해고, 파면, 사임, 은퇴 등으로 회사를 떠나거나 다른 회사로 이전하는 것

▶ 조직화(Organizing)란?

조직의 목표를 최상의 방법으로 실현할 수 있도록 인적자원과 물적자원을 결합하는 과정

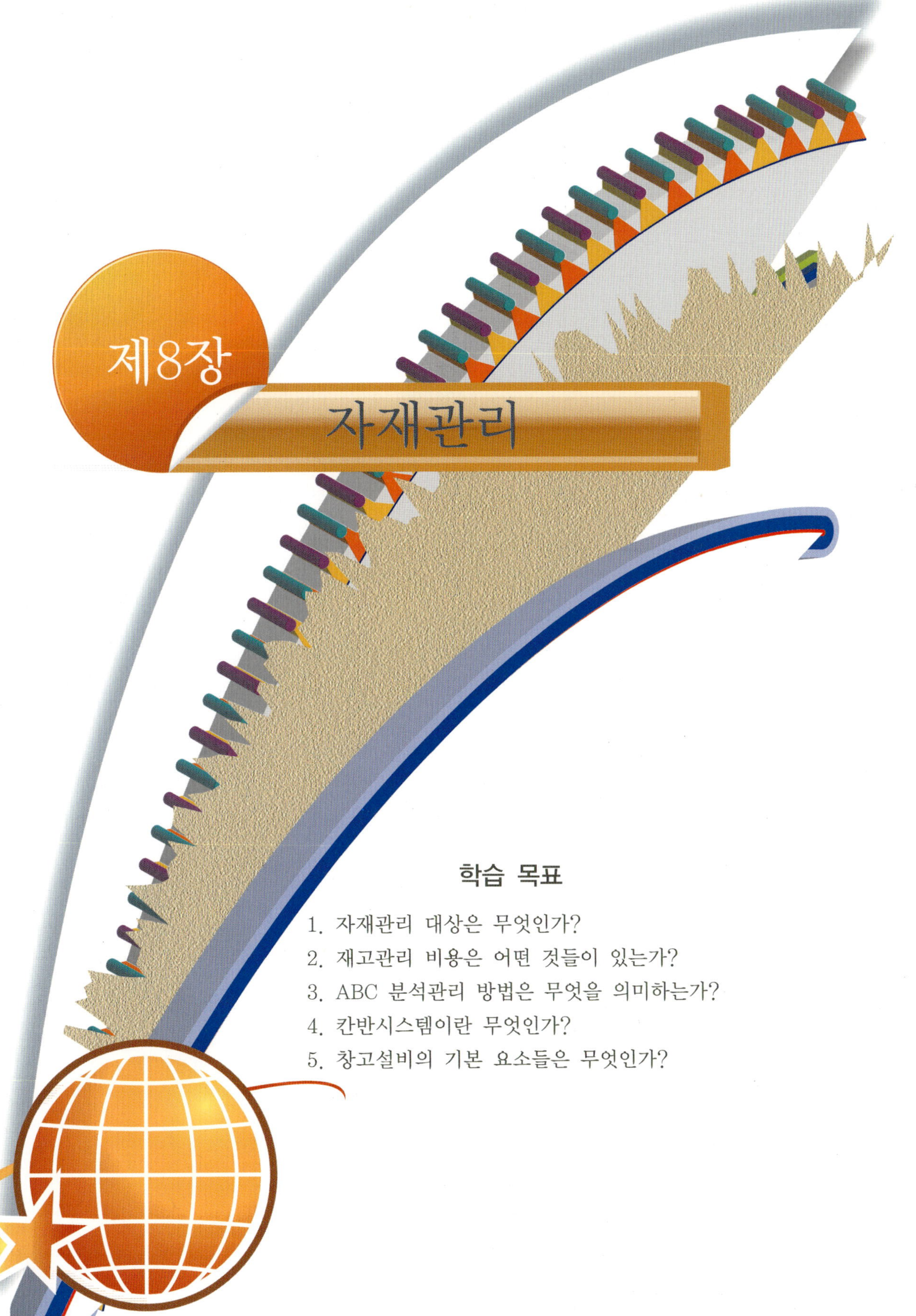

제8장 자재관리

학습 목표

1. 자재관리 대상은 무엇인가?
2. 재고관리 비용은 어떤 것들이 있는가?
3. ABC 분석관리 방법은 무엇을 의미하는가?
4. 칸반시스템이란 무엇인가?
5. 창고설비의 기본 요소들은 무엇인가?

자재관리의 개요

1 자재관리의 의의

자재관리(Materials management)는 기업의 모든 물류를 관리하는 것으로서 기업의 이익을 증대시켜 고객만족에 공헌하게 된다. 재고 부족은 내·외부 고객 불평으로 이어지게 된다.

자재관리는 내부 및 외부 공급자로부터 입고될 자재구매량을 판단하는 것으로 적정 자재 소요량 산출은 물론 효율적인 재고관리와 양질의 자재를 구매하여 고객만족을 증진하는 업무이다. 또한, 자재관리는 기업의 부가가치를 증대시키는 기초기능을 수행하는 중요한 역할을 한다.

자재관리 업무는 자재의 기획에서부터 구매, 외주, 창고, 운반, 가치창조, 재고관리 등 다양한 범위에서 운영되고 있다. 따라서 자재관리의 기능은 기업에서 필요로 하는 제반 자재를 합리적으로 관리하고 계속 공급이 이루어져야 하며, 미래의 수요를 예측하고 조달 및 확보하는 기능이 있다.

2 자재관리의 목적

기업을 경영하면서 우리는 회사의 자산 중에서 자재 부문이 차지하는 비용을 생각하여 볼 수 있다. 제조업의 경우 제품에 따라 다르나 일반적으로 생산원가의 60%~70% 이상이 자재가 차지하고 있다. 또한 기업을 운영하는 데 필요한 모든 자재 및 설비 등이 원가를 상승시키는 요인이 될 수 있다. 따라서 자재 및 설비를 효율적으로 활용하면 생산성 향상을 추구할 수 있다.

생산 활동을 위하여 자재 및 설비 등을 사하여야 하는데 이처럼 구매자금은 생산량의 증가에 따라 비례하여 투입된다. 이처럼 투입된 자재비용이 원가에 차지하는 비율이 매우 크기 때문에 효율적인 자재관리의 목적은 원가절감에 있다.

자재관리는 새로운 프로세스를 개발하는데 자재정보를 제공한다. 이와 같이 자재관리는 재고회전율[1]을 높이고 재고 제로화(Zero)에 목적을 두고 있다. 그리고 원가절감을 통하여 자금회전율을 높이고 효율적으로 재고를 보관하는 데 목적이 있다.

3 자재관리의 대상

재고(Inventory)는 기업의 생산기능과 판매기능을 연결하는 물품의 흐름이 시스템 내의 어떤 지점에서 정체된 상태를 말한다. 구체적으로는 기업에서 미래의 생산이나 판매를 위해 보유하는 유휴자원, 즉, 생산에 투입된 원자재나 부품, 생산공정 내의 재공품 또는 반제품, 아직 팔리지 않은 완제품, 그 밖의 소모품 등을 일컫는다. 재고는 보통 제조업에만 국한되는 것으로 생각하기 쉬우나 관광 운수업체와 같은 서비스산업도 수요가 없을 때는 대기 중인 승무원이나 차량이 유휴자원인 재고가 된다(김계수 외, 2004).

재고는 시간적인 관점에서 파악하는 개념으로서 다음과 같은 관리적 의미가 있다. 즉, 재고는 수요와 공급 간에 예상치 못했던 불규칙한 변동이 발생하여 생산계획에 차질이 빚어지는 경우 이를 조정하는 역할을 하며, 생산 활동과 판매활동이 순조롭게 진행되도록 해주고, 간혹 가격변동으로 인한 이익을 얻기 위해서 사용되기도 한다. 그러나 재고는 그것이 과다하게 되거나 부족하게 될 때에는 기업에 큰 손실을 가져다준다. 즉, 과잉재고는 자본을 사용하지 않고 묶히는 것을 의미하게 되어 자본비용의 발생 요인이 되며, 부족재고는 시장수요를 충족시키지 못함으로써 판매이익을 감소시키는 결과를 초래하게 된다. 이처럼 재고는 생산과 판매의 완충 역할을 하는 것으로서 이것을 어떻게 효율적이고 합리적으로 관리하느냐 하는 것은 매우 중요하고도 어려운 문제라고 할 수 있다. 여기서 재고의 유형을 살펴보려는 것은 유형별로 관리의 초점을 달리함으로써 재고를 보다 효율적으로 통제할 수 있다는 점을 인식하기 위해서이다(김태웅, 1991).

1) 재고회전기간 : 월(년)말 재고금액/월(년) 출고금액(사용금액)×100

1) 순환재고

순환 재고(Cycle stock)는 일시에 필요한 양보다 더 많이 주문하는 경우에 생기는 재고를 말한다. 이와 같은 유형의 재고는 주문비용이나 생산 준비 비용을 줄이거나 할인 혜택을 얻을 목적으로 한꺼번에 많은 양을 주문할 때 발생하게 된다.

2) 안전재고

안전재고(Safety stock)는 시장수요와 조달 기간이 불확실한 때를 대비하여 보유하는 재고를 의미한다.

[그림 8-1] 안전재고

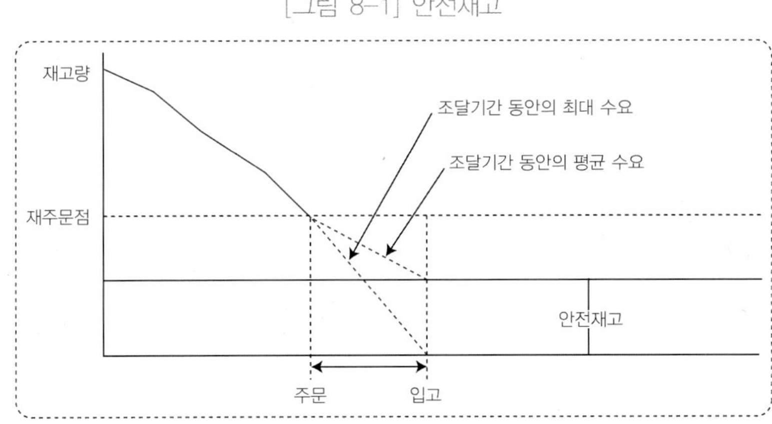

생산 수준에 따른 안전재고 결정방법으로 조달 기간 동안 수요가 공급을 초과하지 않을 경우의 안전재고 산출방법은 다음과 같다.

생산 수준을 95%로 결정하면 조달 기간 동안 수요가 공급을 초과하지 않을 가능성이 95%이다.

생산 수준 = 100% − 재고 부족 위험(a)이다.

따라서 고객에 대한 생산 수준이 주어진 경우의 모형은

$$ROP = \text{조달기간 동안의 평균수요} + Za \cdot \sigma_{dl}$$

$Z\alpha$: 표준화 정규변수

σ_{dl} : 조달기간 수요의 표준편차

[그림 8-2] 생산 수준에서의 안전재고

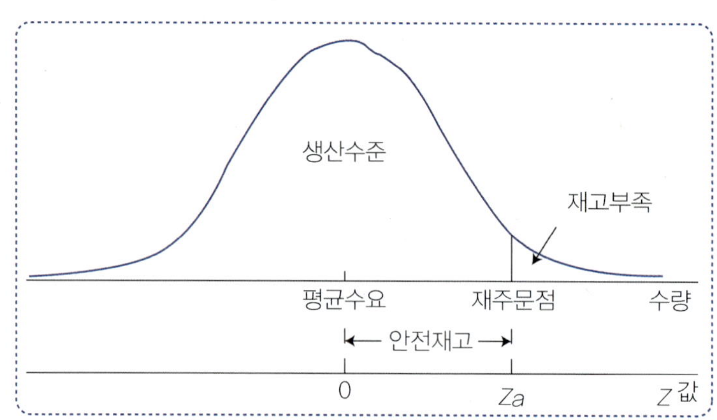

3) 예상 재고

예상 재고(Anticipation stock)는 계절적인 수요변동, 가격 급등, 파업 등을 예상하고 이에 대비하기 위하여 보유하는 재고이다. 예를 들면 에어컨이나 선풍기 등은 보통 성수기인 여름철에 큰 수요가 발생함으로 봄부터 생산에 들어가 재고로 확보하게 되면 큰 도움이 되는데, 이와 같은 재고를 예상 재고라 한다.

4) 파이프라인 재고

파이프라인 재고(Pipeline inventory)는 유통시스템에서 운반 중인 제품이나 생산 공정에서 가공하기 위해 이동 중인 재공품을 말한다. 예를 들면 물류센터에서 대리점으로 운송 중인 제품, 공장 내의 한 작업장으로 이동 중인 아직 미완성 상태의 물품이 이에 해당한다.

5) 완충재고

완충재고(Decoupling stock)는 재고에 관한 의사결정을 여러 곳으로 분산시키기 위해 보유하는 재고를 말한다. 예컨대 공장에서 기계설비의 고장이나 사고에 대비하여 작업장별로 보유하고 있는 재고나, 또는 대리점에서의 판매에 대한 의사결정이 본사나 공장의 운영에 큰 영향을 주지 않도록 대리점에서 보유하는 재고가 바로 완충재고에 속한다.

재고관리는 판매를 위한 완제품, 제조공정 중의 재공품, 생산을 위한 원자재 및 소모품 등을 말하는 데, 기업 고유의 기능인 조달-생산-판매의 관점에서 보았을 때 가치의 흐름이 어떤 지점에서 정체된 상태를 시간적(Temporal) 관점에서 파악하는 개념으로 일반적으로 기업은 다음과 같은 이유로 재고를 보유하게 된다(원중호 외, 2009).

① 생산능력의 수준을 평준화하고 생산 활동의 독립성을 유지하기 위해서이다.
② 생산일정에 신축성을 부여하기 위해서이다.
③ 원자재의 가격 변동과 조달 기간(Lead time)의 변동에 대응하기 위해서이다.
④ 제품 수요의 변화에 대응하기 위해서이다.
⑤ 수요와 공급의 시간적 차이를 극복해 가치를 창출하기 위해서이다.

그런데 재고를 너무 적게 보유하게 되면 재고 부족으로 인한 조업단축이나 판매기회의 상실 등 여러 가지 손실이 발생하게 된다. 반면에 너무나 많은 과잉재고는 자본이 사장되어 자본비용이 발생하는 요인이 되고 있다.

단순히 재고량을 감소시키는 것만이 최적의 결과를 가져오지는 않으며, 반면에 곳곳에 있는 과잉재고는 관리의 부재 현상으로 말해주는 증거가 되고 있다.

4 독립 수요와 종속 수요

재고품목에 대한 수요는 독립 수요(Independent demand)와 종속 수요(Dependent demand)로 구분할 수 있다.

독립 수요는 어떤 품목에 대한 수요가 다른 품목의 수요와는 관계없이 발생하는 경우이고, 종속 수요는 독립 수요와는 반대로 다른 품목의 수요 발생에 의하여 종속적으로 발생하는 경우이다. 예컨대 독립 수요는 완제품과 예비부품의 수요와 같은 경우이고, 종속 수요는 원자재와 부품의 수요와 같은 경우이다. 따라서 독립 수요 품목은 수요예측이나 생산계획에 의하여 그 필요량이 산정되지만, 종속 수요 품목은 상위 모 품목인 독립 수요 품목에 따라 필요량이 결정된다.

제2절 재고관리

1 재고관련 비용

재고관리를 이해하기 위해서는 재고와 관련된 비용을 이해하여야 한다. 재고와 관련된 비용에는 주문비용 또는 생산 준비 비용, 재고 유지비용, 재고 부족비용이 있다(원중호 외, 2009).

1) 주문비용(또는 생산 준비 비용)

주문비용(Ordering cost)은 자재를 협력업체로부터 살 때 소요되는 여러 가지 경비와 관리비를 말하며 주문량의 크기와 관계없이 고정비의 성격을 갖는다. 가격 조사비, 주문 처리비, 통신비, 서류작성비용, 검사비용, 입고 비용 등 주문과 관련된 비용이다.

또한 생산 준비 비용(Set up cost)은 생산 변경 비용(Production change cost)이라고도 하며 재고품목을 기업 내부에서 생산할 때 발생하는 여러 가지 비용을 말한다. 즉, 한 제품에서 다른 제품으로 생산을 변경할 때 발생하는 시간 손실과 원재료의 교체, 공구와 작업자의 교체 등 여러 가지 부수적인 작업 진행에서 발생하는 비용을 말한다. 생산 준비 비용도 생산량의 크기와 관계없이 일정 수준으로 발생하는 고정비의 성격을 갖는다.

2) 재고 유지비용

재고 유지비용은 재고를 보유함으로써 발생하는 비용이다. 즉, 재고에 묶인 자본의 기회비용, 창고시설 비용, 창고 사용료, 보험료, 세금, 도난, 변질, 진부화 등의 재고 감손 비용으로서 재고 유지와 관련된 모든 비용이다.

재고 유지비용의 파악은 재고품목 1 단위를 일정기간 보관하는 데 드는 비용의 절대 금액으로 표시하거나, 재고품목 1 단위 가격의 백분율(%)로 표시한다.

3) 재고 부족비용

재고 부족비용(Inventory shortage cost)은 재고의 품절로 인하여 발생하는 비용으로, 추후 납품비용(Backlogging 또는 Back-ordering cost)과 품절 비용(Stock-out cost)으로 다시 구분할 수 있다.

추후 납품비용은 재고 품절 시 수요를 대기시키고 추후 충족될 때 발생하는 비용이고, 품절 비용은 수요가 취소됨으로써 발생하는 비용이다. 그리고 추후 납품비용은 제품 인도의 지연에 따른 벌과금, 생산 독촉에 따른 추가 비용, 신용상실 등이다. 품절 비용은 수요를 충족시키지 못함으로써 이익의 기회 상실과 고객 및 신용의 상실비용이다. 이러한 비용을 기회비용(Opportunity cost)이라 한다.

재고가 없어 대기 중인 수요는 부(-)의 재고로 처리되나 수요가 취소되는 경우에는 부(-)의 재고는 발생하지 않는다. 재고 부족비용은 객관적으로 금액 환산이 곤란하기 때문에 주관적인 경험이나 추정으로 평가한다.

2 자재소요량 산출

재고관리를 보다 합리적으로 그리고 능률적으로 해결하기 위해 개발된 재고관리시스템, 즉 재고관리모형의 목적은 재고 관련 총비용을 최소화하도록 재고품의 주문 시기와 주문량을 결정하는 데에 있다.

재고관리시스템은 기업의 내부통제 입장에서 주문 시기와 주문량을 어떻게 결정하느냐에 따라 정량 주문시스템(Fixed-order quantity system)과 정기 주문시스템(Fixed -order period system)으로 크게 구분된다. 또한, 재고관리시스템은 고객의 수요나 조달기간과 같은 기업 외적 변수가 확정적이냐 또는 확률적이냐에 따라 확정적 재고시스템(Deterministic inventory system)과 확률적 재고시스템(Probabilistic inventory system)으로도 구분된다. 따라서 기업의 내·외적 변수를 결합해 재고관리시스템을 구분하면 [그림 8-3]과 같이 4가지 형태가 된다(원중호 외, 2009). 최근 JIT 시스템 도입으로 발주는 연간 단가 계약 체결 이후 모 기업의 생산계획에 따라 협력업체는 2시간 혹은 4시간 간격으로 작업자 바로 뒤 적치대에 납품한다.

[그림 8-3] 재고관리 시스템

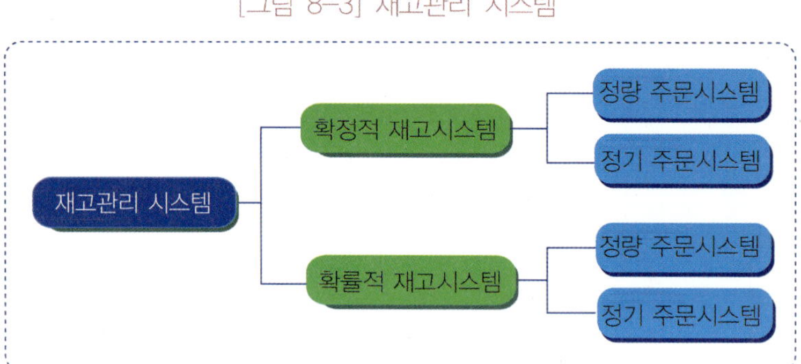

1) 정량 주문시스템

정량 주문시스템은 재고 수준이 미리 정해진 재주문점(Reorder point)에 도달하면 일정한 양 Q만큼 주문하는 시스템이다. 재고량이 주문점에 도달했을 때 정해진 주문 수량 Q만큼 주문하며, 주문량 Q는 조달기간 L이 지나간 후 들어온다.

조달기간 L은 재고품의 주문 시점부터 창고에 도착할 때까지의 시간으로 일정한 예도 있고 그렇지 않은 경우도 있다. 정량 주문 방식은 과거의 실적을 근거로 차기 연도를 예측한다. 경제적 주문량 모형은 다음과 같다.

$$Q=\sqrt{\frac{2DS}{CI}},\quad Q=\sqrt{\frac{2S}{I}\sqrt{\frac{D}{C}}},\quad K=\sqrt{\frac{2S}{I}}\ \text{로서}$$

$$= Q=K\sqrt{\frac{D}{C}}\ \text{이다.}$$

예로, 발주비용이 건당 15,000원이고, 재고 유지비용은 재고금액의 30%, 주문량 24,000개, 단가 75원일 때 정량 주문량을 산출하며 다음과 같다.

$$K=\sqrt{\frac{2X15,000}{0.30}}=\sqrt{100,000}\fallingdotseq 316.2 \div 316.2$$

$$Q=361.2\sqrt{\frac{24,000}{75}}=361.2\times 17.9=6,465.5\fallingdotseq 6,500\text{이다.}$$

[그림 8-4] 정량 주문시스템

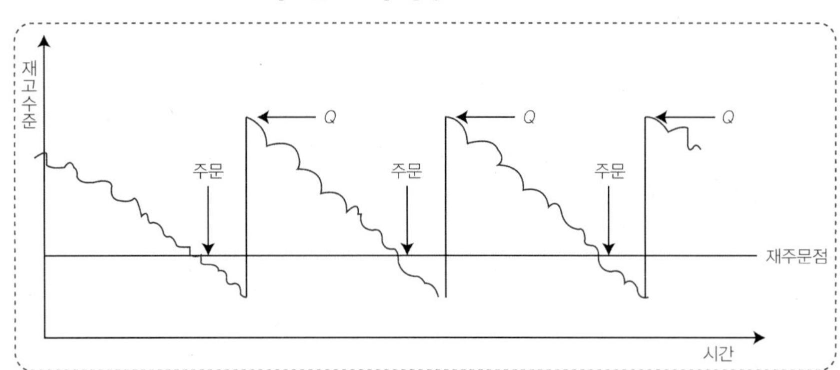

2) 정기 주문시스템

정기 주문시스템은 경제적 주문량은 산출하여 경제적 주문량을 기준으로 일 년에 몇 회 주문할 것인가를 결정하는 로트(Lot) 간격을 결정하는 시스템이다.

정기 주문시스템은 일정 기간을 정하여 지정된 기간에 정기적으로 적정량을 주문하는 시스템이다. 즉, 재고량이 일정한 주문 간격 T 동안 소비된 후, 재고 수준을 조사하여 목표 재고량 M과의 차이 Q_1, Q_2, Q_3만큼을 주문한다.

[그림 8-5] 정기 주문시스템

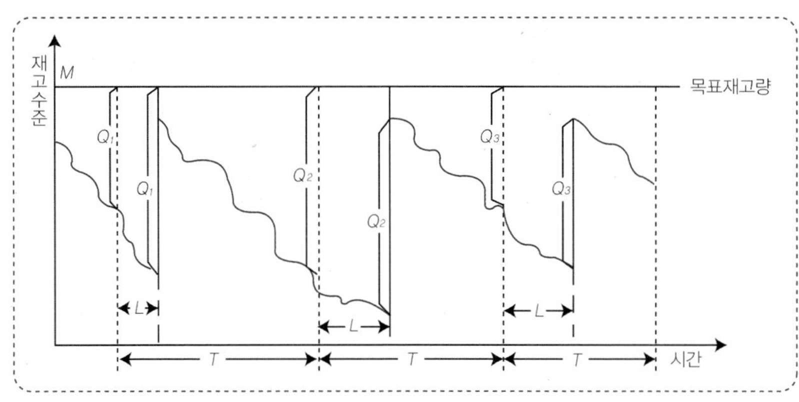

3) 정량 주문시스템과 정기 주문시스템의 비교

정량 주문시스템의 예는 대형 슈퍼나 백화점의 POS(Point of sale) 시스템을 들 수 있다. POS 시스템은 판매되는 품목의 코드 번호가 입력되면 컴퓨터는 자동으로 재고 수준을 계산하여 주고, 관리자도 그 제품의 재고 수준이 재주문점에 도달하였는지를 판단한 후 주문한다. 따라서 정량 주문시스템은 조달 기간 동안의 수요 변동에 대비한 약간의 안전재고가 필요하지만 정기 주문시스템은 주문 시기가 고정되어 있어 전 기간을 대비할 수 있는 많은 안전재고가 필요하다.

그리고 정량 주문시스템은 고가품목을 통제하는데 이용되며, 또한 정확한 재고 기록이 필요한 품목에 적합하다. 반면 정기 주문시스템은 저가 품목, 재고 기록이 필요하지 않은 품목, 주기적으로 주문하고 배달하는 품목 등에 유용하다.

두 시스템 중에서 어느 것을 선택할 것인지는 재고품의 가격, 재고품의 보충 시기, 조달 기간 등에 따라 결정되나, 간혹 두 시스템을 혼합하여 사용하는 때도 있다. 두 시스템의 차이점을 요약하면 〈표 8-1〉과 같다(원중호 외, 2009).

〈표 8-1〉 정량 주문시스템과 정기 주문시스템의 차이

항 목	정량 주문시스템	정기 주문시스템
주문량	일정	변함
주문 시기	재주문점에 도달	주문 주기의 끝
재고 수준 조사	계속 조사	주문 주기의 끝에 조사
안전재고	비교적 적다	비교적 짧다
재고품 가격	고가 품목	저가 품목
조달기간	긴 품목에 유리	짧은 품목에 유리

3 경제적 주문량 모형

확정적 재고관리시스템에서는 수요와 조달 기간이 확정적으로 알려져 있다고 가정한다. 먼저 확정적 재고관리시스템에서 정량 주문시스템의 대표적 모형인 경제적 주문량 모형을 설명한다.

1) 경제적 주문량 모형의 형성

경제적 주문량 모형(Economic order quantity model)은 영어로 간단히 EOQ모델이라고 한다. 재고관리시스템 중 가장 기본적이고도 고전적인 모형으로 총비용을 최소화하는

주문량을 결정하는 모형이다. 이 모형의 기본적인 가정은 다음과 같다(원중호 외, 2009).

① 수요는 알려져 있고 일정하며 균일하다.
② 주문비용(또는 생산 준비 비용)은 고정비로서 일정하다.
③ 재고 유지비용은 단위당 일정하며, 주문량에 비례한다.
④ 조달 기간은 알려져 있고 일정하다.
⑤ 단일품목이며 주문량은 조달기간이 지난 후 일시에 전량 입고된다.
⑥ 모든 수요는 재고 부족 없이 충족된다.

이와 같은 가정에 따라 EOQ모형은 [그림 8-6]과 같이 재고 수준이 재주문점 R에 도달하면 일정한 양 Q를 주문하는데, 이때 주문량 Q를 계산한다.

주문량 Q는 재고 관련 총비용을 최소화하는 주문량으로 일정한 조달 기간 L이 경과한 후 재고가 0이 되는 시점에서 전량 들어오게 된다. 그리고 재주문점 R은 조달 기간의 수요량에 해당하는 재고 수준으로, 주문량 Q가 들어오는 시점에서 재고가 0이 되게 한다. 이렇게 함으로써 재고 유지비용 측면에서 가장 유리하게 된다.

[그림 8-6] 경제적 주문량 재고관리 모형

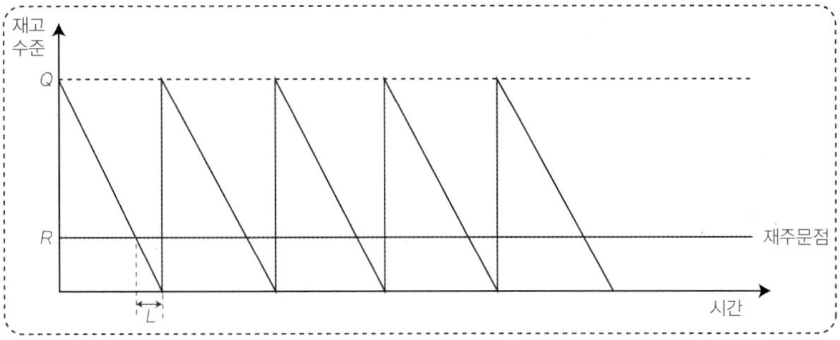

경제적 주문량 모형을 수리적으로 나타내기 위해 재고 관련 총비용 계산식을 다음과 같이 표현할 수 있다.

연간 총비용 = 연간 구입비용 + 연간 주문비용 + 연간 재고 유지비용

$$TC = DC + \frac{D}{Q}S + \frac{Q}{2}H \cdots\cdots (1)$$

단, TC : 연간 총비용

D : 연간수요

C : 단위당 구입단가

Q : 1회 주문량

H : 연간 단위당 재고 유지비용

S : 1회 주문비용(또는 생산 준비비용)

식 (1)에서 연간 수요 D는 반드시 재고 부족 없이 충족시켜야 하므로 연간 총주문량도 D가 된다. 따라서 연간 재고의 총 구매원가는 DC가 되고, 이 DC는 주문량 Q의 크기와 관계없이 일정하므로 경제적 주문량 Q^*를 구하는데 영향을 미치지 않는다. 결국 경제적 주문량과 관련되는 연간 총비용 TC는 '연간 주문비용'과 '연간 재고 유지비용'으로 구성된다.

식 (1)에서 연간 주문비용은 한 번에 Q씩 주문하여 연간 수요 D를 충족시켜야 하므로 주문 횟수는 D/Q가 되고, 또한, 1회 주문비용이 S이므로 결국, 연간 주문비용은 $(D/Q) \cdot S$가 된다.

그리고 연간 재고 유지비용은 연간 재고량에 연간 단위당 재고 유지비용을 곱한 값이 된다. 연간 재고량은 그림에서 연간 발생하는 삼각형의 총면적이 되는데, 우선 삼각형 1개의 면적을 구하기 위해 높이와 밑변을 구해야 한다. 여기서 삼각형의 높이는 Q가 되고 밑변은 Q만큼의 재고가 일정한 수요 D로 소진되므로 Q/D가 된다. 따라서 삼각형의 면적은 $(Q/D) \cdot Q \cdot (1/2) = Q^2/2D$가 된다. 이러한 삼각형은 매번 주문할 때마다 발생하므로 연간 주문 횟수 D/Q를 곱하여 연간 재고량을 구할 수 있다. 즉, $(Q^2/2D) \cdot (D.Q) = Q/2$가 된다. 그러므로 재고 유지비용은 $(Q/2) \cdot H$가 되고 주문량 Q에 비례하여 증가하는 비용임을 알 수 있다.

따라서 (1)식은 다음과 같이 정리된다.

연간 총비용 = 연간 주문비용 + 연간 재고 유지비용

$$TC = \frac{D}{Q} \cdot S + \frac{Q}{2} \cdot H \cdots\cdots (2)$$

식 (2)의 TC를 그림으로 나타내면 [그림 8-7]과 같다.

그림에서 연간 총비용 곡선은 아래로 볼록하고, 연간 주문비용과 연간 재고 유지비용이 같아지는 주문량에서 총비용이 최소가 된다.

이제 연간 총비용 곡선 TC를 최소화하는 경제적 주문량 Q^*를 계산하여 보자. 그림에서 TC 곡선이 아래로 볼록하고 최소 점을 가지므로

[그림 8-7] EOQ 모형에서 주문량의 함수로서 표시된 총비용

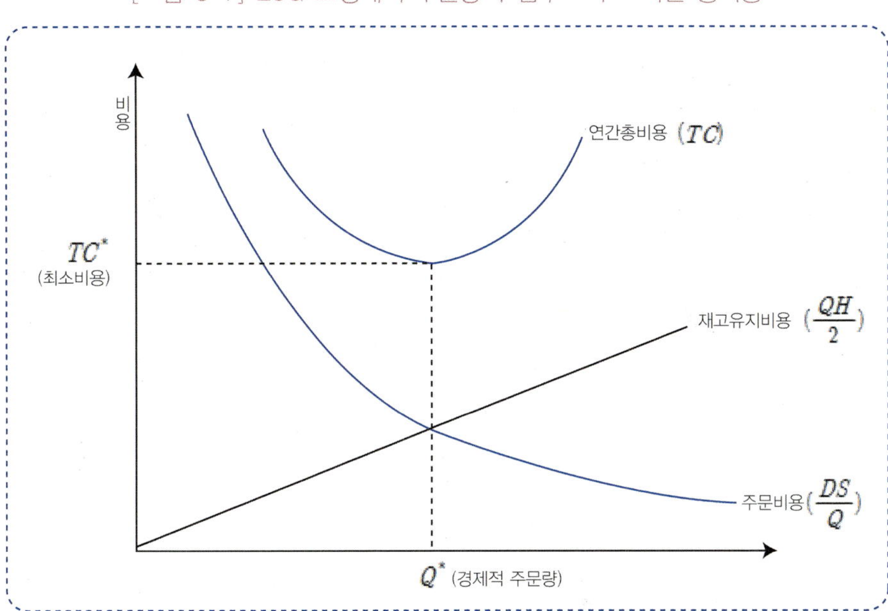

식 (2)를 Q에 대해 미분한 뒤 0으로 놓으면, 이 미분방정식은 TC가 최소화되는 필요조건이 된다. 즉,

$$\frac{dTC}{dQ} = -\frac{DS}{Q^2} + \frac{H}{2} = 0$$

$$\frac{DS}{Q_2} = \frac{H}{2}$$

$$Q^2 = \frac{2DS}{H}$$

위와 같은 식이 되어 경제적 주문량 Q^*는 다음 식으로 계산된다.

$$Q^* = \sqrt{2DS/H} \quad \cdots\cdots (3)$$

그리고 연간 총비용의 최소값 TC는 식 (3)을 식(2)에 대입함으로써 구할 수 있다.

$$TC^* = \frac{D}{Q^*} \cdot S + \frac{Q^*}{2} \cdot H \cdots\cdots (4)$$

또한 재주문점 R은 조달기간 동안의 수요량에 해당하므로 다음 식으로 계산된다.

$$R = d \cdot L \cdots\cdots (5)$$

단, d : 일간수요 L : 조달기간(일)

사례 어느 컴퓨터 생산업체는 매년 3,000,000대의 개인용 컴퓨터를 생산하는데, 하드디스크 드라이브를 도급업체로부터 납품받는다. 관련 자료가 다음과 같을 때 하드디스크 드라이브의 경제적 주문량과 연간 최소 재고비용, 재주문량을 구하라. 하드디스크 드라이브의 연간 수요(D) = 3,000,000(개/년), 하드디스크 드라이브의 일간 수요(d) = 3,000,000/365(개/일), 하드디스크 드라이브의 주문비용(S) = 200,000(원/회), 연간 단위당 재고 유지비용(H) = 120(원/개·년), 조달기간(L) = 10(일)

(1) 경제적 주문량

$$Q^* = \sqrt{\frac{2DS}{H}} = \sqrt{\frac{2(3{,}000{,}000)(200{,}000)}{120}} = 100{,}000(\text{개})$$

(2) 연간 최소재고비용

$$TC^* = \frac{DS}{Q^*} + \frac{Q^*H}{2} = \frac{3{,}000{,}000(200{,}000)}{100{,}000} + \frac{100{,}000(120)}{2}$$

$$= 6{,}000{,}000 + 6{,}000{,}000 = 12{,}000{,}000(\text{원})$$

(3) 재주문점

$$R = d \cdot L = \frac{3{,}000{,}000}{365} \cdot 10 = 82{,}192(\text{개})$$

4 ABC 분석

18세기 경제학자 파레토(Vilfredo Pareto)는 소득분포의 연구에서 전체 인구의 20%가 전체 부의 80%를 차지하고 있음을 발견하였다. 즉, 소수가 전체의 대부분을 차지하고 다수가 전체의 미미한 부분밖에 차지하지 못하는 현상으로 이를 파레토 법칙이라 한다. 이 파레토 법칙을 이용하여 재고관리를 하는 것이 ABC 분석기법이다. ABC 분석기법은 관리하여야 할 품목 수가 많은 경우에 유용하게 사용할 수 있는 기법으로, 1951년 G.E.사의 H.F. Deckie에 의하여 제창되었다.

일반적으로 어느 기업에서나 많은 양의 자재와 소모품을 재고로 관리하는데, 이들 품목 중 몇 개의 중요한 품목이 재고금액 대부분을 차지하고 나머지 다수의 품목은 금액 측면에서 아주 미미하다. 따라서 모든 품목의 재고를 전부 엄격하게 통제한다는 것은 바람직하지 않고 현실적으로도 거의 불가능하다.

이러한 문제를 해결하기 위해 ABC 분석(ABC analysis)은 재고품목을 재고 유지비용 측면에서 A등급, B등급, C등급으로 나누어 재고통제를 차별적으로 하는 것이다. 즉, A등급은 아주 엄격한 통제와 소량의 안전재고를, B등급은 정상적인 통제와 안전재고를, C등급은 간단한 통제와 다량의 안전재고를 보유하는 방식으로 차별적으로 관리된다.

총 재고품목 수에 대한 A, B, C의 등급별 품목 수의 비율은 기업에 따라 다르나 일반적인 구분점은 〈표 8-2〉와 같다(원중호 외, 2009).

〈표 8-2〉 ABC 품목의 일반적 분포

분류	전품목에 대한 비율(%)	총금액에 대한 비율(%)
A	10 ~ 15	70 ~ 80
B	20 ~ 30	20 ~ 30
C	50 ~ 70	5 ~ 10

예를 들어 어느 기업에서 10개 품목에 연간 수요량과 단가가 다음과 같다고 하자. 그러면 각 품목의 연간 사용금액과 이의 백분율 분포는 〈표 8-3〉과 같다.

〈표 8-3〉 10개 품목의 수요량과 단가

품목번호	연수요량	단가(천원)	연간사용금액(천원)	총사용금액에 대한백분율
1	2,500	3	7,500	0.49
2	1,600	50	80,000	5.18
3	2,000	4	8,000	0.52
4	6,000	5	30,000	1.94
5	9,000	100	900,000	58.33
6	800	150	120,000	7.78
7	1,000	45	45,000	2.92
8	1,500	60	90,000	5.83
9	7,000	30	210,000	13.61
10	3,500	15	52,500	3.40
합계			1,543,000	100.00%

1번 품목은 한 단위 가격이 3천 원이고 년 2,500 단위를 필요로 하므로 총금액은 7,500천 원을 사용한다. 10개 품목 총 재고비용은 1,543,000천 원인데 1번 품목의 비중은 금액에서 0.49%를 차지한다.

총 사용금액에 대한 백분율을 크기 순서로 분류하여 이를 정리해 보자. 즉, ABC 분석기법을 적용하면 〈표 8-4〉와 같이 분류된다.

〈표 8-4〉 예제의 재고품목 ABC 분류

등급	품목번호	연간사용금액(천원)	총 사용금액에 대한백분율	사용금액 누적	전체 품목 수에 대한 백분율	품목 수 누적
A	5, 9	1,110,000	71.94%	71.94%	20%	20%
B	6, 8, 2	290,000	18.79	90.73	30	50
C	1, 3, 4, 7, 10	143,000	9.27	100.00	50	100
합계		1,543,000	100.00%		100%	

이 예에서 볼 수 있듯이 A등급은 전체 품목 수 10개 중 20%인 2개밖에 안 되지만 연간 사용금액으로는 71.94%를 차지하고 있다. 또한, B등급은 품목 수로는 30%, 연간 사용금액으로는 18.79%를, 그리고 C등급은 품목 수로는 50%이나 연간 사용금액으로는 겨우 9.27%밖에 안 된다. 이 결과를 ABC 분석도로 나타내면 [그림 8-8]과 같다.

[그림 8-8] 예제의 재고품목의 ABC 분석도

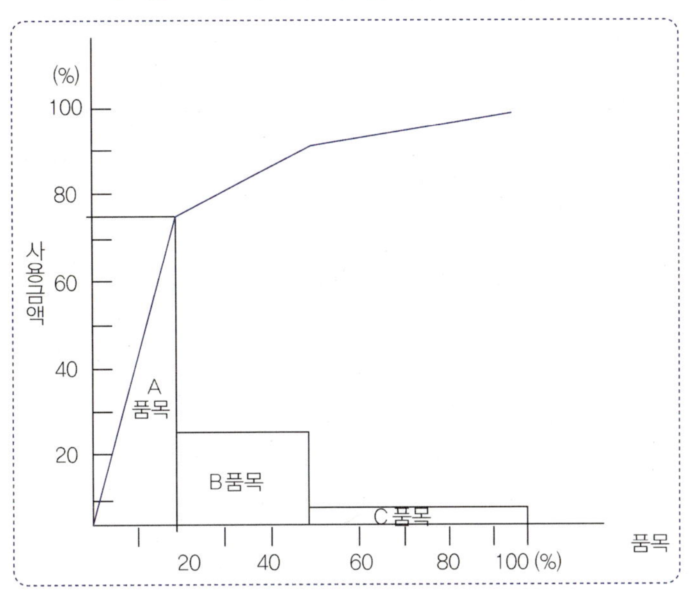

이처럼 각 품목의 등급분류가 끝나면 재고통제방법을 달리하여 관리하는데, 일반적으로 A등급은 정량 주문시스템과 같은 엄격한 재고통제를 하는 반면, C등급은 여러 품목을 함께 묶어 정기적으로 주문하는 정기 주문시스템이 사용될 수 있다. 또한, B등급은 예를 들어 (s, S)시스템과 같은 중간 정도의 엄격도를 가진 재고관리시스템을 사용한다.

(s, S)시스템은 s는 재 주문점이며, S는 재고의 최고 수준이다. s와 S를 사전에 정해 놓고 각 검토일 마다 현재의 재고 수준 I를 비교하여 $s < I < S$이면 주문을 하지 않고, $s > I$이면 $S-I$만큼 주문하여 S까지 높이는 시스템이다.

5 자재 출고 및 평가방법

자재 단가는 일률적으로 결정되지 않는다. 따라서 자재의 출고 방법과 재고자산의 평가방법에 따라 재고자산이 다르게 평가된다. 이와 같은 자재 출고와 평가방법은 다음과 같다.

1) 개별법

재고자산의 취득원가가 다른 경우 입고 순서를 명확하게 구분하여 보관하여 출고할 때 구매단가를 그대로 적용하고 재고 자산도 구매 로트(Lot)별로 산출하는 방법이다. 이와 같은 산출방법을 적용하는 것으로는 보석, 고급가구, 모피 등 고가품이다.

2) 선입선출법

먼저 입고된 자재가 먼저 출고된다는 개념이다. 이 방법은 기말 재고는 최근 입고된 구매단가를 적용한다.

3) 후입선출법

선입선출법과의 반대의 개념으로 가장 최근에 입고된 자재를 먼저 출고하는 개념이다. 재고자산의 평가는 가장 오래전에 입고된 구매단가를 적용한다.

4) 총 평균법

자재를 입고할 때마다 일정 기간의 단가를 평균하여 평균단가를 적용한다.

5) 단순 평가법

일정 기간의 자재구매단가를 단순 산술평균에 의하여 평가하는 방법이다. 구매시 단가를 합하고 이것을 구매 횟수로 나눈 단가를 계산한다.

6) 이동평균법

자재가 입고될 때마다 그 수량과 금액을 각각 직전의 재고금액에 합산하여 새로운 평균단가를 산출하는 방법이다.

7) 최종 구입 단가법

최종 구매된 자재의 단가를 재고자산에 모두 평가하는 방법이다.

창고관리

1 창고관리의 의의

창고는 자재를 보관하고 일정 기간 보존 및 유지하고 도난을 방지하는 기능으로 정리정돈과 파손, 진부화 방지 및 기록관리 등의 업무를 수행한다. 또한, 창고는 장부상의 재고 수량과 현품과의 차이 발생 및 사용된 자재의 품질을 고객에게 끝까지 책임진다는 사명으로 추적관리를 한다.

창고의 크기는 낭비를 낳는 원인으로 보는 시야도 있다. 창고의 크기가 크면 클수록 불용품 재고가 증가하고 로트(Lot) 크기가 커지며, 이로 인하여 관리비 및 인건비 등 제반 경비가 증가하게 된다.

일반적으로 창고는 기능에 따라 재료 창고, 부품창고, 제품창고, 부재료 창고 등으로 구분한다. 또한, 보관방법에 따라 독립 창고, 야적창고, 현장 창고 등으로 구분된다.

2 창고담당 업무

1) 기본업무

자재의 수입 및 보관 업무를 하며, 운반 및 현품 관리를 한다. 또한 자재의 입·출고에 따른 전산처리 등 사무처리 업무를 한다.

2) 부대 업무

자재를 필요로 하는 장소에 내주는 업무로서 포장을 분류하거나 필요한 수량만큼 나누어 분배하는 업무와 잔재를 처리하고 폐기된 자재를 매각하거나 처리하는 부수적 업무도 동반된다.

3 칸반시스템(Kanban system)

칸반은 JIT(Just in tume)에서 부품의 생산과 운반을 통제하는 수단으로 칸반 카드의 역할은 생산 및 운반지시서의 역할과 부품의 생산과 운반을 지시하고 용기 안의 부품을 식별하는 데 사용된다. 또한 생산 시스템의 모든 작업장과 공급업자를 연결하며 후속 공정에 필요한 부품을 선행공정에 알려 부품이 적시에 공급되도록 한다. 부품 공급 요청은 최종 조립라인으로부터 시작되어 선행공정에 파급되어진다.

1) 칸반의 개념

칸반은 TPS(도요타 생산 시스템)의 기본 이념인 JIT를 실현하기 위하여 관리, 개선의 도구로서 생겨난 것이다. 종래 생산 지시가 일정계획을 만들어 각 공정에 제공해 왔으나 현장의 여러 가지 문제 발생에 따라 공정 간의 균형을 취하는 것은 불가능에 가까웠다. 그래서 후공정이 '사용한 분량만 전 공정으로부터 운반해 가고, 전 공정은 후공정이 운반해 간 것만 생산한다.'고 하는 역발상이 고안되어 그 정보로서 칸반이 사용되었던 것이다. 칸반 운용 시 필요한 용기 수는 다음의 계산식에 의해 결정된다.

$$N = DT/C$$

N = 용기수
D = 사용 작업장에서의 부품 수요율
C = 용기의 수량
T = 한 번의 순회시간(작업장의 리드타임)

[그림 8-9] 칸반의 종류

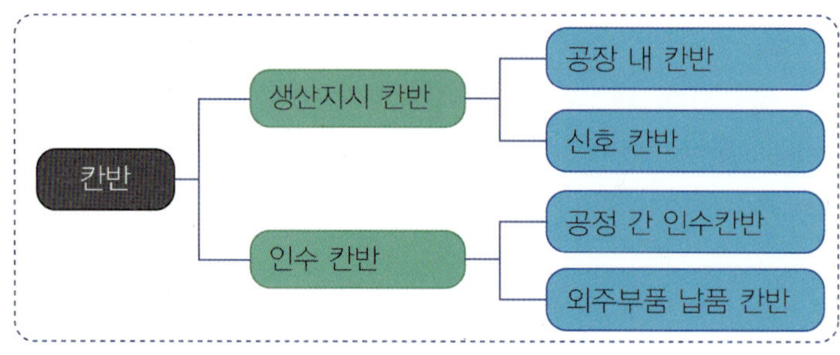

2) 칸반의 기재 사항

품목번호, 품목 명칭, 주 번지(적치 장소), 수용 수, 라인 명, 전후 공정, 발행 매수와 정리 번호, 납품시간(외주칸반만)

[그림 8-10] 칸반카드

인출칸반

부품번호 W262 부 품 명 WHEEL	선행공정 STAMPING A12
컨테이너 용량: 20 / 컨테이너 유형: B / 발행번호: 4/8	후속공정 RUBBER TIRE B6

컨테이너 용량	컨테이너 유형	발행번호
20	B	4/8

생산칸반

부품번호 Y16032 부 품 명 WHEEL RIM 저장장소 : 1879-2 컨테이너 용량 : 20	공정 STAMPING A12

3) 칸반 운영 방법

최종 생산공정만 생산계획부서로부터 일정계획을 전달받으며, 모든 다른 작업장과 협력업체는 후속 공정으로부터 칸반카드에 의해 생산 지시를 받는다. 만약 후속 공정에서 생산이 일시적으로 중단되면 선행공정은 칸반카드를 받지 못하므로 역시 생산을 곧 중단한다. 칸반 시스템은 공장 내의 모든 작업장과 협력업체를 연결시키며, 그 결과 모든 자재는 최종 조립 계획에 의해 연속적으로 끌려오게 된다.

[그림8-11] 칸반운영

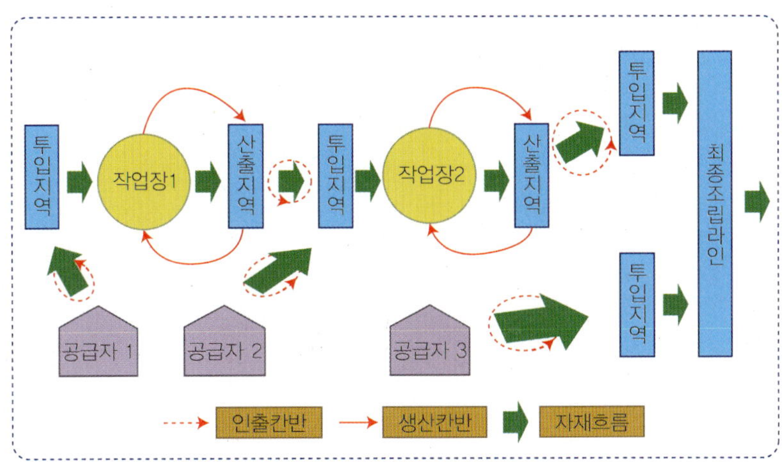

4) 도입 방법

① 조립 생산 평준화, 인수 Lot을 결정하여 칸반을 만든다.
② 여기에 대응할 수 없는 기계 가공라인은 Store를 만든다.
③ Store는 ABC 분석을 하고, 적치 방법은 Tool 교체 시간, Lead time으로부터 도출한다.
④ 재공 신호칸반을 만든다.

5) 칸반의 역할

① 과잉 생산의 낭비를 억제한다.
② 인수 정보, 생산 지시 정보를 표시한다.
③ 눈으로 보는 관리 도구이다.
④ 개선 도구이다.

6) 칸반 방식의 규칙

① 불량품은 절대로 후 공정으로 옮겨져서는 안 된다.
② 후 공정이 전 공정으로 가지러 간다.
③ 생산량은 인수량과 같아야만 한다.
④ 미세 조정 기능을 가져야만 한다.
⑤ 제품의 모델과 양은 평준화되어야만 한다.
⑥ 계획의 평준화가 이뤄져야 한다.
⑦ 칸반은 표준 상자에만 부착되어야 한다.
⑧ 칸반의 매수는 적을수록 좋다.
⑨ 표준 재고품은 정 위치에 있어야 한다.
⑩ 제조 활동에 안정성을 유지해야만 한다.

4 창고설비

창고 설비는 최소의 공간으로 최대의 적재 효과를 가져올 수 있도록 공간 계획을 수립한다. 창고 설비에 필요한 설비조건으로 방화, 침수방지 및 냉동, 냉장장치(필요하면)와 출입문 설치, 환기 및 채광 설비 및 인화성 물질의 경우 특수시설을 한다.

창고 설비에는 자재의 운반을 쉽게 하기 위한 운반설비, 보관설비(상자, 팔레트, 탱크 등)와 계량 시설 그리고 조명시설 등이 기본 요소이다.

1) 창고 공간 요소

① 입지 및 부지의 크기
② 건물 배치 및 진입로
③ 입고 및 출고 지역 및 도크(Dock)의 위치
④ 폭, 단의 수 및 크기
⑤ 통로 및 운반 장비
⑥ 기타, 조명, 배관, 냉방 및 난방 시설

2) 랙 설치

랙(Rack)은 자재 저장을 쉽게 하기 위해 철골 등의 골재를 용접 또는 조립하여 여러 단으로 만든 구조물이다.

사례
랙(rack) 종류

[팔레트(pallet rack)]

[드라이브인 랙(drive in rack)]

[유동 랙]

[이동 랙]

[캔틸레버 랙(cantilever rack)]

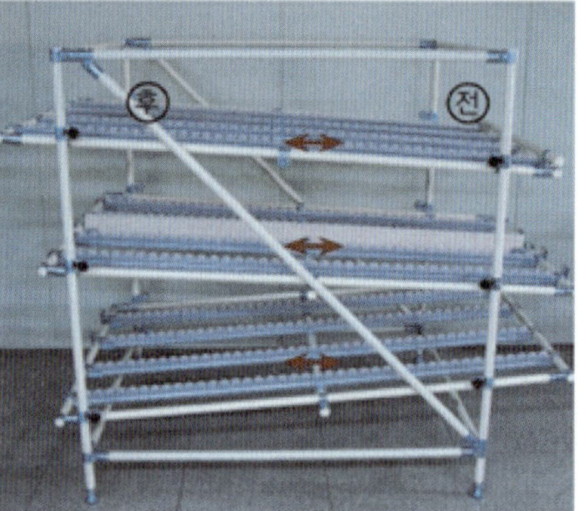

[슬라이드 랙(slide rack)]

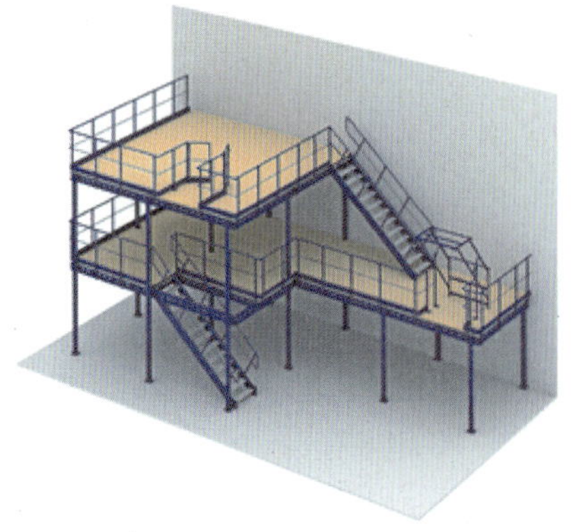
[메자닌(mezzanine)]

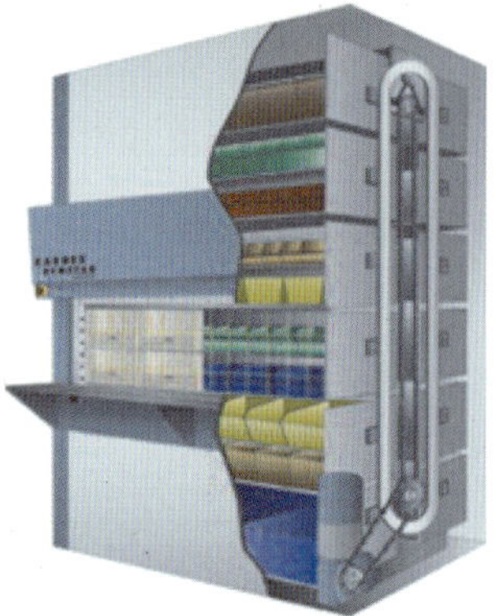
[캐로젤 랙(carousel rack)]

2) 위치표시

회사에서 취급하는 자재에 대해 위치(Location)를 지정함으로써 자재 보관과 품질 유지를 쉽게 하고 자재의 입·출고 작업 및 관리의 효율성 증대와 공간 활용의 극대화를 이루는 데 그 목적이 있다.

자재의 소재를 알 수 있도록 표시를 하는 것을 말한다. 위치표시는 빨리 자재를 찾고 창고 공간을 최대한 활용할 수 있도록 하는 데 목적이 있다.

위치표시 방법으로는 건물 및 층 번호, 열 번호, 추적관리번호 등을 부여한다. 위치표시 자릿수가 길면 관리가 복잡하여지고 너무 짧으면 자릿수 부족에 따른 관리의 어려움이 발생할 수 있다.

위치번호(Location code)는 아라비아 숫자 또는 영문자를 사용하여 대분류, 중분류, 소분류로 구분하여 여섯 자리로 표기한다.

① 대분류 : 공장 내의 자재 저장 위치에 따른 장소별로 분류하는 것을 원칙으로 하며 실내 창고와 야적장(Yard)에 쌓아두느냐에 따라 분류한다.

② 중분류 : 중분류는 대분류 지역 내에서 저장장소의 구조 및 배치위치에 따라 분류한다.

③ 소분류 : 소분류는 배치위치에 따라 횡과 열 그리고 구조물이면 층을 구분하여 표기한다.

[그림 8-12] 창고위치 번호부여

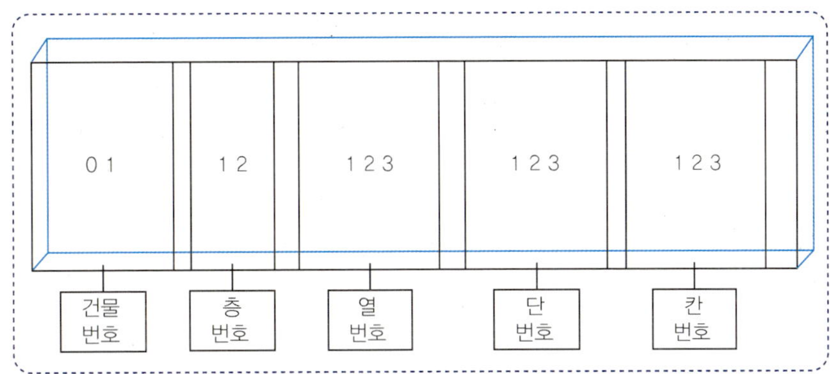

3) 자동화 창고

자동화 창고는 WMS(Warehouse management system)의 구성 체제로 창고 및 재고관리 시스템으로 발주, 입고, 오더 관리, 피킹(Picking), 출고, 재고관리 등 보관, 하역 전체를 통합 관리하여 기업의 물류관리 및 운영능력을 증가시킴으로써 경영자원의 유용한 활용과 고객 서비스 향상을 지원하는 물류 해법(Solution)이다.

사례
자동화 창고

학습 목표 요약

1. 자재관리 대상은 무엇인가?

재고(Inventory)는 기업의 생산기능과 판매기능을 연결하는 물품의 흐름이 시스템 내의 어떤 지점에서 정체된 상태를 말한다. 구체적으로는 기업에서 미래의 생산이나 판매를 위해 보유하는 유휴자원, 즉 생산에 투입된 원자재나 부품, 생산공정 내의 재공품 또는 반제품, 아직 팔리지 않은 완제품, 그 밖의 소모품 등을 일컫는다.

2. 재고관리 비용은 어떤 것들이 있는가?

주문비용(Ordering cost)은 자재를 협력업체로부터 구입할 때 소요되는 여러 가지 경비와 관리비를 말하며 주문량의 크기와 관계없이 고정비의 성격을 갖는다.

재고 유지비용은 재고를 보유함으로써 발생되는 비용이다.

재고 부족비용(Inventory shortage cost)은 재고의 품절로 인하여 발생하는 비용으로, 추후 납품비용(Backlogging 또는 Back-ordering cost)과 품절 비용(Stock-out cost)으로 다시 구분할 수 있다.

3. ABC 분석관리 방법은 무엇을 의미하는가?

ABC 분석(ABC analysis)은 재고품목을 재고 유지비용 측면에서 A등급, B등급, C등급으로 나누어 재고통제를 차별적으로 하는 것이다. 즉, A등급은 아주 엄격한 통제와 소량의 안전재고를, B등급은 정상적인 통제와 안전재고를, C등급은 간단한 통제와 다량의 안전재고를 보유하는 방식으로 차별적으로 관리된다.

4. 칸반시스템이란 무엇인가?

후공정이 '사용한 분량만 전 공정으로부터 운반해 가고, 전 공정은 후공정이 운반해 간 것만 생산한다.'고 하는 역발상이 고안되어 그 정보로서 칸반이 사용되었다.

칸반의 기재 사항으로는 품목번호, 품목 명칭, 주, 번지(적치 장소), 수용 수, 라인 명칭, 전 후 공정, 발행 매수와 정리 번호, 납품시간(외주칸반 만) 등이 있다.

최종 생산라인만이 생산계획부서로부터 일정계획을 전달받으며, 모든 다른 작업장과 납품업자는 후속 공정으로부터 칸반카드에 의해 생산지시를 받는다. 만약 후속 공정에서 생산이 일시적으로 중단되면 선행공정은 칸반카드를 받지 못하므로 역시 생산을 곧 중단한다. 칸반 시스템은 공장 내의 모든 작업장과 납품업자를 연결하며, 그 결과 모든 자재는 최종 조립 계획에 의해 연속적으로 끌려오게 된다.

5. 창고 설비의 기본 요소들은 무엇인가?

창고 설비는 최소의 공간으로 최대의 적재 효과를 가져올 수 있도록 공간 계획을 수립한다. 창고 설비에 필요한 설비 조건으로 방화, 침수방지 및 냉동 냉장장치(필요하면)와 출입문 설치, 환기 및 채광 설비 및 인화성 물질의 경우 특수시설을 한다.

창고 설비에는 자재의 운반을 쉽게 하기 위한 운반설비, 보관설비(상자, 팔레트, 탱크 등)와 계량 시설 그리고 조명시설 등이 기본 요소이다.

용어해설

▶ 재고회전기간은?

월(년)말재고금액 / 월(년)출고금액(사용금액) × 100

▶ 순환재고(Cycle stock)는?

일시에 필요한 양보다 더 많이 주문하는 경우에 생기는 재고

▶ 안전재고(Safety stock)는?

시장수요와 조달 기간이 불확실한 때를 대비하여 보유하는 재고

▶ 예상재고(Anticipation stock)는?

계절적인 수요변동, 가격급등, 파업 등을 예상하고 이에 대비하기 위하여 보유하는 재고

▶ 파이프라인 재고(Pipeline inventory)는?

유통시스템에서 운반 중인 제품이나 생산 공정에서 가공하기 위해 이동 중인 재공품

▶ 완충재고(Decoupling stock)는?

재고에 관한 의사결정을 여러 곳으로 분산시키기 위해 보유하는 재고

▶ 경제적 주문량 모형(Economic order quantity model)은?

$Q^* = \sqrt{2DS/H}$

▶ 랙(Rack)은?

자재 저장을 쉽게 하기 위해 철골 등의 골재를 용접 또는 조립하여 여러 단으로 만든 구조물

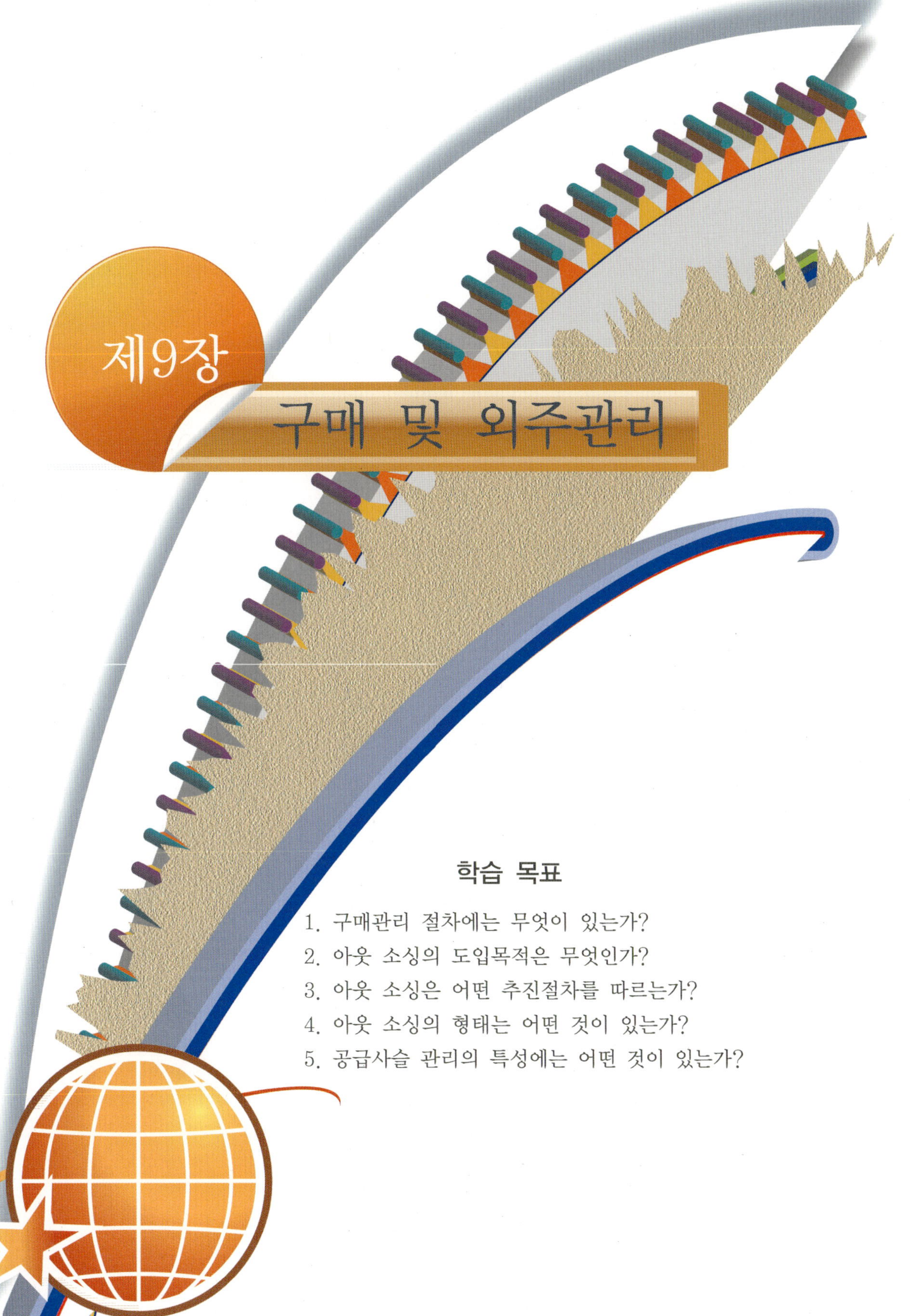

제9장 구매 및 외주관리

학습 목표

1. 구매관리 절차에는 무엇이 있는가?
2. 아웃 소싱의 도입목적은 무엇인가?
3. 아웃 소싱은 어떤 추진절차를 따르는가?
4. 아웃 소싱의 형태는 어떤 것이 있는가?
5. 공급사슬 관리의 특성에는 어떤 것이 있는가?

제1절 구매관리

1 구매의 개념

구매란 요구한 사양을 만족하게 하면서 필요한 시기에 필요한 양만큼 최소의 비용으로 사는 것이다. 구매방법으로는 단가계약에 의한 정기구매, 견적에 의한 구매, 경쟁 입찰방식, 수의계약 등이 있다.

발주계약은 계약 체결 이전에 협력업체의 사전 조사 및 품질능력, 경쟁조건, 경영자의 경영방침, 신용조사 등을 조사하여 거래처를 결정하는 방식이다.

기업이 필요로 하는 고품질, 저비용으로 자재를 조달하려면 품질, 원가, 납기의 효율성을 기반으로 자재구매계획과 구매 관리 원칙을 준수하여야 한다.

구매 관리에서 해야 할 업무는 구매할 자재를 결정하고 적정 구매 가격을 산출하여야 하며, 자재구매 시 경제적 구매가 이루어질 수 있도록 포장단위, 생산단위 등을 검토하여 가장 효율적인 단위로 구매한다. 그리고 구매 로트(Lot)를 결정하여 포장, 운반 등을 협력업체에서 생산에 효율성을 이바지한다. 또한, 재고의 결품(Shortage)이 일어나지 않도록 구매 시기를 결정하고 협력업체와 쌍방이 상호 존중하는 구매계약을 체결한다. 또한, 발주관리는 물론 납기관리를 철저히 하여 재고 부족에 따른 고객 이탈 및 업무 마비를 예방하여야 하며 품질향상에 적극적으로 지원하여 고품질의 자재가 입고되도록 협력업체를 지원한다.

2 구매방침

구매방침은 기업에 따라 달리 정하여진다. 이와 같은 구매방침은 최고경영자의 방침 및 기업문화에 따라 구매방침은 결정된다. 구매방침을 결정하기 위하여 구매

품목, 수량, 시기, 가격, 구매 선을 고려하여 결정한다.

품질과 품목을 결정하는 방법은 기업이 요구하는 설명 사항을 구매담당자의 전문지식을 발휘하여 합리적인 제품과 높은 품질의 자재가 구매되도록 추구하여야 한다.

구매 수량과 시기 결정은 장기적으로 계속 구매되는 자재는 단가를 적정하게 결정하고 수량은 계절, 시기, 경기 변동에 따라 미래의 수요를 예측하여 결정한다.

단가 및 대금결재방법으로 단가는 견적 방법과 명세서 분석방법, 계약방법 등을 적용하여 품질은 높이고 가격을 낮추는 방침을 설정한다. 대금 지급조건은 자금조달 조건에 맞게 기업의 정책과 함께 결정한다.

구매 선 결정방법은 특수한 자재의 경우를 제외하고는 신뢰하고 협력할 수 있는 협력업체를 평가하여 결정한다.

3 구매관리 절차

1) 명세서 및 도면 개발

자재구매를 위한 명세서 및 도면 등을 검토한다. 명세서 및 도면을 검토할 때는 오차범위, 치수, 조립방법, 규격, 재료구성, 검사방법 등을 상세히 검토한다.

2) 가격 결정

자재를 국내에서 구매할 경우는 협력업체와 가격조정을 통하여 결정할 수 있으나 수입자재의 경우는 수입조건에 따라 가격은 달라진다. 수입 L/C 개설의 경우 관세환급 및 도착지, 선적지 등에 따라 유리한 조건으로 결정한다.

3) 발주방법

생산 활동을 원활하게 하려고 발주목표는 적시, 적량 및 최소의 비용으로 발주되어야 한다. 이와 같은 합리적인 방법으로는 ERP 운영을 통하여 경제적 주문을 하거나 VAN 또는 인터넷을 이용하여 신속하게 발주되어야 한다.

4) 입고 검사

입고된 자재 품질을 검사하는 기능으로 협력업체의 품질검사를 신뢰한다면 협력업체의 품질평가서를 기준으로 무검사 입고를 하며, 검사를 요구하는 품목은 신속한 검사를 하여 입고시킨다.

5) 대금결제

입고된 자재에 대한 결제는 회사의 결제정책에 따라 결제되나 협력업체와의 관계 유지를 위하여 빠른 결제와 현금결제를 하는 것이 유리하다. 많은 기업에서는 품질, 납기, 신뢰성 등 협력업체를 평가하여 우수 협력업체에는 현금결제를 한다.

6) 협력업체 유지관리

협력업체는 동반성장 기업으로서 기술지도 및 자금지원 그리고 품질향상 기법과 신경영기법 도입 지원을 통하여 협력업체와 동반 성장하도록 적극적으로 지원한다.

제2절 아웃 소싱

1 아웃 소싱의 정의

1) 아웃 소싱

경영환경이 글로벌화되고 기업 간의 경쟁이 심화하면서 기업은 가치 창조를 위한 활동이 더욱더 전략적이고 적극적이다. 아웃 소싱(Outsourcing)은 외부(Out)의 자원(Source)을 활용한다는 것이며, 다른 기업으로부터 제품이나 서비스를 구입하여 사용하는 것이다.

아웃 소싱의 전략적 목표를 가지고 경영관리 활동의 일부 또는 전부를 외부 전문 공급 기업에 위탁하여 관리하게 하는 장·단기 계약을 아웃 소싱이라고 말한다. 그 과정에서 하드웨어, 소프트웨어, 네트워크, 인력 등의 일부 또는 전부를 외부 기업에 일임하여 관리하게 하는 계약이다.

2) 아웃 소싱과 유사한 개념

아웃 소싱과 비슷한 개념으로 다음과 같은 개념이 있다.

(1) 외주

넓은 의미에서 발주 수주의 개념이며 외부자원의 활용이나 하도급, 도급, 업무대행 또는 원재료의 조달 등도 포함된다. 아웃 소싱도 외주의 하나라고 할 수 있다.

(2) 하도급

업무 일부를 외부에 위임하는 것이다. 특히 제조업에서는 부품이나 제품의 일부 제조를 외주기업에 발주하는 형태가 전통적으로 이루어져 왔다. 현재에도 대기업과 하도급 중소기업이라는 수직적인 계열을 형성하고 있다. 아웃 소싱의 일종이지만 기획 설계라는 업무의 기능적인 부분은 발주 측이 장악하는 경우가 많다.

(3) 도급

업무의 일부 또는 전부를 일괄하여 외부에 위임하는 것이며 도급을 받는 측은 발주 측과 계약하여 자기 책임 하에 업무를 수행한다. 건축 토목공사 등에서 많이 볼 수 있다.

(4) 임가공

구매자인 모기업이 설계와 원부자재를 공급업체에 주고, 부품을 만들어 납품하게 하는 방법이다. 미국 업체가 멕시코 국경 지대에 있는 멕시코 공급업자와 맺고 있는 계열 관계를 '마길라 도라'라고 하는데, 이와 거의 같은 개념이다.

(5) 분사화

모기업의 경영자원을 활용하여 어느 특정 부문(기능)을 분리하여 다른 조직의 회사로 만드는 것이다. 분사 기업이 외부에서 서비스를 제공하는 단계가 되면 아웃 소싱의 공급 기업이라고 할 수 있다. 분사화는 '사업 분할', 아웃 소싱은 '기능 분할'이라고 할 수 있다.

〈표 9-1〉 아웃 소싱과 하청(도급)의 차이

구 분	아웃 소싱 공급 업체	하청(도급) 기업
가격결정권	합의를 통한 대등 관계	제안, 결정권이 없음
업무내용	업무 프로세스의 일부에서 전체를 위임받아 효율적으로 진행	업무의 일부만을 수급 받는 대량, 단순 업무가 대부분
발 전 성	전문화와 공격경영으로 성장의 가능성이 높음	발주기업의 상황에 따라 좌우
유 연 성	유연한 업무전개 가능	변화에 약하고 대응이 어려움

2 아웃 소싱 개념의 발전

세계 최대의 운동화 판매 업체인 미국의 나이키(Nike)사는 핵심 부품 공장 외에 단 하나도 생산 공장을 가지고 있지 않은 것으로 유명하다. 디자인과 판매만 직접 할 뿐 생산은 100% 아웃 소싱하고 있다. 이를 통해 나이키사는 노사문제 등 여러 문제를 피할 수 있고 핵심 경영자원을 연구개발, 디자인 등 핵심역량 강화에 지속해서 쏟아부을 수 있다.

세계 최대 컴퓨터 회사인 델컴퓨터 역시 모든 부품을 아웃 소싱하고 자신은 조립, 판매만 한다. 이 회사는 물류 또한 세계적 택배 회사인 페덱스[2])로부터 아웃 소싱하고 있다. 이 방식으로 델컴퓨터는 시간과 가격 면에서 경쟁우위 확보뿐만 아니라 타사보다 현저히 낮은 재고율을 유지할 수 있고 변화에 민첩하게 대응할 수 있게 되었다. 그리고 여기서 생긴 여력을 핵심역량에 집중적으로 투입함으로써 엄청난 경쟁력을 유지할 수 있다. 이러한 아웃 소싱 방식으로 델컴퓨터는 현재 IBM을 제치고 세계 최대의 컴퓨터 판매회사로 성장했다. 아웃 소싱은 비단 생산 및 물류에서뿐만 아니라 인적자원, 재무 및 회계, 정보시스템 등 다양한 분야에서 폭넓게 이루어지고 있다.

세계 초일류 기업들은 아웃 소싱을 핵심역량 강화를 위한 주요 경영전략으로 채택하고 있다. 미국에서는 심지어 소방서나 감옥까지도 민간업체에 위탁하고 있다. 전문가들은 미국 경제가 1980년대의 침체에서 벗어나 1990년대에 활기를 찾은 주요 이유를 아웃 소싱의 활성화로 설명하고 있다.

3 아웃 소싱 도입 목적

기업환경으로서 글로벌 경쟁의 격화, 경제의 저성장, 고객 욕구의 다양한 변화 등으로 말미암아 기업들은 적극적으로 변신하지 않을 수 없게 되었다. 이러한 상황에서 아웃 소싱은 유효한 생존수단으로 등장하고 있다. 아웃 소싱을 추진하는 다음과 같은 목적을 검토해 봐야 할 것이다.

첫째, 주력 업무에 경영자원을 집중하고 핵심역량을 강화한다.

아웃 소싱은 인력 및 자금이라는 경영자원이 재분배되어 결과적으로는 더욱 적절한 자원배분이 가능해진다. 즉, 비효율 및 고비용 부문과 주변 업무를 외부 전문기관에 아웃 소싱을 하고 핵심역량에 내부의 경영자원을 집중함으로써 경쟁사와의

2) 페더럴 익스프레스(Federal Express)의 약자이며, 정식 명칭은 페덱스 주식회사(FedEx Corporation)이다. 1971년 미국 테네시 주 멤피스에서 프레더릭 W. 스미스에 의해 창립했고, 1973년 4월 17일부터 서비스를 개시하였다.

차별성을 더욱 부각해 주력 업무의 전문성과 품질향상, 경영체질의 강화를 도모할 수 있게 된다.

둘째, 위험(Risk)을 분산시킬 수 있다.

아웃 소싱을 활용하여 유연한 조직을 구축함으로써 시장, 경쟁 환경, 기술 등의 변화가 기업경영에 미치는 영향을 최소화할 수 있다. 예를 들어 우리 회사는 제품개발 능력만 보유하고 생산이나 영업을 아웃 소싱을 한다면 고정비가 변동비화되기 때문에 위험이 감소하고 기업의 유연성이 강화될 것이다.

셋째, 조직의 슬림화(slim structure)와 유연화를 꾀할 수 있다.

아웃 소싱의 활용에 때문에 단순하고 반복적인 업무 등을 외부에 위탁함에 따라 기업 조직을 슬림화(Slim)할 수 있다.

넷째, 시너지(Synergy) 효과에 의한 새로운 부가가치를 창출한다.

단순한 외부자원 활용에 그치지 않고, 공급자 측과 활용 측의 동반관계를 가져오는 시너지 효과에 의해 새로운 부가가치 창출과 이익 사업화가 가능해진다. 복수의 주체가 상호 자원을 활용하는 개방적인 기업 간 제휴로 인해 조직의 유연성 창출과 협력을 할 수 있어진다.

다섯째, 비용 절감을 기대한다.

전문분야 기업에 아웃 소싱을 함으로써 적은 비용으로 업무를 추진할 수 있어 비용절감이 가능해진다.

여섯째, 경기변동에 쉽게 대응한다.

사내에서 부담하고 있는 생산, 판매, 관리 등을 외부에 위탁함으로써 고정적 성격의 인건비가 변동화되고 이에 따라 위험(Risk) 분산이 가능해진다. 따라서 경기변동에 강한 기업체질이 구축된다.

일곱째, 혁신을 가속한다.

아웃 소싱은 비효율적인 부문의 재구축 등 구조조정과 기존의 비즈니스 프로세스를 수정하는 리엔지어링(Reengineering)의 수단이기 되기 때문에 이를 통해 기업혁신, 변신을 가속할 수 있다.

여덟째, 업무의 전문성을 확보한다.

총무, 인사, 경리 등 관리 부문 업무를 전문기업에 아웃 소싱을 함으로써 업무의 신속성과 전문성의 향상으로 이어진다. 특히 정보시스템, 법무, 디자인 등 고도의 전문성을 요구하는 업무는 독자적 수행이 어려우므로 아웃 소싱이 더욱 활성화되어가고 있다.

4 아웃 소싱 추진절차

1) 업무분석 및 평가

아웃 소싱은 업무분석 및 평가, 업체 선정 및 계약 체결, 실행 및 통제 단계로 추진한다. 업무 분석 및 평가의 첫 단계에서는 먼저 사업 비전과 조직 목표를 명확히 수립하고, 꼭 있어야 할 조직과 중요치 않은 조직을 분석한다. 다음 조직 구조의 중장기적 설계를 그린다. 아웃 소싱의 분야를 선택하고 장기 전략을 수립한다. 아웃 소싱은 조직변경이나 인원의 재배치를 수반하므로 최고경영자의 판단과 방침이 중요하다.

2) 업체 선정과 계약 체결

구체적인 아웃 소싱의 목표 및 제안서를 작성한다. 아웃 소싱의 요구 수준과 범위에 비추어 공급기업의 서비스 수준을 평가한다. 공급기업의 제안서를 검토하고 업체를 선정하며 계약을 체결한다. 계약 시 마찰을 방지하기 위해 비밀유지, 비용, 문제 발생 시 대처방법 등을 면밀하게 검토한다. 아웃 소싱 계약 절차는 다음 〈표 9-2〉와 같다.

〈표 9-2〉 아웃 소싱 계약 절차

구 분	활용 업체	공급업체
아웃 소싱 의뢰	고객의뢰	
컨설팅	문제점 및 요구사항 파악	
서비스계약		보고서 및 계약서 작성
업무 협의서 제시		업무 협의안 제시
검토 및 승인	검토 및 승인	수정안 제시
업무진행		업무진행
수수료 지불	수수료 지불	

3) 계약서 작성

아웃 소싱 계약서는 분쟁을 해결하는 지침이 된다. 그러므로 충분하게 그 의견을 반영하여 자세하게 기록하고 활용사와 공급사가 서명한다. 특히 책임소재의 명확화, 기업비밀 유지, 예외적 상황이 발생했을 때의 처리, 아웃 소싱의 범위, 품질 및 평가 기준 등을 자세히 기록해야 한다.

4) 실행과 평가

아웃 소싱업체와 협력적 관계를 설정하고 평가시스템을 갖추어야 한다. 그 효과를 극대화하기 위해서는 쌍방의 의사소통이 필수적이다. 계약상의 내용이 지켜지지 않으면 협상을 통하여 해결해야 하고, 부작용이 우려될 경우 새로운 공급 기업을 선정할 수도 있다.

활용 기업으로서 그 효과를 측정하여 원래의 목표와 비교함으로써 통제 기능을 강화해 나가야 한다.

5 아웃 소싱의 통제 사항

아웃 소싱의 도입 시 다음과 같은 사항을 통제 요인으로 고려해야 한다.

첫째, 아웃 소싱에 따른 구성원들의 고용에 대한 불안감이다.

특정 분야를 아웃 소싱하면 조직 축소와 인력감축이 뒤따른다. 감원이 아니더라도 재배치나 전환 조치가 불가피해지면서 고용불안이 심화될 수밖에 없다. 이 문제는 곧바로 노사갈등으로 이어지고 노사 간의 첨예한 대립을 일으켜 경쟁력 약화라는 역효과를 가져올 수 있다.

둘째, 특정 기능이나 프로세스 또는 제품 등을 지속해서 아웃 소싱했을 때 기업은 해당 기능이나 제품을 다시 사내에서 공급할 능력이 없어지게 된다.

이때 중요한 기능이나 프로세스를 공급하는 업체가 적극적으로 협력하지 않으면 전략상 유연성을 잃어버릴 위험도 있을 수 있다. 아웃 소싱으로 인한 품질 부적합과 납기지연의 문제가 발생할 수도 있다.

셋째, 아웃 소싱에 의존함으로써 핵심기술을 상실할 수도 있다는 점을 고려하여야 한다.

부문 간, 기능 간의 조정 및 통합 능력을 상실할 수도 있다. 예를 들면 신제품을 출시하기 위해서는 적절한 디자인 개발과 적합한 제조공정, 광고 활용, 판매원 교육 등 여러 기능 간의 협력이 필요하다. 그런데 일부 기능을 아웃 소싱을 함으로써 협력관계가 상실될 수 있다.

넷째, 아웃 소싱이 기업문화 및 직업문화를 와해시켜 업무에 대한 의욕이나 열정을 식게 만들 수 있다.

즉, 사내에 파견된 아웃 소싱 공급업체 직원들과 사내 직원들과 갈등 또는 소외감 등으로 인해 오히려 경쟁력 강화에 역작용할 수 있기 때문이다.

다섯째, 아웃 소싱에 너무 의존함으로써 공급업체에 대한 통제를 상실할 수 있다.

기업이 공급업체에 대한 통제권이 없으면 공급업체에 대한 교섭능력이 떨어질 뿐 아니라 오히려 의존적인 관계로 전락할 수 있다.

여섯째, 사내 기밀 및 노하우가 공급업체에 누설될 염려도 간과해서는 안 된다.

또한, 아웃 소싱의 효과가 기대에 못 미치는 예도 있다. 통상 공급업체는 30~40%의 비용절감을 약속하지만, 조사 결과에 따르면 10% 정도에 그치는 것으로 나타나고 있다.

그러나 이러한 문제점에도 불구하고 고정비 및 원가절감과 스피드 제고, 핵심역량 강화라는 아웃 소싱의 장점은 무한경쟁시대를 맞은 기업들에는 외면할 수 없는 생존 대안임은 틀림없다.

6 아웃 소싱의 형태

기업에서 추구하게 되는 아웃 소싱에는 다양한 형태가 존재하며 일반적으로 비용절감형, 분사형, 네트워크형, 핵심역량 자체의 아웃 소싱 등 네 가지 형태로 분류할 수 있다.

1) 비용절감형 아웃 소싱

비용절감만을 위해 중요치 않은 기능을 아웃 소싱하는 형태로 현재 우리나라 기업들이 주로 이용하는 아웃 소싱 방식이다. 원자재를 조달해 주는 임가공 방식에서 고객관리, 해외출장, 자료 정리, 행사대행 등 단순 관리 분야, 교육이나 전산 등 전문 관리 분야까지 아웃 소싱이 퍼지고 있다.

2) 분사형 아웃 소싱

분사형 아웃 소싱은 기업 내의 기능을 분사화 시키는 것으로 이익 추구(Profit-Center)형과 스핀오프(Spin-off) 형이 있다.

(1) 이익 추구형(Profit-Center)

이익 추구형 아웃 소싱은 사내에서는 크게 주요치 않으나 나름대로 전문성을 확보하고 있는 기능을 분사화 시킴으로써 외부 경쟁에 노출시켜 스스로 수익을 창출할 수 있게 하는 방법으로서 분사화 된 기업이 모 기업에 서비스도 공급하면서 외부 기업과도 거래하도록 한다. 이 같은 분사를 통한 아웃 소싱은 업무의 전문화와 함께 인력구조조정의 한 수단으로 활용될 수 있다.

(2) 스핀오프(Spin-off) 형

자사가 보유한 일정 기술, 공정 제품, 역량 등을 분사화 하여 비즈니스화함으로써 조직을 슬림화하는 방법으로 정보통신업계의 경우 사업부 조직 자체를 분리해 별도법인으로 독립시키거나 협력기업에 이관하는 등 스핀오프 형 아웃 소싱이 늘고 있다.

3) 네트워크형(가상기업형 아웃 소싱)

네트워크형 아웃 소싱이란 핵심역량이나 핵심 제품 이외의 모든 기능을 아웃 소싱하고 이들 공급업체와 수평적 네트워크를 형성하여 시너지 효과를 제고시키는 형태로서 복수의 주체가 각각의 서로의 경영자원을 공유하고 상호보완적으로 활용하는 아웃 소싱이다.

아웃 소싱을 단순하게 말하면 활용 측이 전문적인 서비스를 전략적으로 외부에서 얻는 것이다. 그러나 복수의 공급주체가 경영자원을 서로 활용하고 아웃 소싱 기능이 상호보완적으로 연결되도록 하면 아웃 소싱을 활용하는 측만이 아니라 공급하는 측에서도 더욱더 부가가치가 높은 서비스를 창출할 수 있다. 이러한 아웃소싱의 발전적 형태로서 복수의 주체가 각각 서로의 경영자원을 공유하고 상호보완적으로 활용하는 형태를 '코 소싱(Co-sourcing)'이라 한다. 이 같은 형태로 복수의 주체가 핵심적 분야에 대해 상호 제휴 및 연대를 하면 새로운 부가가치를 창출할 수 있다.

이러한 코 소싱은 활용자와 공급자가 공유하기 때문에 아웃 소싱 함으로써 발생할 가능성이 높은 의사소통 장애와 견해차를 해소할 수 있어 코 소싱은 아웃 소싱의 보다 발전된 형태라 할 수 있다. 따라서 우리가 흔히 말하는 네트워크 기업 혹은 가상 기업(Virtual Corporation)은 코 소싱에 의한 새로운 조직으로 자리 잡을 것으로 예상한다. 가상 기업은 종속적이나 조직 개념이 아닌 참가 사업체가 보유한 연구개발, 제조, 물류, 판매, 자금조달, 총무 등 각각의 전문기능을 수평적이고 상호보완적으로 연결함으로써 더욱더 부가가치가 높은 서비스를 만들어내는 네트워크형 기업으로 정의할 수 있다.

네트워크 기업(가상 기업)은 참가업체가 가장 자신 있는 전문기능을 상호 활용하는 가상 사업체라는 점에서 시장과 기술의 변화에 신속히 대응할 수 있어 사업효율을 향상한다. 또한, 경영자원이 한정된 벤처기업에서도 네트워크 조직은 좋은 조직모델이 될 수 있다(donga.ac.kr/syhyun/Old. 2016).

7 부문별 아웃 소싱

1) 물류 아웃 소싱

물류 아웃 소싱이란 기업이 고객 서비스 향상, 물류비 절감 등 물류활동을 효율화할 수 있도록 물류기능 전체 혹은 일부를 외부 전문 업체에 위탁, 대행하는 업무를 말한다. 즉, 외부 사업자와 효율적인 관계를 구축하여 물류활동의 생산성을 향상하는 기법이다.

제조업체가 물류 아웃 소싱을 추구할 때 그 업체는 전문화의 이점을 살려 고객욕구의 변화에 대응하여 주력사업에 집중할 수 있게 된다. 또 조직 간소화로 조직의 유연성을 확보할 수 있고 물류비도 절감할 수 있게 된다. 더 나아가 물류공동화와 물류표준화도 가능하게 된다. 이 밖에 물류시설 및 장비를 이중으로 투자하는 데 따르는 투자 위험도 피할 수 있다. 결과적으로 기업은 경쟁 우위 확보는 물론 사회적 비용절감 및 국가경쟁력 강화에도 기여할 수 있는 효과를 얻을 수 있다.

물류분야의 아웃 소싱은 서비스 제공 형태에 따라 보통 세 단계로 구분된다.

첫 번째 단계는 운송, 보관, 하역, 포장, 정보처리, 유통가공 등 일련의 물류 각 기능을 부문별로 외부의 물류업체에 아웃 소싱하는 경우이다.

두 번째 단계는 운송, 보관, 하역 등 여러 물류기능을 일괄적으로 아웃 소싱하는 경우를 말한다.

세 번째 단계는 서비스 범위라는 면에서는 두 번째 단계와 거의 비슷하지만, 운영 및 관리 측면과 아울러 물류전략·계획의 수립 부문까지 포괄적으로 수행하는 경우이다.

최근 들어서는 물류 아웃 소싱은 활용 업체와 공급업체 간의 관계가 거래기반 관계에서 전략적 제휴관계로 전환되고, 이에 따라 서비스 내용에서도 운송, 보관 등 부분적 물류기능을 대행·제공하는 정도를 넘어서 효율적인 물류전략·계획의 제안, 통합 물류서비스의 제공 등 보다 긴밀한 관계로 발전해나가고 있다.

2) 생산 아웃 소싱

급변하는 기업경영 환경에서 혁신을 달성하기 위한 기업의 움직임이 분주하다. 이러한 움직임은 전문적인 지식을 상호 교환하고 공유하는 광범위한 네트워크의 구축으로 이어지고 있다.

생산부문의 아웃 소싱도 기업의 자급자족 경영방식의 탈피로부터 시작해 경쟁력 구축이라는 새로운 혁신으로 빠르게 전개되고 있다. 지금과 같은 치열한 경쟁 환경에서 한정된 자원을 가진 기업이 모든 기능분야에서 최고의 위치를 유지하기란 결코 쉬운 일이 아니다.

따라서 기업은 전략적으로 중요하면서도 가장 잘할 수 있는 기능이나 프로세스에 집중하고 나머지 활동들을 해당 분야에서 가장 뛰어난 전문기업들에 아웃 소싱하여 이들과의 전략적 통합을 통해 경쟁력을 강화하는 데 주력하고 있다. 이러한 다양한 분야의 아웃 소싱 중 최근 생산부문에 대한 아웃 소싱이 주목받고 있다.

이는 기업이 자급자족 경영을 위해 그동안 생산시설과 설비, 그에 따른 인력의 보강 등에 집중해온바 IMF 경제위기(1997년 11월 우리나라 외환부족)라는 거대한 벽을 부딪치게 됨에 따라 이에 대한 비용절감과 생산성 향상이라는 명목 아래 생산부문에 대한 아웃 소싱에 눈을 돌리게 된 것으로 풀이할 수 있다.

다양한 형태의 생산부문의 아웃 소싱은 몇 가지 다양한 형태로 진행되고 있다. 첫 번째는 공장과 설비를 갖추고 아웃 소싱 공급업체가 자체적으로 원자재를 확보해 고객사인 기업에 제품이나 부품을 납품하는 완전위탁, 두 번째는 공장과 설비는 갖추고 있지만, 원자재를 고객사에서 공급받아 가공하는 임가공 형태, 세 번째는 공장과 설비를 갖추지 않고 고객사의 생산라인에 공급사의 생산인력을 투입하는 팩토리형 아웃 소싱 등으로 나눌 수 있다.

완전위탁의 경우 사용 사에서 기획과 설계를 담당하고 기술 지도까지 담당하는 경우가 있으며, 최근에 와서는 설계와 기술지도부문에 까지 공급업체와 고객사가 함께 참여하는 경우도 생기고 있다. 특히 중소기업과 벤처기업을 중심으로 한 100% 생산 아웃 소싱이라 할 수 있는 웹 계열화 방식의 생산방법에서는 보다 기술적이고 세밀한 부문까지 아웃 소싱 공급업체가 참여하는 사례도 발생하고 있다.

3) 기술 아웃 소싱

기술 아웃 소싱이란 기업이 필요한 기술을 외부 기관으로부터 획득하는 것을 말한다. 즉, 기업과 기관 간에 연구개발(R&D) 활동을 공유함으로써 기업 내부의 울타리를 뛰어넘어 시너지 효과를 창출한다는 것이다. 이 같은 의미에서 기술 아웃 소싱은 제 4세대 연구개발(R&D)로 불리기도 한다. 과거에는 일반적으로 새로운 제품이나 서비스, 프로세스를 지원하는 데 필요한 기술의 개발은 모두 연구개발(R&D) 부서의 임무였다. 신기술의 개발은 기업의 핵심 역량으로서 아웃 소싱의 대상이 아니라 모두 기업 내부에서 수행해야 하는 인식이 지배적이었기 때문이다. 하지만 점차 기술 개발의 속도가 빨라지고 외국의 선진 업체들과의 경쟁이 심해지면서 기술 아웃 소싱에 대한 필요성이 주목받고 있다.

기술 아웃 소싱이 필요한 이유는 크게 세 가지로 요약할 수 있다.

첫째, 신기술의 확보이다.

전자나 정보통신과 같은 첨단 산업의 경우 신기술의 확보가 기업의 경쟁력을 좌우하는 중요한 요소로 작용한다. 그러나 아직 대부분의 많은 기업이 이러한 첨단

기술을 모두 자체 개발할 역량을 지니고 있지 못한 실정이다. 현재 IMT-2000과 같은 차세대 이동 통신 사업의 경우 신기술 확보를 목적으로 관련된 많은 기술을 해외에서 아웃 소싱하고 있다.

둘째, 제품의 시장 출시기(Time-to-market)의 단축이다.

디지털 경영 시대가 도래하면서 기술의 생명주기(life cycle)가 점점 짧아지고 이에 따라 신기술의 시장 출시 속도가 매우 빨라지고 있다. 모든 기술을 자체 개발한다면 자원과 역량의 한계로 인하여 기술의 시장 출시 속도는 늦어지며, 이러한 기업은 급변하는 환경에 대처하지 못하고 시장에서 도태될 수밖에 없다.

셋째, 기술 개발 위험의 축소이다.

새로운 기술을 개발하기 위해서는 오랜 시간이 소요되기 때문에 기술의 개발 착수 후 개발 도중에 그 기술이 시장에서 사장되어 기술 개발이 중단되는 경우도 많이 존재한다. 기업들은 기술 아웃 소싱을 활용하여 이러한 개발의 위험을 줄이고 시간과 비용을 다른 부문에 투자할 수 있게 된다.

기술 아웃 소싱에서 제일 중요한 사항은 아웃 소싱의 대상 기술을 어떻게 선정하느냐의 문제이다. 실제로 많은 기업이 아웃 소싱 대상 기술에 대한 전략적인 판단과 검토 없이, 주어진 프로젝트 단위로 시간과 역량 등을 감으로 판단하여 대상 기술을 결정하는 경우가 많다.

기본적으로 핵심 기술은 자체 개발하고 비핵심 기술은 아웃 소싱해야 한다. 따라서 성공적인 기술 아웃 소싱을 위해서는 명확한 기준을 바탕으로 핵심 기술과 종속 기술을 판별할 수 있어야 한다. 여기서 핵심 기술은 ① 고객에게 가치를 제공하고 ② 광범위한 시장에 응용될 수 있으며 ③ 차별화에 의한 경쟁력 제고가 가능하고 모방하기 어려운 기술을 말한다.

따라서 아웃 소싱 대상 기술을 제대로 선정하기 위해서는 해당 기술이 이러한 세 조건을 만족하게 하는 핵심 기술로 분류될 수 있는 것인지를 정확히 파악해야 한다. 이를 위해서는 외부 신기술 동향이나 경쟁사의 기술 능력을 지속해서 감시하여 파악하고 있어야 한다.

4) 정보시스템 아웃 소싱

정보시스템 사용자나 기업 경영층은 경영환경변화에 더 쉽고 적응할 수 있게 하는 시스템을 더 빨리 구축해 달라고 요구하고 있다. 이에 따라 정보시스템 기능을 확장하여 내부화하느냐 또는 전문적인 외부기관에 정보시스템 기능을 위탁하여 외부화하느냐 하는 의사결정을 고려할 필요성이 생기고 있다.

근래의 아웃 소싱은 아웃 소싱 초기부터 행해져 왔던 단순한 시스템 개발 또는 설비관리의 범위를 넘어서서 정보시스템의 계획부터 개발 운용 및 유지보수에 이르기까지 일괄적으로 위탁하는 시스템 관리로 그 범위가 확대하고 있다. 이러한 포괄적 아웃 소싱이 성공적으로 수행되고 있는지, 성공적인 아웃 소싱을 위해서 필요시 되는 것은 무엇인지는 정보시스템 분야에 있어서 해결해야 할 새로운 과제로 떠오르고 있다.

정보시스템 분야에 있어서 일반적으로 아웃 소싱이란 조직이 내부의 정보시스템 욕구를 만족시키기 위해 외부의 전문적인 공급자를 고용하는 개념으로 사용되는데, 여기서 내부의 욕구는 인력, 설비, 서비스에 대한 요구를 모두 포함한다.

이를 좀 더 구체화시켜 아웃 소싱을 보다 명확하게 정의하면 외부 공급업자가 한 조직의 정보기술 기반구조를 형성하는 물리적 또는 인적 자원의 전부 또는 특정 부분에 있어서 기여하는 것을 의미한다. 여기서 정보기술 기반구조란 조직 내에서 각종 전산화된 서비스를 제공하기 위해 필요한 인력, 장비, 소프트웨어 등 유형적 요소와 조직, 절차, 정책 등의 무형적 요소를 조직화한 것을 말한다.

아웃 소싱의 대상 영역을 공급자의 입장에서는 크게 SI(System Integration), FM(Facility Management) 및 SM(System Management)의 세 가지로 구분하는 것이 보통이다. SI는 고객의 요구사항에 따라 하드웨어, 소프트웨어, 네트워크 등 다양한 구성 요소의 계획, 설계, 이행 및 관리과정 전반에 걸친 서비스를 제공하는 것으로 보통 개별적인 프로젝트 단위로 계약이 이루어진다. FM은 중앙의 데이터센터나 네트워크 등 설비의 운영관리를 대행하는 것이고, SM은 FM을 포함하여 기획, 개발, 운영 및 유지보수 등 조직의 MIS 기능 전반을 포괄적으로 위탁 관리하는 것을 의미한다.

아웃 소싱이란 MIS 자원의 외부 원천을 통한 확보라는 점에서 전혀 새로운 개념이 아니다. 아웃 소싱은 오래전부터 MIS 확보를 위한 기업전략의 하나로 인식됐는데, 오늘날에는 이것이 과거와는 비교할 수 없을 정도의 큰 비중으로 논의되고 있다는 점에서 주목할 필요가 있다. 이것은 성공적인 아웃 소싱으로 인한 경비절감 효과 또한 엄청난 경우가 적지 않기 때문이다.

그런데 이처럼 조직이 아웃 소싱에 관심을 끌게 하는 동기를 분석해 보면 전통적으로 소프트웨어의 외주 개발 또는 구매를 유도하는 것으로 알려진 요인들과 근본적인 면에서의 차이는 없다. 단지 그 대상이 단순한 소프트웨어에 그치는 것이 아니라, 하드웨어와 인력, 조직까지도 고려대상이 되고 있다는 점에서 약간의 차이는 있다. 결국, 아웃 소싱을 추구하게 되는 근본적인 요인은 조직 내에서 정보시스템에 대한 수요에 비해 공급이 부족하고, 또한 이처럼 부족한 공급능력을 다양한 유형의 외부 공급자로부터 보충할 수 있다는 데서 찾아야 할 것이다.

기업이 스스로 경쟁력을 높이기 위해 기업의 MIS 자원 및 기능의 일부 또는 전부를 아웃 소싱하는 것이 바람직하다는 결론에 이르는 기업이 점차 늘어나고 있는 것은 당연한 일이다.

5) 인적자원 아웃 소싱

기업 경영에 있어서 경영자는 원하는 기업의 형태나 구조 즉, 기업의 비전과 전략을 명확히 하는 것이 성공적인 기업 경영을 위해 필요하다. 그러나 비전이나 전략만 가지고 기업 성공이 보장되는 것은 아니다. 기업의 비전과 전략을 실행에 옮길 적합한 사람을 확보하고, 이들이 제 임무를 수행할 수 있도록 지속해서 관리하는 것이 필요하다. 특히 기업 고유의 사업 전략과 그 전략을 실행할 인적자원 관리를 일관성 있게 연계하는 것은 기업 성공의 핵심 요인이다.

사업 전략을 실제 행동으로 옮기고, 그 성과를 창출하는 근본 동인은 기업 내부의 사람이다. 사업 전략을 성공적으로 수행할 수 있도록 인적자원을 관리하기 위해서는 다음과 같은 프로세스를 이해하는 것이 필요하다.

① 기업은 고객에게 구체적으로 어떤 가치를 제공하려고 하는지, 그렇게 하려고 어떤 사업 전략을 선택할지를 명확히 하고 이미 수립된 고객 가치와 사업 전략을 성공적으로 수행하기 위해 요구되는 구성원들의 필요 역량을 구체적으로 도출해 내야 한다.

② 필요한 역량을 갖춘 사람을 채용하고, 이들이 제 역량을 충분히 발휘할 수 있는 조직 여건을 마련해 주기 위해, 적합한 인적자원 관리 전략을 수립해야 한다.

사업 전략이 기업의 비전을 달성하기 위한 전사적인 방향성을 의미한다면, 인적자원 관리 전략은 사업 전략을 현장에서 실행하는 조직의 문화를 어떻게 형성할지에 대한 방향이라 할 수 있다. 궁극적으로 인적자원 관리 전략은 구성원들이 더 높은 품질의 고객 가치를 제공할 때 어떻게 대우받게 될지를 보여주는 잣대가 된다.

③ 사업 전략과 연계된 인적자원 관리 전략을 현장에 적용할 수 있는 시스템을 구축한다. 이러한 시스템에는 적합성 있는 채용, 평가, 보상, 육성 시스템 등 다양한 인적자원 관리 시스템들이 있으며, 이러한 시스템의 구축에 있어 반드시 고려되어야 할 기준은 사업 전략과 인적자원 관리 전략, 인적자원 관리 시스템이 유기적으로 연계될 수 있는 일관성이다. 또한, 인적자원 관리 시스템이 단순한 시스템만으로 그치지 않고 조직 활성화의 촉매제로 활용되기 위해서는 강한 실행력이 필요하다. 이는 최고 경영자 및 상위 관리자들의 적극적인 의지에 달려 있다고 할 수 있다(donga.ac.kr/syhyun/Old. 2016).

제3절 공급사슬 관리

1 공급사슬 관리 개념의 등장

1) 물적 유통과 자재관리

지난 수십 년 동안 물류관리 분야에 급격한 변화가 있었기 때문에 그 용어도 여러 가지로 변화하였다. 비용을 절감시키거나 서비스를 향상하기 위해 물자관리를 연구하던 초기에는 물적 유통(Physical distribution)이란 용어를 사용하였다. 이 용어는 1920년대부터 제2차 세계대전까지 지배적이었다. 1948년 AMA에서는 '물적 유통이란 재화의 생산 시점에서부터 소비에 이르기까지의 이동과 취급'이라고 정의하였다. 이 정의에 의하면 물적 유통이란 생산을 기점으로 하여 볼 때 완성된 제품이 전방 즉, 소비자에 이르는 쪽을 대상으로 하고 있다.

이에 대하여 자재관리(Materials management)란 용어는 제품을 생산하는 데 필요한 모든 자재의 취득과 이용 등 여러 관리 활동을 뜻하고 있다. 생산을 기점으로 하여 볼 때 후방 즉, 원료의 취득에서부터 수송, 검사, 입고와 재고관리 그리고 생산 활동을 대상으로 하고 있다. 즉, 기업이 자재를 입고시킬 때까지의 인적, 물적으로 걸쳐 계획, 조직, 조정, 통제활동의 기능을 뜻한다.

2) 물류관리

새로 등장한 물류관리(Business logistics)란 용어는 더욱 확장된 개념으로 사용되고 있는데 물적 유통과 자재관리를 모두 포함하고 있다. 즉 자재의 물리적 취득과 운반, 이동, 저장, 재공(In-process) 그리고 완제품의 물적 흐름 모두를 뜻하기 때문에 원료에서부터 소비까지의 모든 관리를 포함하는 개념으로 사용하고 있다.

현재에는 학자들 사이에 물적 유통이라는 용어와 물류관리라는 용어를 구분 없이 사용하는 경향에 있다. 생산을 기점으로 하여 물자의 흐름(Stream)을 볼 때 후방의 기능은 구매이고 전방은 판매이다.

3) 공급사슬 관리

후방의 구매와 전방의 판매 기능이 진화되는 과정을 나누어 보면 다음 〈표 9-3〉과 같이 요약할 수 있다. 물류관리의 개념을 기업 간의 네트워크 관계로 접근하여 그 기능을 통합하면 공급사슬 관리(SCM: Supply chain management)라는 용어를 사용하게 된다. 즉, 회사 밖의 공급 기업이나 구매기업, 유통기업이나 운송기업 등과 네트워크를 형성하여 물류관리를 제도적 실천적 시스템으로 구축한 것이 곧 통합 공급사슬이다.

〈표 9-3〉 생산을 기점으로 한 공급사슬 관리 개념의 등장 배경

진화의 내용·흐름	후방(upstream)의 진화	전방(downstream)의 진화
주요 기능의 확대 관리용어의 변화 관리기법의 발달	구매관리 → 조달관리 원료 재고관리 → 자재관리 주문량EOQ모델 → MRP기법	판매관리 → 마케팅 제품 분배관리 → 물적유통 생산량EOQ모델 → DRP기법
통합 기능 통합 관리	원료 쪽 : backward ← 물류관리(logistics) → 고객 쪽 : downward 공급기업 관리 ← 공급사슬(supply chain) → 구매기업 관리	

2 공급사슬 관리의 중요성

1) 글로벌 경쟁과 공급사슬

공급사슬(Supply chain)은 후방과 전방을 연결하는 네트워크이다. 즉, 원료에서부터 완제품이 소비자에게 이르기까지 여러 가지 기능과 활동을 조직적으로 연결한 네트워크이다.

공급사슬에 참여하는 각각의 기업은 공급사슬에 상호 영향을 주고받기 때문에 전체적인 공급사슬의 경쟁력을 좌우하고 있다. 공급사슬 관리는 단순히 물자의 물적 유통뿐만 아니다. 최종 소비자에 이르기까지 유통채널의 총흐름을 관리하는 통합적인 철학이다. 전체 채널을 가로지르는 파이프라인의 종합적인 관리라는 측면에서 중요한 의미를 지닌다.

자재관리가 공급사슬로 통합되어 발전하는 과정으로 제1단계는 각 부서가 회사 전체 목표와는 달리 단절된 기능만을 독립적으로 강조하는 단계이다. 제2단계는 인접된 부서 간에 통합된 기능의 필요성을 인식하고, 제3단계는 회사 내의 내부적 통합을 요구하고, 제4단계에 이르러서야 공급기업과 판매 기업을 통합하는 공급사슬을 구축하는 단계이다. 공급사슬 내에 있는 기업 전체의 이익을 최대화하고, 고객의 요구에 신속하게 대응하여 가치를 제공할 수 있는 단계이다.

2) 공급사슬 관리의 특성

공급사슬 관리는 기존의 구매 관리나 공급기업의 통제와는 달리 다음과 같은 특성을 갖는다.

첫째, 공급사슬 관리는 공급사슬을 단일 실체로 보아야 한다.

즉, 구매관리 개념에서 전제로 하였던 것처럼 각 기능을 구매, 제조, 유통 등의 직능 영역에 각각 위임하지 않고 전체로서 관리한다는 점에 특징이 있다.

둘째, 공급사슬은 전략적 의사결정에 기반을 두고 있다.

고객에 대한 가치창조에 목표를 두고 경로 상에 있는 각 기업은 고객만족이라는 통합된 전략목표를 갖고 전반적 물류비용의 절감과 품질향상에 초점을 두어야 한다.

그러므로 공급사슬의 형성과 응용이 상대적으로 더 유리한 경우를 보면 다음과 같다.

첫째, 거래가 반복적으로 일어날 때 유용하다.

거래가 일회적이 아니므로 쌍방이 상호 협조함으로써 다 같이 혜택을 누릴 수 있는 경우이다.

둘째, 고도로 전문화된 생산 시설을 보유한 때에도 적합하다.

물론 이때에는 수직적 통합도 하나의 대안이 될 수 있지만, 공급사슬의 경우에는 외부기관이 특정 물류활동을 수행케 함으로써 이 기관이 가지는 전문성과 시장 및 자원의 접근 용이성을 이용할 수 있다.

셋째, 불확실성이 높을 때도 유리하다.

수직적 통합에 의한 자산 투자는 위험이 따르지만, 공급사슬은 모든 당사자가 위험과 불확실성을 공유하기 때문에 유용하다. 즉, 공급사슬을 통한 정보의 공유와 상호 협조 때문에 성과 개선 및 위험 감소가 동시에 가능한 것이다.

3 공급사슬의 개발과 관리

1) 파트너의 조건

공급사슬의 형성은 사슬 내에 있는 기업들이 공동의 목표를 달성하기 위하여 장기적으로 관계를 맺는 것이기 때문에 공급자 선정이 매우 중요하다. 상호 간의 신뢰에 바탕을 두고, 목표 달성에 공동의 노력을 해야 하며, 상대방을 신뢰하고, 서로 간의 이득을 크게 하는 데 공통의 목표를 공유해야 한다. 파트너로 관계를 유지하기 위해서는 세 가지 조건이 충족되어야 한다.

첫째, 장기간의 계약관계가 유지되어야 한다.

파트너로 형성되었다고 해서 이내 이득을 보는 것은 아니다. 그 사이에 문제점들이 해결되어야 하고, 절차들이 안정적으로 정착되어야 한다. 협력이 상호 간의 이득이 된다는 것을 이해하는 데 시간이 소요된다. 네트워크에 참여한 기업이 고유의 강점을 보여 이바지하는데 까지는 시간이 필요하다. 즉 아직 새로운 시스템에 적응하려면 투자의 시간이 소요되기 때문이다.

둘째, 신뢰가 요구된다.

구성 기업들이 서로의 지식과 정보를 응용하여 시너지 효과를 발휘하려면 상호 신뢰가 전제되어야 한다. 이를 기반으로 작업에서 강한 협조가 발생한다. 편리한 의사소통은 잘못되는 것을 예방하고 관계를 강화한다. 상대방 기업의 경영계획이나 생산일정을 잘 알고 있어야 자원을 준비하고 임할 수 있기 때문이다.

셋째, 공동의 비전을 지니고 있어야 한다.

특히 고객이 원하는 것이 무엇인지를 알고, 고객에게 서비스할 수 있는 가장 중요한 내용이 무엇인지를 알아야 한다. 그러면 공통의 가치를 공유하여 같은 방향으로 힘을 집중할 수 있기 때문이다.

2) 공급자 선정의 기준

공급자 선정은 다음과 같은 여러 기준으로 평가해 보아야 한다.

① 공급기업은 모기업의 경영철학을 알아야 한다.
② 공급기업의 경영은 다른 기업이 보아도 안정적이고 우수해야 한다.
③ 공급기업은 기술 수준이 높고 새로운 기술변화에 적응력이 있어야 한다.
④ 공급기업은 필요 자재를 정확한 시기에 공급할 수 있어야 한다.
⑤ 공급기업은 충분한 양을 공급할 수 있을 만큼 생산시설이 유연해야 한다.
⑥ 공급기업은 비밀을 지킬 수 있는 신뢰성이 있어야 한다.
⑦ 공급기업은 수송 조건이나 의사소통 조건에서 유리해야 한다.
⑧ 공급기업은 품질관리 시스템이 좋아야 하고 프로그램을 잘 운영해야 한다.

이 기준에 따라 평점표를 만들고, 방문 조사를 통하여 평가하며 그 결과를 종합하여 선정할 수 있다.

4 협력적 사슬을 구축하기 위한 노력

1) 공급자 관리와 공동의 노력

공급자가 선정되면 모기업과 공급기업은 품질향상을 위하여 공동의 노력을 해야 하고 불필요한 조건 등을 제거해야 한다. 이와 같은 공동의 노력은 다음과 같다.

첫째, 품질시스템을 상호 이해하고 협조하며 품질 통제에 책임을 져야 한다.

둘째, 상호 신뢰 속에서 상대방의 독립적 인격을 존중해야 한다.

셋째, 모기업은 공급 기업에 분명하고도 정확하게 요구하여야 한다. 왜냐하면, 공급 기업은 무엇을 언제 얼마나 생산하여 공급할 것인지를 미리 정확하게 알아야 하기 때문이다.

넷째, 모기업과 공급 기업은 품질, 수량, 가격, 납기, 대금 지급 방법 등에 대하여 조건이 일치하고 합의에 도달해야 한다.

다섯째, 공급 기업은 자기들이 생산하여 공급하는 제품의 품질 정보를 모기업에 정리된 자료를 제공할 수 있어야 한다.

여섯째, 공급하는 제품의 품질을 어떻게 평가할 것인지 그 방법에 대하여 서로 일치해야 한다.

일곱째, 발생할지도 모를 문제에 대하여 어떻게 해결할 것이지 미리 그 해결 방법을 정해놓는 것이 바람직하다.

여덟째, 품질을 향상할 방법에 대하여 항상 의견을 교환해야 한다.

아홉째, 각 기업이 수행하고 있는 경영활동들 예를 들면 생산계획과 재고관리방침, 업무 처리의 방법, 조달방법 등을 서로 교환하여 우호적인 관계를 해야 한다.

열째, 사업상의 거래에서 항상 전제로 되어야 할 기본 방침은 최종 고객의 이익과 관심 그리고 서비스에 중점을 두어야 한다.

그렇지만 이러한 노력 외에 모기업은 공급기업에 대한 평가시스템을 지니고 있어야 한다. 평가시스템을 가져야 하는 이유는 공급기업의 성과를 전반적으로 평가하되 품질, 서비스, 납기, 그리고 고객의 관점에서 정확히 의사소통하기 위함이다. 또 개별 공급기업에 그들이 개선해야 할 내용을 알려주고 제안하기 위해서이다.

평가시스템은 모기업의 실정에 맞게 개발해야 한다. 그러나 품질, 납기, 서비스, 원가 등이 중심을 이루는 데 그 가중치가 다를 수 있다. 각각의 세부 항목에 점수를 부여하고, 왜 그러한 그 결과를 가져왔는지 개별적으로 통지하여 설명해 줄 필요가 있다. 때로는 평가 결과를 시계열 자료처리 방법으로 정리하여 보여 줄 필요가 있다.

모기업과 공급기업은 궁극적으로 팀을 이루어야 한다. 팀이 처음 구성될 때에 처음부터 공급기업을 참여시키는 것이 바람직하다. 회의는 공장을 상호 방문하여 개최할 수 있고, 이는 의견 교환과 상호 간에 처지를 이해하는 데 도움이 된다.

모기업은 품질에서 높은 평가를 받은 공급기업에 대하여 적절한 보상을 할 필요가 있다. 보상의 내용을 뉴스 지에 보도하여 성과를 인정하는 것과 상패를 수여하는 것, 대금결제 조건을 개선해 주는 것 등 여러 가지가 있다.

2) 공동체 형성의 노력

공급사슬에서 협력적 동반자적 관계를 구축하기 위해서는 쌍방이 다음과 같은 8가지 조건(8 I's that create we's)을 충족시키도록 노력해야 한다(김기영 외, 1998).

첫째, 공헌의 우월성(Individual excellence)을 가지고 있어야 한다.

공급사슬 상에서 구성 기업으로서 가치 있는 강점을 갖고 또 공헌할 수 있는 능력이 있어야 한다.

둘째, 공급사슬이 기업의 전략목표와 적합(Importance)해야 한다.

구성 기업은 장기 목적이 있어야 하고 이 목적을 통하여 공급사슬과의 관계가 유지되어야 한다.

셋째, 상호의존적(Interdependence)이어야 한다.

공동으로 성취할 수 있는 보완적 자산과 기능이 있어야 한다.

넷째, 상호 투자(Investment)가 있어야 한다.

상호 지분 소유나 이사회 구성에서 참여가 있으면 장기적 관계가 지속할 수 있다.

다섯째, 정보(Information)를 공유하고 교류하여야 한다.

기술적 자료나 갈등의 소지, 새로운 도전과제 등에 대하여 정보를 나눌 수 있어야 한다.

여섯째, 집중(Integration) 기능이 있어야 한다.

협력하여 일할 수 있는 공유 영역이 있어야 한다. 예를 들면 교육 참여를 들 수 있다.

일곱째, 제도화(Institutionalization)되어야 한다.

공급사슬의 관계가 제도화되고 책임관계가 분명히 명시되어야 한다.

여덟째, 통합력(Integrity)이 있어야 한다.

쌍방 간에 존경과 신뢰로서 믿음이 전제되어야 한다. 정보를 남용하거나 상대방을 무시해서는 안 된다.

학습 목표 요약

1. 구매관리 절차에는 무엇이 있는가?

명세서 및 도면 개발 - 가격 결정 - 발주방법 - 입고 검사 - 대금결제 - 협력업체 유지관리

2. 아웃 소싱의 도입목적은 무엇인가?

첫째, 주력업무에 경영자원을 집중하고 핵심역량을 강화한다.
둘째, 위험(Risk)을 분산시킬 수 있다.
셋째, 조직의 슬림화와 유연화를 꾀할 수 있다.
넷째, 시너지(Synergy) 효과에 의한 새로운 부가가치를 창출한다.
다섯째, 비용 절감을 기대한다.
여섯째, 경기변동에 쉽게 대응한다.
일곱째, 혁신을 가속한다.
여덟째, 업무의 전문성을 확보한다.

3. 아웃 소싱은 어떤 추진절차를 따르는가?

업무분석 및 평가 - 업체 선정과 계약 체결 - 계약서 작성 - 실행과 평가

4. 아웃 소싱의 형태는 어떤 것이 있는가?

일반적으로 비용절감형, 분사형, 네트워크형, 핵심역량 자체의 아웃 소싱 등 네 가지 형태로 분류할 수 있다.

5. 공급사슬 관리의 특성에는 어떤 것이 있는가?

첫째, 공급사슬 관리는 공급사슬을 단일 실체로 보아야 한다.
둘째, 공급사슬은 전략적 의사결정에 기반을 두고 있다.

용어해설

▶ 이익 추구형(Profit-Center) 아웃 소싱?

사내에서는 크게 주요치 않으나 나름대로 전문성을 확보하고 있는 기능을 분사화 시킴으로써 외부 경쟁에 노출시켜 스스로 수익을 창출

▶ 스핀오프(Spin-off)형 아웃 소싱?

자사가 보유한 일정 기술, 공정 제품, 역량 등을 분사화 하여 비즈니스화 함으로써 조직을 슬림화하는 방법

▶ 네트워크형 아웃 소싱?

핵심역량이나 핵심 제품 이외의 모든 기능을 아웃 소싱하고 이들 공급업체와 수평적 네트워크를 형성하여 시너지 효과를 제고시키는 형태

▶ 코 소싱(Co-sourcing)?

복수의 주체가 각각 서로의 경영자원을 공유하고 상호보완적으로 활용하는 형태

▶ 팩토리형 아웃 소싱?

공장과 설비를 갖추지 않고 고객사의 생산라인에 공급사의 생산인력을 투입

▶ 공급사슬(Supply chain)은?

후방과 전방을 연결하는 네트워크이다. 즉, 원료에서부터 완제품이 소비자에게 이르기까지 여러 가지 기능과 활동을 조직적으로 연결한 네트워크

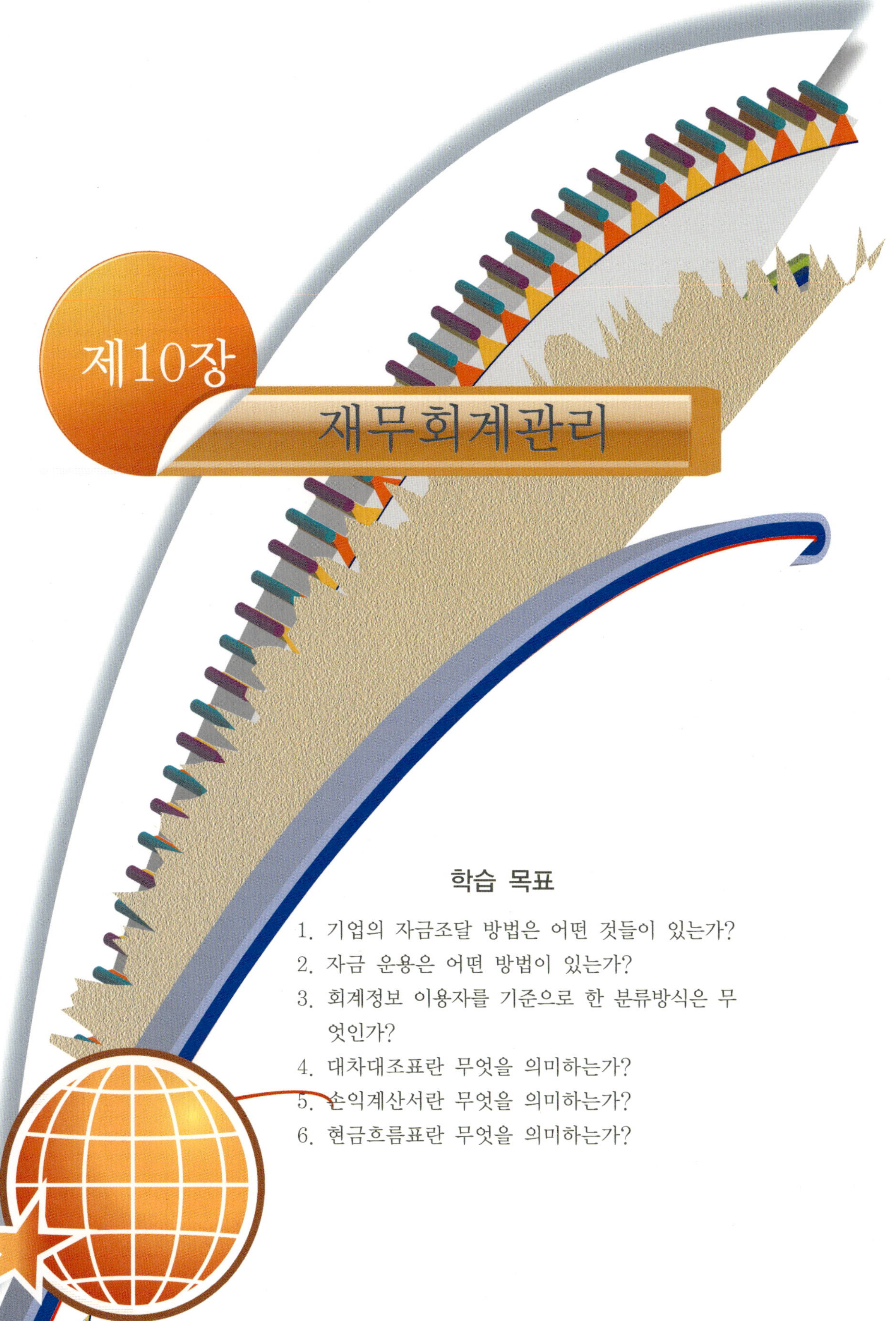

제10장 재무회계관리

학습 목표

1. 기업의 자금조달 방법은 어떤 것들이 있는가?
2. 자금 운용은 어떤 방법이 있는가?
3. 회계정보 이용자를 기준으로 한 분류방식은 무엇인가?
4. 대차대조표란 무엇을 의미하는가?
5. 손익계산서란 무엇을 의미하는가?
6. 현금흐름표란 무엇을 의미하는가?

재무관리의 의의

1 재무관리의 정의

오늘날 우리나라의 기업은 필요한 자금을 어떻게 조달하고, 조달된 자금을 어떻게 운용할 것인가 하는 것은 매우 중요한 과제가 되고 있다. 또한, 기업은 급변하는 환경 속에서 다양한 위험에 노출되어 예상하지 못한 큰 손실을 입을 수도 있다. 따라서 기업의 경영자는 재무관리 능력을 갖추어 금융환경의 불확실성에 적절히 대처해 나가야 함은 물론이고, 위험관리에 대한 중요성을 인식하고 기업 스스로 각종 위험에서 벗어나려는 노력을 기울일 필요가 있다.

재무관리(Financial management)는 크게 협의의 재무관리와 광의의 재무관리로 나누어 생각해 볼 수 있다. 협의의 재무관리는 기업 재무(Corporate finance)라고도 하며 기업의 여러 가지 활동 중에서 자금과 관련된 활동을 어떻게 효율적으로 수행하는가에 관한 분야를 말한다(박정식, 1993). 즉, 이는 기업경영에서의 인사관리·생산관리·마케팅 관리 등과 같은 업무기능의 하나로, 자금의 조달과 운용에 관한 제반 활동을 계획·집행·통제함으로써 기업 목표를 달성하려는 관리 분야이다. 반면에 광의의 재무관리는 이와 같은 기업 재무뿐만 아니라 투자론, 화폐금융론, 금융제도 등과 같은 보다 거시적이고 정책적인 연구 분야를 포함한다.

여기에서는 협의의 재무관리를 기초로 하여 기업이 효율적인 운영에 필요한 자금을 어떻게 조달하고, 조달된 자금을 어떻게 운용할 것인가 하는 더욱 실무적인 과제를 다루기로 한다. 모든 기업은 그 규모의 크기와 관계없이 자금관리를 통하여 궁극적으로 추구하는 목적은 소유자산의 가치를 극대화하는 것에 있다. 일반적으로 기업이 소유한 자산의 가치를 기업가치(Corporate wealth)라고 한다. 여기서 자산이란 기업이 통제하고 있는 기업 내 모든 자원을 가리키는데, 이 같은 자산은 기업의 외부 채권자로부터 차입한 부채(타인자본)와 주식발행 등으로부터 조달한 자본(자기자본)의 운용 및 투자의 결과로써 구성된다. 따라서 기업이 기업 가치를 극대화 하는 것은 결국 타인자본과 자기자본을 어떻게 확보·운용해야 할 것인가에 달려 있다고 할 수 있다.

특히 중소기업의 경우에는 대부분 필요자금을 확보하고 그것을 운용하는 데 큰 어려움을 겪고 있다. 이는 근본적으로 소유와 경영이 분리되지 않은 경영체제가 원인이 되겠지만, 다른 한편으로는 많은 중소기업이 재무관리의 지식이 부족하거나 그것의 중요성을 인식하지 못하고 있기 때문이기도 하다. 더구나 중소기업이 다루는 자금의 규모가 이전에 비해 크게 증가하고 있음에도 불구하고 중소기업의 재무관리 능력은 그에 미치지 못함으로써 흑자도산이라는 최악의 결과를 가져오는 경우도 있다. 재무관리의 실패는 곧 기업 재무 상태의 악화로 이어지고, 극단적인 경우 도산으로까지 이어질 수 있다. 따라서 중소기업의 경영자는 재무관리 능력을 갖추어 기업자금을 효과적으로 운용하고 활용함으로써 기업 가치를 극대화시키는 동시에 갈수록 증가하는 금융환경의 불확실성에 적절히 대처해 나가야 할 것이다.

기업의 재무관리 담당자는 일반적으로 다음과 같은 사항에 대한 의사결정 및 관리 역할을 하게 된다.

① 필요한 자금을 언제, 어디에서, 얼마나 조달할 것인가?
② 조달한 자금을 언제, 어디에, 얼마나 사용할 것인가?
③ 영업활동을 통해 확보한 수익금을 재투자, 배당, 사내 유보에 어떻게 분배할 것인가?

위의 세 가지 상황에 대하여 각각 어떻게 의사결정을 하고 실행하느냐에 따라 기업의 전반적인 경영성과가 달라질 수 있으므로 기업경영에 있어 재무관리는 매우 중요하게 인식된다.

2 재무관리자의 역할

1) 재무계획

재무관리 담당자는 기업의 자금계획을 결정짓는 기능을 수행한다. 이는 특정 계획과 관련되어 현금의 유입과 유출을 추정하고 그 계획이 기업의 수익과 재무적 안정성에 어떠한 영향을 미칠 것인가를 예측한다(yonseigsgb.ac.kr/board, 2016).

(1) 장기계획

신규자금의 조달과 조달된 자금의 장기 운용을 내포하므로 계획의 시행에 따른 수익의 효과가 나타나기 훨씬 전에 수립되어야 한다. 따라서 단기적인 경제 변동이나 제품의 수요, 소비자 기호의 일시적 변화에 영향을 받지 않는다.

(2) 단기계획

기업이 일시적으로 여유 현금을 갖고 있을 때 가장 수익성이 높은 곳에 투자하는 것도 생각할 수 있다. 성질상 일시적이거나 예상하지 못했던 경영환경의 변화에 민감하므로 그 수립은 재무담당자가 많은 시간을 할애하며 지속해서 해나가야 한다.

2) 투자 결정

투자란 미래의 경제적 이익을 얻기 위하여 현재의 자금을 사용하는 것으로 재무관리 담당자는 유동자산에 대한 투자 수준을 적절히 결정하여 과대 보유 혹은 과소 보유로 인한 위험과 손실을 최소한으로 줄여야 한다.

고정자산은 대개 그 수명이 길고 구매에 많은 자금이 소요되므로 재무관리 담당자는 특별히 고정자산의 투자 결정에 유의해야 한다.

유동자산 및 고정자산에의 투자 결정은 위험과 수익의 상반 관계에 영향을 주어 기업 가치에 변화를 가져올 수 있다.

기업의 자금조달방법은 매우 다양하므로 재무관리 담당자는 투자 결정 못지않게 자금조달 결정에 신경을 써야 한다.

3) 자금조달결정

고정자산 및 유동자산에 투자되는 자금은 기업의 영업활동에서 축적되거나 혹은 외부에서 조달돼야 한다. 기업의 규모가 커질수록 투자의 필요성이 증대되고 이에 따라 추가적인 자금소요가 생기게 된다. 재무관리 담당자는 여러 가지 다양한 자금조달방법 중에서 기업의 가치를 극대화하는 조달방법을 결정해야 한다.

자금조달 결정 시 재무관리 담당자가 결정하여야 할 사항들은 다음과 같다.

① 필요자금을 부채(타인자본)로 조달할 것인가? 주식(자기자본)으로 조달할 것인가?

② 부채 자금을 조달한다면 장기부채와 단기부채의 비율을 어떻게 할 것인가?
③ 자기자본으로 자금을 조달한다면 영업활동에서 생긴 이익을 축적해 조달할 것인가? 아니면 이익은 배당하고 새로운 주식을 발행하여 조달할 것인가?

4) 재무위험관리

재무위험관리 시스템의 추진 방향은 기업 경영 목표 달성 및 존립에 영향을 미칠 수 있는 전반적인 재무분야 위험을 체계적으로 관리할 수 있도록 재무 조기경보 등을 통한 신속한 의사 결정을 지원하고 위험의 인식, 측정, 통제 등의 위험 관리 프로세스를 정립한다. 또한, 체계적이고 종합적인 재무 위험 관리를 지원하고 통화별, 금리별, 장단기 부채 구조를 통합적으로 분석하여 최적의 구조를 도출함으로써 재무 건전성 및 수익성 향상을 통한 기업 가치를 제고시키고 전사적인 위험한도 설정 등 전략적 목표와 연계된 위험 관리를 지원하며 재무의사 결정을 위한 다양한 위험 분석 Tool(시뮬레이션, 시나리오 등)을 제공한다.

[그림 10-1] 재무위험관리 세부영역

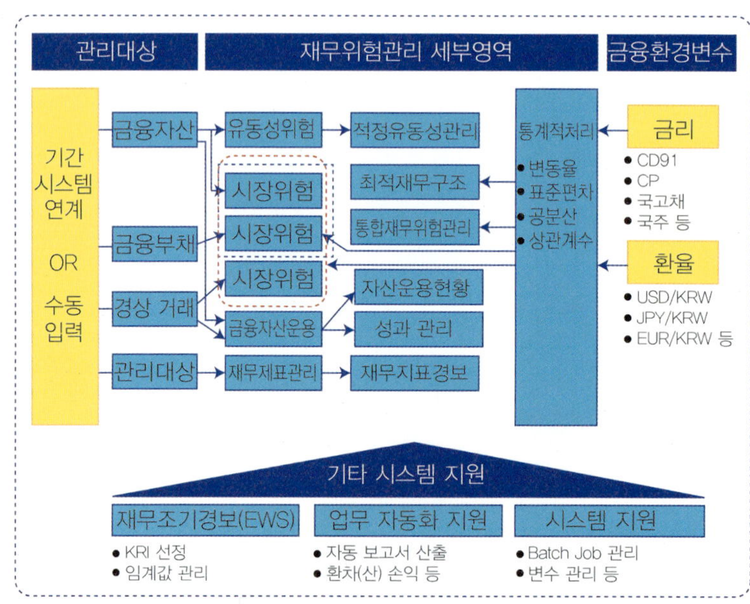

자금조달과 운용

1 자금조달 방법

기업이 생산 활동을 하기 위해서는 원자재나 부품이 필요하게 되고, 이렇게 만들어진 제품을 영업 및 판매를 하기 위해서는 자금이 필요한데, 이 자금을 어디서 어떻게 유입할 것인가는 중요한 경영활동 중의 하나이다. 이처럼 회사에서 필요로 하는 자금을 외부에서 유입시키는 활동을 자금의 조달관리라고 하며, 회사의 자금조달 방식은 기업이 주식이나 채권을 발행하여 투자자로부터 직접 자금을 조달하는 직접금융 방식과 은행과 같은 금융기관을 통해서 자금을 조달하는 간접금융 방식으로 구분할 수 있다(이명호 외, 2002).

1) 직접금융 방식

직접금융이란 자금의 수요자인 기업이 자금의 공급자인 투자자로부터 직접적으로 자금을 조달받는 방식을 말하며, 직접금융 방식의 대표적인 방법으로 주식의 발행과 회사채 발행 등 두 가지를 들 수 있다.

(1) 주식 발행

기업은 경영활동에 필요한 자금 소요 발생 시, 불특정 다수의 투자자를 대상으로 주식을 발행하여 자금을 조달하는 방식을 활용한다. 주식 발행은 회사채처럼 고정적인 이자를 발생시키지 않으므로 재무의 건전성 유지 차원에서 다른 방법에 비해 유리하다. 이 경우 회사는 수익 발생에 따라 주주들에게 배당금을 지급하여야 하며, 기업의 주요 의사결정 시 주주가 참여할 수 있는 권리가 부여된다. 주식 발행에 의한 자금조달 방법은 주식 수에 따라 주어지는 의사결정권의 유무에 따라 보통주와 우선주로 구분할 수 있다.

보통주(Common stock)는 주식의 매입과 동시에 이사회의 구성, 배당금의 결정 및 타 기업의 인수·합병 등 기업의 주요 경영활동에 대한 의사결정권을 가지는 주식이며, 우선주(Preferred stock)는 의사결정권은 없으나 기업이 배당금을 지급할 때 보통주에 우선하여 배당금을 받을 권리가 부여되며, 기업이 파산하게 될 때도 보통주보다 먼저 잔여 재산에 대한 청구권을 가지게 되는 차이점이 있다. 따라서 우선주는 보통주와 사채의 중간적인 성격을 갖고 배당률이 보통주보다 높으므로 투자의 안정성을 중시하는 보수적인 투자자들이 선호하는 주식의 형태이다. 또한, 우선주는 투자자가 원하면 보통주로 전환할 수 있는 권리가 부여되는 전환우선주(Convertible preferred stock[1])의 형태로 발행되기도 한다.

이처럼 주식 발행의 경우에는 주식 매입에 따른 배당금뿐만 아니라 주식의 가격 상승에 따른 자본이득을 얻을 수도 있으므로 일반적으로 회사채보다 투자자의 기대수익률이 높게 형성된다. 반면에 회사에서 이익이 발생해야 배당금이 지급되고 주식 가격의 변동 폭이 상당히 크기 때문에 회사채보다는 상대적으로 높은 고위험 투자대상으로 간주한다.

(2) 회사채 발행

주식의 발행 외에 또 다른 직접금융 방식은 회사채를 발행하여 투자자들에게 자금을 조달해 오는 방법이다. 회사채는 일반적으로 사채라고도 하며, 기업이 대규모 자금을 장기간 사용하기 위하여 발행하는 기업 명의의 채권으로서 채권자들에게 일정 기간 정기적으로 지급될 확정이자와 만기일이 표시된 형태의 유가증권이다. 따라서 회사는 회사채를 매입한 채권자에게 이자를 지급해야 할 의무를 지게 되고, 만기가 되면 원리금을 상환해야 할 의무도 지게 된다.

일반적으로 기업의 소유주는 주식발행보다는 회사채 발행을 선호하는 경향을 보인다. 왜냐하면, 회사채는 대차대조표 상의 부채로 인식하기 때문에 주식 발행과는 달리 배당금 지급이나 경영 의사결정에 참여 권리를 주지 않아 상대적으로 부담이 적고, 회사채에 대한 이자비용은 영업외 비용으로 인식하여 법인세를 줄여주는 효과를 가지고 있기 때문이다. 하지만 회사의 무분별한 회사채 발행은 부채를 상승시키는 역효과를 발생시켜 기업의 재무구조를 악화시킬 수 있고, 수익성이 떨어지게 되면 기업이 지급 불능 상태에 빠질 수 있으므로 채권자를 보호

1) 발행은 우선주의 형태이지만 일정기간이 지난 후 보통주로 전환할 수 있는 주식이 전환우선주식이다. 일반적으로 경영권 보호 장치의 하나로 우호지분을 확보하기 위해 발행된다. 전체 우선주의 25% 범위 내에서 발행할 수 있으며 정관에 규정될 경우 이사회 결의로 발행, 우호적인 제 3자에 배정이 가능하다.

하기 위하여 일정한 범위에서 회사채 발행을 제도적으로 규제하고 있다.

회사채는 기업환경의 변화와 투자자의 요구가 다양해지면서 일반사채 외에도 특수한 형태의 회사채가 발행되기도 한다. 특수한 형태의 회사채는 일반 사채의 기본적인 권리를 그대로 가지면서 특수한 권리를 추가로 부여하여 투자자의 투자 욕구를 불러일으키는 형태의 사채로서, 그 대표적인 유형으로 전환사채(CB : Convertible bond)와 신주인수권부 사채(BW : Bond with warrant) 같은 것이 있다.

첫째, 전환사채는 일정한 조건에 의하여 주식으로 전환할 수 있는 권리, 즉, 주식 전환권이 부여된 사채를 말하는데, 이처럼 사채와 주식이 가진 특성을 동시에 보유한 전환사채는 주식 전환권 행사 이전에는 사채의 형태로 존재하며, 전환권을 행사할 경우 사채는 소멸하고 보통주 혹은 우선주의 주식으로 자동으로 전환된다.

둘째, 신주인수권부 사채는 사전에 약정된 금액으로 새롭게 주식(보통주 혹은 우선주)을 인수할 수 있는 권리를 부여하여 발행한 회사채를 의미한다. 신주인수권부 사채를 가진 투자자는 회사채 발행 회사의 경영 상황을 보면서 미래 시점에 주식을 시장 가격과 비교하면 저렴하게 매입하는 것을 통해 투자 수익을 기대할 수 있는 추가적인 권리를 가지게 되는 것이다.

2) 간접금융 방식

간접금융이란 은행과 같은 금융기관을 통해 경영활동에 필요한 자금을 조달하는 방식을 말하며, 간접금융 방식의 대표적인 방법으로는 은행 차입, 매입채무, 어음 발행 등을 들 수 있다.

(1) 은행 차입

필요한 자금을 은행에서 차입하는 방식은 기업의 가장 보편적인 간접금융 방식인데, 은행 차입금은 만기일 도래시기를 기준으로 장기차입금과 단기차입금으로 구분할 수 있다. 만기일이 1년 이상인 경우를 장기차입금으로 분류하고, 그 밖에 만기일이 1년 이내인 일반대출, 당좌차월, 적금대출 등과 같은 형태를 단기차입금으로 분류한다.

일반적으로 은행은 신용대출 요건과 담보대출 요건을 미리 설정해 놓고 대출을 시행하므로, 대출 절차가 상대적으로 번거롭고 요건을 충족하지 못하는 기업은 은행차입 대신 기업어음을 발행하기도 한다.

(2) 매입채무

매입채무란 상품이나 원자재 등을 구매한 후, 대금을 즉시 지급하지 않아서 발생되는 부채를 의미하는 것으로서 대표적인 매입채무에는 외상 매입금과 지급어음이 있다.

외상 매입금은 상품이나 원자재를 구매한 후 회사의 신용을 바탕으로 대금의 지급을 일정 기간 연기받는 형태를 말하며, 지급어음은 매입대금을 지급할 기한과 금액을 명시한 증서인 어음을 발행하여 대금지급을 일정 기간 연기하는 것을 말한다. 특히 지급어음의 경우, 법적 구속력이 있으므로 약속된 날짜에 대금을 지급하지 않게 되면 부도처리가 된다.

(3) 기업 어음

기업 어음(CP : Commercial paper)은 기업이 담보제공 없이 수시로 자금을 조달하기 위하여 발행한 약속어음을 말하는 것으로 주로 투자금융회사나 종합금융회사 및 시중은행을 통해 판매가 이루어진다. 기업 어음은 중개기관의 보증 여부에 따라 보증 어음과 무보증 어음으로 구분되며, 흔히 기업 어음은 1년 만기의 단기 자금 조달에 일반적으로 사용되고 있는 방법이다.

(4) 리스

리스(Lease)란 일정한 자산(주로 시설재)을 구매하여 이용자에게 대여하고 사용료를 받는 제도를 말한다. 리스를 이용하면 고가의 장비를 직접 구매하지 아니하고서도 그것을 사용할 수 있게 된다. 사업자금의 측면에서 본다면 리스는 사업자금을 직접 조달하는 방법은 아니지만, 사업자금의 수요를 줄임으로써 필요자금을 조달한 것과 같은 효과를 준다는 측면에서 창업자 또는 기업가가 알아두면 좋은 제도이다(김계수 외, 2009).

(5) 신용보증

신용보증(Credit guarantee)이란 문자 그대로 신용을 보증해 주는 것이다. 그러므로 신용보증이란 자금을 직접 지원해 주는 것은 아니지만, 타인자본의 동원을 보조해 주는 제도이다.

우리나라에는 담보력이 미약한 기업의 채무를 보증하기 위해서 설립된 기관으로 신용보증기금과 기술신용보증기금이 있다. 담보력이 부족한 창업자 또는 중소기업자에게는 큰 도움이 될 수 있는 제도이다(김계수 외, 2009).

(6) 보증보험

보증보험이란 담보제공능력이 부족하여 대출 수혜, 입찰참가, 사채 발생 등이 곤란한 자에게 보증보험회사에서 보증료를 받고 보증을 해주는 제도이다. 이를 통해 채무자(보험 계약자)는 동 보증에 따른 대출 등의 혜택을 받을 수 있다. 한편, 금융기관 등 채권자(피보험자)는 동 보증보험증권을 담보로 취득하기 때문에 대출 등에 따르는 위험 부담을 해소할 수 있게 된다(김계수 외, 2009).

2 투자의 유형

투자는 그 목적에 따라 대체투자, 확장 투자, 제품투자, 전략적 투자 등 네 가지로 분류할 수 있다. 여기서 대체투자는 기존의 설비를 새로운 설비로 바꾸는 투자를 뜻한다. 확장 투자는 제품에 대한 총수요의 증가나 자사 제품의 시장점유율의 증가로 인한 수요의 증가를 충족시키기 위한 생산설비의 증설을 위해 투자한다.

제품투자는 기존 제품의 개량 또는 신제품 개발에 필요한 투자이다. 제품개량 투자는 방어적 제품개량과 공격적 제품개량으로 나눌 수 있다. 방어적 제품개량은 자사 제품을 경쟁사의 제품 수준으로 개량하는 것이며, 공격적 제품개량은 경쟁사의 제품을 앞서가기 위한 것이다. 신제품투자도 기존 제품 추가와 신제품 추가의 두 가지로 구분할 수 있는데, 기존 제품 추가는 이미 시장에서 판매되고 있으나 자사에서 생산하지 않는 제품을 생산하기 위한 것이며, 신제품 추가는 전혀 새로운 제품을 개발하는 것이다.

전략적 투자는 위험경감 투자와 복리후생 투자로 나눌 수 있다. 위험경감 투자는 원재료나 부품 등의 확보를 위하여 수직적 결합을 하거나 연구개발을 통하여 신제품을 개발하여 새로운 사업에 진출함으로써 기업의 위험을 줄이기 위한 것이다. 복리후생 투자는 종업원 복지나 지역사회복지를 위한 것이다(박영배 외, 2009).

3 기업자금 운용 기본원칙

기업의 자금운용 목적은 자금의 유동성 확보와 자금운용을 목적으로 한하며, 자금운용 개요로는 자금 유동성 확보 및 금융수익 획득을 위하여 일일 자금 수지상의 잉여자금의 규모와 기간을 파악한 후, 금융기관에 상품별, 기간별, 수익별, 유형자산/투자자산 별로 자금을 운용한다(사이버다임 자금운용 포트폴리오, 2009).

(1) 기업의 여유 자금의 3종류

① 일시적 여유 자금

② 중장기 여유 자금

③ 자산 일부로써 보유하고 있는 금융자산

(2) 기업의 여유 자금의 기본적인 운용원칙

① 유동성(환금성)

② 안전성

③ 수익성

(3) 자금운용 기준

① 금융상품의 가입은 기업어음 등급 A- 이상의 상품에 대하여 투자함을 원칙으로 한다.

② 평가를 통해 기간 손익에 영향을 주는 상품은 가입하지 않는다(주식, ELS 등).

③ 기대 수익률은 일반 정기예금 +2% 이상의 상품에 가입한다.

④ 금융자산은 기대되는 수익이 완전히 확정적이어서 위험성이 전혀 없는 안전자산과 기대수익률이 가변적이며 수익률이 실현되지 못할 개연성이 있는 위험자산으로 크게 나뉘며 불확실성 하에서 극대화하도록 안전자산과 위험자산의 보유비율을 결정하여 포트폴리오를 구성한다.

⑤ 단기, 중기, 장기 자금은 연간 자금계획에 기준 운영(단기 20%, 중기 20%, 장기 60% 운영)한다.

⑥ 단기금융상품은 MMT[2], MMDA[3] 등에 투자하고 중기금융상품으로는 정기

2) MMT : 시가와의 차이가 0.5% 이상 벌어지면 시가 평가로 전환되어 수익률에 큰 변동이 생

예금이나 CP 등에 투자하고 장기금융상품으로는 정기적금에 투자함을 원칙으로 한다.

⑦ 담당자는 금융기관으로부터 상품에 대한 전자우편 서비스를 통하여 수시로 금융상품을 파악한다.

길 수도 있는 MMF의 단점을 보완하여 출시되었다. 수익증권이 아닌 특정금전신탁의 형태이지만 수익률 및 입출금이 자유롭고 당일 환매 가능 등 기존 MMF의 특성을 그대로 따른다. 단, 예금자보호는 받지 못한다.

3) MMDA : 시장금리부 수시입출식 예금은 은행의 단기 금융상품으로써, 가입 시 적용되는 금리가 시장금리의 변동에 따라 결정되기 때문에 붙여진 이름이다. 시장금리부 수시입출식 예금은 시장 상황을 지켜보며 단기로 운용할 대기성 자금에 적합하며, 보통예금처럼 입출금이 자유롭고 각종 이체와 결제가 가능하다는 것이 장점이다.

제3절 회계관리

1 회계의 개념

기업이 경영활동을 수행하는 과정에는 재산과 자본이 필요하며, 이러한 기업의 재산과 자본은 기업 활동에 따라서 증가하거나 감소하게 된다. 또한, 기업 내외부의 환경 변화에 따라 가치의 증가 및 감소가 발생하는 때도 있다. 기업은 이윤 극대화라는 목적을 달성하기 위하여 재무활동, 투자활동, 영업활동 등의 제반 경영활동을 하게 되며, 이 과정에서 경영자, 투자자, 고객, 채권자, 정부기관 등 다양한 이해관계자와 관련성을 맺게 된다. 기업과 이해관계가 있는 이해관계자들은 그들의 기업과 관련된 각종 의사결정을 위하여 기업에 관한 다양한 재무정보를 요구하고 있다.

회계(Accounting)는 기업을 둘러싸고 있는 다양한 이해관계자가 합리적인 판단이나 의사결정을 내릴 수 있도록 기업 실체에 관한 유용한 경제적 정보를 식별 및 측정하고 전달하는 과정이라고 할 수 있다. 최근에는 회계정보 이용자의 이용 측면을 중시하고 이에 따라 정보이용자들의 의사결정에 대하여 유용한 경제적 정보를 제공하는 것을 회계의 주요한 목적으로 보고 있다.

2 회계의 분류

회계는 여러 가지 기준에 의하여 분류할 수 있는데, 가장 대표적인 기준이 회계정보 이용자를 기준으로 한 분류 방식이다. 회계정보 이용자의 이용목적을 기준으로 회계를 구분해 보면 ① 재무회계 ② 관리회계 ③ 세무회계 등 세 가지가 있다(손성호 외 2010).

1) 재무회계(Financial accounting)

재무회계는 기업의 재무 상태나 경영성과를 파악하여 이를 외부에 공표할 목적으로 재무제표를 작성하는 회계분야로서, 주로 투자자, 거래처, 고객, 채권자 등과 같은 기업 외부의 이해관계자들이 합리적인 의사결정을 내릴 수 있도록 유용한 정보를 제공하는 것을 목적으로 한다. 즉, 재무회계는 회계의 사회적 책임을 다하기 위한 수단으로써 다수의 이해관계자에게 재무제표를 공시함으로써 합리적인 판단과 의사결정을 하는데 필요한 자료를 제공하는 것이다.

기업의 외부 관계자들은 자신이 필요로 하는 재무정보를 기업에 직접 요구할 수 없으므로 기업이 대외적으로 공표하는 회계정보에 의존할 수밖에 없다. 따라서 기업은 경영활동과 관련하여 이들 이해관계자의 어느 한쪽에 치우치지 않는 객관적인 회계정보를 제공해야 하고, 이와 더불어 신뢰성 있는 회계정보를 제공해야 한다. 이에 따라 기업은 기업회계기준과 세법, 상법 등의 규정 및 법규에 따라 재무제표를 1년마다 작성하여 공시해야 한다.

2) 관리회계(Management accounting)

관리회계는 기업의 경영자가 경영 관련 의사결정을 내리는 데 필요한 각종 회계정보를 제공하는 회계분야이다. 재무회계가 주로 외부 이해관계자들을 위하여 기업의 회계정보를 제공하는 외부 보고(External report)를 목적으로 하지만 관리회계는 기업 내부의 경영자를 위하여 회계정보를 제공하는 내부 보고(Internal report)를 목적으로 한다. 따라서 관리회계의 보고 대상은 재무회계와 같이 광범위한 이해관계자가 아니라 경영 의사결정을 주로 하는 경영자가 대상이 된다.

경영자는 기업의 관리 활동을 위하여 경영계획의 수립과 통제를 효과적으로 수행할 수 있도록 재무회계와는 다른 관점의 회계정보를 수집·정리·보고·해석하는 이들 정보를 관리하고 이용할 필요가 있다. 재무회계가 주로 계량적인 회계정보만을 제공하는 데 반해 관리회계는 경영자의 경영 의사결정에 필요한 정보를 제공하는 것을 목적으로 하므로 회계담당자의 개인적인 추정과 판단에 따른 내용이나 기업 고유의 특성을 고려한 비계량적 정보도 그 대상이 된다.

3) 세무회계(Tax accounting)

세무회계는 세법의 규정에 따라 과세소득 산출에 필요한 회계정보를 제공하는 회계분야이다. 정부기관 중 국세청은 기업의 소득에 대하여 세금을 징수해야 하므로 기업소득에 대한 회계정보가 필요하다. 대부분 기업은 여러 종류의 과세, 즉, 법인세, 부가가치세, 관세, 지방세 등에 대한 세무신고를 의무적으로 해야 하며, 이러한 세무신고는 관련 법규가 정하는 바에 따라 작성되어야 한다.

세무회계는 이해관계자의 유형이 외부에 존재한다는 점에서 재무회계의 영역에 포함되지만, 회계정보 이용자가 투자자, 채권자, 경영자, 종업원과 구별되는 특수관계인 정부라는 점에서 흔히 별도의 회계분야로 분류된다. 따라서 세무회계의 주요 기능은 국가나 지방자치단체 등의 과세에 관련된 의사결정에 유용한 자료를 작성하고, 관련 정보를 전달하는 데 있다.

회계정보와 재무제표

1 회계정보

기업의 다양한 이해관계자들이 의사결정을 할 때 활용하는 기업의 경영 관련 정보는 크게 회계정보와 비회계정보로 구분할 수 있다. 비회계정보는 주로 기업의 역량과 관련된 정성적인 형태의 정보로서 경영자의 능력, 기술 수준, 제품의 품질, 시장점유율, 마케팅 능력 등과 같은 것이 있다. 이러한 비회계정보가 의사결정자들에게 도움을 주긴 하지만, 보다 객관적이고 핵심적인 정보는 특정 기업의 재산상태나 영업성과 그리고 현금흐름 상태를 알려주는 회계정보(Accounting information)라 할 수 있다. 회계정보를 이용해서 투자자는 자신이 투자하고자 하는 기업의 재무상태가 어떤지, 앞으로 그 기업이 수익을 많이 내고 성장할 가능성이 큰지 등에 대한 정보를 얻을 수 있게 된다. 즉, 기업에 관한 여러 가지 정보 중에서 가장 기본이 되면서 많은 양의 정보를 축약해서 제공해 주는 것이 바로 회계정보이다.

회계처리의 결과 창출된 회계정보는 경영활동의 과정이 측정되고, 그 결과가 수치로 재무제표에 표시된 정보이다. 재무제표(F/S : Financial statements)는 간단히 말하면, 기업의 경영활동을 간결하게 요약한 재무보고서이다. 즉, 기업과 관련된 다양한 외부의 회계정보 이용자에게 의사결정을 할 때 유용한 재무적 정보를 전달하는 핵심적인 재무보고 수단이다. 재무제표는 비슷한 성질을 가지는 거래를 요약하여 일정한 양식을 갖추어 작성할 뿐만 아니라 대외적으로 공표되므로 일반 정보이용자가 이용하기 쉽다. 또한, 많은 사람이 공통으로 필요로 하는 핵심적인 회계정보들이 포함되기 때문에 대부분의 의사결정자 요구를 충족시키는 역할을 한다. 현행 기업회계기준에 의하면, 기업에서 제공하는 기본 재무제표로서 대차대조표, 손익계산서, 현금흐름표, 이익잉여금 처분계산서 등이 있다(박종만 외, 2003).

〈표 10-1〉 기본 재무제표

유 형	개 념
대차대조표	일정시점(통상 결산시점) 기업의 재무상태에 대한 정보를 제공해 주는 재무보고서
손익계산서	일정기간 동안 기업의 경영성과에 대한 정보를 제공해 주는 재무보고서
현금 흐름표	일정기간 동안 기업에 발생한 현금 유출입에 관한 정보를 제공해 주는 재무보고서
이익잉여금 처분계산서	이익잉여금의 처분사항(또는 결손금의 처리사항)을 명확히 보고하기 위한 재무보고서

2 재무제표

1) 대차대조표

대차대조표(B/S : Balance sheet)는 일정 시점(통상 결산 시점인 12월 31일을 의미함)에 기업의 재무상태를 집약적으로 표시하기 위하여 작성되는 재무제표이다. 기업에 필요한 자본이 어떻게 조달되고, 조달된 자본을 어떻게 운용하고 있는지를 대조하여 표시해 줌으로써 회사의 전반적인 재무상태에 관한 정보를 제공해 준다. 즉, 대차대조표는 일정 시점 현재 기업이 보유하고 있는 경제적 자원인 자산과 경제적 의무인 부채, 그리고 자본에 관한 정보를 제공해 주는 재무보고서로서, 회계정보 이용자들이 기업의 유동성, 재무적 탄력성, 수익성과 위험 등을 평가하는 데 유용한 정보를 제공해 준다.

대차대조표의 기본 구조를 도식화해 보면 다음과 같다.

대 차 대 조 표	
자 산	부 채 자 본

이처럼 대차대조표의 왼쪽은 기업이 소유하고 있는 자산을 표시하고, 오른쪽은 기업 자산의 조달 원천인 부채와 자본을 표시한다. 이때 기업의 전반적인 재무상태란 기업이 소유한 자산과 기업이 부담하는 부채로 구분할 수 있고, 자본은 자산에서 부채를 차감한 나머지를 의미하는 것이다. 즉, 자산과 부채, 자본 사이에는 항상 다음과 같은 등식이 성립하게 되는데, 이를 대차대조표 등식 혹은 회계등식이라고 한다.

자 산 = 부 채 + 자 본

여기서 자산(Assets)이란 기업이 영업활동에 사용하기 위해 소유하고 있는 재화와 채권을 말한다. 기업이 영업활동을 수행하기 위해서는 현금, 상품, 토지, 건물, 설비 등의 재화가 필요하며, 이러한 재화를 통해 거래하게 되면 대여금, 외상 매출금, 미수금 등의 채권이 발생되게 된다. 자산은 그 재산이 1년 이내에 현금으로 바뀔 수 있을지를 기준으로 유동자산과 고정자산으로 구분하고, 유동자산에는 현금, 매출채권, 재고자산 등을 포함하며, 고정자산에는 토지, 건물과 같은 유형자산, 특허와 영업권 등의 무형자산이 포함된다.

부채(Liabilities)는 기업이 미래에 타인에게 갚아야 할 의무를 화폐단위로 표시한 것으로 기업이 영업활동을 수행하는 데 필요한 현금이나 재화를 구입하기 위해 발생하는 차입금, 외상 매입금, 미지급금 등이 포함된다. 부채는 지급기한이 1년 이내의 경우 유동부채로, 1년을 넘어가면 고정부채로 구분한다.

자본(Capital)은 자산에서 부채를 차감한 나머지로서 순 자산이라고도 한다. 자본은 주주의 출자금, 미처분 이익, 잉여금 등을 포함하는 개념이다. 또한, 기업의 자산 중 소유주 또는 주주에게 귀속되는 몫(지분)이므로 소유주 지분(Owners' equity) 혹은 주주 지분(Stockholders' equity)이라고도 한다.

대차대조표의 작성 예시를 살펴보면, 다음과 같다.

〈표 10-2〉 대차대조표

대 차 대 조 표

(주)킴스기술경영 20xx년 12월 31일 현재 (단위 : 원)

과목	금액	과목	금액
자산		부채	
Ⅰ. 유동자산	X X X	Ⅰ. 유동부채	X X X
1. 현금		1. 매입부채	
2. 매출채권		2. 단기 차입금	
3. 재고자산			
		Ⅱ. 고정부채	X X X
Ⅱ. 고정자산	X X X	1. 사채	
(1) 투자자산		2. 장기차입금	
1. 투자유가증권		부채 총계	X X X
2. 장기대여금			
		자본	
(2) 유형자산		Ⅰ. 자본금	X X X
1. 토지			
2. 건물		Ⅱ. 자본잉여금	X X X
(3) 무형자산		Ⅲ. 이익잉여금	X X X
1. 영업권			
2. 산업재산권		Ⅳ. 자본조정	X X X
		자본 총계	X X X
자산 총계	X X X	부채와 자본 총계	X X X

2) 손익계산서

대차대조표가 일정 시점에 기업의 투자 및 생산 활동과 이에 소요된 자금의 조달에 관한 정보를 정리하여 표시하였다면, 손익계산서(I/S : Income statements)는 일정한 회계기간의 영업성과를 집약적으로 표시한 재무보고서이다. 즉, 손익계산서는 기업이 일정기간 얼마만큼의 영업실적을 올리고, 그 이익을 내기 위해서 어느 정도의 비용을 사용하였으며, 현재의 총이익은 얼마이며 세금을 낸 후의 순이익은 얼마인지를 정확하게 보여주는 표이다. 따라서 손익계산서에서는 일정 영업기간의 경영성과를 명백히 표시하기 위하여 그 기간에 발생한 모든 수익과 이에 대응하는 모든 비용을 하나의 표에 기재함으로써 그 이익(혹은 손실)의 금액과 발생 원인을 표시하는 보고서이다.

손익계산서는 기업이 일정기간 벌어들인 수익과 지출한 비용 및 이들의 영업활동 결과로써의 이익에 관한 정보를 제공해 주기 때문에 매우 중요한 재무제표로 활용되고 있다. 손익계산서는 '수익·비용 대응의 원칙'에 따라 작성이 이루어지며, 이로 인해 다음과 같은 등식이 성립되는데, 이를 손익계산서 등식이라고 한다.

비 용 + 순이익 = 수 익

위의 손익계산서 등식은 경영성과의 기본 구조를 설명하고 있다. 즉, 기업의 경영성과는 기업이 벌어들인 수익에서 벌기 위해 지출한 비용을 차감한 순이익으로 나타난다. 수익(Revenue)이란 기업이 영업활동에서 고객에게 재화나 용역을 제공하여 발생한 자산의 증가를 말한다. 즉, 고객에게 상품을 판매하고 발생한 매출액, 서비스를 제공하고 발생한 수수료 수익 등이 이에 해당한다. 비용(Expense)이란 기업이 영업활동에서 수익을 얻기 위하여 소비한 재화나 용역의 원가를 말한다. 즉, 상품을 생산하고 판매하는 과정에서 발생한 제조 및 매출원가, 종업원에게 지급한 급여 등이 이에 해당한다.

손익계산서는 매출액에서 매출원가(매출 상품의 제조원가 혹은 구매원가)를 차감하여 매출총이익을 구하며, 여기에서 급여, 광고비, 판매촉진비 등과 같은 판매관리비를 제외하면 영업이익이 된다. 영업이익은 기업의 영업성과를 표시하고 있으며, 여기에서 이자비용과 같은 영업외 비용을 차감하고, 타 회사에 투자하여 얻은 배당금 수익이나 이자수익 등과 같은 영업외 수익을 가산하면 경상이익이 된다. 그리고 경상이익에 재해, 도난 및 분실 등과 같은 특별 손익을 가감하면 법인세 차감전 순이익이 되며, 마지막으로 법인세를 감하면 당기순이익이 된다. 손익계산서의 작성 예시를 살펴보면, 다음과 같다.

〈표 10-3〉 손익계산서 예시

손 익 계 산 서

20XX년 01월 01일부터
(주)킴스기술경영　　20XX년 12월 31일까지　　(단위 : 원)

과목	금액
Ⅰ. 매출액	X X X
Ⅱ. 매출원가	X X X
Ⅲ. 매출총이익	X X X
Ⅳ. 판매비와 관리비	X X X
1. 급여	
2. 임차료	
3. 감가상각비	
4. 광고선전비	
Ⅴ. 영업이익	X X X
Ⅵ. 영업외수익	X X X
1. 이자수익	
2. 배당금수익	
3. 유형자산처분이익	
Ⅶ. 영업외비용	X X X
1. 이자비용	
2. 유형자산처분손실	
Ⅷ. 경상이익	X X X
Ⅸ. 특별손익	X X X
Ⅹ. 법인세차감전 순이익	X X X
Ⅺ. 법인세비용	X X X
Ⅻ. 당기순이익	X X X

3) 현금흐름표

현금흐름표(Statement of cash flows)란 일정기간 동안 기업의 현금흐름에 관한 정보를 제공하는 재무보고서로서, 회계기간의 현금의 유입과 유출에 관한 정보를 제공한다. 현금흐름표는 영업활동으로 인한 현금흐름, 투자활동으로 인한 현금흐름, 재무활동으로 인한 현금흐름으로 구분하여 표시하고, 이에 기초 현금을 가산하여 기말의 현금을 산출하는 형식으로 표시한다.

영업활동으로 인한 현금흐름이란 제품을 만드는 데 필요한 생산 투입요소를 구매하고, 생산된 제품을 판매하는 활동을 통하여 이익을 추구하는 기업의 일상적인 영업활동 과정에서 현금의 유출과 유입이 이루어지는 것을 말하는데, 이는 기업에서 가장 중요하고 빈번한 현금흐름이다. 투자활동으로 인한 현금흐름은 유형자산을 취득 또는 매각하거나, 여유 자금을 수익성 있는 자산에 투자하는 활동 등을 통해 발생하는 현금흐름을 말하며, 재무활동으로 인한 현금흐름은 시설투자 등을 위하여 외부에서 자금을 조달하는 활동과 관련하여 발생하는 현금흐름을 의미한다.

4) 이익잉여금 처분계산서

이익잉여금 처분계산서(Statement of appropriation of retained earnings)는 결손금 처리계산서(Deficit reconciliation statement)라고도 불리는데, 이익잉여금의 처분사항(또는 결손금의 처리사항)을 명확히 보고하기 위한 재무보고서이다. 이익잉여금이란 유보이익이라고도 하는데, 이익의 발생분에서 배당금을 차감한 후 기업이 사내에 유보하고 있는 자금이라는 의미이다. 이익잉여금 처분 계산서는 미처분 이익잉여금, 임의적립금 등의 이입액, 이익잉여금 처분액, 차기 이월 미처분 이익잉여금으로 구분하여 표시한다.

한편, 비용이 수익을 초과하여 결손이 발생한 경우에는 결손금 처리계산서를 작성해야 한다. 결손금 처리계산서는 미처리 결손금, 결손금 처리액, 차기이월 미처리 결손금으로 구분하여 표시한다.

학습 목표 요약

1. 기업의 자금조달 방법은 어떤 것들이 있는가?

직접금융방식 : 주식 발행, 회사채 발행
간접금융방식 : 은행 차입, 매입채무, 기업 어음,

2. 자금 운용은 어떤 방법이 있는가?

사업에 투자하는 방식, 금융상품에 투자하는 방식

3. 회계정보 이용자를 기준으로 한 분류방식은 무엇인가?

① 재무회계, ② 관리회계, ③ 세무회계

4. 대차대조표란 무엇을 의미하는가?

대차대조표(B/S : Balance sheet)는 일정 시점에 기업의 재무상태를 집약적으로 표시하기 위하여 작성되는 재무제표이다. 기업에 필요한 자본이 어떻게 조달되고, 조달된 자본을 어떻게 운용하고 있는지를 대조하여 표시해 줌으로써 회사의 전반적인 재무상태에 관한 정보를 제공해 준다.

5. 손익계산서란 무엇을 의미하는가?

손익계산서(I/S : Income statements)는 일정한 회계기간 동안의 영업성과를 집약적으로 표시한 재무보고서이다. 즉, 손익계산서는 기업이 일정기간 동안 얼마만큼의 영업실적을 올리고, 그 이익을 내기 위해서 어느 정도의 비용을 사용하였으며, 현재의 총이익은 얼마이며 세금을 낸 후의 순이익은 얼마인지를 정확하게 보여주는 표이다.

6. 현금흐름표란 무엇을 의미하는가?

현금흐름표(Statement of cash flows)란 일정기간 기업의 현금흐름에 관한 정보를 제공하는 재무보고서로서, 회계기간 현금의 유입과 유출에 관한 정보를 제공한다. 현금흐름표는 영업활동으로 인한 현금흐름, 투자활동으로 인한 현금흐름, 재무활동으로 인한 현금흐름으로 구분하여 표시하고, 이에 기초의 현금을 가산하여 기말의 현금을 산출하는 형식으로 표시한다.

용어해설

▶ 보통주(Common stock)?

주식의 매입과 동시에 이사회의 구성, 배당금의 결정 및 타 기업의 인수·합병 등 기업의 주요 경영활동에 대한 의사결정권을 가지는 주식

▶ 우선주(Preferred stock)?

의사결정권은 없으나 기업이 배당금을 지급할 때 보통주에 우선하여 배당금을 받을 권리

▶ 전환사채?

일정한 조건에 의하여 주식으로 전환할 수 있는 권리, 즉 주식 전환권이 부여된 사채

▶ 신주인수권부 사채?

사전에 약정된 금액으로 새롭게 주식(보통주 혹은 우선주)을 인수할 수 있는 권리를 부여하여 발행한 회사채

▶ 기업 어음(CP : Commercial paper)?

기업이 담보제공 없이 수시로 자금을 조달하기 위하여 발행한 약속어음을 말하는 것

▶ 재무회계?

기업의 재무상태나 경영성과를 파악하여 이를 외부에 공표할 목적으로 재무제표를 작성하는 회계

▶ 관리회계?

기업의 경영자가 경영 관련 의사결정을 내리는 데 필요한 각종 회계정보를 제공하는 회계분야

▶ 세무회계?

세법의 규정에 따라 과세소득 산출에 필요한 회계정보를 제공하는 회계분야

▶ 이익잉여금처분계산서(Statement of appropriation of retained earnings)?

이익잉여금의 처분사항(또는 결손금의 처리사항)을 명확히 보고하기 위한 재무보고서

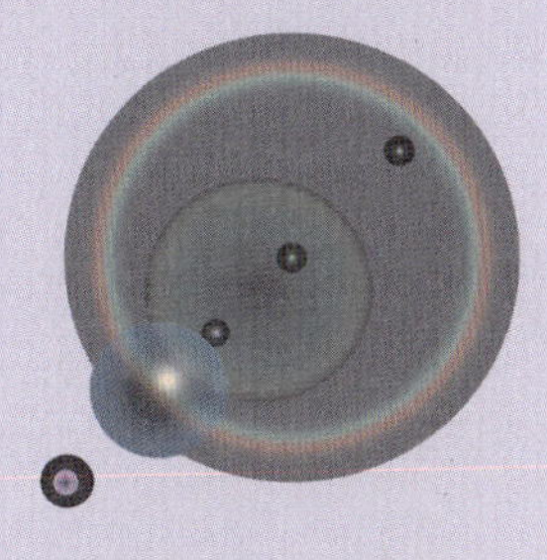

PART Ⅳ 생산부문

제11장 생산관리

제12장 생산기술

제13장 품질경영

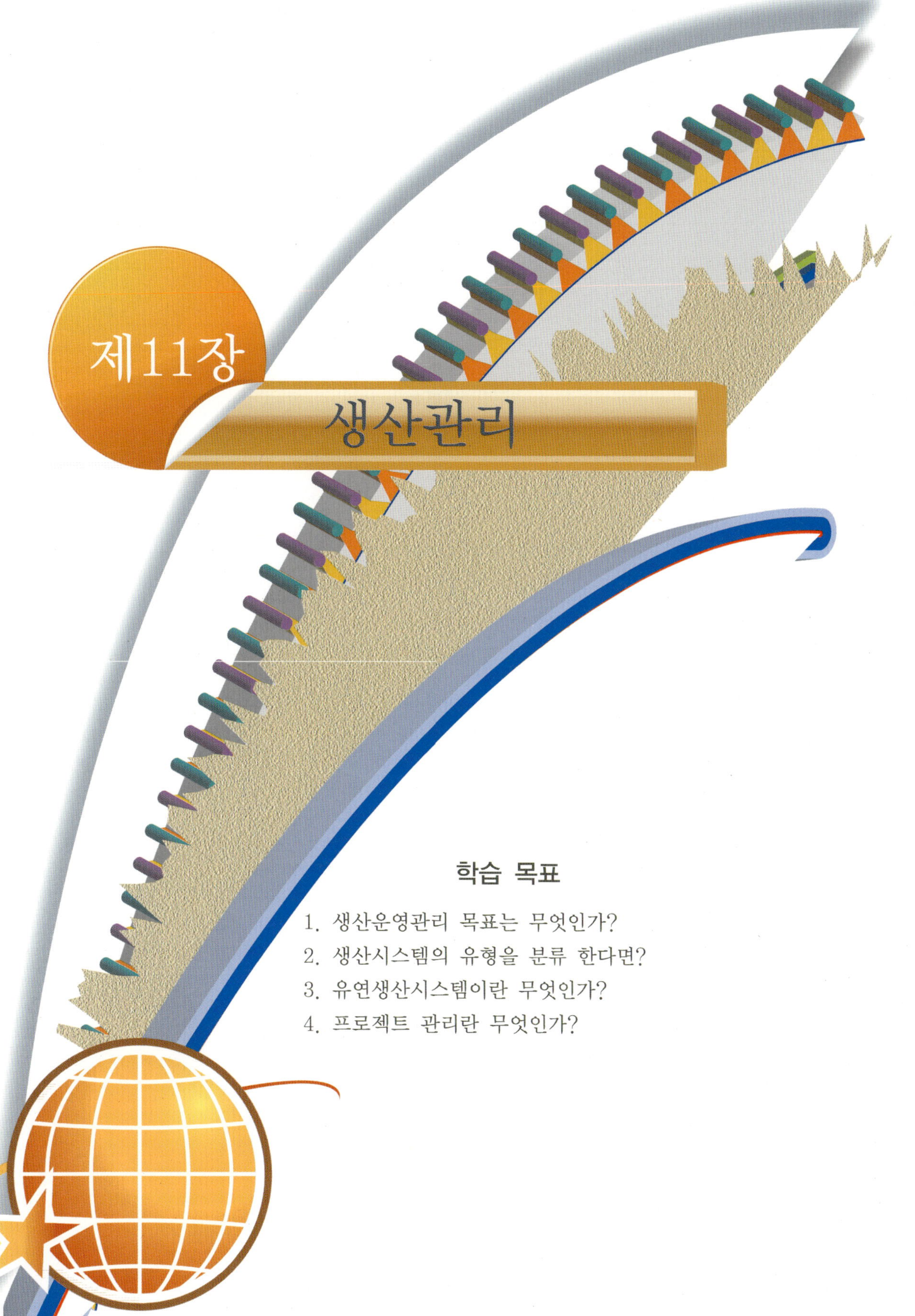

제11장

생산관리

학습 목표

1. 생산운영관리 목표는 무엇인가?
2. 생산시스템의 유형을 분류 한다면?
3. 유연생산시스템이란 무엇인가?
4. 프로젝트 관리란 무엇인가?

생산운영관리 목표

1 생산운영관리 의의

기업이 지속적인 성장과 경쟁우위를 유지하기 위해서는 기본적으로 소비자가 원하는 좋은 품질의 제품이나 서비스를 적정한 가격으로 신속하게 공급할 수 있는 능력이 있어야 한다. 제품이나 서비스가 다소 부실하더라도 가격 할인, 적극적인 광고 및 홍보, 외상판매 등을 통해 일시적으로 매출을 증가시킬 수는 있다. 하지만 지속적인 성장을 유도하기 위해서는 소비자가 원하는 좋은 품질의 제품과 서비스를 신속히 개발하고 생산할 수 있는 역량을 갖추어야 한다.

생산과 운영(Production & operation)이란 투입물(Input)을 원하는 산출물(Output)로 변환시키는 기능을 수행하는 일련의 과정이라고 할 수 있다. 제조업에서 물리적인 제품을 생산하는 과정을 본다면, 투입물은 원재료, 인력, 자본, 기계, 설비 등이 될 것이고, 이러한 투입물은 특유의 공정처리 과정을 거쳐 산출물인 완성 제품으로 바뀌게 된다. 한편 서비스업의 경우에는 투입물과 공정처리 과정, 그리고 산출물의 제공 과정에서 제조업과는 다소 차별화된 과정을 거치게 된다. 따라서 제조업에서는 제품의 생산·공급을 책임지고 있는 생산관리자가 있고, 서비스업에는 서비스의 생산·전달을 책임지는 운영책임자가 존재한다.

생산·운영 관리는 유형의 제품과 무형의 서비스를 생산하는 과정을 효과적·효율적으로 관리하는 것을 의미한다. 기업 조직 내에서 제품과 서비스의 생산은 생산기능 부문에서 담당하고 있다. 따라서 생산·운영 관리란 앞서 살펴본 인적자원관리, 재무관리 등과 같은 기업의 기능부문 중 하나인 생산 및 운영 기능을 다루는 경영학의 한 분야이다. 그리고 생산·운영 관리는 마케팅 관리 영역과 함께 기업의 가치사슬(Value chain)상 가장 기본적인 역할을 수행하는 일차적 활동(Primary activity)에 속한다.

제품과 서비스의 생산을 효과적이고 효율적으로 관리하는 학문 분야는 오랜 기간 동안 생산관리(Production management)라는 이름으로 사용돼 왔다. 과거에는 경제 및 산업 구조가 주로 제조업 중심으로 구성되었으므로 '생산'이라고 하면, 주로 공장에서 유형의 제품을 만들어 내는 과정을 생각하였다. 하지만 최근 산업구조가 제조업 중심의 이차 산업에서 서비스업 중심의 삼차 산업으로 전환이 가속화되면서 생산관리란 명칭은 제조업뿐만 아니라 서비스업까지 포괄하게 된다는 의미에서 생산운영 관리(Production & operations management)란 명칭으로 바뀌고 있다.

2 생산운영관리 목표

1) 품질

품질(Quality)은 적합 품질(Conformance), 신뢰 품질(Reliability), 성능 품질(Performance), 감성품질(Amenity)의 단계로 진화하고 있다. 적합 품질은 생산 공정에서 제품 규격에 맞게 균일한 품질을 생산할 수 있는 능력을 말하며, 신뢰 품질은 기능을 제대로 수행하는 내구성 있는 제품을 만드는 능력을, 성능 품질은 경쟁사보다 기능이 다양하고 좋은 성능의 제품을 만들어 내는 능력을 말하며, 감성품질은 위의 세 가지 영역을 초월하는 품질로 느낌에서 차이가 날 수 있게 할 뿐만 아니라 소비자들의 개별적 욕구에 대응한 제품을 만들어 내는 능력이다.

그런데 여기서 주목할 점은 이들 네 가지 품질이 상호 배타적인 것이 아니고 단계적으로 누적되는 개념으로 이해해야 한다는 것이다. 다시 말하면 적합 품질이 어느 정도 확립되지 않으면 신뢰 품질을 기대할 수 없으며, 신뢰 품질이 경쟁력을 발휘하지 못할 경우 성능 품질은 실현될 수 없다. 이 세 가지 단계가 숙달되지 않은 기업은 감성품질을 경쟁 무기로 활용할 수 없다.

단계별로 관리상의 중점적인 문제가 서로 다르게 마련인데 예를 들면 적합 품질에서는 공장 현장에서의 기술적 문제 해결, 신뢰 품질에서는 기술적 성숙, 성능 품질에서는 고객의 요구, 그리고 감성품질에서는 예술적 감성으로 고객의 욕구를 만족하게 할 수 있는 유연성 제고가 중요 경영과제로 대두한다고 할 수 있다. 따라서 기업마다 품질 관리의 이슈는 그 기업이 어느 수준의 품질 단계에 놓여 있는지에 따라 달라지며 품질관리 프로그램의 내용 또한 달라지게 마련이다.

2) 납기

시간에 의한 전략 관리는 지난 수년간 전 세계적으로 경영자들의 비상한 관심이 되어왔다. 시간 관련 변수가 유연성과 서비스를 높이는 가장 중요한 요인으로 인식되고 있기 때문이다. 원가 우위와 품질향상이라는 종래의 경쟁개념으로부터 고객의 욕구를 개별적으로 만족하게 할 수 있는 차별적 경쟁개념을 추구하는 오늘날에는 좋은 제품을 적시에 납품하는 것은 물론이고 경쟁자보다 빠르게 납품할 수 있는 능력을 갖추어야 한다.

납기(Delivery) 능력도는 적시 납기능력이 우선하고 이러한 기반 위에 경쟁자보다 우선하는 빠른 납기능력을 실현할 수 있다. 그리고 생산현장에서의 시간 관련 관리 변수는 제품 설계변경 속도, 신제품 개발 속도, 설비 교체 시간, 생산 소요시간, 자재조달 시간, 완제품 납기 소요시간 등이 되고 있다.

그런데 생산뿐만 아니라 모든 관리과정에서 시간을 줄일 수 있도록 조직의 효율을 높이는 것으로 발전해야 한다. 경쟁시장에서의 유연성과 서비스를 토대로 다양한 제품 생산과 고객화에 부응한 차별화 전략 효과를 높여 경쟁우위를 확립해 나아가야 하므로 시간 관련 변수는 기업의 부가가치사슬이 형성되는 모든 영역에서 확인할 수 있다. 기업의 부가가치 창출 활동은 결국 시간 축 위에서 일어나는 것이므로 이것을 따라 시간 요소를 관찰하면 쉽게 인식할 수 있을 것이다.

3) 원가

경쟁 무기로서의 원가(Cost)는 우리나라 기업에 있어서 특별한 전략적 의미를 지닌다. 우리의 대외 경쟁력은 일관되게 저 원가 중심 전략에 의존했고 다른 국가에 대한 상대적 경쟁력을 누릴 수 있던 것도 이 원가상의 경쟁력에 의한 것이었다.

생산전략연구회의 조사에 의하면 우리나라 기업의 제조원가는 총매출액에서 차지하는 비중이 다른 나라에 비해 매우 높다. 한국은 84.7%, 일본 75.4%, 호주 61.6%, 멕시코 64.8%로 되어 있어 이들 국가 중 원가비중이 가장 높다. 제조원가가 높아서 이익과 판매와 관리비가 적으며 판매와 관리비를 제외하면 이익은 더욱 낮은 편이다.

우리나라 제조 기업에서 원가관리의 문제점은 산업의 경쟁력 약화 이유를 노무원가의 인상만으로 보는 것은 원가관리 능력이 부족하다는 것을 의미한다. 원가를 구성하는 요인이 매우 다양한 데도 오직 노무 원가 하나만을 원가 상승의 주범으로 생각하는 것은 잘못이다. 노무 원가가 영향을 주지 않는 생산방식을 대안으로 채택하거나 노동 이외의 경영자원을 어떻게 활용하여 부가가치를 극대화할 것인지를 찾아내는 일이야말로 우리 경영자들이 당면한 시급한 과제이다.

원가 구성에서 문제가 되는 것은 노무 원가만이 아니라 재료 원가도 보아야 한다. 재료 원가가 상대적으로 높은 이유는 중요한 원자재나 부품 등이 모두 일본, 미국 등에서 수입되고 기술적으로 이들 국가에 의존하기 때문이다. 따라서 그 값이나 조달 기간이 공급자에 의하여 예속되는 상태를 벗어날 수 없게 되어 있다. 국내 조립업체들이 국내 공급업자로부터 부품을 공급받는 경우 중소 공급업체의 생산 공정이 아직도 노동집약적이기 때문에 노무 원가 인상이 부품 생산 원가에 전가되고 한편으로는 부적합률이 높아 조립공정에서의 원가상승 요인이 되고 있다.

원가 문제는 품질 납기 유연성과 같은 경쟁 변수들과 보완적 관점에서 다루어져야지 가격경쟁에서 비가격 경쟁으로 전환한다고 해서 원가 문제를 품질이나 신제품 개발 디자인 변경과 같은 유연성으로 대신한다는 것은 잘못이다. 원가는 기업의 조직능력과 밀접한 관계가 있어서 조직의 유형이나 관리방식을 효율화하고 개혁하는 방법을 모색하는 근본적인 대책을 통해서만 해결된다는 점이다.

4) 유연성

생산시스템의 유연성(Flexibility)은 다섯 가지로 구분할 수 있다. 즉, 생산량, 제품믹스, 디자인 변경, 신제품 도입, 제품 라인 유연성이 그것이다. 생산량의 유연성이란 소품종 대량생산으로 생산하다가 다품종 소량생산으로 필요할 때마다 생산량을 추가적인 원가부담 없이 바꿀 수 있는 능력을 말한다. 제품믹스는 구색을 갖출 수 있는 능력을 말하는데 예로서 옷 색깔과 디자인이 좋아서 사려고 할 때 맞는 치수 없는 경우 이것이 바로 제품믹스의 유연성이 없는 경우이다. 디자인을 경쟁자보다 자유자재로 바꿀 수 있는 능력과 신제품을 신속하게 도입할 수 있는 유연성은 차별화 경쟁이 치열한 오늘날 가장 중요한 경쟁 무기로 보아야 한다.

공정관리

1 공정관리 유형

1) 공정관리의 개념

공정(Process)이란 기업에서 제품과 서비스를 생산하는 과정, 절차, 혹은 방식 등을 포괄하는 의미이다. 생산·운영 관리에서 공정에 관한 의사결정은 제품이나 서비스를 생산하는 데 필요한 물리적인 공정이나 설비 등에 관한 의사결정을 말한다. 구체적으로는 생산에 적합한 공정 및 기술의 선택, 설비배치 등에 관한 의사결정 영역이 이에 해당한다. 공정에 관련된 의사결정은 대부분 장기적인 관점에서 이루어지는 경우가 많으며, 대규모 자본투자가 요구되는 경우가 많은 것이 특징이다. 따라서 기업의 장기적인 경영전략과 밀접한 연계를 하고 의사결정을 하는 것이 중요하다.

2) 생산설비의 특징과 선택

공정 선정은 곧 생산설비의 선정에 밀접한 영향을 미친다. 생산설비는 곧 공정의 유형이라고 할 정도로 중요한 의미를 가지고 있다. 생산설비는 크게 범용설비 또는 전용설비로 양분하여 그 특징을 설명할 수 있다. 두 가지 설비 선택의 특징을 〈표 11-1〉에 요약하였다.

〈표 11-1〉 생산설비의 유형과 특성

특 성	(1) 범용기계	(2) 전용기계
투자비용/경제성원칙	투자비용 낮다/범위의 경제	상대적으로 높다/규모의 경제
제품 단위당 원가	개별생산으로 직접비 높다.	표준생산으로 간접비 높다.
양과 품종의 유연성	적으며/탄력적이다.	많으며/탄력성 낮다.
생산 준비시간	적게 소요된다.	많게 소용된다.
진부화와 경쟁자 등장	비교적 영향이 적다.	낮은 원가의 새경쟁자에 영향이 크다.
재공품재고	재공품 많다.	재공품 적다.
감독자 능력과 감독범위	다기능 필요/감독범위 좁다.	전문기능 필요/감독범위 넓다.
노동력의 수와 문제 해결	많으며 다기능/직접 문제 해결	적으며 전문/스탭이 문제 해결.

설비의 선택은 설비의 생산성, 기존 설비와의 대체 문제, 노동집약적 또는 자본집약적인 설비로 할 것인가 하는 등의 문제를 검토하여 정하는 과제이다. 기업의 자금과 영업능력에 알맞은 경제적인 설비를 선택하되 노동임금의 인상, 기술혁신, 신제품 개발 등 대내외적 여건변동에 대처할 수 있는 선택이어야 한다.

전용설비를 선택하는 가장 큰 이유는 규모의 경제(Economies of scale)를 기대하기 때문이다. 즉, 표준품을 대량으로 생산하여 제품의 단위당 평균 원가를 낮게 하고 원가 우위의 리더십 전략을 기대하기 때문이다.

이에 반하여 범용설비는 범위의 경제(Economies of scope)를 기대하기 때문이다. 다양한 제품을 생산함으로써 소비자의 다양한 요구를 충족시키는 차별화 전략을 기대할 수 있어야 한다. 그뿐만 아니라 한 기계설비에서 여러 종류의 제품을 함께 생산함으로써 오히려 원가 절감을 기대할 수도 있다. 그러나 이러한 기대도 저절로 되는 것은 아니다. 기계설비의 비용을 절감시킬 수 있을 뿐만 아니라 정보, 저장, 반출, 보관 등에 따르는 비용을 감소시키고, 여러 종류의 제품을 생산하는 데 따르는 준비시간과 공구, 자재 등의 준비도 매우 치밀하고 철저해야 가능한 것이다.

3) 생산품종과 생산량의 기준에 의한 분류

생산공정의 유형은 생산시스템의 유형을 분류하는 것이다. 그러므로 '생산시스템의 유형'과 '공정의 유형'은 거의 같은 의미로 사용한다. 공정의 유형을 분류할 수 있는 기준은 산업별, 업종별, 품종별, 생산량 별 등 여러 가지가 있다. 여기서 몇 가지 기준으로 나누어 보되 먼저 생산품종에 따라 분류한다.

생산하는 제품의 품종의 많고 적음과 생산량의 많고 적음의 기준에 따라 분류할 수 있다. 품종의 많고 적음은 상대적 개념이다.

품종 수가 많고 적고 그리고 1회 생산량이 많고 적음에 따라 다품종 소량생산 시스템과 소품종 대량생산 시스템으로 나눈다. 이렇게 구분한 이유는 각 시스템에 따라 목표시장에서의 고객의 요구가 다를 것이라는 가정에 따라 분류한 것이다. 즉, 생산시스템의 구조와 과정이 마케팅 부서와 유기적이어야 한다는 뜻에서 나눈 것이다.

다품종 소량 생산 시스템은 같은 종류의 제품은 거의 없고 종류별 수요량과 생산량이 소량인 생산 활동을 특징으로 하는 시스템이다. 조선업, 공구 제작, 맞춤 양복점 등이 이러한 시스템에 속한다.

소품종 대량 생산시스템은 자동차 조립공장, 철강 산업과 같이 품종이 몇 개로 한정되어 있고 그 대신 생산량이 대량인 경우이다. 따라서 다품종 생산보다 공정 통제가 비교적 표준화되고 생산량, 원료구매, 재고통제가 중점이 된다.

4) 주문생산 또는 계획생산에 의한 분류

구매자로부터 주문을 먼저 받고 생산을 하느냐 아니면 수요예측을 미리 하여 생산하느냐의 기준에 따라 주문생산 시스템과 계획생산 시스템으로 나눌 수 있다.

주문생산(Production to order) 시스템은 주문에 따른 특정 제품을 생산해야 하므로 주문자의 요구에 맞는 개별 생산계획과 통제를 철저히 해야 한다. 주문별로 설계, 절차 계획, 일정계획, 납기 통제 등을 실시하여야 하며, 생산 품종과 생산량이 불규칙하기 때문에 효율적 시설 활용을 위하여 엔지니어링 기능이 중요하다. 그리고 완제품 재고보다는 원료와 재공품 관리가 더 중요하고, 생산 설비도 전용이 아니라 범용 기능을 갖추고 있어야 할 것이다. 경영자나 감독자의 능력도 만능이어야 한다. 또한, 작업자의 숙련도도 높아야 한다. 따라서 종업원 교육훈련도 정기적으로 실시할 필요가 있다. 이러한 시스템에서 생산 비용은 직접비가 더 높은 비중을 차지하므로 재료비 등 직접 원가의 관리가 중요하게 된다.

이에 반해 재고 생산(Production to stock) 또는 계획생산 시스템은 수요예측에 의하여 미리 생산량을 계획하는 것이다. 따라서 생산하는 양을 판매할 수 있을 만큼의 충분한 목표시장을 갖고 있어야 하며, 경쟁기업과는 주로 원가에 의한 경쟁이기 때문에 원가관리가 주요 과제가 된다. 생산계획은 생산량과 공정의 흐름 통제가 주요 과제가 된다. 표준화된 제품을 생산하므로 공정이 사전에 준비되어야 하므로 준비비(Set-up cost)가 적게 든다. 그러나 생산시설이 전용 성격을 띠게 되고 설비투자비가 많이 들어 제품 원가에서 고정비 비중이 높아지게 된다. 따라서 고정비를 줄여 제품 단위당 간접비를 절감하도록 노력해야 한다. 일반적으로 물적 유통관리와 제품의 재고관리가 중요한 기능이 되기 때문에 과잉재고의 방지와 또 한편으로는 재고 부족 현상에 대비하여 안전재고를 확보하여야 할 것이다. 감독자나 작업자도 만능식 보다는 전문성을 더 갖추어야 하며 감독과 작업의 범위를 넓혀 원가를 낮추어야 하는 시스템이다.

5) 공정 중심 또는 제품 중심에 의한 분류

생산설비 배치 성격을 기준으로 하여 〈표 11-2〉와 같이 공정 중심 또는 제품 중심으로 나눌 수 있다.

공정 중심(Process-focused systems) 생산시스템이란 기계나 설비가 기능별로 모여 있고, 생산하려는 제품에 따라 필요한 설비를 찾아가서 작업하도록 배치된 시스템이다. 즉, 설비시설을 먼저 설치해 놓고 제품이 필요한 곳을 찾아가는 방식이다. 따라서 주문이 들어오면 절차 계획(Routing)을 세우는 것이 우이다.

〈표 11-2〉 설비배치의 성격에 따른 생산시스템의 분류

특성 및 유형	(1) 공정 중심 생산시스템	(2) 제품 중심 생산시스템
시장수요와 생산	주문에 의한 다품종 소량생산	계획생산에 의한 표준품 대량생산
중점 통제 분야	주문통제	수요예측과 재고통제
시스템의 성격	공정 중심	제품 중심
주요 생산과업	납기관리가 중요	원가통제가 중요
주요 경쟁능력	제품 설계와 품질 통제	생산 준비시간 단축
공정계획의 과제	작업 부하량의 불균형	균형된 생산주기
기계설비의 성격	범용기계사용	전용기계사용, 상대적 높은 투자비용
원가계산방법	개별원가계산	표준원가계산
원가계산의 핵심	직접노무 원가의 파악	제조간접비의 배분
변화의 압력	낮은 원가, 대량 고객화	높은 유연성, 대량 고객화

제품 중심(Product-focused systems) 생산시스템이란 기계설비를 특정한 제품만을 생산하기 위하여 사전에 배치하여 둔 공정이다. 즉, 제품이 만들어지는 과정에 따라 설비 시설을 맞추어 놓은 것이다.

그리고 주문의 유형과 설비배치의 성격에 따른 시스템의 유형을 행렬로 결합해 비교하면 〈표 11-3〉과 같이 만들 수 있다. 공정 중심/주문생산은 건설, 조선, 병원 치료의 예를 들 수 있다. 공정 중심/재고 생산은 의료기기, 기계부품, 은행 창구를 들 수 있다. 서비스 업종은 재고의 개념이 없으므로 이처럼 분류하는 데 어려움이 있지만, 재고의 개념을 확대하여 적용하면 부분적으로 설명이 가능할 것이다.

제품 중심/주문생산은 건설장비, 섬유, 대중식당을 들 수 있고, 제품 중심/재고 생산은 TV 세트, 계산기 등을 들 수 있다.

〈표 11-3〉 공정유형의 두 기준으로 비교한 생산시스템

공정유형	(1) 주문생산 시스템	(2) 계획생산 시스템
(A)공정 중심 생산시스템 (제품의 예)	공정 중심/주문생산 시스템 건설, 조선, 전자부품, 기계공구, 병원 치료	공정 중심/재고 생산 시스템 의료기기, 금형프라스틱, 기계부품, 검사기기, 은행 창구
(B)제품 중심 생산시스템 (제품의 예)	제품 중심/주문생산 시스템 건설장비, 트럭, 섬유, 전선 케이블, 전자부품, 대중식당	제품 중심/재고 생산 시스템 복사기, TV 세트, 가솔린, 계산기, 대중 승용차, 중등 교육

생산시스템을 2분법적으로 명확하게 구분할 수 있는 것은 아니다. 그 중간 형태로 여러 가지가 있다. 그렇지만 그 특징을 이해하기 위하여 양분한 것이다. 그런데 어느 생산시스템을 선정하든 위와 같은 이론을 무시해야 할 정도로 급격한 변화가 요구되고 있다. 시장에서의 환경변화는 생산시스템을 유연하게 관리하지 않으면 안 되기 때문이다. 즉, 소품종 대량 생산시스템이면서도 다품종 소량 생산시스템의 이점을 실현해야 하고, 또 다품종 소량 생산시스템이면서도 소품종 대량 생산시스템의 이점을 실현해야 하기 때문이다.

6) 작업 처리 방법에 의한 분류

지금까지 설명한 분류기준이 서로 전혀 다른 의미의 기준은 아니다. 설명하는 관점이 조금씩 다를 뿐이다. 이제 설명하려는 기준은 생산공정이 진화해 가는 관점에서 생산시스템을 분석하는 유익한 기준이다. 작업 처리 방법이란 주로 생산계획 및 일정계획을 뜻하며 다음의 네 가지로 구분한다.

(1) 개별 주문 생산시스템

개별 주문 생산시스템에는 단독사업 형태의 프로젝트(Project)와 개별 주문 생산 형태의 잡샵(Job shop)이 있다. 프로젝트는 도로건설 공장 건설 등과 같이 단독적으로 추진되는 사업이다. 잡샵은 개별적인 고객의 주문에 따라 서로 다른 제품을 생산하는 형태이다. 단독사업에 비하여 공장에서 동일 품종을 하나 또는 그 이상의 주문량만큼 반복 생산하는 것이 특징이다.

따라서 개별적 주문품을 생산하고 디자인 변화라든지 고객의 요구에 부응하기 위해 생산설비는 범용적이며 생산시스템도 매우 유연해야 한다. 생산 규모의 확대나 축소가 비교적 용이한 편이다.

경쟁의 무기는 고객의 요구를 담아내는 능력인 것이다. 경험 노하우 기술 등을 무기로 경쟁하는 것이다.

(2) 배치 생산시스템

배치 생산(Batch line process) 시스템은 같은 제품을 일정량을 단위로 생산하는 형태이다. 이는 다시 일정량을 한 단위(Batch)로 한 번만 생산하는 경우, 일정량을 한 단위로 생산하되 필요할 때마다 불규칙한 시간 간격을 두고 생산하는 경우, 수요에 따라 일정 시간 간격을 두고 정기적으로 일정량을 생산하는 경우로 나눌 수 있다. 첫 번째는 주문생산이며 뒤의 둘은 계획생산의 형태이다.

잡샵의 공정이지만 제품의 수요가 차츰 안정적으로 변하여 정기적으로 생산할 필요성이 제기되면 배치로 묶어 계획생산을 하게 된다. 많은 제품이 이러한 추세를 보이는데 화학제품, 중장비, 전자제품, 금형 등이 그렇다. 한 제품을 생산하기 위하여 전용시설을 대규모로 투자할 수는 없지만 잡샵(Job shop)보다는 좀 더 전문화된 시설이 필요하다. 그렇지만 다품종 제품을 생산하기 때문에 유연성은 매우 높은 편이고 기계시설도 범용 목적이어야 한다.

수요가 더욱 안정되면 수행하는 직무가 고정적으로 자리 잡기 시작하고 주기시간도 짧아지며 비슷한 제품의 생산이 많아지게 된다. 제품 수요에 대한 예측이 가능하므로 생산 준비시간도 짧아지고, 생산 배치별 계획을 수립할 수 있다. 또 공정 중의 재공품(Work in process)이 적어진다.

기업이 판매하는 경쟁 무기는 아직도 다양한 제품에 있지만, 배치 생산이 가능하므로 차츰 단위당 원가를 낮추어 가격이 중요하게 된다. 주문량이 많아진다는 의미는 제품 변화가 적어지고 표준화되며 생산공정이 라인 공정의 성격을 띠는 것이다.

(3) 조립 생산시스템

조립라인 공정(Assembly line process) 시스템은 표준화되어 있는 몇 개의 소수 품종을 대량으로 계속 생산하기 위하여 기계 설비를 순차적으로 배치한 공정이다. 자동차 조립라인이 대표적이다. 제품은 원료에서부터 일정한 속도로 단계적이며 순차적으로 조립되어 완성되기 때문에 각 작업은 전문화되어 있고 누구 하나라도 작업에 실수가 있으면 전체 공정의 속도는 영향을 받게 된다. 조립라인 규모의 크기는 예를 들면 시간별, 일별, 주별, 단위 시간당 생산해야 할 양에 따라 달라진다.

작업자 한 개인의 작업 주기는 짧아지지만, 옆의 작업자와 밀접하게 의존되어 있어서 그 흐름을 부드럽고 균형되게 설계하는 것이 중요하다. 완성 제품의 재고는 많을 수 있어도 공정 중에 있는 재공품 수준은 낮게 유지해야 하고, 매 단계마다 품질 수준이 철저하지 못하면 그 통제 비용은 매우 높게 된다. 따라서 흐름을 통제하는 생산계획이 필수적인데 정확한 작업시간, 필요한 부품의 정시 조달, 설비의 고장예방과 유지보수, 자재 계획과 품질 통제가 관리의 중심이 된다.

라인 공정은 일반적으로 공정 진화의 마지막 단계로 간주하고 있다. 그리고 라인은 표준품을 생산하는 특징을 지녀 유연성이 떨어지지만, 그 종류를 어느 정도 다양하게 생산하는 능력이 있어야 한다. 즉, 혼합 모델 조립라인(Mixed model assembly line)의 능력을 지니도록 해야 한다. 그러한 예는 자동차 조립공장의 다양한 옵션(option)제도에서 찾을 수 있다.

(4) 연속 생산시스템

연속생산(Continuous flow process) 시스템은 정유공장, 화학공장, 제분공장 등과 같이 특정 제품을 같은 제조방식에 따라 이미 고정적으로 설치된 장치 공정에 의한 생산 형태이다. 경공업 최종 소비재보다는 시멘트, 방직, 방적, 제철 등의 산업용 원료산업 공장에서 그 예를 많이 볼 수 있다. 제품 생산은 미리 정해진 속도와 순서에 따라 진행된다. 라인 공정이 이산형(Discrete) 형태라고 할 수 있는 반면에 연속공정은 자재의 투입과 그 과정이 거의 자동화되어 있으며 연속적이다.

기계설비가 그 제품만을 생산하는 전용 목적이고 자본 집약적이기 때문에 자본 투자가 많고, 만약 제품 계획이나 공정 속도를 변경시키면 공정의 비용이 높아진다. 따라서 생산관리자는 공정의 효율을 높게 유지하고 설비의 유지 보수와 투입 원료가 단절되지 않게 해야 한다. 라인 공정에서 투입자재는 원료, 부품, 부자재, 공구 등 다양하고 많지만, 연속공정에서는 비교적 그 종류가 적은 편이다. 종류가 적다 하더라도 부피와 분량과 무게가 많고 높으므로 공장의 입지 위치가 중요한 관건이 된다.

2 설비배치

제품 및 서비스 생산에 적합한 공정이 선택되고 나면, 이에 적절한 형태로 설비배치(Facility layout)가 이루어져야 한다. 설비배치란 제품을 생산하는 공장 또는 서비스 시설 내에 부서의 위치와 기계설비의 공간적 구성 방식을 결정하는 것이다. 설비배치가 제대로 이루어지면 자재의 흐름이 원활해지고, 재고를 상당 부분 줄일 수 있으며, 일정계획이 좋아지고, 공간 이용의 효율성이 높아지며, 생산과정 상의 여러 가지 애로사항을 줄일 수 있을 뿐만 아니라 자재 취급비용을 절감할 수 있다.

설비배치의 기본적인 목표는 작업, 제품/서비스, 정보의 원활한 흐름에 있다. 생산현장에서 이루어지는 일반적인 설비배치의 유형은 작업 및 정보의 흐름을 기준으로 제품별 배치(Product layout), 공정별 배치(Process layout), 위치고정형 배치(Fixed position layout) 등 세 가지 형태가 있다.

1) 제품별 배치

제품별 배치는 대량의 제품이나 고객을 시설 내부에서 신속하고 원활하게 흐르도록 하고자 할 때 사용되는 설비배치 방법으로서, 각 제품이나 서비스가 생산되는 작업순서에 따라 기계설비나 작업장이 배치되며, 각 제품 단위는 같은 흐름을 따라 연속적으로 반복 생산된다. 이러한 흐름은 제품이나 서비스가 매우 표준화되어 있어서 고도로 표준화된 프로세스를 반복적으로 사용하기 때문에 가능하다. 이러한 특성으로 인해 제품별 배치는 라인 공정이나 재고 생산 공정에 적합한 방식으로 볼 수 있다. 따라서 제품별 배치의 작업흐름은 직선적이거나 미리 정해진 유형(Pattern)을 따라 움직이게 되며, 각 작업장은 고도로 전문화된 하나의 작업만을 수행한다.

2) 공정별 배치

공정별 배치는 처리 대상 제품이나 서비스의 처리 요구사항이 서로 다를 때 적합한 설비배치 방식으로서, 유사한 기계설비나 기능을 한 곳에 모아 배치하고 제품이나 서비스는 가공 요건에 따라 필요한 작업장이나 부서를 찾아다니면서 작업이 이루어진다. 공정별 배치는 앞서 공정 선택에서 살펴본 적이 있는 단속 공정이나 주문생산공정과 같이 다양한 종류의 제품을 소량으로 생산하는 경우 적합한 설비배치 형태이다.

공정별 배치의 경우, 서비스업에서 흔히 사용하는 설비배치 유형이다. 예를 들어, 병원, 대학, 은행, 자동차 정비공장 등을 들 수 있다. 종합병원의 경우, 외과, 내과, 산부인과 등 유사한 업무를 가지는 전문 영역별로 구분되어 배치가 된다. 또한, 종합대학도 공과대학, 경상대학 등 유사한 성격을 가지는 학과를 묶어 단과대학으로 구분하여 별도로 배치하게 된다.

3) 위치고정형 배치

위치고정형 배치는 작업 대상이 한 자리에 고정되어있고, 작업자와 자재, 설비 등이 필요에 따라 이동한다. 즉, 제품의 크기, 무게 및 기타 특성으로 인해 제품 이동이 바람직하지 않은 경우나 지극히 곤란한 경우 사용하는 설비배치 형태이다. 위치고정형 배치는 대형 건설 프로젝트(건물, 아파트 등), 조선, 대형 항공기 등의 제작 등에서 흔히 볼 수 있다. 즉, 위치고정형 배치는 프로젝트 공정에 적합한 설비배치 방법이다.

3 유연 생산시스템(FMS)

1) 유연 생산시스템의 의의

유연 생산시스템(FMS: Flexible manufacturing system)이란 특정 제품 생산에서 다른 제품의 생산으로 쉽게 전환되도록 프로그램된 기계의 집합을 말하며, 소비자의 수요에 따라 자동으로 다른 비율로 다양한 제품을 생산할 수 있는 시스템이다. 중앙컴퓨터의 지시로 일련의 공정을 공작기계에 의해 자동으로 수행하고 자재를 자동으로 운반하는 전산화된 생산시스템이다.

2) 유연 생산시스템 점검사항

기업이 유연하게 즉, 탄력적으로 생산해야 할 과제는 모든 기업이 추구하는 목표가 되었다. 따라서 유연 생산시스템은 현대적 생산시스템으로 발전된 하나의 유형이라기보다는 생산이 추구해야 할 과업인 것이다. 그러나 이러한 장점이 있는 반면에 수치제어 기기, 로봇, 컴퓨터, 설비시설, 소프트웨어, 전문 인력 등에 매우 많은 자본투자가 이루어져야 한다.

고액의 투자가 요구되는 만큼 왜 유연 생산시스템을 도입하는지 그 전략적 목표를 분명히 하고 수시로 점검할 필요가 있다. 컴퓨터를 도입하고 설비투자를 한다고 해서 유연 생산의 장점이 저절로 이루어지는 것은 아니기 때문이다.

첫째, 제품의 유연성을 점검하여야 한다.

수요에 대하여 적정하게 대처하는지, 제품믹스의 변화에 따른 제품 라인 적정화를 따져 본다. 신제품 개발과 제품의 설계변동이 목적하는 만큼 유연한지 점검한다. 그리고 생산량의 조절이 탄력적인지 계산해 보아야 한다.

둘째, 품질을 점검하여야 한다.

목표 품질 수준과 균등한 품질을 유지하는지 점검하고 과거보다 폐기율의 감소 정도, 부적합률 수준의 감소 여부를 기록 통제한다.

셋째, 시간을 점검하여야 한다.

준비시간의 단축, 자재 처리 시간의 단축, 제조 소요 기간이 목표로 하는 만큼 이루어지는지 검토해야 한다.

넷째, 비용 발생을 점검해서 원가를 절감해야 한다.

우선 노동 양과 시간이 감소하도록 해야 하는 데 직접 노동, 간접 노동 모두 표시하고, 공구 소모 비품의 절감도 노력해야 한다.

다섯째, 공간의 활용도를 점검해야 한다.

재공품 재고가 감소하는지 그리고 공정 라인 옆의 공간이 청결하고 여유 있는지조차도 비교해 보아야 한다. 자재 운반 시스템을 점검하고 운송과 이동이 원활한지 검사하여 설비공간의 활용을 최대화해야 한다.

4 공장자동화의 구성과 단계

1) 신 생산기술과 공장자동화

유연 생산시스템이 더욱 발전하면 공장자동화의 단계로 접어든다. 지난 수십 년 동안 어려운 인간 노동을 대신하고 아울러 인건비 절감을 위하여 기계화로부터 출발한 생산시설의 발전은 이제 공장자동화라는 단계에 이르렀다.

공장자동화(Factory automation)는 자동화 기술의 모든 요소들을 단일 제조 시스템으로 통합하여 제조공정상의 유연성을 높이는 고도의 생산시스템이다. 소비자뿐만 아니라 경영자 및 근로자의 욕구까지도 충족시키는 생산시스템이다. 매우 다양한 가지 수의 부품을 각각 소량으로 사용하여 제품을 만드는 작은 규모의 중소기업이라 하더라도 제품의 계획, 설계, 준비 및 생산과 운송을 자동화하는 공장이 많아지고 있다.

이렇게 자동화를 가능케 해주는 기술적 진보가 생산관리의 모든 분야에서 차례로 진행되었다. 자동화 기술의 집합을 신 생산기술(New manufacturing technology) 또는 진보된 생산기술(Advanced manufacturing technology)이라고도 부른다.

2) 공장자동화 시스템의 구성 요소

설계 기술 도구, 설비 기술 도구, 관리 기술 도구로 엄격하게 구분되는 것은 아니지만 상대적으로 그 분야의 비중이 높기 때문에 설명과 이해의 증진을 위하여 구분한 것이다.

(1) 설계자동화를 위한 기술도구

① 컴퓨터 지원설계(CAD)

Computer-aided(또는 Assisted) 디자인(Design)으로써 컴퓨터의 그래픽 능력을 주로 이용한 제품 설계 자동화 프로그램이다. 가령 제품 특성에 관한 수치를 입력하면 이에 따라 적정한 정보 및 설계가 제시되는 대화형 시스템이다.

② 컴퓨터 지원공정계획(CAPP)

Computer-aided process planning으로서 제조 순위, 기계 이용 및 관련된 활동 등의 계획을 자동화하는 컴퓨터 소프트웨어 시스템이다. 부품을 생산하기 위한 공정순서 도를 자동적으로 산출하는 것이다.

공정 설계도는 공정의 흐름을 분석하는 도표로서 조립도, 조립 도표, 흐름도표, 공정도와 같은 기법들이 있다. 공정을 구성하고 있는 모든 작업을 흐름에 따라 분석하고, 작업을 보다 능률적으로 수행하기 위하여 분석한 도표이다.

③ 컴퓨터 지원공학(CAE)

Computer-aided engineering으로서 컴퓨터를 이용한 공학적 개발, 연구 또는 분석 활동을 위한 프로그램이다.

(2) 공정설비의 자동화 기술 도구

① 수치제어 공작기계(NC)

Numerical control machine으로서 천공 테이프 프로그램으로 작업의 지시를 받는 선반, 연삭기, 밀링머신, 형삭기 등의 개별화된 공작기계를 말한다. 자동화 공정의 기본 구성 요소이며 아래에 열거한 기계로 더욱 발전하였다.

② 컴퓨터 수치제어 공작기계(CNC)

Computer numerical control machine으로서 전용 마이크로프로세서가

내장되어 통제되는 기계장치이다. 프로그램의 입력과 저장 및 변경이 쉬워졌고, 공작기계의 신뢰성과 유연성이 증가하였다.

③ 직접 수치제어 공작기계(DNC)

Direct numerical control machine으로서 중앙컴퓨터에 의해서 통제되는 다수의 기계장치이다. 위의 여러 CNC를 연결하여 각각의 기계로부터 수집한 자료를 총괄적으로 동시에 통제함으로써 작업장 관리를 쉽게 한다.

④ 로봇(Robot)

사람의 작업 원리를 입력시켜 여러 작업을 수행하도록 프로그램한 기계이다. 몸체와 팔과 손목으로 구성된 기계는 손목 관절을 이용하여 일의 자유도를 높였다. 인간이 근무하기 어려운 작업이나 반복적인 일을 시키고 있다. 로봇의 종류도 다양해져 단순한 이동 로봇에서부터 시각과 촉감을 지닌 감지 로봇, 이제는 인공지능을 내장하여 사람의 판단력까지 갖춘 로봇가 등장하였고, 그 수요가 급격한 증가 추세에 있다.

⑤ 자동 저장/인출 시스템(AS/RS)

Automated storage/retrieval system으로서 자재를 자동으로 입고 및 출고하는 장치이다. 원자재와 공구를 컴퓨터의 통제 속에 작업장 가까이 보관하면서 신속하게 필요한 장소로 이동시키는 시스템이다. 이를 자동창고 시스템이라고 부르기도 한다.

사람이 수많은 자재와 공구의 종류 및 이들이 놓인 장소를 기억으로만 입고 및 출고한다는 것은 시간과 노력에서 비능률적이고 혼잡을 초래하고 있다. 그러므로 신속하고 정확한 관리를 위해서 AS/RS 시스템을 개발할 수밖에 없다. 이 시스템이 잘 관리되기 위해서는 자재의 입력에서부터 이미 완벽한 품질이 보증되지 않고는 불가능하다. 그러므로 품질에 관한 신뢰의 바탕을 둔 공급업자의 네트워크 관리가 중요하다.

⑥ 자동운반시스템(AGVS)

Automatic guided vehicle system으로서 작업장 또는 작업구역에 자재를 자동으로 운반해 주는 차량시스템이다. 일반적인 운반 도구는 손수레,

트럭, 포크리프트, 기중기, 컨베이어 등이 있다. 그러나 AGVS는 운전자 없이 자동화 공장에 맞도록 개발된 도구이다. 정해진 경로를 따라 자동으로 움직이는 무인 소형차량이다. 중앙 컴퓨터로부터 정보를 받아 목적지까지 작업장 사이에 있는 경로를 선택할 수 있는 능력을 지니고 있다.

(3) 생산시스템의 자동화 관리 도구

① 집단관리기법(GT)

Group technology로서 유사한 부품을 집단으로 생산할 수 있도록 공장을 재조직하는 원리이다. 수백수천 개의 부품을 생산한다고 가정해 볼 때 흐름경로 상 유사성을 고려하여 일정 수의 생산 군(Production family)으로 그룹화하여 세분한다. 일련의 기계들을 한 곳에 모아 예를 들면 치수가 유사한 것, 가공방법이 유사한 것, 또는 보관 유지 방법이 유사한 것을 그룹화하여 이들을 그룹으로 가공하면 이곳이 한 셀(Cell)을 형성하게 되고, 작은 생산라인이 된다.

공장 전체를 일련의 GT 그룹으로 나눔으로써 전통적인 생산조직에 비해 생산성이나 수익성을 높일 수 있다. 셀(Cell)의 작업반장 책임으로 품질을 향상할 수 있고, 일괄 생산으로 인한 작업시간의 단축, 거리와 이동의 단축으로 재고 감소 및 재고 유지비용을 절감할 수 있게 한다. 팀워크에 의한 직무만족도를 증가시키며 권한 위임과 책임 부여가 쉬워지고 아울러 원가관리가 가능해진다. 따라서 GT는 자동화의 첫 단계이며 FMS의 일부이다.

② 자재 소요계획 또는 제조자원계획(MRP, MRP Ⅱ)

Material requirement planning, Manufacturing resources planning으로서 생산을 계획하고 통제하기 위한 정보시스템이다. 특히 제조 자원 계획은 생산기능을 위하여 엔지니어링, 회계, 재무 및 마케팅 등이 연결된 정보시스템이다.

③ 적시생산시스템(JIT)

Just-in-time으로써 필요한 품목을, 원하는 품질로, 필요한 수량만큼, 원하는 시점에 생산하는 관리 이념이다. 그러나 이제는 불필요한 활동을 줄이는 가운데 낭비를 제거하는, 복잡한 것을 단순하게 만드는 생산 및 운영철학이 되었다. 제조업체는 물론 서비스업체와 마케팅 인사 회계 등 경영 모든 부문에서 이루어지는 철학이다. 생산은 물론 경영의 모든 기능을 컴퓨터로 통합하는 경영시스템이 실현되기 위해서는 JIT가 기본적으로 선행되어야 한다.

④ 컴퓨터지원 생산(CAM)

Computer-aided manufacturing으로서 컴퓨터를 이용하여 인간 또는 생산설비가 직접 또는 간접적으로 상호 접촉하면서 생산설비를 관리하고 제품을 생산하는 제반 기술을 말한다. 생산 준비 단계에서 공정설계, 공구 설계, 가공정보를 작성하고, 생산단계에서는 가공 조립 검사 등의 작업을 수행하며, 이동과 흐름 및 저장 보관의 물류를 통제한다.

CAM의 계획부문은 CAPP[4]를 작동하고 MRP를 통하여 재고 계획을 세우며 NC 기계를 준비시킨다. 이와 함께 표준작업 설정과 제품의 원가를 분석해 준다. 통제 부문은 작업관리의 흐름과 공정관리 그리고 품질관리를 통제한다.

CAD에 의하여 설계된 모든 부품과 제품은 CAM에 직접 이송되어 NC나 로봇에 의하여 제작이 이루어진다. 정보를 하나의 데이터베이스에 통합함으로써 정보의 원활한 교류와 신속한 의사결정을 할 수 있고, 이러한 밀접한 관련 때문에 공장자동화라는 용어는 CAD/CAM으로 인식될 정도로 알려져 있다.

⑤ 컴퓨터 통합생산(CIM)

Computer integrated manufacturing으로서 정보와 제조설비를 통합하여 기업과 사람의 능률을 향상하는 경영철학이자 컴퓨터 종합 경영시스템이다. CAM보다 한 단계 더 발전하여, 고객의 주문을 받아 이를 고객에게 인도하기까지의 일련의 모든 과정을 통합하는 고객 서비스 시스템이자 이를 통해 기업의 경쟁력을 향상하는 도구이다. 단순한 컴퓨터 시스템이 아니라 고객에 대한 서비스를 위하여 조달 생산 물류뿐만 아니라 마케팅 회계 재무 인사까

---

4) 컴퓨터 지원 공정 계획(CAPP: Computer Aided Process Planning)은 컴퓨터지원설계(CAD: Computer Aided Design)과 컴퓨터지원제조(CAM : Computer Aided Manufacturing)과 마찬가지로 전통적으로 사람이 해오던 공정계획을 컴퓨터의 발달과 더불어 이를 이용하여 좀 더 빠르고 정확하게 공정계획을 세우고자 하는 학문 또는 기술이다. CAPP에 주로 사용되는 알고리즘은 최적화 알고리즘으로 비용이나 시간 또는 둘을 동시에 최소화하면서 공정계획을 세운다.

지 기업의 모든 부서를 하나의 정보시스템과 통신으로 연결시키는 시스템이다. 공장과 공급부품업체 그리고 관련 기업들을 연결해주는 커뮤니케이션을 위하여 네트워크 상의 표준 프로토콜(Protocol)[5]이 개발되어 있다. ERP는 이보다 더 발전된 개념의 기업 전체 차원의 ERP(Enterprise resources planning)이다.

5 자동화를 통한 경쟁력 향상

1) 생산과업의 구체적 목표설정

자동화에 투자되는 필요자금은 자동화의 단계에 따라 큰 차이가 나지만 매우 많은 자금이 소요된다. 그리고 인건비가 절감된다 하더라도 자동화에 대한 투자는 현금흐름의 분석에서 볼 때 투자수익률이 낮을 수 있다.

그러므로 공장자동화는 한 발 더 진전된 전략적 목표가 있어야 한다. 상위 경영층일수록 철학적 사명에 강하고, 하위의 경영자일수록 구체적 지표와 목표치를 지니고 있어야 한다.

2) 사람을 중시하는 창조적 생산시스템

일본 기업이 자동화를 쉽게 추진하고 부가가치를 크게 창출할 수 있던 중요한 요인은 자동화에 대한 설비 투자를 먼저 한 것이 아니라 생산현장에서는 이미 작은 롯트(Lot)의 생산, 신속한 라인 교체 등을 통하여 유연한 생산방식을 실현했었기 때문이다. 이렇게 축적된 노하우의 바탕 위에 JIT와 CIM이 도입되어 성공을 보게 된 것이다.

또 한국생산성본부에서 조사한 우리나라 기업의 초기 공장자동화 도입 실태조사 보고에 의하면 자금부족, 기술 인력부족, 기계설비의 낙후성, 기대에 미치지 못하는 생산성, 최고경영자의 인식 부족, 자동화에 대한 자체 기술개발의 부족, 노조의 비협조 등을 들고 있다.

---

5) 정보기기 사이 정보교환에 필요한 통신규칙과 방법에 대한 약속으로 통신의 규약을 의미한다. 상호간의 접속이나 전달방식, 통신방식, 주고받을 자료의 형식, 오류검출방식, 코드변환방식, 전송속도 등에 대하여 정하는 것을 말한다. 대표적인 표준 프로토콜의 예를 든다면 인터넷에서 사용하고 있는 TCP/IP가 이에 해당된다.

그렇지만 변화하지 않는 철학은 사람을 중시하고 사람에게 친절한 생산시스템이 되어야 한다는 것이다. 경영자와 생산 기술자에게는 인간 본연의 창의성을 살리고 능력을 발휘할 수 있는 생산시스템을 만드는 책임이 있다. 인간의 힘든 노동을 대신하는 기술적 개발과 인간의 창의성이 조화를 이루는 생산시스템을 만들어 나가야 하기 때문이다.

제3절 생산계획

1 총괄계획의 의의

총괄 생산계획(Aggregate planning) 또는 총괄계획이란 어느 한 기업의 향후 1년간에 걸친 수요와 관련하여 기업에서 생산하는 모든 제품의 생산계획을 수립하는 것이다.

일반적으로 기업은 한 가지 제품만을 생산하는 것이 아니라 여러 품목을 생산하며 이들 품목은 생산능력의 소요량이 모두 다르다. 따라서 전체 생산품목에 대한 능력을 공통의 측정단위로 환산하여 총괄적인 생산능력 소요량을 파악하여야 한다. 이러한 의미에서 생산계획을 총괄 생산계획 또는 총괄계획이라 한다. 총괄계획의 특성은 다음과 같이 요약할 수 있다.

① 총괄계획은 생산율, 재고 수준, 고용 수준, 잔업 및 외주 등과 같은 관리 가능한 변수를 통제하여 생산량과 생산 시기를 일정 기간 동안 계획하고 조정하는 과정이다.

② 총괄계획은 장기 설비계획에 의한 물리적인 생산능력에 제약을 받으며, 아울러 단기 생산계획인 일정계획을 제약한다.

③ 총괄계획은 기업의 예산, 인력, 마케팅과 같은 다른 기능 분야와 밀접히 관련되어 있다. 특히 예산은 총생산량, 고용 수준, 재고 수준, 구매 수준 등으로 수립되므로 이들과 관련된 총괄계획이 최초 예산 수립의 기초가 된다. 인력 기능도 총괄계획에 의해 크게 영향을 받는데, 이는 총괄계획이 고용과 해고, 잔업 및 외주 등에 관한 의사결정 기능을 포함하고 있기 때문이다. 마케팅 기능도 향후 제품의 공급량과 관련하여 총괄계획과 밀접한 관계가 있다. 그러므로 총괄계획은 생산기능이 주로 책임지는 활동이지만 기업 내 모든 부문의 협조와 조정이 필요하다.

2 총괄 생산계획의 기본전략

1) 생산의 평활화

일반적으로 기업은 수요변동에도 불구하고 가능한 한 생산 수준을 고르게 가져가고자 한다. 그 이유는 생산 수준이 안정되면 고용 수준과 제품의 재고 수준, 그리고 자재수급 등을 일정하게 유지할 수 있기 때문이다. 즉, 수요변동에 따라 생산 수준을 증가시키려면 채용이나 과도한 잔업, 또는 외주 등으로 대처하여야 하고, 반대로 생산 수준을 감소시키려면 해고나 생산라인의 가동중지 등으로 대처하여야 한다.

이처럼 생산 수준이 불안정할 경우 채용과 해고, 잔업과 가동중지 등을 반복하게 되는데, 이러한 변동은 큰 비용을 발생하게 된다. 따라서 대부분 기업들은 전반적으로 생산 수준을 일정하게 유지하고자 하는데, 이를 생산 평활화(Production smoothing) 또는 생산 평준화라 한다. 생산량의 변화에 따른 비용을 회피하기 위한 생산 평활화는 크게 다음과 같이 두 가지 방법을 생각할 수 있다.

첫째, 재고를 이용하는 방법이다.

성수기의 초과 수요에 대처하기 위해 비수기에도 정상으로 가동하여 생산제품을 재고로 보관하는 방법이다. 물론 서비스업이나 부패하는 제품, 유행에 민감한 제품은 이 방법을 사용할 수 없다.

둘째, 수요를 조절하는 방법이다.

비수기에는 가격 할인과 다양한 서비스 제공과 같은 판촉활동을 통해 수요를 증진시키고 성수기에는 추후 납품 정책 등으로 수요를 평준화하는 것이다.

그러나 이러한 두 가지 평준화 방법에는 판촉비용이나 추후 납품비용이 발생한다. 따라서 총괄계획을 수립할 때 생산 수준의 변동으로 인한 비용과 생산 수준의 평활화로 인한 비용과의 관계를 고려하여 최적의 방법을 선택하여야 한다.

2) 총괄계획에 관련된 비용

총괄계획에서 수요변동에 대응하기 위한 주요 전략 변수들은 생산 수준, 재고 수준, 고용 수준, 그리고 잔업 및 외주 등을 들 수 있다. 따라서 총괄계획을 수립할 때 고려해야 할 비용은 다음과 같다.

(1) 고용비용과 해고비용

고용비용(Hiring cost)은 종업원의 모집비용, 교육·훈련비용 등 고용과 관련된 제반 비용으로 구성되며, 해고비용(Layoff cost)은 종업원을 해고함으로써 발생하는 퇴직수당과 종업원 사기 문제 등 해고와 관련된 제반 비용으로 구성된다.

(2) 잔업 비용과 단축 시간비용

잔업 비용(Overtime cost)은 일반적으로 평일 정규 작업시간인 하루 8시간 근무를 초과하여 작업할 때 발생하는 비용으로 정규 임금 이상으로 지급된다. 미국의 경우 잔업 비용을 보통 정상근무의 150%~200%가량이 지급되고 있어 경영자들은 잔업근무의 이용을 꺼리고 작업자도 주당 20% 이상의 잔업근무를 싫어한다.

그리고 단축시간 비용(Undertime cost)은 예상했던 작업인력을 완전히 사용하지 않거나 정규 작업시간을 감소시킴으로써 발생하는 비용이다. 따라서 단축 시간 비용은 잔업 비용과 반대되는 개념으로 유휴 시간 비용(Idle-time cost)이라고도 한다.

(3) 재고 유지비용

재고 유지비용(Inventory holding or carrying cost)은 재고를 일정 수준으로 유지하고 보관함으로써 발생하는 비용이다. 재고 유지비용에는 이자비용, 창고 사용료, 보험료, 재고 감소비용(도난, 변질 등), 세금 등이 포함된다.

이 중에서 이자비용은 재고자산에 투하된 자본에 대한 기회비용으로 재고 유지비용 대부분을 차지한다. 그리고 재고 유지비용의 수준은 보유하고 있는 재고량과 보유 기간에 의해 결정된다.

(4) 재고 부족비용

재고 부족비용(Inventory shortage cost)은 재고가 없는데 수요가 발생하여 판매기회를 놓치거나 고객을 상실하게 되어 발생하는 일종의 기회비용이다. 재고 부족비용은 재고 부족으로 수요를 잃어버리면 품절 비용(Stockout cost)의 형태로 발생하고, 또한 수요를 다음에 충족시킬 경우 추후 납품비용(Backlogging cost)의 형태로 발생한다.

품절 비용에는 수요를 잃어버림으로써 발생하는 손실뿐만 아니라 신용상실과 같은 미래의 손실까지도 포함된다. 그리고 추후 납품비용은 생산 독촉 비용, 가격 할인 등 납품 지연으로 인한 모든 비용이 포함된다. 따라서 재고 부족비용은 객관적인 비용 산출이 어려워 많은 부분을 주관적인 평가로 비용을 추정하고 있어 재고비용 중 산출이 가장 어려운 부분이다.

(5) 외주비용

외주비용(Subcontracting cost)은 자체 생산능력이 부족하거나 부적합하여 완제품 또는 부품 일부를 다른 회사에서 생산함으로써 발생하는 비용이다. 외주비용은 자체 생산비용보다 클 수도 있고 작을 수도 있으며, 외주 물량에 따라 비용 크기가 결정된다.

3 일정계획

일정계획은 생산시스템의 유형이 어떤 방식의 생산 형태를 가지고 있는가에 따라 대체로 다음과 같이 3가지로 분류할 수 있다.

1) 라인 공정의 일정계획

라인 공정의 일정계획(Line process scheduling)은 라인 공정에서의 일정계획을 수립하는 방법이다. 라인 공정에서 공정 균형이 해결되면 한 라인에 다수 제품을 생산하는 경우에만 일정계획의 문제점이 발생하고, 한 라인에서 단일 제품을 생산하는 경우에는 공정설계 단계에서 이미 자재의 흐름이 결정되므로 일정계획의 문제점이 적게 발생한다.

라인 공정은 표준화된 작업이 정해진 작업순서에 따라 한 작업장에서 다음 작업장으로 직선적으로 일관되게 흘러가며 제품을 생산한다. 따라서 개별 작업은 서로 밀접하게 연결되어 있으며, 각 작업은 다음 작업을 지연시키지 않도록 전체적으로 공정 균형(Line balancing)이 잘 잡혀 있어야 한다.

2) 단속 공정의 일정계획(Intermittent process or job shop scheduling)

단속 공정의 일정계획(Intermittent process or job shop scheduling)은 단속 공정에서의 일정

계획이다. 이 경우 다양한 주문품이 각기 독특한 작업장으로서 공정 흐름을 갖게 되므로 극히 유동적인 작업 경로에 따른 공정시간의 관리가 중요하고 또 공정 중에 있는 재공품의 재고에 따른 비용관리가 주요 관심사가 된다.

단속 공정 또는 개별 주문 공정은 보통 고객의 주문에 따라 다양한 제품을 소규모로 생산하며, 제품마다 투입자원, 공정의 형태 및 순서, 납기 등이 달라 일정계획이 매우 복잡하다.

3) 프로젝트 일정계획(Project scheduling)

프로젝트 일정계획(Project scheduling)은 프로젝트에서의 일정계획이다. 프로젝트란 비반복적이며 1회 적인 성격을 갖는 사업으로 사업 완성에 필요한 세부작업내용이 명확히 한정된 단속 공정의 특수한 형태라 할 수 있다. 즉, 프로젝트는 고속도로, 댐, 항만, 빌딩, 아파트 등과 같은 사업뿐만 아니라 연구개발, 장비 구매 작업 등도 이에 속한다. 프로젝트는 전체 공정의 진척을 시간의 흐름에 따라 효과적으로 계획하고 통제하기 위해 네트워크 모델에 의한 분석을 하는데 이를 위해 개발된 기법이 PERT/CPM이다.

제4절 프로젝트(Project) 관리

1 프로젝트 관리 활동

1) 프로젝트 관리 의의

주문생산이나 신제품 개발 등 프로젝트 운영이 필요한 사업이나 공정을 관리하는 방법이 프로젝트 관리이다. 프로젝트 진척 관리는 작업계획과 작업 진도를 비교하여 프로젝트 진행 현황을 파악하여 문제를 조기 발견하여 대안을 수립하고 대책을 수립하며, 상황보고 및 피드백(Feedback)에 목적이 있다.

프로젝트 관리(Project management)는 프로젝트의 성공을 목적으로 기업의 전체 조직이 움직이는 활동으로 프로젝트를 구성하는 각각의 활동계획 수립, 일정표 작성 및 진도관리표 등으로 구성된다. 또한, 프로젝트 관리기준에 따라 계획과 실적 통제, 품질 수준 통제, 가격 통제나 평가를 하며, 특정 기술 혹은 시스템, 사업이나 공사를 목적으로 진행되는 프로젝트 관리업무 전반을 말하며, 관리 기준을 근거로 계획의 내용, 시스템의 품질, 진행 상황, 비용 등의 통제와 평가를 한다.

프로젝트는 제한된 비용, 시간, 기술 등을 가장 효율적으로 활용하여 특정한 목적을 달성하기 위해 인적·물적 자원을 사용하여 상당한 기간 수행해야 하는 상호 관련성을 가진 일련의 활동이라고 할 수 있다.

지금과 같은 프로젝트 관리 개념이 확립된 것은 냉전기의 미국 국방성으로 알려져 있다. 소련의 유인 로켓의 발사로 선수를 뺏겨 위기감을 느낀 미국 국방성은 군사 프로젝트의 프로세스를 더욱 빠르게 하기 위해 프로세스를 체계화하여 정리했다. 1958년에는 폴라리스 프로젝트에서 "Program evaluation and review technique(PERT)"가 개발되었다. 같은 시기에 듀퐁사에서도 "Critical path method(CPM)"라 부르는 기법이 개발되었다(위키백과 : wikipedia.org, 2016).

이처럼 효율적 프로젝트 관리를 하면 다음과 같은 결과를 얻을 수 있다.

① 성공적 사업목표 달성 보장(성과지표)
② 고객만족 극대화
③ 시간, 노력, 비용 절감 등 생산성 향상
④ 사업수행 능력 배양 및 관련 조직기반 구축

ISO 21500은 "프로젝트는 프로젝트의 목표 달성을 위하여 수행되는 고유한 프로세스의 집합으로 구성되며, 프로세스는 시작일과 종료일이 정해져 있고, 조정되고 통제되는 활동으로 이루어진다."라고 정의한다. 다음과 같은 면에서 각 프로젝트 간의 차이가 나타날 수 있다.

① 제공된 인도물
② 이해관계자의 영향
③ 사용된 자원
④ 제약사항
⑤ 인도물을 제공하기 위하여 프로세스를 정하는 방식

2) 프로젝트 핵심관리

① 범위관리(Scope management)
② 일정관리(Time management)
③ 비용관리(Cost management)
④ 품질관리(Quality management)
⑤ 인적자원관리(Human resource management)
⑥ 위험관리(Risk management)
⑦ 조달관리(Procurement management)
⑧ 프로젝트 통합관리(Project integration management)

3) 프로젝트 성공요인

프로젝트를 성공적으로 달성하기 위하여 우리가 관리하여야 것은 사람, 기술, 범위, 일정, 품질이다. 이 5가지 요소가 잘 관리된다면 프로젝트는 성공할 수 있다.

(1) 사람

프로젝트에는 양적, 질적으로 가장 적합한 사람을 투입하여야 한다. 이는 프로젝트 성공의 가장 기본적인 요소 중 하나이다. 실무에서 이러한 기본적 요소가 지켜지지 않고 자리다툼이나 보은 인사로 프로젝트와 전혀 관계가 없는 사람으로 구성되면 협동심(teamwork)은 생길 수도 없다. 이렇게 부적절한 사람들로 구성된 프로젝트가 성공하기를 기대하지 않는 것이 현명한 판단이다.

(2) 프로젝트에 적합한 프로세스, 방법론, 도구 등의 기술

프로젝트 특성에 맞는 적절한 수준의 기술이나 도구가 필요하다. 도구의 사용비용이 도구의 도입비용보다 더 큰 비용이 투입된다. 그러나 이러한 도구를 제대로 사용할 수 있는 전문가가 있다면 프로젝트 성공에 도움이 된다.

(3) 프로젝트 범위 설정

프로젝트 설계 시에 고객의 요구 사항의 기능적인 요소는 물론 비 기능적인 요소까지 반영하여 프로젝트 범위를 설정하여야 한다. 그러나 프로젝트 범위에 너무 많은 기능을 추가한다면 프로젝트를 성공할 수 없으며 목표한 결과물과 반대의 결과를 얻을 수 있다.

(4) 올바른 일정계획 수립

프로젝트 회의 때 일정은 절대적인 관리로 생각하고 계획된 모든 일정을 정확히 지켜야 한다는 개념을 가지고 있다. 프로젝트 일정계획은 절대적인 신앙으로 믿고 있다. 따라서 일정이 잘 못 수립되면 프로젝트의 모든 것이 파괴된다는 신념을 가지고 있다.

기업의 많은 경영진은 원가절감, 또는 자신의 임기 내에 성과를 나타내기 위하여 공격적인 일정을 수립한다. 그러나 일정이란 선행 업무와 후행 업무 및 최상 경로(Critical path)를 고려해서 신중하게 결정하여야 한다.

(5) 결과물의 완성도 품질

부족한 일정으로 계획된 프로젝트의 경우 프로젝트와 품질은 이율배반 현상이 일어난다. 일정을 맞추려면 품질이 떨어지고, 품질을 맞추려면 일정이 지연되는 것이다. 많은 프로젝트가 부적절한 사람을 투입하고 잘못된 일정을 수립하고 부실한 관리는 품질을 떨어트리고 말로만 품질의 중요성을 강조하게 된다.

[그림 11-1] 프로젝트 성공요인

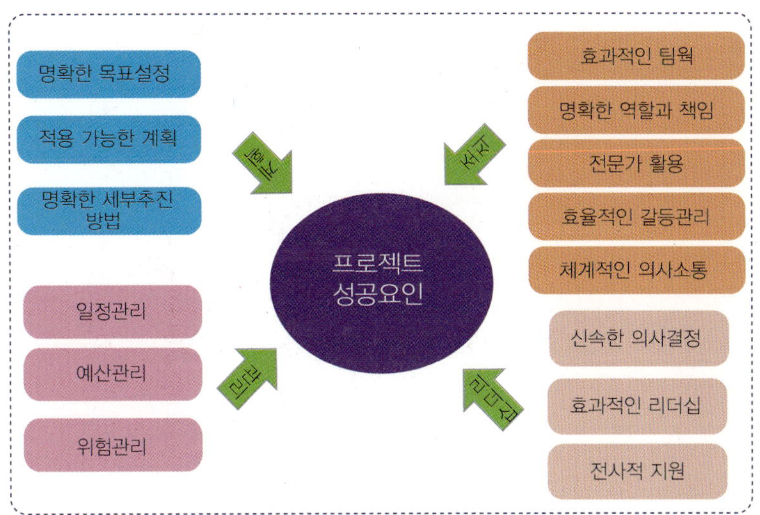

4) 프로젝트 실패 요인

일반적으로 프로젝트 실패란 예산 초과, 구축 일정 지연, 현업 사용 불가 등의 현상을 말한다. 이는 프로젝트 이전에 계획했던 프로세스의 변화 또는 기업이 원하는 목표를 달성하지 못하거나 심지어는 재구축을 하는 경우도 포함된다. 물론 프로젝트 진행 중간단계에서 프로젝트 진행을 멈추었다면, 당연히 실패한 프로젝트이다. 실패 기준은 시간, 비용, 품질 관점에서 정의할 수 있다. 시간적인 측면에서는 일정 연기 또는 취소, 비용 측면에서는 예산 초과, 예산지원 중단 및 부족, 품질 측면에서는 불충분한 비즈니스 요구사항 반영 및 산출물과 제품의 부실 등을 들 수 있다.

대부분 실패한 프로젝트는 초기 무리한 프로젝트 계획 수립, 비현실적인 견적 수행 등의 원인으로 인해 수행과정에서 여러 가지 이상 징조가 나타난다. 국내 프로젝트 실패 요인 조사 결과에 따르면, 전체 단계에 영향을 주는 실패 요인은 계약 및 초기견적 부실, 요구사항 불확실, 외주업체 관리 어려움, 고객 의사결정 지연 그리고 체계적인 프로젝트 관리 부족 등으로 나타났다. 해외 연구결과에 의하면, 사용자 참여(최고경영자 지원 포함) 미흡, 불확실한 요구사항 정의 및 변경, 조직문화 등으로 제시하고 있다(www.letitbe.biz, 2015).

〈표 11-4〉 프로젝트 실패 요인

실패 요인	세부내용
조직요인	불명확한 프로젝트 목표
	최고경영자 관심 및 지원 미흡
	효과중심이 아닌 보고중심 관리
	조직, 참여인원의 정치적인 이슈(신속한 의사결정 안됨)
	비즈니스 목표보다 기능중심의 구현요구
사람요인	프로젝트 규모, 특성에 적합하지 않은 프로젝트 관리자 투입
	프로젝트에 적합하지 않은 현업, 개발자, 컨설턴트 투입
	프로젝트 팀원 간 충돌, 중도 탈퇴, 수시 구성원 변화
	의사소통의 한계
고객요인	비용/일정대비 비현실적인 요구사항제시, 결과기대
	비즈니스 요구사항정의 합의 실패, 수시 요구사항 변경
	상호의사통신 미흡
	사용자 참여도 수준 미흡(요구사항정의, 교육, 테스트, 데이터 검증 등)
프로젝트 관리요인	수행자, 발주사 간의 불명확한 책임과 역할정의
	범위: 과도한 범위, 불명확한 범위, 비즈니스 변화로 인한 초기 범위변화.
	일정: 비합리적인 견적, 고위층에 의한 앞당겨진 일정
	단계별 주요작업 및 9개 프로젝트 관리에 대한 원칙 미 준수
	초기단계 위험분석/관리부재
	협력사, 개발자, 사용자, 컨설턴트 리딩(reading)의 실패
	불충분한 테스트, 소홀히 다룬 데이터 이행 및 검증
	프로젝트 특성에 적합한 구현 방법론 부재, 구축전략 부재
기술요인	유연한 시스템설계 부족, 복잡한 인터페이스의 신뢰성 확보미흡
	신기술 적용에 대한 고려 미흡
	시스템 응답시간 미 고려, 불충분한 데이터 이행능력기술
	적합한 s/w, h/w architecture 설계미흡

[출처:www.letitbe.biz, 2015]

5) 프로젝트 실패 예방법

프로젝트 실패 예방은 다음과 같이 정의할 수 있다.

① 프로젝트가 실패한 이유(원인)를 이해하고 실패 원인을 피한다.

② 프로젝트 성공요소를 이해하고 이를 실행한다.

③ 다른 사람들의 프로젝트 경험으로부터 배운다(Lessons learned).
④ 자신의 경험으로부터 배운다.

프로젝트 성공의 중심은 프로젝트 관리자 역량에 의해 좌우된다. 따라서 프로젝트 관리자는 프로젝트 실패를 예방하기 위하여 다음과 같은 최소의 요건을 갖추어야 한다.

첫째, 최소한의 프로젝트 관리에 관련한 지식기반 이해가 요구된다.

둘째, 프로젝트 팀, 스폰서, 사용자, 협력업체 인력 및 기타 프로젝트 이해관계자들을 해석(Reading)할 수 있는 리더십이 요구된다.

셋째, 사람에 대한 심리적, 기본적인 이해를 할 수 있는 성숙한 사람이어야 한다.

6) 프로젝트 제약 사항

프로젝트 제약 사항의 특성은 다음과 같다.

① 제약에는 여러 종류가 있고 대체로 상호 의존적이다.
② 프로젝트 관리자는 특정 제약과 다른 제약 간의 균형을 잡는 것이 중요하다.
③ 프로젝트 인도물은 프로젝트 요구사항을 충족하여야 하며 범위·품질·일정·자원·원가와 같은 제약과 관련되어 있다.
④ 한 가지 제약이 변경되면 한 가지 이상의 다른 제약에 영향을 미칠 수 있다.
⑤ 제약은 프로젝트 관리 프로세스 내에서 이루어지는 의사결정에 영향을 미칠 수 있다.
⑥ 제약에 관하여 주요 프로젝트 이해관계자 간 의견 일치가 이루어지면 프로젝트 성공에 확고한 기반을 마련할 수 있게 된다.

프로젝트 제약사항에 해당되는 예로는 다음과 같은 것이 있다.

① 프로젝트 기간 또는 목표일

② 프로젝트 예산 가용성

③ 인력·시설·장비·자재·사회기반시설·도구·프로젝트 요구사항과 관련하여 프로젝트 활동 수행에 필요한 기타 자원 등의 프로젝트 자원 가용성(ISO 21500에서 발췌)

2 프로젝트 관리자의 역할

1) 프로젝트 관리자의 역량

프로젝트 관리(Project management : PM) 자의 역량은 프로젝트의 성공과 실패의 중요한 요인이다. 또한, 대형 프로젝트일수록 관리자의 역량이 더욱 중요하다. 따라서 프로젝트 관리자의 기본수칙은 다음과 같다.

① 의식적으로 일을 하라
② 초기 활동에 과감히 투자하라
③ 불가피하게 일어날 수 있는 문제점들을 예측하라
④ 상황에 대한 현상보다는 이면의 사실을 연구하라
⑤ 가능한 유연한 행동을 하라

〈표 11-5〉 PM의 구분

유능한 PM	무능한 PM
관리 도구를 효율적으로 활용함	문제를 즉각적으로 안 드러냄
상호 비판을 주고받음	인정변경이 많음
새로운 절차의 뛰어난 수용력	품질을 무시, 목표시간에 집착
뛰어난 시간관리	관리보다 행정적인 것에 치중
효과적인 회의운영	폭넓은 관리보다 세심한 관리
뛰어난 유모감각	새로운 도구에 의존
효과적인 의사결정기술	진행상황을 간헐적으로 점검

프로젝트에 필요한 프로젝트 관리자의 역량은 프로젝트 상황에 따라 다르나, 일반적으로 의사소통 역량이 중요하다. 또한 프로젝트 관리자의 사업가 정신(Business mind)이 중요하다. 기술적으로 완벽하게 성공하더라도 사업적으로 실패하는 것보다는 기술적으로는 다소 미흡한 점이 있어도 사업적으로 성공하는 것이 프로젝트에 관리자에게는 더 중요하다.

[그림 11-2] 프로젝트 관리자의 필요역량

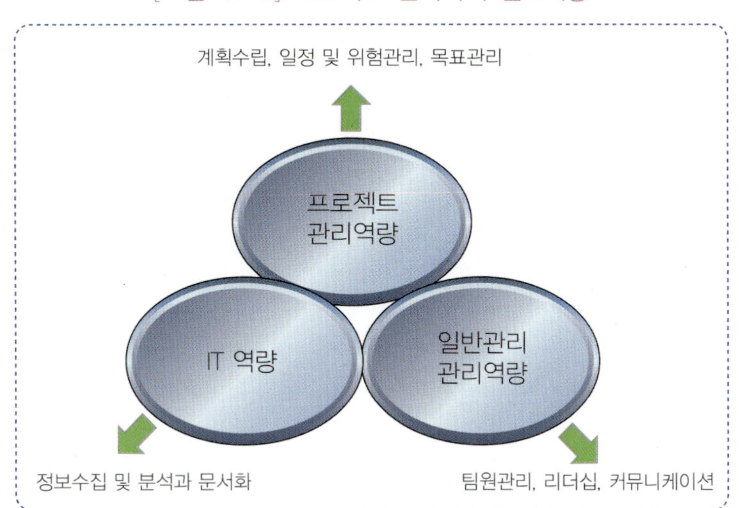

2) 프로젝트 관리자의 역량모델

프로젝트 관리자는 한정된 자원의 제약조건하에서 프로젝트를 성공적으로 끝낼 역량을 갖추어야 팀원을 고생시키지 않고 고객을 만족시킬 수 있는 답은 다양하게 많이 존재한다. 따라서 프로젝트 상황에 따라 서로 상충되는 역량이 필요(유연함과 엄격함, 위임과 독재)하다. 또한, 프로젝트 관리자는 모든 업무를 혼자서 책임지고 수행해야 된다는 슈퍼맨이 되어야 한다는 강박관념에서 벗어나야 한다.

〈표 11-6〉 프로젝트 관리자의 역량모델

구분	역량
지식(Knowledge)	- 프로젝트 관리지식 함양 - 프로젝트 관련 기술, 업종의 지식 습득
인성(Personal competency)	- 의사소통 능력 - 프로젝트 요구사항 해석능력 - 이해관계자 관리능력 - 추진력과 전문가 능력 함유
적용능력(Performance)	- 프로젝트 지식을 이해하고 적용하는 능력 - 프로젝트 지식을 다양한 실무에 적용

학습 목표 요약

1. 생산운영관리 목표는 무엇인가?

품질 : 품질의 진화는 적합 품질, 신뢰 품질, 성능 품질, 감성품질로 진화되고 있다.

납기 : 적시 납기능력이 우선하고 이러한 기반 위에 경쟁자보다 우선하는 빠른 납기능력을 실현할 수 있다. 그리고 생산현장에서의 시간 관련 관리 변수는 제품 설계변경 속도, 신제품 개발 속도, 설비 교체 시간, 생산 소요 시간, 자재조달 시간, 완제품 납기 소요시간 등이 되고 있다.

원가 : 경쟁 무기로서의 원가(Cost)는 우리나라 기업에 있어서 특별한 전략적 의미를 지닌다.

생산시스템의 유연성 : 생산량 제품믹스, 디자인 변경, 신제품 도입, 제품 라인 유연성이다.

2. 생산시스템의 유형을 분류 한다면?

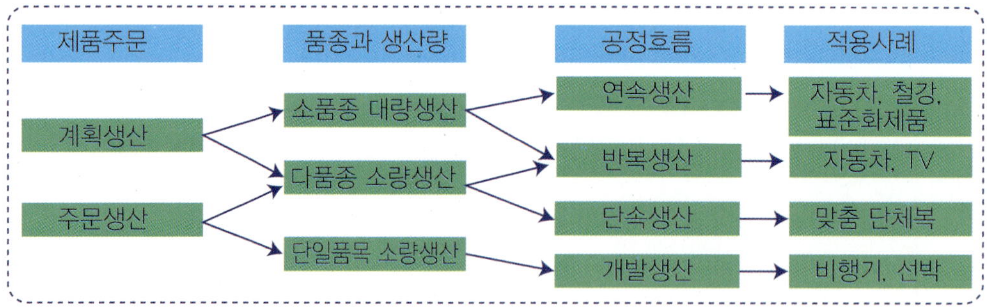

3. 유연생산시스템이란 무엇인가?

유연 생산시스템(FMS: Flexible manufacturing system)이란 특정 제품의 생산에서 다른 제품의 생산으로 쉽게 전환되도록 프로그램된 기계의 집합을 말하며, 소비자의 수요에 따라 자동으로 다른 비율로 다양한 제품을 생산할 수 있는 시스템이다. 중앙컴퓨터의 지시로 일련의 공정을 공작기계에 의해 자동으로 수행하고 자재를 자동으로 운반하는 전산화된 생산시스템이다.

4. 프로젝트 관리란 무엇인가?

주문생산이나 신제품 개발 등 프로젝트 운영이 필요한 사업이나 공정을 관리하는 방법이 프로젝트 관리이다. 프로젝트 진척 관리는 작업계획과 작업 진도를 비교하여 프로젝트 진행 현황을 파악하여 문제를 조기 발견하여 대안을 수립하고 대책을 수립하며, 상황보고 및 피드백(Feedback)에 목적이 있다.

프로젝트 관리(Project management)는 프로젝트의 성공을 목적으로 기업의 전체 조직이 움직이는 활동으로 프로젝트를 구성하는 각각의 활동계획 수립, 일정표 작성 및 진도관리표 등으로 구성된다. 또한, 프로젝트 관리기준에 따라 계획과 실적 통제, 품질수준 통제, 가격 통제나 평가를 하며, 특정 기술 혹은 시스템, 사업이나 공사를 목적으로 진행되는 프로젝트 관리업무 전반을 말하며, 관리 기준을 근거로 계획의 내용, 시스템의 품질, 진행 상황, 비용 등의 통제와 평가를 한다.

프로젝트는 제한된 비용, 시간, 기술 등을 가장 효율적으로 활용하여 특정한 목적을 달성하기 위해 인적·물적 자원을 사용하여 상당한 기간 수행해야 하는 상호 관련성을 가진 일련의 활동이라고 할 수 있다.

용어해설

▶ 공정(Process)?

제품과 서비스를 생산하는 과정, 절차, 혹은 방식 등을 포괄하는 의미

▶ 잡샵(job-shop)?

개별적인 고객의 주문에 따라 서로 다른 제품을 생산하는 형태

▶ 배치 생산(Batch line process)?

시스템은 동일한 제품을 일정량을 단위로 생산하는 형태

▶ 조립라인 공정(Assembly line process)?

시스템은 표준화되어 있는 몇 개의 소수 품종을 대량으로 계속 생산하기 위하여 기계 설비를 순차적으로 배치한 공정

▶ 연속생산(Continuous flow process) 시스템?

정유공장, 화학공장, 제분공장 등과 같이 특정 제품을 같은 제조방식에 따라 이미 고정적으로 설치된 장치 공정에 의한 생산 형태

▶ 총괄 생산계획(Aggregate planning)?

기업의 향후 1년간에 걸친 수요와 관련하여 기업에서 생산하는 모든 제품의 생산계획을 수립

▶ 생산 평활화(Production smoothing)?

생산 수준을 일정하게 유지함을 의미한다.

▶ 프로젝트 성공요인?

- 사람
- 프로젝트에 적합한 프로세스, 방법론, 도구 등의 기술
- 프로젝트 범위 설정
- 올바른 일정계획 수립
- 결과물의 완성도 품질

▶ 프로젝트 실패 예방?

① 프로젝트가 실패한 이유(원인)를 이해하고 실패 원인을 피한다.
② 프로젝트 성공요소를 이해하고 이를 실행한다.
③ 다른 사람들의 프로젝트 경험으로부터 배운다(Lessons learned).
④ 자신의 경험으로부터 배운다.

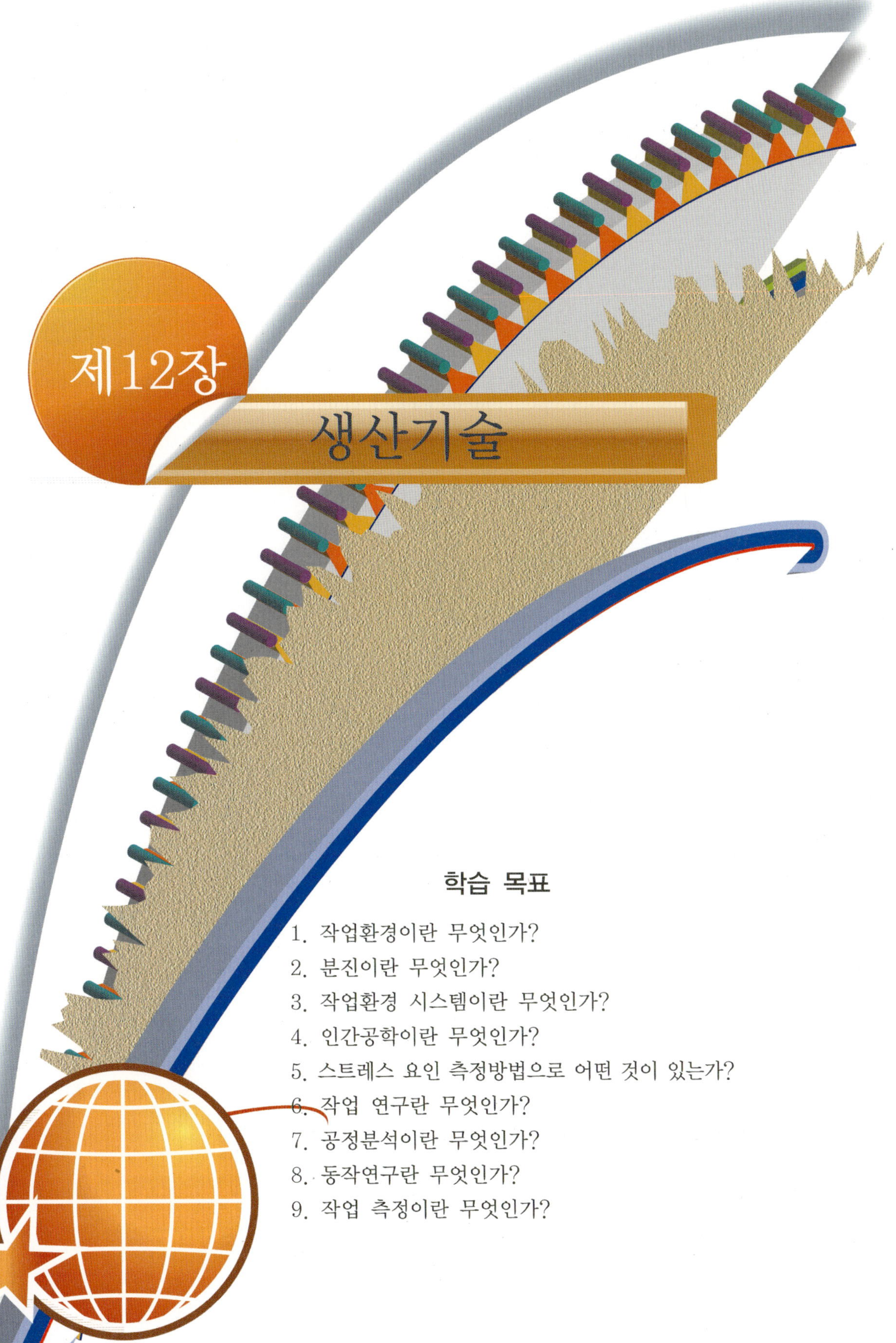

제12장 생산기술

학습 목표

1. 작업환경이란 무엇인가?
2. 분진이란 무엇인가?
3. 작업환경 시스템이란 무엇인가?
4. 인간공학이란 무엇인가?
5. 스트레스 요인 측정방법으로 어떤 것이 있는가?
6. 작업 연구란 무엇인가?
7. 공정분석이란 무엇인가?
8. 동작연구란 무엇인가?
9. 작업 측정이란 무엇인가?

제1절 인간과 작업환경

1 인간과 환경

1) 인간과 환경과의 관계

사람들은 자연환경 혹은 작업환경에서 살게 되며 서로 에너지와 물질을 상호 교환한다. 에너지 교환은 물리적 인자이며 물질교환은 화학적 또는 생물학적 인자이다.

사람과 자연환경은 살아있는 생명체로써 항상성을 유지한다. 자연환경은 자정작용으로 어느 정도의 오염은 수용할 수 있다. 그러나 작업환경은 오염물질 제거기능이 없어 낮은 농도의 오염이라도 지속해서 발생하면 작업장에 축적되어 문제가 심각해진다(한국산업안전관리공단, 2009).

생산 공정은 사람과 기계 및 환경 사이에 상호작용이 발생하는 공간이다. 오늘에 와서 효율을 높이는 문제는 모두 다 작업자와 기계 그리고 환경이라는 3자의 관계를 잘 설계하여야 가능하게 되었다.

근로자는 생산 임무를 완성하기 위해 설비를 조작하고 기계를 제어하는 데 있어서 사람의 감지 시스템을 이용하여 기계의 표시 시스템을 통해 기계의 운행상태 정보를 취한다. 또 이러한 정보를 이용하여 사람의 판단으로 조작 시스템을 지휘하고 명령함으로써 기계의 제어시스템에 영향을 준다. 기계는 그의 제어시스템에 작용을 받은 다음 다시 반응을 보이며 표시 시스템에서 상태에 관한 정보를 나타낸다. 이것이 바로 사람과 기계시스템이 상호 작용하는 과정이다.

2) 작업환경의 의의

가장 중요한 작업환경관리는 유해인자에 근로자들이 노출되지 않도록 하는 것으로 노출을 완벽하게 예방한다는 것은 때로는 불가능하다. 또한, 지속적인 작업환경관리가 이루어지지 않는다면 적은 양의 오염물질이 배출된다고 하여도 누적 현상으로 결국 근로자에게 심각한 피해를 줄 수 있다. 따라서 작업환경 관리 방안으로 건강 유해인자를 예측하고, 인지하고 평가한 후 관리하며, 작업환경관리의 목표는 작업환경을 쾌적하게 유지하여 근로자의 건강장해 예방 및 증진에 있다(한국산업안전관리공단, 2009).

3) 작업환경 측정의 한계

고전적 유해인자로 화학적 인자, 물리적 인자, 생물학적 인자 등에 집중하였다. 그러나 현대의 유해인자는 고전적 유해 인자는 물론 인간공학적 인자나 스트레스(사회심리학적 요인) 등 다양한 유해요인이 증가하고 있다. 이러한 현대적 유해인자는 근로자에게 직면한 모든 유해인자의 노출 기준은 설정되어 있지 않고 있다. 또한, 노출기준 준수만으로 근로자의 건강과 안전이 확보되지 않는다.

2 작업환경의 유해요인

1) 유해요인의 의의

환경변화에 대한 정보를 자극이라 하고 우리의 뇌는 이러한 자극을 빛과 소리 그리고 온도와 냄새와 맛 등으로 해석한다. 자극이란 우리가 일상생활에 접하고 있는 환경의 변화 또는 오염물질, 소음 및 진동, 이상 기압 등의 환경 유해인자라고 할 수 있다.

환경 유해인자는 자연환경과 작업환경에서 발생하는 것으로 분류하는 데 작업환경의 대표적인 유해 인자는 화학적, 물리적, 생물학적 인자가 있다(한국산업안전관리공단, 2009).

2) 유해요인 분류

(1) 독성(Toxicity)

① 독성

물질의 생리학적 특성을 일컫는 것으로서 생물체에 물리적 방법이 아닌 화학적 손상이나 해를 주는 능력이다.

② 국부 독성(Local toxicity)

피부 접촉 시 발진과 같은 증상이 독성물질 노출 부위에 한정되는 경우이다.

③ 전신독성(Systemic toxicity)

화학적 유해 인자가 체내 흡수된 뒤 혈류를 타고 전신으로 이동하여 세포, 조직, 기관에 증상을 일으키는 것이다.

④ 가역적 독성(Reversible toxic effect)

세포 또는 장기에 손상을 주고 일정 시간 경과 후 회복되는 것이다.

⑤ 비가역적 독성(Irreversible toxic effect)

세포 또는 장기 손상이 회복 불가능한 경우이다.

(2) 노출 기간 및 발현 시기에 따른 독성

작업환경에서는 공기 중의 농도와 노출 기간이 그물질의 독성을 결정한다. 이처럼 노출의 종류와 발현 시기는 다음과 같다.

① 노출의 종류

급성(Acute) 노출 : 1회 노출 또는 24시간 내에 여러 차례 노출
아급성(Subacute) 노출 : 1개월 노출 또는 1~3개월의 반복적인 노출
아만성(Subchronic) 노출 : 1~3개월 노출 또는 3개월~1년간 반복적인 노출
만성(Chronic) 노출 : 3개월 이상 노출 또는 1년 이상 반복적인 노출

② 발현 시기에 따른 독성

급성독성 : 대략 노출 후 1~15일 내에 발현하는 것으로 한 번의 접촉, 흡인, 섭취 등 아주 단기간에 의한 영향이다.

만성독성 : 오랫동안 물질이 인체에 작용했을 때 발현하는 것으로 인체에 영구적인 손상이 발생하는 경우이다.

(3) 화학적 유해인자의 상호작용

작업환경에서는 여러 물질이 혼합된 형태로 노출되어 독성작용이 변화하여 발생한다(한국산업안전관리공단, 2009).

① 독립작용(Independent effect) : 각각의 독성물질이 서로 다른 조직이나 기관에 영향을 미치는 경우이다.

예) 톨루엔과 황산이 동시에 노출되는 경우

② 상가작용(Additive effect) : 혼합 유기용제에 노출되는 경우 중추신경계에 독성이 심해지는 경우이다.

예) 두 가지 이상의 유기인계 살충제에 노출 시 콜린에스테라아제(cholinesterase)의 기능 저하가 심해지는 경우도 있다.

③ 상승작용(Synergistic effect) : 석면에 노출된 사람이 흡연을 통해 폐암 발생이 급상승하는 경우이다.

예) 사염화탄소(Carbon tetrachloride/carbon chloride)와 에탄올에 동시에 노출되는 경우 간 독성이 훨씬 심해지는 경우

④ 강화작용(potentiation) : 원래 독성이 없는 물질을 어느 정도 독성을 가지고 있는 물질과 혼합하면 그 독성이 훨씬 강해지는 경우이다.

예) 소금+사이안화칼륨(potassium cyanide)= 염화칼륨+사이안화나트륨

⑤ 대항작용(antagonism): 독성이 적어지는 경우를 의미하며 기능적, 화학적, 분배적 그리고 수용체에 대한 대항작용이 있다.

(4) 물리적 성상에 의한 분류

① 기체상 물질(가스와 증기)

기체 : 상온(25℃), 상압(760mmHg) 하에서 일정한 형태를 가지지 않는 물질을 의미한다.

증기 : 상온, 상압 하에서 액체 또는 고체인 물질이 기체로 되는 상태를 의미한다. 이는 독성이 적더라도 증기압이 높으면 유해성(Hazard)이 크다.

② 입자상 물질

입자의 화학적 조성과 입자의 크기, 침강 속도 및 표면적 등에 의해 유해성을 결정한다.

호흡성 분진 : 0.5-5㎛ 이하의 미세한 분진이 오랜 시일에 걸쳐 폐에 흡

입되어 침착되면 각종 중독 및 폐 질환을 일으킨다.

흄(Fume) : 고체 상태로 있던 무기물질 등이 승화하여 화학적 변화를 일으킨 후 응축되어 고형의 미립자가 되는 것을 의미한다.

3 분진

1) 분진의 분류

분진 및 입자상 물질은 물질의 파쇄, 선별, 퇴적, 이적, 기타 기계적 처리 시 발생하거나 연소, 합성, 분해 시에 발생하는 고체상 또는 액체상의 미세한 물질을 말한다.

〈표 12-1〉 분진의 종류

분진(Dust)	입자의 크기가 비교적 큰 고체 입자로써 석탄, 재, 시멘트와 같이 물질의 운송, 처리 과정에서 방출되며 톱밥, 모래흙과 같이 기계적 작동 및 분쇄 때문에 방출되기도 한다. 입자의 크기는 1~100㎛ 정도이다.
훈연(Fume)	금속산화물과 같이 가스 상 물질이 승화, 증류 및 화학반응 과정에서 응축될 때 주로 생성되는 고체입자이다. 예로써 아연과 납산화물의 훈연은 고온에서 휘발된 금속의 산화와 응축 과정에서 생성된다. 입자의 크기는 0.03~0.5㎛이다.
미스트(Mist)	증기의 응축 또는 화학반응에 의해 생성되는 액체 입자로써 주성분은 물로 안개(fog)와 구별된다. 안개는 연무보다는 포괄적 개념을 가진다. 연무는 안개보다는 투명하며, 전형적 입자의 크기는 0.5~3.0㎛이다. 예로써 황산염(SO_3)은 흡습성 가스로써 이 가스의 이슬점은 22도이다. 22도 미만에서 이 가스는 물과 반응하여 황산미스트(안개 모양으로 된 황산)가 된다.
연기(Smoke)	불완전연소로 생성되는 미세입자로써 가스를 함유하며, 주로 탄소성분과 연소물질로 구성되어 있다. 입자의 크기는 0.01㎛이다.
스모그(Smog)	대기 중 광화학적 반응 때문에 생성된 가스의 응축 과정에서 생성된다. 크기는 1㎛보다 작으며 smoke와 fog의 합성어이다.
박무(Haze)	시야를 방해하는 입자상 물질로써 수분, 오염물질 및 먼지 등으로 구성되어 있고 크기는 1㎛보다 작다.
검댕(Soot)	탄소 함유물질의 불완전연소로 형성된 입자상 오염물질로써 탄소 입자의 응집체이다.

[출처 : 한국산업안전관리공단, 2009]

2) 분진이 인체에 미치는 영향

① 진폐증을 일으키는 분진 : 유리 규산(SiO_2), 석면, 활석, 산화베릴륨, 흑연, 석탄 등

② 알레르기성 분진 : 꽃가루, 털, 나뭇가루 등의 유기분진

③ 전신 중독증 분진 : 납, 수은, 카드뮴(Cadmium), 안티몬(Antimony), 망간(Manganese), 베릴륨(Beryllium) 등의 금속

④ 자극성 분진 : 산알칼리, F 화합물(플루오린화수소 Hydrogen fluoride), 크로뮴산(Chromic acid) 등

⑤ 불활성분진 : 석회석, 시멘트 등

제2절 감성공학

1 작업환경 시스템

기계와 사람 사이에는 작업 환경이라는 조건이 놓여 있다. 작업환경은 매체이면서도 영향을 주는 원천이다. 즉, 환경은 사람과 기계 간의 연계를 더욱 부드럽게 할 수도 있지만 차단할 수도 있다. 즉, 사람들이 착오를 일으키게 하여 기계에 부정확한 영향을 주며 시스템의 효율을 상실하게 할 수도 있다. 따라서 사람과 기계 간의 관계를 연구할 때에는 환경의 영향을 무시해서는 안 된다. 평소 우리가 흔히 말하고 있는 사람과 기계시스템도 사실상 환경요소에 포함되어 있다.

작업환경은 사람이 기계설비 혹은 각종 공구를 이용하여 작업할 때에 작업장 주변의 물리적 환경요소를 말한다(김용철 외, 2014).

1) 기온 영향분석

(1) 기온이 작업에 미치는 영향

작업장 기온은 공기의 온도, 공기의 유동 속도, 기압과 대기오염 등이다. 기온의 원천으로 사람의 신체는 한 개의 열량의 원천이다. 따라서 인체 밖으로 열량을 발산하여야 한다. 인체에서 형성된 열량이 밖으로 발산하는 열량과 같다면, 이 사람은 열 평형상태에 있다고 할 수 있다. 이 시기의 체온은 대개 36.5℃ 전후라고 볼 수 있고, 사람도 편안한 상태이다. 인체에서 형성된 열량이 발산한 열량보다 많으면, 사람은 몸에 열을 갖게 된다. 반대로 인체에서 형성된 열량이 발산한 열량보다 적으면 사람은 추워한다. 인체는 계속 열량을 형성하고 발산한다. 노동 혹은 과격한 운동 중에서 형성되는 열량은 평시의 20배에 도달한다.

따라서 작업환경 중에서 적당한 기온 조건은 양호한 작업능력을 취득하는 전제조건이 된다. 실내의 온도가 높으면 사람은 쉽게 피곤하게 되고, 쉽게 졸리면서 오차가 많이 나타나게 되므로 작업능력도 저하된다. 반대로 실내온도가 낮으면 주의력이 분산된다. 따라서 인체에 적당한 온도와 습도를 정하는 것이 매우 중요하다.

그러나 춥고 더움에 대한 주관적 감각은 기온 조건에만 의거하는 것이 아니라 작업자의 체질·연령·성별·환경에 대한 적응능력과 작업의 난이도·복장 등 요소와도 관계가 있다. 즉, 적당한 온도에 대한 평가는 주관적 태도와도 관계가 있다. 따라서 최적 온도는 고정적인 수치가 아니라 한 구간이라고 할 수 있다. 미국의 통계자료에 의하면, 최적의 온도 범위는 정신노동은 60~65°F(15.5~18.3℃)이고, 경노동은 55~65°F(12.7~18.3℃)이고, 육체노동은 50~62.5°F(10~16.9℃)이다(김용철 외, 2014).

(2) 기온과 기습

① 기온

일반적으로 쾌적한 환경조건을 판정하는 데 가장 중요한 조건으로 실내에서 느끼는 쾌감의 척도를 유효 온도(Effective temperature)라고 하며 유효 온도는 건구온도, 습구온도, 기류가 인체에 미치는 종합적인 영향의 쾌감지표이다.

② 기습

포화습도는 일정한 온도에서 공기 $1M^3$ 중에 포함된 최대 수증기량을 말하며, 절대 습도는 일정한 온도에서 공기 $1M^3$ 중에 함유된 실제 수증기량이고 상대습도는 일상생활에서 사용하는 습도를 의미한다.

2) 공기 유동과 작업에 대한 영향

(1) 공기 유동

공기 유동도 노동효율에 영향을 주는 것으로 조사되었다. 같은 온도조건에서 공기 유동이 있는 신선한 작업지에서의 효율은 공기가 정지된 작업지보다 10%가 더 높다고 한다. 작업 인원이 적은 공간에서 공기 유동의 최적 속도는 0.3m/s로 보고 있으며, 작업 인원이 많은 공간에서는 0.4m/s이다. 실내의 온도와 습도가 모두 높은 때는 공기 유동 속도를 1~2m/s에 도달하는 것이 좋다 한다. 기류의 세기는 풍속으로 나타내며 실내 자연 환기의 원동력으로써 악취 제거 및 오염된 공기의 정체를 방지하는 중요한 역할을 하며 통상 실내의 경우 최소 0.5 m/s 정도의 기류 조건 권고하고 있다.

(2) 공기 오염이 노동에 미치는 영향

작업장 내에서 공기 오염에 대한 원인은 일반적으로 두 가지로 생각할 수 있다. 작업자 그 자체와 생산 공장에서 발생하는 원인이다. 작업자는 사람이기 때문에 사람들의 호흡과정에서 CO_2를 배출하는 것을 무시할 수 없다. 노동 강도가 커짐에 따라 CO_2의 배출량도 증가한다. 성년 남자가 다른 노동 강도 하의 CO_2배출량은 〈표 12-2〉에서 제시하는 것과 같다. 동시에 사람이 흘린 땀의 증발도 공기 오염이 된다.

〈표 12-2〉 서로 다른 노동상황 하에서 성인남성 1명의 CO_2배출량

에너지대사율RMR	노동강도	CO_2배출량(m^3/h)	계산용량(m^3/h)
0	수면	0.011	0.011
0-1	초경노동	0.0129-0.023	0.022
1-2	경노동	0.023-0.033	0.028
2-4	중노동	0.023-0.0538	0.046
4-7	중노동	0.0538-0.084	0.069

둘째는 생산 공정 중 가공·운반·저장 과정에서 발생하는 오염이다. 생산과정에서 배출되는 먼지·연기·기체·섬유·증기 등 모두 다 인체의 다른 기관에 대해 자극과 피해를 준다. 이러한 오염은 효율에 영향을 줄 뿐만 아니라 인체에도 큰 영향을 준다. 따라서 반드시 실내공기를 신선하게 하여 오염을 통제하여야 한다.

3) 조명과 색상의 영향

눈은 시각을 통해 정보를 취득하는 기관으로 그 기능 및 효율의 발휘는 조명 조건과 물품을 표현하는 색상의 특징에 크게 영향을 받는다. 시각은 작업 방향을 정하는 데 큰 역할을 하고 있어서 정상적인 사람은 시각의 자극 반응을 통해 대개 정보의 80%를 취득할 수 있다(김용철 외, 2014).

(1) 조명이 작업자에게 미치는 영향

사람의 시각기능 발휘는 주변 환경의 조명도와 대비도에 좌우된다. 소위 대비도는 관찰 물체의 반응과 그 배경의 광도 차를 말한다. 통계분석에 따르면 조명 조건과 대비도 상황이 좋을수록 작업 중의 오차율과 사고율이 낮고 효율을 높이는 촉진 역할을 한다. 조명은 작업효율에 영향을 주는 외에도 조명 부적합 시에는 사람이 쉽게 피곤하게 되고 작업효과도 저하한다.

이외에도 조명은 사람의 자아 감각에도 영향을 주고, 작업 인원의 정서 상태와 동기에도 영향을 준다. 그리고 작업능력에 영향을 준다. 일반적으로 광선이 충족한 방에서는 유쾌하게 되고, 또 많은 사람은 광선이 좌측에서 비치는 것이 좋다고 본다. 따라서 사람이 작업 지를 선택할 때는 비교적 광선이 충족한 장소를 선호하고, 휴식할 때에는 좀 어두운 곳을 선호한다.

(2) 작업장소와 작업장의 조명

작업장소에는 반드시 적당한 조명이 있어야 한다. 일반적으로 조명시스템을 설계할 때에는 아래와 같은 몇 가지 요소를 고려하여야 한다.

① 작업 근처의 적당한 조명도
② 작업 근처의 고정적 조명
③ 작업과 배경 간에 있어야 할 적당한 조명도의 차
④ 광원 혹은 작업하는 장소에서 발산하는 눈부신 광선의 회피

위에서 제시한 요소를 근거로 과학연구의 성과와 경험과 결합하여 가장 합당한 조명 조건 즉, 조명 요구, 조명방식, 조명설비의 안장 등을 확정한다. 이것은 작업 손실과 사고 발생을 피할 수 있을 뿐만 아니라 조명 상의 낭비도 방지할 수 있다.

따라서 합리적인 작업장소 조명은 작업대의 조명도가 균일하고, 안정되고, 적당하여야 한다. 양호한 조명은 광선이 충족할 뿐만 아니라 어두운 구석과 통로를 없애고 광선의 반사도 피해야 한다. 따라서 작업장소 조명은 광원만 고려할 것이 아니라 거리 및 배치도 고려해야 하고, 작업자의 눈이 광선에 대한 적응성도 고려하여야 한다. 〈표 12-3〉은 서로 다른 작업별 조명 조건의 요구이다(김용철 외, 2014).

〈표 12-3〉 작업별 조명 조건의 요구

작업분류	예	표준조명도(lx)	조명도범위(lx)
초정밀작업	시계·초정밀기계가공	1000	700-1500
정밀작업	자동차, 비행기조립	500	300-700
보통작업	기계가공, 주조, 용접	200	150-300
비 정비작업	목공	100	70-150
비 작업	작업장 비 작업구역	50	30-70
비 작업	부속생활구역 및 화장실	20	15-30

4) 채색이 작업에 주는 영향

(1) 색상

채색은 흔히 형상과 분위기를 조성하고 심리현상과 상상을 고취한다. 따라서 채색은 보통 조명보다 더욱 좋은 효과를 나타낼 수 있다. 많은 나라의 공업 위생과 환경보호 전문가 또는 노동 심리학자 및 의학자는 작업장과 건축물 및 작업장소 장비의 색조는 근로자의 노동 정서와 생산효율과 작업품질에 큰 영향을 준다고 증명하였다. 채색은 있어도 되고 없어도 되는 장식이 아니라 하나의 관리 수단이다. 그리고 채색은 노동환경의 개선과 생산효율의 제고에 큰 역할을 할 수 있다. 채색이 작업자에게 주는 영향은 주로 인체와 사람의 심리 이 두 가지 방면에서 영향을 준다.

색깔이 사람의 심리에 영향을 주는 원인은 채색과 그에 속한 대상과 물품이 상호 암암리에 연계되었기 때문이다. 따라서 색깔이 사람의 심리에 주는 영향은 경험 및 물품에 대한 태도에 의해 제한을 받는다. 즉, 채색은 어떠한 정서를 일으키거나 모종의 정서를 변화시킬 수 있다. 예를 들면 명쾌한 색은 유쾌감을 주고 우울한 색은 기분이 나쁜 원인이 된다. 일반적으로 홍·주황색·황색은 사람들에게 따뜻한 감각을 주어 온색(溫色)이라고 하고, 청색·녹색·자색은 사람들에게 추운 감각을 주기 때문에 찬색이라고 한다. 따라서 북쪽 방향의 집은 온도가 낮기에 온색을 이용하고, 고온 작업장은 찬색을 이용하여야 한다.

온색은 일반적으로 적극적이고 흥분을 일으키는 역할을 한다. 붉은색은 사람의 생리상 혈압 및 맥박을 증가하는 역할을 한다. 심리상에서 흥분 역할을 하고 또 불안감과 신경을 긴장시키는 부작용도 있다. 따라서 일반적으로 널리 사용하지 않는다. 주황색은 식욕을 증가하기에 식당에서 이용하는 것이 좋다. 온색 중에서 황색의 생리 반응은 중성에 해당한다. 따라서 일반적 작업 장소에 이용하고 특히 여성을 위주로 하는 장소는 온색이 좋다. 찬색은 일반적으로 소극적이고 진정적인 역할을 한다. 청색은 생리상으로 사람의 혈압과 맥박을 낮추는 역할을 하고 심리를 진정케 하는 역할을 한다.

채색의 선택은 위에서 제시한 일반적인 상황 외에도 사람의 나이와 성별 그리고 생활 경험 등 개별적인 특징과 밀접한 관계가 있다. 예로서 아이들은 홍색 또는 황색 같은 선명한 색조를 선호하고, 성인은 감색과 녹색 그리고 홍색 같은 색상을 선호한다. 통계조사에 의하면 성인들의 선호하는 색조 순서는 남색·홍색·녹색·황색·주황색·자색·갈색·회색·흑색·백색·분홍색이다(김용철 외, 2014).

(2) 설비의 색상조절

작업장소와 설비의 장식은 우선 사용하는 설비의 특징을 분석한 다음 방의 용도에 적응시켜 성능을 잘 고취하는 색상을 이용하는 것이 좋다.

생산 공장에서 단일한 색은 일반적으로 시각을 피곤하게 하므로 한 가지 색조를 주요한 위치에 이용하지 말고, 표면에 대비 색상을 이용하는 것이 좋다. 그리고 구체적인 색은 방의 용도에 따라 선택하는 것이 좋다. 예컨대 일반 생산용 장소는 명쾌한 색조를 이용하고 온도가 높은 장소는 냉 색조를 이용하며, 휴게실 같은 곳은 편안한 더운 색조를 취하고 손님 접대 실은 좀 어두운 색조가 좋다. 〈표 12-4〉는 4가지 실내 색조의 조합 선택을 참고로 제시하였다(김용철 외, 2014).

〈표 12-4〉 실내의 부위별 색조 조합의 예

천장	벽상부	벽하부	바닥	창문	가구
회흰색	연녹색	중녹색	중녹색	중녹색	회녹색 혹은 명황갈색
연황색	연황색	황갈색	중갈색	중갈색	명갈색
회흰색	연분홍색	중황갈색	중황갈색	중황갈색	중황갈 혹은 명갈색
회흰색	연남색	중남-회색	회색	중남색	남회색

일반적으로 설비에서는 중성색의 녹색과 자극이 없는 회색이 좋다. 이러한 색조는 사람에게 안정감을 주고 또 눈도 피곤하지 않다. 따라서 생산 장소의 환경색과 기계 색 그리고 작업 시 재료의 색 등을 모두 결합하여 고려하여야 한다. 이외에도 위생관리가 필요한 식품 및 음료수 등 공장의 설비는 흰색 혹은 흰색과 가까운 색이 좋다. 운반설비와 지게차 같은 설비는 어두운 색을 피하고 선명한 색을 선택하는 것이 좋다.

5) 소음진동

(1) 소음진동의 정의

소음이란 기계, 기구, 시설, 기타 물체의 사용 또는 사람의 활동으로 인하여 발생하는 강한 소리를 말하고, 진동이란 그러한 물체의 사용으로 인하여 발생하는 강한 흔들림을 말한다. 소음 · 진동 방지시설 또는 방음 · 방진시설이란 소음 · 진동을 발생시키는 시설이나 기타 물체로부터 배출되는 소음 · 진동을 없애거나 감소시키는 시설로서, 환경부령으로 정하는 것을 말한다(소음진동관리법).

(2) 소음이 미치는 영향

불쾌하고 불안하고 혹은 피해가 있는 모든 소리 신호는 모두 소음이다. 소음은 도시교통의 소음, 공장의 소음, 건축시공의 소음 및 상업, 체육, 오락 장소에서 사람의 소리 등이 있다.

소음은 인체건강에 피해를 줄 수 있다. 이러한 피해는 유전성을 유발하여 그 피해는 만성병을 일으키고, 인체 기관에 질적 변화와 이상을 줄 수 있고 또, 신경계통에도 손상을 줄 수 있다. 소음은 소리 강도가 크지 않은 30~40 데시벨(db)에서도 사람의 심리에 소극적으로 영향을 미쳐 주의력 집중에 대한 방해, 흥분성 제고, 느낌에 대한 영향 등을 준다. 소리가 자극성이 강한 65db 이상에서는 인체의 각 계통에서 사물을 보는 데 변화를 나타낸다. 90db보다 큰 소음을 장기적으로 받으면 인체가 회복할 수 없는 막대한 손상을 받을 수 있다(김용철 외, 2014).

(3) 소음에 대한 통제

소음 통제 방법으로 소리의 흡수, 소리의 차단, 소리의 지움 등이다.

첫째 소음 원천에 대한 통제는 우선 설계를 개선하여 소음을 줄일 수 있다.
둘째 소음이 생긴 기계의 부속품에 대해 조처를 한다.
셋째 부드러운 물질로 소리 발생 부분과 그의 접촉부위를 분리하여 직접 접촉하지 않게 한다.

소리의 차단에 대해 효율적으로 방지할 수 없을 때는 소음을 일정한 구역 내에서 통제를 받게 한다. 즉, 담을 쌓던가 아니면 칸막이로 방을 만들거나 흡입기, 흡입재료 등을 이용한다. 소리의 방음 처리는 벽, 천장 및 땅바닥에 소음 재료를 장치한다. 이 밖에도 귀 보호기 등을 이용하여 가장 가까운 소음을 방지할 수 있다.

(4) 진동의 통제

진동은 물체의 전후 운동을 가리키며 생체에 작용하는 방식에 따라 구분하면 다음과 같다(신태양, 2008).

① 전신 진동(Whole body vibration)

전신 진동은 지지구조물을 통해서 전신에 전파되는 진동으로 교통 차량, 선박, 항공기를 타거나 기중기, 분쇄기 등을 운전할 때 발생하는 진동을 의미하며 전신 진동은 압박감과 동통 감을 느끼며 심하면 공포감과 오한을 느낀다.

② 국소 진동(Segmental vibration)

국소 진동은 국소적으로 손과 발 등 특정 부위에 전파되는 진동으로 착암기, 연마기, 자동식 톱 등의 진동 공구를 사용할 때 발생하며, 레이노드씨 현상[6]으로 광산 근로자, 조선공 등과 같이 착암기, 공기 해머, 연마기를 사용하는 사람 손가락에 혈관 순환 장애로 창백해지는 현상이 나타난다.

6) 냄새의 심리적 효과

(1) 의사전달로서의 냄새

후각은 의사전달 수단이나 공간 사인으로 활용하고 있다. 제과점이나 커피점, 음식점에서 나오는 냄새는 이러한 효과를 누리는 방법이다. 산업 환경 공간에서도 냄새를 이용하는데 LP가스의 경우 냄새가 없으나 공기 중 노출에 대비하여 특유의 냄새를 첨가해서 인간의 후각 센서를 발휘하도록 설계한 예이고 화재 시 종이 타는 냄새나 비닐 타는 냄새도 사례이다.

(2) 후각의 특성

라벤더 향은 긴장을 완화하는 진정효과가 있고 재스민 향은 기분을 증진하는 흥분 효과가 있다. 진정 효과가 있는 향기는 숲에서 얻을 수 있고 흥분 효과가 있는 향기는 성호르몬과 유사하다. 이는 인류가 숲에서 생활하고 있었던 무렵의 감각이 대뇌에 잠재하고 있기 때문이다. 그러나 향기가 너무 강하면 장해를 느끼는 사람이 있으므로 보통 사람이 미미하게 느끼는 정도의 농가 좋다. 또한, 5분에서 10분 주기로 농도를 변화시키는 것이 좋다(신태양, 2008).

---

6) 주기적 혹은 간헐적인 손가락 또는 발가락의 허혈로 인하여 추운 곳에 있다가 따뜻한 곳으로 이동 시 찬 곳에서는 손, 발가락 끝의 청색증(손끝이 처음에는 하얗게 되다가 심한 경우 파랗게 변하는 것)이 있다가 따뜻한 환경이 되면 다시 색깔이 돌아오면서 손, 발가락 끝이 가렵고 심한 경우 통증(몹시 심한 통증을 호소하기도 함)을 호소하는 특징적인 현상이다 즉, 추운 곳에서 손, 발가락으로 가는 혈관이 수축하여 피가 통하지 않아(허혈) 파란색으로 변하였다가 따뜻한 곳으로 오면 혈관이 확장되어 피가 순환하게 되므로 손가락의 색깔이 돌아오고 이때 극심한 통증으로 호소하게 된다(단국대학교병원, https://www.dkuh.co.kr/part/contents.asp, 2016).

후각은 사람의 일생을 통하여 후각 능력이 변한다. 여기서 후각 능력은 나이, 성별, 흡연이나 직업, 인종과 문화가 영향을 미친다(신태양, 2008).

[그림 12-1] 향기 농도 주기

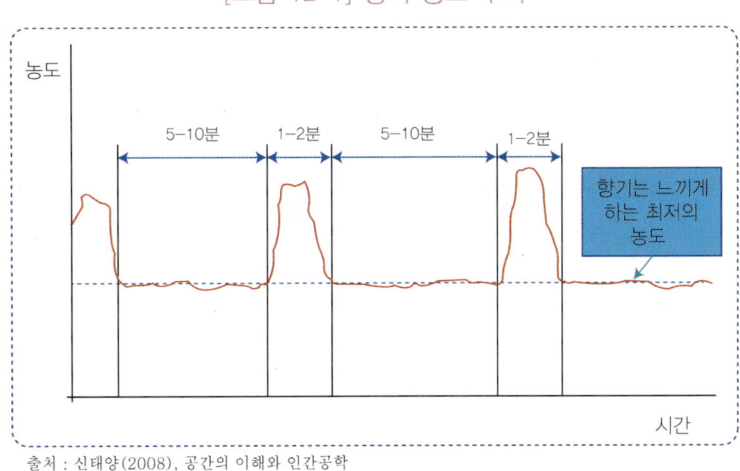

출처 : 신태양(2008), 공간의 이해와 인간공학

① 로그 압축 효과

냄새를 느끼는 강도의 정도는 공기 중에 존재하는 냄새 분자 정도에 단순 비례하는 것은 아니다. 경험적으로 냄새의 강도를 절반으로 하기 위해서는 냄새 분자의 양, 즉, 농도를 3/100 정도로 해야 한다.

② 피로현상

같은 종류의 냄새를 오래 맡고 있으면 그 냄새를 느끼지 못하게 된다. 따라서 아무리 좋은 냄새라도 시간이 지나면 효과가 없어진다.

③ 농도효과

같은 물질이라도 농도에 따라 그 느낌이 다른 경우를 말한다. 향수의 경우 농도가 진할수록 역겨운 냄새가 나지만 옅은 상태는 향수 특유의 냄새가 난다.

④ 순서효과

최초에 맡은 냄새일수록 인상이 강하다. 따라서 향수를 선택할 때에는 처음에 맡은 것이 제일 좋은 것처럼 생각하게 된다.

⑤ 생애 후각 변화

나이의 변화에 따라 냄새에 대한 호감도 변한다. 20세가 지나면 냄새의 선호 순서는 대체로 일정하게 유지된다. 후각의 감수성은 30대에 가장 뛰어나고 50~60대까지 유지된다. 고령화될수록 후각 감각은 잃어 간다.

⑥ 후각의 개인차

성별 후각 차는 남자보다 여자가 우수하며 흡연자의 후각 능력은 비흡연자의 후각 능력보다 떨어진다. 또한, 몸의 상태에 따라 평소에 좋은 냄새도 건강이 좋지 않을 때는 악취로 느껴진다.

(3) 악취 탈취법

악취 발생 원인으로 배설과 부패에 의한 악취와 공장이나 제품에서 나는 악취로 분류한다(신태양, 2008).

① 배출법

화장실의 경우 환기팬이 천장에 바닥으로 배기하는 것이 좋다.

[그림 12-2] 화장실 배기 사례

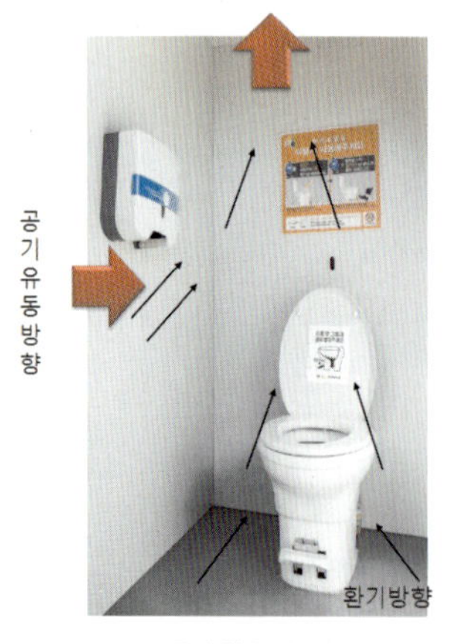

② 확산법

굴뚝을 높게 하면 넓은 범위로 퍼진다.

③ 탈취법

물리적 탈취법, 화학적 탈취법 및 생물적 탈취법이 있다. 물리적 탈취법은 활성탄 등 다공성 물질에 흡착시키거나 물이나 소금물로 씻는 방법, 화학적 탈취법은 고열에서 악취를 완전히 연소하는 연소법이 있다. 생물적 탈취법은 효소나 미생물에 의해서 분해하는 방법이다.

④ 차폐법

악취의 원인을 차단하는 방법으로 복도나 로비에서 화장실 쪽으로 공기가 흐르도록 하는 방법도 한 예이다.

⑤ 밀봉법

배수관의 트랩은 물이 차있어 냄새가 역류하는 것을 방지한다.

⑥ 향기 분출법

공간에 악취를 제거하는 방법으로 향기를 분사시키는 것으로 휴게실은 진정효과가 있는 향, 회의실은 각성효과가 있는 라벤더나 레몬 향을 사용한다. 각성효과가 있는 향을 사용하면 실수의 정도를 줄일 수 있다.

7) 촉각

촉각 기관은 전신의 피부에 분포되어 있다. 자극 정보량은 시각보다는 적으나 지각 내용이 단순하므로 길게 기억에 남는다. 촉각의 수용기로는 온점, 냉점, 촉점, 통점 등이 있다(신태양, 2008).

(1) 온열 감각

온혈 동물은 체내의 온도를 한정된 범위 내에서 보존하는 조절 능력을 갖추고 있다. 온열감은 수용기를 통해 느끼게 된다. 예로 양변기의 차가운 촉감이 싫은 사람도 있고 앞사람의 온기가 남아있는 것도 불쾌할 수가 있다. 이처럼 온도감각은 열전도에 따라 다르므로 나무나 흙은 따뜻한 느낌을 금속은 차가운 느낌을 준다.

(2) 재질감

재질감(Texture)은 표면의 거침이나 매끈함, 단단함이나 유연함, 무거운 것과 가벼운 것, 따뜻한 것과 차가운 것이라는 온열 감각으로 재질감이 다르면 같은 색이라도 달라 보인다. 광택이 있는 것과 없는 것에 따라 색이 다르게 보인다(신태양, 2008).

① 촉각 텍스츄어(Tact texture)

나무, 직물, 금속 등과 같이 일상생활에서 접촉하는 것으로 촉각에 의해서 지각하고 있다.

② 시각 텍스추어(Visual texture)

인간은 성장하면서 물건의 표면을 보거나 만지거나 하여 보기만 해도 만져본 느낌을 느낄 수 있는 것을 말한다. 거대한 산맥, 전원풍경, 물결 등이 있다.

[그림 12-3] 텍스츄어 종류

(3) 텍스츄어 효과

① 생활공간에 안정감 부여

일상생활에 익숙한 벽의 줄눈이나 천정의 줄눈 나뭇결이나 벽돌의 재질감은 인간에게 중요한 심리적 효과를 준다. 벽이나 천정이 주는 크기나 균질감으로부터 오는 압박감을 해소해 주고 안정감을 주는 역할을 하는 것이다.

② 실제적인 필요성

제품의 표면이 얼룩이나 고르지 못한 광택을 보완하기 위하여 텍스츄어를 갖게 한다. 사무기기에서 금속 부분에서 광택이 반사하는 것을 방지하기 위하여 텍스츄어를 사용한다.

③ 대비 효과

거친 면과 매끈한 면을 대비시킴으로써 거친 면은 더욱 거칠게, 매끈한 면은 더욱 매끈하게 보여서 상대적 특징을 더욱 강조한다. 예로 대리석의 차가운 느낌과 카펫의 부드러운 바닥 느낌이다.

(4) 촉각의 응용

① 텍스츄어의 상대성

디자인에서는 재질감을 살려서 텍스츄어의 조화를 추구하는 것이 중요하다. 전통건축에서는 나무, 대나무, 종이, 흙 등의 식물재료를 중심으로 한 미묘한 텍스츄어를 조합하고 있다. 비교적 동질의 다양한 소재임에도 조화를 얻을 수 있었던 것은 색채가 아무것도 섞이지 아니한 본연의 색을 사용하고 있기 때문이다.

철근콘크리트나 벽돌 건축은 광물소재의 단단한 느낌과 안정감을 추구하고 있다. 따라서 이를 상쇄시키기 위해서 부드러운 동물과 식물 소재를 사용하여 실내디자인을 하면 대조와 조화를 추구할 수 있다. 그러나 텍스츄어도 너무 많이 사용하면 혼란스럽다. 따라서 적은 종류로 단일화하는 것이 효과적이다.

② 마감 재료의 선택

촉각 하면 손에 관계되는 것을 생각하기 쉽지만, 사람이 건물에 접촉하는 빈도가 가장 높은 부분은 발바닥이다. 바닥의 점자 블록이나 요철은 발의 촉각 정보전달의 수단이다.

바닥의 마감 재료는 직접 몸에 닿는 것으로 선택이 중요하다. 딱딱한 마루는 피곤하게 하지만 그렇다고 부드러울수록 좋다고 할 수는 없다. 따라서 고무 타일, 융단, 나무 판재 등은 좋은 바닥재이다. 바닥 재료는 단단함뿐만 아니라 양말이나 신을 착용할 것인가, 내수성이 많은가, 교통량, 경사 등을 고려해야 한다.

안정성 면에서도 미끄럼 방지나 옥외 바닥이 물에 젖었을 때 미끄러지지 않는 재질을 선택하여야 한다.

인간공학 설계

1 인간공학의 범위

1) 인간공학의 의의

인간공학(Ergonomics)은 인간과 인간이 사용하는 물건과 상호작용을 이루게 하는 것으로 인간을 위한 공학(Design for human)을 의미한다. 인간의 행동, 능력, 특성 등에 관한 정보를 발견하고 이를 도구, 기계, 시스템, 직무, 환경을 설계에 응용함으로써 인간의 생산적이고 안전하며 쾌적한 환경에서 작업하고 물건을 효과적으로 이용할 수 있도록 연구하는 분야이다. 따라서 디자인공학과 중복되는 부분이 있다.

산업안전보건청(OSHA)은 인간공학을 인간의 신체적, 심리적 능력과 한계와 관련해서 작업의 요구 사항을 프로그램하는 연구로 정의하였다. 즉, 인간공학은 작업에 인간을 맞추는 것이 아니라, 인간에게 적절한 형태로 작업을 맞추는 방법을 추구한다. 이 원리의 목적은 설비, 환경, 직무, 도구, 장비, 공정, 그리고 훈련방법을 평가하고 디자인하여 특정한 작업자의 능력에 접목함으로써, 직업성 장해를 예방하고 피로, 실수, 불안전한 행동의 가능성을 감소시키는 것이다(Patricia M.Laing, 2016).

2) 인간공학의 목표

인간공학의 목표는 인간과 기계 또는 시스템이 상호작용할 때 상호작용을 향상하고 안전성을 증대시키며, 작업자의 만족을 증대하는 것을 목표로 한다. 따라서 인간공학은 인간공학의 목표를 달성하기 위하여 연구개발과 도구를 개발하는 것을 목표로 한다.

2 시스템 설계분석

인간 공학 설계는 인간공학적 방법과 원리는 사전설계분석, 기술적 설계, 최종 검사와 평가 과정을 거쳐 상호작용이나 직무설계 혹은 사람과 기술의 조직화를 통한 작업 재설계를 의미한다(이재식 외, 2009).

1) 비용분석

인간공학적 시스템 설계 분석에서 인간 공학적 노력이 요구하는 비용을 계산하고 미래 추정이익을 계산한다. 이와 같은 추정 이익의 예로서 현재의 공정에서는 시간당 50개를 생산하는 데 인간공학적 시스템을 설계하면 시간당 70개로 생산량을 증가할 수 있으며 이를 물적, 인적 비용으로 환산한다.

2) 낮은 비용의 제품 설계

인간공학 설계는 낮은 비용으로 제품이나 시스템을 설계하는 것이다. 이러한 과정은 작업자를 지원하고 작업 영역을 확장하고, 작업 방향을 쉽게 바꿀 수 있도록 해주는 것으로 최종 제품에 대한 이익을 극대화하기 위해서 인간공학 설계는 설계단계부터 반영한다.

3) 사용자 중심설계

인간공학 설계는 사용자 중심 설계가 되도록 하는 것으로 사용자를 알아야 하고, 사용자를 존중해야 인간공학 설계를 할 수 있다. 이는 사용자가 무엇을 원하는지 사용자의 요구사항을 설계에 반영한다.

4) 설계에 필요한 자료 출처

전문가들은 다양한 정보를 얻어서 설계에 반영한다. 이러한 정보는 발표된 연구자료, 자료 명세표, 인간 공학적 표준 등이 있다.

인간공학 문제의 인식

1 문제 인식

인간공학적 개선이 이루어지기 위해선 우선 인간공학적 문제가 어디에 존재하는지를 인식해야 한다. 문제 인식 부분에서 내부 사고, 조사보고 그리고 의학보고서 근로자 불만사항과 같은 문서의 조사가 선행되어야 한다. 현장조사를 통한 조사도 문제 인식에 도움이 된다.

2 작업분석 방법

작업분석의 목표는 인간공학 관련의 문제의 원인을 인식하는 데 이용될 수 있는 자료를 수집하는 것이다. 자료는 다음 방법의 하나 또는 그 이상의 방법으로 수집될 수 있다.

1) 일반적인 관찰

작업자 작업이나 작업환경에 대한 직접적인 관찰은 작업분석 자료를 얻는데 일반적이고 실용적인 방법이다. 직접 관찰은 특히 낮은 수준의 기술 작업이나 짧고 반복적으로 순환하는 작업을 연구할 때 실용적이다.

2) 설문지와 면담

작업자를 설문지나 면담을 통해 조사한다. 설문지는 결과를 표로 만드는데 쉽지만 작업자와 면담 없이는 모든 상황을 인지하지 못할 수 있다. 자료를 분석하는 사람은 주어진 작업에 대해 최적으로 접근 평가해야 한다.

설문지를 이용하면 분석가는 작업자가 질문에 대한 대답을 설문지의 의도와 일관되게 하도록 안내할 수 있다. 이러한 접근은 결과에 대한 타당성을 최대로 확립해 준다.

3) 비디오 분석

비디오테이프는 작업 자료를 수집하고 분석하는 데 좋은 도구이다. 비디오테이프를 통해서 나중에 재생할 수 있고 문제 부분은 반복해서 또는 느린 동작으로 또는 정지 상태에서 세밀한 분석을 하며 볼 수 있다. 내부 시간 측정계와 주제나 라벨을 표시할 수 있는 카메라는 분석 시간이나 라벨을 표시할 수 있어 유용하다.

인간공학 분석에 이용할 비디오카메라나 녹화재생기를 선택할 때는 어두운 조명으로도 사용할 수 있는 것을 선택한다. 가볍고 이동 가능하면 더욱 좋으며, 음성 녹음이 가능해야 한다.

4) 사진

비디오, 35㎜ 사진, 슬라이드는 작업 상황을 분석하는데 유용하다. 비디오테이프는 모든 작업 동작과 자세를 포착할 수 있는 쉬운 방법이다. 문제가 되는 작업의 특별한 위험요소를 인식하기 위하여 분석될 수 있다.

5) 도안

작업장과 작업공정에 관한 단순한 도안으로 후에 작업 과정을 평가할 수 있다. 작업 과정이나 작업장의 묘사가 정확한지 확인하기 위해 근로자에게 그려보도록 하거나 최소한 완성된 도안을 정확한지 검토하도록 한다.

6) 작업자 능력 평가

측정은 작업장과 워크스테이션의 인간공학적 분석의 중요한 일부분이다. 도달 범위, 작업 높이, 작업 빈도, 힘의 소모와 같은 측정요소는 작업의 특징을 말해준다. 특정 작업이 "들기에 너무 무겁다. 또는 밀기에 힘이 너무 든다."고 하는 것은 작업의 측정 정도에 따른 것이다. 측정은 잘 알고 잘 훈련된 사람 이해야 한다.

3 작업장소의 위험분석

인간공학 프로그램에는 문제 장소를 발견한 뒤 작업장소의 위험을 분석할 준비 작업도 포함된다. 위험에 관한 분석은 작업에서의 위험요소의 정도를 인식한다. 이 부분에서 작업위험의 인식 정도의 측정 평가가 이루어진다.

이는 자격을 갖춘 사람에 의해 이루어져야 한다. 비디오 촬영을 통해 작업이 재생될 수 있고 위험요소를 자세히 인식하고 정도를 측정하여 인간공학 문제의 실질적인 요인을 발견하기도 한다. 즉, 반복적으로 손목을 굽혀 쓰는 도구 작업 또는 상체를 90도 이상 굽힌 채 물체를 반복적으로 드는 작업 조사는 사고를 유발할 수 있고 작업장 요소에 초점이 맞추어져야 하며 인간공학적 문제 영역이 지목되어야 한다. 이들 장소가 관리상이나 공학상의 기능과 관련될 수 있다.

4 스트레스(Stress) 요인 측정

스트레스(Stress)는 인내할 수 있는 한도 이상의 외부적인 힘이 가해질 때 생기며 사람에게 육체적, 정신적 긴장감을 가져다준다. 스트레스는 사실상으로 생리적이고 생체 역학적이고 정신적일 수 있다.

1) 피로

계속된 업무로 인해 야기되는 생리적인 상태로 피로는 지루함, 무리한 에너지의 소모, 신체의 생리적인 변화 또는 심한 생체 역학적인 강압 등으로 인해 야기되는 상태를 말한다.

피로를 나타내는 징후들은 다음 증상을 포함하여 다양한 형태로 나타난다.

① 근육 통증
② 쑤심
③ 졸림
④ 정신적 혼돈

⑤ 근육 긴장
⑥ 만성적 권태감

2) 생리적인 스트레스

(1) 진동과 소음 스트레스

진동과 소음은 함께 고려될 수 있는데 둘 다 역학적인 진동이기 때문이다. 20~20,000 헤르츠 범위의 발진은 소리로 들려진다. 20 헤르츠 이하의 발진은 진동으로 인식된다. 진동과 소음은 다른 감각적인 기능과 충돌하여 운동신경의 공동 작용과 현재의 피드백을 교란할 수 있다. 사람은 반응에 대한 경보로써 전달되는 자극의 형태로 소음과 진동에 반응한다. 끊임없는 소음의 정도가 약할지라도 불안과 자극을 유발한다. 심한 진동과 소음은 내부기관과 중추신경계를 방해하는데 이는 장애, 무의식 또는 죽음까지 이르게도 한다.

(2) 온도에 의한 스트레스

온도 스트레스는 열기와 냉기로 생기는 스트레스를 말한다. 지나친 열기는 열사병을 유발할 수 있다. 열사병의 증후로는 심장박동이 빨라짐과 심장의 부정맥이다. 이와 같은 스트레스에 미치는 요인으로 온도, 습도, 에너지 소비량, 신진대사 기능이 포함된다.

인간은 적응에 의해 해열에 대한 내성을 발달시킬 수 있고 그 때문에 열에 의한 스트레스의 영향을 감소시킬 수 있다.

냉기에 대한 노출은 감각기능, 촉감을 제외하고에 영향을 미치지 않는다 할지라도 그것은 근육운동의 공동 작용과 운동신경에 손쉽게 영향을 끼친다. 혈관의 수축과 혈류 속도의 감소로 인해 손의 에너지가 약해진다. 사지의 혈액순환이 느려짐은 운동 근육의 힘과 노력의 지속성을 줄어든다.

(3) 기압에 의한 스트레스

감압에 의한 메스꺼움 현상과 산소 결핍증은 대기의 변화에 따른 반응으로 가장 먼저 고려할 사항은 산소 부족 상태인 산소결핍증을 방지하는 것이다. 혈관 내에서의 질소, 이산화탄소, 기타 기체의 변화 또한 많은 생리적인 작용 조절에 영향을 미친다.

(4) 화학적 스트레스

화학적인 스트레스는 공기로 운반되거나 섭취되는 화학약품 등으로 눈의 염증은 공기로 운반되는 화학약품 영향 중 한 가지이다. 스모그는 눈의 염증의 원인이고 시각적으로 예민함을 받지 않더라도 눈의 피로나 긴장을 유발할 수 있다. 알코올과 같이 섭취된 화학약품도 스트레스 요인으로 작용한다. 알코올은 근육의 조절을 방해하고 시각적인 탐지와 추적 능력을 감소시킨다.

(5) 방사선 스트레스

방사선 스트레스는 인간이 X선, 감마선, 우주의 광자를 포함하는 전자기의 스펙트럼(spectrum) 일부분인 이온화 방사선에 노출되었을 때 발생한다. 어떤 노출이나 감지된 노출이라도 사람이 피로, 무관심, 무기력, 메스꺼움 등의 증상을 동반하는 정신적 스트레스를 받게 한다.

(6) 수면 부족 스트레스

수면 부족은 활동에 많은 지장을 주는 스트레스 요인이다. 수면은 급성적 피로의 증후를 완화시키는 데 필수적이다. 수면부족은 권태, 체력 저하, 초조, 운동신경작용의 문제, 시각 기능의 저하, 환각 상태를 일으킨다.

(7) 육체적 스트레스

육체적 노동의 과중으로 극도의 근육 소모와 다른 신체의 무리를 주는 과격한 근육의 소모는 근육운동의 공동 작용과 체력에 영향을 미친다. 사람이 계속해서 무리한 육체노동을 하면 혈액 중의 산소와 당도가 현저히 떨어지며, 근육 경련과 쇠약은 무리한 노동의 최후 결과이다.

3) 육체적 노동 스트레스

(1) 공포와 위험 스트레스

공포와 위험은 끊임없는 불안 상태에 있게 하기 때문으로 이러한 불안상태의 지속은 정신적, 육체적으로 지치게 한다. 자율신경계의 기능은 단계적으로 높아져서 심장박동과 혈압이 높아지고 호흡은 얕아지고 빨라진다.

(2) 단조로운 스트레스

단조로움은 무 활동성, 지루하거나 업무의 반복 등으로 인해 일어난다. 단조로움은 측정하기 어렵지만, 심리적인 스트레스 요인으로서 잠재력은 명백하다. 단조로움이 주는 정신적 침체는 활동성을 심각하게 저하한다.

(3) 무리한 업무 스트레스

무리한 업무 속도와 업무량의 요구는 육체적인 스트레스 못지않게 심리적인 스트레스를 일으킨다. 이 스트레스는 업무가 지정된 시간 내 성공적으로 끝내야 한다는 걱정과 관련이 있다. 만약 다른 사람의 안전을 기하기 위해 성공적인 업무가 완수가 요구된다면 스트레스는 매우 커진다. 실패와 실직의 위협도 스트레스를 가중한다.

(4) 신체주기 리듬 주기 변화 스트레스

신체 리듬 주기의 혼란은 심리적, 정신적인 스트레스 요인으로 작용한다. 주야의 24시 주기, 생활주기는 먹는 것, 자는 것, 일하는 것, 사회적 활동 등에 대한 규칙의 토대로서 신체 리듬 주기의 조절은 외부적인 온도 변화, 태양의 복사, 주위의 소음도 패턴 조절을 뜻한다. 이런 주기 예를 들어 교대작업의 변화 혼란은 스트레스를 주는 자율신경계의 변화와 신경 내 분비의 변화를 가져온다.

작업 연구

1 작업 연구의 정의

작업 연구는 방법 연구와 시간 연구로 구분한다. 작업 연구는 작업자가 작업 중의 비합리적이고 비경제적이며, 혼란스러운 요소들을 제거하고, 최선의 작업 방법을 모색하여 작업 효율을 높이는 생산기술이다.

작업효율을 높이는 방법으로 최신의 설비를 도입하거나 노동 강도를 높이는 방법도 있다. 그러나 작업 연구는 내부적 방식으로 효율을 높이는 원리이다. 즉, 현존 작업조건 아래에서 투자와 노동 강도를 증가하지 않고도 생산요소의 재조합과 작업 과정의 개선과 조작방법의 개선과 현장 질서의 정돈 등을 수단으로 각종 낭비의 감소와 시간과 자원의 절약 그리고 산출 효율을 높이는 방법이다. 이를 통하여 제품 품질을 안정시키고 종업원들의 사기도 높이고자 하는 것이다. 작업 연구의 체계는 그림과 같다(김용철 외, 2014).

[그림 12-4] 작업 연구의 체계

- 작업 연구
  - 방법 연구(Methods study)
    - 공정 분석(Process analysis)
    - 동작연구(Motion study)
  - 시간 연구(Time study)
    - 표준작업시간(Set time standard)
    - 작업표본 추출(Work sampling)

방법 연구(Method study)는 공정분석과 동작연구로서 공정분석 또는 공정연구(Process analysis)는 원료가 제품으로 변환되어 가는 과정에서 작업물의 흐름을 분석하는 관점과 제품이 이루어지는 과정에서 작업자의 작업방법을 대상으로 연구하는 두 가지 관점의 공정분석이 있다. 동작연구(Motion study)는 작업자가 한 작업 장소에서 실시하는 특정 작업을 가장 잘 경제적으로 실시할 방법을 개발하여 표준화하는 연구이다.

시간 연구(Time study)는 방법 연구의 전제조건이 되는 것이다. 어떤 작업의 시간표준을 설정하기 위하여 그 직무의 작업 방법을 나타내는 일련의 요소 작업에 대하여 시간을 측정하는 연구이다. 따라서 분할된 일련의 요소 작업에 대하여 시간을 측정해야 하는 데, 그 작업의 성격에 따라 측정 방법이 달라진다. 필름에 의한 촬영 방법, 스톱워치에 의한 직접 관찰 방법, 견적법(Predetermined Time Study)에 의한 표준시간 추정, 워크 샘플링(Work sampling)법 등이 있다.

2 방법 연구의 절차

작업자의 행동에서 불필요한 행동 요소를 발견하고 개선하기 위한 공정분석(Process analysis)과 동작연구(Motion study)는 다음과 같다(김용철 외, 2014).

1) 연구목적의 설정

방법 연구의 목적은 생산효율을 높이는 것이지만 아래와 같은 구체적 연구목표를 정하여야 한다.

① 품질의 안정과 새로운 품질목표 추구
② 작업에 필요한 시간 절감과 유연성 향상
③ 생산 중의 원료 절감 등 원가의 절감
④ 작업자의 작업안정성과 작업환경 및 조건에 대한 개선
⑤ 작업자의 조작과 노동으로 인한 피로 개선
⑥ 작업자가 작업에 대한 취미를 높이고 근로의욕 자극 등이다.

2) 연구대상과 방법의 선택

연구대상을 선택할 때에는 아래와 같은 3가지 요소를 고려할 수 있다.

(1) 경제적 요소

연구의 경제적 가치가 높은 작업으로 예로 이윤이 높은 제품이라든지, 생산의 기술적 관건 요소, 품질 저하 혹은 불안정한 요인 등을 고려한다.

(2) 기술적 요소

연구 진행 시 당연히 준비하여야 할 각종 지식 및 방법 그리고 기술 등을 고려하여야 한다.

(3) 인간적 요소

연구를 수행할 수 있는 인적 능력과 연구 후 적용할 가능성과 보급 효과 등을 고려하여야 한다.

3) 현행방법의 기록

현재 사용하고 있는 조작방법과 작업절차를 사실대로 상세하게 기록한다. 공정분석은 가장 알맞은 분석표에 기록하고, 동작연구와 시간 연구는 비디오테이프 혹은 영화 필름으로 기록할 수도 있다.

4) 사실의 분석과 기록

사실을 분석하고 기록하는 이유는 현재 실행하고 있는 방법을 재검토하고 개선하는 데 있다. 방법 연구에서 가정하고 있는 전제는 최선의 방안을 인정하지 않고, 영원히 더욱 좋은 방법이 있다고 믿는 것이다.

방법 연구는 일반적으로 각 공정을 분석하고 관찰할 때에 반드시 6가지 측면에서 문제를 제기하는 것이다. 이것은 바로 '5W1H' 분석법이다. 그중 'Why(왜)' 또는 '어떤 원인으로'가 첫 번째의 질문이다. 일반적으로 한 문제를 해결하자면 적어도 〈표 12-5〉와 같이 연속적으로 5개의 '왜'(Why)를 물어야 문제의 본질에 접근할 수 있다. 이 질문은 자연스럽게 기타 5개의 질문을 제기하게 한다. 그 순서는 아래와 같다. 무엇을(What), 어떻게(How), 누가(Who), 어디서(Where), 언제(When)이다.

〈표 12-5〉 작업 연구의 질문 절차

왜 이 작업은 필수적인가?	What	이 작업의 목적은?
왜 이런 방식으로 진행하는가?	How	어떻게 이 작업을 잘 할 것인가?
왜 이러한 표준을 작성하는가?	Why and Who	누가 합당한가?
왜 이러한 투입이 필요한가?	Where	어디에서 하는 것이 합당한가?
왜 인원들의 소질을 추구하는가?	When	시작시간은 어느 시기가 합당한가?

5) 개선방안의 탐구

이것은 작업 연구의 핵심 부분이다. 이 중에는 새로운 방법의 수립과 평가가 포함된다. 새로운 개선방법은 현존의 작업 방법에서 '취소-합병-새로운 배열-단순화'라는 이 네 가지 기술을 적용하여 개선을 추진한다. 이 네 가지 기술을 작업 연구의 ECRS 기술이라고 한다. 그 구체적 내용은 <표 12-6>에서 볼 수 있다. ECRS을 통해 연구한 작업 방법은 그 장단점을 경제적 가치, 안전 정도, 관리의 편리성 등 여러 측면에서 고려하여야 한다(김용철 외, 2014).

〈표 12-6〉 작업 연구의 ECRS기술

1. Elimination(취소): 어떤 일이든지 어째서 하는가?라는 질문을 하고, 제거할 수 있는지를 묻는다.

① 가능한 모든 작업·절차 혹은 동작(인체·사지·손과 눈의 동작 등)을 포괄한다.
② 불규칙한 작업을 제거한다. 즉, 부품과 공구를 고정 보관하여 습관성 기계 동작을 형성한다.
③ 될 수 있는 대로 손의 사용을 자제하거나 감소시킨다.
④ 불편하고, 자연스럽지 못한 동작을 자제한다.
⑤ 물품 고정과 같은 근육 힘의 사용을 감소시킨다.
⑥ 관성과 동력에 대한 극복을 감소시키고, 위험한 동작을 금지한다.
⑦ 휴식시간 외 작업 중 정지시간을 금지한다.

2. Combination(결합): 작업 중 취소 불가능한 기타 작업의 결합 가능성을 검토한다.

① 다방향으로 동작이 돌변하는 동작을 합병하여 한 방향의 연속 동작으로 형성한다.
② 기계의 운행주기를 고정하여, 작업을 한 주기 내에 완성하게 한다.
③ 공구의 합병, 통제의 합병, 동작의 합병을 실현한다.

3. Rearrangement(새로운 배열): 작업의 순서를 다시 배열한다.

① 두 손의 작업 부합을 균형되게 하고, 동시에 상호 간 대칭의 동작 형식을 취하는 것이 효율적이다.
② 작업을 손부터 눈으로 이전한다.

4. Simplification(단순화): 작업 절차, 동작을 단순화하고 에너지의 절약도 시도한다.

① 최소의 근육을 사용하고, 또 주기적으로 사용한다.
② 눈으로 수색 범위와 초점을 맞추는 횟수를 적게 한다.
③ 작업을 정상구역에서 완성하도록 하고 될 수 있으면 몸을 움직이지 않게 한다.
④ 동작을 작게 한다.
⑤ 손잡이·지렛대·페달·버튼 등 제어기는 조작자의 높이와 특징에 맞추어야 한다.
⑥ 고강도의 근육 힘이 필요 할 때에는 관성을 이용하여 도움을 받는다.
⑦ 될 수 있는 대로 간단한 동작 결합을 사용한다.
⑧ 매 동작의 복잡한 정도를 감소시키고, 특히 한 위치에서의 많은 동작을 줄인다.

6) 새 방안의 적용

작업 연구의 개선안을 적용하는 것은 이상의 연구보다 더욱 힘들 수 있다. 왜냐하면, 방법의 변경은 작업자에게 그동안 익숙해진 습관을 변경시키는 것이므로 처음부터 받아들이기 힘든 것이다. 따라서 처음 연구의 시작 단계에서부터 참여와 홍보 및 실험적 실시를 잘해야 한다. 그러므로 교육도 잘 하여야 하고 조급하게 서둘러서는 안 될 것이다.

제6절 공정분석

1 공정분석의 의의

공정분석(Process analysis)은 제조업 기업에 적용할 때에는 생산 공정분석이라 하고, 서비스 기업에 적용할 때에는 작업공정분석이라 하며, 정보처리업무의 분석에 응용할 때에는 정보처리 분석 혹은 데이터 흐름 분석이라고 한다. 공정분석은 각 공정을 개선하기 위해 각 공정의 활동과 흐름을 체계적으로 연구하는 것이다.

생산관리자는 새로운 공정을 설계할 때라든지 기존의 공정을 다시 설계할 때 공정분석의 기법을 사용하며, 그뿐만 아니라 생산활동을 전반적으로 검토하기 위하여 정기적으로 사용하여야 한다.

공정분석의 첫 단계는 공정을 구성하고 있는 모든 작업을 그 순서에 의하여 조직적으로 분석하고 기록하는 것이다. 이러한 기록에는 일종의 간단하고도 명확한 부호를 사용하여 공정분석도(Process chart)를 작성하는 것이다.

이렇게 그린 공정도 즉, 흐름도에 따라 현행 작업 과정에서 비경제적이고 저 효율적인 절차, 조작 그리고 동작 등을 개선하여 작업 과정을 더욱 합리적이고 또 경제적으로 설계하는 데 목적이 있다. 따라서 공정분석은 전문적인 묘사와 분석의 기술능력이 요구된다(김용철 외, 2014).

2 공정분석의 기호

공정도는 작업장이나 자재에 대하여 사람이나 기계에 의해 수행되는 모든 활동을 조직적으로 기록하는 방법이다. 이들 활동은 가공, 수송, 검사, 저장, 지체의 다섯 가지 범주로 구분된다.

[그림 12-5]는 공정분석의 기호를 보여주고 있다. 가공(Operation)은 조작이라고도 부르는 데, 무엇인가를 변화시켜 가치를 창조하고 부가시키는 생산적인 작업이다. 예를 들면 깎기, 갈기, 닦기, 구멍 뚫기, 붙이기, 조이기 등의 활동이다. 수송(Transportation)은 가공 중인 제품을 한 곳에서 다른 곳으로 운송하는 작업이다. 운송의 대상은 자재 도구 장비의 한 부분일 수 있다. 검사(Inspection)는 무엇인가를 점검하거나 조사하는 것이다. 그러나 가공을 하는 것은 아니다. 저장(Storage)은 자재를 보관하는 것으로 창고에 저장, 사용 후 그대로 둔 장비, 캐비닛 속의 문서보관 등이 여기에 속한다. 지체(Delay)는 가공대상이 무엇인가 추가적인 행동을 기다리며 대기하고 있는 것을 뜻한다. 자재나 장비를 기다리며 소비되는 시간, 청소를 기다리는 시간, 작업자 기계 장비 등의 유휴시간 등이 지체의 예이다.

[그림 12-5] 공정분석 부호 사례

공정분류	기호 명칭	기호	의미
가공	가공	○	원료, 재료, 부품 또는 제품의 형상 및 품질에 변화를 주는 과정
운반	운반	○ or ⇨	원료, 재료, 부품 또는 제품의 위치에 변화를 주는 과정
검사	수량검사	□	원료, 재료, 부품 또는 제품의 양 또는 개수를 측정하여 결과를 기준과 비교하는 과정
	품질검사	◇	원료, 재료, 부품 또는 제품의 품질특성을 시험하고 결과를 기준과 비교하는 과정
정체	저장	▽	원료, 재료, 부품 또는 제품을 계획에 따라 저장하는 과정
	지체	D	원료, 재료, 부품 또는 제품이 계획과는 달리 정체되어 있는 상태

◇ 안에 □	□ 안에 ◇	○ 안에 □	○ 안에 ⇨	✡	▽ 안에 ▽	●	◎
품질검사 주로하며 수량검사	수량검사 주로하며 품질검사	가공을 주로하며 수량검사	가공을 주로하며 운반작업	작업 중의 정체	공정 간에서 정체	정보기록	기록완선

3 공정분석도의 유형

공정분석도는 제품재료공정도(제품구조 분석), 조립공정도(제품 공정분석), 부품 생산공정도(부속품 가공 분석), 작업공정도(작업공정분석), 평면/공간공정도(평면 흐름 분석), 운반도표(운반분석), 사람 기계 결합분석도(사람 기계 결합 분석), 손 조작분석도(두 손 조작분석) 등으로 분류할 수 있다. 아래에서는 주요 도표에 대해 간단히 설명한다(김용철 외, 2014).

1) 조립공정도

조립공정도(Assembly chart)는 제품조립과정에 대한 공정작업의 묘사와 분석이다. 도표를 작성 시에는 가공과 검사의 두 가지 부호만 이용하였다. 수직선은 생산과정의 진도를 표시하고, 수평선은 부속품이 조립단계(공정)에 결합하는 것을 표시한다.

[그림 12-6] 조립공정도 사례

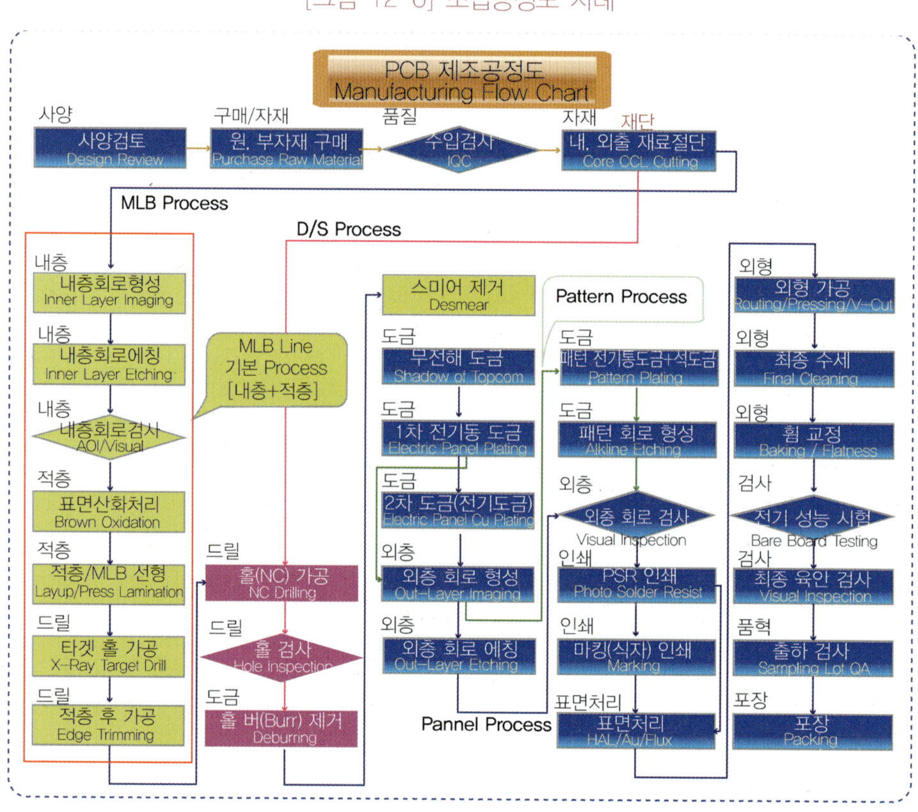

2) 부품 가공 분석도

부품 가공 분석은 모 부속품의 가공공정에 대한 묘사와 분석이다. 이는 부품 가공의 물자 흐름에 대한 묘사를 위주로 하여 원자재의 운반 거리와 가공 대기시간을 기록한 예이다.

[그림 12-7] 공기차단기 본체부품의 가공분석도

운반 거리	소용 시간	조작 기호	설 명	운반 거리	사용 시간	조작 기호	설 명
			주조품반제품재고		1.00		운반대기
11	0.4		구루마로회전숫돌 도착	6	0.14		세척장 도착
	0.11		연마		0.50		세척
	2.55		운반대기	11	0.40		연마기앞 도착
23	0.53		프레이즈반 도착		0.29		연마광택
	3.5		가공대기	40	0.80		도장작업장 도착
	0.034		반제품 프레스 가공		0.012		초보도장
	0.5		운반대기		1.50		건조대기
5	0.25		천공기에 도착		0.016		퍼티
	0.3		천공	5	0.05		도가니 도착
	0.25		프레이즈반 도착		1.00		불에 말리다
	0.22		하면프레이즈 가공	10	0.025		도장 도착
	0.10		프레이즈조정 대기		0.20		도장
	1.87		오목한손자비프레이즈가공	3	0.04		도가니 도착
	0.35		운반대기		2.0		불에 말리다
9	0.40		선반 도착		0.20		검사
	0.21		선반가공, 천공		1.00		운반대기
12	0.12		천공기 도착	6	0.43		부속품창고 도착
	0.12		천공 나사산 가공				부속품창고 저장

3) 사람 기계 결합분석도

사람과 기계 간의 분석은 조작자와 기계 간에 상호 역할을 표현한 것이다. 기계의 작업 주기와 사람의 작업 주기를 시간상의 결합관계로 도표로 표현할 수 있다. ECRS 분석을 통해 비효율적 작업을 감소시키고 자원의 이용률을 높인다. 이러한 분석은 다기계 관리에 대해서도 효과적이다. [그림 12-8(a)와 [12-8(b)]는 한 작업을 개선하기 전후의 사람 기계 결합분석도이다.

[그림 12-8(a)] 주조품 정밀 프레스 가공 분석도/개선 전

업무부서 : 기계공장
업무명칭 : 주조품 정밀 프레이즈 가공
기계명칭 : 4#일식 프레이즈

연구자 : 년 월 일
심사자 : 년 월 일

통계표							
항목별		현행 방법	개선후 방법	전략	이용율(%) 현행 방법	이용율(%) 개선후 방법	이익
사람	주시간	2.0			60%		
	작업	1.2					
	대기	0.8					
기	주시간	2.0			40%		
	작업	0.8					
	대기	1.2					

[그림 12-8(b)] 주조품 정밀 프레스 가공 분석도/개선 후

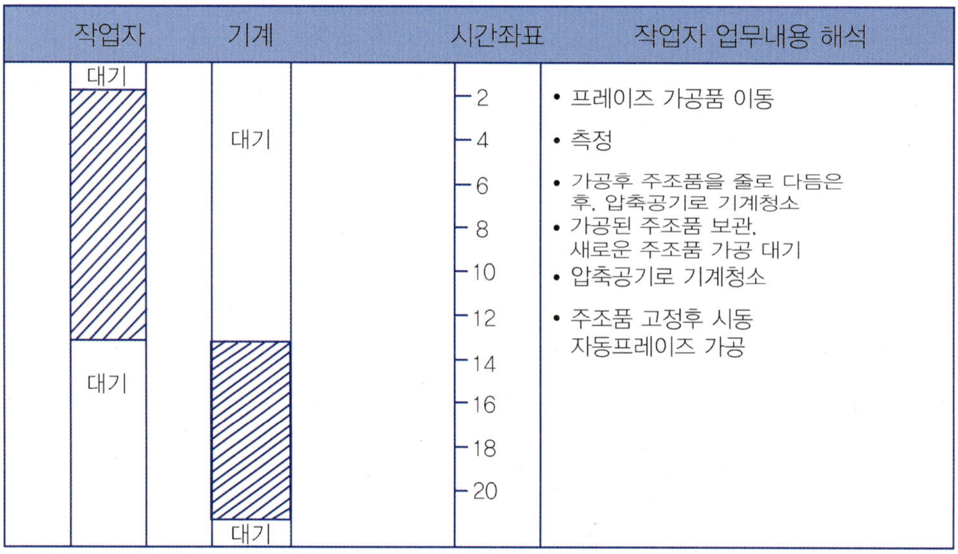

작업자	기계	시간좌표	작업자 업무내용 해석
대기	대기	2	• 프레이즈 가공품 이동
		4	• 측정
		6	• 가공후 주조품을 줄로 다듬은 후, 압축공기로 기계청소
		8	• 가공된 주조품 보관, 새로운 주조품 가공 대기
		10	• 압축공기로 기계청소
		12	• 주조품 고정후 시동 자동프레이즈 가공
대기		14	
		16	
		18	
	대기	20	

동작연구

1 동작연구의 의의

동작연구(Motion study)의 목적은 작업을 수행하는 인간의 동작을 체계적으로 연구하여 불필요한 동작을 제거하고 가장 능률이 높은 최선의 동작 순서를 연구하는 데 목적이 있다. 동작연구는 길브레스 부부(Frank B. and Lillian M. Gilbreth)에 의하여 체계적으로 개발되었다.

동작연구는 작업 자세, 작업방법, 공구의 배열 등을 통해 작업의 고효율과 적은 힘 이용을 모색하는 것이다. 일부 작업자나 경영자들은 인간의 작은 동작에 대해 '연구할 가치가 있는가?'라고 무시하는 경향이 있다. 그러나 대규모 공장에서 하나의 잘못된 동작이 반복적으로 나타난다면, 생산효율에 영향을 줄 뿐만 아니라 작업자의 피로나 능률에 큰 영향을 미친다. 이러한 의미에서 볼 때 동작연구는 인간 노동의 가치를 새롭게 창조하는 연구인 것이다(김용철 외, 2014).

2 동작 요소의 구분

동작연구는 사람이 작업할 때 미세한 동작의 기록, 묘사, 분석 및 개선 등에 대해 집중한다. 이러한 연구는 사진 촬영이나 비디오테이프를 수단으로 연구할 수 있다. 작업자가 수행하는 동작을 눈으로 관찰하여 분석한다는 것은 많은 한계가 있으므로 정상적으로 사진을 촬영하고, 이를 다시 천천히 여러 각도에서 관찰함으로써 새로운 방법을 연구해 낼 수 있다.

길브레스는 인간의 어떠한 동작이든지 〈표 12-7〉에서 보는 것처럼 모두 18개 동작 요소로 구성된 것을 발견하고 이를 서브릭기호(Therbligs)로 만들었다.

〈표 12-7〉 서브릭 기호

구분	번호	명 칭	기호	색상	설 명
한 정점에서의 서브릭	1	쥔다 (Grasp)	G	아주 짙은 다홍색	손을 물건에 접촉하여 잡는다.
	2	위치잡기 (Position)	P	청색	손으로 물건을 잡아 작업할 수 있는 각도에 맞춘다.
	3	위치준비 (Pre-position)	PP	엷은 청색	작업물, 공구를 작업위치의 방향으로 자세를 틀어준다.
	4	사용 (Use)	U	자주색	손으로 공구 등을 사용한다.
	5	조립 (Assembly)	A	짙은 보라색	손이 부품 등을 상호 결합하게 한다.
	6	분해 (Disassembly)	DA	연보랏빛	물건을 여러 개의 부품으로 나누어 분리한다.
	7	놓기 (Release)	RL	붉은색	쥐고 있던 물건을 놓는다.
이동 서브릭	8	빈손이동 (Transport empty)	TE	황색 선	빈손을 물건이 있는 곳으로 이동하여 물건에 접촉하거나 정지한다.
	9	운반 (Transport-loaded)	TL	녹색 선	물건을 갖고 어떤 지점으로 이동한다.
주저 서브릭	10	찾는다 (Search)	SH	검은색	눈으로 특정 물건을 찾는다.
	11	발견 (Find)	F	검은색	찾는 동작의 끝부분이다.
	12	선택 (Select)	ST	회색	손이 하나의 물건을 선정한다.
지체 서브릭	13	쥐고 있다 (Hold)	H	짙은 붉은색	목적물을 고정된 상태에서 잡고 있다.
	14	피할 수 없는 지체 (Unavoidable delay)	UD	자줏빛 황색	작업자가 통제할 수 없는 신체의 지연과 관련된 동작이다.
	15	피할 수 있는 지체 (Avoidable delay)	AD	엷은 황색	작업자 때문에 발생하는 신체의 지연과 관련된 동작이다.
	16	휴식 (Rest)	R	황토색	피로를 덜기 위한 휴식 동작이다.
사고 서브릭	17	계획 (Plan)	PN	갈색	다음 행동에 관한 결정을 위한 동작.
	18	검사 (Inspect)	I	엷은 황색	물건의 크기 색상 형태를 검사하는 동작.

이러한 18종류의 동작 요소는 그 특성에 따라 5가지로 분류하였다. 정점에서의 서브릭, 이동 서브릭, 주저 서브릭, 지체 서브릭, 사고 서브릭이다. 일반적으로 정

점에서의 동작과 이동에서의 두 가지 동작 요소가 있으므로 작업이 진행될 수 있다. 따라서 이 두 가지를 유효 동작 요소라고 한다. 그리고 주저와 사고와 지체 요소에 포함된 동작 요소는 작업 진행을 할 수 없기에 무효 동작 요소라고 한다. 따라서 동작 요소를 분석을 할 때는 될 수 있는 대로 유효 동작 요소를 단축하고 무효 동작 요소를 없애야 한다.

3 동작경제의 원칙

길 브레이스는 동작연구를 통해 고 효율적이고 또 피곤을 감소하기 위한 동작 원칙을 만들었다. 이후 3대 영역에 걸쳐 동작경제의 원칙을 형성하였다.

경제적인 동작 원칙 표는 다음과 같다.

1) 인체 사용의 원칙

① 양손은 동시에 동작을 시작하여 동시에 끝내야 한다.
② 양손은 휴식 기간 외에는 동시에 쉬어서는 안 된다.
③ 두 팔은 서로 반대의 대칭적인 작업으로 동시에 움직여야 한다.
④ 손과 몸의 동작은 일을 만족스럽게 수행하는 데 필요한 최소한도로 한정하여야 한다.
⑤ 일에 도움이 될 때는 될 수 있는 대로 관성(Momentum)을 이용하지만, 작업자의 힘으로 관성을 극복하는 일은 최소한으로 줄여야 한다.
⑥ 손의 동작에 있어서는 급격하고 날카로운 방향 전환을 수반하는 직선적인 동작보다는 부드럽고 연속적이며 곡선적인 동작이 바람직하다.
⑦ 구속적(Restricted)이거나 통제된(Controlled) 동작보다는 탄도적 동작(Ballistic Movements)이 더 빠르고 쉽고 정확하다.
⑧ 될 수 있는 대로 쉽고 자연스러운 리듬을 타고 일할 수 있도록 작업을 꾸민다.
⑨ 작업자의 시선의 이동 횟수와 이동 범위가 될 수 있는 대로 적도록 한다.

2) 작업구역 배치에 관한 원칙

① 공구와 재료는 고정위치에 배치하여야 한다.

② 공구와 재료는 근처에 두고, 작업순서로 배열하여야 한다.
③ 작업대 높이는 조작자와 상당하여야 한다.
④ 작업대에는 적당한 조명이 있어야 한다.
⑤ 재료의 공급과 운반은 중력을 이용하는 것이 좋다.

3) 공구와 설비의 설계 원칙

① 손 이외로 할 때 인체의 기타 부위를 사용하여 조작하는 방식을 취한다.
② 될 수 있으면 두 개 이상의 공구를 조합하는 것이 좋다.
③ 재료와 공구는 예정된 곳에 놓고 될 수 있으면 움직이지 않는 것이 좋다.
④ 기자재와 공구 손잡이 부분에서 이용되는 기능을 충분히 이용한다.
⑤ 기계조작 부속품의 위치는 조작자의 자세를 적게 변동하여야 한다.

작업 측정

1 작업 측정의 의의

작업 측정(Work measurement)은 한 업무를 수행하는데 걸리는 적정한 시간을 정하기 위한 과정이다. 작업 측정은 생산용량 계획, 노동력 계획, 인건비 추산, 일정계획(Scheduling), 예산 수립 그리고 인센티브제도 설계에 필요한 중요 정보가 되며, 이와 같은 정보 수집을 위하여 표준시간을 설정한다. 표준시간(Standard time)은 일정한 자격을 갖춘 작업자가 어떤 업무를 적절한 작업장에서 정해진 방법과 도구 및 장비, 원자재를 사용하여 일정한 속도로 일할 때 걸리는 시간이다. 어떤 업무의 표준시간을 정할 때는 반드시 그 업무의 요인들을 완전하게 기술해야 하는데 그 이유는 실제 업무 소요시간은 이들 모든 요인의 영향을 받기 때문이며, 이들 각 요인의 변화는 실제 업무 소요시간에 영향을 미친다.

표준시간은 부과된 작업을 올바르게 수행하는 데 필요한 숙련도를 지닌 작업자가 주어진 작업조건 아래에서 보통의 작업 페이스(Pace)로 작업하고 정상적인 피로와 지연을 수반하면서 규정된 질과 양의 작업을 규정된 방법에 따라 완수하는 데 필요한 시간이다. 이는 작업 1 단위를 정상적인 속도로 수행하는데 걸리는 시간을 의미한다.

대표적인 작업 측정 방법으로 시간 연구법(Time study), 표준 요소 시간법(Standard elemental times), 기정 시간법(Predetermined data), 워크 샘플링(Work sampling) 등이 있다.

2 시간 연구법

1) 스톱워치 시간 연구법(Stopwatch time study)

스톱워치 시간 연구법(Stopwatch time study)은 19세기 말 Frederick Winslow Taylor

가 공식적으로 도입하였다. 이 방법은 어떤 업무를 한 작업자가 여러 번 수행하는 것을 관찰하여 표준시간을 정하는 절차이다.

(1) 측정절차

① 연구대상 업무를 설정하고 그것을 수행할 작업자에게 알림
② 관찰 횟수를 결정
③ 시간을 측정하고 그 작업자의 성과를 평가
④ 표준시간을 계산

(2) 주의사항

선정된 작업자가 작업 시간을 늘리려고 불필요한 동작을 하는 경우가 많으므로 연구를 수행하는 분석 담당자는 대상 업무를 철저히 알고 있어야 하며, 표준시간을 정하기 이전에 그 업무가 효율적으로 수행되는지 확인할 필요가 있다.

(3) 측정방법

작업자의 뒤편 1.5M~2M 비켜서서 관측한다.

작업 과정을 작업 진행 순서에 따라 잘게 나누어 작은 동작 단위별로 분할 측정한다.

(4) 표준 시간 설정

시간 표준을 수립하기 위해서는 세 가지 시간 즉, 관측시간(Observed time, OT), 정상시간(Normal time, NT), 표준시간(Standard time, ST)을 계산한다.

① 관측시간(Observed Time): 관측한 시간의 평균

$$OT = \frac{\Sigma \chi i}{n}$$

OT : 관측시간
$\Sigma \chi i$ = 관측한 기간의 합
n = 관측횟수

② 정상시간(Normal time)

관측시간을 작업자의 성과를 고려하여 조정한 시간으로 관측시간에 작업자의 성과 평정(Performance rating)을 곱하여 계산한다.

$$NT = OT \times PR$$

$$NT = \sum(\overline{Xj} \times PRj)$$

NT=정상시간
PR=성과 평정
$\overline{Xj}$ =요소 동작 j의 평균시간
PRj=요소 동작 j의 성과 평정

③ 표준시간(Standard Time)

정상 시간에 지연(Delay)을 고려한 여유 요인(Allowance factor)을 곱하여 계산한다.

$$ST = NT \times AF$$

ST=표준시간
AF=여유 인자

2) 표준 요소 시간(Standard Elemental Times)

표준 요소 시간(Standard Elemental Times)은 회사가 자체적으로 시간 연구를 하여 측정한 시간 표준이다.

(1) 절차

① 업무를 분석하여 표준 요소들을 파악
② 파악한 요소가 기존의 시간 연구 데이터베이스에 있는지 검토하고, 자료가 있으면 그 표준 시간을 사용한다. 그렇지 않은 요소는 필요하면 시간 연구를 사용하여 표준시간을 구한다.
③ 필요하면 표준 요소 시간 자료를 갱신
④ 요소 작업 시간을 합하여 정상 시간을 구하고 여유시간을 반영하여 표준시간을 계산한다.

(2) 이점(Advantage)

① 각 업무에 대하여 완전히 새롭게 시간 연구를 하지 않아도 되므로 시간과 비용을 절약할 수 있다.
② 업무의 중단이나 방해가 적다.
③ 성과 평정을 할 필요가 없음: 일반적으로 자료에 있는 시간의 평균은 취한다.

(3) 단점(Disadvantage)

① 데이터베이스에 충분히 많은 작업 요소가 포함되어 있지 않으면 별 쓸모가 없을 수 있다.

② 기존의 자료에 오류가 있거나 정확하지 않을 수 있다.

3) 기정 시간법(Predetermined Time Standards)

기정 시간법(Predetermined Time Standards)은 이미 작성된 작업 요소들의 표준시간 자료를 사용방법으로 1940년대 말 Method Engineering Council이 개발한 방법 시간 측정(Methods-Time Measurement : MTM)을 주로 사용하였다.

(1) 특징

① 작업을 세밀하게 분해해 보면 보편적인 몇 가지 기본 동작으로 결합하여 구성되어 있다.

② 기본 동작은 어떤 작업 조건으로 모든 사람이 같은 시간에 행한다고 생각하는 방식이다.

③ 기준이 되는 시간치를 설정하여 작업의 내용을 기본 동작과 작업조건으로 분해한다.

④ 각각의 기준이 되는 시간 치에서 그 작업의 작업시간을 구한다.

(2) 장점

① 적절한 작업환경에서 많은 작업자의 작업 수행을 관찰하여 작성한 시간을 사용한다.

② 표준시간을 개발하는 과정에서 분석가가 성과 평정을 할 필요가 없다.

③ 실제 작업을 중단할 필요가 없다.

④ 작업을 전혀 해보기도 전에 그 작업의 시간 표준을 수립할 수 있다.

4) 워크 샘플링(Work sampling)

워크 샘플링(Work sampling)은 인간과 기계의 여러 가지 활동의 시간과 유휴시간을 산정하는 기법이다.

(1) 특징

① 스톱워치 시간 연구법과는 달리 워크 샘플링은 활동의 시간을 측정하지 않

으며 활동 전 과정을 계속 지켜볼 필요도 없다

② 관찰자가 작업자와 기계를 무작위적인 시간 간격으로 관찰하고 그 순간에 수행 중인 활동의 종류를 기록한다.

③ 지연 비율(Ratio-delay, 작업자가 어쩔 수 없이 지연되는 시간의 비율이나 기계의 유휴 시간 비율)을 분석하고, 비반복적인 직무의 분석을 위해 주로 사용한다.

④ 워크 샘플링을 통하여 구한 활동의 시간 비율 추정치에는 어느 정도의 오차는 피할 수 없으므로 이런 추정치는 그 활동에 실제 투입되는 시간의 비율의 근사치이다.

(2) 워크 샘플링 목표

특정 신뢰 수준에서 일정한 오차의 한계를 벗어나지 않는 추정치를 구하는 것이다.

(3) 워크 샘플링 절차

① 조사 대상 작업자나 기계를 분명히 선정한다.

② 작업자나 감독자에게 조사의 목적을 분명하게 설명하여 의혹을 사지 않도록 한다.

③ 분석 담당자의 경험이나 과거 자료를 사용하여 당장 사용할 비율 추정치 $\hat{p}f$를 구하든지 그렇지 않으면 $\hat{p}=0.50$을 사용하여 표본 크기를 일단 계산한다.

④ 무작위 관찰 계획을 수립한다.

⑤ 관찰을 시작하고 도중에 두어 차례 표본의 크기를 수정한다.

⑥ 관찰하려는 특정 활동의 시간 비율을 추정한다.

표준시간 공식

$$f(x) = \sum_{i=1}^{n}(ti \times ri) \times a$$

$f(x)$=표준시간
n=작업 개수
$ti = i$번째 작업시간
$ri = i$번째 작업의 레이팅
a =여유율

학습 목표 요약

1. 작업환경이란 무엇인가?

작업환경관리는 유해인자에 근로자들이 노출되지 않도록 하는 것으로 작업환경 관리 방안으로 건강 유해인자를 예측하고, 인지하고 평가한 후 관리하며, 작업환경관리의 목표는 작업환경을 쾌적하게 유지하여 근로자의 건강장해 예방 및 증진에 있다.

2. 분진이란 무엇인가?

분진 및 입자상 물질은 물질의 파쇄, 선별, 퇴적, 이적 기타 기계적 처리 시 발생하거나 연소, 합성, 분해 시에 발생하는 고체상 또는 액체상의 미세한 물질을 말한다.

3. 작업환경 시스템이란 무엇인가?

사람이 기계설비 혹은 각종 공구를 이용하여 작업할 때에 작업장 주변의 물리적 환경요소를 말한다. 작업환경은 기온, 공기 유동, 조명과 색상, 채색, 소음진동, 냄새, 촉각 등의 연구분야가 있다.

4. 인간공학이란 무엇인가?

인간과 인간이 사용하는 물건과 상호작용을 이루게 하는 것으로 인간을 위한 공학(Design for human)을 의미한다. 인간의 행동, 능력, 특성 등에 관한 정보를 발견하고 이를 도구, 기계, 시스템, 직무, 환경을 설계에 응용함으로써 인간의 생산적이고 안전하며 쾌적한 환경에서 작업하고 물건을 효과적으로 이용할 수 있도록 연구하는 분야이다.

5. 스트레스 요인 측정방법으로 어떤 것이 있는가?

피로 : 근육 통증, 쑤심, 졸림, 정신적 혼돈, 근육 긴장, 만성적 권태감

생리적인 스트레스 : 진동과 소음 스트레스, 온도에 의한 스트레스, 기압에 의한 스트레스, 화학적 스트레스, 방사선 스트레스, 수면 부족 스트레스, 육체적 스트레스

육체적 노동 스트레스 : 공포와 위험 스트레스, 단조로운 스트레스, 무리한 업무 스트레스, 신체 주기, 리듬 주기 변화 스트레스

6. 작업 연구란 무엇인가?

작업자가 작업 중의 비합리적이고 비경제적이며, 혼란스러운 요소들을 제거하고, 최선의 작업 방법을 모색하여 작업 효율을 높이는 생산기술이다.

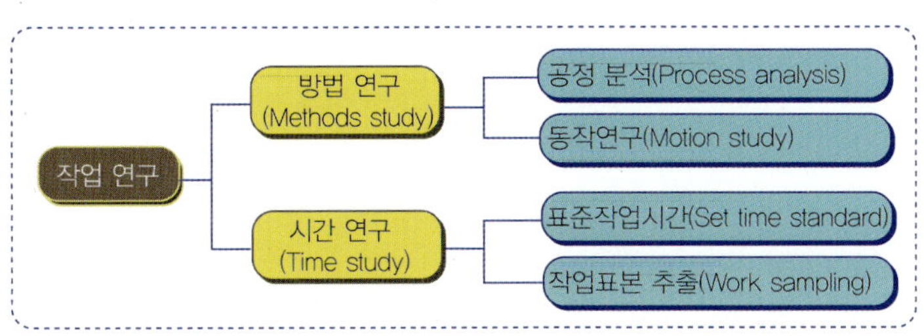

7. 공정분석이란 무엇인가?

제조업 기업에 적용할 때에는 생산 공정분석이라 하고, 서비스 기업에 적용할 때에는 작업공정분석이라 하며, 정보처리업무의 분석에 응용할 때에는 정보처리 분석 혹은 데이터 흐름 분석이라고 한다. 공정분석은 각 공정을 개선하기 위해 각 공정의 활동과 흐름을 체계적으로 연구하는 것이다.

8. 동작연구란 무엇인가?

인간의 동작을 체계적으로 연구하여 불필요한 동작을 제거하고 가장 능률이 높은 최선의 동작 순서를 연구하는 데 목적이 있다.

9. 작업 측정이란 무엇인가?

한 업무를 수행하는데 걸리는 적정한 시간을 정하기 위한 과정이다. 작업 측정은 생산용량 계획, 노동력 계획, 인건비 추산, 일정계획(scheduling), 예산 수립 그리고 인센티브제도 설계에 필요한 중요 정보가 되며, 이와 같은 정보 수집을 위하여 표준시간을 설정한다.

용어해설

▶ **국부 독성(Local toxicity)?**

피부접촉 시 발진과 같은 증상이 독성물질 노출 부위에 한정되는 경우

▶ **가역적 독성(Reversible toxic effect)?**

세포 또는 장기에 손상을 주고 일정 시간 경과 후 회복되는 것

▶ **상가작용(Additive effect)?**

혼합 유기용제에 노출되는 경우 중추신경계에 독성이 심해지는 경우

▶ **유효 온도(Effective temperature)?**

일반적으로 쾌적한 환경조건을 판정하는 데 가장 중요한 조건으로 실내에서 느끼는 쾌감의 척도

▶ **로그 압축 효과?**

냄새를 느끼는 강도의 정도는 공기 중에 존재하는 냄새 분자 정도에 단순 비례하는 것은 아니다. 경험적으로 냄새의 강도를 절반으로 하기 위해서는 냄새 분자의 양, 즉 농도를 3/100 정도로 해야 한다.

▶ **재질감(Texture)?**

표면의 거침이나 매끈함, 단단함이나 유연함, 무거운 것과 가벼운 것, 따뜻한 것과 차가운 것이라는 온열 감각으로 재질감이 다르면 같은 색이라도 달라 보인다.

▶ **조립공정도(Assembly chart)?**

제품조립과정에 대한 공정작업의 묘사와 분석이다. 도표를 작성 시에는 가공과 검사의 두 가지 부호만 이용하였다.

▶ **대표적인 작업 측정 방법?**

시간 연구법(Time study), 표준 요소 시간법(Standard elemental times), 기정 시간법(Predetermined data), 워크 샘플링(Work sampling) 등

제13장 품질경영

학습 목표

1. 품질관리의 목표는 무엇인가?
2. TQM단계별 시행전략은 무엇인가?
3. 계량형과 계수형 데이터 정리 방법은 무엇인가?
4. 관리도란 무엇을 의미하는가?
5. 샘플링 검사 방법에는 어떤 것들이 있는가?

제1절 품질경영의 이해

1 품질관리의 정의

품질관리란 넓은 의미로는 시장성이 높은 제품 및 서비스를 경제적으로 생산하기 위한 일련의 체계적 관리를 의미한다. 그러나 일반적으로 품질관리는 좁은 뜻의 해석이 통용된다.

초기의 품질관리(QC : Quality control)는 제품 및 서비스의 규격, 중량 등과 재료의 화학적 성분 등을 측정하고, 그것을 미리 정해 놓은 품질표준과 비교하여 합격 여부를 판정하는 방법이 취해졌다. 이 경우 그 측정은 과학성이 낮으며 또 전수검사이기 때문에 비용에서도 부담이 컸다. 이 같은 결점을 극복하고자 1920년대에 벨 전화연구소의 W.A.슈하트 등이 통계학을 품질관리(QC)에 응용하였다. 이로써 근대적 QC로서 통계적 품질관리의 성립을 보게 되었는데, 이것이 SQC(Statistical quality control)이다. 현재의 품질관리는 품질 수준의 유지 · 향상을 도모하는 SQC만으로는 불충분하므로, 넓은 뜻의 개념으로서 앞에 밝힌 바와 같은 활동까지도 QC 속에 포함해야 한다는 주장이 있어, 그 경우를 SQC에 비교해 종합적 품질관리 또는 TQC(Total quality control)라고 한다. QC는 품질표준의 설정, 품질의 검사 및 보정으로 구성된다.

2 품질비용

1) 품질비용의 정의

품질비용(Quality cost) 개념은 1951년에 출간된 「품질관리 핸드북」(Quality Control Handbook)에서 주란(J.M. Juran)이 회피 가능 품질 코스트를 '금광에 묻힌 황금(Gold in the mine)'으로 묘사한 데서 비롯된다.

전통적인 품질관리에서 추구하던 불량률, 결점 수 등의 물량적 평가척도로는 경제적 품질관리를 이루는 데 한계가 있다. 품질을 화폐 척도로 나타내고 이에 따라 품질개선활동을 측정·평가하고 관리하는 능력을 갖춘 객관적인 평가척도는 품질경영에서 필수적 요소이다. 품질의 경제성 향상과 품질경영에서 전제되어야 하는 것은 경제성 평가이며, 이에 긴요한 평가척도는 품질 코스트라 할 수 있다.

품질 코스트란 물품이나 서비스의 품질과 관련해서 발생하는 비용(Cost)으로 기회비용[7]을 포괄한 개념이다. 즉, 품질 코스트에는 품질을 이룩하고 이를 관리하는데 소요되는 일치 비용과 품질불량 즉, 품질이 일정(시방·요구·고객만족 등) 수준에 미달하여 발생하는 손실, 즉, 불일치 비용이 포함된다.

품질 코스트는 품질이나 품질문제의 중요도를 화폐가치로 나타내고 불합리한 품질개선 활동을 객관적으로 나타낼 수 있어 품질경영의 목적을 구체적으로 제시하고 품질개선활동을 객관적(화폐가치)으로 측정·평가할 수 있다. 또한, 품질을 품질 코스트로 제시함으로써 최고경영층이나 구성원들의 품질에 관한 관심을 불러일으키고, 불량을 손실이나 비용의 값으로 나타냄으로써 품질개선활동의 성과를 정확히 평가하고, 조치를 시급히 취해야 할 품질활동의 우선순위와 중점을 명확히 규명할 수 있다. 품질비용의 주요 기능을 이용주체별로 열거하면 다음과 같다.

① 경영자가 품질경영이나 품질문제의 중요성을 이해시키려고 독려하는 데 필요한 정보와 지표를 제공하여 경영자원의 효과적 배분을 도모한다.
② 현장 경영자나 관리자가 품질 코스트의 절감 목표를 설정하고 이들 계획을 수립하는데 필요한 정보와 지표를 제시한다.
③ 품질 문제가 어디에 있는지? 어느 정도 심각한지를 제시하여 현장관리자가 효과적인 해결방안을 모색하도록 한다.
④ 경영자가 현장의 관리자나 구성원들이 야심적인 목표를 설정하도록 동기를 부여하고 아울러 목표를 달성하도록 한다.

2) 품질비용의 종류

품질비용을 분석하기 위해서는 기본적으로 세 가지의 관점에 따라서 분석하여야 한다.

---

7) 기회비용 : 어떤 재화의 여러 가지 종류의 용도 중 어느 한가지만을 선택한 경우, 나머지 포기한 용도에서 얻을 수 있는 이익의 평가액(評價額).

첫째, 불량품이 왜 발생하는지 그 원인을 분석해 보아야 한다.

둘째, 어떻게 하면 불량품의 발생을 보다 경제적으로 예방할 수 있는지에 대하여 분석을 하여야 한다.

셋째, 성과에 대한 측정방법이다.

품질비용은 크게 품질 통제 비용과 품질 실패비용으로 구분한다. 그러나 품질비용에 속하는 자세한 항목은 산업에 따라 다르다. 따라서 호텔에서의 품질비용이 자동차 공장에서의 품질비용과 같을 수는 없다.

3) 품질 통제 비용

품질 통제 비용은 생산 흐름에서 불량품을 제거하는 활동과 관련된 비용으로써, 경영자가 스스로 통제할 수 있는 비용이다. 품질 통제 비용은 품질 보증비용이라고도 한다. 품질 통제 비용은 다시 예방비용과 평가비용으로 구분된다.

(1) 예방비용

예방비용(Prevention cost)은 P-cost라고도 하며, 기업이 고객에게 제공하는 제품과 서비스에서 불량품이 발생하지 않도록 예방하는 일체의 비용을 말한다. 예방비용은 불량의 원인을 분석하고, 그 원인을 제거하기 위한 필요한 비용으로써, 제품을 실제로 생산하기 이전에 발생하는 비용이다. 그래서 일반적으로 예방비용은 제품 설계단계나 공정개발단계에서 발생한다. 불량품을 방지하기 위해서는 처음부터 품질이 좋은 제품과 서비스를 만들어야 한다. 그래야만 비용도 감소하고 불량률도 감소한다.

예방비용은 점차로 그 중요성이 증가하고 있다. 이것은 일본이 경쟁력 강화에 그 영향이 있다. 일본 제품이 높은 품질 수준을 유지하는 데에는 여러 가지 이유가 있지만, 그중 한 가지는 바로 일본 기업의 예방비용에 대한 강렬한 관심이다. 또 불량품을 사전에 방지하는 것이 품질비용을 가장 적게 하는 제일 나은 방법이라고 일본 기업은 굳게 믿고 있다. 그래서 지속해서 불량의 원인을 파악하고, 제거하여 불량의 원인을 사전에 방지한다.

〈표 13-1〉 예방비용

1. 기업의 제품과 서비스에 대한 고객과 사용자의 욕구 조사 1) 고객과 사용자의 욕구에 대한 마케팅 조사 2) 경쟁자와 비교하여 고객과 사용자에 대한 의식 조사 3) 고객과 사용자의 계약서와 문서 검토
2. 제품과 서비스의 설계와 개발 1) 실제로 생산이 이루어지기 이전의 설계 비용 2) 품질에 관련된 설계지원 활동 3) 시제품에 대한 타당성 테스트 4) 새로운 서비스에 대한 타당성 테스트 5) 시제품에 대한 실제 현장 테스트
3. 구매 예방비용 1) 공급업자 조사 2) 공급업자 평가 3) 주문서에 있는 기술적인 자료에 대한 검토 4) 공급업자의 제품에 대한 품질계획
4. 운영(생산 또는 서비스) 예방비용 1) 확실하게 규격에 맞는 제품을 생산할 수 있도록 하기 위한 비용 2) 운영 품질계획 : 품질 측정과 통제기구의 설계와 개발 3) 운영보조 품질계획 4) 작업자들에 대한 품질교육 5) 품질 프로그램을 집행하기 위한 교육비
5. 품질관리 1) 품질관리 직원들에 대한 급여 2) 집행비용 3) 품질매뉴얼 작성과 보관, 품질 기록, 예산, 품질전략 4) 품질성과 보고 5) 품질교육 6) 품질개선 7) 품질 시스템 감사
6. 기타 품질비용

(2) 평가비용

기업은 생산한 제품이 불량인지 아닌지를 조사해야 하며, 또 발생한 불량품을 제거하여야 한다. 이러한 행위에 관련된 모든 비용이 평가비용이다.

즉, 평가비용(Appraisal cost)은 제품의 품질특성이 미리 정한 기술적인 품질규격에 적합한지를 측정 및 평가하는 비용으로 일명 A-cost라 부른다. 그래서 원자재, 부품, 완제품의 품질특성이 표준규격에 적합한지를 검사하며, 표준규격에 적합한 제품을 공정에서 생산할 수 있는지를 측정하고, 검사하고, 분석하는데 소요되는 모든 비용이 평가비용이다. 그리고 평가비용은 소비자에게 제품을 판매하기 이전에 발생하는 비용이다. 미국 품질학회의 품질비용위원회에서는 평가비용에 속하는 비용을 〈표 13-2〉와 같이 열거하였다.

〈표 13-2〉 평가비용

1. 구매업자 평가비용 1) 외부에서 구매하는 부품과 원자재에 대한 검사와 테스트 2) 검사 측정기구 3) 공급업자의 제품에 대한 인증 4) 구매업자의 공장에서 실시하는 검사비용
2. 운영(생산 또는 서비스)에 대한 평가비용 1) 계획하는 검사, 테스트, 검사비용 ① 검사자가 아닌 작업자의 검사비용 ② 검사자의 작업비용 ③ 검사와 테스트를 할 때 사용되고 파괴되는 자재 2) 기계 작동 준비 검사와 처음 생산되는 제품에 대한 테스트 3) 특수 테스트(제조) 4) 공정 통제 측정 5) 실험실 비용 6) 검사 측정기기와 테스트 측정기구 ① 감가상각비 ② 자산 처리되지 않는 모든 측정기구 비용 ③ 보전과 측정에 사용되는 인건비 7) 외부에 검사를 의뢰하였을 때의 비용
3. 외부 평가비용 1) 고객에게 실시하는 제품에 대한 검사, 테스트, 감사활동 2) 수명, 환경과 신뢰성 테스트 3) 엔지니어링 변경과 장기간의 보관으로 인한 재고 조사
4. 테스트와 검사 자료에 대한 평가
5. 다양한 품질 평가

4) 품질 실패비용

품질 실패비용(Failure cost)은 일명 F-cost라고도 하며, 제품의 품질이 표준규격에 미달하여 발생하는 비용이다. 품질 실패비용은 공정 중 또는 제품이 고객에게 판매된 후에 발생하며, 대부분의 제조업체에서 품질비용 중 가장 많은 비중을 차지하고 있다. 대개는 실패비용이 품질 총비용의 70% 이상을 차지하고 있다. 그러나 실패비용이 관심을 많이 받지 못하고 있는 이유는 실패비용을 측정하기가 쉽지 않기 때문이다.

제품 불량의 이면에는 반드시 원인이 있다. 그러므로 실패비용을 측정하는 이유는 실패를 일으킨 원인을 파악하고, 그 원인을 제거하여 품질을 향상하려고 하는 것이다. 실패비용은 다시 내부 실패비용과 외부 실패비용으로 구분된다.

(1) 내부 실패비용

내부 실패비용(Internal failure cost)은 기업 내에서 발생하는 실패비용을 말한다. 즉, 내부 실패비용은 불량품이 고객에게 전달되기 이전에 기업 내에서 발생하는 비용이다.

〈표 13-3〉 내부 실패비용

1. 제품 또는 서비스 설계에 대한 실패비용 1) 설계 수정 비용 2) 잘못된 설계 때문에 발생하는 재가공 3) 설계변경 때문에 발생하는 폐품 4) 잘못된 설계 때문에 발생하는 계획하지 않은 지원부서의 비용
2. 구매와 관련된 실패비용 1) 불량품 때문에 발생하는 쓸데없는 문서, 수송비, 평가 2) 불량품 때문에 새로 교체하는 비용 3) 불량품 때문에 발생하는 시정 조치 비용 4) 인수하였지만 불량품 때문에 기업에서 수행하는 재가공 5) 도난, 파손 때문에 발생하는 자재손실
3. 운영(생산 또는 서비스) 실패비용 1) 자재 조사와 시정 조치 비용 ① 폐품 ② 실패 분석비용 ③ 실패 분석을 위해 사용하는 추가적인 분석비용 ④ 시정조치 비용 2) 재가공과 수리비용 ① 재가공 ② 수리 3) 재검사와 재 테스트 비용 4) 부가적인 작업비용 5) 재가공을 다시 할 수 없어 발생하는 폐품 6) 등급 조정 7) 불량품 때문에 발생하는 근로자와 기계의 유휴시간
4. 기타 내부 실패비용

(2) 외부 실패비용

외부 실패비용(External failure cost)은 불량품이 고객에게 판매된 다음에 발생하는 비용이다. 그래서 외부 실패비용은 고객 서비스와 관련된 비용에 해당된다.

〈표 13-4〉 외부 실패비용

1. 소비자 불만조사와 고객 서비스
2. 반환품
3. 재조정(Recall)비용
1) 리콜비용
4. 품질보증비용
5. 위약금
6. 벌금
7. 이미지 훼손
8. 판매량 감소
9. 기타 외부 실패비용

5) 숨겨진 실패비용

좋지 않은 품질은 기업 경영성과와 이미지에 나쁜 영향을 끼치며, 기업의 실패비용을 증가시킨다. 이 나쁜 품질은 지금까지 설명한 실패비용 이외에 또 다른 실패비용을 발생시킨다. 이 비용이 숨겨진 실패비용(Hidden quality costs)이다. 숨겨진 실패비용은 기업에 상당한 손실을 발생시키지만, 경영자들이 잘 인식하지 못하는 비용이다. 그리고 이 비용은 불가능하지는 않지만 파악하고 측정하기가 상당히 어렵다. 우리가 실제로 측정하는 실패비용은 총 실패비용의 아주 미미한 부분에 지나지 않고, 숨겨진 실패비용이 엄청나게 많은 사실을 알 수 있다. 그러므로 경영자는 기업의 경쟁력에 크게 영향을 끼치는 이 숨겨진 실패비용을 반드시 파악하고 측정하여 개선하도록 하여야 한다.

구체적으로 숨겨진 실패비용으로는 다음과 같은 비용을 들 수 있다.

① 종업원의 이직
② 종업원의 사기 저하
③ 생산성의 저하
④ 취소된 주문
⑤ 생산능력의 감소
⑥ 재고 증가
⑦ 엔지니어와 경영자의 시간 낭비
⑧ 품질문제 때문에 발생하는 재설계 비용
⑨ 품질규격을 만족하지 못하는 제조공정을 변경하는 비용
⑩ 보고되지 않은 폐품

⑪ 기계와 설비의 유휴시간

6) 품질비용의 체계

(1) 분류체계

일반적으로 품질 코스트는 예방비용(Prevention Cost), 평가비용(Appraisal Cost), 실패비용(Failure Cost)으로 분류하였다. 여기에 파이겐바움(A. V. Feigenbaum, 1983)은 실패비용을 내부 실패비용과 외부 실패비용으로 세분화하였다.

송재근(2006)에 의하면 유럽품질관리기구(EOQC : European Organization for Quality Control)의 품질비용위원회는 품질비용은 적어도 4가지의 의미로 사용되는데 첫째, 생산기업의 측면에서 품질 비용, 둘째, 소비자 측면에서 사용자 품질비용, 셋째, 판매자 측면에서 품질보증 원가, 넷째, 일정품질의 제품을 제조하는 경우의 총 품질비용의 의미로 사용될 수 있다고 하였으며 이와 같은 분류는 생명주기(Life cycle)의 관점에서 제시된 것이라고 분석된다.

생명주기(Life cycle) 관점에서 품질비용으로 파이겐바움(A. V. Feigenbaum, 1983)은 품질비용을 생산자 비용과 사용자 비용 등으로 나누고 생산자 비용은 조업 품질비용, 품질평가 설비의 품질비용 및 공급자 품질비용으로 분류하였다.

[그림 13-1] 품질 코스트 분류체계

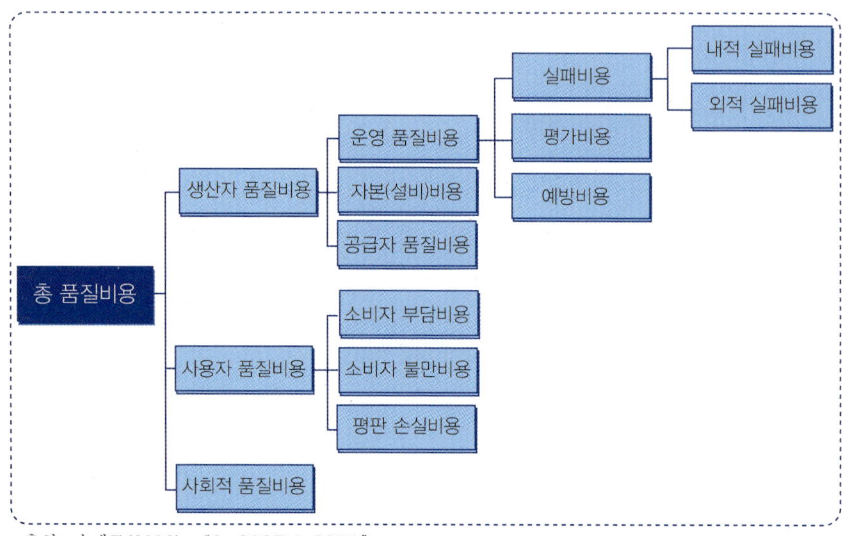

출처 : 송재근(2006), "Q-COST & COPQ".

(2) 생산자 품질 코스트

이순룡(1998)은 제조업을 대상으로 분류한 품질 코스트 분류 항목으로 예방비용, 평가비용, 내부 비용(스크랩비, 재 작업비) 등으로 구분하였다. 그러나 이와 같은 분류방식은 제조방식, 설비 방식, 생산방식 등에 따라 차이가 발생할 수 있으므로 개선 팀은 명칭에 대하여 같은 개념을 구축하여 추진하는 것이 효과적이다.

(3) 사용자 품질 코스트

사용자 품질은 사용의 적합성으로 쥬란(J.M. Juran, 1974)에 의하여 주장되었다. 사용자 품질비용은 소비자부담 비용과 소비자 불만 비용, 명성 상실비용으로 해링턴(H. J. Harrington, 1981)은 분류하였다.

제품 중심적 사고의 품질경영의 모순으로 소비자의 불만을 소비자에게 전가하는 것으로 이러한 불만은 기업의 이미지 실추와 재구매, 충성고객 확대 등에 영향을 미치게 된다. 이와 같은 모순은 기업의 잘못된 품질경영이 소비자에 넘어가는 잘못된 경영정책으로 이와 반대되는 개념은 사용자 관점의 품질 경영이 추진되는 것이다.

〈표 13-5〉 생산자와 소비자 관점의 차이

구 분	생산자 관점	소비자 관점
판매 대상	· 생산자에 의해 만들어진 제품	· 사용자에 의해 요구되는 서비스
품질의 정의	· 시방과의 일치	· 사용자 적합성
품질 비용	· 생산자 품질비용	· 사용자 품질비용
서비스 책임	· 보증기간 내	· 내용연수 전체

[출처 : 송재근(2006), 「Q-COST & COPQ」.]

(4) 사회적 품질비용

송재근(2006)은 사회적 품질 비용으로 기업이 제공하는 제품 또는 서비스의 부적합이나 결함 또는 환경 등에 미치는 영향이 과거에는 단순히 직접 구매하여 사용하는 소비자에게만 미쳤으며 그에 따른 A/S나 배상으로 해결할 수 있었다. 지금은 소비자뿐만 아니라 이해관계자 나아가서 국가 전체에 미치는 영향으로까지 부적합이나 결함에 따른 기업의 책임이 퍼지고 있다. 예를 들면 지구온난화에 직접적인 영향이 있었던 냉장고의 프레온가스는 이제는 환경친화적인 대체물질로 바뀐 제품을 출시하지 않으면 안 되며, 대기오염의 주범이자 자동차 배기가스의 오염으로 인해 앞으로는 무공해 자동차를 만들어 판매하지 않으면 안 된다는 것이 이를 잘 설명해주고 있다. 다시 말해 프레온가스가 내장된 제품들로 인하여 범지구적인 측면에서의 환경문제는 이상기온 및 호수 등과 같은 자연재해를 부르고 있다. 이러한 자연재해에 따르는 피해복구를 위해 들어가는 상상초월의 천문학적인 비용이 바로 사회적 품질이다.

3 품질관리의 목표

1) 목표 품질

목표 품질은 자사의 기술 수준과 공정 능력상 실현 가능하다고 인정하여 제품의 설계에 반영된 품질 특성을 실현하기 위하여 기획하고, 사양으로 정리하여 체계화한 품질기준이다.

2) 설계품질

설계품질은 신제품의 도입이나 제품 개발단계에서 제품 설계 시 목표로 하는 품질로서 생산과정에서 제조된 제품의 품질로서 현장의 품질관리는 제조 품질을 설계품질에 적합하도록 향상하는데 노력을 뜻하며 제조 품질이 설계품질의 허용오차를 벗어날 때 이를 부적합품이라고 한다.

설계품질은 품질을 높이면 품질 코스트가 올라가고 아울러 품질가치도 올라가지만 최적 수준을 지나면 가치와 비용의 차이가 점점 작아진다. 반대로 설계품질이 최적 수준 이하로 내려오면 품질 코스트는 적게 들지만, 품질 저하로 인한 시장가치는 더 크게 하락한다.

3) 제조 품질

제조 품질과 설계품질이 합치된 합격품이 출하되어 소비자가 사용 시 만족을 주는 품질이다. 제조 품질의 총비용은 공정 코스트와 품질 코스트의 합계로, 공정 코스트를 높여 제조 품질을 향상하면 품질 코스트는 감소되나 공정 코스트가 상대적으로 증가하여 총원가가 높아진다. 또한, 공정 코스트가 낮아지면 공정능력이 나

빠지기 때문에 제조 품질이 저하되어 부적합품이 많이 발생하고, 상대적으로 품질 코스트는 높아져 총원가가 급상승하게 된다.

4) 시장 품질

시장 품질(Quality of market)은 소비자에 의해 실제 사용상에서 평가되는 품질로 사용품질(Quality of use)이라고도 하며 설계품질의 결정에 중요한 정보가 된다.

시장 품질에서도 설계품질과 제조 품질에서와 같이 경제적인 최적 수준의 품질을 고려할 수 있다. 즉, 품질에 대한 소비자의 만족도를 소비자 측에서 부담하는 소비자 비용과 생산자 측에서 부담하는 서비스 비용과의 관계에서 찾을 수 있다.

5) 서비스 품질

일반적인 품질경영은 제품의 품질 향상에만 중점을 두었으나 제품에 녹아들어간 서비스라는 무형적인 가치를 중요시하여야 한다. 따라서 제품 자체뿐만 아니라 서비스를 포함한 광의의 제품을 고객들이 만족하도록 설계하고 제공하는 것이 중요하다. 이처럼 무형의 품질을 서비스 품질이라고 한다. 서비스 품질이란 서비스 프로세스를 설계하여 전달된 서비스를 고객이 얼마나 만족하는가?로 평가된다.

제2절 전사적 품질경영(TQM)

1 TQM의 특성

1) TQM의 특징

TQM은 베리(Berry)가 지적한 바와 같이 수익성 및 경쟁력의 제고, 조직 유효성의 향상, 그리고 고객만족(CS) 또는 고객감동(Customer delight)을 실현할 수 있으며, 표에서와 같이 전통적 경영과 차이점을 보인다.

〈표 13-6〉 TQM과 전통적 경영의 차이점

TQM	전통적 경영
· 고객에 초점 · 품질우선 · 복수의 품질차원 · 경영자/종업원의 헌신노력 · 공정(Process) 지향적	· 경영(관리)에 초점 · 이익우선 · 단일의 품질차원 · 종업원의 헌신노력 없음 · 결과(Results) 지향적

2) TQM의 핵심적 가치

고객이 원하는 초점에 맞추는 TQM활동은 다음과 같은 열 가지의 핵심적인 개념이 있다(김기영, 1999).

(1) 이윤창출을 위한 품질

기업이 생산하는 제품이나 서비스, 경영과정 및 인적자원의 질을 높임으로써 기업은 많은 이윤을 얻을 수 있다. 제품 및 서비스 경영과정에서 발생할 수 있는 비용은 기업이 아무런 행동을 취하지 않으면 기업은 비용으로 작용하여 결국 이윤을 잠식하는 결과가 된다. 따라서 세계적 우수기업은 전사적 차원의 품질향상 프로그램을 실시하고 있다.

(2) 적시의 무결점 활동

TQM은 결함 없는 작업이 가능하다는 전제로 추진하고 있다. 이는 작업 과정에서 완전함을 추구하는 것인데, 목표점에 일치한다는 사실보다는 '완벽한 업무를 달성하기 위한 마음가짐'이 더 중요하다. 적시에 적합한 일을 하여 무결점을 추구하는 것은 사전예방에 대한 강조와 함께 측정 및 업무과정 통제, 데이터를 기반으로 낭비와 실수 제거 등의 지속적인 활동을 통해 이루어질 수 있다.

'무결점'은 지속적인 향상을 달성하기 위한 목표가 되며, 우수한 품질을 확보하기 위하여 기업은 사후조치가 아니라 예방에 초점을 맞추게 된다. 이는 어느 정도의 불량품을 허용하는 전통적인 품질 개념에서 벗어날 수 있는 사고 전환을 요구하는 것이다. 즉, TQM에서는 비용과 결점이 동시에 감소할 수 있다는 것을 전제로 하여 무결점 상태에 도달할 수 있다고 본다. 지속적인 개선과 예방은 바로 이와 같은 사고를 기초로 하고 있다.

(3) 품질비용

품질비용은 양질의 제품이나 서비스를 생산함에 있어서 발생하는 모든 경영상의 비용을 의미하는데, 예방비용, 평가비용, 내부 실패비용, 외부 실패비용 등이 있으며, 고객의 요구 수준을 초과한 비용과 기회비용 등이 포함된다.

(4) 경쟁적 벤치마킹(Benchmarking)

시장에서 기업성과는 항상 경쟁적인 관점에서 파악되어야 한다. 기업이 경쟁력을 지니기 위한 전략 수립과 시행, 그리고 경쟁력의 근원으로 작용할 수 있는 기술 및 품질능력의 확보 등은 모두가 고객을 근원으로 하여 경쟁적인 상황에서 이루어지는 것이다. 이러한 측면에서 경쟁적 벤치마킹은 기업의 지속적 성과향상에 기초가 되는데, 기업이 경쟁사와 자신에 대해 평가를 하여 시장에서의 우위성 확보를 위해 활용할 수 있게 하는 지속적인 경영과정을 의미한다.

(5) 전 구성원의 참여

제품이나 부품의 어느 부분에서 결함이 발생하게 되면 어느 특정한 사람이나 공정에 문제가 있는 것으로 생각하기 쉬우며, 이러한 생각은 개선할 수 있는 많은 문제를 경시해 버리게 된다. 조직 구성원 모두가 제품의 결함을 발생시킬 수 있으며, 모든 사람이 양질의 제품을 생산하고 품질비용을 절감해야 하는 책임이 있다.

(6) 팀 활동에 의한 시너지 효과

시너지의 의미는 부분의 합보다 전체가 더 큰 효과를 내는 것을 의미하는데, TQM에서도 협력과 합의, 창조적 갈등과 팀(team) 전체의 성공을 진작시키기 위해서 사용된다.

(7) 주인의식과 자율경영

TQM 프로그램은 어떤 문제에 처했을 때 그 문제를 자신의 것이라고 인식하고, 자료조사와 해결책을 강구하여 궁극적으로 바라는 성과를 내는 것이다. TQM은 심리적인 면에서 소유의식을 강조함으로써 조직 구성원에 대한 전통적인 관리·통제보다는 조직개발 관점에서 자율경영을 전략적으로 이용하고 있다.

(8) 역할 모델로서의 관리자

TQM은 최고경영층으로부터 이끌어져야 하며, 모든 계층의 경영자는 그들 자신이 역할 모델이라고 할 수 있다. TQM 프로그램은 경영 피드백 시스템에서 형성됨으로써 경영자가 품질을 위한 역할 모델로서 어떻게 행동해야 하는가를 생각할 수 있도록 해야 한다.

(9) 인정과 보상

TQM 프로그램에서 적절한 인정과 보상시스템은 중요하며, 특히 품질개선 과정이 이루어지는 일상적인 작업 집단에서는 더욱 중요한 의미를 갖는다. 인정이란 개인이나 집단의 실적을 칭찬함으로써 격려하는 것을 의미한다. 보상이란 성과와 관련하여 재정적인 혜택을 주고 인정해 주는 것을 말한다. 실적을 증가시키고 참여적인 문제 해결에 의한 지속적인 성과향상을 위해서는 인정과 보상을 통한 적극적인 동기부여가 중요하다.

(10) 품질 전달체계

품질 전달체계를 명확하게 정의함으로써 모든 구성원이 자기 일이 중요한 작업 활동이라는 확신을 심어줄 수 있으며, 팀워크를 통해 구성원들의 복합된 기술, 사고와 경험 등을 이용할 수 있다.

2 TQM 시행전략

1) 1단계 : 품질이 무엇인가를 결정

TQM의 성공적인 시행을 위해서는 품질에 대한 인식을 뚜렷이 하는 것이 선행되어야 하지만, 더 중요한 것은 품질목표를 구체적으로 설정하는 것이다. TQM에서 품질은 고객의 기대를 만족하게 하거나 능가하는 데에 있으며, 6시그마(Six sigma) 품질목표는 하나의 좋은 예이다.

2) 2단계 : 조직이 TQM을 받아들일 수 있도록 준비

최고경영진의 TQM전략을 기업 내에 확산시키고, TQM의 지지를 얻기 위해 종업원의 팀워크(teamwork)를 강화해야 하는 단계이다. 준비해야 할 사항은 다음과 같은 것이 있다.

① 모든 조직 구성원에게 품질은 조직 전체의 책임임을 인식시킨다.
② TQM 전략을 수용할 인사정책을 수립한다.
③ TQM 전략 시행에 중추적인 역할을 할 인물을 선정한다.

3) 3단계 : 종업원을 교육하고 권한을 부여

일반적으로 TQM의 성공을 위해서는 두 가지의 필수적인 교육이 요구된다. 즉, 하나는 성과를 측정하고, 문제를 분석하며, 문제의 원인을 제거하기 위해 시행되는 통계적 기법의 교육이며, 다른 하나는 계량적인 방법으로 처리될 수 없는 문제를 해결하는 데에 초점을 둔 교육이다.

4) 4단계 : 성과를 측정하여 피드백을 주고 필요한 조치를 취함

품질 관련 문제는 그 원인이 알려져 해결책이 제시되기 전에 발견해야만 의미가 있다. 이렇게 하기 위해서는 제품 및 서비스를 생산하는 단계마다 품질 관련 정보를 알 수 있도록 피드백 시스템이 설치되어야 한다.

또한, TQM을 시행하는 제조업체는 재공품의 품질을 관리하기 위해 생산공정의 각 단계마다 품질의 적합성에 대한 검사를 한다.

5) 5단계 : 지속적인 개선에 주력

이 단계는 TQM의 시행에서 오는 어려움 때문에 또는 더 이상의 변화가 필요 없다고 나름대로 판단해서 TQM의 시행을 중단해서는 진정한 시행 효과를 거둘 수 없다는 것을 말해준다.

이상에서 언급한 TQM 시행전략의 다섯 단계는 조직(기업)들이 TQM 프로그램을 단계적으로 시행하는 데 필요하다.

3 관리도

1) 관리도의 개념

같은 작업자, 같은 설비를 이용하여, 같은 공정에서 표준화된 제조방법으로 생산된 제품이라 하더라도 완전히 같은 품질의 제품을 생산한다는 것은 실질적으로 거의 불가능하며, 제조된 제품의 품질에는 어느 정도 산포가 생기기 마련이다. 이러한 산포는 일반적으로 사람, 설비, 원자재, 공정 방법, 측정방법, 환경 등 각 요소의 영향으로 인해 발생한 것이다. 이와 같은 품질의 변동원인은 다음의 두 가지로 구분된다.

(1) 우연 원인(Chance cause)

우연 원인이란 생산 공정에서 발생하는 어쩔 수 없이 받아들여야만 하는 피할 수 없는 원인을 말한다. 제품 품질에 항상 작용하는 원인이며 제거하기가 어려운 원인으로 주로 사소한 원인이 동시에 작용하여 발생한다. 작업환경에서의 사소한 변화(예, 온도, 습도 등의 변화 등), 원재료의 성분과 품질상의 사소한 차이, 설비의 사소한 진동, 도구의 정상적 마모, 작업자의 사소한 동작상 불일치 등을 우연 원인으로 들 수 있다. 일반적으로 이러한 사소한 원인은 기술적으로 측정하기 힘들고 또 제거하기도 어렵다. 우연 원인으로 인한 품질 변동은 정상적인 변동으로 받아들일 수밖에 없고, 통제할 필요성은 없다.

일반적으로 이와 같은 우연 원인에 의한 품질 변동은 정규분포를 따른다고 알려져 있으며, 공정 평균값을 중심으로 표준편차의 3배 정도를 허용오차범위로 잡아주고 있다.

(2) 규명 가능원인(Assignable cause)

규명 가능 원인(이상 원인)은 우연 원인과 다르게 산발적으로 큰 변동을 일으키는 원인을 말하며, 주로 생산에 투입된 작업자, 원재료, 설비의 변동이 정상상태를 벗어나면 발생한다. 이와 같은 원인에 의한 변동은 상대적으로 큰 변동을 일으키기 때문에 원인의 추적이 가능하며 공정의 안정 상태를 위하여 제거되어야 한다. 따라서 이상 원인으로 인한 품질 변동은 비정상적인 변동이며 엄격히 통제하여야 한다.

2) 관리 한계선의 결정과 3σ 법

관리도는 하나의 중심선(Central line : CL)과 그 선의 상하에 두 개의 관리 한계선인 관리 상한선(Upper control limit : UCL) 및 관리 하한선(Lower control limit : LCL)으로 구성되어 있으며, 각 표본으로부터 얻어진 품질 특성치가 기재된다. 보통 중심선과 관리 한계선의 거리는 앞에서 설명된 우연 원인에 의한 변동의 허용오차 범위인 $\pm 3\sigma$(3σ 법)로 설정된다. 따라서 그림의 (a)와 같이 표본으로부터 얻어진 모든 품질 특성치가 관리 한계의 안쪽에 위치하고, 특성치 간에 어떠한 규칙성도 존재하지 않으면 제조공정은 관리 상태에 있음을 알 수 있다. 만일 품질 특성치가 관리 한계선 밖으로 벗어나면 제조공정에 이상 원인이 존재하는 것으로 해석할 수 있다.

[그림 13-2] 관리도

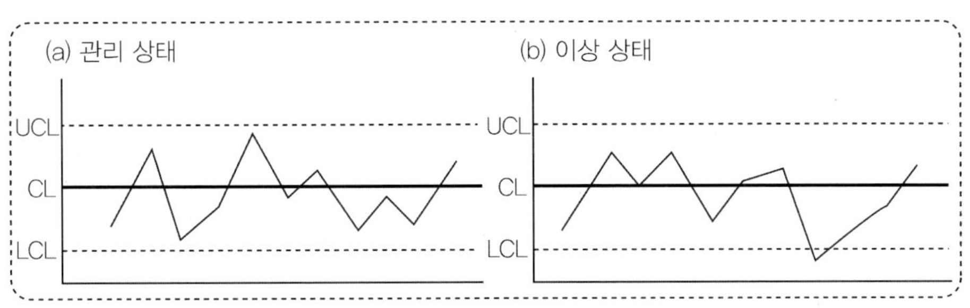

3σ 법은 품질 변동원인을 우연 원인과 이상 원인으로 구분한다. 또 이상 원인으로 인한 품질 변동은 이상 상태로 판정하고, 우연 원인으로 인해 발생한 품질 변동은 정상상태로 판정한다. 그러나 이러한 원인으로 공정의 상태를 판정할 때, 판정상에서 두 가지 착오를 범할 수 있다. 즉, 정상적 상태를 이상상태로 판정하거나, 이상 상태를 정상상태로 판정하는 것이다. 과거에는 우연 원인과 이상 원인으로 인

해 발생한 품질 변동에 대해 일반적으로 직접 경험으로 판정하고 구분하였지만, 현재는 관리도를 이용하여 객관적이고 또 과학적으로 품질 변동을 판정하고 관리할 수 있다. 여기에 이용되는 객관적인 기준은 바로 관리도의 관리 한계선이다. 따라서 관리도의 핵심문제는 바로 합리적이고 또 경제적인 관리 한계선을 찾는 데 있다.

관리도의 한계선 폭에 대해 많은 국가와 학자들은 모두 3σ 법을 이용하여 결정한다. 그 이유는 슈하트의 관리도가 바로 정규분포 이론에 근거를 두었기 때문이다. 3σ 법을 이용하면 가장 경제적인 조건하에서 공정관리를 실현하여 제품 품질을 보증할 수 있다.

4 다구찌 기법

품질에 대한 서양과 일본의 접근법은 전통적으로 매우 다른 모습을 보여 왔다. 서구의 제조업자들은 정해진 규격 한계 내에서 제품을 생산하는 것을 목표로 한다. 따라서 그들은 공정관리를 통하여 생산을 감시·조정한다. 즉, 관리도 및 다른 통계적 공정관리 기법을 사용한 온라인 품질관리(On-line QC)를 통하여 현재 진행 중인 제조공정으로부터 자료를 수집하고, 분석하여 공정에 어떤 변화를 가하려고 한다.

그러나 1950년대 이후로 일본에서는 다구찌(Taguchi)에 의해 개발된 품질 공학을 이용해 왔다. 이 방법은 품질을 디자인 단계부터 설계하는 것으로 설계 생산이나 고객의 상황에서 제품 성능에 관한 정보를 제공하기 위하여 특별히 고안된 실험을 수행한다. 즉, 개발, 설계 단계의 기술인 오프라인 품질관리(Off-line QC)인 이 방법을 통해 파라미터(Parameter)[8]를 최적으로 결정하고자 한다. 이렇게 제품 및 공정을 설계단계에서 고려함으로써 제조공정에서 발생할 수 있는 나쁜 영향을 최소화시키고 비용을 줄임으로써 품질을 향상한다.

이 방법으로 인해 제품과 공정의 설계에서 제품 품질의 획기적 향상을 이룰 수 있다. 서양식과 일본식 접근법의 차이점은 현저히 적은 검사비용, 소량의 불합격품, 클레임(claim)의 감소, 고객만족에서 명확히 나타난다. 결국, 이 방법을 통해 시

8) 두 개 이상의 변수를 연관시켜 주는 변수로 즉, 매개변수를 뜻한다. 기계의 경우 조작 가능한 부분을 말하는데, 컴퓨터에서 화면과 음량을 조절하는 키보드 버튼이나 마우스 클릭 버튼도 파라미터의 예가 될 수 있다.

장에서 더 높은 시장점유율, 더 많은 이익, 그리고 제품의 세계적인 명성을 얻을 수 있다.

1) 품질과 손실의 개념

(1) 전통적 사고방식

전통적 사고방식에서 품질관리는 서구에서 오랫동안 적용되어 온 것으로 설계 규격에의 일치, 즉, 제품이 규격 한계 내에 충족되는 것을 목표로 한다. 부품이 설계단계에서 결정한 제품의 규격을 준수하면 우수한 품질의 제품으로 판정되고 이러한 제품은 고객의 요구에 부응한다고 보며, 규격 한계 밖에 있으면 불량품으로 판정한다. 이러한 전통적 사고방식을 비용의 골포스트 방식(Goal-post method)이라고 한다.

이 방식은 규격 한계 내에만 속하면 우수한 품질로 간주하는 문제점이 있으며, 고객만족도도 떨어지게 된다. 즉, [그림 13-3]을 보면, A, B는 모두 우수한 품질로 판정을 받지만, 품질 변동이 심하다고 할 수 있다. 또한, A와 C를 비교하여 보면 제품 품질의 차이는 아주 미세하다. 하지만 A는 합격으로 C는 불합격으로 판정되어진다.

[그림 13-3] 전통적 방식의 품질 관리

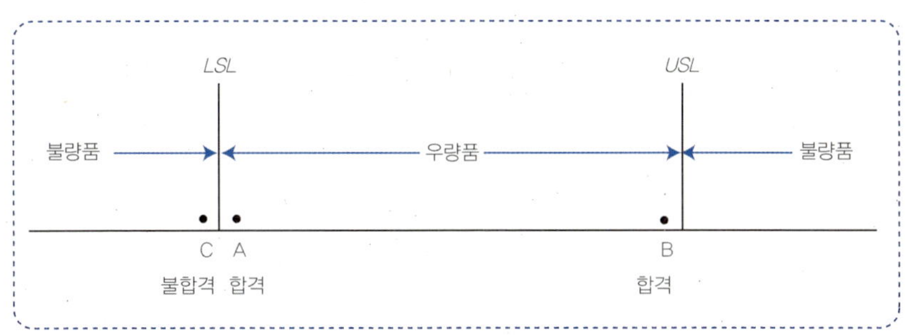

이러한 전통적인 골포스트 방식에서는 재작업과 제품 폐기 시에 드는 비용에는 적용될 수 있지만, 그렇지 않으면 적용할 수 없다. 목표치에 정확히 일치하는 부품과 규격 한계 내에 겨우 들어오는 제품은 같은 성능을 발휘할 수 없으며, 또한, 부품의 품질특성이 규격 한계를 겨우 벗어난다고 해서 비용이 급격히 증가하는 것도 아니다. 또한, 규격 한계를 벗어나기만 하면 모두 같은 비용을 발생시킨다는 것도 정당화될 수 없다. 결국, 제품 품질에 영향을 미치는 것은 규격 한계 내에 제품이 포함되도록 하는 것이 아니라 목표치에 접근하는 노력이라고 본다. 이러한 노력을 통해 품질 변동을 줄일 수 있고 고객만족도도 높일 수 있다.

2) 다구찌의 품질 이념

오늘날 다구치(Genichi Taguchi)는 그의 독특한 품질 이념(Quality philosophy)으로 유명하다. 그는 품질향상을 위해 제품이나 공정의 성능을 저하하는 영향요인(노이즈 : Noise)을 감소시키는 강력한 도구를 창안하였다.

다구찌는 전통적인 서구식 품질 접근법과 전혀 다른 새로운 품질 개념을 도입하였다. 다구찌는 품질을 '제품으로 인해 야기된 사회적 손실'(The societal loss caused by the product)로 정의하였다. 이 정의의 핵심은 제품이 고객에게 전달된 시점으로부터 그 제품에 의해 생성된 사회적 손실이 그의 바람직스러움(Desirability)을 결정한다는 것이다. 즉, 손실이 적을수록 제품은 더욱 바람직스러운 것이 된다.

사회적 손실이란 고객의 손실, 기업의 손실, 그리고 일반 사회의 손실 등을 모두 포함한 개념이다. 고객의 손실로는 짧은 제품 수명, 고객 요구에 합당하지 못함, 제품 사용에 따른 해로운 부작용 등에 따른 손실을 들 수 있다. 기업의 손실로는 불량품 생산에 소비된 원자재, 에너지 및 인력의 낭비, 재가공 및 보증비용, 기업명예 손상, 시장점유율 하락 등이 있다. 사회적으로도 생산과정 중에 산출된 해로운 화학물질, 각종 공해요소 등이 문제이다. 한 제품의 열악한 성능 때문에 나타난 모든 사회적 손실은 그 제품의 품질에 귀속되어야만 한다.

품질의 사회적 관점은 매우 심오한 것이다. 이 개념에 따르면 품질관리의 목적은 사회적 손실을 줄이는 것이고, 품질관리의 기능은 사회에 순 절약을 낳는 혁신적 기법을 발견하고 실행하는 것이다. 사회적 손실의 개념은 품질개선 프로젝트 투자에 대한 새로운 사고방식을 제시해준다. 품질개선 프로젝트 투자는 결과적으로 나타난 사회적 절약이 개선비용보다 크다면 정당화된다. 만일 한 생산자가 제품을 운송하여 고객에게 1,000원의 손실이 발생하고, 반면에 고객 손실을 예방하기 위한 생산자의 추가적인 비용은 200원이라고 하자. 만일 생산자가 200원의 예방비용을 지급하지 않으면, 전체 사회는 800원(1000-200)을 잃게 된다. 그리고 그 생산자는 고객의 신뢰와 명예를 잃게 되는 비용을 낳으며, 이는 시장점유율의 상실을 가져올 것이다. 품질개선 프로젝트 투자는 장기적 관점에서 볼 때 매우 매력적인 것이다.

다구치의 품질 이념은 다음과 같은 일곱 가지의 기본 요소로 요약될 수 있다.

다구치(Taguchi) 품질 이념의 기본 요소
1. 제품 품질의 중요한 차원은 제품으로 인해 생성된 사회적 손실이다.
2. 지속적 품질개선과 원가절감은 기업이 경쟁사회에서 존속하기 위한 필수요건이다.
3. 지속적 품질개선 프로그램은 제품 성능 특성의 목표치와의 편차를 끊임없이 감소시켜 나가는 것을 포함한다.
4. 제품 성능 변동에 따른 고객의 손실은 성능 목표치와의 편차의 제곱에 비례한다.
5. 제품의 최종 품질원가는 대부분 그의 공학적 설계 및 제조과정에서 결정된다.
6. 제품(공정)의 성능 차이는 그 제품(공정) 매개변수(parameter)가 성능 특성에 미치는 비선형적 효과를 이용함으로써 감소시킬 수 있다.
7. 통계적 실험계획은 성능 차이를 줄이는 제품(공정) 파라미터의 설정을 파악하는 데 이용될 수 있다.

3) 품질 손실 함수

다구찌는 품질 변동에 따르는 손실로 품질을 계량화하기 위하여 품질 손실 함수(Quality Loss Function : QLF)를 사용한다. 품질 손실 함수는 "목표치에 벗어나는 품질 변동이 클수록 손실은 더욱 커진다"는 개념을 도입하여 품질개선이나 관리방법을 정량화한 것이다. 품질 손실 함수를 사용함으로써 품질이 목표치를 벗어나는 경우의 손실뿐만 아니라 개선으로 얻어지는 이득을 금액으로 나타낼 수 있으므로 제품 개발이나 공정에서 발생하는 품질손실을 경영자나 기술자들이 쉽게 평가할 수 있다.

[그림 13-4] 다구찌의 품질 손실 함수(Quality Loss Function)

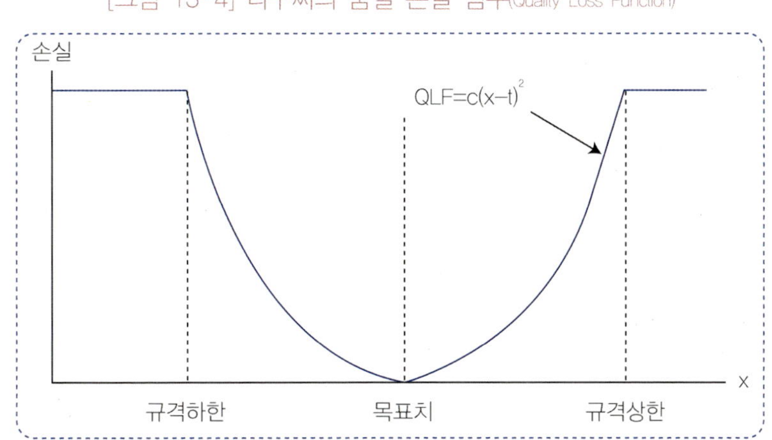

다구찌의 품질 손실함수(Quality Loss Function):

$$L(x) = c\,(x - t)^2$$

여기서, $L(x)$=품질 손실 함수
c=비용상수
x=성능 특성 파라미터의 실제 평균값
t=성능 특성 파라미터의 목표치(Target value)

제3절 샘플링(Sampling) 검사

1 샘플링 검사의 분류

1) 샘플링 검사의 의의

한국공업규격(KS)에 따르면 검사란 물품을 어떤 방법으로 측정한 결과를, 판정 기준과 비교하여, 개개의 물품에 양호, 불량 또는 로트(LOT) 합격, 불합격 판정을 내리는 것으로 정의되어 있다. 이와 같은 검사는 개개의 제품을 대상으로 그 전수를 검사하는 전수검사와 로트별로 시료를 샘플링하고, 샘플링한 제품을 검사하여 전체 로트의 합격, 불합격을 결정하는 샘플링 검사로 구분된다.

일반적으로 다음과 같은 경우에는 샘플링 검사 방식이 전수검사보다 유리하게 적용되고 있다.

① 파괴 검사의 경우
② 연속체나 대량품의 경우
③ 어느 정도의 불량품이 허용되는 경우
④ 검사항목이 많은 경우
⑤ 생산자에게 품질향상의 자극을 주고 싶을 경우

2) 품질특성의 기준 분류

(1) 계수형 샘플링 검사

계수형 샘플링 검사는 제품의 특성을 규정된 요구조건과 비교하여 단순히 불량품이나 양품으로 분류하고, 불량품의 수(또는 결점의 수)에 따라 전체 로트의 합격, 불합격을 판정하는 샘플링 검사이다.

(2) 계량형 샘플링 검사

제품의 특성을 연속적인 수치 척도로 평가하여 규정된 요구조건에 적합한지를 판정한 후, 전체 로트의 합격, 불합격을 판정하는 샘플링 검사이다.

3) 검사형태에 따른 분류

(1) 규준형 샘플링 검사

규준형 샘플링 검사는 샘플링 검사방안에 따라 검사하려고 하는 한 로트에 대해서만 합격과 불합격을 판단하는 샘플링 검사방안이다. 규준형 샘플링 검사는 구매하려는 로트 그 자체의 판정을 목적으로 구매자에 대한 보호와 공급자에 대한 보호의 정도를 규정하여 양쪽으로 요구를 모두 만족하도록 하는 샘플링 검사로서 불합격 처리된 로트 전체가 생산자에게 반환된다.

규준형 샘플링 검사방안은 제품의 품질에 대한 과거 자료가 불충분한 때 많이 사용한다. 샘플의 크기 n과 합격 판정 개수 c가 적당하게 결정되면 즉, 적당한 샘플링 검사방안이 결정된 것이다. 이 샘플링 검사방안은 생산자와 소비자의 이익을 모두 만족할 수 있어 샘플링 검사로 인한 모험을 일정한 통제 범위 내에서 관리할 수 있다.

(2) 조정형 샘플링 검사

조정형 샘플링 검사는 수월한 검사, 정상적 검사, 까다로운 검사 등 미리 여러 샘플링 검사방안을 작성한 후, 제품의 자료에 따라 3개 방안 중 조정을 한다. 조정형 샘플링 검사를 진행할 때는 제품 품질에 관한 과거의 자료가 필요하거나 검사하려고 하는 한 로트의 품질에 대해 예측을 하여야 한다. 즉, 품질이 좋은 로트에 대해서는 수월한 검사방안을 실시하고, 품질이 나쁜 로트에 대해서는 까다로운 검사방안을 실시한다. 즉, 제품 품질의 변화에 따라 검사는 수월, 정상, 까다로운 사이에서 전환된다. 그러나 이러한 방법을 취할 때는 반드시 미리 전환 조건에 대해 명확한 규정을 하여야 한다.

제품을 계속 구매할 경우 공급자가 과거에 납품한 로트의 품질 이력에 따라 샘플링 방식을 까다롭게 하거나 수월하게 하는 샘플링 검사로서 일반적으로 합격 처리하고 싶은 최저한의 로트 품질(합격 품질 수준:AQL)을 정하고, 이 수준보다 좋은 품질의 로트는 거의 다 합격시킬 것을 보증한다.

연속적으로 구매하는 같은 종류의 제품 혹은 자유자재로 공급처를 선택할 수 있는 제품 혹은 장기적인 공급처에 대해서는 조정형 샘플링 검사방법을 실시하는 것이 바람직하다고 할 수 있다.

(3) 선별형 샘플링 검사

선별형 샘플링 검사는 샘플링 검사방안에 따라 한 로트에 대해 검사를 진행한 후 불합격으로 판정된 로트에 대해서만 다시 전수검사를 한다. 또 검사에서 불합격으로 판정된 제품의 수량을 합격품으로 보충하여 다시 검사를 하는 샘플링 검사방법이다. 합격된 로트는 그대로 받아들이고 불합격된 로트는 전수 선별하여 받아들이는 샘플링 검사방식으로 전수검사가 불가능한 파괴 검사의 경우에는 적용할 수 없는 검사방식이다.

선별형 샘플링 검사는 일반적으로 공급자의 구매 검사를 선택할 수 없거나 기업 내 생산 공정에서의 완제품 및 가공품에 대한 검사, 그리고 제품의 입고 및 출고 검사에서 많이 사용된다. 샘플링 검사를 통해 불합격으로 판정된 로트는 반품 혹은 가격 인하를 하여 접수한 제품에 대해서는 선별형 샘플링 검사가 적절하지 못하다. 특히 검사에서 파손이 우려되는 제품에 대해서는 더욱 안 된다.

(4) 연속생산형 샘플링 검사

연속생산형 샘플링 검사는 자동생산라인에서 전송되고 있는 제품을 중도에서 검사하는 방법이다. 연속생산형 샘플링 검사는 미리 각 제품에 대해 연속 검사를 하여 합격품 수량이 규정 수량에 누적되어 도달하였거나 불합격 수량이 규정 내 규정 수량 이하로 되어 있을 때 일정한 수량 간격으로 한 번 검사방식으로 전환한다. 그러나 불합격품이 발견되면 다시 전수검사로 되돌아간다.

연속생산공정에서 만들어져 나오는 제품을 검사하여 각 제품의 검사 결과에 따라 일정한 비율로 샘플링 검사를 실시하고, 불량품이 나오면, 다시 전수검사를 하는 검사방식이다.

연속생산형 샘플링 검사는 제품이 로트로 구성되는 검사에 대해서는 적절하지 못하다.

4) 검사 회수에 따른 분류

샘플링 검사방식은 검사하려고 하는 로트에서 무작위 방식으로 몇 번 시료를 뽑아서 합격 혹은 불합격 판정을 할 것인가에 따라 1회 샘플링 검사, 2회 샘플링 검사, 다회 샘플링 검사 및 축차 샘플링 검사로 분류할 수 있다.

(1) 1회 샘플링 검사

시료를 1회 발췌, 시험하여 검사 로트의 합격, 불합격 판정을 하는 샘플링 검사이다.

(2) 2회 샘플링 검사

첫 번째 시료의 검사 결과로부터 합격, 불합격 또는 재검사 여부를 판정하며 재검사로 판정된 로트에 대해서는 두 번째 시료를 추출하고, 두 번째 시료의 검사 결과와 첫 번째 검사 결과를 합하여 합격, 불합격 판정을 내리는 샘플링 검사이다.

(3) 다회 샘플링 검사

다회 샘플링 검사는 2회 샘플링 검사의 계속이다, 다만 샘플링 회수가 증가할 뿐이다. 매회 정해진 크기의 시료를 실험하여 합격, 불합격 또는 검사 속행 여부를 결정하며 일정 횟수 이후에 합격, 불합격 판정을 내리도록 하는 샘플링 검사.

일반적으로 다회 샘플링 검사는 검사 로트에서 무작위 방식으로 3~10개 표본을 추출한다.

〈표 13-7〉 샘플링 검사의 분류

품질의 판정방법별	검사의 심시방식별	검사 회수별
① 계수샘플링 검사 : 불량개수, 결점수로써 판정하는 샘플링 검사 ② 계량샘플링 검사 : 계량치로 판정하는 샘플링 검사	① 규준형 샘플링 검사 ② 선별형 샘플링 검사 ③ 조정형 샘플링 검사 ④ 연속생산형 샘플링 검사	① 1회샘플링 검사 ② 2회샘플링 검사 ③ 다회 샘플링 검사 ④ 축차 샘플링 검사

2 샘플링 검사방식과 *OC* 곡선

1) 샘플링 검사방식

샘플링 검사방식(Sampling Plan)은 합격, 불합격을 판정하는 기준을 말한다. 예를 들면 계수 규준형 1회 샘플링 검사의 경우 100개의 제품 $N=100$에서 무작위로 50개의 샘플($n=50$)을 뽑아서 합격 판정 개수 1($c=1$), 불합격 판정 개수 2($r=2$)로 결정하는 것을 샘플링 검사 방식의 결정이라 한다.

샘플링 검사방식이 결정되면 샘플링 검사의 특성이 결정된다. 이 특성을 그래프로 그린 것이 검사 특성 곡선 즉, OC 곡선(Operating Characteristics Curve)이라 한다. 즉, N과 n, c가 결정된 후 불량률에 따라 주어진 샘플링 검사 방식에서의 합격 확률을 그래프로 그린 것을 의미한다.

로트의 크기 N, 로트의 불량률 p인 제품에 대해 샘플링 검사방안(n, c)을 이용하여 검사를 한다면, 로트의 불량률 $p=0$이라면 반드시 합격으로 판정될 것이다. 즉, 합격 확률 $Pa(p=0)=1$이다. 반대로 불량률 $p=1$이라면 반드시 불합격으로 판정되어 거부 될 것이다. 즉, 합격 확률 $Pa(p=1)=0$이다. 이것은 샘플링의 무작위성 때문이다. 여기서 우리는 합격 확률 $Pa(p)$의 크기는 로트의 불량률 p와 아주 밀접한 관계를 가진 것을 알 수 있다. 즉, p가 0에 근접할수록 $Pa(p)$는 더 커지고, p가 1에 근접할수록 $Pa(p)$는 더 작아진다. $Pa(p)$는 체감 함수라고 할 수 있다. 따라서 우리는 $L(p)$와 p의 이러한 관계를 그래프로 그릴 수 있다.

2) 샘플링 검사방식과 이해자의 보호

전수검사는 불량률에 따라 합격, 불합격이 결정되지만 샘플링 검사는 샘플링 오차에 의해서 실제 품질과는 다른 결과를 초래하고 이로 인해서 생산자와 소비자 또는 판매자와 구매자 간의 거래에 있어 불공평한 위험부담을 줄 수 있다. 이러면 이를 이해관계자가 원하는 수준이나 위험부담을 줄일 수 있는 수준에서 보증품질을 정하고 경제적인 샘플링 검사방식을 설계할 필요가 있다.

3) 소비자와 생산자의 관계

샘플링 검사에서는 샘플링의 오차로 인해 어느 정도의 나쁜 로트가 합격하고, 좋은 로트가 불합격되는 것이 불가피하여 생산자와 소비자 간의 이해가 대립하는 경우가 많이 발생한다. 즉, 생산자는 좋은 로트가 합격되기를 원하며, 소비자는 나쁜 로트가 모두 불합격되기를 원한다. 이 경우 생산자와 소비자를 모두 만족할 수 있는 것은 이상적 경우인데 이런 이상적인 OC 곡선은 직선으로 나타나며 전수검사에 의해서만 가능하게 된다.

그러므로 샘플링 검사방식은 좋은 로트를 불합격시킬 위험과 나쁜 로트를 합격시킬 위험을 수반하고 있어, 이러한 위험에 대한 여러 가지 조건이 개발되어 표준화되고 있다.

학습 목표 요약

1. 품질관리의 목표는 무엇인가?

목표 품질은 자사의 기술 수준과 공정 능력상 실현 가능하다고 인정하여 제품의 설계에 반영된 품질 특성을 실현하기 위하여 기획하고, 사양으로 정리하여 체계화한 품질기준이다. 설계품질, 제조 품질, 시장 품질, 서비스 품질 등으로 구분할 수 있다.

2. TQM단계별 시행전략은 무엇인가?

1단계 : 품질이 무엇인가를 결정한다.
2단계 : 조직이 TQM을 받아들일 수 있도록 준비한다.
3단계 : 종업원을 교육하고 권한을 부여한다.
4단계 : 성과를 측정하여 피드백을 주고 필요한 조치를 한다.
5단계 : 지속적인 개선에 주력한다.

3. 계량형과 계수형 데이터 정리 방법은 무엇인가?

계량형 데이터 정리 : 도수분포표(Frequency distribution table), 히스토그램
계수형 데이터 정리 : 파레토그램(Pareto), 특성요인도(Cause & effect diagram)

4. 관리도란 무엇을 의미하는가?

같은 작업자, 같은 설비를 이용하여, 같은 공정에서 표준화된 제조방법으로부터 생산된 제품이라 하더라도 완전히 동일한 품질의 제품을 생산한다는 것은 실질적으로 거의 불가능하며, 제조된 제품의 품질에는 어느 정도의 산포가 생기기 마련이다. 이러한 산포는 일반적으로 사람, 설비, 원자재, 공정 방법, 측정방법, 환경 등 각 요소의 영향으로 인해 발생한 것이다.

관리도는 하나의 중심선(Central line : CL)과 그 선의 상하에 두 개의 관리 한계선인 관리 상한선(Upper control limit : UCL) 및 관리 하한선(Lower control limit : LCL)으로 구성되어 있으며, 각 표본으로부터 얻어진 품질 특성치가 기재된다. 보통 중심선과 관리 한계선의 거리는 우연 원인에 의한 변동의 허용오차 범위인 $\pm 3\sigma$(3σ 법)로 설정된다.

5. 샘플링 검사 방법에는 어떤 것들이 있는가?

품질특성의 기준 분류 : 계수형 샘플링 검사, 계량형 샘플링 검사,

검사 형태에 따른 분류 : 규준형 샘플링 검사, 조정형 샘플링 검사, 선별형 샘플링 검사, 연속생산형 샘플링 검사,

검사 회수에 따른 분류 : 1회 샘플링 검사, 2회 샘플링 검사, 다회 샘플링 검사

용어해설

▶ 예방비용은(Prevention cost)은?

P-cost라고도 하며, 기업이 고객에게 제공하는 제품과 서비스에서 불량품이 발생하지 않도록 예방하는 일체의 비용

▶ 평가비용(Appraisal cost)은?

제품의 품질특성이 미리 정한 기술적인 품질규격에 접합한 지를 측정 및 평가하는 비용

▶ 품질 실패비용(Failure cost)은?

일명 F-cost라고도 하며, 제품의 품질이 표준규격에 미달되어 발생하는 비용

▶ 숨겨진 실패비용(Hidden quality costs)?

좋지 않은 품질은 기업의 경영성과와 이미지에 나쁜 영향을 끼치며, 기업의 실패비용을 증가시키는 비용

▶ 우연 원인이란?

생산 공정에서 발생하는 어쩔 수 없이 받아들여야만 하는 피할 수 없는 원인

▶ 규명 가능 원인(이상원인)은?

우연 원인과 다르게 산발적으로 큰 변동을 일으키는 원인

▶ 골포스트 방식(Goal-post method)?

설계단계에서 결정한 제품의 규격을 준수하면 우수한 품질의 제품으로 판정되고 이러한 제품은 고객의 요구에 부응한다고 보며, 규격 한계 밖에 있으며 불량품으로 판정

▶ 품질 손실 함수는?

목표치에 벗어나는 품질 변동이 클수록 손실은 더욱 커진다는 개념이다.

PART V 영업부문

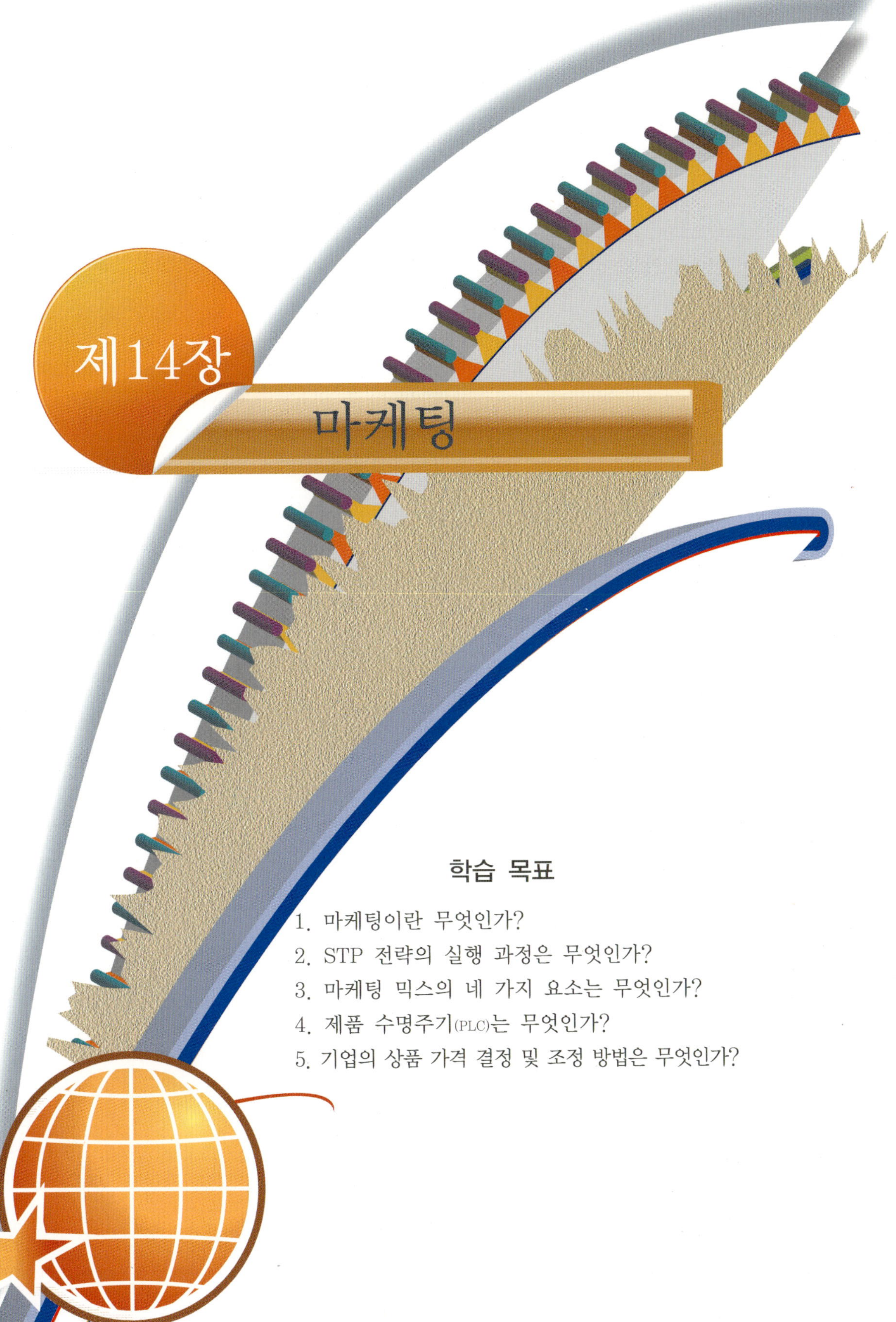

제14장 마케팅

학습 목표

1. 마케팅이란 무엇인가?
2. STP 전략의 실행 과정은 무엇인가?
3. 마케팅 믹스의 네 가지 요소는 무엇인가?
4. 제품 수명주기(PLC)는 무엇인가?
5. 기업의 상품 가격 결정 및 조정 방법은 무엇인가?

제1절 영업관리

1 영업관리 업무

영업관리의 기본전략은 시장 동향, 상품 동향, 유통기관 동향, 고객동향, 경쟁업체 동향의 조사 및 분석을 통해 수요예측, 판매 예측, 판매계획, 마케팅 전략 실행, 영업이익 계획을 관리하게 된다. 영업관리 업무는 다음과 같다(ck-nanum.co.kr, 2016).

1) 영업관리 역할

영업관리는 기업에서 생산하는 상품과 서비스에 대해 소비자와 정보교류, 상거래 상담 및 거래관계 협약, 계약 및 거래관계 형성, 주문량 접수 및 납품일정 관리, 상품 납품 및 재고관리, 유통관리, 판매대금 수금, 관리 및 수익률 분석, 신시장 및 신상품 개발 역할이 수행된다.

2) 시장 개발

시장 개발은 기업에서 생산하는 상품과 서비스에 대한 매출액 증대와 경쟁력 강화를 위한 잠재시장 및 신시장의 탐색과 발굴, 신상품의 개발, 기업과 상품 이미지에 대한 광고 및 홍보, 유통경로 및 유통기관 개발, 고객 서비스 및 만족도 관리를 한다.

3) 상품개발

상품개발은 생산기술의 발전과 소비자 욕구 충족을 위해 시행된다. 즉, 새로운 생산기술의 발전에 따라 새로운 용도, 형상, 구조, 기능, 성질을 갖춘 상품을 개발하거나 형질을 변화시키는 임무를 수행한다.

4) 고객관리

고객관리란 생산자와 유통기관 또는 소비자가 상품과 서비스의 공급 또는 물적 유통 및 소비를 위한 거래관계 형성, 필요한 정보 교류, 상호 관심과 지원을 일정한 유형(pattern)으로 지속해서 유지하는 역할이다.

5) 유통관리

유통관리는 상품과 서비스를 생산자에서 최종 소비자로 전달하는 기능과 이를 중개하는 기관에 대해 관리하는 역할이다.

유통기능이란 상품 생산자로부터 최종 소비자에게 전달되는 물적 흐름으로써 수집상, 도매상, 중개상, 소매상 등으로 경유되는 과정을 통칭하는 개념이다. 유통기능의 선택 조건은 물적 이동의 안정성, 편리성, 신속성, 가치 보존성, 원가경쟁력이 확보되는 요건으로 관리된다.

2 마케팅 전략

1) 마케팅의 의의

최근 경쟁이 심화하고 시장의 범위 또한 세계화되면서 모든 제품과 서비스의 공급이 증가하게 되고, 고객의 요구사항도 복잡하고 다양해지고 있다. 따라서 어떻게 하면 고객의 요구를 빨리 파악하고, 이를 제품이나 서비스에 반영하고, 그리고 고객이 원하는 형태로 시장에 제공할 것인가가 더 중요한 요소로 바뀌게 되었다. 즉, 과거와 달리 현재는 기업 경영의 중심이 고객으로 전환된 소비자 중심의 시장이라 할 수 있다. 따라서 기업에서 주요하게 고려해야 할 요소가 주어진 시간 동안 얼마나 많은 생산물을 만들어낼 것인가? 보다는 우리 회사의 제품이나 서비스에 대하여 고객이 원하는 것이 무엇인가? 소비자의 욕구가 무엇인가? 고객의 만족도를 높이기 위해서 어떠한 서비스를 제공해야 할 것인가? 등 고객을 중심으로 기업의 주요 활동이 이루어지게 된 것이다. 이는 단순히 판매(Selling)라는 개념을 넘어선 시장에서 이루어지는 다양한 활동에 관련된 마케팅(Marketing)의 개념으로 이해해 볼 수 있다.

코틀러(P. Kotler)는 마케팅에 대하여 고객욕구 충족 기능에 초점을 두고, '마케팅이란 교환 과정을 통하여 인간의 필요와 욕구를 만족시키기 위해 수행되는 일련의 인간 활동'으로 정의하였다. 코틀러의 정의에 따르면, 마케팅은 시장에서 교환 주체인 기업, 더 나아가 모든 사회 구성원의 고객욕구 충족 기능으로 파악했다고 볼 수 있다.

한편 미국마케팅학회(AMA : American marketing association)에서는 마케팅의 의미를 보다 넓은 의미로 파악하고, 다음과 같이 정의하였다.

마케팅이란 개인이나 조직의 목표를 충족시키는 교환 관계를 창출해 내기 위하여 아이디어·제품·서비스의 개념 정의, 가격결정, 촉진 그리고 유통 활동을 계획하고 실행해 나가는 과정이다9).

이상에서 살펴본 마케팅의 개념 정의를 토대로 본다면, 마케팅은 고객의 필요와 욕구를 효과적으로 충족시키기 위해 시장에서 교환이 일어나도록 하는 일련의 활동을 의미한다고 할 수 있다. 즉, 교환 관계에 있는 한쪽 당사자가 다른 당사자로 하여금 바람직한 반응을 이끌어내려고 하는 경우 마케팅을 관리할 필요가 생겨나게 되는 것이다. 이러한 점에서 궁극적으로 수익을 추구하는 집단인 기업의 관점에서는 고객과의 거래관계에서 보다 활발한 제품 및 서비스의 판매가 일어날 수 있도록 하는 다양한 활동들을 포괄하는 개념으로 마케팅의 개념을 이해해 볼 수 있을 것이다.

3 마케팅 콘셉트(Marketing concept)

마케팅 콘셉트(Marketing concept)란 '고객의 욕구 충족을 통한 기업의 목표 달성을 위하여 전사적 차원에서 통합적 노력을 기울이는 고객 지향적 경영철학'으로 볼 수 있다. 즉, 시장이 기업 중심일 경우에는 기업 중심의 마케팅 개념을 가지게 되고, 반대로 시장이 고객 중심으로 변화해 가면 마케팅 개념 또한 고객 중심적으로 전환하게 된다.

기업을 둘러싸고 있는 시장 환경의 변화에 따라 마케팅 개념의 진화과정을 살펴보면, ① 생산 지향적 개념 → ② 제품 지향적 개념 → ③ 판매 지향적 개념 → ④ 마케팅 지향적 개념 → ⑤ 사회 지향적 개념의 순으로 발전해 왔다(박종만 외, 2003).

1) 생산 지향적 개념(Production concept)

생산 지향적 개념의 기본적인 사고는 '만들면 팔린다'라는 것이다. 생산 지향적 개념은 수요가 공급을 초과하여 만들기만 하면 팔려나가는 제품이거나 제품의 원가가 높아서 생산성의 향상을 통해 원가를 낮춰야 팔려나가는 제품을 생산하는 기

9) Marketing is the process of planning and executing the conception, pricing, promotion, and distribution of ideas, goods, and services to create exchanges that satisfy individual and organizational objectives.

업에서 흔히 볼 수 있는 마케팅 철학이다. 과거 산업화 과정의 초기에는 대다수의 기업은 적은 단위당 생산원가로 가능한 한 많이 생산하는 것이 이익의 극대화를 위한 최대의 과제였다. 이러한 생산 지향적 마케팅 개념의 관점에서 본다면, 생산성 극대화를 지향하는 생산관리가 곧 마케팅 관리의 개념으로 볼 수 있다.

생산 지향적 개념은 수요가 공급보다 많은 수요초과 상황이거나, 상품이 단순하고 수요가 동질적이어서 경쟁상품 간의 품질경쟁이 없고 가격만이 유일한 경쟁 차원일 때 자연스럽게 형성된다. 생산 지향적 마케팅 개념에서 문제가 되는 것은 생산성을 중시하는 것 자체가 아니다. 생산성 향상은 기업경영에 있어 과거, 현재, 미래의 영원한 과제이다. 다만 생산성만으로는 경쟁우위를 확보할 수 없음에도 불구하고, 여전히 생산성만을 고집할 때 문제가 되는 것이다.

2) 제품 지향적 개념(Product concept)

산업화 단계가 점차 진행되면, 기업 간 경쟁이 치열해지고, 고객의 요구도 이질화된다. 이때에는 품질경쟁이 시작되어 '만들면 팔린다'가 아니라 '잘 만들어야 팔린다'라는 사고방식, 즉, 제품 지향적 마케팅 개념이 형성된다. 제품 지향적 마케팅 개념은 소비자들이 최고의 품질과 성능을 가진 제품을 선호할 것이라고 믿는다. 따라서 제품 지향적 개념을 가진 기업에서는 기술적으로 우수한 혁신적 제품을 만들고 시간의 흐름에 따라 이를 지속해서 개선하는 데 주력한다.

제품 지향적 마케팅 개념을 가진 기업에서는 연구개발 담당자나 엔지니어가 신제품을 소비자의 욕구와는 별 상관없이 설계하며, 그 설계에 따라 공장에서 제품을 생산하고, 재무담당 부서에서 가격을 책정한 후 마케팅과 영업부서에서는 단순히 제품을 판매하는 기능만을 담당한다. 그 결과 기술적으로는 뛰어나지만, 시장에서는 외면당하는 제품이 시장에 출시되는 경우를 흔히 볼 수 있다.

3) 판매 지향적 개념(Selling concept)

판매 지향적 개념은 고객 중심이 아닌 기업 중심적 사고방식을 가진 기업이 흔히 가진 시장접근방법 중 하나이다. 판매 지향적 개념의 기본적 사고는 제품은 '사주는 것'이 아니라 '팔리는 것'이라는 것이다. 즉, 기본적으로 고객들을 그냥 두어서는 그들이 자발적으로 기업에서 생산되는 제품이나 서비스를 사지 않을 것이라는 가정 하에 상당히 공격적인 영업 및 촉진 활동을 해야 하는 것으로 생각한다.

판매 지향적 마케팅 개념을 가진 기업에서는 대다수 제품에 대한 소비자의 무관심을 극복하기 위해 각종의 판매 자극 수단을 활용하여야 하며, 이를 위해서는 효과적인 촉진 활동과 함께 강력한 판매조직을 구축하게 된다. 하지만 판매 지향적 개념의 경우, 일시적으로 제품 판매량은 증가할 수 있으나, 고객의 진정한 구매 동기나 태도를 파악하지 않고 제품을 생산하여 강압적인 형태로 판매하기 때문에 소비자의 저항을 받게 되고 판매원가 부담이 크며 악성 재고가 많이 쌓이게 되는 한계점이 존재한다.

4) 마케팅 지향적 개념(Marketing concept)

이상에서 살펴보았던 기업으로서 가지게 되는 마케팅 개념들과는 달리 고객의 입장에 서서 기업과 관련된 여러 가지 활동을 전개해 나가고자 하는 고객 중심적 마케팅 철학이 마케팅 지향적 개념이다. 즉, 마케팅 지향적 개념은 기업 목표의 달성이 표적시장에 속한 고객의 필요와 욕구를 찾아내어 그것을 경쟁자보다 더 효과적이고 효율적으로 충족시키고자 하는 것이다.

앞서 살펴본 판매 지향적 개념이 기존 제품의 판매와 촉진 활동의 강화를 통해 매출을 증가시켜 이윤을 남기려는 개념인데 반해 마케팅 지향적 개념은 시장의 고객이 가진 욕구를 통합된 마케팅 활동을 통해 만족하게 함으로써 이윤을 창조하려는 철학이라는 점에서 근본적으로 차이가 있다.

[그림 14-1] 판매 지향적 개념과 마케팅 지향적 개념의 비교

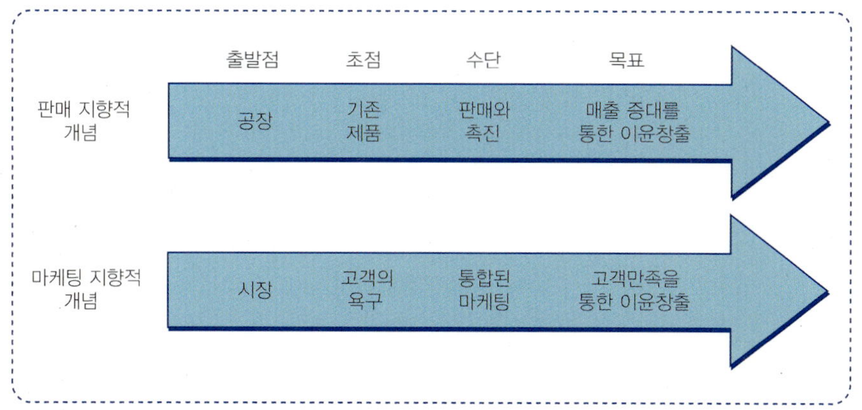

출처 : P. Kotler, Marketing Management, 11th ed., Prentice-Hall, 2003, p.20

마케팅 지향적 개념을 마케팅 철학으로 채택하고 있는 기업에서는 고객을 단순

히 상품의 판매 대상으로 보지 않고, 그들이 상품과 관련하여 가지고 있는 문제들을 완전히 해결하여 만족을 얻을 수 있도록 하는 것을 목표로 한다. 따라서 상품기획, 가격 결정, 광고, 판매촉진, 유통경로 관리 등 모든 마케팅 활동이 시장과 고객에 초점을 맞추어 일관성 있게 통합되고 조정된다.

5) 사회 지향적 개념(Social concept)

사회 지향적 개념은 기업이 이윤을 창출할 수 있는 범위 내에서 경쟁자보다 더 효과적이고 효율적으로 소비자의 욕구를 충족시킬 수 있도록 노력해야 한다고 하는 점에서는 마케팅 지향적 개념과 그 맥을 같이 한다. 하지만 사회 지향적 마케팅 개념에서는 이에 더해 기업이 사회 전체의 이익을 동시에 고려해야 한다고 주장한다. 즉, 사회 지향적 마케팅 개념은 기업이 마케팅 활동을 할 때, 고객의 이익 및 조직의 이익과 함께 사회 전체의 이익도 함께 고려해야 한다는 사고방식으로서, 마케팅 활동을 이끌어가는 가장 진보된 개념이라고 할 수 있다.

현대 사회는 개발이 많이 진행된 사회일수록 심각한 환경문제, 자원의 부족, 빈부 격차 심화, 실업률 상승 등과 같은 다양한 문제를 안고 있다. 따라서 사회 지향적 마케팅 개념은 기업이 사회의 한 구성원으로서 이러한 문제들을 소홀히 해서는 안 되며 순수한 마케팅 개념보다는 사회적인 측면의 고려가 가미된 마케팅 철학을 도입해야 한다고 주장한다.

기업이 단기적 이윤의 극대화가 아닌 장기적 이윤창출에 관심이 있다면 사회 구성원으로서 법적·윤리적 책임을 다해야 한다는 것은 당연한 일이다. 하지만 오히려 기업에 지나친 사회적 책임을 강조하게 되면 기업 본연의 기능이라고 할 수 있는 양질의 제품과 서비스의 제공을 통한 소비자의 욕구 충족이라는 면이 소홀해질 수 있으며, 그 결과로 기업의 이윤이 감소하여 장기적인 존속에 위협받을 가능성 또한 동시에 존재한다. 따라서 기업으로서 사회적 요구들을 가능한 능동적으로 수용하고, 이윤을 창출하면서도 동시에 사회적 문제 해결에 이바지할 수 있는 마케팅 방식을 찾아낼 수 있도록 지속해서 노력해야 한다.

STP 전략

1 STP 전략의 개념

STP는 Segmentation, Targeting, Positioning을 의미한다. 기업의 경영에서는 물론이거니와 현대 사회 전반에 걸쳐 마케팅의 중요성은 상당하다. 세계적으로 매년 수십조 달러에 이르는 제품과 서비스가 생산되는데 이 중 상당 부분이 상품 개발, 포장, 유통, 광고, 인적판매 등과 같은 마케팅 비용으로 쓰인다. 또한 마케팅 활동은 수시로 변화하는 시장 환경 속에서 소비자와 경쟁자 등 다양한 주체와 상호작용을 하면서 이루어진다. 따라서 기업으로서 이 같은 활동들을 얼마나 효과적이고 효율적으로 수행하느냐에 따라 기업의 수익 정도는 물론 시장에서의 성패가 좌우된다.

기업이 고객의 요구(Needs)를 분석하는 목적은 신제품 개발과 시장 세분화에 활용하기 위해서이다. 마케팅에서 말하는 시장의 개념은 제품이나 서비스의 거래가 이루어지는 물리적인 시장을 의미하는 것이 아니라 특정한 요구를 가진 고객의 집합이다. 따라서 시장을 세분화(Segmentation)한다는 것은 비슷한 요구를 가진 고객끼리 묶어서 분류하는 것을 말한다.

시장을 세분화한 다음, 기업이 가장 효과적으로 공략할 수 있는 세분 시장을 선택하는 것을 표적시장 선정(Targeting)이라고 한다. 즉, 현재 기업의 이미지와 역량, 그리고 경쟁 상태에 비추어 봤을 때, 가장 효과적으로 공략할 수 있는 세분 시장을 찾는 것이다. 기업은 나름대로 시장을 분류해서 가장 효과적으로 접근하여 수익을 높일 수 있는 특정 시장을 찾아 역량을 집중하는 것이 필요하다.

기업이 일정한 기준에 의해 시장을 세분화하고 가장 효과적으로 공략할 수 있는 표적시장을 선정한 후에는 경쟁회사 상품의 이미지에 비추어 자사 상품의 이미지를 어떻게 차별화시켜 고객의 마음속에 각인시킬 것인가 하는 문제에 봉착하게 된다. 마케팅은 상품의 싸움이 아니라 인식의 싸움이다. 따라서 고객의 마음속에 포지션 되어 있지 못하다면 그 기업이나 상품은 존재하지 않는 것과 마찬가지다. 이처럼 고객의 마음속에 경쟁회사 및 상품과 차별화되어 각인된 이미지를 가지도록 하는 마케팅 과정이 포지셔닝(Positioning)이다.

마케팅 관리자가 올바른 시장을 선택하고, 수익을 높이기 위한 중요한 의사결정 과정으로서, 시장 세분화(Segmentation), 표적시장 선정(Targeting), 제품 포지셔닝(Positioning) 등의 세 가지 과정을 따른다. 이들 각 단계의 머리글자를 따서 'STP 전략'이라고 한다.

2 STP 전략의 실행 과정

1) 시장 세분화

시장은 서로 다른 특성을 가진 고객들로 구성되어 있다. 소득, 나이, 직업 등 개인적 특성뿐만 아니라 제품을 구매할 때 고려하는 속성, 구매 행동에 있어서도 각기 다른 모습을 보인다. 이로 인해 한 기업이 모든 고객이 만족할 수 있는 제품이나 서비스를 제공한다는 것은 사실상 불가능한 일이다. 마케팅의 효율성 및 효과성을 높이기 위하여 기업은 자사 제품의 특성에 맞고, 더욱 높은 구매의도를 보이는 고객 집단을 구체화할 필요성이 제기된다.

시장 세분화(Market segmentation)란 소비자들을 집단 내에서는 제품에 대한 요구와 구매행동이 서로 유사하고, 집단 간에는 다르도록 몇 개의 소비자 집단으로 소비자들을 군집화(Clustering)하는 방법을 말한다.

기업은 시장을 세분화할 수 있는 다양한 변수를 기준으로 세분화를 실시하여 시장구조를 가장 잘 나타내는 세분화 변수를 채택하게 되는데, 시장 세분화에 일반적으로 사용되는 변수들은 인구통계학적 변수, 지리적 변수, 심리적 변수 그리고 행동적 변수 등 네 가지 유형이 있다.

① 인구통계학적 변수 : 나이, 성별, 소득, 직업, 교육 수준, 사회적 계층, 가족 수, 인종, 국적 등
② 지리적 변수 : 지역, 국가 크기, 도시 크기, 인구밀도, 기후 등
③ 심리적 변수 : 사는 방법(Life style), 성격, 동기, 개성 등
④ 행동적 변수 : 구매 또는 사용 성향, 구매 동기(추구 편익), 사용경험, 사용률, 충성도, 제품에 대한 태도 등

한편 효과적인 시장 세분화를 위해서는 ① 측정 가능성(Measurability) ② 접근 가능성(Accessibility) ③ 충분한 규모의 시장(Substantiality) ④ 실행 가능성(Actionability) 등과 같은 네 가지 요건을 충족해야 한다.

2) 표적시장 선정

기업이 전체 시장을 몇 개의 시장으로 세분화한 다음에는 각각의 세분 시장을 평가하고 몇 개의 세분 시장을 공략할 것이며, 또한 어떠한 세분 시장을 표적시장으로 선택할 것인지를 결정해야 하는 문제에 직면하게 된다. 세분 시장을 평가하기 위해서 기업은 각 세분 시장의 규모와 성장률, 세분 시장의 구조, 기업의 목표와 자원과 같은 요인을 기준으로 세분 시장을 비교 평가해야 하며, 최적의 세분 시장을 표적시장으로 선정한다.

세분 시장에 대한 평가가 수행된 뒤 기업은 어떤 시장을 공략해야 할 것인가, 그리고 몇 개의 세분 시장을 공략할 것인가의 문제를 해결해야 한다. 이때 기업이 선택할 수 있는 마케팅 전략은 ① 무차별적 마케팅 ② 차별적 마케팅 ③ 집중적 마케팅의 세 가지로 구분해 볼 수 있다.

(1) 무차별적 마케팅(Undifferentiated marketing)

세분 시장 간의 차이를 무시하고 하나의 제품으로 전체 시장을 공략하는 전략이다. 이 전략을 구사하는 기업은 소비자들 간의 차이보다는 공통점에 초점을 두게 되며, 다수의 구매자에게 상환 청구하기 위하여 기업은 하나의 상품과 하나의 마케팅 프로그램으로 시장을 공략한다. 따라서 기업은 주로 대량 유통과 대량 광고 방식을 채택하는데, 이는 소비자의 마음속에 우수한 자사 제품의 이미지를 심어주기 위해 수행된다.

(2) 차별적 마케팅(Differentiated marketing)

이질적인 전체 시장을 세분화한 다음 두 개 이상의 복수 세분 시장을 표적시장으로 선정하고, 각 세분 시장의 요구에 부응할 수 있는 마케팅 전략을 개발하여 적용하는 방법이다. 많은 현대 기업은 차별적 마케팅 전략을 선택하여 실행하고 있는데, 그 중요한 이유는 차별적 마케팅은 일반적으로 무차별적 마케팅보다 높은 매출과 이익을 얻을 수 있다. 하지만 차별적 마케팅은 각각의 세분시장에 적합한 차별화된 마케팅 전략을 구사하기 위하여 조사와 개발, 기술 등에 큰 비용이 사용되기 때문에 일반적으로 비용의 증가를 유발하게 된다.

(3) 집중적 마케팅(Concentrated marketing)

기업의 자원이 제한되어 있으면 주로 사용되는 방법으로서 큰 시장에서 작은 시장점유율을 누리기보다는 하나 또는 소수의 작은 시장에서 높은 시장점유율을 누리기 위한 전략이다. 집중적 마케팅을 통해 기업은 자사가 공략하고 있는 특정한 시장에 속한 소비자의 요구를 매우 잘 알고 있으므로 그 시장 안에서 강력한 위치를 얻을 수 있다. 그 외에도 기업은 생산, 유통, 그리고 촉진의 특화를 통해 운영의 경제성을 누릴 수도 있다.

3) 제품 포지셔닝(Positioning)

제품 포지션(Position)은 소비자의 인식 속에 자사의 제품이 경쟁제품에 대비하여 차지하고 있는 상대적 위치를 말한다. 소비자들은 제품과 서비스에 대한 많은 정보에 노출되어 있으므로 그들이 구매 의사결정을 내릴 때마다 제품을 재평가할 수 없기 때문에 구매 의사결정을 단순화하기 위해서 소비자들은 제품을 몇 개의 카테고리로 묶는 경향이 있다. 즉, 소비자들은 제품, 서비스와 제조회사들을 그들 마음 속의 특정 위치에 저장한다는 것이다.

포지셔닝 전략은 고객의 머릿속에 확실하게 제품을 포지셔닝하여 고객의 선택 행위에 절대적인 영향력을 행사하기 위한 전략이다. 하지만 포지셔닝은 기업과 제품에 대한 소비자의 지각을 기초로 하여 수행되는 것이다. 따라서 이러한 포지셔닝을 마케팅 전략으로 활용할 때는 전체 시장을 대상으로 하기보다는 규모와 능력에 맞는 세분화된 표적시장을 상대로 전략을 구사하는 것이 효과적이다. 일반적인 포지셔닝 전략의 수립 및 실행 단계를 살펴보면 [그림 14-2]와 같다.

[그림 14-2] 포지셔닝 전략의 수립 및 실행 단계

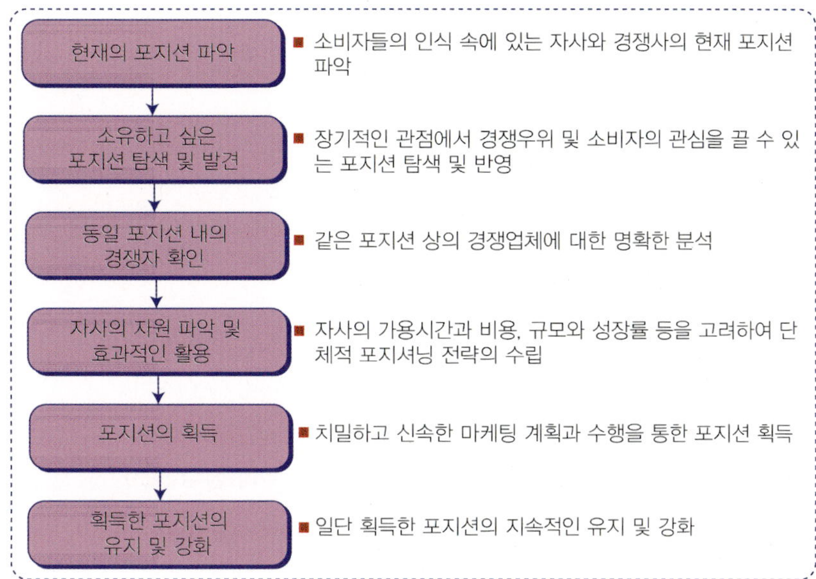

출처 : 이훈영, 마케팅, 청람, 2010, p.100

마케팅 믹스

1 마케팅 믹스 전략

마케팅 믹스(Marketing mix)는 마케팅 관리자가 기업의 마케팅 목표를 효과적으로 달성하기 위한 마케팅 실행계획 수립 시 사용할 수 있는 유용한 도구로서 마케팅 믹스는 제품 관리, 가격관리, 유통관리, 그리고 촉진 관리의 네 가지 요소로 구성되어 있다. 여기에 포함된 제품(Product), 가격(Price), 유통(Place), 촉진(Promotion)의 네 가지 마케팅 요소는 기업으로서 통제 가능한 마케팅 변수로서 기억이 쉽도록 모두 영문자 P로 시작하는 영역으로 구분하였기 때문에 4Ps라고 하기도 한다. 기업이 마케팅을 실행하는 과정에서 높은 성과를 기대할 수 있도록 이 네 가지 P를 최적으로 조합하는 것이 중요하게 인식되는데, 이를 마케팅 믹스 전략 혹은 4P 믹스 전략이라고 한다.

효과적인 마케팅이 이루어지기 위해서는, 먼저 시장 수요에 맞는 우수한 품질의 제품이나 서비스를 만들어 내고(Product), 적정한 이익이 포함된 경쟁력 있는 가격을 책정한 후(Price), 효율적인 유통경로를 활용하여 제품을 시장에 적절히 노출하고(Place), 고객이 제품을 인지하고 구매할 수 있도록 판매촉진 활동을 적극적으로 펴 나가는(Promotion) 일련의 과정이라 할 수 있다.

마케팅 믹스 전략에 있어 제품 전략은 제품뿐만 아니라 브랜드, 포장 등을 통하여 가치를 창조하는 활동을 의미하며, 가격전략은 제품의 특성이나 시장 상황에 따라 고가 전략 또는 저가전략을 구사하는 것을 의미한다. 유통전략은 합리적이고 효율적인 유통경로와 수송방법, 재고 수준 등을 결정하는 것을 의미하며, 촉진 전략은 광고, 인적판매, 홍보 등을 통하여 고객과의 효과적인 의사소통(communication)을 하는 것을 의미한다(박종만 외, 2003).

1) 제품 관리

제품이란 물건뿐만 아니라 서비스, 장소, 아이디어, 사람, 조직체 등 소비자의 필요와 욕구를 충족시킬 수 있는 유무형의 모든 것을 의미한다. 즉, 제품은 근본적으로 소비자의 욕구와 필요를 충족시키기 위해 만들어지는 것이다. 따라서 이를 체계적이고 효율적으로 기획하고 관리하는 것이 제품 관리라 할 수 있으며, 마케팅 믹스 활동의 출발점이 된다.

제품 수명주기(PLC : Product life cycle)는 한 제품이 시장에 처음 나와서 사라질 때까지의 과정을 말하는데, 일반적으로 제품 수명주기는 도입기, 성장기, 성숙기, 쇠퇴기의 네 단계로 구성된다. 이처럼 단계를 구분하는 이유는 제품도 각각 주기에 따라서 소비자의 반응, 판매량, 경쟁상태, 시장에서의 위치 등 모든 것이 변하기 때문에 이에 따라 마케팅 활동도 달라져야 하기 때문이다. 따라서 해당 제품이 어느 주기 단계에 있는지를 정확히 파악하고 나서 그에 적합한 마케팅 활동을 펴나가야 한다.

(1) 도입기

제품이 시장에 처음 소개된 시기를 말한다. 신제품의 도입기에는 소비자나 소매상도 그 제품이 새로 나왔는지 모르며, 그 제품의 편익에 대하여 거의 아는 바가 없으므로 대체로 수요가 적다. 따라서 이 시기의 마케팅 활동은 소비자에게 제품의 존재와 특성에 대하여 알리는데 중점을 두게 되며, 광고 및 홍보에 많은 투자를 하게 된다.

(2) 성장기

도입기를 지나 성장기에 들어서면 제품의 판매량이 급속하게 증가한다. 성장기에는 소비자들이 해당 제품에 대해 어느 정도 알고 취급 점포의 수도 늘었기 때문에 판매와 이익이 급속히 증가하지만, 경쟁사도 시장 진입이 활발해진다. 도입기에 기본적인 제품만을 공급했다면, 이는 확대되어 사후 서비스(A/S)와 금융, 보장 서비스 등 보다 포괄적인 제품 개념으로 전환된다. 광고도 인지도 형성에서 호감도 제고로 초점이 이동하며, 유통망 또한 강도 높은 집약적 유통전략으로 전환된다.

(3) 성숙기

매출이 최고에 이르고 규모의 경제에 따라 비용은 더욱 낮아져서 이윤이 최고조에 달하였다가 서서히 감소하기 시작하는 시기이다. 성숙기에는 판매 증가율이 줄어들기 시작하고 판매량은 일정한 수준을 맴돌게 된다. 경쟁은 치열해지고, 경쟁제품 간의 품질도 대동소이해져 마케팅 전략에 따라 제품의 생멸이 결정 나기 때문에 이 시기의 마케팅은 도전적이고 적극적으로 바뀌게 된다.

(4) 쇠퇴기

기술의 진보, 유행 소멸, 소비자 취향의 변화, 치열한 경쟁 등으로 매출액이 떨어지는 추세가 계속되는 시기이다. 이 시기에는 판매 부진과 이익 감소로 인해 몇몇 회사는 시장을 떠나고 남은 회사들은 광고와 판매촉진비를 줄이고 가격을 더 낮추며 원가관리를 강화하는 등의 자구책을 마련하게 된다.

[그림 14-3] 제품 수명주기(PLC)의 단계별 특성

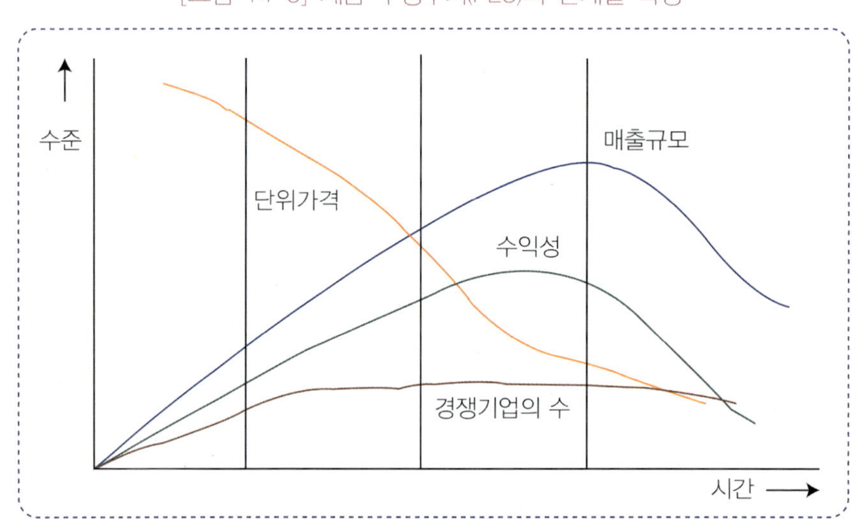

2 가격관리

가격은 제품 및 서비스의 제공 대가로서 기업이 생산하는 각 제품의 가치를 화폐단위로 표시한 것을 의미하며, 제조원가 또는 매입원가에 판매비와 관리비 및 이익으로 구성된다. 즉, 가격의 하한선은 제품의 원가가 될 것이고, 상한선은 소비자가 지각하는 가치 수준이 될 것이다.

기업이 가격 수준을 결정할 때 고려해야 할 요소는 제품의 유형, 제조방법, 기술변화 속도, 진부화 정도, 시장점유율, 촉진비용 등 다양한 요소가 있다. 이처럼 여

러 가지 요소를 고려하여 기업에서 일반적으로 사용하는 가격결정 방법은 다음과 같이 크게 세 가지 유형으로 구분할 수 있다.

① 원가 중심형

비용에 근거한 가격 결정 전략으로서, 제품의 원가에 표준 이익을 더하여 가격을 결정하는 방법이다.

② 수요 중심형

수요를 고려한 가격 결정 전략으로서, 제품에 대해 소비자가 인지하는 가치에 의해 가격을 결정하거나 수요의 강도에 의해 가격을 결정하는 방법이다.

③ 경쟁 중심형

경쟁사의 제품 가격을 고려한 가격 결정 전략으로서, 경쟁사의 제품 가격을 기준으로 가격을 결정하는 방법이다.

다음으로, 신제품의 가격 결정 방법은 다음과 같이 두 가지 형태로 구분해 볼 수 있다.

① 초기 고가격전략 : 신제품의 개발 초기에 그 시장의 고소득층 혹은 혁신적인 소비자를 대상으로 많은 이익을 얻기 위해 높은 가격을 설정하는 전략이다.

② 시장 침투 가격전략 : 기업이 그들의 신제품 가격을 낮게 설정하여 재빨리 시장에 침투하고, 많은 수의 고객을 확보하여 시장점유율을 확대하고자 할 때 사용하는 가격 결정 전략이다.

한편, 기업은 가격 결정 전략에 의해 정해진 가격을 확정가격으로 하여 바로 시장에 제품을 출시하기도 하지만, 종종 소비자의 관심을 끌거나 매출 증대를 목적으로 가격 일부를 조정하기도 한다. 기업은 다양한 방법으로 가격을 조정하는데, 대표적인 가격조정전략으로서 소비자 심리에 근거한 방법은 다음과 같다.

1) 단수 가격

제품의 가격을 십진수 단위체계보다 통상 한 두 단위 낮춘 단위체계로 가격을 조정하는 방법이다. 즉, 제품의 가격이 백 단위나 천 단위로 끝나는 것보다 끝수가 3, 5,

9와 같은 홀수(Odd number)로 끝나면 소비자들이 가격을 훨씬 저렴하게 느낀다는 전제하에 고안된 가격 수정 방법이다. 이 가정은 가격이 홀수 가격뿐만 아니라 짝수(Even number)가 되어도 소비자의 반응은 호의적이라는 것이다. 이와 더불어 가격 끝수에 8이나 9와 같은 수를 붙임으로써 가격을 최대한 내려 거의 마지노선에 제품을 판매하고 있다는 인상을 소비자에게 줄 수도 있다. 단수 가격 방법은 의류, 식료품, 일용잡화 등 다양한 상품에 폭넓게 적용되고 있다. 예로 10,000원의 가격 대신에 9,989원으로 가격을 책정하면 11원 차이지만 소비자는 심리적으로 싸다는 감을 갖게 된다.

2) 관습가격

소비자가 특정 제품에 대하여 이전부터 관습적으로 인정하는 가격으로서, 시장에서 오랫동안 일정 가격으로 정착된 제품에 흔히 사용되는 가격 조정방법이다. 이러한 유형의 제품은 소비자의 머릿속에 이미 가격이 고정되어 있으므로 가격의 변동이 쉽지 않다. 따라서 가격을 인상하면 시장의 반발을 초래할 수 있고, 내리면 품질이 이상한 것이 아닌가 하는 느낌을 소비자에게 전달하여 오히려 판매량이 떨어지는 경향이 있다. 관련 제품으로는 과자, 껌, 라면 등을 들 수 있다.

3) 권위가격

높은 가격이 곧 높은 사회적 지위와 높은 품질의 상징이라고 믿는 고객들을 상대로 가격을 조정하는 방법이다. 소비자들은 상품을 구매할 때 무엇보다 가격을 제품의 판단 기준으로 활용하는데, 이로 인해 고가의 제품은 품질이 좋고, 저가의 제품은 품질이 떨어진다고 믿게 된다. 이러한 위신 가격의 설정이 적정한 상품은 보석류, 명품류 등과 같이 구매빈도가 낮고, 소비자가 품질을 판단하기 어려운 고급품에 적합하다.

4) 가격의 조정

기업이 제품과 기준 가격 또는 가격 범위를 결정한 후에는 그것을 근거로 하여 여러 가지 상황적 요인에 따라 가격을 조정할 필요가 발생한다. 이러면 기업이 구사하는 전략에는 신제품의 가격 결정 전략, 할인과 공제, 지역적 가격전략, 심리적 가격전략, 촉진 가격전략 등이 있다.

(1) 신상품 가격전략

신제품은 기존 제품과는 달리 가격 결정을 위한 준거 점이 없기 때문에 가격을 결정하는 데 큰 위험이 따르며, 판매자에게도 큰 도전이 되고 있다. 따라서 신제품의 가격 결정을 위해서는 판매자는 시장의 성격과 소비자의 반응 특성을 면밀하게 검토하지 않으면 안 된다.

신제품 가격을 결정하는 데는 일반적으로 두 가지의 전략을 고려할 수 있다. 하나는 상층 흡수 가격전략(Skimming pricing strategy)으로써 이는 완전히 새로운 제품일 때 대규모 촉진 활동을 수행하면서 기준 가격보다 비교적 높은 초기 가격을 구사하여 경쟁제품이 나타나기 전에 신제품 개발비를 회수하려 할 때 효과적인 전략이다. 다른 하나는 침투 가격전략(Penetration pricing strategy)으로써 이는 초기 가격을 아주 낮게 책정하여 시장 수용도를 높이고 대량생산을 통해 생산원가를 낮추어 이윤을 확보하여 더욱 낮은 가격으로 시장점유율을 높이려는 목적에서 채택되는 전략이다.

(2) 할인과 공제

할인과 공제는 모두 고객이 기준 가격보다 적은 금액을 지급한다는 점에서는 같지만, 할인(Discount pricing)은 고객에게 요구하는 시장 가격 자체를 낮추는 전략인데 반하여, 공제(Allowances)는 시장 가격을 그대로 유지하면서 단지 일정한 조건으로 대금의 일부를 감면해 주는 전략이다(신유근, 1996). 공제의 대표적인 예로는 중고품 교환 공제가 있는데 흔히 가전제품이나 개인용 컴퓨터 등 내구재의 교환 판매에서 고객이 사용하던 중고품의 평가액을 대금에서 감면해 주는 것이다.

한편, 할인에는 다양한 방법이 사용된다. 예를 들면, 대금을 즉시 지급하는 고객에게 가격을 깎아주는 '현금 할인', 대량 구매 고객에게 가격을 할인해 주는 '수량 할인', 판매나 보관 등 기능을 수행하는 유통경로 상의 구성원에게 가격을 할인해 주는 '기능 할인' 또는 '거래 할인' 및 비성수기에 구매하는 고객에게 제공하는 '계절 할인' 등이 있다.

(3) 지역적 가격전략

지역적 가격전략은 수송비를 효과적으로 다루기 위해 시장의 지역적 위치, 생산시설의 입지, 지역 시장별 경쟁상황 등을 고려하여 가격을 결정하는 것이다. 대표적인 예로는 '수송비 흡수 가격전략'이 있는데, 이는 생산자가 실제 수송비의 일부 또는 전부를 부담하는 것으로 단위당 고정원가가 크고 변동원가가 작으면 고정원가를 흡수하기 위해 구사하는 전략이다.

(4) 심리적 가격전략

심리적 가격전략이란 특정한 가격이나 가격 범위가 다른 가격 범위에 비하여 고객들에게 심리적인 흡입력 내지는 호소력을 많이 갖는다는 관념을 근거로 하여 가격을 책정하는 전략으로 대표적인 것으로는 권위 가격전략, 관습 가격전략, 유인 가격전략, 단수 가격전략 등이 있다.

(5) 촉진 가격전략

촉진 가격전략은 일시적 또는 짧은 기간 동안 고객에게 가격 인하의 혜택을 제공함으로써 판매를 촉진하려는 전략이다. 대표적인 예로는 한 개 가격으로 두 개를 주는 경우, 다른 품목을 끼워 주는 경우, 시제품(Sample)을 무료로 제공하는 경우, 특정 제품을 구매하면 일정 금액을 되돌려 주는 경우, 쿠폰 소지자에게 쿠폰에 규정된 금액만큼 가격을 할인해 주는 경우, 일정액을 구매하면 가격을 할인해 주는 경우 등이 있다.

이와 같은 촉진 가격전략은 백화점과 같은 대형매점이나 대리점 등에서 널리 활용되는데, 이러한 가격전략을 구사하는 경우는 다음과 같다(임종원, 1993).

① 기존 제품에 대한 고객의 관심을 환기하려고 할 때.
② 신제품을 판매하기 위해 오래된 상품이나 계절이 지난 재고품을 처리하고자 할 때.
③ 신제품을 널리 소개하려고 할 때.
④ 특정 기간 동안 특정 상품에 대해서 특정 장소에서 특정한 경쟁상황을 극복하려고 할 때.

3 유통관리

일반적으로 상품은 도매상(재판매를 목적으로 하는 소매상들에게 상품을 제공하는 유통업태), 소매상(최종 소비를 목적으로 하는 고객을 대상으로 영업하는 유통업)과 같은 중간상인들의 손을 거쳐서 최종 소비자에게 판매된다. 유통경로(Distribution channel)란 제품이나 서비스가 소비자에게 전달 및 유통되는 경로를 말하며, 유통관리는 제품과 서비스가 생산자와 중간상 및 소비자 사이에 효율적으로 거래되도록 유통경로를 관리하는 다양한 활동을 말한다. 유통경로가 존재하는 근본적인 이유는 생산자와 소비자 사이에 시간, 장소, 형태상의 불일치가 존재하기 때문에 이를 완화하기 위함이다.

유통경로는 생산자와 소비자가 직접 연결되는 '직접 유통경로'와 중간상인이 개입되는 '간접 유통경로'의 두 가지로 구분할 수 있다. 중간상인이 없는 직접 유통경로가 유통단계를 거침에 따라 발생하는 유통비용을 줄일 수 있다는 점에서 비용효율적인 것은 사실이지만, 반드시 바람직한 것만은 아니다. 중간상인은 제품과 정보의 유통기능과 매개 기능 등을 수행하여 궁극적으로 마케팅 비용이나 거래비용을 감소시켜 상거래가 원활하게 이루어지도록 하는 중요한 임무를 수행한다. 상품 거래에 있어 중간상인의 필요성은 기본적으로 총 거래 수 최소화의 원리(Principle of minimum total transaction)에 의해 설명할 수 있다.

제품과 서비스의 거래 과정에 중간상인이 개입됨으로써 생산자와 소비자 간의 총 거래 수가 직접 유통에 비해 감소하므로 마케팅 비용이나 관리비용 등에서 효율적이다. 예를 들어, 제품 생산자가 3명, 소비자가 3명 있다고 가정해 보자. 만약 생산자와 소비자 사이에 중간상인이 존재하지 않는다면, 생산자와 소비자가 직접 대면해서 거래가 이루어지므로 총 거래 수는 '3×3 = 9회'가 되지만, 중간상인이 개입됨으로써 거래는 생산자와 중간상인 간의 거래 3회, 중간상인과 소비자 간의 거래 3회 등 총 6회로 줄어든다. 이로써 생산자와 소비자 모두 거래 수를 줄임으로써 비용절감을 이룰 수 있게 된다는 것이다.

이 외에도 중간상인은 생산자의 제품을 소비자가 원하는 장소와 원하는 시간에 소비자가 원하는 형태로 가공하여 제공하는 기능도 갖고 있으며, 전문화된 유통능력을 갖추고 제품의 유통과정에서 발생 가능한 불확실성을 감소시킬 수도 있는 등 제품의 유통과정에 중요한 임무를 수행하게 된다.

4 촉진 관리

촉진이란 소비자의 수요를 환기하고 판매가보다 잘 이루어지게 하려고 소비자에게 여러 가지 방법으로 제품에 대한 호의적인 태도를 보이도록 하고 소비자의 구매의욕을 자극하는 활동을 의미한다. 촉진의 궁극적인 목적은 판매를 촉진하는 것이다. 촉진은 판매자와 소비자 간의 원활한 의사소통이 가능하므로 촉진을 마케팅 커뮤니케이션(Marketing communication)이라고도 한다.

기업에서 사용하는 대표적인 촉진 수단은 다음과 같이 크게 네 가지 형태로 구분해 볼 수 있다.

1) 광고

매우 강력한 촉진 수단으로써, 확인 가능한 광고주에 의해 제품이나 상표, 서비스, 아이디어를 제시 또는 촉진하되 사람이 아닌 방법에 따라 대가를 지급하고 수행하는 촉진 수단이다. 기업이 광고를 위해서 매체를 선택하는 데 있어 고려해야 할 요소로는 표적시장의 특성과 규모, 고객의 매체 선호도, 예산, 메시지의 연속성, 복합매체의 이용 가능성 및 효과, 광고회사의 신용도 및 실적 등 다양하다. 기업에서 사용할 수 있는 매체는 매우 다양한 형태가 존재하는데, 대표적인 매체로서 TV, 라디오, 신문, 잡지, 전단 등이 있다.

〈표 14-1〉 주요 광고매체별 특성

구분	장 점	단 점	주적용 업종
T V	· 시청각매체로 소구력이 강함. · CM의 오락성이 크다 · 세대 간 의견통일이 촉진 된다 · 실물의 실연제시를 할 수 있다 · 즉효성·동시성이 있다	· 광고비가 고가임 · 시청률의 변동이 큼 · 제작기간과 예산이 많이 소요 · 짧은 시간- 충분한 설명 불가	아동용품, 약품, 식품, 가전품전문점
라디오	· 감정적 소구를 할 수 있다 · 지역적 융통성이 있다 · 청취자와 대화가 가능. · 소구력이 비교적 강하다 · 시간적·공간적 장애 극복 · 가격이 비교적 싸다 · CM제작이 간단하다 · TV의 보조매체효과가 있다	· 청각에만 의존하므로 확인이 안 된다. · 대상이 한정 된다	식품, 약품, 가전품
잡지	· 소구대상이 비교적 명확하다 · 기록성·보존성이 강하다 · 감정적·분위기적 소구 가능 · 지면 독점이 비교적 용이. · 기사와 연동이 가능하다 · 원색광고가 가능하다 · 해독성이 좋다	· 원고준비가 너무 이르다 · 비교적 비싸다 · 선택융통성이 없다	여성용품, 식품, 화장품, 자동차, 카메라
신문	· 열독률·주목률이 인정됨. · 내부영역이 넓다 · 기록성·보존성이 있다 · 신문의 위력 이용 가능하다. · 적시에 광고를 낼 수 있다 · 탄력적 광고를 할 수 있다 · 항독률이 강하다	· 재미가 결여되는 수가 많다 · 소구대상이 명확하지 않다 · 특정신문에만 광고하기가 어려워 일시에 많은 광고비가 소요 된다	백화점, 금융업, 영화, 서적, 부동산 안내, 캠페인
전단	· 효과측정이 용이. · 예산에 합당한 광고 가능. · 매력적인 설득을 할 수 있다 · 정보를 충분히 줄 수 있다	· 노출보장 없음 · 신뢰성이 낮다 · 소구범위가 협소하다 · 가격이 비싸다	소매점, 부동산
옥외 매체	· 계속적인 광고효과가 기대됨 · 눈에 띄기가 쉽다 · 충동구매를 자극한다. · 매스미디어의 보완이 된다. · 조명효과가 가능하다	· 거의 설명을 할 수 없다 · 옥외광고규제의 대상이 되기쉽다	모든 업종
교통 매체	· 샐러리맨 대상으로 강하다 · 지역융통성이 있다 · 뉴스성이 있다 · 반복적 소구가 가능하다 · 색채효과가 대단하다	· 소구대상이 한정 된다 · 충분한 설명을 할 수 없다	약품, 서적, 여성용품
직접우 송광고 (DM)	· 소구대상이 매우 명확하다 · 선택유동성이 크다 · 전략성이 크다(경쟁기업이 모른다)	· 명단의 입수가 곤란하다 · 소구범위가 협소하다 · 가격이 비싸다	서적, 통신판매, 백화점, 금융업

[출처 : 최종필, 1995. 수정]

2) 홍보

광고와는 달리 광고주가 대가를 지급하지 않은 상태에서 제품 판매에 도움이 되는 메시지를 인쇄 매체나 시청각 매체를 통하여 보도되도록 하는 것을 말한다. 기업은 홍보를 중요한 촉진 수단으로 사용할 수 있는데, 예를 들면, 신문, 잡지, TV 등의 매체에서 자사의 제품이나 기업 활동에 관한 기사와 뉴스를 게재하고 방송하도록 함으로써 고객의 인지도를 높이고 수요를 환기할 수 있는 것이다. 이와 같은 홍보는 다음과 같은 몇 가지 특징이 있다(오상락, 1990).

(1) 진실성

대중매체의 기사는 정확하고 신속함을 생명으로 한다. 따라서 독자나 시청자들은 객관적 입장에서 보도되고 기사화되어 있는 제품이나 서비스에 대한 정보는 보다 정확도와 진실성이 높다고 믿게 된다.

(2) 경계심의 해소

판매원이나 광고를 이용하여 메시지를 전달하면 잠재적 소비자들이 의식적·무의식적으로 방어하는 자세를 취하지만, 기업의 정보가 뉴스라는 형태로 전달되면 오히려 호기심을 갖고 메시지를 적극적으로 받아들이는 경향이 있다.

(3) 각색

홍보는 기업의 이미지나 제품을 각색하여 극적으로 표현할 수 있는 잠재력이 있다.

3) 인적판매

매출을 실현할 목적으로 한 사람 또는 그 이상의 예상 구매자들에게 직접 대화를 통해 제품이나 서비스에 관한 정보를 제공하고 구매를 촉구하는 활동을 의미한다. 인적판매는 예상 구매자들과 직접 접촉하여 제품을 이해시킬 수 있고, 제품에 대한 관심을 높여서 제품 선호 상태까지 유도할 수 있다는 이점이 있다. 반면 고객과의 직접적인 면대면 접촉으로 이루어지므로 상당한 비용을 감수해야 하는 단점이 있다.

4) 판매촉진

자사의 상품이나 서비스의 판매를 늘리기 위하여 짧은 시간에 주로 판매업자나 소비자들을 대상으로 하는 광고, 홍보, 인적판매 이외의 여러 가지 촉진 활동이다.

판매촉진의 수단이나 도구는 매우 다양한데, 판매촉진의 대상을 기준으로 봤을 때 고객 촉진, 거래처 촉진, 판매원 촉진 등 세 가지 유형으로 구분해 볼 수 있다.

판매촉진의 수단을 고객, 거래처, 판매원 등으로 분류하여 살펴보면 다음과 같다.

(1) 고객 촉진

고객 촉진(Consumer promotions)의 수단에는 본보기(sample) 제품, 할인쿠폰(Coupon), 현금 환급, 소액 할인, 사은품, 무료 사용, 시연(의상발표회·박람회·작품전시회) 등이 있다. 이들 판촉 수단은 주로 고객들의 구매 욕구를 자극하려는 데 그 목적이 있다.

(2) 거래처 촉진

거래처 촉진(Trade promotions)은 거래상에게 자사 제품에 대한 거래량과 거래액을 증대시키도록 자극하기 위한 판촉으로 중요한 판촉 수단으로 구매 할인, 취급점 지원(광고보조금·진열지원금), 무료 제품 제공, 판매경쟁 조성 등이 있다.

(3) 판매원 촉진

판매원 촉진(Sales force promotions)은 자사 제품 판매원이 판매량과 판매액을 증대시키도록 자극하기 위한 판촉으로 대표적인 판촉 수단으로는 상여금(Bonus), 판매원의 회의(Sales meeting), 판매원의 경쟁(Sales force contest) 등이 있다.

이상과 같은 판매촉진 활동의 효과는 광고효과보다 빨리 나타나며 측정하기가 비교적 간단하다. 또한, 판매촉진은 주로 가격에 민감한 고객 계층에서 큰 효과가 있다. 그러나 이것을 짧은 시간 간격으로 계속해서 진행하게 되면 그 효과는 급격히 감소하게 되어 제품의 품질과 가격 수준을 의심받게 되는 위험이 수반된다(오상락, 1990).

5 내부 마케팅

마케팅하면 그동안 우리는 고객 즉, 외부 마케팅에만 치중하여 왔다. 그러나 기업을 만들고 유지해주는 힘의 단위는 직원들 한 사람 한 사람의 힘의 조합이다. 따라서 좋은 직장을 만들어주는 것은 직장이 희망을 주는 곳이 된다.

직장에서 하고 싶은 일을 하면서 경제적 풍요를 즐기며 여유로운 생활을 할 수 있는 직장이 좋은 직장인데 과연 이런 직장이 있을까?

국민경제교육연구소에서 성인 1천5백 명에게 '일하는 이유'를 물었더니 더욱 풍요로운 생활(42%), 생활유지(36%), 일하는 보람(13%), 능력 발휘(5%)의 순으로 꼽았다. 경제적 이유가 대부분이다. 내부 마케팅은 직원 만족을 위한 마케팅이라고 할 수 있다.

1) 스트레스 줄이기

직장에서의 스트레스가 육체적 결핍보다 치사율이 2배 이상 높은 것으로 알려져 있다. 예를 들면 권위적인 상사 등, 조직 생활에서 발생하는 직장의 스트레스가 영양실조, 수분 부족 등 육체적 결핍보다 갑절이나 치명적이라는 것이다.

2) 좋은 직장 만들기

최고의 직장으로 뽑힌 회사들은 공통으로 인사제도와 복리후생제도가 뛰어난 것으로 분석됐다. 인력관리 전문 컨설턴트에 의하면 최고의 직장은 직원들을 평등하게 대하고 존중한다는 특징을 갖고 있다. 좋은 직장의 특징과 해당 부문의 대표기업을 살펴보면 다음과 같다.

(1) 합리적인 인사관리

삼성의 경우 직원들이 자신에게 맞는 일을 찾을 때까지 자율적으로 이동을 결정하는 독특한 경력관리 제도를 갖추고 있다.

(2) 섬세한 복리후생제도

국내 은행은 15년 이상 근무하면 매년 6일간의 안식 휴가를 주고 있다. 주 40시간을 근무하는 한국 HP는 일부 재택근무를 도입했고 출·퇴근 시간을 정해놓지 않은 유연근무제도를 갖고 있다.

(3) 풍부한 자기계발 기회

지역전문가 제도, 온라인 교육, 집체 교육을 하고 있으며, 교육을 위해서라면 1년간 휴직할 수 있도록 배려한다.

마케팅 트렌드(Marketing trend)

1 관계마케팅(CRM)

기존의 마케팅에서는 새로운 고객을 유인하여 시장점유율을 높이는 데 초점을 두어왔다. 하지만 이처럼 신규 고객을 대량으로 유치하기 위해서는 광고나 홍보 등과 같은 다양한 판매촉진 활동이 필수적인데, 이러한 판매촉진을 수행하는 과정에서 큰 비용을 지출해야 한다. 또한, 대규모 투자를 통해 새로운 고객을 유인하는 데 성공하여 일시적으로 시장점유율을 높였다고 하더라도 그 고객들이 장기간, 그리고 지속해서 자사의 제품을 구매해 주리라는 보장 또한 없다.

이러한 관점에서 최근에는 고객관리에 대한 접근방법이 달라지고 있다. 기존에는 신규 고객의 유치에 마케팅의 초점을 두었던 반면, 이제는 기존의 고객을 얼마나 오래 잘 유지하는가, 즉, 고객 점유율을 얼마나 높이는가에 마케팅의 초점이 주어지고 있다. 또한, 기업 입장에서 모든 고객이 같은 중요성이 있지 않다고 보는 관점이 확산되고 있다. 예를 들어, 파레토의 법칙(Pareto's principle) 혹은 20:80법칙에 근거한 고객관리를 들 수 있다. 이 법칙은 우리가 일상에 경험하는 다양한 분야에 적용되고 있는데, 마케팅의 관점에서는 상위 20%의 고객들이 80%의 매출을 유발하기 때문에 이들 상위 20%의 고객들을 특히 집중적으로 관리해야 한다는 것이다. 이러한 상위 고객들은 제품 구매에 대한 충성도, 재 구매율이 높으므로 기업 수익에 많은 도움을 주게 된다.

최근 기업에서 고객관리 기법으로 높은 관심을 받는 것이 바로 고객관계관리(CRM : Customer relationship management)이다. CRM은 고객에 대한 정보를 수집하고 수집된 정보를 효과적으로 활용하여, 신규 고객 유치 → 우수고객 유지 → 고객가치 증진 → 잠재고객 활성화 → 평생 고객화의 과정을 통해 고객을 효과적으로 관리하고 유지하며, 고객으로부터 최대의 가치를 실현하기 위한 기업의 마케팅 전략이라고 할 수 있다. 기업은 CRM을 구축하고 운영함으로써 매우 다양한 이익을 창출할 수 있는데, 우선 우수고객의 유지비율을 향상할 수 있으며, 고객의 이탈로 인한 손실을 최소화할 수 있다. 또한, 잠재고객을 활성화해 매출을 증가시킬 수도 있고, 고객 관련 자료를 과학적으로 분석하여 그 결과를 근거로 마케팅 활동을 효과적으로 수행함으로써 수익증대 및 비용절감 효과를 기대할 수 있다.

2 인터넷 마케팅

인터넷 마케팅(Internet marketing)은 소비자와 기업 간의 커뮤니케이션과 상거래가 인터넷이라는 쌍방향 매체(Interactive media)를 통해 이루어지는 것으로서 온라인 마케팅(Online marketing)이라고도 한다. 인터넷 마케팅은 인터넷 웹사이트의 배너(Banner) 광고, 동영상 광고, 이메일, 커뮤니티 등 다양한 방법을 통해 이루어진다.

최근 들어 인터넷 사용인구가 급속하게 증가하면서 인터넷 비즈니스의 시장 기회가 급속히 확대되고 있으며, 상당수의 기업이 인터넷을 통해 사업을 영위하거나 기존의 사업에 인터넷 매체를 접목한 사업을 추진하고 있다. 이처럼 인터넷의 활용은 기업에 있어 생존을 위한 선택이 아니라 필수조건이 되어가고 있다.

인터넷을 통한 마케팅 활동은 잠재 구매자 혹은 이용 고객에게 다음과 같은 이점을 제공한다.

1) 이용 편의성

고객은 인터넷을 통해 언제 어디서나 제품을 주문할 수 있다. 소비자는 점포를 방문하기 위해 먼 거리를 이동하거나 장시간 기다릴 필요가 없으며, 원하는 제품을 찾기 위해 점포 내의 복잡한 통로를 돌아다닐 필요도 없다. 즉, 인터넷 웹사이트를 통한 몇 번의 클릭으로 제품 구매가 가능하다.

2) 정보 탐색성

고객들은 본인이 위치한 가정이나 사무실에서 여러 경쟁기업과 제품들에 대한 정보를 쉽게 탐색할 수 있다. 또한 제품 가격, 품질, 성능, 구매 경험자의 평가 등 객관적인 기준들을 토대로 구매 대안을 평가할 수 있다.

3) 판매원의 고압적 판매 노력을 회피할 수 있음

온라인 서비스를 이용하는 고객은 판매원들의 설득하는 노력으로 인한 불쾌감을 경험할 필요가 없으며, 불필요한 간섭 없이 자신이 원하는 방식으로 제품에 대한 탐색이 가능하다.

한편, 인터넷 마케팅 활동을 통해 기업은 다음과 같은 이점을 추구할 수 있다.

1) 시장환경 변화에 대한 신속한 대응성

기업은 시장환경의 변화에 대한 신호를 빠르게 포착할 수 있고, 이에 따라 신속하게 제품을 변화시킬 수 있다.

2) 원가 절감

인터넷 마케팅을 이용하면 점포 구입 및 유지비용(임대료, 보험료, 관리비 등)의 지출을 최소화할 수 있다. 또한 디지털 카탈로그(Digital catalog)를 통해 인쇄된 카탈로그의 제작과 소비자 전달에 따른 비용을 절감할 수 있다.

3) 고객과의 관계 구축 및 유지 가능

기업은 인터넷을 이용함으로써 광범위하게 소비자에게 접근이 가능해지고, 고객들과 더욱 쉽고 긴밀한 대화가 가능하며, 이를 통해 많은 것을 배울 수 있다. 마케팅 관리자는 인터넷 서비스 시스템 내에 무료 소식지나 소프트웨어 본보기를 적재하여 소비자에게 쉽게 전달할 수 있으며, 소비자는 이러한 정보를 자신이 소유한 온라인 공간에 저장할 수 있다.

4) 정확한 고객 규모 파악 가능

마케팅 관리자는 얼마나 많은 사람이 자사의 웹사이트를 방문하며 사이트 내 특정 장소에 머무르는 사람들의 숫자는 얼마인지 쉽게 알 수 있다. 이러한 정보는 표적 고객의 욕구에 부합하도록 제품 믹스와 광고를 향상하는데 유용하게 활용될 수 있다.

3 DB 마케팅

DB 마케팅(Database marketing)은 고객에 대한 여러 가지 정보를 컴퓨터를 이용하여 데이터베이스로 구축해 놓고, 이를 이용하여 체계적으로 마케팅을 기획하고 실행하는 방식을 말한다. 즉, DB 마케팅은 기업의 DB에 축적된 고객의 상세한 인적사항이나 거래에 관한 정보를 활용해서 고객 유형별로 요구와 관심사를 파악하고, 이에 적합한 상품과 서비스에 관한 판촉 메시지를 DM(Direct mail), 텔레마케팅(Telemarketing) 등을 통해 효과적으로 전달함으로써 마케팅 비용을 절감할 뿐만 아니라 다양한 소프트웨어 프로그램을 활용한 분석 결과를 통해 효과적인 마케팅 전략을 수립해 나가는 새로운 마케팅 기법을 의미한다. DB 마케팅은 특히 신용카드사, 보험회사, 은행 등과 같은 금융기관, 백화점, 항공사 등과 같이 고객의 상세한 정보가 중요하게 인식되는 기업에서 널리 사용되는 방식이다.

전통적인 마케팅 전략이 TV와 잡지 등 대중매체를 통해 대대적인 광고를 함으로써 불특정 다수의 소비자에게 일괄적인 정보를 제공하고, 이를 통해 대량 판매를 기대하는 방식이라고 한다면, 앞으로의 마케팅 전략은 개별 고객의 특성을 파악하고, 이를 토대로 선별된 고객, 개인 혹은 집단을 대상으로 좀 더 다양한 매체와 방법을 동원하여 지속적이고 일관성 있는 노력을 집중하는 방식으로 변화하고 있다.

효율적이고 효과적인 마케팅 활동을 전개하기 위해서는 과학적 접근방법이 필요하다. 기업이 목표 고객을 선정하는 데 있어, 어떤 고객이 자사의 특정 제품과 서비스에 높은 관심이 있고 구매 가능성이 큰지를 알고 그들의 소재지를 파악할 수 있다면, 불필요한 마케팅 비용을 대폭 줄일 수 있다. 그리고 선별된 고객층을 대상으로 더욱 효과적인 마케팅 전략의 수립과 실행을 할 수 있다. 이것을 가능하게 해 주는 것이 바로 DB 마케팅이다. DB 마케팅은 축적된 고객 관련 데이터를 바탕으로 누가 주된 고객인지, 그들의 구매행태는 어떠한지, 그리고 그들의 이름, 성, 나이, 라이프 사이클, 주소지 등 프로 파일이 어떠한지를 명확하게 밝혀주기 때문이다.

4 쇼셜 마케팅(Social marketing)

인터넷상에서 친구, 선후배, 동료 등 지인들과의 인맥 관계를 강화하고, 새로운 인맥을 쌓으며 폭넓은 인간관계를 형성할 수 있도록 해 주는 서비스를 쇼셜 네트워크 서비스(SNS : Social network service)라고 한다. SNS는 인터넷에서 개인의 정보를 공유할 수 있게 해 주고, 개인 간의 의사소통을 도와주는 1인 미디어, 혹은 1인 커뮤니티라 할 수 있다. 대표적인 SNS로는 트위터(Twitter), 페이스북(Facebook), 카카오스토리(Kakao Story) 등이 있다. 쇼셜 마케팅(Social marketing) 혹은 쇼셜 네트워크 마케팅(Social network marketing)이란 개인의 인적 네트워크의 형성과 관리를 위해 이용하는 SNS를 이용하여 효율적이고 효과적인 마케팅 활동을 전개해 나가는 것을 의미한다.

개인의 표현 욕구가 강해지면서 사람들 사이의 사회적 관계를 형성하게 하고, 친분을 유지하도록 지원해 주는 쇼셜 네트워크 서비스 또한 점차 진화하고 있다. 인터넷상의 카페, 동호회 등의 과거 온라인 커뮤니티 서비스가 특정 주제에 관심을 가진 집단이 그룹화하여 폐쇄적인 서비스를 공유하는 반면, SNS는 개인이 중심이 되고, 자신의 관심사와 개성을 공유한다는 점에서 차이가 있다. 초기의 SNS는 주로 사회적 관계의 형성 및 유지, 엔터테인먼트(Entertainment)의 용도로 활용되었으나, 최근에는 비즈니스와 각종 정보공유 등의 목적으로 SNS를 사용하는 경향이 생겨났다. 더욱이 최근 스마트폰의 급속한 확산과 맞물려 SNS의 활용 폭이 더욱 증가하고 있다.

쇼셜 네트워크 마케팅을 이용하기 위해서 판매자는 쇼셜커머스(Social commerce) 업체와의 협으로 상품 가격에 얼마만큼의 할인이 들어갈 것인지, 최저 판매개수 및 최대 판매개수, 쇼셜커머스 업체에 지불할 수수료를 결정하게 된다. 그리고 전반적인 마케팅 기획 및 비용은 쇼셜커머스 업체가 지원하게 된다. 일단 쇼셜 마케팅이 시작되면, 검색광고, 바이럴 마케팅(Viral marketing) 등을 집중적으로 실시하여 최소 목표개수가 초과가 되면 진행이 되고, 최저 개수가 채워지지 않을 때에는 자동취소가 되기 때문에 할인을 받으려는 구매자들이 인원을 초과하기 위해 자발적으로 주변 사람들에게 광고와 홍보를 하게 된다.

이처럼 쇼셜 마케팅을 이용하면 판매자는 상대적으로 저렴한 마케팅 비용으로 한 번에 많은 고객을 유치할 수 있고, 소비자는 저렴한 가격에 상품의 구매가 가능하므로 판매자와 소비자 간의 상호 이익(Win-win) 효과를 창출할 수 있는 이점이 있다. 쇼셜 마케팅은 저렴한 마케팅 비용으로 대량 판매를 추구할 수 있고, 번거로운 광고 및 홍보물 제작과정이 없이 효과적인 마케팅을 진행할 수 있어 최근 다양한 기업에서 이용이 폭발적으로 증가하고 있는 마케팅 방식이다.

학습 목표 요약

1. 마케팅이란 무엇인가?

마케팅이란 개인이나 조직의 목표를 충족시키는 교환 관계를 창출해 내기 위하여 아이디어·제품·서비스의 개념 정의, 가격결정, 촉진, 그리고 유통 활동을 계획하고 실행해 나가는 과정이다.

2. STP 전략의 실행 과정은 무엇인가?

시장 세분화 - 표적시장 선정 - 제품 포지셔닝

3. 마케팅 믹스의 네 가지 요소는 무엇인가?

마케팅 믹스는 마케팅 관리자가 기업의 마케팅 목표를 효과적으로 달성하기 위한 마케팅 실행계획 수립 시 사용할 수 있는 유용한 도구이며, 제품 관리, 가격관리, 유통관리, 그리고 촉진 관리 등 네 가지 요소로 구성되어 있다. 여기에 포함된 제품, 가격, 유통, 촉진 등 네 가지 마케팅 요소는 기업 입장에서 통제 가능한 마케팅 변수로서 기억이 쉽도록 모두 영문자 P로 시작하는 영역으로 구분하였기 때문에 4Ps라고 하기도 한다.

4. 제품 수명주기(PLC)는 무엇인가?

한 제품이 시장에 처음 나와서 사라질 때까지의 과정을 말하는데, 일반적으로 제품 수명주기는 도입기, 성장기, 성숙기, 쇠퇴기의 네 단계로 구성된다. 이처럼 단계를 구분하는 이유는 제품도 각 주기에 따라서 소비자의 반응, 판매량, 경쟁상태, 시장에서의 위치 등 모든 것이 변하기 때문에 이에 따라 마케팅 활동도 달라져야 하기 때문이다.

5. 기업의 상품 가격 결정 및 조정 방법은 무엇인가?

① 원가 중심형 : 비용에 근거한 가격결정 전략으로서, 제품의 원가에 표준 이익을 더하여 가격을 결정하는 방법이다.

② 수요 중심형 : 수요를 고려한 가격결정 전략으로서, 제품에 대해 소비자가 인지하는 가치에 의해 가격을 결정하거나 수요의 강도에 의해 가격을

결정하는 방법이다.

③ 경쟁 중심형 : 경쟁사의 제품 가격을 고려한 가격 결정 전략으로서, 경쟁사의 제품 가격을 기준으로 가격을 결정하는 방법이다.

신제품의 가격결정 방법

① 초기 고가격전략 : 신제품의 개발 초기에 그 시장의 고소득층 혹은 혁신적인 소비자를 대상으로 많은 이익을 얻기 위해 높은 가격을 설정하는 전략이다.

② 시장 침투 가격전략 : 기업이 그들의 신제품 가격을 낮게 설정하여 재빨리 시장에 침투하고, 많은 수의 고객을 확보하여 시장점유율을 확대하고자 할 때 사용하는 가격 결정 전략이다.

용어해설

▶ 마케팅 콘셉트(Marketing concept)?

고객의 욕구 충족을 통한 기업의 목표 달성을 위하여 전사적 차원에서 통합적 노력을 경주하는 고객 지향적 경영철학

▶ 시장 세분화(Market segmentation)란?

소비자들을 집단 내에서는 제품에 대한 니즈와 구매행동이 서로 유사하고, 집단 간에는 상이하도록 몇 개의 소비자 집단으로 소비자들을 군집화(Clustering)하는 방법

▶ 제품의 포지션(Position)은?

소비자들의 인식 속에 자사의 제품이 경쟁제품에 대비하여 차지하고 있는 상대적 위치

▶ 파레토의 법칙(Pareto's principle)?

마케팅 관점에서 상위 20%의 고객들이 80%의 매출을 유발하기 때문에 이들 상위 20%의 고객들을 특히 집중적으로 관리해야 한다는 것

▶ DB 마케팅(Database marketing)은?

고객에 대한 여러 가지 정보를 컴퓨터를 이용하여 데이터베이스로 구축해 놓고, 이를 이용하여 체계적으로 마케팅을 기획하고 실행하는 방식

▶ 쇼셜 네트워크 서비스(SNS : Social network service)?

인터넷상에서 친구, 선후배, 동료 등 지인들과의 인맥 관계를 강화하고, 새로운 인맥을 쌓으며 폭넓은 인간관계를 형성할 수 있도록 해 주는 서비스

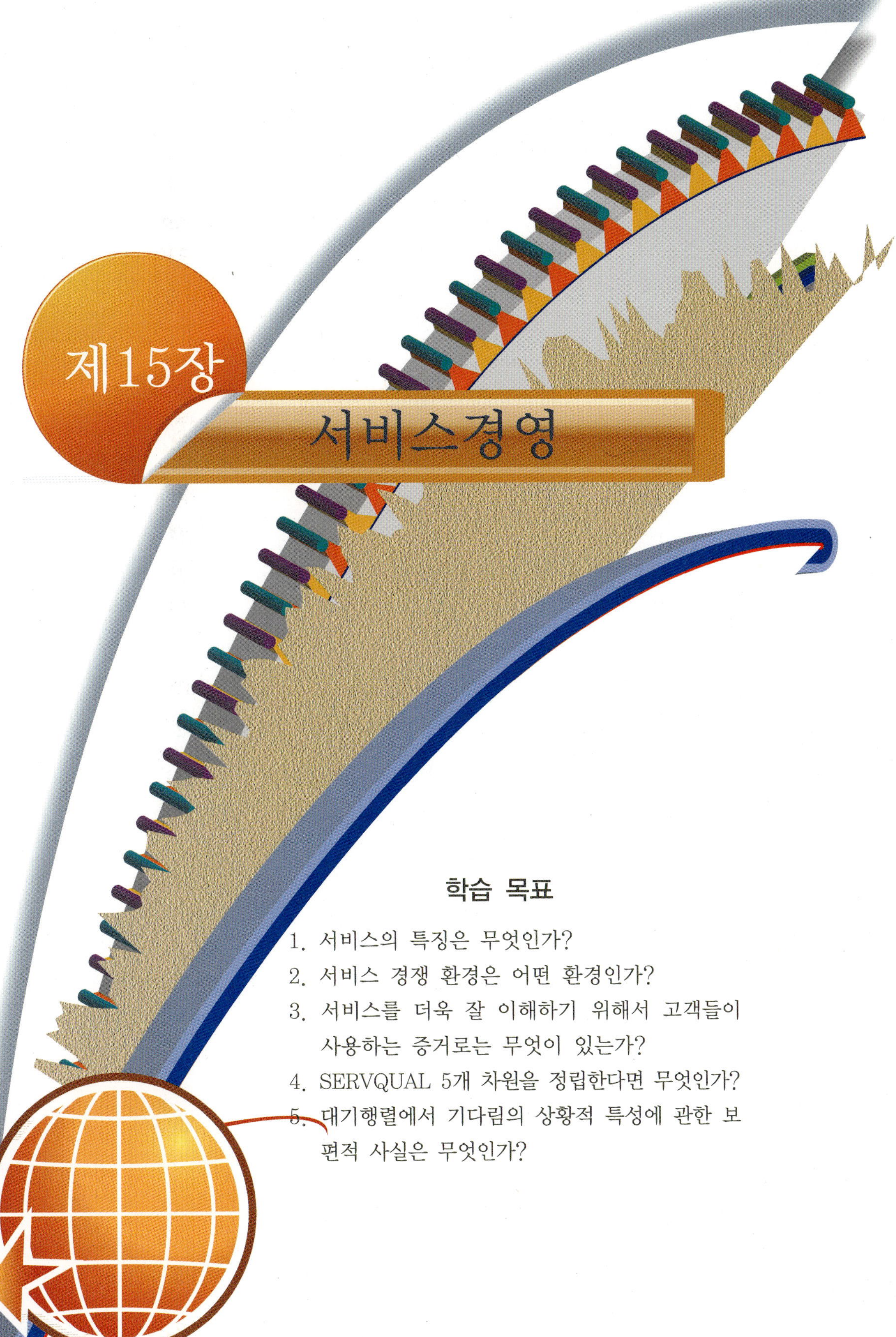

제15장 서비스경영

학습 목표

1. 서비스의 특징은 무엇인가?
2. 서비스 경쟁 환경은 어떤 환경인가?
3. 서비스를 더욱 잘 이해하기 위해서 고객들이 사용하는 증거로는 무엇이 있는가?
4. SERVQUAL 5개 차원을 정립한다면 무엇인가?
5. 대기행렬에서 기다림의 상황적 특성에 관한 보편적 사실은 무엇인가?

제1절 서비스 경영의 현재

1 서비스의 이해

서비스에 대한 정의는 다양하지만 무형성(Intangibility)과 생산과 소비의 동시성(Simultaneous consumption)이라는 특징이 공통으로 포함되고 있다(서비스경영연구회 편역, 2002).

서비스는 전통적 사고의 한계인 봉사, 친절 등의 추상적인 한계를 벗어나 눈에 보이지 않는 아름다움의 창조와 같은 무형적이면서도 인간의 삶의 질을 향상해주는 것이다. 따라서 서비스는 기업의 사명, 기업의 목표 또는 기업의 정신으로 승화시켜야만 한다.

2 서비스의 특징

고도의 산업화 산업이 발달하면서 서비스 산업도 규모의 경제를 실현하고 있다. 따라서 서비스의 개념도 확대되고 있으며 서비스 자체에 특성을 보이고 있다. 서비스는 유형의 제품에서 볼 수 없는 여러 가지 특성을 지니고 있으며 이러한 특성은 서비스 프로세스를 설계하는 데 중요한 역할을 한다. 일반적으로 서비스의 특성은 무형성, 비분리성, 변화성, 소멸 가능성으로 분류한다.

서비스는 기본시설과 보조용품을 이용한 명시적이고 묵시적인 패키지로서 다중적 차원의 서비스 프로세스를 개방적인 관점에서 만들어져야 한다. 일반적으로 서비스의 특징을 분류하면 다음과 같다.

1) 무형의 활동

제품은 그 자체가 고객의 욕구를 만족하게 해주나 서비스는 서비스의 주체인 서비스 제공자와 고객 간의 접점에서 그 특성이 나타난다. 따라서 서비스는 서비스를 제공하는 고객 접점의 제공자의 능력에 의존하기 때문에 인간미가 중요시되며 서비스 제공자의 능력에 따라 달라지므로 프로세스화하여 고객에게 믿음을 제공하여야 한다.

따라서 구매자는 서비스제공자에게 믿음을 가져야 하는데 고객의 신뢰를 개선하기 위하여 서비스제공자들은 다음과 같은 방안을 선택할 수 있다(임종만 외, 2003).

첫째, 그들은 서비스의 구체성과 유형성 증대를 위해 노력해야 한다. 미용사나 미용 상담사는 고객이 파마(Permanent)나 기타 원하는 서비스를 받은 후 기대할 수 있는 고객의 외모나 스타일을 가늠할 수 있게 사진 또는 컴퓨터 그래픽을 통해 제시할 수 있다.

둘째, 서비스제공자들은 단순히 그 특징을 묘사하기보다는 서비스 혜택을 강조할 수 있다. 예를 들어, 치과의사는 치열교정의 기술적 단계를 설명하기보다는 교정 후 그가 얼마나 아름다운 미소를 가질 수 있는지 말해준다. 미용사도 마찬가지다. 머리를 아름다운 모양으로 만들어 줌과 동시에 유지하고 만지는 비결을 알려주고 그 편의성과 시간 절약에 대한 다른 혜택도 함께 제공한다.

셋째, 신뢰를 증대시키기 위해 자신의 서비스에 대해 상표명을 개발할 수 있다. 머릿결을 보호하며 파마를 할 수 있다는 산소 파마나 곱슬머리라도 마술처럼 펴준다는 매직 스트레이트 등은 말만으로도 고객에게 효과성과 신뢰를 주고 있다.

넷째, 서비스제공자들은 서비스에 대한 신뢰성을 창출하기 위해 저명인사를 이용할 수 있다. 가장 대표적인 저명인사, 특히 연예인을 많이 이용한 마케팅이다.

2) 생산과 소비의 동시성

상품은 생산과 소비가 분리되어 생산 이후 판매되고 나중에 소비되는 과정이 있다. 제품이 생산되면서 서비스도 함께 생산되고 있지만, 일반적으로 서비스는 제공자와 소비자의 접촉에서 발생한다. 즉, 서비스는 제품과 같이 포장되어 있다가 고객이 필요로 할 때 제공될 수는 없다. 따라서 서비스는 최적의 프로세스를 개발하여 고객에게 최적의 만족을 제공하기도 한다. 이는 생산과 소비가 동일 장소에서 이루어짐을 의미한다.

서비스는 공급자와 수요자의 접점에서 발생함으로 매우 중요한 의미가 있다. 예를 들면 e-서비스를 받기 위하여 컴퓨터라는 제품을 구매하여야 한다. e-서비스는 무형의 서비스이지만 컴퓨터 구매는 유형의 서비스이다. 여기서 컴퓨터라는 제품을 구매하기까지는 제품과 서비스가 공존하여 판매되고 있다. 고객이 컴퓨터를 구매하기 위하여 매장을 방문하였을 시 유형의 제품인 컴퓨터 외에도 매장의 분위기와 청결함 그리고 직원의 친절함을 함께 구매하는 것이다.

3) 다양성

제품 생산은 일정한 품질의 원료를 공급하면 동일한 제품을 생산할 수 있으나 서비스는 소비자의 접점에서 제공자에 따라 다양하게 나타난다. 이는 소비자의 환경, 욕구, 문화, 등에 따라 다양한 주문을 원하기 때문이며, 서비스를 제공하는 제공자 역시 개인의 성격, 기분, 업무 처리 능력 등에 따라 다양하게 나타난다. 따라서 누가 제공하느냐에 따라 서비스는 달라진다.

4) 즉흥성

고객에게 제공된 서비스는 서비스 제공자에게는 제품이지만 고객에게는 만족과 불만족의 경험이 된다. 서비스는 고객만족을 목표로 하므로 잘 훈련된 직원의 자질에 따라 결과가 다르게 나타난다. 따라서 기업의 성공 여부는 인적 자원관리가 중요한 역할을 한다.

5) 소멸성

제품은 재고를 보유하면서 반복 판매가 가능하지만, 서비스는 고객이 구매 후 보관 저장하여 다음에 사용할 수가 없다. 서비스는 수요가 안정적이지 못할 때 대처능력이 없으면 고객은 떠나게 된다. 따라서 예약제도와 같은 고객과의 사전 약속으로 서비스의 수요에 대처하는 방법도 있다.

예를 들면 고속철도와 같이 시간과 좌석은 제한되어 있어 출발 직전까지 판매하지 못하면 소멸한다. 이러한 과잉 생산은 기업의 손실로 전환되며, 수요가 충족하지 못하면 소비자의 인지된 이미지 하락 등에 의하여 기업의 이미지와 기회이익을 잃게 된다.

3 서비스 경쟁 환경

일반적으로 서비스 기업은 다른 경제적 여건에서 경쟁함으로써 이러한 경쟁 환경은 서비스 경영에 어려움이 따른다. 이러한 어려움의 이유는 다음과 같다.

1) 비교적 낮은 전반적인 진입장벽(Entry barriers)

서비스의 혁신은 특허를 받을 수 있는 것이 아니고, 대부분은 서비스는 자본 집약적이 아니다. 따라서 혁신은 경쟁자가 쉽게 모방할 수 있다. 그러나 최상의 해변에 자리 잡은 휴양 호텔 입지처럼 다른 유형의 진입장벽이 있을 수 있다.

2) 최소의 규모의 경제성

서비스의 생산과 소비의 동시성 때문에 고객이 서비스 시설로 찾아가거나 아니면 서비스 조직이 고객을 찾아가야만 한다. 실제 왕래의 필요성이 시장 영역을 제한하고 결과적으로 소규모의 대리점이 되게 된다. 그러나 가맹 기업은 구매 및 광고비의 공유화로 약간의 규모의 경제를 실현할 수 있다. 또 다른 경우는 전자통신으로 실제 왕래를 하지 않아도 된다. 통신판매 경우처럼 전화로 주문하거나, 인터넷을 통한 전자상거래를 이용할 수도 있다.

3) 불규칙한 판매 변동

서비스의 수요는 임의적인 도착(Random arrivals)과 더불어, 하루 중에서도 시간에 따라, 주(週) 중의 요일에 따라, 그리고 때로는 계절적으로 변동한다.

4) 구매자나 공급자와의 관계에서 규모의 이점이 적음

수많은 서비스 기업이 대부분 소규모로 강력한 구매자나 공급자와의 협상에서 불이익이 되고 있다. 그러나 맥도널드(McDonald)의 쇠고기 구매와 메리옷(Marriott)의 매트리스 구매 같은 경우 예외도 있다.

5) 제품에 의한 대체

제품 혁신이 서비스를 대체할 수가 있다(예, 가정에서의 임신 반응 검사). 따라서 서비스 기업은 경쟁자뿐만 아니라 그 서비스를 무력하게 하는 제품 혁신의 가능성에도 유의하여야 한다.

6) 고객 충성

개인별 서비스를 이용하는 기존 기업은 단골손님을 형성하고, 이것이 새로운 서비스 기업에 대한 진입장벽이 된다.

7) 철수 장벽(Exit barriers)

한계적인 서비스 기업은 낮은 이익에도, 심지어는 이익이 없는데도 사업을 계속할 수 있다. 예를 들면, 개인 소유 기업은 이익 극대화보다는 가족 구성원을 고용하는 것이 목표일 수도 있다. 골동품 가게나 스쿠버 다이빙(Scuba diving) 가게와 같은 서비스 기업은 취미로 하거나 그 소유자들에게 금전적 보상을 상쇄할 만한 만족을 제공해준다는 낭만적 청구(Romantic appeal)를 지니고 있다. 따라서 이익 추구 경쟁자들은 시장에서 이들 개인 소유 기업들을 몰아내기 어렵다.

이러한 경쟁상의 어려움을 극복하고 성공한 기업이 있다. 예를 들면, 맥도널드 햄버거는 위에서 열거한 많은 어려움을 극복하고 패스트푸드 산업에서 지배적인 지위를 누리고 있다. 그러나 새로운 참여자들은 그들 각자의 산업에서 주요한 경쟁적 특성을 고려하여야 할 것이다. 경쟁우위를 제공하는 세 가지 본원적 전략이 있어 왔다.

서비스 지원 설비

1 서비스 지원 설비 설계

고객은 서비스를 직접 볼 수 없으므로 서비스와 관련된 유형적 증거(Physical evidence) — 서비스 시설, 장비, 종업원, 안내서, 다른 고객, 가격표 등 — 를 보고, 그 서비스에 대한 지각을 형성하며 구매의사결정을 한다. 즉, 고객은 서비스를 실제로 보지 않고 그것을 이해해야 하며, 구매 의사결정 이전에 자신이 구매하는 것을 알아야 하므로 서비스의 유형적 증거에 특별한 주의를 기울이는 경향이 있다. 만일 서비스 기업이 이러한 유형적인 증거를 관리하지 않는다면 고객은 서비스에 대해서 잘못 인식하게 되고, 그 결과 비호의적인 지각이 형성되며, 결과적으로 고객을 잃게 된다. 따라서 서비스 기업이 고객에게 유형적 단서, 즉, 물리적 환경, 커뮤니케이션, 그리고 가격 등을 계획적으로 제시하여, 고객이 이를 근거로 서비스 기업이 제공하는 서비스를 더욱 잘 이해하게 됨은 물론 궁극적으로는 서비스 기업이 원하는 고객의 태도 및 행동을 유도하고자 하는 증거 관리(Management of evidence)가 중요하다. 서비스를 더욱 잘 이해하기 위해서 고객이 사용하는 증거로 물리적 환경, 커뮤니케이션 그리고 가격 등이 있다.

1) 물리적 환경

고객들이 기업 환경 내에서 서비스를 소비하기 때문에 서비스 기업의 물리적 환경은 매우 중요한 영향력을 갖고 있다. 즉, 서비스 물리적 환경의 주된 역할은 고객들에게 서비스 품질이나 상품 구색에 대한 정보 단서를 제공해 준다. 점포 환경은 점포 이미지나 점포에 대한 태도에 영향을 미치는 요소이다. 이처럼 서비스 점포 내 환경에 대한 중요성이 주목받고 있고, 고객만족에 미치는 그 영향력이 향상됨에 따라 이의 효율적인 관리의 필요성이 두드러지고 있다. 물리적 환경은 주변요소, 디자인 요소, 그리고 사회적 요소의 세 가지 범주로 분류하고 있다.

(1) 주변 요소(Ambient factor)

당연히 갖추어야 할 요소로서, 즉각 인지할 수 없는 배경적 조건이며, 부족하거나 불쾌한 경우에만 주의를 끄는 실내온도나 조명 등을 말한다. 고객이 주변요소를 인식한다는 것은 그 서비스의 물리적 환경이 불편을 주었음을 의미한다.

(2) 디자인 요소(Design factor)

주변 요소보다 고객이 분명히 인식할 수 있는 가시적 요소로서 건축미, 색상 등의 미적 요소(Aesthetic factors)와 진열(Layout), 안정성 등의 기능적 요소(Functional factors)로 구분된다. 따라서 디자인 요소는 서비스에 대한 긍정적인 시각을 형성하고 그 서비스의 물리적 환경에 접근하도록 고객 행동을 자극할 수 있으며 주변요소와 비교하면 보다 큰 영향력을 행사한다.

(3) 사회적 요소(Social factor)

물리적 환경의 인적 구성 요소인 고객과 종업원을 말한다. 물리적 환경 내에 있는 다른 고객과 종업원들의 규모, 외모 및 태도가 고객의 서비스 시설 이용 여부 결정에 영향을 준다.

서비스의 물리적 환경을 서비스 스케이프(Servicescapes)라는 새로운 용어로 표현하면서, 기업이 통제할 수 있는 분위기(Ambient condition), 공간적 배치와 기능성(Spatial layout and functionality) 그리고 표지판, 상징물과 조형물(Signs, symbols, & artifacts)의 세 가지 범주로 분류할 수 있다.

2) 커뮤니케이션

커뮤니케이션(Communication)은 서비스 기업 자신이 내보내기도 하고, 소비자 단체 등의 이해관계집단이 내보낼 수도 있다. 광고, 구전, 기업의 표시물, 회원카드, 인적판매, 계산서 등에 이르기까지 매우 다양한 매체를 통해서 전달된다. 커뮤니케이션을 통한 증거 관리를 위해서는 서비스의 물리적 요소를 가미하여 서비스의 추상성을 감소시키고 메시지를 보다 유형적인 것으로 만들어 호의적인 구전 커뮤니케이션을 자극하여야 한다.

3) 가격

가격은 고객이 서비스를 평가하는 데 이용하는 또 다른 형태의 증거이다. 고객들은 가격을 제품 평가의 단서로써 이용하고 있다. 즉, 가격은 제품에 대한 고객의 신뢰를 강화하거나 약화할 수 있으며, 제품에 대한 고객의 기대 수준을 높이거나 낮출 수 있다. 특히 서비스의 경우에는 무형성이라는 특성 때문에 올바른 가격을 책정하는 일이 제품보다도 훨씬 중요하다고 할 수 있다. 즉, 서비스 가격은 그 서비스의 품질과 수준을 나타내는 증거로 이용되고 있기 때문이다.

2 서비스 스케이프(Service scape)

본질적인 서비스 내용은 아닐지라도 서비스 접점에서 고객과 종업원의 행동에 영향을 주고, 서비스 품질인식에 중대한 영향을 주는 것이 서비스 스케이프(Service scape)이다. 서비스 스케이프란 서비스가 제공되고 기업과 고객이 상호작용하는 환경이다(Baker, J. and Cameron, M, 1996). "소비 상황에서의 물리적 환경의 역할"을 의미하였으나(Mary Jo Bitner, 1992) 서비스 제공을 둘러싸고 있는 모든 물리적(Physical), 행위적(Behavioral) 및 정서적(Emotional) 측면을 포함하는 것으로 본다. 고객에 관심을 두는 서비스 제공자는 경쟁자들로부터 차별화하고 고객이 느끼는 서비스 품질의 극대화를 위해서 서비스 스케이프의 이들 모든 측면에 초점을 둘 필요가 있다. 이를 통해 서비스 패키지, 제공자와 고객이 만나서 함께 일하는 물리적 시설, 또는 개인 간 및 온라인 상호작용을 위한 지침 등과 같은 분야에서의 개선을 가져올 수 있다.

1) 분위기(Ambient condition)

분위기는 온도, 공기조절(환기, 향기 등), 조명, 색상, 소음, 음악, 전망 등과 같은 환경의 배경적 특성들을 포함한다. 이들은 특정 또는 동일 환경 내에서 오랫동안 일을 하는 종업원들의 직무성과 및 직무만족에 큰 영향을 미친다. 또 분위기는 어떤 서비스 구매 상황에서 제품이나 서비스 그 자체보다 구매 결정에 더 큰 영향을 미치고, 고객 행위, 태도와 이미지 형성에 직접 영향을 미칠 수 있다. 매장의 음악, 향기, 또는 실내장식과 상품화(Merchandising) 등이 서비스 자체보다 구매 결정에 더 큰 영향을 미친다는 것이다. 예를 들어 TGIF는 식욕을 자극하는 것으로 알려진 포도 향을 매장 전체에 은은하게 퍼져가게 하고 있으며, 또한 식욕을 자극하는 색상으로 알려진 분홍색을 주로 사용하여 고객들의 식사량을 늘려 매출을 높이고 있다. 예를 들어 슈퍼나 식당에서 들려주는 음악의 박자가 소비액이나 체류시간, 쇼핑 속도에 영향을 미칠 수 있다. 백화점에서 틀어주는 음악의 친숙성이 자신들의 쇼핑시간이 얼마나 오래 걸렸는가에 대한 쇼핑객의 인식에 영향을 준다. 즉, 쇼핑객들은 자신이 친숙하지 않은 음악을 들으면서 쇼핑할 때 쇼핑 시간이 더 오래 걸린 것으로 느낀다.

백화점들은 철마다 실내장식과 상품의 진열상태를 바꾸고 있다. 의류매장들은 실내장식의 핵심을 그 철에 맞는 색깔에 맞추고 있으며, 현대백화점의 경우 각 층의 에스컬레이터 옆에 향수 냄새를 분사하는 기계를 설치하여 고급 백화점으로서의 이미지를 높이고 있다. 신세대를 주요 고객으로 하는 의류판매장은 특히 음악을 이용하여 분위기를 연출한다. 유투존(utoo zone)은 매장에 신세대 취향에 맞는 최신 가요를 틀어주는 반면에 화장실에서는 클래식으로 안락한 분위기를 만든다.

2) 공간적 배치와 기능성(Spatial layout & Functionality)

서비스 물리적 환경은 고객의 쾌락 욕구를 충족시키기 위해 존재하기 때문에, 물리적 환경의 공간적인 배치와 기능성은 매우 중요하다. 공간적 배치는 기계나 장비, 사무기기를 배열하는 방법, 크기와 형태, 그리고 이들 간의 공간적 관련성이고, 기능성은 조직의 목적 달성과 성과 성취를 쉽게 하기 위한 기능을 말한다.

환경의 공간적 배치와 기능성은 셀프서비스의 물리적 환경에선 고객에게 매우 큰 영향을 미치고, 이와 유사하게, 만일 수행하는 업무가 매우 복잡하다면, 배치와 기능성의 효율성은 업무가 단순할 때보다 더 중요하다.

내부 공간의 배치와 디자인을 구성하는 네 개의 서비스 물리적 환경요인들은 공간의 배치, 시설물의 미적 요소, 시설물의 청결함, 시설물과 부대시설의 편의성이다.

(1) 공간 배치

서비스의 맥락에서 공간의 배치는 사무가구나 집기와 장비, 서비스 장소, 통로들을 배치하는 방법과 이들 각 구성 요소 사이의 공간적인 관계를 의미한다. 효과적인 공간의 배치는 출입이 쉽고, 화장실이나 기념품 판매점 등과 같은 보조 서비스에 더 쉽게 접근할 수 있도록 한다. 은행이나 할인점의 공간 배치가 기능적인 욕구 충족을 쉽게 해 주는 것처럼, 서비스 물리적 환경에 대한 공간의 배치는 쾌락적인 욕구 충족에 도움이 될 것이다. 즉, 고객이 보조 서비스에 더 쉽게 접근할 수 있도록 함으로써 핵심 서비스를 즐기는데 더 오랜 시간을 쓸 수 있도록 하는 것이다.

(2) 시설물의 미적 요소

시설물의 미적 요소는 건축물의 디자인이나 실내 디자인과 장식의 기능을 말한다. 이들은 서비스 물리적 환경의 매력도를 증가시키는 데 공헌한다. 서비스 시설물 내에 있을 때, 서비스 고객들은 종종 시설물의 실내 디자인을 살피는데 많은 시간을 보내기도 한다. 이들 평가는 그 장소나 시설물에 대한 고객들의 태도에 영향을 미친다. 시설물의 건축미에 덧붙여 실내의 의자나 시설물의 색상도 영향을 미친다.

(3) 품질과 관련된 청결함

청결함은 서비스 물리적 환경에서 중요한 부분이다. 많은 소비자는 서비스 물리적 환경에 대한 품질을 청결함과 암묵적으로 연결한다. 예를 들어, 바닥이나 카펫이 깨끗한지, 화장실이 청소가 잘 되었는지, 휴게실이 잘 정돈되어 있는지, 쓰레기통이 넘치지 않는지 등은 서비스 시설물에 대한 품질을 인식하는데 영향을 미친다. 서비스 제공자는 고객들이 도착하기 전에 서비스 물리적 환경을 준비해야 할 뿐만 아니라 서비스가 제공되는 동안 내내 청결함을 유지하고 서비스 물리적 환경을 점검해야 한다.

(4) 시설물과 부대시설 이용의 편의성

장시간 서비스 물리적 환경에서 머무르거나 가족들과 함께 하는 고객들에게는 물리적 환경에 대한 이용의 편의성이 중요하다. 편의성이란 주차시설 이용의 편의성, 부대시설 이용의 편의성, 휴게실이나 대기실 이용의 편의성 등을 말하며, 이러한 환경들의 편의성은 품질인식과 고객만족에 큰 영향을 미칠 수 있다. 특히, 최근 증가하는 자가용 소유와 이에 따른 주차시설 이용에 관한 관심 고조로 서비스 시설물의 주차공간 확보와 대형매장의 주차시설 이용의 편의성은 품질평가에 큰 영향을 미친다고 본다.

3) 표지판, 상징물과 조형물(Signs, Symbols, & Artifacts)

물리적 환경 내에 있는 많은 것들이 그 장소에 대해 명시적 또는 묵시적 정보를 제공한다. 환경 내·외부에 부착된 표지판은 명시적 정보제공자의 역할을 한다. 예를 들어, 금연이나 부모 동반과 같은 행동규칙, 방향 제시, 기업명이나 부서명과 같은 라벨 등으로 임무를 수행할 수 있다. 이들이 부정확하거나 부적절할 경우 고객은 불편과 불만을 느끼고, 서비스 품질에도 부정적인 영향을 줄 수 있다. 다른 환경적 요소로는 특정 장소에서 기대되는 행위규범을 의미하는 묵시적인 단서들도 있다. 예를 들어 레스토랑에선 흰색의 식탁보와 부드러운 조명은 높은 가격대와 풀(Full) 서비스를 제공한다는 상징적 의미를 갖고 있다. 반면에 계산대 서비스, 플라스틱 집기, 밝은 조명은 그 반대를 의미한다. 사무실에서 책상의 크기와 위치는 지위와 전문적인 이미지를 강화하기 위해 사용될 수 있다. 즉, 표지판, 상징물과 조형물 등은 첫인상을 형성하는 데 결정적인 영향을 미치고, 새로운 서비스 개념을 전달하거나 서비스를 새롭게 인식하도록 하는 중요한 수단이 된다. 이들은 고객들이 다른 기업과 차별화된 단서를 찾는 경쟁이 심한 산업에서 특히 중요하다.

서비스 품질

1 서비스 품질

1) 서비스 품질의 특성

서비스의 경우, 품질평가는 서비스 제공 과정 중에서 이루어지고, 이는 흔히 고객과 서비스 요원과의 상호작용 중에서 발생한다. 따라서 서비스 품질은 다음과 같은 특성이 있다.

(1) 객관적 품질과 인지된 품질

서비스 품질은 객관적 품질(Objective quality)이 있을 수 있으나 인지된 품질(Perceived quality)을 통한 우월성도 중요하다. 서비스 활동 자체가 고객지향적인 활동으로 고객에 의한 평가가 가장 중요하기 때문이다. 고객은 아무리 변덕스럽더라도 항상 옳다는 인식의 중요성도 이 때문이다.

(2) 과정과 결과의 차원

서비스 품질에는 과정(Process)과 결과(Outcome)의 두 가지 차원이 있어, 품질의 평가는 서비스 결과뿐만 아니라 과정에 대한 평가까지 포괄하는 것이어야 한다. 서비스 제공자와 고객과의 상호작용이 품질평가에서 중요시되어야 하는 것은 당연하다.

2) 서비스 품질의 차원

서비스 품질의 차원은 여러 서비스 분야를 연구한 결과로써, 고객들이 서비스 품질을 판단할 때 이용하는 다섯 가지 주요 차원들이다. 이는 상대적 중요도에 따라 나열된 것이다(A. Parasuraman, V. A. Zeithaml, and L. L. Berry, 1988).

(1) 신뢰성(Reliability)

약속된 서비스를 믿을 수 있고 정확하게 수행할 수 있는 능력, 고객이 기대하는 것은 신뢰할 수 있는 서비스 성과이고, 이는 서비스가 언제나 적시에, 같은 방식으로, 실수 없이 수행될 수 있음을 의미한다. 청구서 및 기록유지의 정확성이 요구되기 때문에, 신뢰성은 후면 사무실에서도 마찬가지로 중요하다. 기업이 서비스를 부주의하게 수행할 때, 피할 수 있는 실책을 범할 때, 고객을 유인하기 위한 과장된 약속을 지키지 못할 때, 고객은 기업의 능력을 의심하게 되고 서비스 탁월성(Service excellence)의 명성을 얻을 수 없다. 고객의 관점에서 서비스의 보증은 무결점의 실연이다.

상식에 따를 때도 고품질의 서비스(Quality service)를 제공하는 데 있어서 신뢰성의 중요함은 당연하다. 조종사를 '대충'(Usually) 신뢰할 수 있는 항공기를 타고 여행하거나 신체의 어느 부위를 수술할 것인지를 대충 기억하는 외과 의사로부터 수술을 받거나 대충 기록을 유지하는 금융기관과 거래할 사람이 누가 있겠는가? 고객들의 관점에서 보면 '대충'만으로는 충분치 않다. 고객들이 신뢰성(Reliability)을 요구하는 것은 건강이나 돈에 관련된 '고도의 이해관계나 운명이 걸려 있는 서비스'(High-stakes services)에 국한되는 것이 아니다. 고객의 셔츠를 분실하는 세탁소, 수리가 끝나지 않았는데도 다 고쳤다고 말하는 정비업소, 공항에 태워다 줄 일을 잊은 택시 서비스 등 이러한 서비스 제공자들도 고객의 신뢰(Confidence)를 잃고 결국 사업을 잃는다(Elmatrix.co.kr, 2016).

(2) 반응성(Responsiveness)

고객을 돕고 신속한 서비스를 제공하려는 의지이다. 고객은 자신의 요구사항, 질문, 불만, 문제의 제기에 신속히 대응해주기를 바란다. 고객을 기다리게 하는 것은, 특히 뚜렷한 이유도 없이 기다리게 하는 것은 불필요한 부정적 품질인식을 가져온다. 만일 서비스에 실패할 경우, 신속히 전문성을 가지고 만회할 수 있는 능력은 매우 긍정적인 품질인식을 낳는다. 예를 들면, 지연된 항공기 이륙에 대해 기다리는 고객에게 음료수를 무료로 서비스하는 것은 불만스러울 수 있는 고객의 경험을 우호적인 것으로 기억이 되도록 돌려놓을 수 있다.

(3) 보증성(Assurance)

사원들의 지식과 공손함뿐만 아니라 신뢰와 확신을 심어줄 수 있는 능력을 말한다. 보증성의 차원은 믿음과 확신을 동반한 직원의 서비스 수행능력, 고객에 대한 친절과 존경, 고객과의 효과적인 의사소통, 그리고 서비스 제공자가 고객의 최상의 이익을 진심으로 배려하는 전반적인 태도 등이 포함된다. 특히 전문서비스 직종에서는 확신성은 더욱 요구되고 있다.

(4) 공감성(Empathy)

고객에 대한 배려(Caring)로서 고객이 서비스를 이용할 때 자신에게 관심을 보여주는 정도와 고객의 욕구 파악을 통하여 적절한 대응을 하는 것을 의미한다. 예로서 기차를 갈아타지 못했을 때 서비스 제공자가 이를 해결해 줄 수 있는 능력을 말한다. 공감성은 친근성, 감수성 그리고 고객의 욕구를 이해하려는 노력 등의 특성을 포함한다.

(5) 유형성(Tangibles)

서비스 기업이 보유하고 있는 시설, 장비, 실내장식 등의 물리적 환경과 서비스 제공자의 복장, 외모, 태도 등의 눈에 보이는 것들이다. 유형성은 서비스 기업의 첫인상으로서 고객의 첫인상을 좌우할 수 있다. 예를 들어 고급식당에서 시설이 더럽다든지, 종업원의 복장이 불량하다면 서비스를 받기 전에 고객은 서비스 품질을 의심하게 된다. 이의 평가 차원은 서비스 중인 다른 고객의 행동에까지 확장될 수 있다(예, 호텔에서 시끄러운 옆방 손님이나 고급식당에서 점잖지 못한 손님이 있으면 전체적인 서비스 품질에 부정적인 영향을 준다).

고객들은 서비스 품질을 평가할 때 이들 다섯 가지 차원을 이용하고, 이는 기대 서비스와 실감서비스의 비교에 기초가 된다. 기대와 실감서비스와의 차이가 서비스 품질의 측정이고, 만족은 부정적이거나 긍정적이다. 이와 같은 다섯 가지 차원을 더욱더 상세히 나누면, 다음과 같은 10개의 항목을 들 수 있다.

① 유형성 : 물리적 시설, 장비, 직원의 외양
② 신뢰성 : 약속한 서비스를 믿을 수 있고 정확하게 수행하는 능력
③ 대응성 : 고객을 기꺼이 돕고 신속한 서비스를 제공하려 하는 것
④ 능력 : 필요한 기술 소유 여부와 서비스를 수행할 지식 소유 여부
⑤ 예절 : 일선 근무자의 정중함, 존경, 배려, 친근함
⑥ 신빙성 : 서비스 제공자의 신뢰성, 정직성
⑦ 안전성 : 위험, 의심 가능성이 없는 것
⑧ 가용성 : 접촉 가능성과 접촉 용이성
⑨ 의사소통 : 고객들이 이해하기 쉬운 고객 언어로 이야기하는 것, 고객의 말에 귀 기울이는 것
⑩ 고객 이해 : 고객의 욕구를 알기 위해 노력하는 것

이러한 서비스 품질 10개 차원과 서비스 품질 차원과의 관계는 〈표 15-1〉과 같다.

〈표 15-1〉 SERVQUAL 5개 차원의 정립

Servqual 차원	서비스 품질 평가 10차원	Servqual 차원의 정의
유형성	유형성	물리적 시설, 장비, 커뮤니케이션, 직원의 외양
신뢰성	신뢰성	약속한 서비스를 믿을 수 있고 정확하게 수행할 수 있는 능력
대응성	대응성	고객을 돕고 신속한 서비스를 제공하려는 태도
확신성	능력	직원의 지식과 예절, 신뢰와 자신감을 전달하는 능력
	예절	
	신빙성	
	안전성	
공감성	가용성	회사가 고객에게 제공하는 개별적 배려와 관심
	의사소통	
	고객 이해	

[출처 : 유한주, 2003]

〈표 15-2〉 SERVQUAL 측정 항목 구성

번호	구 성	항 목
1	유형성	최신 설비를 갖추고 있을 것이다.
2		물적 시설이 시각적으로 마음에 들 것이다.
3		직원의 복장과 용모가 단정할 것이다.
4		물적 시설의 외관이 제공된 서비스와 일치할 것이다.
5	신뢰성	정해진 시각에 하기로 한 일은 약속을 지킬 것이다.
6		고객이 문제를 제기할 때 관심을 보일 것이다.
7		기업을 신뢰할 수 있을 것이다.
8		약속한 시간에 서비스를 제공할 것이다.
9		기록을 정확하게 유지할 것이다.
10	대응성	서비스가 언제 제공되는지 정확하게 알려줄 것이다.

11		직원으로부터 신속한 서비스를 기대할 수 있다.
12		직원은 자발적으로 고객을 도울 것이다.
13		직원이 바빠도 고객의 요구에 즉시 응대할 것이다.
14	확신성	직원을 신뢰할 수 있을 것이다.
15		안심하고 거래하기 위한 안전을 느낄 것이다.
16		직원들이 예의 바르고 공손할 것이다.
17		질문에 답변할 충분한 지식을 보유하고 있을 것이다.
18	공감성	기업은 고객에게 개별적인 관심을 가질 것이다.
19		고객의 편리에 영업시간을 맞출 것이다.
20		직원들은 고객에게 개별적인 관심을 가질 것이다.
21		기업은 고객의 이익을 진심으로 생각해 줄 것이다.
22		직원은 고객의 최대 관심사를 알고 있을 것이다.

[출처 : Parasuraman, A., Zeithaml, V.A, Berry, L. 1998]

2 서비스 보증

서비스의 보증은 가전제품과 같이 수리하거나 교환하는 보증과는 다르다. 각각의 고객의 욕구가 달라 서비스 품질을 평가하는 기준 또한 다르기 때문이다. 일반적으로 서비스 보증은 불가능하다고 하나 서비스 보증은 존재하며 다음의 특징의 가지고 있다.

1) 조건없는 보상

고객의 생각이 무조건 옳다는 철학이 있어야 한다. 고객과 논쟁은 결국 서비스 기업에 손실만 가져온다. 이러한 보증은 고객의 불평을 즉시 받아들이고 교체해주거나 환급하여 준다.

2) 고객과 쉬운 의사소통과 이해

고객이 무엇을 기대하고 있는가를 정확하게 파악하여 서비스를 제공하여야 한다. 일부 식당에서 메뉴마다 음식이 제공되는 시간을 표시하고 있다. 김치찌개의 경우 고객이 도착하여 주문 후 15분 이내 서비스를 제공하겠다고 메뉴 등에 홍보하였을 때 고객은 15분 이내 음식이 제공되기를 기대하고 있다. 서비스가 15분 이내 제공되지 못하면 무료로 음식을 제공한다고 약속하기도 한다.

3) 상세한 의미부여

서비스 보증은 구체적이어야 한다. 고객이 쉽게 이해할 수 있는 수준이어야 한다. 예를 들어 타이어 판매점을 보면 국내 최저가 판매라고 홍보하며 만약 다른 곳에서 더 싸게 판다면 고객의 구매 가격과 타 점포의 판매 가격과의 차액만큼 보상한다고 홍보한다. 여기서 국내 최저가의 기준은 무엇인가? 타이어의 품질, 규격, 구매 수량 등에 따라 가격은 변동될 수 있다. 고객은 가격을 비교하기 위하여 여러 곳에서 타이어를 구매하여 가격을 제시하여야 한다. 따라서 타이어 가격에 대한 정보만을 제시하여도 차액에 몇 배의 보상의 크기를 구체적으로 제시하는 것이 더욱 효과적이다.

4) 쉬운 절차

일부 기업들은 보증절차를 까다롭게 하여 보증 청구를 포기하게 하는 경우가 있다. 이는 우수한 고객을 불만족 고객으로 만드는 대표적인 방법이다. 따라서 복잡한 서식 등으로 고객을 불편하게 해서는 안 된다. 간단하게 무료전화 한 통화로 보증 서비스를 받게 하는 것이 효율적이다.

5) 신속한 보상

서비스 실패에 대하여 고객에게 보상하고자 할 때 보상은 신속하게 진행되어야 한다. 곧 이는 즉석에서 보상이 최고의 효과가 있다.

3 서비스 수요 창출 방향

불확실한 미래의 사건과 행동 수준의 발생에 관한 판단을 우리는 예측이라고 한다. 예측은 보통 직접적인 통제 밖에 있는 사건의 시기, 크기, 효과와 관계가 있다. 경쟁적이고 불확실한 환경 속에서 관리되어야 할 행동에 대해 합리적 지침을 제공해 줄 수 있으므로 경영관리에 있어서 핵심적인 역할을 한다.

수요요인은 서비스 상품의 가격과 소득의 변화, 여가, 지역의 인구, 총비용 등의 인자에 따라 결정된다. 수요요인의 결정인자로는 재화나 서비스에 대한 사회의 수요에 영향을 주는 각종의 요인과 재화·서비스의 가격, 모든 다른 재화·서비스의 가격, 수요자의 개인 가처분 소득 수준, 사회의 기호와 선호도의 요인 등이 특히 중요하다.

1) 서비스 수요 창출을 위한 인프라 구축

세계적 수준의 정보기술 인프라가 구축된 가운데, 국내·외 신규 수요가 창출되면서 촉진될 것으로 예상된다. 소재산업과 같이 서비스 산업도 지속적인 연구개발이 필요하며, 서비스와 연관 산업의 발전 그리고 디지털(Digital)화가 신규 수요 창출의 원동력이 될 수 있다.

기술혁신(Technological innovation)은 신기술이 창출되고, 그 결과물이 서비스 생산 활동에 참여하는 사회 구성원들에 의해 채택, 응용, 개선되어 그로 인한 경제적 파급효과가 퍼져 가는 일련의 과정을 뜻한다. 따라서 기술혁신은 신기술 창출의 단계에서 끝맺음하는 것이 아닌 발견, 발명, 혁신 및 확산의 전 과정을 설명하는 것이 되었다.

서비스 수요 창출을 위하여 인터넷, 쌍방향 통신 등의 다양한 매체를 통한 예약 채널을 활성화하고 기대 서비스를 높일 수 있도록 매체를 통하여 기대 서비스를 제공한다.

2) 서비스 차별화

서비스의 차별화 전략은 고객이 독특성을 인식할 수 있도록 산업 내에서 경쟁할 수 있도록 하는 전략을 말한다. 이 전략은 자동차산업에서 지배적이다. 혁신적인 디자인(BMW), 고품질(도요타), 상표 인지도(메르세데스 벤츠), 넓은 영업망(포드) 등을 들 수 있다. 서비스 산업에서의 차별화의 장기적인 효과성은 경쟁자가 쉽게 모방하지 못하는 데 있다. 그러나 서비스 산업은 노동집약적으로 쉽게 모방할 수 있다. 쉽게 모방할 수 없는 차별화된 서비스가 요구된다.

3) 원가 주도형 서비스

원가 주도형 서비스 전략은 경쟁기업보다 낮은 가격으로 제품과 서비스를 제공하는 것을 의미한다. 이 전략은 지속적인 효율성(원가절감)에 관심을 둔다. 예를 들면, 규모의 경제를 통한 시설과 장비 이용률을 증대시키고 간접자본투자를 줄이고, 노동집약적인 개인서비스와 판매 인력을 감축하는 것이다.

서비스 산업에서는 비수요기에 저가 할인, 패키지 상품을 통한 가격 할인 등이 있다. 맥도널드의 점심 시간대 저가 정책이 대표적(11시부터 2시 사이는 모든 세트 메뉴가 3,000원)이다. 즉, 이 시간대를 해피 아워(Happy hour)를 전개하는 전략이다.

4) 집중화 전략형 서비스

집중화 전략형 서비스는 특수한 틈새시장(Niche market)이나 특정 지역에서 경쟁하는 것을 말한다. 틈새는 전문화된 고객 집단(10대, 의사, 연예인) 또는 경쟁자가 간과하거나 무시하는 시장을 말한다. 이 전략이 성공하려면 독특한 이미지나 낮은 원가의 두 가지 특성을 모두 갖춘 서비스가 되어야 한다.

5) 부가 전략형 서비스

혁신적인 서비스 산업에서는 전통적인 핵심 서비스 역량에 부가서비스를 접목하여 차별화하고 있다. 핵심 서비스란 주력 서비스 상품을 말하며, 부가서비스란 핵심 서비스를 제공하기 위한 보조적 서비스를 의미한다.

노동집약적 서비스 산업에서 과거는 핵심 서비스에 주력하였지만, 경쟁 서비스 기업의 쉬운 모방에 따라 최근에는 부가서비스에 많은 역량을 두고 서비스 상품을 개발하고 있다. 이제는 핵심 서비스만으로는 차별화가 어렵기 때문이다.

제4절 대기행렬

1 기다림의 의의

기다림은 우리 일상생활에 존재하고 있다. 인간은 태어나면서부터 기다림 속에서 살게 된다. 이렇듯 누구에게나 기다림은 삶의 일부분이 되고 있다. 예를 들면 약속 시각을 기다리고, 버스를 기다리고, 식당에서 주문한 음식을 기다리는 등 우리의 기다림은 끝이 없다.

이러한 기다림의 인식은 상황, 환경에 따라 실제로 기다린 시간보다 고객이 느끼는 시간은 더 길게 느껴질 수도 있다. 오랜 기다림은 일반적으로 고객만족에 부정적인 영향을 준다. 고객 접점에서의 대기시간은 고객 불만을 낳고, 좌절감과 스트레스를 낫기도 하며, 때로는 기다리는 줄이 길면 고객들이 필요한 서비스를 포기하기도 한다. 이러한 경험은 불평 성향을 강화하여 재구매 의도를 약화하는 결정적인 요소이다. 따라서 고객 불만을 줄일 수 있도록 대기시간을 단축하는 것은 전략적으로 중요한 운영과제이며, 서비스 스케이프(Service scape) 및 서비스 운영절차(Operating procedures)의 설계에서 매우 중요한 요소 중의 하나이다.

실제 대기시간의 단축에는 서비스 수요의 변동성 및 불확실성과 추가적인 투자를 해야 하는 한계점이 있다. 그러나 기다림에서 실제 대기시간(Actual waiting time) 보다 실감 대기시간(Perceived waiting time)이 더 중요하고, 대기상황은 사람, 시간 및 환경을 포함하고 있으므로 대기의 문제를 사회적 및 심리적 현상으로 접근할 필요가 있다. 특히 기다림의 상황적 특성에 관한 보편적 사실은 다음과 같다(Maister D. H, 1985).

① 아무것도 하지 않는 시간은 무엇인가를 하는 시간보다 길게 느껴진다.
② 과정 이전의 기다림이 과정 중에 기다리는 것보다 길게 느껴진다.
③ 걱정이 많으면 기다림이 훨씬 더 길게 느껴진다.
④ 불분명한 기다림은 끝날 것을 알고 있는 분명한 기다림보다 더 길게 느껴진다.
⑤ 설명되지 않는 기다림은 설명된 기다림에 비해 더 길게 느껴진다.

⑥ 불공평한 기다림은 정당한 기다림에 비해 더 길게 느껴진다.
⑦ 서비스의 가치가 클수록, 고객들은 더 오래 기다릴 수 있다.
⑧ 혼자 기다리는 것이 여럿이 함께 기다리는 것에 비해 더 길게 느껴진다.

2 대기행렬

대기행렬(Queue : waiting line)은 서비스를 받기 위해서 기다리고 있는 고객의 줄이다. 서비스를 제공하는 장소는 우리 주변에 항시 펼쳐져 있다. 터미널에서 버스를 기다리고 있는 승객들과 은행에서 순서를 기다리는 고객들 등이 있다. 현 수요가 공급능력(Capacity) 보다 많을 때 대기행렬 발생한다. 대기행렬은 완벽한 서비스를 파괴할 수도 있다. 그리고 줄을 서서 기다리는 고객은 잠정적으로 잃어버린 고객이다.

대기행렬 시스템은 적절한 대기행렬 및 서버(Server)의 수의 관점에서 최적의 시설을 설계하기 위한 수학적 모형들이 개발되어 왔다.

대기행렬 시스템은 여러 형태로 나타난다. 다음은 대기행렬의 변형을 나타낸 것이다.

① 서버는 한 번에 한 고객만 상대하도록 제한될 필요는 없다. 예, 버스, 항공기, 승강기와 같은 운송시스템은 대량 서비스이다.
② 고객이 언제나 서비스 설비를 찾아다닐 필요가 없다. 구급차 서비스 및 치안이나 소방 활동, 이동도서관, 이동병원 등은 서버가 실제로 고객을 찾아간다.
③ 서비스는 일련의 대기행렬 단계로 구성될 수도 있고 더욱 복잡한 대기행렬의 네트워크로 구성될 수 있다. 놀이동산의 바깥쪽 걷기, 대기실, 놀이기구 타기 순으로 몇 단계로 나누어 기다리게 한다.

[그림 15-1] 대기행렬의 일반 모형

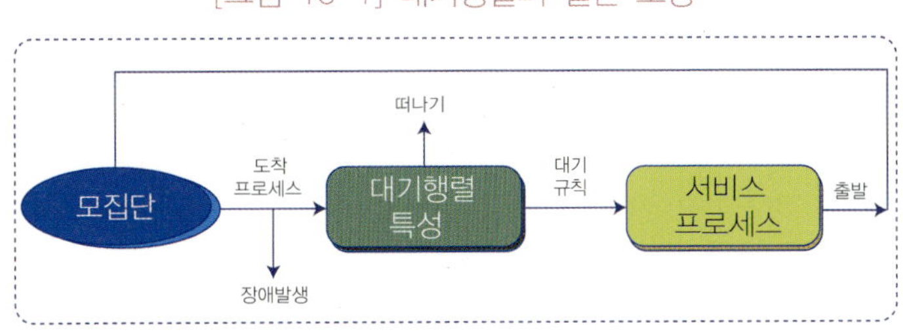

3 대기 심리학의 특성

서비스는 고객이 기다리는 시간을 즐겁게 해주어야 한다고 하지만 기다리는 고객은 즐거울 수가 없다. 그렇다고 마냥 고객을 기다리게 할 것인가?

서비스 기업은 기다리는 고객이 즐겁지는 않아도 지루하지는 않게 창조적인 서비스를 개발해야 하는 것이 과제이다. 이러한 고객의 대기 심리는 다음과 같다.

1) 공허한 감정

고객들은 공허한 시간을 싫어한다. 특히 군대와 같은 조직문화는 공허한 시간을 주면 사고가 발생한다는 논리가 있어 항상 긴장하게 하기도 한다. 제조업도 비슷하다. 대형공사 현장이나 중량물을 다루는 기업의 경우 작업시간에 공허한 시간을 주면 안전사고가 나기 쉽다.

서서 서비스를 제공하는 직원을 앉아서 서비스를 제공하게 하면 서비스를 제공하는 종업원에게는 편리성을 제공하지만, 서비스를 제공하지 않는 여유시간에 공허함에 엉뚱한 상상을 하거나 공상을 하다 고객을 놓치는 경우가 있다.

기다리는 고객 역시 마찬가지이다. 터미널에서 표를 사고 4~5시간을 기다려야 한다고 생각해보자. 고객이 시간을 잘못 알고 터미널에 일찍 도착하여 장시간 기다림을 가져야 하지만 기다리는 고객은 점차 공허함에 서비스를 제공하는 터미널을 불평하게 된다. 불평의 우선은 터미널 내의 시끄러움과 딱딱한 의자, 어수선함 등을 불평하게 된다.

이러한 고객의 공허한 기다림을 줄여주기 위하여 터미널 내에 다중 방송의 TV를 여러 대 설치하여 손님의 취향에 맞게 골라 볼 수 있도록 하기도 한다. 고객의 공허한 시간을 줄여주는 방법은 무수히 많다. 특히 어린아이들일수록 쉽게 기다림에 지치게 된다. 이러한 어린이를 위하여 야외 놀이터를 설치하여 기다림을 줄여줄 수 있다.

2) 서비스의 처음을 알림

우리가 경험한 것 중에서 오랜 줄 서기, 오랜 기다림 속에 있다가 다음 차례가 되면 정말 반갑고 즐겁게 된다. 그동안 기다림은 잠시 잊을 수 있게 된다. 우리나라의 대표적 장시간의 기다림인 명절은 도로의 정체와 이동 시의 기다림이 있다. 그래도 우리는 기다리면서 고향을 찾는다. 10시간 혹은 12시간을 도로에서 고향을 가기 위해 기다리고 줄을 서고는 한다. 장시간의 기다림과 꽉 막힌 도로에서 멀리 탁 트인 도로를 보게 되면 왠지 설레게 된다. 잠시 후면 시원하게 트인 도로를 달리 수 있다는 기다림에서이다.

이러한 어떤 전환점은 고객의 기다림의 기분을 전환하게 된다. 한 병원을 예를 들면 대기환자가 진찰을 위하여 진료실에 들어가면 꼭 다음 대기환자의 이름을 불러 주어 다음 순서라는 것을 알려주어 기다림의 지루함을 전환하여 주기도 한다.

고객에게 서비스가 시작되는 것을 알려주면 고객은 상당히 편안한 마음을 갖게 되고, 새로운 기대 속에서 더 오래 기다릴 수 있다.

3) 대기시간의 끝을 알림

오랜 장마가 지속하는 무더운 여름날에 내일 장마가 끝나고 맑은 하늘을 볼 수 있고, 시원한 가을 날씨가 시작된다는 뉴스를 들었을 때 우리는 안도감과 상쾌한 내일을 즐겁게 기다리게 된다.

서비스를 제공하는 직원이 다음 차례를 알려 주었을 때 대기하는 고객은 얼마나 더 기다려야 하는지를 알고 기다림의 끝에서 안도감을 찾을 수 있다. 예를 들어 낯선 밤길을 차로 달릴 때 목적지까지의 표지판을 보면 상당한 안도감을 느끼게 된다.

4) 순서를 알림

서비스를 기다리는 고객에게 아무런 설명도 없이 마냥 기다리게 하면 고객의 분노는 극에 달하게 된다. 이렇게 장시간 기다리는 고객들 사이에 늦게 도착한 고객이 먼저 서비스를 받는다면 기다리는 고객의 분노는 폭발할 것이다.

대기행렬의 일반적인 원칙으로 먼저 온 사람이 먼저 서비스를 받는다. 이러한 전략으로 번호표를 뽑아서 내 앞에 몇 명이 대기하고 있는지를 알 수 있도록 하여 준다. 서비스 기업은 대기하는 고객을 그냥 두어서는 안 된다. 매장을 구경하게 하거나, 신제품 소개 등을 통하여 충동구매를 유도할 수도 있다.

특별한 서비스를 원하는 고객을 위하여 차별 대우를 하여주는 것도 효과적이다. 비행기의 일등석 손님은 특별 라운지에서 대기하게 하거나 신속한 체크인을 하게 한다거나, 은행의 경우 많은 돈을 예치한 고객은 귀빈실에서 빠르고 편한 서비스를 제공하여 차별적 이미지를 제공하여 특별한 손님에게 우월감을 주는 방법도 있다. 그러나 이러한 서비스를 받지 못하는 고객은 분노를 살 수 있는 요소이므로 특별히 노력해야 한다.

5) 기다리는 고객에게 관심

고객은 기다리는 동안 공허함과 개인적인 공상, 걱정 등으로 분노를 일으킬 수 있다. 이러한 고객은 떠나거나 종업원이 다루기 힘든 고객이 된다. 따라서 종업원은 기다리는 고객에게 수시로 환대와 주의를 기울여서 관심을 보여 주고 있음을 상기시켜 주어야 한다.

학습 목표 요약

1. 서비스의 특징은 무엇인가?

서비스의 특성은 무형성, 비분리성, 변화성, 소멸 가능성으로 분류한다.

2. 서비스 경쟁 환경은 어떤 환경인가?

- 비교적 낮은 전반적인 진입장벽
- 최소의 규모의 경제성
- 불규칙한 판매 변동
- 구매자나 공급자와의 관계에서 규모의 이점이 적음
- 제품에 의한 대체
- 고객 충성 : 단골손님 확보
- 낮은 철수 장벽

3. 서비스를 더욱 잘 이해하기 위해서 고객들이 사용하는 증거로는 무엇이 있는가?

- 물리적 환경 : 주변 요소, 디자인 요소(design factor), 사회적 요소(social factor)
- 커뮤니케이션 : 서비스 기업 자신이 내보내기도 하고, 소비자 단체 등의 이해관계집단이 내보낼 수도 있다. 광고, 구전, 기업의 표시물, 회원카드, 인적판매, 계산서 등에 이르기까지 매우 다양한 매체를 통해서 전달된다.
- 가격 : 가격은 고객이 서비스를 평가하는 데 이용하는 또 다른 형태의 증거이다. 고객들은 가격을 제품 평가의 단서로써 이용하고 있다. 즉 가격은 제품에 대한 고객의 신뢰를 강화하거나 약화할 수 있으며, 제품에 대한 고객의 기대 수준을 높이거나 낮출 수 있다.

4. SERVQUAL 5개 차원을 정립한다면 무엇인가?

- 유형성 : 물리적 시설, 장비, 커뮤니케이션, 직원의 외양
- 신뢰성 : 약속한 서비스를 믿을 수 있고 정확하게 수행할 수 있는 능력

- 대응성 : 고객을 돕고 신속한 서비스를 제공하려는 태도
- 확신성 : 직원의 지식과 예절, 신뢰와 자신감을 전달하는 능력
- 공감성 : 회사가 고객에게 제공하는 개별적 배려와 관심

5. 대기행렬에서 기다림의 상황적 특성에 관한 보편적 사실은 무엇인가?

① 아무것도 하지 않는 시간은 무엇인가를 하는 시간보다 길게 느껴진다.
② 과정 이전의 기다림이 과정 중에 기다리는 것보다 길게 느껴진다.
③ 걱정이 많으면 기다림이 훨씬 더 길게 느껴진다.
④ 불분명한 기다림은 끝날 것을 알고 있는 분명한 기다림보다 더 길게 느껴진다.
⑤ 설명되지 않는 기다림은 설명된 기다림에 비해 더 길게 느껴진다.
⑥ 불공평한 기다림은 정당한 기다림에 비해 더 길게 느껴진다.
⑦ 서비스의 가치가 클수록, 고객들은 더 오래 기다릴 수 있다.
⑧ 혼자 기다리는 것이 여럿이 함께 기다리는 것에 비해 더 길게 느껴진다.

용어해설

▶ 서비스 스케이프(Servicescapes)?

서비스의 물리적 환경으로 기업이 통제할 수 있는 분위기(Ambient condition), 공간적 배치와 기능성(Spatial layout and functionality) 그리고 표지판, 상징물과 조형물(Signs, symbols, & artifacts)의 세 가지 범주로 분류

▶ 대기행렬(Queue : waiting line)?

서비스를 받기 위해서 기다리고 있는 고객의 줄

▶ 서비스의 차별화 전략은?

고객이 독특성을 인식할 수 있도록 산업 내에서 경쟁할 수 있도록 하는 전략

▶ 진실의 순간(MOT : moment of truth)란 ?

스페인의 투우 용어인 'Moment De La Verdad'를 영어로 옮긴 것으로서, '투우사가 소의 급소를 찌르는 순간'을 의미한다. 후에 스웨덴의 마케팅 학자 리차드 노만(R. Norman)이 서비스 품질관리에 처음으로 사용하여 "고객이 조직의 어떤 일면과 접촉하는 접점에서, 서비스를 제공하는 조직 및 품질에 대해 어떤 인상을 받는 순간이나 사상(事象)"을 의미

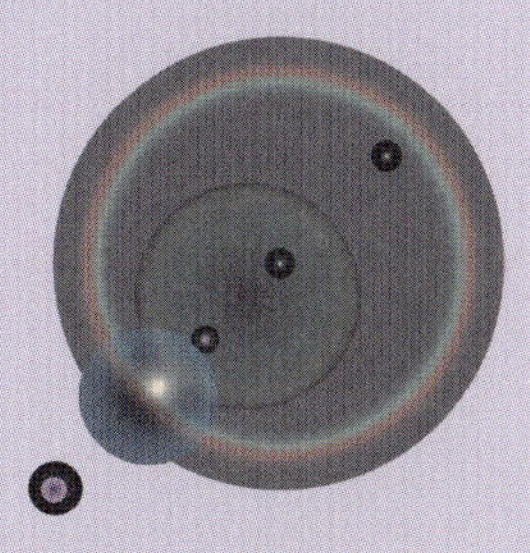

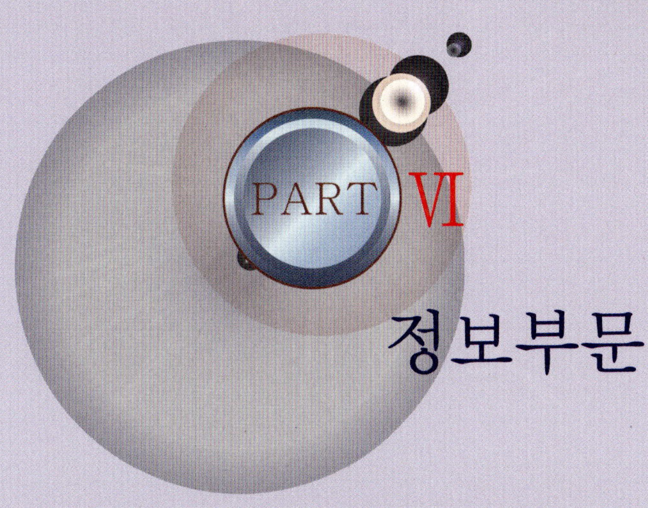

PART Ⅵ 정보부문

제16장 지식경영

제17장 정보화

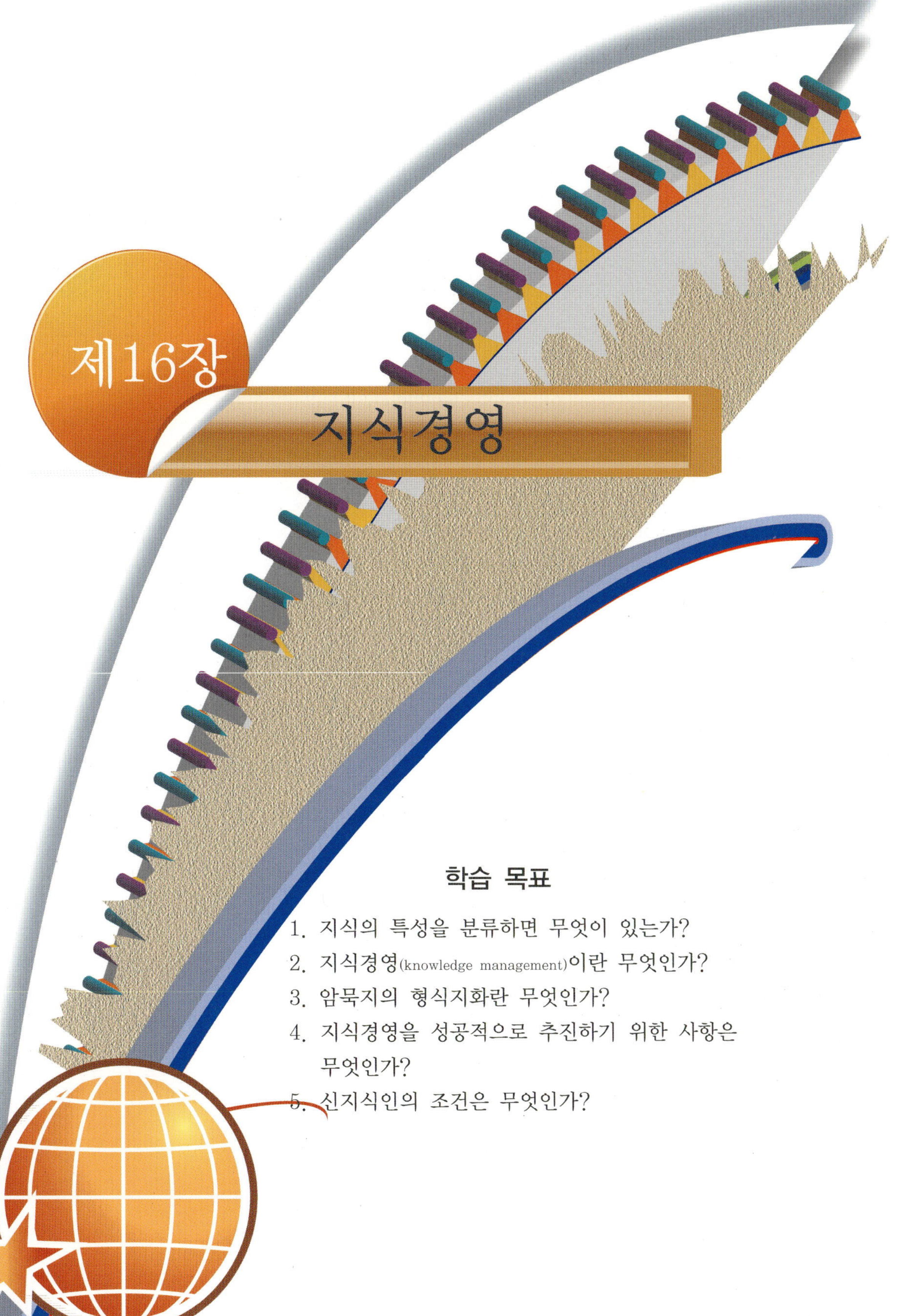

제16장 지식경영

학습 목표

1. 지식의 특성을 분류하면 무엇이 있는가?
2. 지식경영(knowledge management)이란 무엇인가?
3. 암묵지의 형식지화란 무엇인가?
4. 지식경영을 성공적으로 추진하기 위한 사항은 무엇인가?
5. 신지식인의 조건은 무엇인가?

지식경영의 힘

1 지식경영의 개념

1) 지식경영의 의의

지식경영은 새로운 부가가치를 지속해서 창출하여 이를 기업의 경영성과에 활용하는 것이다. 오늘날 정보경제 사회에서 지식은 점차 조직의 핵심자산이 되어가고 있다. 차별화된 제품과 서비스를 생산할 수 있는 능력, 제품과 서비스를 다른 기업보다 낮은 가격에 생산할 수 있는 능력, 바로 이러한 능력이 기업의 핵심자산이다. 이러한 핵심자산에는 생산과정에 대한 높은 지식과 제품과 서비스에 대한 뛰어난 설계, 즉, 지식이 밑바탕을 이루고 있으며 기업 이익의 주요한 원천이 되고 있다.

2) 지식의 특성

지식의 의미를 더욱 명확히 이해하기 위해 기업 활동 차원에서 지식의 특징을 살펴보면 다음과 같다.

첫째, 지식에는 명시적 지식과 묵시적 지식이 있다. 명시적(Explicit) 지식은 공식 언어로 표현되어 개인 사이에 전달될 수 있는 지식인 반면, 묵시적(Tacit) 지식은 개인적 경험을 통해 표현되며, 개인적 신념, 관점, 가치 등과 같은 무형의 요소를 포함하는 지식이다. 묵시적 지식은 개인적 능력 차원을 넘어 조직의 자원이 되려면 기록되고 공식화되어 명시적 지식으로 전환되어야 한다.

둘째, 지식의 주요 특징은 추상화(Abstraction)이다. 업무를 성공적으로 수행하려면 상세한 내용의 기록된 정보가 있어야 한다. 추상화는 이러한 상세한 정보를 적정 수준으로 요약하고, 세부내용 속에 존재하는 패턴(Pattern)을 추출하는 역할을 한다. 추상화는 사람들이 다양한 상황에서 판단하는 것을 도와주고 일반화하는 것을 도와준다.

셋째, 지식은 권위가 있어야 한다. 먼저 지식은 최신의 자료로 시기 적절성을 유지해야 하며, 지식은 관련 전문가에 의해 검증되어야 하며, 또한 지식은 문제 해결에 유용한 해결책으로 받아들여져야 한다. 또한, 정보와 달리 지식은 믿음과 헌신적 요소를 포함하며 지식 간에 상호 모순이 있어서는 안 된다.

2 경영정보와 지식경영

1) 지식경영의 발견

지식경영(Knowledge management)은 정보기술 자료(Data)·정보 가공능력과 인간의 창조적이고 혁신적인 능력을 통합해 기업의 지적 자산과 구성원 개개인의 지식 및 노하우(Knowhow)를 발굴·공유·전파함으로써 기업의 가치창조 활동을 극대화하는 과정이라 볼 수 있다. 지식은 마치 샘물과도 같다. 샘물은 끊임없이 샘솟아야 하고, 믿을 수 있어야 하며, 깨끗해야 한다. 마찬가지로 기업의 지식도 끊임없이 축적·갱신되어 기업 곳곳으로 흘러야 한다. 이를 위해 경영자는 올바른 지식의 원천을 탐색하고, 지식에 대한 접근 및 보급에 힘써야 하며, 조직의 지적 자산이 부패하지 않도록 보호해야 한다. 또한, 지식경영은 조직의 지적 자산이 부패하지 않도록 보호하고, 정보 추가, 가치 향상 등을 통해 의사결정·제품·서비스의 질을 향상시킬 기회를 탐색하는 것이며, TQM, 비즈니스 리엔지니어링(Business reengineering), 조직학습 등이 지니는 경영기법의 허점을 보완하고 향상할 것이다. 경영자나 관리자, 컨설턴트(Consultant)에게 이러한 지식경영 개념은 다소 생소하게 들릴 수 있으나 컴퓨터 등장 이후로 지식을 창출하고, 관리하고, 이전하는 역할을 담당했던 사람들, 예컨대 의사소통(Communication) 전문가나 교육훈련 전문가, 정보학 전문가, 시스템(System) 분석가에게는 그다지 낯선 개념은 아니다.

지식경영의 주요 내용은 지식과 관련된 욕구, 자산, 문제, 기회 등을 확인하는 것과 지식경영 전략과 해결책을 설계·개발·실행하는 것이다. 여기서 지식경영 전략과 해결책은 인적 측면, 과정적 측면, 기술적 측면으로 이루어져 있다. 먼저, 인적 측면은 채용, 훈련, 개발, 동기부여, 조직화, 직무설계, 문화적 변화 등을 포함하며, 과정적 측면은 점진적 개선(TQM), 리엔지니어링(BPR), 조직학습 등을 포함한다. 그리고 기술적 측면은 기존의 정보시스템 외에도 인터넷(Internet), 인트라넷(Intranet), 그룹웨어(Groupware), 데이터웨어하우스(Data warehouse), 데이터 마이닝(Data mining) 등의 웹(Web), 데이터베이스(Database) 기술 등을 포함하는데 이는 기업에 새로운 가능성을 제시해 주고 있다. 가령, 고객지원에 사용되는 전문가 시스템(Expert system), 컨설팅(Consulting) 분야에 사용되는 모범사례 공유시스템, 기업의 생산 및 마케팅에 활용되는 실시간 지식공유 시스템, 문서관리에 초점을 둔 지식관리시스템(Knowledge management system) 등이 그것이다. 이러한 각종 기술과 도구들은 지식을 공유하고 재사용하고 관리할 수 있도록 도와주며 팀(Team) 간 네트워킹(Networking)을 가능하게 해주고 있다.

제2절 지식경영시스템

1 지식경영시스템

지식이란 경험과 추론을 통하여 가치가 있다고 여기는 축적된 정보를 말한다. 즉, 피상적 사실을 이해하는 수준을 넘어 특정 현상이나 사건의 발생 원인이 무엇인지를 이해하기 위해 정보를 분석하고 분석한 정보를 바탕으로 주어진 현상의 이면을 근원적으로 이해하는 행위 또는 결과를 의미한다.

이러한 지식은 암묵지(Tacit knowledge)와 형식지(Explicit knowledge)로 구분한다. 암묵지란 직접적 경험을 통해서 개발되거나 명시화되기 어려운 지속적인 상호작용을 통해서만 공유될 수 있는 지식을 의미하며, 형식지는 공식적이고 형식적으로 명시화될 수 있는 지식을 말한다.

1) 암묵지의 형식지화

지식경영의 핵심은 암묵지를 형식지화 함으로써 의미 있는 지식을 공유하고 재생산하는 것이다. 지식은 형식화 가능성과 여부에 따라 네 가지로 유형화될 수 있는데 각 유형이 지니는 의미도 다르다. 본질에서 형식화가 가능한 지식을 형식화하지 않고 그대로 두었을 경우에는 지식을 공유하고 활용함으로써 누릴 수 있는 성과향상 기회를 상실하게 된다. 이 경우 만약 경쟁사가 이러한 유형의 지식을 형식화하여 전사 차원에서 통합적으로 활용하게 되면 그 기업은 경쟁우위를 확보할 수 있게 된다. 반대로 본질에서 형식화하기 어려운 지식을 형식화할 경우에는 전략적 자산의 유출 가능성이 존재하는 등 경쟁우위와 성과 하락을 초래할 수도 있다.

따라서 어떤 지식을 형식화하며 어떤 지식을 암묵지로 둘 것인가를 결정하는 것이 지식경영의 중요한 사항이 된다. 예로 맥도널드(MacDonald)는 전 세계적으로 균일한 품질의 햄버거를 만들 수 있는 필요한 지식을 형식화함으로써 성공하였다.

2) 지식관리 절차

지식관리 절차(Process)는 다음과 같다.

첫째, 기업이 조직 내·외로부터 정보와 지식을 습득하고 창조하는 단계이다.

둘째, 가공단계로 습득한 지식을 표준화, 통합화, 간결화, 재분류 등의 과정을 통해 사용 목적에 적합하게 가공한다.

셋째, 가공된 지식을 지식창고에 저장하는 단계이다.

넷째, 유통단계로서 지식활용을 쉽게 하는 절차로서 보고서, 소식지(Newsletter), 온라인(On-line) 등으로 구성된다.

다섯째, 지식을 활용하여 가치를 창출하는 것으로 이를 위해서는 지식을 선별하고 업무에 통합할 수 있는 역량을 갖춘다.

3) 프로세스(Process) 관리

기업이 지식을 효과적으로 축적하고 관리하고 활용하기 위해서는 조직 내 지식관리 기능이 갖추어져 있어야 한다. 기업 내에서 이루어지는 지식관리 기능은 일반적으로 다음의 두 가지 중의 하나로 이행된다.

첫째, 최고 지식관리자를 두어 지식의 축적과 공유를 책임지게 한다.

둘째, 전문가 집단을 두어 이들에게 지식을 관리하고 전파하고 조직 구성원을 교육하는 역할을 한다.

4) 정보기술

정보기술은 지식의 저장, 분류, 탐색, 전파, 활용 등에 매우 중요한 역할을 한다. 웹(Web)이나 그룹웨어(Group ware)를 사용하여 광범위한 지식을 탐색하고 축적하고 전파한다.

2 지식경영의 실행방법

지식경영을 성공적으로 추진하기 위해서는 전략적 차원, 조직적 차원, 기술적 차원에서 다음 조건이 충족되어야 한다.

1) 전략적 차원

전략적 차원은 지식을 활용해서 성과를 향상하고자 전략과 지식성과 간의 연계성을 확보하는 데 주안점이 두어진다. 지식경영에 있어 성공적 기업은 조직의 전략과 그 전략을 실행하는 데 필요한 지식을 규명하고 습득하고 공유함으로써 경쟁우위를 확보한다. 이들 기업은 전략을 성공적으로 실행하는 데 요구되는 지식 내용 및 수준과 현재의 지식수준을 비교 및 평가하여 경쟁우위 확보에 실질적인 가치를 제공하는 혁신적 지식을 창출하고 공유하는 데 노력한다.

2) 조직적 차원

조직적 차원은 지식경영을 함으로써 이에 영향을 미치는 조직의 구조, 시스템(System), 문화, 경영철학 등을 고려해야 한다. 지식을 창조하고 공유하고 활용하기 위해서는 이를 장려하는 장려제도(Incentive system)와 협조 및 신뢰의 조직문화를 구축해야 한다.

3) 기술적 차원

기술적 차원은 지식경영을 지원하는 정보기술과 관련이 있다. 물론 지식경영은 90%의 사람과 10%의 기술로 성취되는 것이라고는 하지만 이 10%의 지원이 없으면 지식을 끊임없이 분류하고 축적하고 전파하고 공유하기가 불가능하다. 따라서 지식경영이 의도하는 목적을 달성할 수 없다.

3 지식경영의 절차(6단계)

1) 지식경영 기초조사 및 참여 단계 : 1단계

1단계 기초조사 및 참여 단계는 반드시 지식경영 체제 변화의 필요에 대한 신념을 가진 후 실시되어야 성과가 있다. 또한 추진력은 최고 경영자로부터 출발되어야 하며, 충분한 지식경영의 전문요원에 의해 추진되어야 한다.

전담팀이 전 시간제로 담당하여 지속적으로 이끌어 나가야 하며 지식경영의 기대효과를 확실히 정의하고 계산해내야 한다.

전사적인 교육훈련계획을 수립하고 관리자 교육훈련과 초기단계에 적극적으로 참여하도록 한다.

[1단계 주의할 점]

① 만족할만한 준비 없이 지식경영의 여정에 뛰어들지 말아야 한다. 기존의 교육훈련과정, 특정한 이미 준비된 요인들을 믿고 해봐야 실효를 거두지 못한다.
② 지식경영은 전체적인 경영 혁신으로 받아들여야 한다.
③ 초기 진행이 Top-Down방식으로 이루어져야 성공할 가능성이 크다.
④ 최고경영자가 진정한 몰입을 하지 않으면 실패한다.
⑤ 유능한 숙련된 전문가의 도움 없이 자체적으로 추진하는 것은 충분한 검토를 거쳐야 할 것이다.

2) 지식경영 계획 및 준비단계 : 기반조성 단계 2단계

지식경영 도입을 위한 계획을 수립하고 교육훈련과 관습 개혁을 위한 기반조성을 조성하는 단계로서 기업의 경쟁 전략을 검토하고 기업의 내부 현황을 조사 분석한다.

[2단계 주의할 점]

① 조직 차원의 향상 목표와 팀의 향상 활동이 일치해야 한다.
② 지식경영이나 2단계에 맞지 않는 훈련은 낭비이다.
③ 교육의 절차를 지키지 않으면 실패할 수 있다. 현 단계에서 지식경영의 핵심은 현장에 있다.

3) 지식경영제도 및 프로세스 진단 단계 : 3단계

3단계에서는 지식경영 주제의 진단에 필요한 교육훈련을 실시하며, 업무 및 시스템의 총 점검 및 작성한다.

프로세스의 선정 및 프로세스 개요와 비전을 설정하는 단계로서 ① 업무분석 및 직무 면담의 기초자료 작성 ② 부서의 업무수행 기능 파악 및 전략적 강약점 규명 ③ 업무개선사항 도출 ④ 개인의 업무량 산출 및 업무수행 능력 분석 자료 작성 ⑤ 정원 산정의 기초자료 작성 ⑥ 업무 매뉴얼 작성의 기준 제공 ⑦ 비정형적으로 수행되었던 부서 및 개인 업무의 정비 및 정형화한다.

[3단계 주의할 점]

① 3단계에 적절한 실무훈련을 시켜야 한다.
② 업무조사표의 작성에 정확을 기해야 한다.
③ 지식경영 전담팀을 현업과 분리시키지 않으면 시간과 비용이 들고 성과가 없을 수 있다.
④ 지식경영 추진위원회의 점검이 형식적이면 실패할 확률이 높다.

4) 지식경영시스템 및 프로세스 : 4단계

4단계에서는 업무분석 및 직무 면담의 기초자료를 작성하고 부서의 업무수행 기능 파악 및 전략적 강약점을 규명한다. 또한, 업무개선사항을 도출하며, 개인의 업무량 산출 및 업무수행 능력 분석 자료를 작성한다. 정원 산정의 기초자료를 작성하며, 업무 매뉴얼 작성내용을 세밀히 검토하고 업무조사표 작성에 정확을 기한다. 비정형적으로 수행되었던 부서 및 개인 업무를 정비하고 정형화하며 암묵지의 기본 양식을 제작하고 작성한다.

[4단계 주의할 점]

① 적절한 벤치마킹을 수행하여 후발의 이익을 도모해야 한다.
② 업무조사표 결과 분석이 불가능한 내용은 면담조사 등의 방법을 통해 자료를 충실히 보완해야 한다.
③ 작업 애로요인과 문화 요인을 분석해서 개인 안 설계의 기초자료를 제시하여야 한다.
④ 4단계의 교육훈련에서 조직, 시스템 관련 훈련을 빠트리면 현실적인 결과가 나오지 않을 수 있다.
⑤ 벤치마킹을 충실히 해야 한다. 벤치마킹의 특성을 도외시하면 무용이 된다.

5) 지식경영 실행 및 평가 단계 : 5단계

감시위원회를 구성하여 지식경영 과정을 지속적으로 감시하고 선도하여야 하며, 내부 지식경영 구현 팀을 공식적으로 지명하고 지식경영의 목표를 전사적으로 구현한다.

공급업체, 하도급업체, 고객 등의 외부고객을 지식경영 과정에 포함시켜 효과를 확대하고 지식경영의 목표가 타협으로 인해 완화되지 않도록 한다. 그리고 구성원들의 동기부여를 통한 지식경영의 실현을 위해 보상체제의 재편성을 지속적으로 검토한다.

지식경영을 구현하는데 필요한 행동, 목표, 임무 등 기술 또는 기법 훈련을 실시한다. 시범실시 결과를 전사적으로 확장하여 성과를 극대화한다.

평가는 적어도 분기에 한번 이상 하되 다음과 같은 내용을 반영한다.

① 지식경영에 두드러진 성과를 보인 부서 및 개인에 보상, 표창, 의사소통, 교육훈련 등을 본보기로 한다.
② 지식경영 감시위원회는 지식경영의 도입 결과가 기업 운영전략과 일치하는지 여부를 추적해야 한다. 그 결과 변화가 기대 수준보다 못 미치면 경영전략이 조정되어야 한다. 경영전략이 상향 조정될 수도 수정될 수도 있어야 한다. 이 수정은 비전과 목표를 달성하려는 노력과 일치되어야 한다.
③ 측정은 결과보다는 활동 지향적으로 이루어지는 경우 주의해야 한다.

6) 지식경영 지속 및 유지단계 : 6단계

개별적인 현상이 순차적으로 진행되는 것이 아니라 각개의 행동이 별도로 진행되어야 하며, 지식경영에 의해 창조된 가치가 기업의 전체 경영시스템에 구체화되어 흡수되도록 하고 지식경영은 고객만족 증진에 목표를 두고 프로세스 개선, 조직, 시스템 개선, 관습 혁신을 지속화 또는 강화한다.

프로세스, 조직, 시스템 등의 개선주제에 대해 경영자의 참여와 지원이 끊임없이 지속되도록 하고 선진적인 교육훈련과 리더십 훈련을 계속해서 연구하고 적용하며, 유지, 지속 단계의 과업은 자율적으로 진행되어야 한다. 이는 지식경영 감시위원회를 통한 감시, 평가가 당초의 통제 및 감시 기능과는 다른 형태로 이루어짐을 의미한다.

체계화된 지식경영 과정을 상황에 맞게 하는 것이 지식경영의 성과를 극대화하는 방법이며, 지식경영에서 효과가 두드러지게 나타날 개선 영역과 대상을 선정한다. 또한, 중장기 지식경영 추진계획은 기업의 구조, 시스템, 제도, 프로세스 등을 개선할 것인가? 구체적인 과업에 대한 계획을 언제 어떻게 할 것인가에 대해 다음과 같은 내용을 고려한다.

① 지식경영의 교육훈련 프로그램은 기업의 장기적인 목적과도 합치되거나, 목

적 자체이어야 최고경영자는 경영목표와 지식경영 지표를 항상 염두에 두어야 한다.

② 전체 종업원의 능력개발과 권한 위양을 위한 교육훈련이 지속되어 지식경영의 목표와 일상의 작업에 필요한 기술 습득 간의 균형감각을 잃지 않도록 노력해야 한다. 변화에 순응하거나 선도할 수 있는 최고의 힘이 교육훈련에서 나옴을 잊지 말아야 한다.

③ 고객만족은 중요한 지식경영의 목표이다.

④ 지식경영으로 경영혁신이 가능하다는 확신을 가져야 하며, 혁신이 1회에 끝날 수 없다는 속성을 이해해야 한다.

⑤ 지식경영의 전 과정이 끊임없이 지속되면서 지식경영의 신 모델 자체를 발전시켜내야 한다.

⑥ 기업의 위기를 근원적으로 해결하려고 하지 않고 임시방편적인 문제 해결이나 단기 목표에 치중하면 실패한다.

⑦ 최고경영자의 참여와 지원이 없으면 아무리 높은 수준에 이른 기업도 지식경영의 성과가 나쁠 것이다.

⑧ 지식경영을 한차례 도입한 후 경영혁신이 완성되었다고 생각하는 것은 대단히 위험한 일이다.

4 지식경영의 전략

1) 지식경영의 성공 요인

① 지식경영에 대해 충분히 숙지해야 한다.

② 지식경영의 자격을 갖춘 유능한 전문가의 도움을 얻어야 한다.

③ 원하는 사업결과를 포함한 상위 관리자가 선도해야 한다.

④ 전사원이 지식경영에 참여해야 한다.

⑤ 단기교육을 끊임없이 실시해야 한다. 사람을 지식경영의 의식으로 변화시켜야 한다.

⑥ 지식경영은 목표가 분명한 '끊임없는 여로'이다.

⑦ 지식경영의 기대는 고객의 기대를 넘어서야 한다.

⑧ 지식경영의 주체는 개인이며 모든 개인이 추종자이기보다는 선구자이어야 한다.

2) 지식경영 교육훈련

지식경영에서 교육훈련은 지식경영을 성공하기 위해 반드시 필요한 요건들 중 가장 중요한 하나이며 지식경영의 전체 과정 중에서 비용이 많이 드는 과업이다. 그러므로 기초조사 및 참여 단계에서부터 지식경영 도입이 유용하다는 확신을 가지도록 하는 교육이외에 전사적으로 실시될 교육훈련에 대해 계획성 있는 준비를 해야 한다.

3) 시행착오와 중복투자

① 당초부터 지식경영의 필요조차도 인식하지 못하는 경우이다.

② 필요성을 인식했지만 비효율적으로 실행된 경우이다.

③ 필요한 교육을 모두 실행했지만 순서가 잘못되었던 경우이다(donga.ac.kr/syhyun/Old/2003/pom).

제3절 신지식인의 이해

1 신지식인의 배경

1) 신지식인의 의의

새로운 지식이 사업(Business)과 일상생활에 적용되어야만 새로운 서비스와 제품의 생산을 통해 혁신이 이뤄질 수 있다.

지식은 학습과 경험을 통해 얻어진다. 이 같은 지식은 쉽게 기억에서 사라진다. 그래서 인류는 획득한 지식을 저장하고 문제 해결에 활용하며 공유하는 과정을 거쳐 왔다. 이를 통해 역사가 창조되고 오늘날 문명사회가 구축된 것이다. 이 과정에서 다른 사람의 가치창조를 돕고 개인의 지식 또한 한 단계 고도화된다. 진정한 지식인은 지식의 내용뿐만 아니라 지식의 공유에서 생성까지를 지속적으로 반복하면서 가치를 창조하고 지식을 고도화하는 사람을 말한다.

2) 신지식인의 조건

지식산업의 급신장은 노동의 양식에 변화를 초래하였을 뿐만 아니라 노동의 가상화도 촉진하였다. 지식근로자는 이제 근로자의 생존전략뿐만 아니라 기업과 국가산업의 경쟁력 차원에서 고려해야 할 중요한 쟁점으로 떠오르고 있다.

기본적으로 모든 지식근로자가 갖춰야 할 기본지식이 있다. 21세기 지식경제 사회에 필요한 자질은 다음과 같다.

(1) 유연성

평생직장을 찾는다는 개념에서 벗어나 평생 직업을 구한다는 생각을 가져야 한다. 즉, 어느 기업에 속한다는 기업의 로열티(Royalty)에서 어느 직종의 전문성을 갖추고 있다는 전문성 로열티(Royalty)로 직업에 대한 개념을 바꿔야 한다.

(2) 어학 능력

세계화된 시장에서 활동하려면 외국어, 특히 영어를 능숙하게 구사할 수 있는 능력이 기본이다. 세계 최고의 선진지식을 남보다 한 발 앞서 효과적으로 습득하기 위해서는 독해, 회화, 작문 등 전반적인 외국어 구사 능력은 필수적이다. 영어를 능숙하게 구사한다는 것은 자신의 일자리를 국내에서 구할 수도 있지만, 해외에서도 구할 수 있다는 것을 의미한다.

(3) 컴퓨터 활용능력

문서작성뿐만 아니라 인터넷, 통계분석 등 컴퓨터를 활용할 수 있는 능력도 필요하다. 지식기반 경제에서 컴맹은 문맹만큼이나 개인과 국가의 발전 속도를 가늠하는 중요한 척도가 될 것이다.

컴퓨터와 친구가 되는 것이다. 고객에 대한 신속한 대응은 기업의 정보화 기반시설 구축을 가속하였고, 그에 따라 자료 정리와 정보 가공의 주요 수단인 컴퓨터에 대한 소양은 근로자의 필수적인 기술 가운데 하나가 되었다.

(4) 문제 해결 능력

주어진 일을 수동적으로 처리하는 것이 아니라 창조적인 사고와 적극적인 자세로 문제를 해결하는 능력을 키워야 한다. 지식근로자의 관심은 자기 일을 어떻게 하면 잘할 수 있는가에 그치지 않고 왜 이 일을 해야 하는가에 대한 근본적인 문제 인식도 염두에 둔다.

(5) 서비스 정신

자신의 업무에 대한 고객을 파악하고 고객의 요구를 최대한 충족시킨다는 자세가 필요하다. 제조업에 종사하는 사람이라도 항상 고객을 생각하고 고객이 있기에 자신의 일자리가 존재한다는 자세를 가진다.

(6) 강력한 대인관계 기술 겸비

오늘날 근로자는 자신이 속한 조직은 물론이고 다양한 계층의 외부 인사들과 지식을 교류해야 할 필요성이 높아졌다. 즉, 대인관계를 통해 다른 사람의 지식을 전수받거나 정보를 획득하는 일은 매우 중요한 수단이 되고 있다는 것이다. 또한, 모든 작업 활동과 사회활동에서의 조직형태는 팀제(Team system)로 운영되는 추세인데 이러한 환경에서 팀 속에서 자기의 능력을 극대화해 나가야 하므로 대인관계 기술은 그 중요성이 나날이 더해지고 있다.

(7) 기업가 정신

지식근로자는 "사장도 아닌 내가 왜"라는 변명 대신 "어떻게 하면 고객을 만족하게 할 수 있는가?"를 스스로 반문해야 한다. 지식근로자는 노사 간의 관계 속에 국한된 근로자가 아니라 고객에 대응하는 기업의 대표로서 주인 정신을 가져야 한다.

(8) 개선개발과 새로운 기량에 대한 의지

산업사회가 급속히 변하면서 이제는 작업장에서 드릴(Drill) 작업이나 절삭작업만 잘하면 되던 시대는 지났다. 다양한 분야의 포괄적인 능력을 터득하면서 자신이 맡은 일에 대해 새로운 능력을 습득하고자 하는 의지가 더욱 중요해졌다.

3) 신지식인의 십계명

① 지식은 누구나 창출할 수 있다는 신념을 가져야 한다. 많이 배운 사람이 지식인이라는 생각을 탈피해야 한다.
② 당신이 소유한 지식을 측량하고 지식을 나름대로 세분화시켜 분류하고 제목을 달아두면 관련 정보를 보다 효율적으로 입수할 수 있을 것이다. 조직 전체에서 그러한 자료를 구축하면 곧 지식경영의 첫걸음이 된다.
③ 자신만이 공헌할 수 있는 분야에서 지식을 찾아야 한다. 사람은 누구나 어떤 분야에 있든 자기만의 비법(Knowhow)이 있다. 자기가 하는 일을 되돌아보고 잘 살펴야 한다.
④ 경험을 반드시 기록한다. 기록은 지식창출의 첫걸음이다. 기록을 토대로 아이디어가 생긴다. 가능한 한 현재의 아이디어를 시각화하고 색상(Color)으로 색칠하여야 한다.
⑤ 여러 분야의 사람과 교류하여야 한다. 그러면 지식이 증가한다. 사람은 모두가 정보 단위체이다. 내가 모르는 것을 상대방이 알 수 있고 도움을 받을 수 있다. 교류하다 보면 자신의 지식이나 정보가 더욱 유용하게 변할 수 있으며 때로는 시간을 단축할 수도 있고 새로운 아이디어를 찾을 수 있다.
⑥ 지식을 분양하여야 한다. 사람은 누구든 주기는 싫어하고 받기는 좋아한다. 그러나 줄 수 있어야 한다. 남과 공유한다는 것은 지식을 분양해서 더 크는

하나의 성장과정의 수단인 셈이다.

⑦ 지식을 찾겠다고 하는 분명한 목표를 갖고 자료를 바라보아야 한다. 지식(정보)을 얻을 때는 항상 분명한 목표를 가져야 한다. 신문 하나를 보아도 어떤 자료를 찾겠다고 하는 목표를 갖고 찾는 것과 그냥 보는 것과는 엄청난 차이가 있다.

⑧ 창출한 지식은 계속 진화시켜야 한다. 지식은 변화한다. 지식은 언제든지 다른 진보된 지식으로 교체된다는 것을 잊지 말아야 한다.

⑨ 주기적으로 자신의 지식역량을 평가하여야 한다. 자신이 지식 확보에 있어서 주기적으로 평가하는 기회를 가져야 한다. 그러기 위해서는 이제까지 이룬 모든 일(지식 관련 자료)에 대해 목록 장을 만들어 두는 것이 좋다. 또 과거보다 향상되고 있는지 자신 스스로 평가해 보아야 한다.

⑩ 지속적인 지식창출에 끊임없는 열정을 가져야 한다. 이를 위해 평소에 정서가 풍부한 사람이 되도록 하여야 한다. 누구에게도 감동을 주고 가슴을 설레게 하고 공감을 불러일으키는 방법을 배워야 한다.

2 신지식인의 특성

1) 정신자세

신지식인이 되기 위해서는 짧은 시간이라도 소중히 여기고 잘 활용하는 정신자세와 전체를 꿰뚫는 안목으로 문제 해결 방안을 찾아내는 정신자세를 갖추고 있어야 한다. 또한, 과감하게 수행하는 마음가짐을 가지고 있어 남보다 많은 경험을 하게 되고 그에 따라 자신을 더욱 발전시켜 나가는 자세가 필요하다.

2) 습관

약속 시간을 준수하고 여유 시간을 활용함으로써 시간을 효율적으로 활용하는 습관과 떠오르는 착상이나 사용한 자료를 뒷날 알아볼 수 있도록 생각나면 바로 기록하는 습관이 중요하다. 또한 자신의 현재 상태에 만족하지 않고 습관적으로 독서를 하거나 인터넷(Internet)을 항해하는 등 자기계발을 위한 노력을 게을리하지 말아야 한다.

3) 기본능력

지식을 만들어 내기 위해서는 지적 호기심에 바탕을 둔 관찰능력과 인과관계 추론 능력이 있어야 한다. 이는 다른 사람의 몸에 배어 있는 지식을 습득하는 게 중요하다.

학습과 경험을 통해 생성된 지식을 장기적으로 활용하기 위해서는 적절한 형태로 저장해야 한다. 따라서 지식을 분석하고 변별하는 능력과 사고를 논리적으로 전개하고 개념화할 수 있도록 구성력 및 추상화 능력을 갖추고 있어야 한다.10)

4) 정보처리 시스템

정보처리 하위 시스템은 조직 내 타 기능부서가 원활히 운영되기 위한 정보를 제공한다. 이 시스템의 거래는 처리 요구, 데이터(Data) 또는 프로그램(Program)의 수정과 변경 요구, 하드웨어(Hardware)와 프로그램(Program)의 성과에 관한 보고 및 프로젝트 제안(Project proposal)이다.

운영적 통제로서 일일 처리 계획, 오류율, 설비의 장애, 프로그램 개발(Program development)을 위한 일정 계획 등을 들 수 있다. 관리적 통제를 위해서 계획에 대한 설비 활동 정도, 설비비용, 프로그래머(Programmer)의 성과, 프로젝트(Project) 개발계획과 성과 비교 등의 정보가 요구된다. 전략적 계획은 조직구조(예로서 분권화 또는 집권화), 전반 시스템 계획, 정보의 전략적 사용에 대한 선택, 하드웨어(Hardware)와 소프트웨어(Software)의 구성 등을 포함한다.

사무자동화는 정보처리 시스템과 분리 통합하여 정의할 수 있다. 사무자동화는 지식 작업과 사무작업을 위한 광범위한 설비를 포함한다. 이러한 설비로서 워드프로세서(Word processor), 전자사서함(Electronic mail), 전자파일(Electronic file), 자료 및 음성 전송 등을 들 수 있다.

5) 경영자 시스템

경영자의 기능은 기능별 영역과 분리할 수 있으나 기능 분야의 경영기능을 포함할 수도 있다. 거래는 의사결정을 위한 정보 요구이다. 조회(Inquiry) 또는 의사결정을 위해서 데이터베이스(Database)와 의사결정 모형의 접근이 요구된다. 운영적 통제를 위한 정보는 회의 일정, 계약관계 서류(File) 등이 요구되며 관리적 통제는 기능

10) 강명한(1989), 우수한 간부의 조건, 정우사(신지식의의 조건 발췌).

별 관리적 통제를 요약한 정보가 요구된다. 그러므로 모든 기능 분야별 계획과 성과에 대한 접근이 필요하다.

전략적 계획은 기업의 방향을 설정하고 필요한 자원에 관한 것이 된다. 최고경영자에 의해서 결정된 전략은 부문의 전략계획의 틀을 형성하며 부문 간에 조정자 역할을 한다. 최고경영층에 의한 전략적 계획에는 조직 내부와 외부환경에 관한 요약보고서가 필요하다. 전략계획을 위한 정보시스템은 특별 검색(Ad hoc retrieval), 특별 분석 및 의사결정 지원시스템(Decision support system)이 있어야 한다.

학습 목표 요약

1. 지식의 특성을 분류하면 무엇이 있는가?

첫째, 지식에는 명시적 지식과 묵시적 지식이 있다.

둘째, 지식의 주요 특징은 추상화(Abstraction)이다.

셋째, 지식은 권위가 있어야 한다.

2. 지식경영(knowledge management)이란 무엇인가?

지식경영(knowledge management)은 정보기술의 데이터·정보 가공능력과 인간의 창조적이고 혁신적인 능력을 통합해 기업의 지적 자산과 구성원 개개인의 지식 및 노하우를 발굴·공유·전파함으로써 기업의 가치창조 활동을 극대화하는 과정이라 볼 수 있다.

3. 암묵지의 형식지화란 무엇인가?

지식경영의 핵심은 암묵지를 형식지화 함으로써 의미 있는 지식을 공유하고 재생산하는 것이다. 지식은 형식화 가능성과 여부에 따라 네 가지로 유형화될 수 있는데 각 유형이 지니는 의미도 다르다. 본질에서 형식화가 가능한 지식을 형식화하지 않고 그대로 두었을 경우에는 지식을 공유하고 활용함으로써 누릴 수 있는 성과향상 기회를 상실하게 된다. 이 경우 만약 경쟁사가 이러한 유형의 지식을 형식화하여 전사 차원에서 통합적으로 활용하게 되면 그 기업은 경쟁우위를 확보할 수 있게 된다. 반대로 본질에서 형식화하기 어려운 지식을 형식화할 경우에는 전략적 자산의 유출 가능성이 존재하는 등 경쟁우위와 성과 하락을 초래할 수도 있다.

4. 지식경영을 성공적으로 추진하기 위한 사항은 무엇인가?

전략적 차원은 지식을 활용해서 성과를 향상하고자 전략과 지식성과 간의 연계성을 확보하는 데 주안점이 두어진다.

조직적 차원은 지식경영을 함으로써 이에 영향을 미치는 조직의 구조, 시스템, 문화, 경영철학 등을 고려해야 한다.

기술적 차원은 지식경영을 지원하는 정보기술과 관련이 있다.

5. 신지식인의 조건은 무엇인가?

유연성, 어학 능력, 컴퓨터 활용능력, 문제 해결 능력, 서비스 정신, 강력한 대인관계 기술 겸비, 기업가 정신, 개선개발과 새로운 기량에 대한 의지.

용어해설

▶ 암묵지란?

직접적 경험을 통해서는 개발되거나 명시화되기 어려운 지속적인 상호작용을 통해서만 공유될 수 있는 지식

▶ 형식지란?

공식적이고 형식적으로 명시화될 수 있는 지식

▶ 운영적 통제?

일일 처리 계획, 오류율, 설비의 장애, 프로그램 개발(Program development)을 위한 일정 계획 등

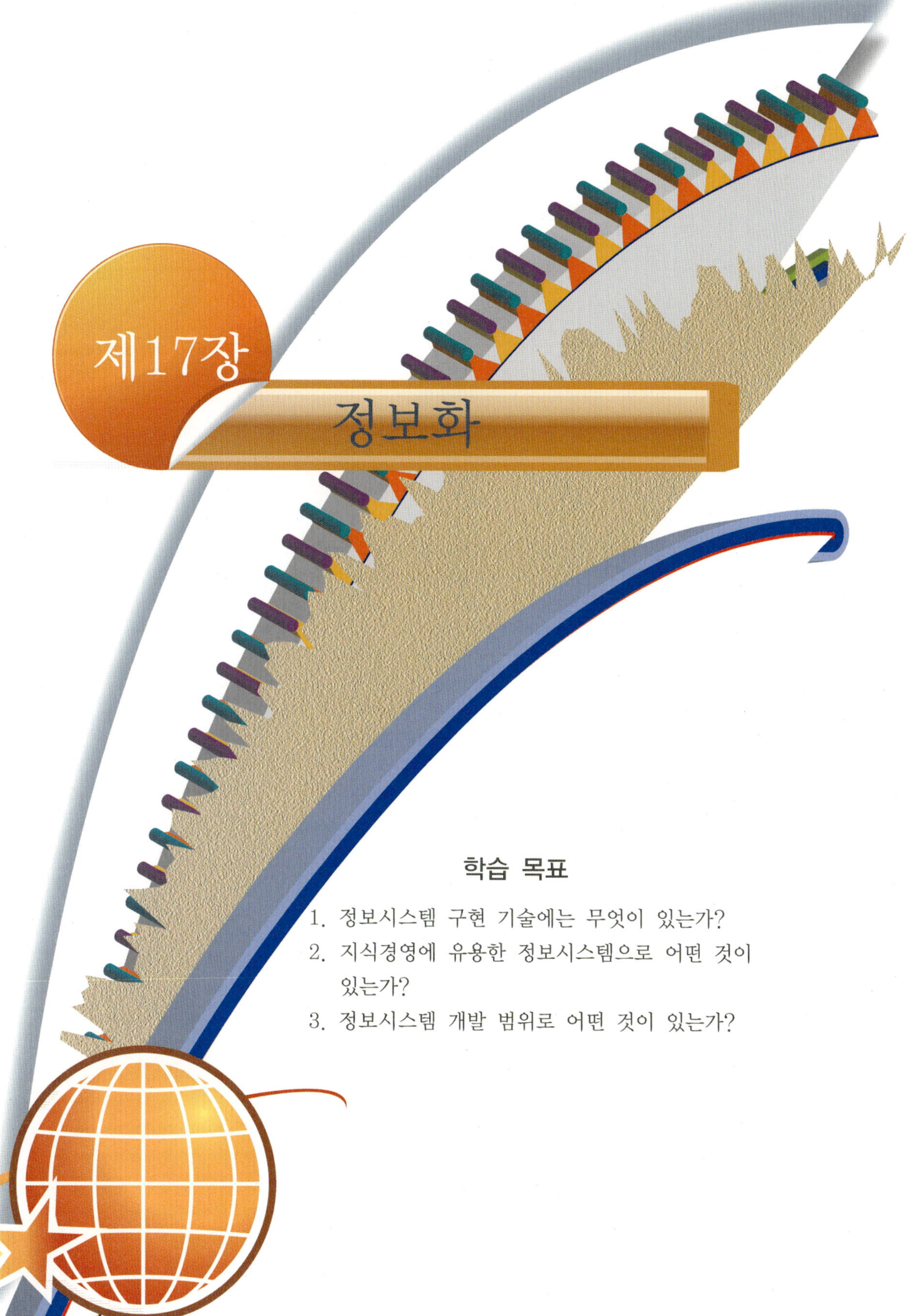

제17장 정보화

학습 목표

1. 정보시스템 구현 기술에는 무엇이 있는가?
2. 지식경영에 유용한 정보시스템으로 어떤 것이 있는가?
3. 정보시스템 개발 범위로 어떤 것이 있는가?

제1절 경영정보시스템

1 정보전달 기술

정보시스템 구현 기술에는 정보전달 기술, 정보검색 기술, 정보처리기술, 네트워크 기술, 비즈니스 프로세스(Business process) 지원 기술로 구분할 수 있다(조용길 외, 2011).

〈표 17-1〉 정보시스템 구현 기술

정보전달 기술	정보검색 기술	정보처리기술	네트워크기술	비즈니스 프로세스기술
E-mail Telnet FTP Usenet	WWW Gopher Archie WAIS	HTML CGI ASP JAVA	LAN MAN WAN VAN Internet	EDI CALS ERP SCM CRM

정보전달 기술에는 전자우편(E-mail), 원격 접속(Telnet), 파일 전송(FTP), 유즈넷(Usenet), 다중매체(Multimedia) 등이 있다.

1) 전자우편

전자우편(E-mail)이란 'Electronic mail'의 약자로 이메일(E-mail)이라고도 부른다. 인터넷이 활성화되기 이전에도 많이 사용되던 기술로 비정형화된 전자문서를 문자(Text) 이외에도 각종 멀티미디어 파일(Multimedia file)을 첨부하여 동시에 전송할 수 있다. E-Mail 주소는 사용자가 사용하는 컴퓨터의 도메인(Domain name)과 사용자 계정(Account)으로 구성되어 있으며, 사용자 계정을 사용자 ID라고 부른다.

전자우편은 인터넷의 다양한 서비스 중 가장 많이 사용하는 서비스의 하나로서 전자우편을 관리해 주는 메일서버 컴퓨터(Mail server computer)가 있어야 하며, 메일서버 컴퓨터에 반드시 계정을 가지고 있어야 이용할 수 있다.

2) 유즈넷

유즈넷(Usenet)은 'User's network'의 약자로 뉴스그룹(Newsgroup)이 있는 네트워크(Network)를 Usenet이라 하는데, 뉴스그룹이란 어떤 주제를 정해서 토론하기 위한 인터넷 사용자들의 모임을 말한다. 즉, 다수의 사용자들이 각 분야별로 뉴스그룹을 만들어 놓고 공지사항이나 최신 정보를 게시하고 이를 검색할 수 있도록 하는 기능을 제공하며, 일반적으로 이 둘을 같은 의미로 사용하고 있다. Usenet은 전자우편과는 달리 공개적이며, 정치, 경제, 사회, 문화 등 매우 다양한 분야에 걸쳐서 토론을 벌일 수 있는 것으로 전 세계의 인터넷 사용자 중 원하는 사람이면 누구나 참여하여 서로의 의견을 주고받을 수 있다. 현재 전 세계에 20,000개 이상의 분야별 뉴스그룹이 있으며, 계속 다른 뉴스그룹이 생성되고 있다.

3) 멀티미디어(Multimedia)

멀티미디어(Multimedia)의 경우 AOD(Audio on demand)/VOD(Video on demand)로 구분할 수 있다. VOD는 개인들이 TV나 컴퓨터 화면을 통해 중앙의 서버(Server)로부터 비디오(Video)를 선택해 볼 수 있도록 하는 것을 공동의 목표로 삼고 있는 회사들과, 관련된 일련의 기술들을 일컫는 광범위한 용어이다. 시청자들은 자신의 TV를 통해 그들이 선택하는 즉시 원하는 비디오 프로그램을 볼 수 있으며, 그 프로그램들은 유선(Cable)이나 종합정보통신망(ISDN : Integrated services digital network) 등을 통해 전송된다. VOD는 연예(디지털 전송된 영화의 주문), 교육(교육용 비디오의 시청), 및 화상회의(비디오 클립들을 이용한 표현기법들의 강화) 등에 사용될 수 있다.

이러한 AOD와 VOD는 Download & play와 Streaming방식의 2가지 형태로 구현되는데, 다운로드 & 플레이 서비스는 데이터 파일(Data file) 전체를 전송한 후에 이를 재생하는 방식으로서 파일 크기가 크면 많은 시간을 요구하는 단점이 존재한다. 스트리밍 서비스(Streaming service)는 Real media 파일 포맷은 Real server가 필요하며, NT기반에서는 Windows media services를 사용할 수 있다.

2 정보검색 기술

1) 월드와이드웹(WWW)

'World Wide Web'의 약어로서 스위스의 CERN(The european laboratory for particle phisics)이라는 연구소에서 개발된 정보 서비스 기술이다. 'WWW'이란 말은 거미줄(Web)이라는 의미를 담고 있는데, 하이퍼링크(Hyperlink) 기능에 의해 서로 연관된 정보를 직접적으로 연결해줌으로써 관련 정보를 쉽고 빠르게 찾아볼 수 있는 정보 표현 방법이다. 그리고 이렇게 연관된 정보는 또다시 다른 정보들과 하이퍼링크(Hyperlink)에 의해 연결되어 있기 때문에 하나의 정보가 여러 개의 다른 정보들과 거미줄 같이 복잡하게 연결된다.

'WWW'은 텍스트(Text)로 표현된 정보뿐만 아니라 그림, 음성, 오디오, 동화상 등 다양한 데이터(Data)를 하나의 문서 형태로 나타내는데 이를 하이퍼텍스트 (Hypertext)라 하고, 기본적인 형태는 일반 텍스트(Text) 형태와 같으나 하이퍼링크 (Hyperlink)를 이용해 특정 단어에 대한 정보를 서로 연결해 놓음으로써 다른 문서를 계속 불러올 수 있게 해준다. 문서뿐만 아니라 음성, 화상, 이미지 등과 같은 다른 미디어(Media)의 연결도 함께 실행함으로써 마우스(Mouse)를 이용한 클릭(Click)만으로 해당 미디어를 화면에 표시하여 볼 수 있게 하는데 이를 하이퍼미디어(Hypermedia)라고 한다.

2) 고퍼(Gopher)

고퍼(Gopher)란 정보를 주제별 또는 종류별로 구분된 디렉터리(Directory) 구조로 검색하도록 지원함으로써 인터넷에 익숙하지 않은 사람들도 쉽게 자료를 찾을 수 있도록 만들어준다. Gopher는 기본적으로 텍스트 문서를 보여주며 메뉴 방식의 정보 검색을 지원하기 때문에 다른 인터넷 서비스보다 쉽게 이용할 수 있다는 장점을 가지고 있다.

3) 아키(Archie)

아키(Archie)란 인터넷에는 무수히 많은 파일들이 있으며, 이러한 파일들 중에서 원하는 파일이 어떤 파일 전송용 프로토콜(FTP : File transfer protocol) 서버가 있는지 찾아낼 수 있도록 도와준다. Archie는 자체적인 데이터베이스(Database)를 가지고 있으며, 이를 이용하여 FTP 서버를 찾아낸다.

Archie가 파일이나 디렉터리(Directory)를 검색하는 데는 어떤 한계가 있는데, 이는 앞서 말한 Archie의 데이터베이스(Database) 내에 있는 파일들이 Anonymous FTP 서버 내의 파일로 한정되어 있기 때문이다. 그러므로 Anonymous FTP 서버가 아닌 FTP 서버들 안에 들어 있는 파일에 대한 정보는 얻을 수 없다.

4) 웨이즈(WAIS)

웨이즈란 'Wide area information server'의 약자로 Archie와 같이 인터넷에서 정보를 검색하기 위한 서비스로 WAIS를 이용하면 인터넷에 들어있는 여러 가지 데이터베이스(Database)를 검색할 수 있으며, 구체적으로는 특정 단어를 포함하고 있는 인터넷 자료들을 찾아주는 역할을 한다.

WAIS는 인터넷에 들어있는 수많은 정보들을 통합된 하나의 데이터베이스(Database)처럼 만들어 정보를 검색할 수 있게 해주므로 상당히 손쉽게 정보를 검색할 수 있을 것으로 생각될 수 있으나 실제로는 그렇게 쉽지가 않다. 즉, 원하는 정보의 위치를 대략적으로나마 알아야 한다는 것이다. WAIS는 데이터베이스(Database)의 표준 언어를 좀 더 단순화시킨 SQL(Structured query language ; 구조화된 질의어)을 받아들여 검색하는데, 검색 요청을 받으면 그 단어가 들어 있는 데이터들에 대해 각각의 점수를 매기고 결과를 출력할 때에는 점수가 높은 순으로 나타낸다. 이때 점수가 높으면 높을수록 찾고자 하는 정보와 관련이 깊다는 것을 알 수 있다. 따라서 짧은 시간일지라도 편리하고 신속하게 많은 양의 자료를 검색할 수 있다는 편리함을 지니고 있다.

3 디지털 경영

1) 전자문서교환

〈표 17-2〉 EDI의 기대효과

구 분	기 대 효 과
직접적인 효과	문서거래시간의 단축, 자료의 재입력방지 업무처리의 오류감소, 업무처리 비용의 감소
간접적인 효과	재고 감소, 효율적인 인력활용 관리의 효율성 증대, 고객 서비스향상 효율적인 자금관리
전략적인 효과	거래상대방과의 관계개선 전략적 정보시스템 구축 새로운 사업으로 확대, 경영혁신, 경쟁우위확보

전자문서교환(EDI : Electronic data interchange)이라고 하며 정형화된 서식과 같이 구조화된 형식의 정보(Structured format data)를 표준화된 상거래 서식 또는 공공 서식으로 구성하여 합의된 통신표준에 따라 컴퓨터 간에 교환하는 정보전달 방식이다. 즉, EDI는 사용자 간에 각종 행정 및 상거래 문서를 서로 합의된 표준을 사용하여 컴퓨터 간의 직접 통신에 의해 교환하는 시스템으로 정의하고 있다.

2) 지식경영과 정보기술의 활용

지식경영을 위한 정보시스템은 지식경영에 있어 기업이 정보의 흐름을 최적화하고, 지식 기반을 축적하도록 도와줌으로써 가치 있는 임무를 수행하고 있다. 지식경영에 유용한 정보시스템으로 사무정보시스템, 지식 작업시스템, 그룹 협력시스템, 인공지능시스템 등을 들 수 있다. 이 시스템들은 지식 작업을 지원하고 조직의 지식 베이스를 정의하고 포착하는 데에 주로 초점이 맞춰져 있다(조용길 외, 2011).

(1) 사무정보시스템(Office information system)

조직에 정보를 확산시키고 정보의 흐름을 조정한다. 여기에는 워드프로세싱(Word processing), 탁상출판, 이미지 처리, 전자 달력, 데이터베이스(Database) 등이 포함된다.

(2) 지식 작업시스템(Knowledge work system)

숙련된 지식근로자와 전문가들의 지식 창출 활동을 지원한다. 여기에는 컴퓨터 이용 설계(CAD : Computer-aided design), 가상현실 시스템, 운용(Portfolio) 관리자의 재무활동을 지원해주는 투자 워크스테이션(Workstation) 등이 있다.

(3) 그룹 협력시스템(Group collaboration system)

그룹으로 작업하는 사람들의 지식 창출 및 공유 활동을 지원하며 여기에는 그룹 의사결정 지원시스템, 전자회의실, 그룹웨어(Groupware), 인트라넷(Intranet), 인터넷 등이 있다.

(4) 인공지능시스템(Artificial intelligence system)

조직 또는 개별 관리자들에게 코드(Code)화된 지식을 제공함으로써 조직 내의 다른 사람들이 이를 재활용할 수 있게 해준다. 여기에는 전문가 시스템, 신경망, 퍼지이론(Fuzzy theory), 유전자 알고리즘(Genetic algorithm)이 있다.

경영활동별 정보시스템 구조

경영정보는 전략계획, 관리 통제, 운영통제 및 거래 처리 수준 간에 요구되는 정보 특성이 크게 차이가 있음을 알 수 있다. 이와 같은 요구정보의 특성 차이는 결국 정보시스템이 경영활동 수준을 기준으로 구분할 수 있음을 나타내는데, 이하에서는 각각의 하위 시스템에 대해서 좀 더 구체적으로 살펴보면 다음과 같다(조용길 외, 2011).

1 정보시스템 구조

1) 거래 처리 및 운영통제시스템

거래 처리는 조직의 기본적인 활동이다. 따라서 거래 처리 시스템 역시 정보시스템의 기본이 되는 시스템으로 효과적인 거래 처리 시스템의 기반을 구축했을 때 비로소 이보다 상위 경영활동인 운영통제나 관리 통제 및 전략계획을 지원하기 위한 시스템도 제대로 구축·운영될 수 있다.

운영통제활동은 조직의 말단에서 이루어지는 거래 처리 업무가 효율적 또는 효과적으로 수행될 수 있도록 통제하는 활동으로 대부분 업무가 정형화되어 있는 것이 보통이다. 운영통제시스템에서의 자료처리 유형은 크게 보아 보고서 처리(Report processing)와 조회 처리(Inquiry processing)의 두 가지로 나눌 수 있고 여기서 이용되는 데이터베이스는 주로 거래 처리와 관련된 자료로 구성되어 있다.

2) 관리 통제시스템

관리 통제활동을 위한 정보는 주로 각 부서의 성과 특성 및 통제, 부서원의 업무수행 규칙 결과 등과 직접 관련을 맺고 있다. 따라서 경영통제시스템에서는 관리 처리 관련 자료 이외에도 예산이라든가 각종 표준계획 등과 관련된 자료를 이용해서 실제 성과를 비교함으로써 문제점을 찾아내고 그 문제점을 분석하여 가능한 통제방법을 모색하는 데 도움을 줄 수 있어야 한다. 이때 때에 따라서 조직 외부의 자료를 활용하기도 하고 또 여러 가지 의사결정 모형이나 분석모형을 도입하기도 한다.

3) 전략계획 시스템

어떤 조직에 있어서 전략계획을 수립한다고 하는 것은 조직의 내·외부를 막론하고 매우 광범위한 정보가 있어야 하는 경우가 많다. 더욱이 어떤 정보가 필요한지조차 잘 모르거나 필요한 정보의 상당 부분이 계량화될 수 없는 성질의 것인 경우도 많다. 또한 전략계획과 관련된 활동 중 어느 것, 예를 들어 신규 사업에의 참여 여부라든가 공장 설비의 확장 여부와 같은 결정사항들은 극히 비정형적으로 발생하기 때문에 이러한 활동을 지원하기 위한 정보시스템을 사전에 구축한다는 것은 매우 어려운 일이다. 그래서 어떤 학자들은 전략계획 시스템이란 존재할 수 없다는 것이라고 주장하기도 하는 것이다.

그러나 한편에서는 경영통제시스템이나 운영통제시스템이 완전할 수 없듯이 완벽한 전략계획 시스템을 구축하는 것도 거의 불가능한 것이지만 정보시스템이 전략계획의 과정에 어느 정도 실질적인 도움을 줄 수 있다고 주장하는 사람도 있다. 이러한 주장에 의하면, 전략계획에 필요한 정보 중 조직 내부의 정보는 더욱 미래지향적인 자료 분석을 통해서 그리고 조직 외부와 관련된 정보는 주로 외부자료를 통해서 조직 내 데이터베이스에 포함한다던가 아니면 외부 데이터뱅크와 제휴하는 등의 방법을 통해서 조직의 전략계획 시스템에 공급할 수 있다는 것이다.

한 가지 주의할 점은 전략정보시스템(SIS : Strategic implementation system)과 전략계획 시스템은 서로 다른 개념이라는 점이다. 즉, 전략정보시스템은 경쟁전략의 구사를 위해서 활용되는 정보시스템이지 조직의 전략계획 활동 그 자체를 지원하는 시스템은 아니라는 점이다.

2 주요 기능별 정보시스템 구조

1) 정보시스템 구조

정보시스템 구조는 사용하는 조직의 기능에 의해서 설명할 수 있다. 기업의 전형적인 조직상의 기능은 생산, 유통, 마케팅, 인사, 재무 및 회계 정보처리, 최고경영자 등으로 구성되어 있으며 그 활동 수준에 따라서 전략계획, 관리 통제, 운용통제, 거래 처리 등으로 구분되므로 이러한 기능별, 수준별 관계를 표시하면 다음과 같다.

[그림 17-1] 정보시스템 개발 범위

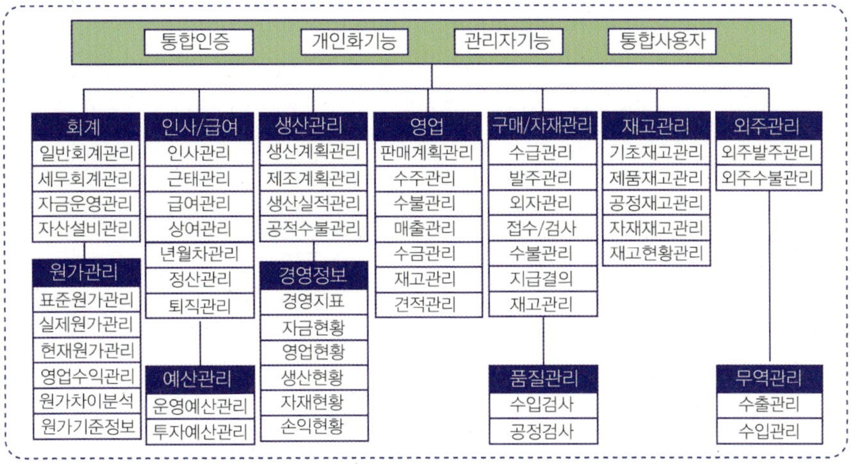

통합인증 | 개인화기능 | 관리자기능 | 통합사용자

- 회계: 일반회계관리, 세무회계관리, 자금운영관리, 자산설비관리
  - 원가관리: 표준원가관리, 실제원가관리, 현재원가관리, 영업수익관리, 원가차이분석, 원가기준정보
- 인사/급여: 인사관리, 근태관리, 급여관리, 상여관리, 년월차관리, 정산관리, 퇴직관리
  - 예산관리: 운영예산관리, 투자예산관리
- 생산관리: 생산계획관리, 제조계획관리, 생산실적관리, 공적수불관리
  - 경영정보: 경영지표, 자금현황, 영업현황, 생산현황, 자재현황, 손익현황
- 영업: 판매계획관리, 수주관리, 수불관리, 매출관리, 수금관리, 재고관리, 견적관리
- 구매/자재관리: 수급관리, 발주관리, 외자관리, 접수/검사, 수불관리, 지급결의, 재고관리
  - 품질관리: 수입검사, 공정검사
- 재고관리: 기초재고관리, 제품재고관리, 공정재고관리, 자재재고관리, 재고현황관리
- 외주관리: 외주발주관리, 외주수불관리
  - 무역관리: 수출관리, 수입관리

2) 판매와 마케팅 시스템

판매와 마케팅 기능은 제품이나 서비스의 촉진에 관련된 활동을 포함한다. 운영적 통제활동은 판매 요원의 고용과 훈련, 판매와 촉진에 관한 일정 계획, 지역별·제품별·고객별 매출에 대한 주기적인 분석 등을 포함한다.

관리적 통제는 마케팅 계획에 대하여 전반적 인성과 비교가 주요 초점이 된다. 이러한 관리적 통제를 위한 정보는 고객, 경쟁사, 경쟁사의 제품 판매능력에 관한 것이다. 전략적 계획은 새로운 시장이나 새로운 마케팅 전략을 의미하는 것으로서 고객 분석, 소비자 태도 분석, 수익 예측 등과 같은 정보가 요구된다.

고객만족의 가장 중요한 요소는 납기 준수라고 할 수 있다. 따라서 납기를 맞추지 못하는 기업은 고객만족을 이루지 못하므로 자연 매출 감소로 타격을 입게 될 것이 자명하다.

영업 관리 시스템의 가장 중요한 사항은 납기 준수에 있다고 볼 수 있으므로 영업사원은 자사 제품/상품의 재고현황을 쉽게 파악할 수 있어야 하며, 재고 관리자는 미납현황과 생산일정에 따른 입고 예정정보, 반품 정보 등을 관리하면서 배송일정과 연계한 출고 일자의 확정 등을 정확히 할 수 있어야 한다.

납기에 따른 고객과의 중요한 업무는 수금이다. 납기에 맞추어 고객이 원하는 상품/제품을 납품하였다 하여도 그에 대한 매출 처리와 대금의 수납이 이루어지지 않으면 다음의 일련의 절차는 무의미해지기 때문이다.

영업 관리 시스템은 기업의 전반적인 업무절차에 있어서 시발점에 해당하므로 그 중요성이 그만큼 높다고 할 수 있다.

어느 기업이나 사업의 기본은 영업을 통한 매출의 실현에 있다고 할 수 있다. 그러나 기업의 규모나 업종, 취급품목에 따라 그 업무를 추진해 나가는 순서는 다소 다를 수도 있다.

다음에 기술된 영업 관리 업무의 흐름도는 정보시스템에서 권장하는 업무처리 순서로써 일반적 판매 업무에 기반을 두고 있으므로 대부분 기업이 사용하기에 적합하다.

[그림 17-2] 영업정보 시스템 흐름도

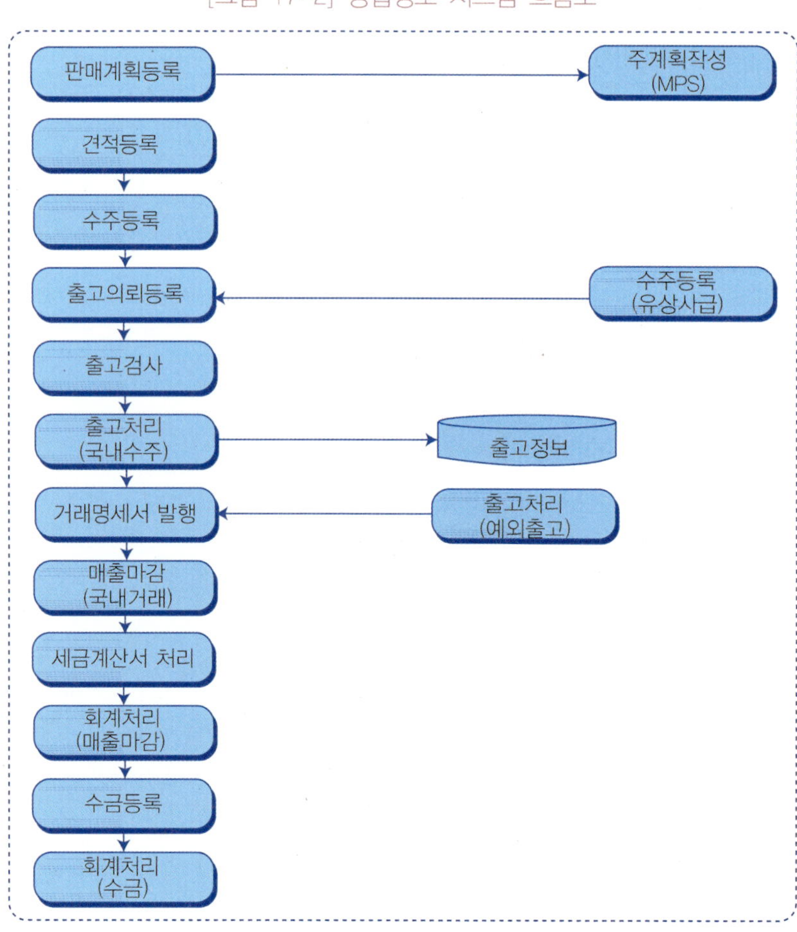

3) 생산시스템

생산관리자의 중요 기능은 제품 공학(Product engineering), 생산설비 계획, 총괄 및 대 일정 계획, 생산 요원의 교육과 훈련, 품질관리 등을 포함한다. 전형적인 거래는 주문이나 부품 재고에 기초하여 생산 명령서를 발행하고 조립을 하며 제조하는 활동을 포함한다.

운영적 통제는 일정계획과 실제의 성과를 비교하여 애로점을 찾아 통제하는 활동으로서 상세한 정보가 요구된다. 관리적 통제는 실제 성과를 총괄적 또는 대 일정계획 등과 비교하여 단위당 생산비용이나 노동력의 관점에서 통제한다. 전략적 계획은 대체적 제조방법이나 자동화 등에 관한 접근 등을 포함한다.

생산관리의 가장 중요한 목표는 영업 지원 시스템으로써 고객의 요구 납기에 얼마나 부응하느냐가 관건이라고 할 수 있다.

또한, 납기 못지않게 중요한 것이 원가(투입)를 얼마나 줄일 수 있느냐 하는 것인데, 납기를 맞추기 위해 과잉 재고를 가져갈 수도 없고 원가를 줄이기 위해 결품을 낼 수도 없는 것이 중요한 관건이라 할 수 있겠다.

계획에서 실적까지의 생산 흐름은 업종, 규모와 관계없이 같은 흐름을 가지고 있지만, 세부적인 업무 처리에서는 회사의 경험과 업종 및 규모에 따라 많은 차이가 있을 수 있다.

다음에 기술된 생산관리 업무의 흐름도는 정보시스템에서 중소기업에 권장하는 업무처리 흐름으로써 일반적인 생산관리에 기반을 두고 있으므로 대부분 기업에 사용하기에 적합하다.

[그림 17-3] 생산정보 시스템 흐름도

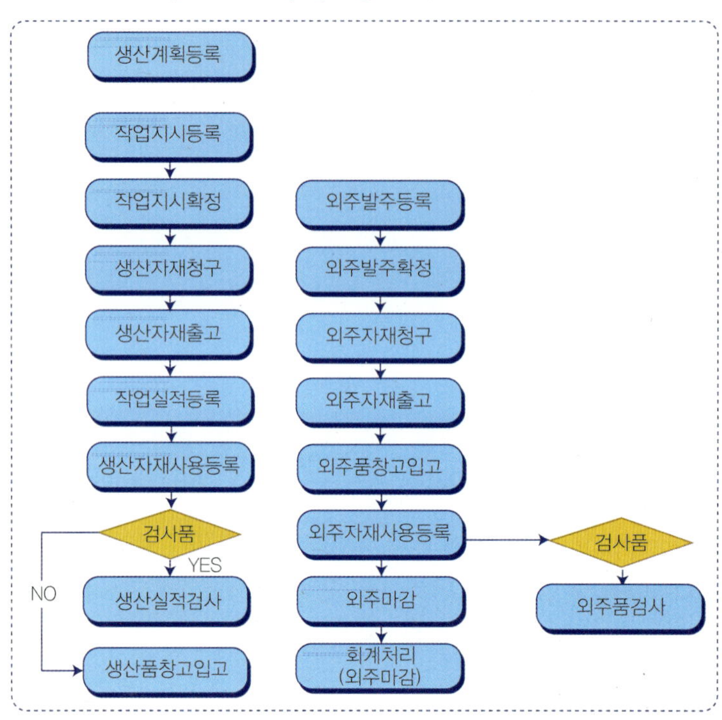

4) 유통시스템

유통 하위 시스템(Logistics subsystem)의 주요 기능은 구매, 수납, 재고관리 및 분배 기능이다. 거래는 구매 요구, 구매 명령서, 제조 명령서, 수납 보고서 송장 등이다. 운영적 통제정보는 구매량과 납기, 재고현황, 재고회전율, 과잉재고현황 등이다. 관리적 통제를 위한 활동은 계획과 실제의 재고 수준 비교, 구매 제품에 대한 비용, 재고 고갈 및 회전율 등이며 전략적 계획은 새로운 분배 전략 분석, 업체에 대한 새로운 정책, 구매 대 제조 전략 등이며 이러한 활동을 위한 정보는 기능정보, 분배 대체안 등을 들 수 있다.

5) 인사시스템

인사 하위 시스템의 주요 기능은 채용, 훈련, 인사기록, 급여, 퇴직 등이다. 거래는 고용 요구서, 직무기술서, 인사기록, 급여율의 변화, 작업시간, 복지관계 정보를 유발한다. 운영적 통제는 고용, 훈련, 퇴직, 복지활동 등에 관련된 의사결정이다. 관리적 통제는 종업원의 수, 채용비용, 기술인력 재고, 훈련비용, 임금 등에 관한 계획과 실전의 비교 및 평가를 포함한다. 전략적 계획은 인사 기능에 대한 대체안의 수립이며 전략계획을 위한 정보로서 종업원 교육, 대내외적 임금 균형을 위한 내용을 들 수 있다.

인사/급여 관리시스템은 사람을 대상으로 하는 업무 또는 관리하는 분야이므로 타 시스템(생산, 회계, 영업, 자재 등) 보다 비교적 독립적이다. 인사관리시스템은 사람을 관리하면서 필요한 데이터를 처리하거나 필요한 데이터를 제공한다.

서브 기능으로 급여 계산 및 상여 계산, 연말정산, 퇴직정산, 연월차 휴가 관리가 있다. 급여 계산과 연관하여 보험료(국민연금, 건강보험, 고용보험) 관리 기능이 있다.

사원의 근로에 따른 임금을 계산하고, 지급되는 근로소득과 퇴직소득에 대한 세액을 계산한다. 이를 위해서는 사원의 인사정보와 급여 관련 정보는 주기적으로 변경되므로 적절한 시점에서 사원 정보가 변경되어 임금 계산 등에 차질이 없어야 한다.

[그림 17-4] 인사정보 시스템 흐름도

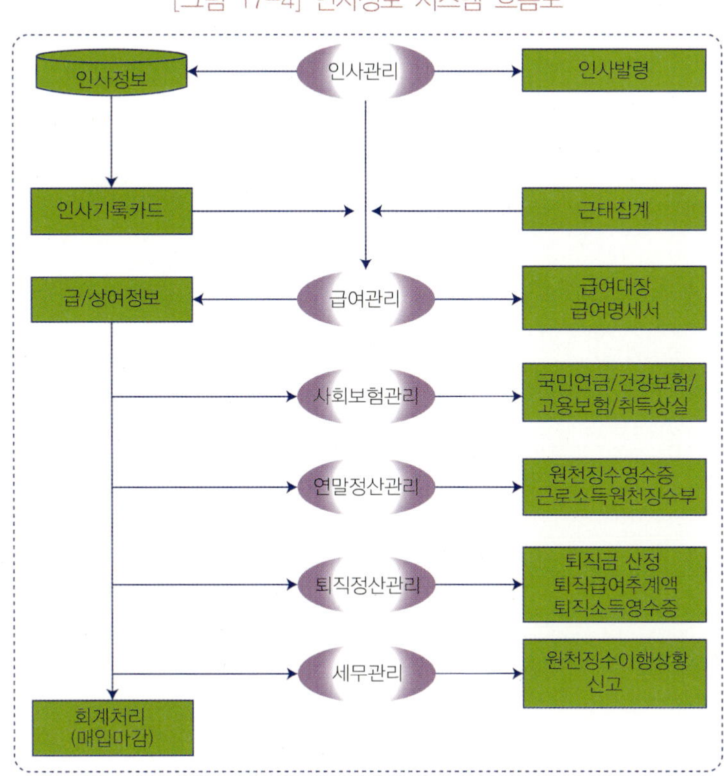

6) 재무와 회계시스템

재무와 회계는 분리될 수 있으나 양자는 충분한 관계를 맺고 있다. 재무활동은 가능한 한 최저비용으로서 조직 활동을 유지하려고 한다. 이 기능은 고객에 대한 신용, 수집기능, 현금관리, 자금조달을 포함한다. 회계 기능은 재무적 거래를 분류 및 요약하여 재무제표를 작성하여 예산을 편성하고 비용자료를 분석한다. 예산과 비용은 관리적 통제 목적을 위해서 사용된다.

재무와 회계에 관련된 거래는 신용의 유지, 판매대금 청구, 원장 작성 등이며 운영적 통제는 오류와 예외 보고서, 처리지연보고 등에 관한 정보를 요구한다. 관리적 통제를 위해서 예산과 실적, 비용자료, 오류율에 관한 정보가 필요하다. 전략적 계획은 적절한 재무 상태를 위한 장기계획, 비용과 예산을 위한 계획 시스템이 요구된다.

회계는 거의 모든 기업에서 사용하는 주요한 정보시스템 중 하나이다. 회계시스템에서 제공되는 정보는 의사 결정권자에게 유용한 정보를 제공하기도 하면서 몇 가지 중요한 목적을 수행하기도 한다.

첫째 : 내부에 있는 경영자가 일상적인 영업활동을 계획 또는 통제하고, 조직의 인원과 활동의 성과를 평가하기 위해서 보고되는 목적을 수행한다.

둘째 : 설비투자, 제품의 가격 결정, 이익 극대화 또는 원가의 최소화를 위해 제품을 선별하거나 특별한 의사결정을 내리기 위해 회계시스템을 활용하는 데 이는 조직 전체의 정책 및 장기적 계획을 수립하는데 이용된다.

셋째 : 기업의 외부 이해관계자, 즉, 투자자나 채권자 등이 기업의 경영성과를 이해하고 평가하는데, 보고용으로도 사용된다.

[그림 17-5] 재무회계정보 시스템 흐름도

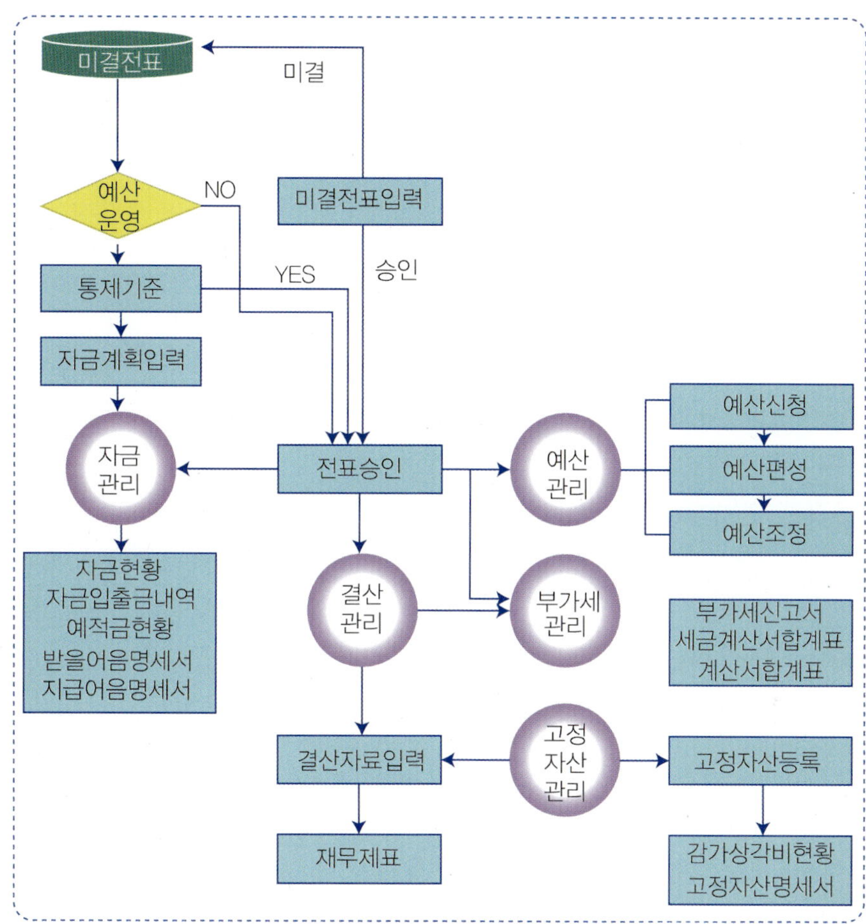

7) 정보처리 시스템

정보처리 하위 시스템은 조직 내 타 기능 부서가 원활히 운영되기 위한 정보를 제공한다. 이 시스템의 거래는 처리 요구, 데이터 또는 프로그램의 수정과 변경 요구, 하드웨어와 프로그램의 성과에 관한 보고 및 프로젝트 제안이다.

운영적 통제로서 일일 처리 계획, 오류율, 설비의 장애, 프로그램 개발을 위한 일정 계획 등을 들 수 있다. 관리적 통제를 위해서 계획에 대한 설비 활동 정도, 설비비용, 프로그래머의 성과, 프로젝트 개발계획과 성과 비교 등의 정보가 요구된다. 전략적 계획은 조직구조(예로서 분권화 또는 집권화), 전반 시스템 계획, 정보의 전략적 사용에 대한 선택, 하드웨어와 소프트웨어의 구성 등을 포함한다.

사무자동화는 정보처리 시스템과 분리 통합하여 정의할 수 있다. 사무자동화는 지식 작업과 사무작업을 위한 광범위한 설비를 포함한다. 이러한 설비로서 워드프로세서(Word processor), 전자사서함(Electronic mail), 전자파일(Electronic file), 자료 및 음성 전송 등을 들 수 있다.

8) 경영자 시스템

경영자의 기능은 기능별 영역과 분리할 수 있으나 기능 분야의 경영기능을 포함할 수도 있다. 거래는 의사결정을 위한 정보 요구이다. 조회(Inquiry) 또는 의사결정을 위해서 데이터베이스와 의사결정 모형의 접근이 요구된다. 운영적 통제를 위한 정보는 회의 일정, 계약관계 파일 등이 요구되며 관리적 통제는 기능별 관리적 통제를 요약한 정보가 요구된다. 그러므로 모든 기능 분야별 계획과 성과에 대한 접근이 필요하다.

전략적 계획은 기업의 방향을 설정하고 필요한 자원에 관한 것이 된다. 최고경영자에 의해서 결정된 전략은 부문의 전략계획의 틀을 형성하며 부문 간에 조정자 역할을 한다. 최고경영층에 의한 전략적 계획에는 조직 내부와 외부환경에 관한 요약보고서가 필요하다. 전략계획을 위한 정보시스템은 특별 검색(Ad hoc retrieval), 특별 분석 및 의사결정 지원시스템이 있어야 한다.

제3절 경영정보시스템 구축 방법론

1 정보시스템 개발 방법

정보시스템을 개발하는 방법으로 SDLC, 프로토타이핑, 정보공학, 객체지향 방법 등이 있다.

2 SDLC 개발 방법

SDLC(System development life cycle)개발 방법은 정보시스템의 개발과정을 순차적으로 진행하는 개발절차이다(조용길 외, 2011).

[그림 17-6] SDLC 개발절차

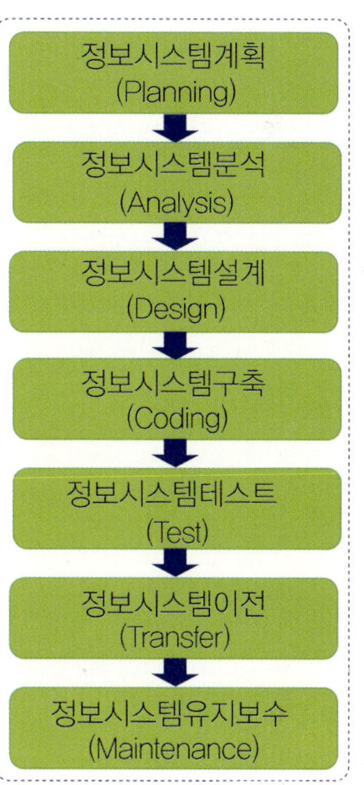

1) 정보시스템 계획

정보시스템 계획은 기업의 살아있는 목표를 설정하는 것이다. 전혀 생소한 나라를 여행할 때 지도를 가지고 여행을 하면 목적지를 찾기가 쉽고, 항해하는 배는 항해도를 보면서 항해하듯이 기업의 정보를 유지하고 발전시켜 나가는 것은 경영정보시스템 계획서를 중심으로 개발하는 것으로 기업의 방향과 목표를 정하는 중요한 기준이 된다.

정보시스템 계획의 필요성은 다음과 같다.

① 경영시스템 계획서는 시스템을 개발하는데 시행착오를 줄여준다.

② 시스템 개발 초기 경영정보시스템 개발의 지침서가 된다.
③ 시스템 개발자나 설계자 그리고 프로그래머의 지침서가 된다.
④ 경영정보시스템 개발과 관련된 이해관계자에게 활용도가 높다.

이와 같은 경영정보시스템 계획 수립에 있어서 시스템 개발의 목적을 정하고 문제점을 사전에 파악한다. 또한, 시스템 개발의 필요성과 타당성을 분석하고 비용, 자원, 기간을 결정한다.

2) 정보시스템 분석

정보시스템 분석 단계에서는 시스템의 기능이나 요구사항 및 제약사항을 분석하고, 시스템의 성능, 편리성, 기능성을 분석한다. 또한, 최종 사용자가 요구하는 요구사항을 정밀하게 분석하여 분석 명세서를 작성한다.

정보시스템 분석에서 있어서 현행 시스템이 지닌 문제점과 사용자 요구사항을 파악한 뒤 조직의 경쟁력을 강화하기 위해 정보시스템이 제공해야 하는 기능을 정의하는 과정으로 다음과 같이 접근할 수 있다.

- 문제정의 : 현행 시스템이 당면한 문제점의 파악, 목표 달성을 위해서는 구체적인 문제를 정의한다.
- 원인 분석 : 인과관계(Causality) 규명 및 통제 가능 변수와 통제 불능 변수로 나누어 문제의 원인과 이것이 미치는 결과를 분석한다.
- 해결 대안 비교평가 : 정보시스템 구축을 포함한 기타의 해결책을 비교 검토한다.
- 최적 안 선택 및 사용자 요구사항 조사 : Process Modeling, Data Modeling, Menu in, Output display a definition.

이와 같은 분석을 통하여 다음과 같은 효과를 창출할 수 있는지 분석한다.

- 생산성(Productivity) 증대
- 차별화(Differentiation) 전략 실천
- 관리(Management) 능력 강화
- 정보기술의 활용을 통하여 경영진과 중간관리자의 기획 그리고 통제 및 의사결정을 개선하고 이를 통해 순이익을 증대시킬 수 있는가?

〈표 17-3〉 정보시스템 분석단계에서 체크 사항

업무구분	체크항목	문제점	대안
프로젝트 계획	종합적 프로젝트가 단계별 개발 일정 수립이 타당한가?		
	프로젝트 범위는 명확하게 정의되어 있는가?		
	프로젝트 수행 조직 및 투입인력 구성이 합리적으로 되었는가?		
현상분석	현재 처리되지 않았거나 처리하기 곤란한 자료 흐름을 파악하고 있는가?		
요구사항 정의	고객의 업무요구사항을 정확하게 분석하고 있는가?		
	새로운 시스템 흐름도 및 단위 업무기능 명세서가 잘 기술되어 있는가?		
	새로운 시스템 구축 시 제약사항들을 잘 기술하고 있는가?		
결과보고서	업무분석 및 설계 단계의 세부 활동완료 내역에 대한 보고서는 타당한가?		
	결과보고서에 나타난 지적된 사항은 시정조치가 이루어 졌는가?		

3) 정보시스템 설계

정보시스템을 구축하기 위하여 시스템 분석의 임무는 현행 정보처리 시스템을 이해하고 기법을 적용하여야 한다. 시스템 분석가의 4대 기본 원리는 다음과 같다.

- 추상화(Abstraction)의 원리
- 공식화(Formality)의 원리
- 분할 정복(Divide and conquer)의 원리
- 계층적 조직화(Hierarchical ordering)의 원리

또한 경영정보 자료의 흐름은 사용자가 의사소통을 원활히 하고 이해의 폭과 깊이를 더할 수 있도록 하여야 하며, 경영정보시스템 구축 시 업무 재설계(BPR: Business process reengineering) 작업이 수반되어야 하는데 이때 정보의 유통 및 처리 경로가 개선되고 새로운 정보가 추가되어야 한다.

또한, 설계단계에서는 데이터 모델을 설계하고 시스템 구조를 구축한다. 또한 사용자 인터페이스를 설계하고 상세설계를 추진한다. 이처럼 정보시스템 기술적 설계 단계에서의 체크 항목은 다음과 같다.

〈표 17-4〉 정보시스템 기술적 설계단계에서 체크 사항

업무구분	체크항목	문제점	대안
물리적 설계 단계	시스템 변경 및 확장이 용이 하도록 설계되었는가?		
	외부적인 인터페이스는 정확하게 정의 되었는가?		
	DB 및 테이블 명이 잘 정의 되었는가?		
	데이터 량, 데이터 사용 빈도 수 산정은 정확한가?		
	코드체계는 코드 성격에 따라 잘 설계되었는가?		
	메시지는 코드와 더불어 고객 용어에 알맞게 설계되었는가?		
상세설계단계	개발도구가 제공하는 기능을 정확하게 인식하고 설계하였는가?		
	모듈흐름은 정확하게 작성되었는가?		
	반복되는 기능은 공통 모듈화 하였는가?		
	향후 시스템 운영을 위한 시스템 작업 흐름도가 잘 작성되었는가?		
전환계획 및 시험계획 수립	테스트 계획서, 사용자교육실시 계획서는 작성되었는가?		
	전환 계획서를 작성하면서 향후 일정을 고객과 합의하였는가?		
	데이터 이행계획은 수립되었는가?		
	히스토리 및 백업 체제가 반영 되었는가?		

4) 정보시스템 구축(코딩)

3단계의 설계가 완료되면 프로그램 전문가들이 시스템을 구축하게 된다. 코딩 단계에서는 데이터베이스 스키마(Database Schema) 생성 및 모듈별 시스템을 개발한다. 코딩 단계에서 체크리스트는 〈표 17-5〉와 같다.

〈표 17-5〉 정보시스템 기술적 코딩 단계에서 체크 사항

업무구분	체크항목	문제점	대안
프로그램 작성	프로그램은 표준화규칙에 따라 작성되었는가?		
	주석은 적절하게 기입되었는가?		
	메시지는 정확하게 작성되었는가?		
	프로그램 소스는 고객 Doc Folder에 통합 관리되고 있는가?		
단위 테스트	단위테스트 케이스 및 데이터가 적절하게 구축되어있는가?		
	레코드의 추가/수정/삭제가 정확하게 처리되는가?		
	화면의 흐름은 정확한가?		
	커서의 위치는 정확한가?		
	정합성을 위한 모든 입력조건의 데이터를 만족하는가?		
	응답시간은 적정한가?		
	레코드 건수가 제로일 때 처리는 정확한가?		
	출력장표의 페이지 스킵(Page skip)은 정확한가?		
	인쇄출력은 정확하게 편집되어져 있는가?		
	단위 테스트의 수행 완료 내역에 대한 보고서는 타당한가?		
	수행 결과에 나타난 지적 사항은 시정조치가 잘 이루어 졌는가?		

5) 정보시스템 테스트

통합 테스트는 부분적으로 이루어진 코딩 단계의 시스템을 종합적으로 구동되는 테스트하는 단계로 전체적인 연계가 정확한지 테스트하는 기능이다.

기능 테스트는 연관된 내용이 기능적으로 작동하는지 시험하는 작업이며, 성능 테스트는 시스템 성능이 만족할만한 결과를 끌어내는지 검사하는 테스트이다.

〈표 17-6〉 테스트 및 이전단계에서 체크 사항

업무구분	체크항목	문제점	대안
시스템 요구사항 검증	설계된 형식대로 입·출력이 정확히 이루어지는가?		
	사용자가 조작 후 시스템의 적절한 메시지가 출력되었는가?		
	운영시 화면 조작의 용이성을 고려하여 필요한 도움말 기능을 부여 했는가?		
	사용자가 입력하지 않았을 경우에 대비하여 화면에 초기치를 제공하였는가?		
지침서 작성	사용자 및 운영자를 고려하여 전문용어를 배제하였는가?		
	그림이나 표에 설명이 정확하게 되었는가?		
시스템 설치	이행 및 비상 대책 계획이 타당하게 수립되었는가?		
	데이터의 이행은 완전한가?		
	시스템 설치 시 문제점을 작성하였는가?		
	발생한 문제점에 대하여 적절한 시정조치를 하였는가?		
사용자 교육	사용자 교육을 위한 교재는 작성되었는가?		
	사용자 교육은 충실히 수행되었는가?		
	사용자 교육에 대한 실시 완료 내역에 대한 보고서는 타당한가?		

6) 정보시스템 이전

완료된 시스템을 사용자에게 이전하는 단계로 사용자 교육 및 사용 설명서 매뉴얼을 제공한다.

7) 정보시스템 유지보수

정보시스템을 사용 시 문제가 발생하면 소스코드를 디버깅한다. 또한 새로운 사용자를 위하여 기능을 추가한다.

3 정보시스템 개발 방법

1) 프로토타이핑 개발 방법

프로토타이핑 개발 방법은 폭포수 모형의 단점을 보완하기 위한 개발 접근법이다.

경영정보시스템 개발에 있어 프로토타이핑 개발 방법은 정보이용자의 요구를 완전하게 해석하지 못하거나 완벽한 분석이 어려울 때 문제를 해결하기 위하여 일부분을 우선 개발하여 사용자에게 제공하여 시험 사용하게 하고 시험 사용을 통해서 요구를 분석하거나 요구 타당성을 점검하고 성능을 평가하여 그 결과를 최종 시스템에 반영하여 프로젝트를 진행하는 개발 방법이다.

[그림 17-7] 프로토타이핑 개발 단계

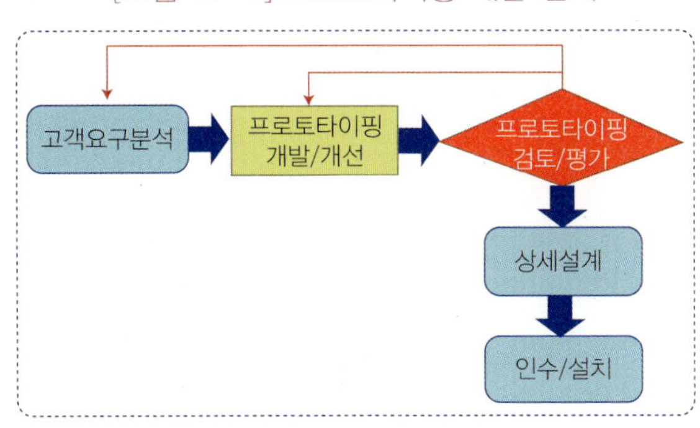

[그림 17-8] 원형 프로토타이핑 개발 단계

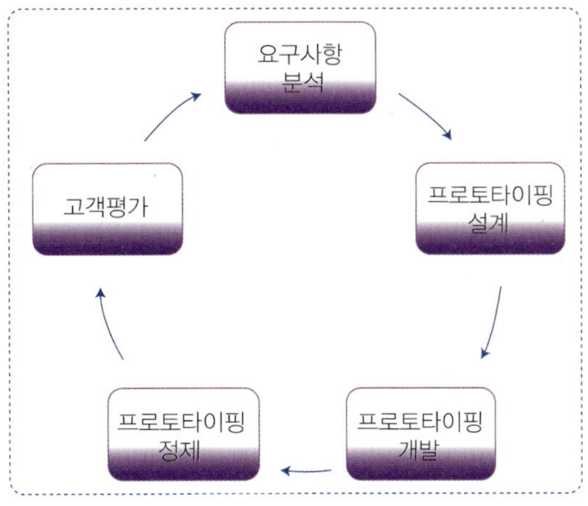

프로토타이핑 개발 방법의 특징은 다음과 같다.

- 사용자의 요구를 정확히 반영할 수 있다.
- 시스템 이해도가 낮은 사용자가 있는 경우 유용하다.
- 개발 중에도 유지보수 효과가 있다.

[장점]

- 결과가 가시적이고 이해가 쉬워서 관리가 쉽다.
- 사용자의 요구사항을 빠르게 수용 가능 및 확인할 수 있다.
- 관리자의 이해가 쉽다.
- 제품의 추적성, 시험 가능성 확보가 가능하다.
- 정적인 요구 명세 및 문서화 방법 대신 실질적으로 수행되는 물리적인 모델이 된다.

[단점]

- 최종 소프트웨어 제품을 완성하기 전에 시제품을 완제품으로 발전하게 할 가능성이 있다.
- 사용자의 과도한 요구가 있다.
- 시제품 폐기의 비경제성이 있다.
- 반복적인 시제품 개발의 종료 시기 문제가 있다.
- 문서작성 미흡 및 경시, 산출물 부재가 발생한다.

2) 증분 개발 모델(Incremental development model)

증분 개발 모델(Incremental development model)은 폭포수 모델을 변형하여 하향식 구조의 수준별 증분의 분리 개발한 이후 최종 제품을 통합하는 개발 방법이다. 이와 같은 개발 방법은 여러 개의 팀이 나누어 개발하고자 할 때 유용하다.

[그림 17-9] 증분 개발 단계

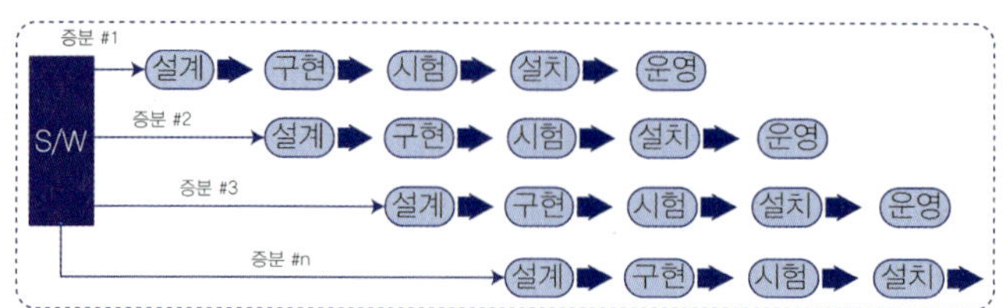

3) 진화적 개발 모델(Evolutionary development model)

진화적 개발 모델(Evolutionary development model)은 각 구성 요소의 핵심 부분을 개발하고 개선 및 발전시켜 나가는 발전적인 모델이다.

[그림 17-10] 진화적 개발모델 단계

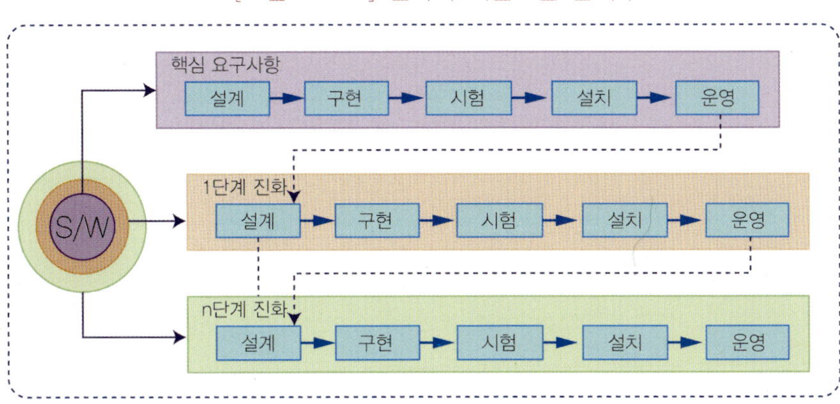

4) 생명 주기 모델 개발

생명 주기 모델 개발은 경영정보시스템의 개념 정립에서 구현까지 하향식 접근 방법이다. 시스템 개발 절차는 시스템 계획, S/W 요구사항 기술, S/W 설계, S/W 구현, 통합, 시험과 디버깅, 설치, S/W 유지보수 순으로 관리되는 모형으로 이전 단계의 완벽한 작업 종류를 전제로 하는 모델이다.

[그림 17-11] 생명주기모델 단계

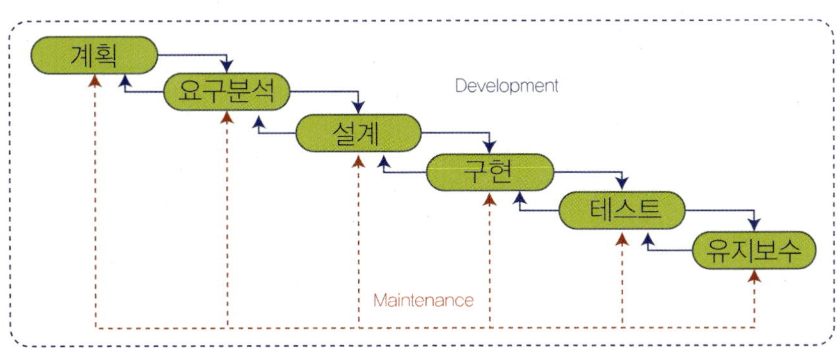

[특징]

- 가장 널리 많이 사용하고 있다.
- 각 단계의 결과가 확인된 후에 다음 단계로 진행하는 단계적, 순차적, 체계적 접근 방식이다.
- 검토 및 검증, 검사에 의해 프로젝트 전반의 품질 향상을 추구한다.
- 각 단계가 끝난 후 나와야 할 결과물을 명확히 정의하여야 한다.

[장점]

- 적용 사례가 많아 위험성이 적다.
- 단계별로 정형화된 접근 방식이다.
- 체계적인 문서화, 단계별 산출물 체크를 통한 프로젝트 진행의 명확성 및 관리와 적응이 쉽다.
- 기술적인 위험이 적다.

[단점]

- 문서 중심의 개발 접근 방식으로 인한 문서화에 대한 부담 가중 및 작업 지연이 발생할 수 있다.
- 작업의 통합화 및 대규모 시스템에 부적합하다.
- 완벽한 분석이 요구된다.
- 문제 해결, 수정 비용, 시간, 노력이 많이 소요된다.
- 사용자 피드백에 의한 반복 단계가 불가능하다.

5) 나선형 모델

나선형 모델은 진화적인 소프트웨어 프로세스 모델로서, 기능을 나누어 점진적으로 개발하는 모델로 시스템을 개발하면서 생기는 위험을 최소화하기 위해 나선으로 돌면서 점진적으로 완벽한 시스템으로 개발하는 모델이다.

[특징]

- 반복적인 개발이라는 특성과 폭포수 모델의 체계적인 관점 지원이라는 특성을 결합하고 있다.

- 대규모 시스템 개발에 대한 효율적인 접근으로 위험 분석을 추가한다.

[장점]

- 대규모 시스템 개발에 적합하다.
- 프로젝트의 완전성 및 위험 감소와 유지보수가 쉽다.
- 위험(Risk)관리 위주이므로 효율적인 위험관리가 가능하다.
- 개발과 개선이 동시에 진행된다.

[단점]

- 관리가 중요하나 매우 어렵고 개발 기간이 장기화할 수 있다.
- 위험 분석의 진행이 어렵다.
- 복잡한 프로세스에 대한 적응이 어렵다.
- 위험관리의 능력에 따라 성공 여부에 영향을 미친다.
- 내부개발에 적합하고, 외부 개발에는 위험이 있다.
- 상대적으로 새로운 접근 방법이 많이 사용되지 않아 충분한 검증을 거치지 못하다.

[그림 17-12] 나선형모델 단계

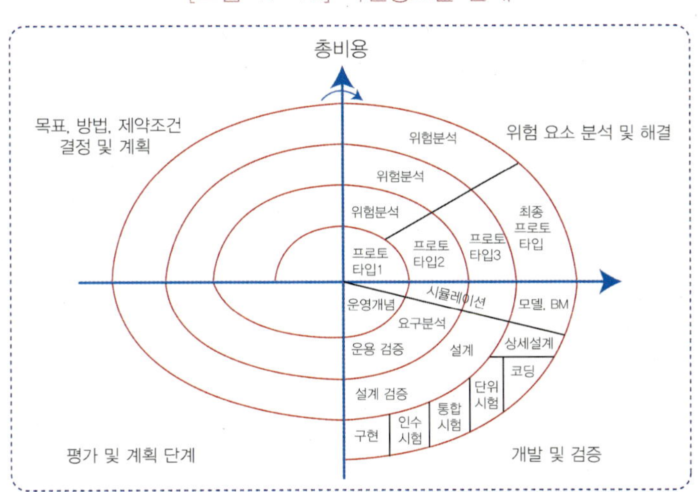

학습 목표 요약

1. 정보시스템 구현 기술에는 무엇이 있는가?

정보전달 기술, 정보검색 기술, 정보처리기술, 네트워크 기술, 비즈니스 프로세스 지원 기술

2. 지식경영에 유용한 정보시스템으로 어떤 것이 있는가?

사무정보시스템, 지식 작업시스템, 그룹 협력시스템, 인공지능시스템 등

3. 정보시스템 개발 범위로 어떤 것이 있는가?

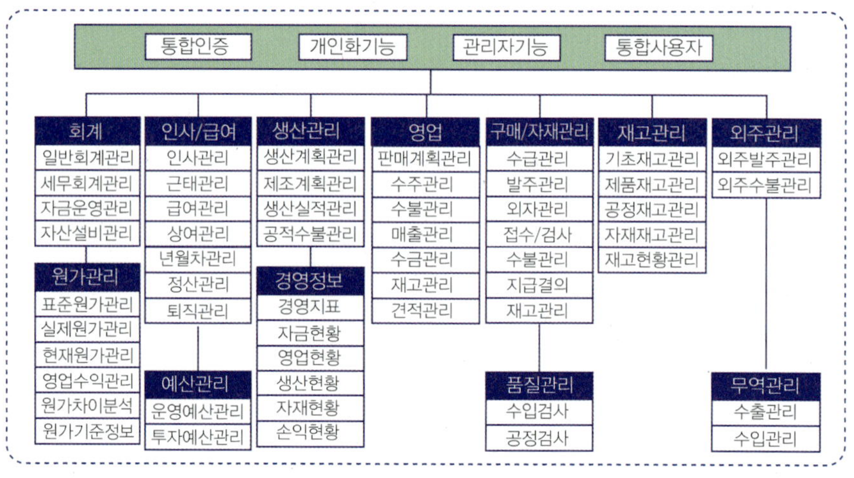

용어해설

▶ 유즈넷(Usenet)은?

'User's network'의 약자로 뉴스그룹이 있는 네트워크를 Usenet이라 하는데, 뉴스그룹이란 어떤 주제를 정해서 토론하기 위한 인터넷 사용자들의 모임을 말한다.

▶ 고퍼(Gopher)란?

정보를 주제별 또는 종류별로 구분된 디랙터리 구조로 검색하도록 지원함으로써 인터넷에 익숙하지 않은 사람들도 쉽게 자료를 찾을 수 있도록 만들어준다.

▶ 아키란?

인터넷에는 무수히 많은 파일들이 있으며, 이러한 파일들 중에서 원하는 파일이 어떤 FTP 서버가 있는지 찾아낼 수 있도록 도와준다. Archie는 자체적인 데이터베이스를 가지고 있으며, 이를 이용하여 FTP 서버를 찾아낸다.

▶ 웨이즈란?

'Wide Area Information Server'의 약자로 Archie와 같이 인터넷에서 정보를 검색하기 위한 서비스로 WAIS를 이용하면 인터넷에 들어있는 여러 가지 데이터베이스를 검색할 수 있으며, 구체적으로는 특정 단어를 포함하고 있는 인터넷 자료들을 찾아주는 역할을 한다.

▶ 전자문서교환이란?

정형화된 서식과 같이 구조화된 형식의 정보(Structured format data)를 표준화된 상거래 서식 또는 공공 서식으로 구성하여 합의된 통신표준에 따라 컴퓨터 간에 교환하는 정보전달 방식이다.

▶ 인공지능시스템(Artificial intelligence system)이란?

조직 또는 개별 관리자들에게 코드화 된 지식을 제공함으로써 조직 내의 다른 사람들이 이를 재활용할 수 있게 해준다. 여기에는 전문가 시스템, 신경망, 퍼지이론, 유전자 알고리즘이 있다.

▶ SDLC(System development life cycle)?

정보시스템의 개발과정을 순차적으로 진행하는 개발절차

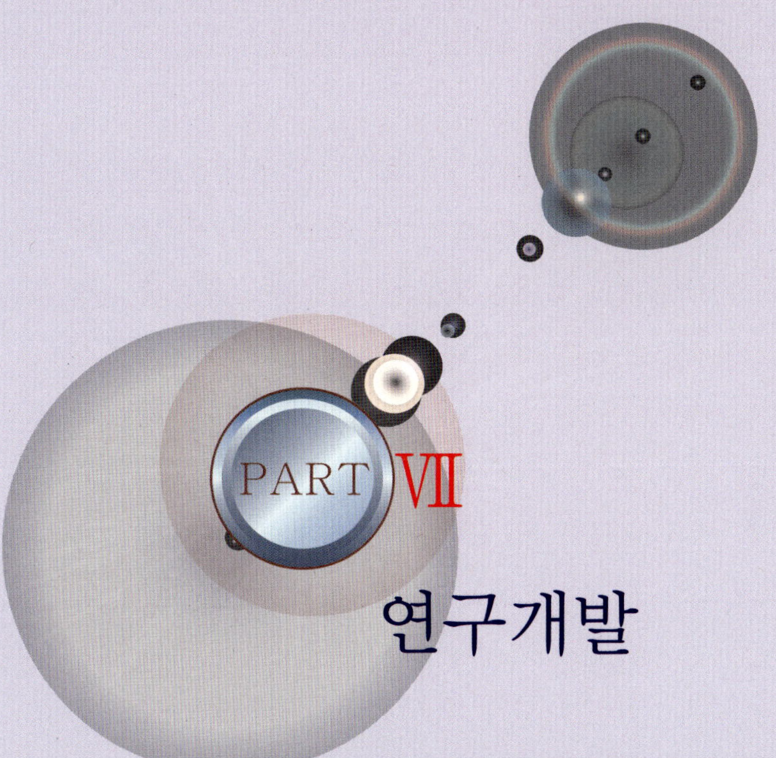

PART Ⅶ 연구개발

제18장 기술경영

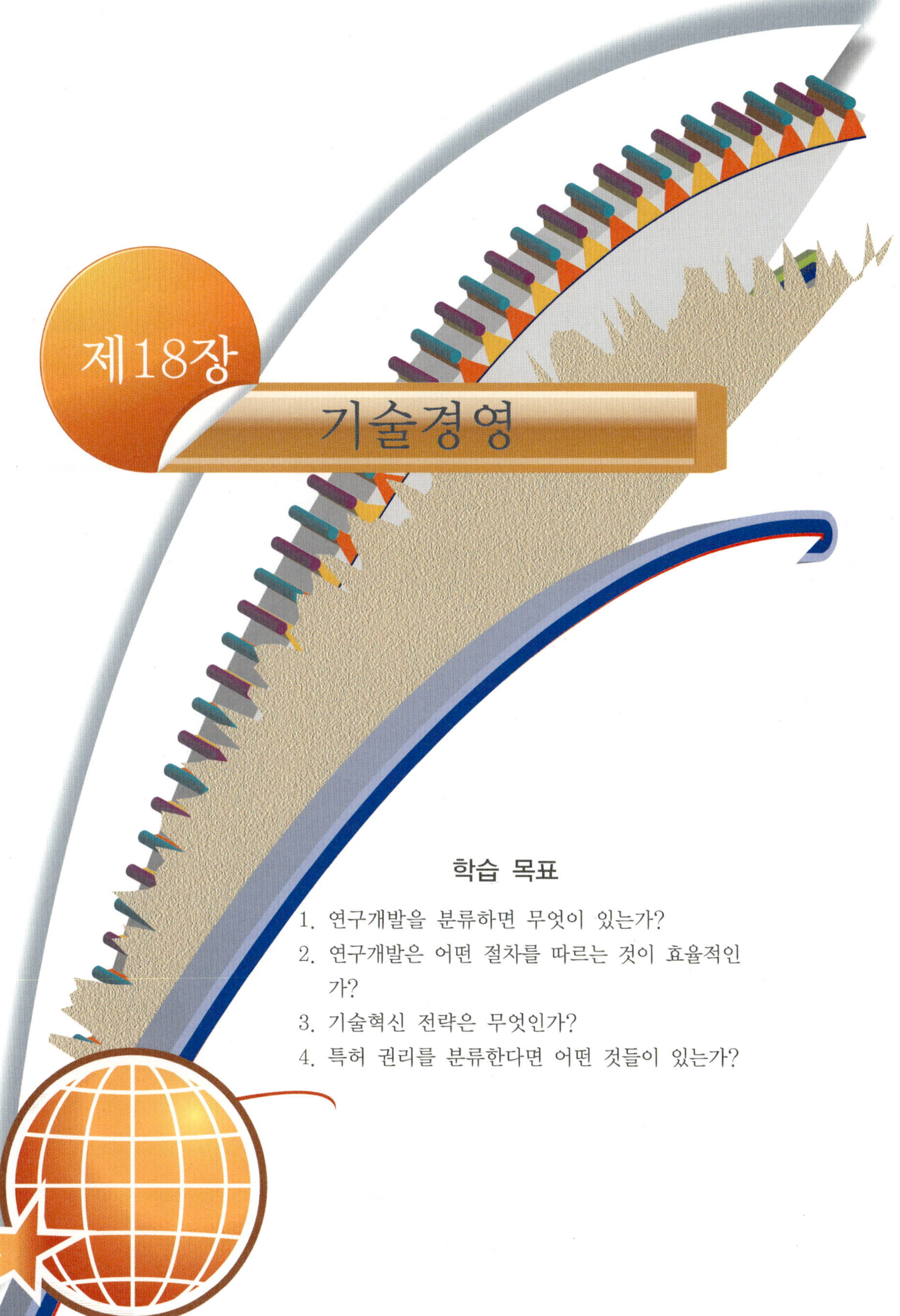

제18장 기술경영

학습 목표

1. 연구개발을 분류하면 무엇이 있는가?
2. 연구개발은 어떤 절차를 따르는 것이 효율적인가?
3. 기술혁신 전략은 무엇인가?
4. 특허 권리를 분류한다면 어떤 것들이 있는가?

제1절 창조적 기술경영

1 기술경영의 개념

기술경영(MOT : Management of technology)은 기업의 핵심 기술을 창조하기 위한 과학과 공학 그리고 경영을 결합한 경영전략 방법이다.

기술경영(MOT)은 과거 학문적 또는 기업의 경영조직 및 경영 방법에서는 공학과 경영을 완전히 분리하여 공학은 연구소 혹은 개발팀 등 공학 전문 분야로 분류하고 경영분야는 경영관리를 전문분야로 분류하여 양분화된 경영 기법에서 벗어나 기업의 경쟁력 창출을 위하여 과학과 공학 그리고 경영방법을 결합한 새로운 개념의 경영기법이다. 이처럼 새로운 기술경영은 창조적 제품 개발로 고객만족과 기업의 경쟁력을 확보할 수 있다.

2 과학과 경영의 융합

과학기술과 경영 그리고 다양한 학문을 융합한 과학기술융합연구에 관한 관심이 증대하고 있다. 이는 과학기술분야 지식과 경영 지식 그리고 여러 학문의 지식을 융합하여 기존의 개념을 벗어난 창조적 혁신을 이룩하여 그동안 풀지 못했거나 새롭게 등장한 문제 해결 방법이다.

융합 경영은 서로 다른 신기술의 융합, 제품·서비스나 산업의 융합 등을 통해 기업과 고객의 가치를 혁신하기 위한 전략과 이를 효과적으로 실행하기 위한 체제로 정의하고 있다. 융합 경영은 기존의 경영학 중심의 접근을 부정하는 것이 아니라 종래의 경영학 이론과 기법을 바탕으로, 그 위에 여러 가지 신기술을 가치 혁신 수단으로 활용할 수 있는 능력 그리고 혁신 대상인 기존 제품과 서비스와 프로세스(Process) 등에 대한 이해를 추가하는 것이다.

융합 경영의 중요성이 강조되는 이유는 전 세계적으로 거의 모든 기업이 처한 위기 상황을 종래의 제품 및 서비스와 업무 방식으로 해결하는 데는 한계가 있기 때문이다. 즉, 오늘날 기업은 경쟁의 고도화, 제품과 서비스에 대한 고객의 기대 상승, 영역의 파괴, 원자재 가격 인상, 인건비 상승, 환경 보호에 대한 사회적 압력 가중, 신기술의 급격한 발전 등에 따른 압박을 받고 있다. 이와 같은 압박 속에서 기업이 최소한 생존하고 나아가 성장할 방법은 다른 업종 간 융합을 통해 새로운 영역을 찾아내는 것이다(김덕현 외, 2011).

융합과학은 과학, 기술 및 인문사회과학 등의 세분된 학문의 결합, 통합 및 응용을 통하여 만들어진 새로운 과학 분야를 말한다. 20세기 중엽부터 21세기에 이르러 학문과 기술의 수렴 및 융합의 흐름이 전개되었다. 융합과학은 인문학, 사회과학, 예술, 공학, 과학 및 문화의 여러 영역을 같은 창조와 융합의 정신, 원리로 탐구하여 인간의 삶뿐만 아니라 인간성의 향상을 목적으로 한다. 융합과학은 나뉘어 있던 자연의 지식 영역들의 경계에 따라 각 학문을 개별적으로 연구하지 않는다. 자연이라는 하나의 대상을 각 학문이 개별적인 특성은 유지하되 각각의 요소를 모두 고려하여 통합적인 탐구를 이루어낸다. 융합과학은 융합과학기술, 학제 간 과학, 통섭 등으로 나눌 수 있다(위키백과, wikipedia.org, 2015).

연구기획

1 기술기획의 분류

기획은 일반적으로 기업의 장단기 목표를 달성하기 위한 전략 수립으로 기업의 최종 목표를 달성하기 위한 의사결정으로 전략기획, 전술 기획, 운영기획으로 분류할 수 있다.

1) 전략기획

전략기획은 기업의 방향키로서 경쟁자보다 우월한 차원 개발, 경쟁자보다 다른 차원의 개발을 의미한다. 전략기획의 주요 업무는 경영정보 분석, 사업구조혁신 추진, 신사업 발굴 및 신 성장전략 수립 등이 있다.

2) 전술 기획

전술 기획은 전략기획에서 수립된 전략들을 특정 사업의 특정 목표로 전환하는 계획을 수립하는 과정이다.

3) 운영기획

전술 기획에서 설정된 목표를 구체적으로 실천하기 위해 조직의 중간계층 이하에서 작성하는 관리 차원의 기획을 말한다.

2 연구개발의 분류

1) 연구개발(R&D : Research & development)

연구개발(R&D)은 국제회계기준위원회(IASC)에서 연구(Research)는 새로운 과학적, 기술적 지식과 이해를 얻기 위하여 행해진 독창적, 계획적 조사로 정의하였으며, 개발(Development)은 상업적 생산이나 사용하기 이전에 새로운 또는 개량된 재료, 장치, 제품, 제조법, 시스템(System) 또는 서비스 생산계획이나 설계에 연구 성과와 다른 지식을 적용하는 것으로 정의하고 있다. 일반적 개발 활동의 유형은 다음과 같다.

① 신제품 개발모델의 원형과 모형을 설계, 제작 및 시험하는 활동
② 신제품 개발기술과 관련된 공구, 금형, 주형 등을 설계하는 활동
③ 시작실에서 신제품 설계, 건설 및 가동하는 활동
④ 신제품 최종 모델(Model)을 설계, 제작 및 시험하는 활동
⑤ 성능 향상 또는 생산성 향상을 위한 소프트웨어(Software) 개발 활동 연구개발은 기초연구와 응용연구, 개발 연구로 분류하며, 기초연구는 기존 기술의 발전 또는 지식의 발전을 목적으로 하는 연구로서 특정 분야에 응용을 적용하지 않는 과학지식의 발전을 목적으로 하는 연구 활동이다.

응용연구는 기업의 제품을 사업적 목표에 두고 과학지식의 발전을 목적으로 하는 연구 활동이다. 개발 연구는 기초연구 및 응용연구 등에 의한 기존 지식을 활용하여 새로운 재료, 장치, 제품, 시스템(System), 공정 등의 도입 또는 개량을 목적으로 한 연구 활동이다.

2) 제품 연구개발(Product related R&D)

기존의 제품을 개선하되 개선 목표는 성능, 디자인(Design), 용도 등에 초점을 맞추거나 새로운 재료와 부품 개발에 초점을 맞추거나 기존 기술들을 혼합하여 새로운 용도 및 성능, 또는 비용의 개선을 통하여 점진적 제품 혁신(Incremental product innovation)을 추구하는 연구방법이다.

3) 공정 연구개발(Process related R&D)

새로운 공정개발을 통하여 개선된 공법으로 제품의 성능, 품질 및 생산성 향상을 추구하는 연구방법으로 공정혁신을 주요 목적으로 한다.

4) 연구기술개발(R&TD : Research & technology development)

연구기술개발(R&TD)은 연구기술 개발 분야를 분사 혹은 독립시켜 독립된 새로운 연구개발회사는 계열사 등으로부터 연구개발을 위탁받아 수익체계로 운영하는 경

영방식으로 자립화를 통해 연구개발 성과책임을 명확히 하고 신규 사업 창출을 가속하게 됨과 동시에 그룹(Group) 계열사들의 자본출자를 통해 그룹(Group) 통합력을 강화하고 있다. 기술경영 관점에서 연구 성과가 사업화에 연결되지 않는 단절을 제거하고자 하는 점에서 R&BD와 유사하며, 일본 미쓰비시에서 시작하였으며 책임과 성과중심의 경영을 목적으로 하고 있다.

5) 연구 사업개발(R&BD : Research & business development)

연구 사업개발(R&BD)은 연구개발 초기 단계부터 사업성을 검토하고 단계별로 연구를 수행, 사업화가 가능하도록 단계마다 연구방향을 설정, 조정해 나감으로써 연구성과를 극대화하는 제4세대 R&D 경영시스템으로 최근 미국 등 기술선진국의 기업 R&D 분야에서 적극적으로 시도되고 있다. 과거 연구소의 연구방법은 조용하고 한적한 곳에서 연구 활동을 집중할 수 있는 환경에서 R&D가 이루어졌다면, 최근 연구개발은 제품 생산이나 소비자의 욕구사항을 파악할 수 있는 기업의 비즈니스 전략과 밀접한 관계가 있는 곳에 R&D 연구소가 위치한다(주식회사 서우, 2016).

6) 연결 개발(C&D : Connect & development)

연결 개발(C&D)은 P&G에서 처음 주창한 개발 방법으로 회사의 주력상품인 '프링글스'의 기획 당시, 감자 칩에 그림을 새기는 기술과 식용 잉크를 개발하는 것이 중요한 연구 개발 과제로서 이러한 해결책을 찾을 수 없었던 P&G는 글로벌 네트워크(Global network)를 통해 이 문제를 해결할 방안에 대한 아이디어(Idea)를 구하였고, 결국 이탈리아의 한 작은 빵집에서 해답을 찾을 수 있었다. 이와 같은 개발 성공사례를 배경으로 P&G가 2001년에 이를 도입했고, 2003년 앨런 래플리 회장의 주창으로 오늘에 이르고 있다.

다국적 기업(Global corporation)이 C&D에 관심을 갖는 이유는 기술혁신 비용이 급상승하고 기존 기술혁신 본보기(Model)로는 성장 목표를 맞추는 게 불가능하다는 것을 인식하고 개방형 혁신이라는 새 모델(Model) 실험에 나선 것이다.

C&D는 자사의 지적재산과 타인의 지적재산을 결합해서 더욱 뛰어난 제품을 개발한다는 일종의 개방형 R&D 방식이다. C&D는 인터넷 등 네트워크(Network)를 통해 확보된 새로운 아이디어(Idea)를 활용해서 차별화된 혁신을 만들어 가는 연구개발 시스템을 의미한다. 또한, C&D는 막대한 비용과 시간을 투입해 무리한 자체개발을 추진하기보다는 외부의 도움을 받아 가능한 실패의 위험을 줄이면서 적은

비용으로 높은 성과를 얻겠다는 목적을 갖고 출범한 시스템이다.

C&D는 외부의 기술과 아이디어(Idea)를 내부의 R&D 역량과 연결시켜 신제품을 개발하는 기술혁신 모델(Model)이다. 이것은 기획부터 개발까지 회사 내부에서 추진하는 독자개발 모델(Model)과 대비되는 방식이다. 그리고 개발을 전적으로 외부업체에 맡기지 않는다는 점에서 기술 아웃 소싱(Technology outsourcing)과도 다르다(주식회사 서우, 2016).

3 연구기획의 중요성

1) 연구기획 정의

경영계획은 회사가 나아가야 할 방향과 달성해야 할 목표를 설정하여 기업의 목표와 개인의 목표를 일치시키고, 기업이 보유하고 있는 자원을 통합, 조정함으로써 기업의 목표를 효과적으로 달성할 수 있게 한다. 이와 같은 기업의 총괄 경영계획의 목표에 따라 연구기획도 목표를 설정하게 된다.

연구기획이란 제품에 변화를 줄 목적을 설정하고 그 목적을 달성하는 데에 가장 적합한 활동을 설계하는 것으로 구체적인 방법, 절차 등을 수립하는 과정이다.

2) 연구기획의 중요성

연구기획을 수립하는 목적은 현재의 제품 또는 서비스, 기술보다 더 이상적인 미래의 제품을 개발하는데 목표를 설정하고 목표를 달성하기 위한 세부 행동지침을 마련하는데 그 목적이 있다. 연구목표 설정은 고객과 미래의 흐름을 분석하여 미래지향적 목표를 결정하게 된다.

최근 기업현장에서 연구개발의 역할이 중요하게 부각되고 있어 많은 기업들이 연구개발 투자 규모를 증가시키고 있다. 연구개발의 특성상 연구개발의 결과가 오랜 시간을 요구하기도 하고 연구결과가 실용화되기까지 많은 시간이 필요한 분야도 있으며, 연구결과의 성공률이 낮으며, 새로운 기술을 개발하여도 기술수명주기 및 제품 수명주기가 짧아 장기적인 이윤창출 제품으로 유지하기 어렵고, 쉽게 복제품을 만들어 단기간의 이익에 치중하는 일부 기업들에 의하여 연구의 힘을 빼는 경향도 있지만 새로운 기술개발에 따른 기업의 미래 이윤창출의 원천으로서 연구개발이 중요하다. 또한 연구개발은 실패할 확률도 매우 높다. 이와 같은 실패의 위험을 최소화하기 위하여 정밀한 연구기획을 수립한다.

연구기획은 연구개발 목표를 달성하기 위한 구체적 방법과 절차 그리고 전략으로 연구개발에 대한 목표를 설정하고 이를 달성하기 위한 구체적인 방법과 전략 수립을 요구한다.

4 연구기획 절차

[그림 18-1] 연구기획 절차

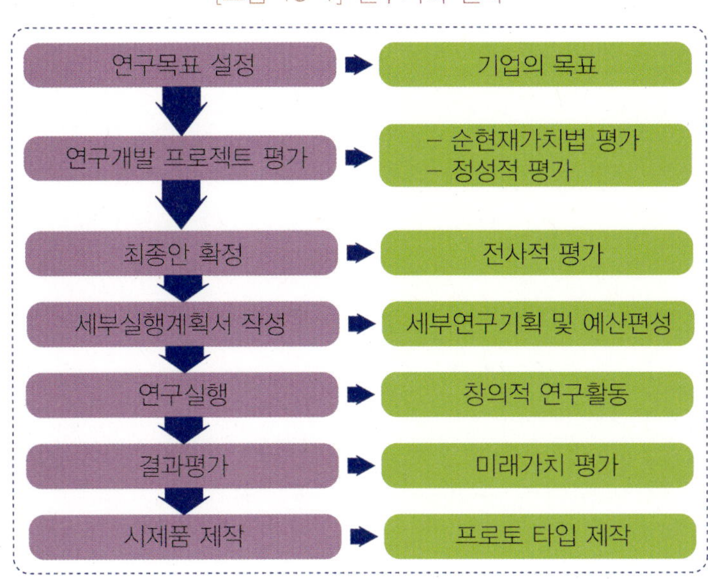

1) 연구목표 설정

연구목표 설정은 신기술개발을 위해서 현재의 기술 수준을 내부, 외부 환경을 분석하여 파악하여야 한다. 이는 신기술에 대한 경쟁전략의 목표를 설정하고 경쟁적 위치를 결정하기 위함이다. 현재의 기술이 모든 면에서 경쟁우위를 갖는다고는 생각하지 않는다. 또한, 신제품 개발 역시 모든 면에서 우월하다고 판단하면 새로운 아이디어를 창출하기가 어렵게 된다. 따라서 신제품 또는 신기술개발에 대한 목표 기술서를 작성하여 경쟁적 위치를 결정하고 이를 바탕으로 어느 분야에 기술을 개발할 것인가를 결정한다.

2) 연구개발 프로젝트 평가

각 분야에서 제시된 목표 기술서를 연구개발 군으로 모아서 연구개발을 추진하는 데 필요한 비용, 위험, 수익성 등을 평가한다. 이러한 평가를 통하여 연구 및 개발의 순위를 결정한다.

(1) 순 현재 가치법 평가

연구과제(Project)를 평가하는 방법 중 경제성을 평가하는 방법으로 순 현재 가치법(NPV : Net present value)을 활용한다. 순 현재가치(NPV)는 미래에 들어올 현금 유입을 전부 현재 가치 기준으로 환산하여 모두 합산한 후 현재 투자해야 할 금액을 차감하는 재무적 평가 방법의 하나이다.

(2) 정성적 평가법

새로운 제품의 도입이라든지 혹은 기술변화의 예측 등과 같이 과거의 자료가 없는 경우가 많다. 이런 때에는 정성적 방법에 의존하여 주관적으로 평가한다.

경영자의 판단과 경험 그리고 연구원, 전문가의 의견이 통계적 예측기법보다 훌륭할 때가 많으므로 이들의 정성적 정보를 잘 활용하여 좋은 예측치를 만든다.

❶ 연구원 평가법

연구원은 그 분야의 연구부문에 가장 가까운 사람들이다. 그러므로 연구원 평가법은 가장 신뢰할 수 있는 방법 중의 하나이다. 그러나 이 방법에도 몇 가지 단점을 가지고 있다.

첫째, 연구원의 개인적 편견이 예측에 포함될 수 있다.

둘째, 연구원은 고객의 '수요'와 '필요'를 구별하지 못할 수도 있다.

셋째, 만약 기업이 개개인의 개발 실적을 성과 측정치로 쓴다면 연구원은 자신들의 개발 실적이 뛰어나 보이도록 할 것이며, 이때 경영자가 주의를 기울이지 않는다면 연구원은 '자기만족 식의 예언'이 되고 말 것이다.

❷ 경영자 판단법

새로운 제품이나 서비스를 개발할 경우 전문가인 경영자의 주관적 판단이 가장 좋은 결정법이 될 수 있다. 경영자가 가지고 있는 비슷한 제품이나 서비스로부터의 경험에 근거하여 판단하는 방법이다. 경영자 판단법은 새로운 제품 개발이나 예상치 못한 국제적 사건과 같은 특별한 환경을 고려하여 기존의 연구원 판단법을 변경하는데 이용되기도 한다.

이 방법에도 단점을 지니고 있다. 이 접근법의 위험요소는 때에 따라서 통제할 수 없다는 점이다. 만약 경영자가 변화에 대한 집약된 동의 없이 판단을 바꾸어 버린다면 결과적으로 예측치가 유용하지 않을 수 있다.

❸ 델파이법

델파이법(Delphi method)은 전문가 집단으로부터 합의된 의견을 찾아내는 과정이다. 이 방법은 통계적 모형 개발을 위한 과거 자료가 없을 때 유용하다. 델파이법은 제품 수요의 장기예측이라든지 신제품 예측이나 기술예측 등에 매우 유용하다.

전문가 집단에 설문을 보내고 의견을 수집한다. 참가자가 누구인지 서로 알지 못하는 것이 바람직하다. 전문가들은 응답을 보내고 그 논거를 제시한다. 다시 참가자들에게 응답의 통계적 요약과 논거를 정리하여 되돌려 보낸다. 이런 과정을 두세 번 정도 반복하면 어느 정도 수렴된 의견이 얻어진다.

전문가들에게 설문지를 통하여 과학적 발전뿐만 아니라 삶의 질, 정부의 규제, 경쟁자 행동 등과 같은 환경적 요인들과 사회적 힘의 변화에 대해 상술하라고 요구할 수도 있다. 그 결과는 기업의 연구개발 방향을 제시할 수 있다. 그러나 델파이법은 아래와 같은 단점들도 있다.

첫째, 예측에 걸리는 시간이 상당히 길다. 따라서 그 기간에 전문가 집단의 일관성이 변할 수 있다. 그러므로 결과에 혼선이 생기거나, 예측 기간을 더 길어지게 하는 원인이 된다.

둘째, 전문가들의 익명성을 유지하기 때문에 책임을 부여할 때보다 응답에 의미가 적을 수 있다.

셋째, 델파이법이 높은 수준의 정확성을 보인다는 증거가 없다.

넷째, 잘못 설계된 설문서는 모호하거나 잘못된 결론을 도출할 수 있다.

그러므로 델파이법을 이용하기 전에는 위와 같은 단점들을 신중히 고려하고, 연구자가 그 분야에 상당한 지식을 갖추고 있어야 한다.

3) 최종안 확정

평가 단계에서 선정된 개발안을 전사적 차원에서 총괄적으로 검토하여 최종 개발 프로젝트(Project)를 결정하는 방법이다. 단, 이와 같은 결정법을 따르는 예도 있지만, 회사의 극비 개발 프로젝트(Project)나 국방 비밀 위탁 등 비공개 프로젝트(Project)는 이와 같은 절차를 따르지 않고 최고 경영자의 의사결정에 따른다.

전사적 관점에서 연구개발 프로젝트(Project)를 결정하고 추진한다면 조직원의 호응도와 참여도를 높일 수 있다. 또한 장기 개발 프로젝트(Project)와 여러 프로젝트(Project)가 동시에 진행될 때 자원을 효율적으로 배분할 수 있다.

4) 세부 실행계획서 작성

(1) 추진일정표 작성

연구개발 일정표를 작성하는 과정으로 연구개발이란 어느 한순간 아이디어(Idea)가 나올 수 있기도 하며, 장기간을 요구하는 때도 있다. 따라서 연구개발 일정 계획서를 작성하여 개발 일정에 맞추어 연구한다는 것은 연구원의 창의력을 일정에 묶어 두는 역할이라고 할 수도 있어 부정적인 반응을 나타낼 수 있다. 그러나 기업의 전체적인 일정계획과 사업계획을 준수하기 위하여 개발 일정표를 작성한다.

(2) 연구개발 예산서 작성

예산이란 본래 화폐액으로 표시되는 공식적 활동계획이라고 할 수 있다. 그런데 이 개념은 성과평가 및 원가통제 목적으로 표준과 함께 가장 많이 이용되는 개념이다. 예산제도는 제조 간접원가의 표준 설정 및 일정 기간의 성과평가를 할 때 주축이 되는 관리 통제시스템이다(안일준·유희경, 2004).

5) 연구실행

세부 실행계획에 따라 연구를 실행하고 실천사항을 중간에 점검함으로써 세부 실행계획이 본래의 목적을 잘 달성할 수 있도록 유도한다. 즉, 실천과정 및 중간결과를 감시(Monitoring)하여 세부 실행계획에 대한 수정이 필요한 부분에 대해서는 수정하고 계획 대비 미진한 부분에 대해서는 추가로 지원하여 본래의 목표를 달성하도록 필요한 지원을 한다.

6) 결과평가

(1) 기술적 평가

기술적 평가는 기술 가치평가로 특허등록이나 기술이전 실용화 등을 평가한다.

(2) 경제적 평가

경제적 평가는 매출액 증가율, 원가절감액, 수입대체효과 및 수출 증가 등으로 평가할 수 있다.

7) 시제품 제작

신제품 개발이 완료되면 시작실 또는 프로토(Proto) 제품 개발팀은 적극적으로 시제품을 제작하고 평가하여 문제점을 발굴하여 연구원에게 개선방향을 제시하여 준다. 시제품을 고객 평가단에게 사용하게 하여 소비자 반응을 측정하여 연구에 반영한다.

제3절 기술개발과 혁신전략

1 기술연구의 중요성

기술 연구개발은 제품 및 제조기술 등의 기술적 문제를 해결하고 신기술 연구로서 기업의 미래 가치에 중요한 역할을 한다.

이와 같은 기술 연구 개발 관리는 기술경영의 미시적이고 핵심적 영역으로 연구개발 관리의 주요 영역은 다음과 같다(정선양, 2013, 재인용).

① 자체 연구개발 활동의 근본적 방향 설정
② 연구개발 프로젝트(Research development project)의 평가와 선정
③ 연구개발 부문의 인력조달 및 육성관리
④ 연구개발 부문의 자금조달 및 자원 준비
⑤ 특허 및 사용권(License) 정책 수립
⑥ 연구 개발 기능의 관리 및 효율성 증진
⑦ 자체 연구개발과 기업 외부의 기술 및 정보와 조화

2 연구개발의 성공요인

1) 신제품 개발 성공요인

신제품 연구개발의 성공요인을 기반으로 연구를 추진하여야 실패의 원인을 제거할 수 있다. 이와 같은 신제품 개발 성공의 경쟁력 원천으로 '마케팅의 역량 및 자원', '기술의 역량 및 자원', '부서 간 통합'을 주장하며(Song and Parry, 1997), 한편 기업이 보유하고 있는 '기술적 역량 및 자원'은 신제품 개발의 성공을 결정한다(Cooper, 1979)고 주장하였다. 이와 같은 신제품 개발의 성공 요인을 분석하면 다음과 같다(정선양, 2013).

① 고객의 효용에 적극적 대응하는 세심한 제품 개발
② 제품 개발과정의 각 단계에 대한 주의 깊은 계획·조정·실행·통제
③ 자료의 수집·분석·의사결정에 있어서 적절한 방법론의 활용
④ 기술적 능력 및 가능성에 대한 정확한 인식
⑤ 시장과의 상시적인 접촉을 통한 고객 수요의 정확한 인식
⑥ 최고경영자의 적극적 후원
⑦ 경영층과 종업원들의 기술혁신에 대한 의지
⑧ 연구개발 활동에 직접 관여하는 구성원들의 적극적 의지
⑨ 연구개발과정 및 연구개발 부문의 효율성
⑩ 인력의 이동성 저감을 통한 연구개발부서의 동질성 유지
⑪ 연구개발부서 내·외부 간의 활발한 의사소통
⑫ 연구개발, 생산, 마케팅 부서 간의 내부적 통합 및 협력을 통한 동반 상승(Synergy) 효과 창출 및 활용
⑬ 경쟁기업보다 신속한 제품의 출하

〈표 18-1〉 국내시장에서 신제품 성공요인

구분	세부내역
부서 간 협조체제	명확한 신제품목표설정
	제조부서와 개발부서 간의 상호협력
R&D 투자지원	연구개발 자금조달 및 적극적 지원
	연구 핵심부품 및 연구 장비구매의 적극적 지원
	유능한 기술개발 인력확보
연구팀의 능력 확보	연구팀의 독창성과 열의도
	연구팀 리더의 열의와 능력도
	제품디자인의 우수성
제품특성 우수성	가격 대비 성능의 우수성
	가격경쟁력의 우월성 확보
기술 능력	오랜 축적된 기술능력 확보
마케팅 능력	개발부서와 마케팅 부서와의 상호협력관계 지속유지
	뛰어난 마케팅 활동능력
시장수요	시장규모 크기 또는 틈새시장확보
	장기적으로 안정된 시장 수요 확보
	빠른 유통 구조 및 판매망 구축
고객만족	감동고객 창출 능력

2) 신제품 개발 실패 요인

일반적으로 신제품은 시장에 35%~40% 정도가 실패한다는 통계적 자료가 있다. 특히 의약품의 경우 61%가 실패하고, 식품의 경우 86%가 실패한다고 한다.

신제품의 실패 주요 요인들은 다음과 같다.

① 부적절한 시장분석과 고객 요구에 맞지 않는 제품
② 제품 결함
③ 기대 수익보다 높은 투자비용
④ 적기(Timing)를 놓친 출하 시기
⑤ 관리자의 능력 부족
⑥ 제품 설계와 생산의 기술적 문제점 발생
⑦ 최고경영층의 관심 부족
⑧ 마케팅 지원 부족 및 비효율적인 마케팅
⑨ 경쟁에 대한 대응 실패

3 연구개발 체계

연구개발을 성공적으로 이끌기 위하여 여러 성공 변수를 체계화여야 한다. 이러한 성공 변수들은 여러 가지 요소들로서 크게 연구요원들의 인력 요인, 연구 환경 요인, 각 부서 간 또는 연구요원 간의 상호 협력 요인, 연구조직의 조직화 요인, 연구개발의 대상 요인, 연구방법 요인 등으로 분류할 수 있다.

1) 연구인력 요인

연구 분야의 전문 연구인력 확보는 중요한 성공 요인 중의 하나이다. 또한, 연구개발에 참여하는 전문 연구원뿐만 아니라 최고경영자와 일선 타 부서 실무자들 역시 연구에 필요한 창의적 아이디어를 연구에 적극적으로 제공하여 주어야 한다.

연구원의 인적 자원요소에는 상황적 특징으로 개인의 상상력, 동기부여, 행위방식, 지식 동기, 이해, 가치, 규범 등을 나타내 주며, 개인의 행위적 특징은 인지행위, 학습 행위, 사고행위와 같은 신체적 기준과 개인적인 계획의 유형, 의사소통

능력, 관리능력, 혁신능력 등을 나타내 준다(정선양, 2013).

또한, 연구개발의 사기저하는 연구 생산성 부진, 연구개발 활동의 지속성과 안정성이 직접적인 원인이 되며, 연구 개발자의 자긍심 부족, 직업 매력도 감소 등은 장기적으로 우수 과학기술 인력 확보의 걸림돌이 될 수 있다. 그리고 연구원들의 이직은 연구개발의 중단과 같은 공백을 나타내기도 한다. 따라서 연구개발요원의 안정적 직무수행을 위한 보수체계 개선, 직무만족 향상 방법 등을 고려하여야 한다.

2) 연구 환경요인

연구자가 연구에만 몰입할 수 있는 환경을 제공하여야 한다. 또한, 기술경영 서비스를 지원하고 연구개발 행정지원을 충분히 하여 주어야 하며, 장기적 연구개발을 위한 미래연구기획 기능을 강화하고 기업 차원에서 장기적 목표를 정하여 개발할 수 있도록 하여야 한다. 이는 일시적으로 수시로 연구주제를 변경시키거나 눈앞의 이익만 추구하여 연구개발에 초점을 맞추지 말아야 한다.

3) 직업의 안정성

기업의 연구원들은 기업 경영에서 연구개발 활동이 생산 활동 다음으로 중요한 비중을 차지한다고 인식한다. 그러나 기업의 연구소나 개발실 조직원들은 연구개발 활동의 직무 안정성이 낮은데 대한 불안감을 가지고 있는 경향이 많다. 이는 직무 안정성이 부족하고 직업에 대한 불안감이 높기 때문에 이직현상이 나타난다. 따라서 연구원들의 안정적 직무를 보장하여주어야 한다.

4) 의사소통(Communication)

연구의 좋은 환경 중 하나가 사람 간의 의사소통이다. 특히 연구원들은 개인주의적 성향이 높게 나타나므로 구성원 간 토론하고 서로의 부족한 부분을 채워줄 수 있는 동료와 단편적인 아이디어(Idea)를 큰 그림으로 완성하고 실행 방안을 찾도록 도와주는 상사가 있는 연구실을 만들어야 한다. 또한, 창의적인 생각을 장려하는 조직문화가 필요하다. 이는 너무 딱딱하거나 엄격한 조직문화는 창의성을 방해하게 된다.

5) 연구개발 대상 요인

연구개발 활동의 대상 선정은 연구개발의 주요한 영향을 미친다. 연구 활동의 대상으로는 기초연구, 제품 기술, 신제품, 기존 제품의 일부 또는 혁신적 개선, 공정 개선 등이 되며, 이는 고객이 요구하는 성능, 기술 수준, 제품의 유형과 생산부서의 요구사항으로 제조의 편리성 등이 영향을 미치게 된다.

이와 같은 연구개발 요인들을 총체적으로 연구에 반영하여 연구에 필요한 모든 자원을 확보하고 협력하여야 하며, 최고경영자의 적극적 의지를 표명하고 비전을 제시하여야 연구개발을 성공적으로 이끌 수 있다.

또한, 연구개발의 중요한 아이디어는 고객이 제공한다는 것을 명심하고 고객의 소리에 적극 귀를 기울여야 하며, 연구개발 전략을 기업의 전략과 일치시켜야 하며, 연구 개발 관리의 중요성을 인식하고 끊임없는 개선과 혁신을 추진하고 모든 부서의 적극적 지원과 장기적 예산 확보 그리고 부단한 확장이 필요하다.

4 기술혁신 전략

1) 진입 전략

(1) 최초 진입 전략

최초 진입 전략 위험으로 업계에서 추진하지 않은 기술전략을 처음 개발하는 것으로 위험이 따른다. 전략의 특징으로는 첨단 기술과 강도 높은 연구가 요구되며, 연구개발에 투자비용과 관련 부서 간의 긴밀한 협조를 요구한다.

(2) 선도자 추격 전략

기술 선도 기업을 빨리 추격하기 위한 전략으로 기술 응용 지향적 연구를 통하여 기술개발 변화에 대응력을 높이려는 전략이다. 이와 같은 전략은 선도 기술 기업의 실패를 벤치마킹(Bench-marking)하여 위험을 축소하는 전략이다.

(3) 모방전략

모방전략은 기술개발에 성공한 기업의 제품이나 기술을 모방하여 비용을 절감하는 전략으로 제품 가격을 인하하는 효과가 있다. 단, 이 전략은 기술변화에 대응할 수 있는 능력이 부족한 단점이 있다.

2) 주도형 전략

(1) 공세형 전략

공세형 전략은 경쟁기업보다 기술개발을 빨리 선점하여 시장을 주도하는 전략으로 복합적 기술이 요구된다. 이와 같은 전략은 연구개발을 타 기관과 협조하며, 연구개발의 의존도가 높으며 빠른 의사결정과 적응력이 높은 전략이다.

3) 차별화 전략

(1) 급진적 차별화 전략

급진적 기술혁신을 기반으로 차별화하는 전략으로 제품 혁신에 활용되며 기업의 차별화 능력을 향상해 선도적 시장개척을 추진하는 전략으로 기술 선도전략과 유사하다.

(2) 점진적 차별화 전략

현명한 추격자 전략으로 점진적 차별화 기술전략으로 위험성을 낮추며, 기술 선도자를 추격하는 전략이다.

(3) 급진적 원가 우위 전략

경쟁의 도구를 원가 우위로 추구하는 전략으로 높은 기술경쟁우위를 보유한 기업이 추구하는 전략이다. 이와 같은 전략은 성숙한 시장에서 기술 선도 기업들이 추진하는 전략으로 후발 기업들이 진입하지 못하도록 기술 장벽을 설치하는 전략이다.

(4) 점진적 원가 우위 전략

점진적으로 기술혁신을 추구하는 기술혁신 전략으로 원가를 절감하여 경쟁하는 방법으로 기술경쟁력이 부족한 기업에서 추진하는 전략이다. 지속적인 발전을 위하여 선도적 기술전략으로 전략 수정을 요구한다.

5 기술제휴

1) 전략적 제휴의 목적

전략적 제휴의 사전적 의미에서의 목적은 기존 합병 형태나 독립기업 간의 외부 거래보다 원하는 기술이나 능력을 얻는 데 효과적이고 저렴하며, 목적 달성 후에도 철수가 쉽기 때문이다. 특히 규모의 경제성 추구, 위험 및 투자비용의 분산, 경쟁우위 자산의 보완적 공유, 기술획득 및 이전 수단, 시장의 신규 진입과 확대 모색, 과다한 경쟁 방지 등이 제휴를 하는 구체적 동기이다.

최근 벤처기업(Venture company)과 대기업이 각각 연구개발, 생산·판매 등을 역할 분담하여 대등한 입장에서 공동사업을 추진하기도 한다. 또한, 벤처기업(Venture company)이 목적의식을 가지고 제휴를 맺는 예도 있다.

종래 기업 체제는 어느 한쪽 기업이 주도권을 갖는 계열화, 자회사화라는 점이 강했지만, 서로가 자신 있는 분야를 적극적으로 추진하여 공존공영을 꾀하는 점에서 과거의 제휴와 구별된다.

또한, 전략적 제휴의 목적은 사업 전략에 비추어 자사에 부족한 것을 타사로부터 구하는 것으로 제휴를 통하여 타사로부터 얻을 수 있는 것은 제품, 기술, 브랜드(Brand), 기능 등이다. 기업은 사업 전략상 이들 가운데 무엇이 부족한지를 명확히 하여 그것을 보충하는 수단으로써 전략적 제휴의 가능성을 검토하게 된다. 타사로부터 무엇을 보충할 것인가를 명확하게 한다는 것은 동시에 자사만의 강점, 즉, 핵심역량을 분명히 인식하는 것이기도 하다. 그런 의미에서 전략적 제휴는 강력한 특화된 경영을 실행하기 위한 전략으로 자리 잡게 된다. 우리나라 기업 간의 전략적 제휴는 시장 신규 진입 또는 확대, 기술 습득 및 기술이전, 상호보완적인 자산의 상호 공유 등을 목적으로 추진되고 있다. 기업 간의 전략적 제휴는 기업의 경쟁력을 강화하기 위한 적극적인 목적과 더불어 기업의 경쟁력을 보호하기 위한 방어적 목적이 있다(전웅수 외, 2000).

(1) 적극적 목적

파트너(Partner) 기업 간의 협력을 통하여 개별기업 단독으로 추구하는 것보다 더 큰 전략적 가치를 달성하기 위한 것이다. 파트너 기업으로부터 학습을 통하여 기존의 핵심능력을 보완하기 위한 것이다.

(2) 방어적 목적

경영전략과정에서 당면하는 정치적, 기술적, 경쟁적 위험에 대비하여 경영전략의 옵션과 대안의 범위를 증대시킴으로써 경영전략의 위험부담을 감소시키기 위한 것이다. 기업이 자체 핵심능력을 보호하려면 핵심능력을 구성하는 기술과 노하우(Knowhow) 그리고 정보자료들이 철저히 관리되어야 한다. 따라서 기업 간의 제휴를 통하여 파트너 기업의 전략을 파악하는 것은 물론 핵심능력과 관련된 자원(기술, 정보 등)의 유출을 통제하기 위한 것이다.

2) 전략적 제휴의 동기

전략적 제휴는 다음과 같은 동기에 의하여 시행되기도 한다(전용수 외, 2000).

(1) 경쟁우위의 제고

전략적 제휴는 기업 간의 경쟁 관계에 영향을 미칠 수 있다. 합작투자의 경우 잠재적 경쟁기업을 전략적 제휴 파트너로 영입함으로써 잠재적 경쟁기업의 대응능력을 무디게 할 수 있으며, 합작투자는 여러 기업의 내부 자원을 결합함으로써 더욱 강력한 경쟁기업이 될 수 있게 한다.

(2) 보완 기술의 이전

전략적 제휴는 기술이전을 통하여 전략적 편익을 제공한다. 그런데 전략적 제휴는 기업 간의 단순한 기술이전 이상의 것으로서 장기간의 기업관계를 포함하는 것이어야 한다.

(3) 연구개발(R&D) 비용의 경감과 위험분산

전략적 제휴는 어느 제휴 당사자도 제휴 활동의 모든 위험이나 자본을 부담하지 않는다는 점에서 위험회피를 위한 바람직한 원리(Mechanism)이다.

(4) 전략적 해외시장에 대한 접근

해외시장 경험이 부족한 중소기업의 경우에 최초 해외 시장 진출은 흔히 전략적 제휴를 활용하는 경향이 있다. 생산능력은 보유하고 있지만 해외시장 경험이 없는 기업은 전략적 파트너에게 의존할 수가 있다. 상당한 해외시장 경험이 있는 기업도 새로운 해외시장 진출과 세계시장 전략으로 전략적 제휴관계가 있음으로써 촉진될 수 있다.

(5) 핵심 제품계열 보충

기업은 기존의 제품계열에 핵심 제품을 보충하기 위해 전략적 제휴를 하기도 한다. 예를 들면 Ford사는 자사의 제품계열에 핵심품목을 보충하기 위하여 전략적 제휴에 의존하고 있다. Ford사는 일본의 Mazda사와의 장기적 제휴관계로 다양한 제품 모델을 제조할 수 있게 되었을 뿐만 아니라 동아시아 시장에도 진출할 수 있게 되었다.

(6) 생산 합리화 규모의 경제 달성

동일 산업 내의 기업들은 전략적 제휴를 통하여 생산을 합리화하고 규모의 경제효과와 경험 효과를 제고시킬 수 있게 되어 생산원가를 낮출 수 있게 된다.

(7) 저 원가 생산능력에 대한 접근

기업은 저 원가 생산능력을 가진 기업으로부터 품질의 적정 수준 이상인 제품을 조달할 수 있다. 예를 들면 GE는 전자오븐을 한국의 삼성전자로부터 조달하고 있다.

(8) 산업발전 단계별 동기

산업발전 단계별로 보면 경쟁우위 확보를 위한 전략적 제휴는 성장산업에서 활발히 추진되고 있지만 성숙산업에서는 과점적인 산업구조로 시장 진입이 어렵다는 점과 국제적인 산업 재편 추세에 따라 상대적으로 부진한 편이다. 그러나 최근 들어 성숙산업 내에서도 기술혁신을 통한 공정기술의 개선과 개량된 신제품 개발을 위해 전략적 제휴가 점차 증가하고 있다.

제4절 특허권리 분류

1 특허

1) 특허제도

특허제도란 행정법상으로는 특정인에 대하여 일정한 법률적 권리나 능력, 포괄적 법령 관계를 설정하는 설권적, 형성적 행정 행위를 의미한다. 특허법은 발명을 보호·장려하고 그 이용을 도모함으로써 기술의 발전을 촉진하여 산업발전에 이바지하기 위하여 제정된 것으로서(특허법 1조) 이 법의 요건을 충족하는 발명에 대하여 독점적으로 이용할 수 있는 권리를 부여한다(두산백과, 2015).

2) 특허요건

특허를 받기 위하여 상업상의 이용성, 신교성, 진보성을 갖추어야 한다. 출원발명은 산업에 이용할 수 있어야 하며(산업상 이용 가능성), 출원하기 전에 이미 알려진 기술(선행기술)이 아니어야 하고(신규성), 선행기술과 다른 것이라 하더라도 그 선행기술로부터 쉽게 생각해 낼 수 없는 것이어야(진보성)한다(특허청, 2016).

3) 특허권의 효력

특허권은 설정등록을 통해 효력이 발생하며 존속기간은 출원일로부터 20년(실용신안권 10년), 권리를 획득한 국가 내에만 효력이 발생(속지주의)한다.

4) 특허출원

(1) 선출원 주의와 선발명주의

같은 발명이 두 명 이상 출원되었을 때 어느 출원인에게 권리를 부여할 것인가를 결정하는 기준으로서 선출원주의와 선발명주의가 있으며 우리나라는 선출원주의를 채택하고 있다.

선출원주의는 발명이 이루어진 시기에 관계없이 특허청에 먼저 출원한 발명에 권리를 부여, 기술의 공개에 대한 대가로 권리를 부여한다는 의미에서 합리적이며 신속한 발명의 공개를 유도할 수 있다.

선발명주의는 출원의 순서와 관계없이 먼저 발명한 출원인에게 권리를 부여하여 발명가를 보호하는 데 장점이 있다. 특히 사업체를 가지고 있지 않은 개인발명가들이 선호하는 제도로 발명가는 발명에 관련된 일지를 작성하고 증인을 확보해야 하며 특허청으로서는 발명 시기를 확인하여야 하는 불편이 있다(특허청, 2016).

2 실용신안

1) 실용신안의 정의

실용신안은 일반적으로 '고안'으로서 실용신안법상 '자연법칙을 이용한 기술적 사상의 창작'을 말한다. 일반적으로 발명에는 '물건'에 관한 발명과 '방법'에 관한 발명으로 나눌 수 있고, '물건'은 다시 일정한 형태를 가지는 '물품'과 일정한 형태가 없는 '물질'로 구분한다. 여기서 실용신안법은 일정한 형태를 가진 '물품'에 관한 고안만을 보호대상으로 규정하고 있다.

2) 특허와 실용신안의 차이

실용신안법의 주요 내용은 특허법과 유사하며, 사상의 창작을 보호한다는 점에서 특허법과 그 입법 취지가 같다. 다만, 특허법의 보호대상이 기술적 사상의 창작으로서 정하고 있고 실용신안은 반드시 물품의 발명이어야 한다는 차이가 있다.

3) 존속기간

특허권의 존속기간은 설정등록 후 출원일로부터 20년이다. 실용신안권은 설정등록 후 출원일로부터 10년이다.

4) 심사절차 차이점

특허출원서에는 필요한 경우에만 도면이 첨부되지만, 실용신안출원서에는 반드시 도면이 첨부되어야 하며, 심사청구기간의 경우 특허는 출원일로부터 5년, 실용신안은 출원일로부터 3년이 내에 청구하게 되어 있다(특허법 59조, 실용신안법 12조).

3 상표

1) 상표의 정의

상표란 상표법 제2조 제1호에 의하면 상품을 생산·가공·증명 또는 판매하는 것을 업으로 하는 자가 자기의 상품을 타인의 상품과 식별되도록 사용하는 표장(기호·문자·도형·입체적 형상·색채·홀로그램·동작 또는 이들의 결합, 그 밖에 시각적으로 인식 가능한 것)을 의미한다.

2) 상표의 기능

상표는 자신의 상품과 타인의 상품을 구별하기 위하여 상품에 부착하거나 광고 등을 위해 사용하는 표장으로 상품의 동일성을 표시하는 "출처 표시의 기능"을 주된 기능으로 한다(특허청, 2016).

3) 상표권의 효력

상표를 등록할 경우 상표권자는 지정상품에 관하여 그 등록상표를 사용할 권리를 독점하는 적극적인 독점권과 타인이 등록상표와 동일 또는 유사한 상표를 동일 또는 유사한 지정상품에 사용하는 경우 그 사용을 금지할 수 있는 소극적인 금지권을 행사할 수 있다.

또한, 타인이 자기의 등록상표 또는 등록상표와 유사한 상표를 동일 또는 유사한 지정상품에 사용하는 등 상표권을 침해하는 경우 상표권자는 그 타인을 상대로 하여 침해금지청구권·손해배상청구권 등을 행사할 수 있다.

4 도메인 이름(Domain Name)

1) 도메인 이름의 정의

인터넷에 연결된 다른 컴퓨터와의 통신은 컴퓨터의 위치를 나타내는 숫자로 표시된 인터넷 주소(Internet Protocol)를 쓰게 되는데 이러한 인터넷 주소를 사용하기 쉽도록 문자로 변환하여 더욱 쉽게 표시한 것을 도메인 이름이라고 한다.

5 상표디자인제도

1) 부분 디자인

부분 디자인은 제품 일부분(예, 가위의 손잡이 부분)과 같이 제품의 한 부분의 디자인을 하나의 디자인으로 등록받을 수 있는 것을 말한다. 단, 한 벌의 물품의 부분에 관한 디자인은 부분 디자인의 대상이 아니며, 부분 디자인을 출원할 때에도 물품명에는 해당 부분을 표현하는 명칭이 아닌 그 물품 자체의 명칭을 사용하여야 한다. 부분 디자인의 도면은 부분 디자인으로 등록을 받으려고 하는 부분을 실선으로 표현하고, 나머지 부분은 파선 등을 사용하여 표현하여야 한다.

2) 비밀디자인 제도

비밀디자인 제도는 출원인은 디자인권의 설정 등록일로부터 3년 이내의 기간을 정하여 그 디자인을 비밀로 할 것을 청구할 수 있는데, 이는 출원인이 일정기간 출원 디자인을 비밀로 함으로써 타인의 침해를 방지하고 제품 사업화에 대한 준비기간을 선택할 수 있도록 하기 위함이다. 이와 같은 비밀디자인의 요건으로는 비밀디자인 신청은 심사 또는 무심사 출원 모두 가능하지만, 디자인등록출원을 하는 때부터 최초의 디자인등록료를 납부하는 날까지 하여야 한다. 한편 비밀디자인청구 때문에 비밀로 할 수 있는 기간은 디자인권의 설정 등록일로부터 3년 이내이고, 그 지정된 기간을 단축하거나 연장할 수 있다.

비밀디자인의 유용성 및 주의사항으로 디자인은 물품의 외적 미관으로 타인의 모방 및 도용이 쉽고, 유행성이 강한 특징이 있는데, 비밀디자인 제도를 활용함으로써 이러한 문제를 예방할 수 있고, 디자인의 시행 시기도 적절하게 선택할 수 있는 장점이 있다.

그러나 과실추정 규정이 배제되고, 침해금지 및 예방청구권 행사 시 사전 경고가 필요로 하는 등 침해자에 대한 민사상의 권리를 행사하면서 일정한 제한이 있다. 또한, 비밀디자인이 청구된 등록디자인에 대해 이의신청을 할 때는 경우에는 이의신청기간이 도면 등 실질적 사항이 게재된 공보의 발행일 후 3개월이 되는 날까지 연장되므로 출원인은 비밀디자인의 장·단점을 따져보고 비밀디자인을 청구하는 것이 바람직하다.

3) 화상디자인

'컴퓨터의 아이콘 부분' 등과 같이 물품의 표시 화면을 통하여 표현되는 디자인을 하나의 디자인으로 등록받을 수 있는 것을 말한다. 화상디자인은 그 화상이 표현되는 물품의 부분 디자인으로 등록을 받아야 한다. 움직임이 있는 화상디자인의 경우에는 그 움직임에 따라 화상이 연속적으로 변화하는 형태를 도면에 표현하여야 한다.

4) 한 벌 물품의 디자인제도

'한 벌의 사무용 가구 세트' 등과 같이 2개 이상으로 이루어지는 물품의 조합에 관한 디자인을 하나의 디자인으로 등록받을 수 있는 것을 말한다. 2개 이상의 물품이 한 벌 물품으로 동시에 사용되어야 한다. 한 벌 물품의 디자인은 한 벌 전체로서 통일성이 있어야 한다.

한 벌 물품의 디자인은 물품들이 조합된 상태를 표현하는 도면과 아울러, 각 구성 물품을 표현하는 도면을 표현하는 도면을 작성하여야 한다. 한 벌 물품의 디자인에는 그 전체로서 하나의 디자인권이 발생한다.

5) 글자체 디자인의 보호

'한글 글자체' 또는 '숫자 글자체' 등과 같이 한 벌로 이루어진 글자꼴을 하나의 디자인으로 등록받을 수 있는 것을 말한다. 기록이나 표시 또는 인쇄 등에 사용하기 위한 것이어야 한다. 한 벌 전체로서 공통적인 특징을 가진 형태로 만들어진 것이어야 한다.[11)]

11) 디자인의 내용은 특허청 홈페이지에서 발췌하였음.

학습 목표 요약

1. 연구개발을 분류하면 무엇이 있는가?

- 연구개발(R&D : Research & Development)
- 기술개발(R&TD : Research & Technology Development)
- 사업개발(R&BD : Research & Business Development)
- 연결 개발(C&D : Connect & Development)

2. 연구개발은 어떤 절차를 따르는 것이 효율적인가?

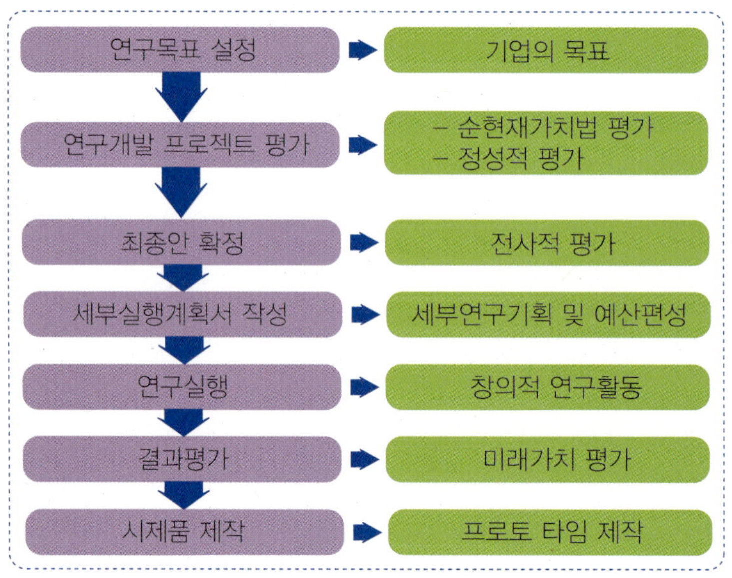

3. 기술혁신 전략은 무엇인가?

진입 전략 : 최초 진입 전략, 선도형자 추격 전략, 모방전략

주도형 전략 : 공세형 전략

차별화 전략 : 급진적 차별화 전략, 점진적 차별화 전략, 급진적 원가 우위 전략, 점진적 원가 우위 전략

4. 특허 권리를 분류한다면 어떤 것들이 있는가?

- 특허
- 실용신안
- 상표
- 도메인 이름
- 상표디자인제도

용어해설

▶ 기술경영(MOT : Management of technology)?

기업의 핵심 기술을 창조하기 위한 과학과 공학 그리고 경영을 결합한 경영전략 방법

▶ 연구개발(R&D)?

연구(Research)는 새로운 과학적, 기술적 지식과 이해를 얻기 위하여 행해진 독창적, 계획적 조사

개발(Development)은 상업적 생산이나 사용하기 이전에 새로운 또는 개량된 재료, 장치, 제품, 제조법, 시스템 또는 서비스 생산계획이나 설계에 연구 성과와 다른 지식을 적용

▶ 순현재가치법(NPV : Net present value)?

미래에 들어올 현금 유입들을 전부 현재 가치의 기준으로 환산하여 모두 합산한 후 현재 투자해야 될 금액을 차감하는 재무적 평가 방법

▶ 특허제도란?

행정법상으로는 특정인에 대하여 일정한 법률적 권리나 능력, 포괄적 법령 관계를 설정하는 설권적, 형성적 행정 행위를 의미

▶ 실용신안은?

일반적으로 고안으로서 실용신안법상 자연법칙을 이용한 기술적 사상의 창작

▶ 상표란?

상품을 생산·가공·증명 또는 판매하는 것을 업으로 하는 자가 자기의 상품을 타인의 상품과 식별되게 하려고 사용하는 표장(기호·문자·도형·입체적 형상·색채·홀로그램·동작 또는 이들의 결합)

참고문헌

국내문헌

- 김계수(2003), 「경영과학」, 법문사.
- 김계수·김용철·함호종(2004), 「21세기 Web기반의 ERP구축 이론과 실무」, 우용 출판사.
- 김계수·박영배(2002), 「기업과 경영」, 박영사.
- 김기영 외(1999), 「품질경영」, 박영사.
- 김문중(1997), 「경영학원론」, 청록 출판사.
- 김용철(2017), 「생산관리실무」, 서훈.
- 김용철(2014), 「품질경영」, 우용.
- 김용철(2011), 「서비스 기업경영」, 대경.
- 김용철(2011), 「경영혁신」, 우용.
- 김영규(1990), 「최신 경영학원론」, 제2판, 박영사.
- 김원수(1987), 「경영학원론」, 경문사.
- 김재명(2003), 「경영학원론」, 박영사.
- 김태웅(1991), 「생산·운영관리」, 태성출판사.
- 박종만·이창수(2003), 「경영학 원론」, 대경.
- 박형호·노춘섭·최기·김영대·조건(2010), 「제품·서비스 운영관리」, 도서출판 청람.
- 박휘섭·김준철·박희경(2005), 「고객감동 만들기」, 한국표준협회컨설팅.
- 백방선(1998), 「경영학원론」, 무역경영사.
- 벤센트 라이언 루기에로(2011), 박중서 역, 「The Art of Thinking」, 푸른숲.
- 서성무 외(1995), 「경영학원론」, 형설출판사.
- 손성호·권혁대·이원기·안선숙(2010), 「회계원리」, 대경.
- 송재근(2006), 「Q-COST & COPQ 관리시스템 구축 매뉴얼」, 한국표준협회컨설팅.
- 신유근(1991), 「조직행위론」, 다산 출판사.
- 원중호·이규상·임기평·이기채·김용철(2009), 「생산운영 관리」, 대경.
- 이명호 외(2016), 「경영학으로의 초대」, 박영사.
- 이순룡(1999), 「품질경영론」, 법문사.

- 이학종(1988), 「병법과 경영전략」, 박영사.
- 이학종(1989), 「기업문화론」, 법문사.
- 이학종(1991), 「조직행동론-이론과 사례연구」, 세경사.
- 이훈영(2010), 「마케팅」, 청람.
- 임익순·소영일(1990), 「경영관리론」, 박영사.
- 임종만·윤천성·임은진·임기평·정미영(2003), 「서비스경영론」, 무역경영사.
- 전용수 외 2인(1996), 「현대 경영학」, 법문사.
- 전용수 외(1997), 「현대경영학」, 법문사.
- 정선양(2013), 「전략적 기술경영」, 박영사.
- 정수영(1990), 「신경영학원론」, 박영사.
- 정수영(1991), 「신경영학원론」, 박영사.
- 조용길·김용철·이재영(2011), 「경영정보시스템」, 우용출판사.
- 조희영(1996), 「경영학원론」, 민영사.
- 조희영·김석회(1988), 「경영학원론」, 무역경영사.

해외문헌

- A. Parasuraman, V. A. Zeithaml, and L. L. Berry(1988), "SERVQUAL: A Multiple-Item Scale for Measuring Consumer Perceptions of Service Quality," Journal of Retailing, 64(1), Spring, pp. 12-40.
- A. Parasuraman, V. A. Zeithaml, and L. L. Berry.,(1985), "A Conceptual Model of Service Quality and Its Implications for Future Research," Journal of Marketing, 49, Fall, p. 48.
- A. V, Feigenbaum(1983), "Total Quality Control," 3rd ed., McGraw-Hill.
- B. B. Tregoe and J. W. Zimmerman, "Strategic Thinking : Key to Corporate Survival."
- Baker, J. and Cameron, M. (1996), "The Effects of the Service Environment on Affect and Consumer Perception of Waiting Time: An Integrative Review and Research Propositions," Journal of the Academy of Marketing Science, Vol. 24, Number 4, pp. 338-349.
- D. 1. Caruth, R. M. Noc Ⅲ, and R. Wayne Mondy(1998), "Staffing Contemporary", Organization Forum Books, p. 149
- D. E. Schendel and C. W. Hofer(1979), "Strategic Management : A New

View of Business Policy and Planning", Brown, 1979, p.11.

- D. E. Schendel and C. W. Hofer, Strategic Management : A New View of Business Policy and Planning, Brown, 1979, p.11.
- Gerald Nadler & Shozo Hibino(1992), "Breakthrough Thinking", 사고의 혁명: 새로운 패러다임을 창조하는 현상타파 사고의 7가지 원칙, 정성호 譯, 동아출판사.
- Harrington, H. J.(1981), "Painting a Total Quality Cost Picture," Proceeding of 25th EOQC Conference, Vol. 2, June.
- H. I. Ansoff(1965), "Corporate Strategy : An Analytical Approach to Business Policy for Growth and Expansion", McGraw-Hill, p. 165.
- H. Koontz C. O. Donnell and Weihrich(1988), "Management", 7th ed, (McGraw-Hill. 1988), pp. 58~61.
- Howard M. Sarlisle(1982), "Management Concepts: Methods and Applications", 2nd ed. (Science Research Associate.), p. 478.
- J. H. Barnett and W. D. Wilsted(1989), "Strategic Management : Test and Concepts", Pwskent Publishing Co., 1989, p. 140.
- J. P. Kottler(1990), "What Leader Really Do?", Harvard Business Review, May-Jun. pp. 103~111.
- James A. F. Stoner and R. Edward Freemen(1982), "Management", 5th ed., (Prentice-Hill), p. 188.
- Juran, J. M(1974), "Quality Control Handbook," 3th ed., McGraw-Hill.
- Maister D. H. (1985), "The psychology of waiting lines," in Czepiel JA, Solomon MR, Sureprenant CF, editors. The service encounter: managing employees/customer interaction in service business. Lexington, MA: D.C. Heath and Company, Lexington Books.
- Mary Jo Bitner (1992). "Servicescapes": The Impact of Physical Surroundings on Customers and Employees.: Journal of Marketing 56(2) 57-71.
- P. Kotler(2003), "Marketing Management", 11th ed., Prentice-Hall, p.20.
- Parasuraman, A., Zeithaml, V. A. and Berry, L. L.(1994), "The assessment of expectations as a comparison standard in measuring service quality: implications for further research," Journal of Marketing, 58, 111-13.
- Parasuraman, A., Zeithaml, V. A. and Berry, L. L.,(1993,), "More on improving service quality measurement," Journal of Retailing, 69(1),

140-47.

- R.S. Schuler(1987), "Matching Effective Human Resource Practices with Competitive Strategy," Personnel, Sep. pp. 18~27.
- Richard Whiteley and Diane Hessan(1996), "Customer Centered Growth", Addison-Wesley.
- Thomas N. Peters and Robert Waterman, Jr.(1982), "In Search of Excellence : Lessons from America's Best-run Companies", Harper & Row, New York.

인터넷

- ck-nanum.co.kr/inc/file/down.php
- Elmatrix.co.kr
- letitbe.biz
- shleetr.blogspot.kr
- ksac.co.kr, 2008.
- korex.net
- konyang.ac.kr/www/prof. 2016
- wikipedia.org
- 특허청

찾아보기

[영문색인]

[한글색인]

저자소개

[김용철]

- 건국대학교, 인하대학교, 세명대학교(학.석.박사)
- 현) 세명대학교 경영학과 겸임교수
- 현) 킴스기술경영 대표
- 전) 한라중공업/한라 유로 근무
- 주요저서
  생산관리실무(단독, 서훈, 2017)
  경영학원론(공저, 대경, 2017)
  소자본창업과 기업가 정신(공저, 대경, 2017)
  기술경영(공저, 대경, 2016)
  생산운영관리(공저, 대경, 2014)
  품질경영(단독, 우용, 2011)
  경영혁신(공저, 우용, 2011)
  경영정보시스템(공저, 우용, 2011)
  서비스 시스템 운영관리(공저, 대경, 2009)
  ERP 실무(공저, 우용, 2009)
  중소기업을 위한 원가절감 기법(단독, 우용, 2008)
  서비스기업경영(단독, 대경, 2006)
  엑셀을 이용한 경영과학(공저, 대경, 2006)
  21C Web 기반의 ERP구축 이론과 실무(공저, 우용, 2004)
- 특허
  과일꼭지건조방지 커버(단독, 실용신안(0432373)
  상하진동볼이 부착된 벨트(단독, 실용신안(0406264)
  높낮이를 조절할 수 있는 골프 티(단독, 실용신안(0401845)
  사과를 이용한 주류제조방법(단독, 특허(0514379)
  폐합성수지와 폐타이어를 이용한 보일러(단독, 실용신안(0293322)

[김현중]

- 건국대학교(학사, 석사과정)
- 영한번역사
- (사)한국학진흥원 감사